U0137768

老科学家学术成长资料采集工程

老科学家资料长编丛书

谢家荣

年谱长编

下卷

张立生 编著

上海交通大学出版社
SHANGHAI JIAO TONG UNIVERSITY PRESS

1897年
生于上海

1920年
获威斯康星大学
理学硕士学位

1929年
出版中国第一本
石油地质学专著《石油》

1935年
发表
《扬子江下游铁矿志》

1938年
筹建江华矿务局

1946年
发现淮南新煤田

1955年
当选中国科学院
生物学地学部委员

1966年
完成《中国矿床学》
第一篇总论

一九四九年　己丑　五十三岁

　　提要　发表《三十七年度本处工作概述》。南京解放。随军进入上海,协助接管资源委员会在沪各单位,提议创办地质探矿专科学校。任原资源委员会保管委员会副主任委员,矿产测勘处先后改组为矿产测勘处保管处、华东工业部矿产测勘处,仍任处长。作为全国自然科学工作者代表大会筹备委员会所组织的东北参观团的副团长,与团长竺可桢和副团长李承干一起率团参观东北。作为特邀代表,参加全国政协第一届会议和开国大典。发表《东北地质矿产概况和若干意见》。

　　一月八日　第 1 次讲学会上,曹国权讲"湖南湘潭杨嘉桥煤田地质及钻探经过"。

　　一月十五日　第 2 次讲学会上,贾福海讲"江西之水泥材料"。

　　一月二十二日　在矿产测勘处的第 3 次讲学会上讲"三十七年度本处工作概述"(后载《矿测近讯》第 95 期)。概述指出:"本年度经济恐慌,时局动荡,尤其在下半年最后几个月内波动最大;等到徐蚌会战(即淮海战役),京(宁)沪震惊,局面更是危殆万状,本处事业的受到严重打击,自然不能例外。但本处一向抱着苦干精神,虽然遭受到这种天翻地覆的场面,还是照着原定计划,沉着进行。就在那全国闹着抢购风潮最烈的时候,本处人员还在山间工作,并且发现了栖霞山的铅矿和下蜀的钼矿。室内的精密研究,除了编制报告图件和分析试验之外,还发现一种新的锑铅矿物。仅仅在年度最后的一个月中……因为人员大多返处,室内工作反而加强进行:我们编制了若干幅的中国矿产分布图和产状、储量表,我们实行了'分组工作、专题研究'的办法,我们彻底整理公物、标本,我们又恢复了讲学会。同时为应付紧急事变,我们又储备粮食,布置一些关于安全救急的设备。除了已派出的钻探人员外,暂时停止出差,那些送眷回籍的人也一律限令返处。这样,本处的阵容反为加强,工作格外紧张,秩序也大为整饬了。"

　　概述分煤的测勘、扩大探油的范围、右江流域菱铁矿的发现、铝土矿的探采、广西金属矿、水泥材料的勘查、浙江的磁铁矿和萤石、宁镇山脉矿产——铅钼矿的新发现、台湾地下水、东江坝址地质、七个钻探队 4 877 米的总进度等 11 个部分,总结了矿产测勘处 1948 年的工作,指出:"这一年中我们打了四八七七公尺的钻眼,发现了栖霞山的铅矿、下蜀的钼矿和桂西的菱铁矿。发现新矿的成绩,虽然没有像去年那样多,但是钻进尺度增加了一千八百多公尺;地质指示在采矿工程上的贡献,像在淮南和八步等处所表现的,可相当于现值金圆券数千万甚至数万万元的价值。希望和平不久就会到来,我们将继续贡献我们的才智和劳力!"

在"扩大探油的范围"一节中指出:"我近来研究中国石油地质问题,觉得中国石油的分布,决不只限于西北一隅。而在生油层没有确定之前,凡有古生代及中生代海生地层分布并略有油苗显示的地方,都值得仔细探勘""依据地质理论,并为解决中国石油问题计,我们应该扩大范围,在中国各地普遍探油"。这是中外地质学家首次明确地提出"中国石油的分布,决不只限于西北一隅",也是中外地质学家首次提出"为解决中国石油问题计,我们应该扩大范围,在中国各地普遍探油"。这一思想在之后始终主宰和贯穿着谱主此后为解决中国石油问题所进行的工作,也是 20 世纪 50 年代中国石油普查和石油勘探战略重点东移的地质理论基础。

一月三十一日　北平宣告和平解放。

图 87　《三十七年度本处工作概述》之"扩大探油的范围"

一月 在长子谢学锦的帮助下，毅然放弃了去新西兰参加太平洋国际学术会议的机会，留在南京保护矿产测勘处，迎接解放。为应变计，召开矿产测勘处员工大会，将矿产测勘处原来的员工励进会改组为福利、服务、总务、财务、纠察 5 个组，并议决有关警卫、清洁及劳动事宜，概由留守同仁轮流服役，并安排将仪器、图书、资料运往避弹的安全场所，储集粮食，添置避弹及灭火设施，将自己和曾世英(他全家迁来矿产测勘处躲避)及谢学锦分在一个组，认真巡夜，使矿产测勘处未损失一针一线。

永利铵厂的护厂工作做得很出色。这时候，地下党组织找到谢学锦，要他到南京去，到矿产测勘处，协助他父亲反对将矿产测勘处迁往台湾，保护矿产测勘处设备和资料。

1948 年 9 月 25 日的中央研究院第一届院士会议上曾推定伍献文、邹方钧、沈宗瀚和谢家荣等 4 位院士于 1949 年 1 月前往新西兰出席太平洋科学会议。但作为矿产测勘处处长的谢家荣如果在这时候出国，群龙无首，矿产测勘处可能就会乱了，就会被国民党弄到台湾去了。为此地下党做了许多工作。他们希望谢学锦到矿产测勘处去，帮助他父亲做工作，保护好矿产测勘处。

谢学锦回到家里对父亲说："你最好不要去开那个会。一开这个会整个机关就乱了，大家都卷铺盖各自走掉了。你是不是就不要去开这个会了？"

父亲说："我不去开会可以啊，你是不是来陪我啊？你来陪陪我，好不好？"

"好的，我回来陪你。"他说。

"那好，那我就不去了。"父亲爽快地回答他。

于是，他赶紧回到永利铵厂搬行李回家。父亲叫了一个工友——那时的服务人员叫工友——帮他去搬行李。

他刚一回到永利铵厂，长江就被封锁了，永利铵厂的船也不能开了。没办法，他只得叫工友扛着行李到公路上去拦车：先到浦口，再从浦口过江。等他们拦了一辆卡车赶到浦口码头时，浦口码头的铁门也已经上锁，最后一只船就要开了！

"怎么办？"工友问他。

"赶快爬过去。"

工友把行李放在地上，托他先往上爬。一个国民党兵立刻跑过来问："干什么的？"

"我送大少爷回家。"工友说。

那个兵一看，"大少爷"一身西装笔挺，不敢再问了。他俩赶快翻过铁门，上了船,回到了南京城内的矿产测勘处。

回到南京以后,他帮父亲出主意,首先是设法把一些贵重的仪器、资料保护好。此前美军在南京南城曾有过一座仓库,美军撤走后,这座仓库交给了资源委员会。矿产测勘处和资源委员会交涉,把仓库拿了过来。这座仓库很结实,防空条件很好,他们就把贵重的仪器设备和地质资料都运到里边去了。

那时候物价飞涨,到市场上买东西用的金圆券都是一大捆、一大捆的,甚至要用大旅行袋来装。今天领到的钱明天就不值钱了。所以钱一到手,父亲谢家荣就动员一些人出去买银圆(袁大头)回来,每个人都分给几个,以求保险。另外还制作沙包防弹。

为了处内的安全,他们动员、组织全处的人值夜班。主编申报馆中国地图的地图专家曾世英夫妇住在处外,觉得很担心,谢家荣给他们腾了房子,让他们也搬进矿产测勘处机关来住。谢学锦和父亲、曾世英3个人甚至还一起值一个夜班,防止坏人的破坏。

正是这些周密的措施,使矿产测勘处人心安定,仪器、资料和一切财产得到了有效的保护。

1949年4月23日,人民解放军占领南京。谢学锦和父亲谢家荣一起迎来了南京的解放,矿产测勘处最终完好无损地回到了人民手中。

(张立生:《走向奥维耶多:谢学锦传》,第46—48页)

是月 矿产测勘处员工合计72人,名册如下。

《资源委员会矿产测勘处职员名册》(三十八年一月):

一、各级主管人员							
职别	姓名	别号	年龄	籍贯	薪额	到职年月	备考
处长	谢家荣	季骅	51	上海市	680	1927年7月	到职年月均为民国纪年
副处长	李庆远		38	浙江鄞县	600	1935年6月	本年2月1日留职停薪
工程师兼地质课长	南延宗	怀楚	44	浙江乐清	460	1934年1月	本年2月1日留职停薪

职别	姓名	别号	年龄	籍贯	薪额	到职年月	备考
工程师兼测绘课长	颜　轸	子光	37	吉林永吉	380	1927 年 7 月	
副工程师兼工程课长	燕树檀		35	河北定县	360	1931 年 10 月	出差
工程师兼总务课长	殷维翰	默庄	39	南京市	380	1934 年 12 月	
会计课长	杨保安	静轩	36	山东寿光	340	1933 年 8 月	
二、管理人员							
课员	曹山岐	三奇	38	上海市	200	1933 年 8 月	
课员	杨农伯	存华	44	江苏江浦	200	1934 年 5 月	
课员	王维屏	翰才	36	贵州遵义	200	1933 年 11 月	
课员	张宪生		37	河南临漳	190	1937 年 7 月	
课员	吴以慰	焕明	49	江苏宜兴	150	1936 年 3 月	
事务员	黄骅	子良	36	广东南海	130	1934 年 2 月	本年 1 月 1 日留职停薪
事务员	刘彬	文辉	34	江苏江宁	110	1935 年 4 月	
书记	谢学钤	永年	23	上海市	70	1935 年 1 月	
书记	刘焕章		33	河南尉氏	50	1935 年 3 月	
书记	周志成	建威	49	南京市	40	1936 年 4 月	
乙种实习员	詹　元		32	南京市	40	1935 年 6 月	本年 1 月 1 日留职停薪
练习生	李国贤		31	南京市	55	1935 年 6 月	
练习生	巫昌友		24	江苏句容	70	1935 年 7 月	本年 1 月 1 日遣散
练习生	许有兴		46	江苏句容	50	1935 年 9 月	本年 1 月 1 日遣散

职别	姓名	别号	年龄	籍贯	薪额	到职年月	备考
练习生	梁镜余		30	上海市	50	1935 年 9 月	
雇员	胡开运		47	浙江绍兴	30	1936 年 11 月	
特约医师	孙晓霞		39	江苏昆山	130	1937 年 7 月	本年 2 月 1 日留职停薪
三、技术人员							
工程师	王　植	罗山	41	江苏常熟	430	1927 年 7 月	
工程师	张兆瑾	弋之	41	浙江江山	380	1932 年 12 月	
工程师	何　瑭	殿生	43	云南石屏	380	1935 年 3 月	出差
工程师	刘　汉	念生	39	安徽舒城	380	1936 年 7 月	
工程师	赵家骧		34	浙江绍兴	380	1935 年 6 月	
工程师	郭文魁	光甫	35	湖南安阳	380	1931 年 10 月	
工程师	刘国昌	彦顾	38	河北饶阳	380	1935 年 12 月	
副工程师	马祖望		34	广东中山	360	1927 年 7 月	
副工程师	叶大年	辅民	44	北平市	340	1932 年 10 月	
副工程师	杨博泉		35	吉林德惠	260	1931 年 10 月	
副工程师	曹国权		36	湖南长沙	260	1935 年 9 月	本年 2 月 1 日留职停薪
副工程师	王本荄		37	湖南宁乡	320	1935 年 10 月	出差
副工程师	贾福海		34	山西崞县	260	1935 年 12 月	
副化验师兼试验课长	陈四箴		37	浙江温岭	280	1936 年 8 月	
副化验师	申泮文		33	广东从化	260	1937 年 7 月	本年 2 月 1 日留职停薪
助理工程师	杨开庆		34	江苏宝应	220	1931 年 8 月	本年 2 月 1 日留职停薪

续表

职别	姓名	别号	年龄	籍贯	薪额	到职年月	备考
助理工程师	王宗彝	叙伦	38	河北玉田	240	1934 年 10 月	
助理工程师	沙光文		32	河南郑县	190	1932 年 9 月	
助理工程师	王承祺	叔晋	32	湖北黄陂	180	1932 年 9 月	
助理工程师	马子骥		34	河南尉氏	180	1932 年 9 月	
助理工程师	杨庆如		33	江苏宜兴	220	1935 年 5 月	
助理工程师	周泰昕		31	江苏淮阴	200	1935 年 8 月	本年 2 月 1 日留职停薪
助理工程师	蓝葆璞	毓灵	35	湖北黄陂	200	1936 年 2 月	
工务员	张有正		31	江苏镇江	140	1934 年 8 月	
工务员	李志超	君健	30	江苏江宁	140	1934 年 8 月	出差
工务员	曹瑞年		33	安徽绩溪	150	1934 年 12 月	
工务员	王树培		30	安徽滁县	150	1935 年 8 月	
工务员	严济南		31	江苏泰兴	150	1936 年 1 月	
工务员	霍学海		30	南京市	150	1934 年 12 月	出差
工务员	韩金桂	振秋	32	山东益都	150	1934 年 12 月	
工务员	车树政		32	安徽来安	150	1935 年 1 月	
工务员	孙万铨	钧衡	32	南京市	150	1935 年 1 月	本年 2 月 1 日留职停薪
工务员	董南庭		29	湖北孝感	140	1935 年 1 月	出差
工务员	赵宗溥	瞻原	31	河北临渝	140	1935 年 6 月	
工务员	申庆荣		28	河北顺义	140	1935 年 6 月	
工务员	高存礼		32	绥远萨县	120	1936 年 1 月	
工务员	温钦荣	敬亭	28	云南昭通	140	1931 年 10 月	本年 1 月 1 日留职停薪

续表

职别	姓名	别号	年龄	籍贯	薪额	到职年月	备考
助理工务员	杨文俊		28	南京市	100	1935 年 7 月	
助理工务员	成耀云		26	湖南湘乡	90	1935 年 7 月	
助理工务员	陈华启		24	南京市	100	1935 年 7 月	出差
助理工务员	孟邦达		24	浙江绍兴	90	1935 年 8 月	出差
助理工务员	王基昌		25	南京市	80	1935 年 12 月	出差
助理工务员	王达舜		24	南京市	80	1935 年 12 月	
助理工务员	孙剑如		26	江苏昆山	90	1936 年 7 月	
课员	李树明	孚久	53	河北清苑	200	1927 年 4 月	
课员	关肇文	幼尘	39	河北大兴	240	1932 年 10 月	
课员	倪青珩		41	江苏海门	160	1935 年 12 月	
课员	龚铮	杨声	32	江苏启东	160	1935 年 12 月	

（南京：第二历史档案馆，全宗号二八，案卷号 44270，第 6—8 页）

二月二日　《矿测近讯》第 96 期报道：自即日起，矿产测勘处员工轮流警卫，"各尽天职，日夜守望，月余如一日，哪怕风雪交加之寒夜，亦常闻巡查之梆声响亮，在此时局不靖之秋，使人夜安于枕"。

二月五日　在本月矿产测勘处第 1 次讲学会上讲"中国矿产分布概况及矿产分布图之编制"。

二月十二日　举行本月第 2 次讲学会，郭文魁讲"水坝地质问题之检讨"。

二月十九日　举行本月第 3 次讲学会，刘国昌讲"湖南地质构造史"。

二月二十三日　在中国地质学会于南京中央地质调查所召开的本年度第 1 次学术讨论会上报告"南京附近之地质矿产"。出席会员 100 多人，理事长李春昱主持。报告介绍了业已发现的栖霞山铅矿及下蜀钼矿，并依据地质、古地理、构造以及热液蚀变等，指出南京附近有发现锰、铁、明矾石、黄铁矿等新矿地的可能性。后由程裕淇、沈永和、沈其韩等讲述南京附近的岩石、矿物，对方山附近的喷出岩系讲述甚详，并对韩府山砂岩的层位及时代发表新见解。

二月二十六日　举行本月第 4 次讲学会，讨论两项内容：① 刘汉报告"中国铁矿探勘计划"；② 刘国昌报告"中国煤矿探勘计划"。

是日　致函资源委员会孙委员长、吴副委员长，申请员工薪金。

窃职于二月二十六日晋谒

委座承面谕本处以后员工薪津由会统筹办理，除国库发款由会领出转发外，其余不足之数仍由会筹发等因，奉此。遵查本处本年向国库应领之款，拟请钧会驻穗人员代为收拨。关于本处员工薪津并恳钧会照会本部办法统筹办理至祈核示并转知上海财务会计两处人员予以办理，实为公便。谨呈

委员长　孙

副委员长　吴

矿产测勘处处长　谢家荣

（南京：第二历史档案馆，全宗号二八，案卷号 44270，第 4 页）

二月　组织矿产测勘处人员编制全国矿产分布图表。

《本处工作近况》（摘录）：

三、室内工作

编制矿产分布图表：本处测勘人员于去年底相继返处后，即在谢处长指导之下，着手编制全国矿产分布图表，虽大部业经完成，而尚多增改之处，兹为订定将来探勘各矿之计划，特派刘国昌、刘汉、赵家骧、贾福海、郭文魁等分别负责煤、钢铁、非金属、金属及石油等矿产分布及探勘计划之编拟；谢处长本人亦亲自编制锑、锡、铅、锌、银等矿之分布图，刻除煤，钢铁及锑矿等图表业经完成外，其余各图之编制将于三月中旬次第竣工。

（《矿测近讯》1949 年 2 月号，第 96 期，第 21 页）

三月五日　矿产测勘处举行本月第 1 次讲学会，有两项内容：① 赵家骧报告"中国非金属矿探勘计划"；② 贾福海报告"中国钨矿探勘计划"。

三月十九日　在本月第 2 次讲学会上报告"中国的锡矿、锑矿探勘计划"，其后郭文魁报告"中国石油之分布及探勘计划"。

三月二十六日　举行本月第 3 次讲学会，贾福海报告"中国钨矿之分布"。

三月　矿产测勘处的中国矿产图表编制工作积极进行。谱主编制的锡、锑、铅、锌、银等矿的分布图表业经完成，略加增改，即可付梓；刘汉、刘国昌、郭文魁等

分别编制的中国铁、煤、石油等矿探勘计划图表,也已完成,正在修改中;赵家骧、贾福海分别编制之非金属矿、钨矿分布及探勘计划亦已垂成;其他如汞、金等矿正在收集资料。

是月 《矿测近讯》自本月(第 97 期)起,增加《编者的话》一栏,基本每期都有。这个栏目基本是谱主发表意见的专栏,主要论述地质工作,有时也论及其他。本期《编者的话》含 3 个短篇:《美国的堆储政策》《西欧各国的矿业》《我们照常工作》。《美国的堆储政策》说美国政府为保障军事,实施了有关战略物资的储备,未雨绸缪,以免战事发生,临渴掘井。战略物资中一大部分是矿物,即所谓战略矿物,共不下五六十种,其中有些为美国所不产的,有些是虽有所产而犹虞不敷的,尤其在战时大量消耗或航运停顿的时候,必须预为储备,以防不虞。但现在储备的时间只有 5 年,经费只 6 亿美元,专家们正准备扩大。《西欧各国的矿业》列举了英国、法国、比利时大力开发其海外属地的矿产以减少进口的具体数字,依据这些"得到三种感想:(一)西欧列强的经济基础几乎大多数是建筑在它们的属地上的。(二)西欧列强正在努力增加输出,减少输入,俾以收入的盈余,作扩充的资本。(三)地质调查和矿产测勘是开发矿业的先锋,他们不惜耗费巨大资金,积极推动,法国开发属地的十年计划,就是一个例子。此外若美国、苏联以及占领中国时代的日本,亦莫不如是,这种重视基本工作的精神,似乎值得我人效法的。"《我们照常工作》一篇所说的"时代的巨轮,毫不犹豫地向前飞驰,我们不能等待,只能依着既定方针,照常工作,追随前进",反映此时矿产测勘处的精神风貌。

《编者的话》:

我们照常工作

在南京各机关闹着搬家,疏散,甚至卷逃的当儿,本处人员,却仍坚守岗位,照常工作,除了淮南、武昌二个钻探队,或因环境特殊,或因矿方无意续钻,相继停工外,其余八步、湘江、锡矿山三个钻探队俱仍照常进行。八步队在黄花山探到了二公尺左右的烟煤层三层,奠定了西湾新煤矿的始基。湘江探矿队一直遭遇着劣运,但最近谢家塘二一○孔在二叠纪煤系内也探到了二公尺二的优良烟煤一层,湘江煤矿的前途,已露出光明。锡矿山的一、二两钻眼,先后遇到花砂三四层,但因金属矿床的太不规则,在没有详密钻探之前,它的经济价值,还难确定。

至于测勘工作,因时局不定,暂为停顿,现在想在南京附近作些详测地质和找矿的工作。因为野地人员大半归来,室内研究反加强起来了,除了编著未完成的报告图件外,我们正在编制中国矿产分布图和矿产表。这些图表,是凭着一种新的设计、新的理想,在实用、理论兼筹并顾的原则下进行的。它给予我们在探矿上的线索,也指示出将来探矿的方针。

由于大多数工友的自请遣散,本处同仁们乃不得不亲司扫地、看门、守夜打更之职,实行以来,已历二个多月,虽是一种疲劳服役,但同仁们还是认真轮值,丝毫没有懈怠之心。同时我们也没有忘记体育,篮球、排球的练习,继续进行,最近并曾与中央地质调查所比赛二次。

这个小刊物,从民国三十年三月不定期的油印,到三十四年十一月起每月一次的铅印,到如今也有八年的历史了,现在还是继续出版,并从今年起增加附图,刷新内容,虽然印费的高涨和稿件的张罗都是相当麻烦的事情。

时代的巨轮,毫不犹豫地向前飞驰,我们不能等待,只能依着既定方针,照常工作,追随前进!

（《矿测近讯》1949 年 3 月号,第 97 期,第 26 页）

是月　第 97 期《矿测近讯》继续刊出谱主的编译文章《与美国经济合作诸国的矿业情况(续)》,刊出赵宗溥的《苏联原子能矿产资源》,并在《世界矿业译丛》栏目中刊出谱主用“白丁”的笔名发表的《地球化学探矿》以及以“庸”的笔名发表的三篇短文:《钻探沙丘》《世界深矿井》《开路机探矿》。

《与美国经济合作诸国的矿业情况(续)》介绍法国、葡萄牙、荷兰、卢森堡的矿业情况。

《苏联原子能矿产资源》指出苏联是拥有原子能矿产的国家,简介了苏联的放射性矿产地质调查工作,概述了苏联放射性矿产的分布情况。

《地球化学探矿》说:“上月(1949 年 2 月)美国经济地质学会在旧金山开 29 次年会时,有一篇关于探矿的文章,颇值得注意,该文题目为‘地球化学探矿’,作者霍克斯(H. E. Hawkes)”“现在的探矿方法,日新月异,我们必须随时注意。1947 年 6 月份美国工矿杂志有一篇关于探矿新法的文章,其中也讲到地球化学和植物探矿的方法,已由马祖望先生译出,载本处近讯 36 年(1947 年)78、79 期合刊”。

是月　在《经济地质》(*Economic Geology*) 发表文章 (Paikungshan Coal Field—A New Discovery in the Huainan Basin, Northern Anhui, Central China),讲述淮南八公山新煤田的发现。

四月二日　矿产测勘处举行本月第 1 次讲学会,由杨博泉讲湖北武昌马鞍山附近煤田地质及钻探经过。

四月九日　举行第 2 次讲学会,由赵宗溥讲广西贺县金矿,申庆荣讲东北九省二叠纪煤田地质。

四月十六日　举行第 3 次讲学会,由赵宗溥讲安徽凤阳变质岩,花友仁报告如何找寻新油田,马祖望报告美国上湖麦沙比(Mesabi)之硅铁矿(Taconite)。

四月二十一日　毛泽东主席、朱德总司令下达《向全国进军的命令》,历时 37 天的渡江战役开始。

四月二十三日　南京解放。

《本处工作近况》:

四、南京解放本处员工均安

四月二十三日中夜南京解放,翌日如同过新年一样,万人空巷,齐集中山路头欢迎人民解放军队伍,本处员工更为兴奋欢欣,在谢处长领导下,通力合作,工作未尝稍辍;昼夜守望,保护公私物资,不使受到丝毫损失,新的测勘工作可随时展开。

五、学习新民主主义

南京解放后,本处员工欢欣鼓舞中已购新民主主义(论)多册,每于公暇之晚上,则相聚一处,共同研习,颇多领悟。

（《矿测近讯》1949 年 4 月号,第 98 期,第 47 页）

图 88　南京解放后与谢恒(右)合影

四月　中国矿产分布图表大部编制竣事,1950 年度各矿探勘计划亦分别拟就。《矿测近讯》有如下报道。

《本处工作近况》:

二、室内工作:

中国矿产分布图表,除铜矿外,其余如煤、铁、石油、钨、锡、金、铅、锌、银、锑、汞、锰、铋、钼、钴、镍及非金属矿等业经编制竣事,现正分别清抄,略加修改,当可装订成册,俾便参考。金属矿图表之编制,大部分由谢处长亲自任劳。另一九五〇年度各矿之探勘计划,亦已分别拟就,即可汇集成册,用为将来工作之准绳。

（《矿测近讯》1949 年 4 月号,第 98 期,第 47 页）

是月　在《矿测近讯》第 98 期的《编者的话》中刊出《中国的探矿政策》《金属矿业的趋势》《地质学者应有的风度》。

在《中国的探矿政策》中说:要完成探矿使命,达到高度效能,必须遵着 5 个原则,即:组织专业化、工作计划化、严密管理规定时限、扩大规模宽筹经费、奖励发现以资激励。

《金属矿业的趋势》以世界各国非铁金属矿床的产销趋势的具体数字说明世界金属市场有供过于求的趋势。

在《地质学者应有的风度》中指出地质学者应该具有的 3 种品德,鞭笞剽窃他人成果和拉大旗作虎皮的行为。

谢家荣《地质学者应有的风度》:

一个地质学者要有为大众服务和为研究而研究的精神。他要有客观的态度,谦和的礼貌,不要坚持成见,睥睨一切,更不要太看重了自己的工作,而忽视他人的成绩。用外文或在国外杂志上发表的文章,固然重要,但中文的写作或本国刊物中也有不少有价值的作品。

对于前人著作,应加尊重,不可过意抹煞,如有援用,更应忠实声明,剽窃掠美或巧妙地掩饰自己的错误,都是科学工作者的缺德行为。

在研究或写作中,他人的指点或提醒,常有极大帮助,虽最后的结论,有时不尽于此,但在论文中必须声明,不要以其为小人物而故意抹去。相反地,与工作绝无指助,也不是主管而可予以鼓励或协助的人,但是,因为是大人物,或者是外国人,往往被列入致谢人名之中,叫人看了,感到肉麻!

（《矿测近讯》1949 年 4 月号,第 98 期,第 37 页）

在《矿测近讯》第 98 期上继续刊出编译文章《与美国经济合作诸国的矿业情况》，介绍比利时、丹麦、英国、希腊的矿业情况。在《世界矿业译丛》栏目中，用"庸"的笔名节译了《加拿大矿业杂志》1948 年 11 月号的《钾在计数仪上的干扰》。

五月十三日　军管会驻资源委员会代表宋望平率接收组到矿产测勘处清点接收。《矿测近讯》有如下报道。

《本处工作近况》(摘录)：

三、移交清点工作

自南京解放后，本处全体同仁参加清点工作，将档案、图书、家具、仪器、钻机、药品等分类编号，制造清册，共分二十七类，合订成壹大册，等候接收。五月十三日军管会驻资源委员会的军事代表宋望平，率同接收工作同志十余人前来清点，分为五组，同时进行，当天即告完成，嗣后一切工作照常进行。为避免遗漏，军管会复令组织审查委员会，在王代处长主持下，由全体员工推选委员十五人组成，各课主管均不参加。刻审查委员会正分组进行抽查工作云。

(《矿测近讯》1949 年 5 月号，第 99 期，第 57 页)

五月十七日　为协助上海市军管会接收资源委员会在上海的各单位，9 时乘汽车离开南京，中午抵达镇江，下午 3 时抵达丹阳。晚上与饶漱石政委、曾山部长共进晚餐。

《本处工作近况》(摘录)：

四、谢处长赴沪公干

为协助上海市军管会接收资委会在沪各单位，南京的资委会办事处特组织赴沪临时工作队，由各单位推派人员十五人，公推本处谢处长为领队，电管处的谢副处长佩和及有线电厂的王协理能杰为副领队。谢处长等于五月十七日由京乘汽车出发，当日抵丹阳，寓交通旅社。因上海尚未解放，故全体留丹阳等候。在此期间，曾获得机会与华东区的几位最高当局晤谈，并与财经会高级人员商讨全国矿产的测探计划，南京附近的临时工作计划也就在此时决定。至二十五日上海解放，谢处长等一行即随军赴沪，经无锡南翔于二十七日到达，展开工作。此次在丹阳、无锡，承上海市军管会重工业处招待一切，盛意至可感谢云。

(《矿测近讯》1949 年 5 月号，第 99 期，第 58 页)

五月十八日　在丹阳与孙冶方、李文采及程望等会谈并与陈毅司令员和孙冶方会谈 3 小时①。

谢家荣日记(未刊):

六时许即起身,非常疲倦。出外游街一次。返旅馆则孙冶方、李文采及程望等均已来。乃会谈。又同进午餐。餐已又谈。三时许,陈司令毅及曾山来访,谈至六时许,陈始离去。孙冶方本日赴无锡,晚与李文采、程望同吃晚饭②……

五月十九日　一行赴丹阳纱厂参观。与万里副部长及财政部刘部长及金融贸易部李部长同进午餐。下午同仁开会,讨论赴沪后工作步骤,上海接收意见:① 人事不动,使安定。② 避免激刺语调,如"伪"字。③ 座谈会联络双方意见。④ 房地产:原属厂者由厂接,不属厂或无人驻留者属房地产会。⑤ 尽量利用工业同业工会及商会。⑥ 恢复生产:物资、经费、人才。京沪间调动可即设法。⑦ 京沪同一机构者必须恢复。⑧ 电台-京沪间通报。a. 军管时期电讯统制。b. 通讯联络原则上可行。日前在中央银行有电台,可代收代发。⑨ 清点不要太拘小节。⑩ 利用无线电台。⑪ 上海电话统一问题。

五月二十日　与万里部长、谢佩和副处长谈南京电厂情形。晚餐时,陈毅司令派人来约,赴总部看电影。晚餐毕即往中国饭店,民主人士亦被邀同坐,谈 1 小时。电影开幕。先映东北分地选举、参军等情形,又映东北工业如造纸、纺织、伐木、运木等,最后为天津解放及北平入城式等。

五月二十一日　参观练湖农场。与李文采、程望谈黄泛区植棉、苏北盐垦、矿建计划、宁镇区矿产开发等事。据云各自来水厂月需明矾数百吨,故明矾石的开发极为紧要。

五月二十二日　读俄文。陈毅司令员派人接至总部,与陈毅谈话约 3 小时,谈得甚为融洽,谈话范围甚广,涉:① 南斯拉夫铁托问题。② 中国是否将为铁托问题(谢家荣日记原文如此——编者注)。③ 对外关系与苏联援助问题。④ 借助外国技术人员问题。⑤ 批评中国各人物。⑥ 告我西安、南昌均已解放。

是日　翁文灏由香港往广州,向李宗仁辞去"总统府"秘书长之职,此后即避居香港。

---

① 以下至本月底的内容主要摘自谢家荣日记(未刊)。
② 李文采,中国现代著名爱国化工实业家李烛尘之子,1939 年获德国德累斯顿高等工业大学工学博士学位,1955 年中国科学院学部委员,其时参与接收重工业及钢铁厂。程望,广东台山人,同济大学肄业,1938 年参加新四军,同年加入中国共产党,曾任新四军第二支队参谋、第一师军工部部长、山东财委工矿部副部长,中华人民共和国成立后历任华东军政委员会工业部副部长,第一、第三机械工业部船舶工业局副局长,煤炭部机械制造局副局长,国务院造船统筹办公室副主任,交通部水运工业局副局长,时在华东军政委员会分管工业。

五月二十三日　读俄文。赴中国饭店拜访沙千里、施复亮、金仲华、王寅生、苏延宾等民主人士。晚上诸人回访。谈东北及各解放区土地改革及民众组织之完善及民众参军热烈等事。

五月二十四日　读俄文。上午与李文采谈铬矿问题。午饭时，准备赴沪接收各办事处，淮南总公司的淮南李颉晟工程师来访。晚，准备前往上海接收中央研究院的李亚农、李正文来问中央研究院之情况，晤昨日抵丹阳等候上海解放赴沪的杨公庶。

五月二十五日　与孙冶方、杨公庶等一同前往无锡。

五月二十六日　与孙冶方、李文采、杨公庶等从无锡抵南翔，夜宿车上。

五月二十七日　上海解放。上午10点抵达上海，先至戈登路（今江宁路），继至资源大楼晤资源委员会的吴兆洪，介绍孙冶方等见面。下午资源委员会在沪人员开会，一行在会上报告此行经过及解放情形。

五月二十八日　与吴兆洪同到办事处晤孙冶方等，直至中午，与郭可铨至石油公司用午餐后，到资源委员会大楼开本队讨论会。

五月二十九日　赴上海资源委员会大楼，听取陈毅、曾山、孙冶方训话，"陈毅演说两小时许，甚为动人"。陈毅在看望资源委员会留沪人员时表示："翁文灏是书生，不懂政治，即使他在国内，我们也不会为难他。"并让资委会人员即嘱翁心源速请翁文灏回国[①]。

五月三十日　下午偕钱昌照往中央研究院访竺可桢，向竺可桢谈及陈毅时表示：对国民党人员将尽力宽大，胡适、翁文灏等人均无需逃避，并向竺可桢谈及长子谢学锦本在永利铵厂就职，因战事离职，现在想回去工作却不能[②]，希望竺可桢从中帮忙，让谢学锦回到永利。次日，竺可桢函告谢家荣，永利公司副经理范鸿畴在沪，可与他接洽谢学锦回永利铵厂事。

《竺可桢日记》：

5月30日

　　谢季骅、觉予、刘有森、李鼎芳来。晤钱老太太。叔谅来。三点科学社理事会。

---

① 李学通：《翁文灏年谱》，第351—352页。

② 谢学锦当初离开永利铵厂，是按照地下党的要求回到父亲谢家荣身边，协助他保护矿产测勘处的，南京解放后，谢学锦自然要回到永利铵厂，但是回不去了。《走向奥维耶多：谢学锦传》依据对谢学锦的访谈对此有如下记述："因为当初为护厂而成立的5人小组曾向厂长李承干建议颁发过一条规定：永利铵厂的任何一位职工都不许在此非常时期离厂，如果离开了，就不能再回来了。就是不许人走，但是他走了，尽管走的理由很充分。虽然他去找了华东军政委员会，它介绍他去见永利铵厂的军代表，但军代表对他说：'永利铵厂是一个私人厂，还不能和国营厂同等对待。你们自己制定了这么一条规定，我现在不好违反；违反了，以后我不好说话。'又说：'你不要着急，先回南京先等一等再说。'他只好回到南京。"（第48页）

余到沪已一个月。

晨六点半起。与若水早餐后回院。今日仍有友朋陆续来。十一点家玉来，以振公之电见示。适电机系毕业生刘有森亦来，渠本在海州电厂，以共产嫌疑被捕，释出后来沪。下午谢季骅来，钱昌照偕来。知季骅于昨由南京至丹阳，与陈毅同来。据陈毅云，共产党待敌将尽力宽大，适之、孟真、咏霓均无避去之需要。渠曾阅研究院院士录，见有郭沫若之名，知研究院之能兼收并蓄。并曾提余名，谓当电杭州市长谭震林至浙大访余云云。其公子学锦已就事于浦口永利公司化学组，因战事离职，现欲回永利，嘱余与侯德榜一谈。余谓侯去印度未返，余可为询黄海研究所孙颖川。后以电话询得，谓人事方面须询副经理范鸿畴，办事处在四川中路 219 号三楼。余即以复季骅（函由地质所李君带去）……

（《竺可桢全集》第 11 卷，第 449 页）

5 月 31 日

晨六点廿分起。作函与谢季骅，告以永利公司副经理范鸿畴在沪，学锦事可与接洽，函交地质所李君带去。

（《竺可桢全集》第 11 卷，第 450 页）

五月三十一日　出席在资源委员会大楼举行的座谈会，讨论江淮海区经济建设计划。

五月　安排矿产测勘处临时工作计划，测探南京附近矿产。任原资源委员会保管委员会副主任委员、矿产测勘处保管处处长。被推选为由中国科学工作者协会、中华自然科学社、中国科学社及东北自然科学研究会 4 团体发起的第 1 次全国科学会议的南京区筹备委员。《矿测近讯》第 99 期有如下报道。

《本处工作近况》（摘录）：

二、测勘工作

在南京解放前几个月，本处测勘工作暂为停顿，但全国性大规模的测勘计划早已拟定。南京解放后，前项计划尚难实施，为配合目前生产建设的需要，爰拟一临时工作计划，测探南京附近的矿产，经呈准军管会经济部组织四个测勘队，各队工作地点及性质列如左表：

队别	工作性质	人员
栖霞山铅矿	详测及槽探	王植、申庆荣(地质)、龚铮(测绘)
铜井湾金铜矿	详测及采样	赵宗溥、段承敬(地质)、蓝葆璞(测绘)
牛首山及当涂明矾石	详测及采样	赵家骧、沙光文(地质)
宁镇山脉矿产	踏勘	郭文魁、花友仁(地质)

刻各队人员正准备图件及资料,下月即可全部出发。

六、本会改组为保管委员会

本会各单位自军管会经济部派军事代表接管后,初步清点工作已告一段落,除生产机构另行办理外,会本部、电业管理处、全国水利测勘总处及本处联合改组为原资源委员会保管委员会,由委员九人组成,经济部指派陈中熙为主任委员,谢处长被推选为副主任委员,本处改组为矿产测勘处保管处,除谢处长为当然处长外,王植被公推为委员并派为副处长,殷维翰、郭文魁及赵宗溥被公推为保管组,业务研究组及学习组等组长。本处原有组织仍保留,一切工作照常进行。

七、第一次全国科学会议

由中国科学工作者协会,中华自然科学社,中国科学社及东北自然科学研究会四个团体发起之第一次全国科学会议,将于八月底在北平举行,本处谢处长被推为南京区筹备委员云。

(《矿测近讯》1949 年 5 月号,第 99 期,第 57—58 页)

是月 在《矿测近讯》第 99 期以"白丁"的署名发表《关于加拿大上湖区新发现的沥青矿》和《美国钨矿进口》,在同期的《编者的话》中发表 3 篇短文:《我们的探矿工作开始了》《中国矿产品应该尽量出口》《中国几种重要矿产的研究》。

《关于加拿大上湖区新发现的沥青矿》报道:1948 年 11 月,加拿大多伦多矿务局派 Satterley 和 Hewitt 前往上湖区 Theano Point 西北角的小湾里调查新发现的产于伟晶花岗岩中的沥青铀矿,他们采了三块标本,分析结果含 UO_2 分别为 61.6％、63.8％和 56.3％,与大熊湖的矿比较可知,为标准的沥青铀矿,现正继续研究中。《美国钨矿进口》报道:据路透社消息,1948 年美国进口钨矿 7 963 吨,1947年为 1 588 吨,1946 年为 1 895 吨。

《我们的探矿工作开始了》称:从今年 1 月应变起到 4 月 24 日南京解放,我们的室内研究工作从未间断。南京解放以后,本处全体动员办理清点移交工作,到 5

月中旬,大体完成。为迅速展开业务,我们又拟具了一个南京附近临时工作的计划,到下月初各队就可以出发了。

谢家荣《中国矿产品应该尽量出口》:

为了发展生产,繁荣经济,中国必须有大宗外汇来订购各种急需的机器和材料。外汇的获得,既不能乞怜外援,也不能借贷外债,目前我们可以做到的只有一条路,就是依据平等互惠的原则,进行正常的贸易,尽量减少进口,增加出口,使一个向来入超的国家变为出超的国家,以博取大量的外汇。在若干种贸易中并可照以货易货的方法,用土产来换取机器;只有这样,我们的生产,才能迅速地增加,我们的建设,才能广泛地开展。

可供出口的物品很多,农产品、纺织品和其他手工业产品或者还较矿产品更为重要,但矿产也是一种重要的出口物品。钨、锑、锡、汞,在抗战期中,出口甚多,由此所获得的外汇或器材,对于抗战曾发生过相当大的作用。其实还有许多矿产,像焦炭、铁矿、锰矿、萤石、明矾等在战前每年都有经常的出口,如能大量生产,撙节使用,而以余下的吨数,尽量出口,也可得到一笔不小的外汇。此外像菱镁矿、一水型硬铝土、石膏等矿产,日本人在战争时期已经大量生产,大量出口,我们以后还可继续进行。最后还有许多矿产像磷矿、滑石、石棉、斑脱岩、蛭石、硅藻土、富滤土以及钼、铍、铬、铋、钍等矿产,目前所知,蕴藏或不甚富,但就地质理论推断,在中国各地或有发现大量矿床的希望,所以也应随时注意,列为可能出口的矿产品的。

据以往经验,钨、锑、锡三种矿品,当以运销美国为主,并以获取金元为主要目的,但是苏联和欧洲的几个国家,也可销售若干。焦炭、铁矿、镁矿、硬铝土等都是笨重而价值较廉的矿品,不值得长途运输,所以只有日本为最理想的对象。美国缺少锰矿,品质优良的锰矿可以输美,但日本也可吸收若干。菲律宾及南洋可为石膏的输出地,萤石和明矾的出口,大概也限于远东各国。

有人或者要提出疑问,拿矿砂或半制成品的矿产品出口,是有损天然资源的不经济政策,尤其当我们想到出口的对象是日本时,不免要感到国防上的威胁。在表面上看起来,这种顾虑是有理由的,但我们除走这一条路,试问又有什么好的道路可走?我们只要将这个政策,定为暂时的过渡政策,并且在出口的数量上加以考核,务使本国需要,先为充分供给,在矿产的开发上,详为设计,务使天产资源,不致浪费,在储量丰富的矿床,三五年的消耗,决不会发生重大影响的。

大约是在这年的冬天,谱主曾经以此文的主要内容(更为详细)上书毛泽东主席,为国家建设进言。以与中央精神不符,中共中央办公厅将此信退回。

《中国几种重要矿产的研究》主张对中国的几种重要矿产应设立像沁园燃料研究室那样的专门研究所。

谢家荣《中国几种重要矿产的研究》:

中国几种重要矿产,像煤、铁是工业的基本原料,钨、锑是储量特丰,在世界资源上占着优越的地位,俱应设立专门研究所,在理论和实用各方面加以深切而具有创造性的研究。从前中央地质调查所附设的沁园燃料研究所,就是一个例子。虽然因为限于经费、人才和设备,不能充量发展,但就该所业经完成的几种研究和发表的论文看起来,已有相当的贡献,而这种贡献,对于将来进一步的精深研究确有重要的指助的。

当兹全国革新,努力建设的时候,为了增加生产,提高学术水准,像上面所述燃料研究所的一类工作,似应继续进行,并且还要扩展到钢、铁、钨、锑方面,钢铁是基本工业原料,钨、锑则是中国的特产,有了这种稀有的宝藏,我们就应该有资格去争取在世界各国中对于同样研究的领导地位,否则我们不但辜负了天赋的优厚,还要担负着阻碍研究的责任了。

(《矿测近讯》1949年5月号,第99期,第50页)

六月一日 赴石油公司与翁文波等商谈上海打井事宜。

六月二—四日 与李文采、孙冶方等商谈全国矿产测勘计划和矿业法①。

六月十四—十九日 随宁镇山脉矿产调查队(郭文魁、花友仁)赴栖霞山等地考察地质。《矿测近讯》第100期《本处工作近况》报道如下:

二、测勘工作

1. 宁镇山脉矿产队

由郭文魁、花友仁组成之宁镇山脉矿产调查队于六月十四日随同谢处长出发,先至栖霞山视察栖霞山铅矿之地质、矿床情形。十六七日至南象山、千佛岭、平山头、三茅宫等山头寻铅矿新露头及其他矿产,结果于三茅宫西南山腰之栖霞石灰岩与侏罗纪砂岩接触处发现一矿化带,采得标本数种。十八日往高资巢凤山调查铁矿,于北面山腰见苍山灰岩与高家边页岩断层接触处,因花岗岩体之侵入发生一接

---

① 1949年5月19日—6月4日谢家荣自南京到上海和在上海的活动,其详细日程详见谢家荣日记。

触变质带,宽一公尺至六公尺,长逾五十公尺,其中主要矿物为石榴石,接近花岗岩体者有磁铁矿及绿帘石,因磁铁矿储量不多,无开采价值。十九日标本返处试验,现已试验完毕,不日即将出发獐子洞及南京近郊一带工作。

(《矿测近讯》1949 年 6 月号,第 100 期,第 66 页)

六月二十四日　在中央研究院举行华东经济建设讨论会,出席会议的有:谢家荣、李庆逵、马溶之、宋达泉、巫宝三、朱莲青、金善宝、吴赓荣、陈中熙、孙玉声、黄育贤、张光斗、蔡钟瑞、黄秉维、万典武、郑丕留、杨鸣春、王栋、汪馥荪、佟哲晖、陶孟和。谱主作为会议主席,首先报告华东经济建设计划概要,黄秉维报告苏北盐垦调查计划编制经过。会议讨论事项二:一是苏北盐垦调查计划修正案,决议由张光斗、黄秉维负责修正,二是如何集中南京市各有关机关及人才从事华东经济建设的研究与规划,决议由已参加苏北盐垦及南京生产建设的各机关共 13 个单位发起组织联合机构,并推棉产改进处等 5 个机关负责起草,并指定矿产测勘处为召集人。[①]

六月　依据在上海期间和华东区有关领导的讨论,编制《中国探矿计划》,其中说到石油等矿产"目前所知,中国所含并不十分丰富""但就我们理论判断,如能积极探勘,必能发现若干重要矿床,至少可以自给自足"。在这个计划中,谱主与郭文魁拟在 1950 年的石油天然气探测计划中派出 52 人,组织松辽平原热河区、陕北区、四川龙泉驿、四川巴县(今重庆市巴南区)和江南区等 5 个队进行工作,其中 3 人组成热河队,踏勘阜新朝阳区、赤峰大庙和承德丰宁,详测阜新东岗油田。其中说到铀、钍等放射性矿产"中国至今虽还没有大规模研究或利用原子能的能力,但这些放射性矿物的存在,却已有事实证明,就地质理论研究,我们并可指出若干搜探这类矿物的区域",计划 1950 年派出地质 9 人,测量 2 人,钻探 2 人,助手 2 人踏勘黑龙江、绥远、台湾,详测辽东,钻探广西各处的铀、钍矿产,并详细列出了相关地点[②]。《矿测近讯》第 100 期的《编者的话》中发表的《我们提出的一个探矿计划》简要介绍了该计划。

谢家荣《我们提出的一个探矿计划》:

为了开发矿业,增加生产,使国家踏上经济繁荣之路,中国要普施探矿,要使开矿事业,只许成功,不许失败。中国更要彻底的探矿,因为不懂探矿,或忽视探矿,以致遭受到惨痛失败的故事,从前清末季到现在,真是书不胜书,用不到我们详细

---

①　《华东经济建设讨论会》,北京大学档案馆,档号 1RW0172002－0646。《黄秉维生平年表》称:1949年"编写苏北屯垦计划"。(《黄秉维先生百年诞辰纪念文集》,科学出版社,2013年,第 192 页)
②　详见谢家荣《中国探矿计划》。

列举了。相反地,抗战时代,日本人在中国沦陷区的经营,却都是凭着可靠根据,探矿的指示——脚踏实地地干的,所以他们获得了相当的成果。因此我们认为探矿工作的是否被重视和是否能彻底地施行,将决定开矿的成败,也就是工矿建设,经济繁荣的成败。它是建国工作的急先锋,要在任何建设工作开施以前先为办理的一种急要事业。

我们现在提出一个全面的和庞大的探矿计划,它是依据我们的学识、经验,并在配合工矿建设和经济繁荣的大前提下所拟定的。我们探矿的地点,要先从交通方便,运输通畅的地方着手,偏僻的西北和西南,除了若干特别重要的矿产外,暂不积极工作。我们要集中力量,在东北、华中、华南,特别在铁路沿线,江河沿线以及沿海一带,就学理上认为有望,或过去探采已见迹象的各地点,分头进行。

探矿的对象,包括下述各类:(一)工业基础的煤、铁,在中国储量极丰,除自给自足外,还可出口。(二)中国所含并不甚丰,但如积极探勘或可自给自足的矿产,像石油、铜、铅锌银、铝土、磷、硫、云母、石棉等矿。(三)一向有出口矿产品之称的钨锑锡汞,还有锰矿、菱镁矿、滑石、萤石、一水型硬铝土、石膏、明矾石等,中国所含都极丰富,可以大量开采,大量出口。(四)镍、钴、铬、钒、钼、铋、铍以及许多非金属矿产像斑脱岩、蛭石、硅藻土、富滤土等,在工业上都是重要原料,而在中国也有发现的可能。(五)铀、钍等放射性矿物。(六)水泥材料,其他非金属矿以及地下水、坝址地质、工程地质的测勘,也都是我们工作的对象。

这个全面的探矿计划倘能实施,那么,我们共将派出探矿队七十二队、钻探队二十二队,我们共需地质人员一四三人、地形测量五十四人、钻探人员及助手一一八人,共三一五人,非技术人员及工友还没有计入。我们需要二百公尺深的钻机五架,三百公尺的十四架,五百公尺的七架,二千公尺以上的二架,除我们已有钻机九架外,还需添购钻机十九架,约需美金七十万元。探矿经费合计约需人民币九亿三千九百七十七万元,员工薪津及总管理机构的经费还没有计入。

这是一个比较庞大的探矿计划,在目前百废待举、财政艰难的时候,新政府是否愿意全面施行,而我们这个仅有四十余名技术人员的小机关是否担当得起这个重大责任,都成问题。但我们仍旧做了这个计划,其目的不过在估计一个全面探矿所需的经费、设备和人员,以供有关当局及同业机关的参考罢了。(关于探矿计划的详情及图表,本处有油印本)。(荣)

（《矿测近讯》1949年6月号,第100期,第59页）

是月 《矿测近讯》第100期刊登关于山东的探矿计划。

《本处工作近况》(摘录):

二、测勘工作

……

5. 鲁南及胶东矿产测勘计划

谢处长在沪曾与华东区负责财经高级人员商讨全国矿产测勘计划,鲁南及胶东矿产测勘计划即属一部,兹分别略述如下:

甲、山东南部矿产测勘计划

(一)测勘范围:淄川、博山、莱芜、新泰、蒙阴、泗水、曲阜、峄县等县境。

(二)测勘目的:主要目的在测勘煤矿,除测勘已知煤区外并依据学理寻觅新煤田,至于区内其他种矿产亦一并测勘,如淄博之铝土矿等。

乙、胶东矿产测勘计划

(一)测勘范围:包括掖县、黄县、招远、福山、牟平等县境。

(二)测勘目的:详测福山芝罘岛铁矿,并调查胶东半岛之金矿及菱镁矿,俟调查后再决定招远九曲金矿及掖县菱镁矿是否需要详细测量。

(《矿测近讯》1949年6月号,第100期,第66页)

是月　在《矿测近讯》第100期的《编者的话》中还发表了《今后中国地质工作的动向》,盛赞30多年来中国地质研究所取得的成绩,其中说:"今后的地质工作应当在配合人民的要求和政府的国策下,集中力量、实事求是地,朝着生产建设的大路迈进。"

谢家荣《今后中国地质工作的动向》:

中国地质研究,从民元到现在,已有三十余年的历史了,它在国内外学术界上,一致被认为(是)有相当的贡献和成绩的。所以如此的原因,很为简单:第一,地质学是多少具有地域性的科学,在一个草创的国家,稍稍努力,便容易见功效,有成绩。第二,我们不能不归功于几位领导人的准确方针,从基本理论问题着手,而共事诸君子的努力苦干,在任何环境下坚守岗位的奋斗精神,也是促成事业成功的重要因素。

三十余年来中国地质界领导人注重理论,特别像古生物、地层等等的研究的事实,可在中国地质学会颁发奖金或奖章的名单中以及政府派赴欧美考察的人名中,找到证据。这种提倡的精神,固可佩服,但如过于偏差,尤其在地质工作已有相当规模的阶段,不免要发生好高骛远,不切实际的毛病。同时又将使有志向上的青年们,误解到只有谈理论,找化石,才能得到荣誉和实利,其他都是下品了。我想,中国岩石、矿物的研究,尤其经济地质学研究的不能长足进步,上述的偏见和误解,是要负着相当的责任的。

其实从民元到现在,地质工作一向是掩护在矿产调查和探矿的美名之下的,政府的方针、主管的指示,都是如此。现在全国解放,为期不远,今后的地质工作应当在配合人民的要求和政府的国策下,集中力量、实事求是地,朝着生产建设的大路迈进。(荣)

(《矿测近讯》1949 年 6 月号,第 100 期,第 59—60 页)

七月七—十一日　自南京北上赴北平参加全国自然科学工作者代表大会筹备委员会会议。7 日下午 6 时赴下关过江,车未开,候车至次日 6 时方开,经停济南、德州、天津等地,一路走走停停,或因车坏,或因误点,至 11 日上午方到北平,即到工程师学会座谈,听取徐特立之讲话,晚赴国民大戏院观看话剧《红旗歌》。

《竺可桢日记》:

7 月 7 日

三十万人大游行。

晨六点起。今日京浦仍不通,但临淮关之桥正在修理而已。午后曾与谢季骅通一电话,知渠等一行廿一人(吕蔚光在内)已至浦口上车,但不能启行,今日又遄回,六点前将又渡江,待出发云云。

(《竺可桢全集》第 11 卷,第 474 页)

七月十二日　先晤钱昌照,继赴北京大学地质馆参加座谈会,下午赴欧美同学会开预备会,晚赴北京饭店参加李维汉的茶话会,听取李维汉和吴玉章的讲话。

七月十三日　出席上午九时开幕的全国自然科学工作者代表大会筹备委员会会议,吴玉章、徐特立、叶剑英等讲话,下午周恩来到会讲话,约三四个小时。

七月十四日　全国自然科学工作者代表大会筹备委员会会议分理、工、农、医四组开会,下午休会。

七月十八日　出席预备去东北参观人员会议,被推选为参观团副团长。晚至东厂胡同 1 号历史研究所北平档案整理处出席院士会,到会者还有竺可桢、陶孟和、梁思成、叶企孙、杨钟健、冯友兰、曾昭抡等。

《竺可桢日记》:

图 89　全国自然科学工作者代表大会筹备委员会成员合影(六排右二为谢家荣)

7 月 18 日

晚中央研究院院士会。午后全国第一届科学工作者代表大会筹备会闭幕。

晨六点起。八点至东皇城根中法大学开大会。首先召集主席团讨论代表大会及筹备会草案，推严慕光、吴玉章、蔡翘等三人为今日之主席团。九点开始大会，通过筹备会简章等，并通过出席新政协商会之代表。先是理组，只应有五人，而选出七人。昨晚主席团中陈康白自愿退让，故尚须减少一人，今日票选再减少卢于道，故理组所选为李仲揆、曾昭抡、严慕光、涂长望、恽子强五人。农、工、医各四人。农组因主席团指定沈其益候补，而曾省则以为原来指定蔡邦华第四名，因此颇有争执。

中膳后，预备去东北旅行人员开一会议。由陈康白召集，首先说东北可看之工业、农林，由张国报告农业，王斌报告医学。去东北签名者四十四人，分理、工、农、医四组，推余为团长，季骅、旭旦、施嘉炀及张昌绍为副团长①。

二点开大会，票选常务，选出刘鼎、吴玉章等卅五人。曾省提议大会发宣言，指责美帝国主义之侵略及国民党以飞机轰炸。梁希致闭幕词，要科学家随（跟）共产党走。最后吴玉章讲科学家要认清阶级，大家奋斗。六点半散。

与化予等晚膳后，至东厂胡同一号历史研究所北平档案整理处开院士会。到孟和、思成、正之、企孙、杨钟健、冯友兰、曾昭抡、汤锡予、张景钺、树人、步曾、季骅、雨农、陈援庵、陈达、慕光。余主席，首请陶孟和报告，次许杰、化予、九章均致词，锡予讲《北平史语史》[史语所北平史整理处]、《古宫史党案》[故宫历史档案]、房屋。季骅、曾昭抡、严慕光、企孙、正之、步曾均发言。最后步曾与宗洛言语间颇有冲突。十一点散会。

（《竺可桢全集》第 11 卷，第 480—481 页）

七月十九日　晤李捷。中午赴叶剑英德国饭店之宴②。下午赴欧美同学会出席第一次科学工作者联合会筹委会常务委员会会议。晚赴中南海周恩来、吴玉章、李维汉之约。

《竺可桢日记》：

7 月 19 日

三点至欧美同学会开第一次科学工作者联合会筹委会常务委员（会）。推吴玉章为主席，讨论组织办法。决定在主任下设秘书长及宣传、组织二部与总务及计划

---

①　此与最后确定的副团长名单有出入，详见竺可桢、陈康白、谢家荣等著《我们的东北》所附东北参观团团员名单。

②　据《谢家荣日记》。

委员会,为四部。余与政之因有约,于五点先离欧美同学会。回六国饭店。未几文教处钱俊瑞、宣传部陆定一来谈。渠等欲余与正之参加全国教育工作者会议筹备大会。余以事先已接洽季骅去东北,故须与季骅商后使能定,或延期二天至廿三晚赴沈阳,因教育会定在 22—24 三天也。

六点半偕正之、子竞等乘车赴中南海春藕斋(居仁堂对面),应新政协会筹备会周恩来、吴玉章、李维汉三先生之约晚膳。

(《竺可桢全集》第 11 卷,第 481—482 页)

七月二十日　参观石景山钢铁厂的焦油厂、炼焦厂、动力厂、炼铁炉、铁管厂。返西郊民巷看望陆宗贤[①]。

七月二十一日　赴欧美同学会,出席全国自然科学工作者代表大会筹备委员会所组织的东北参观团会议。

七月二十二日　作为全国自然科学工作者代表大会筹备委员会组织的东北参观团副团长,率参观团自北平动身。同行者 49 人,参观者 46 人。

东北参观团团员名单

理　组

姓名	学科	服务机构与职别	备注
竺可桢	气象	中央研究院气象研究所研究员	团长
谢家荣	地质	前资委会矿产测勘处处长	副团长
王竹泉	地质	北京大学地质系教授	
伍献文	动物	中央研究院动物研究所研究员	
吴学周	化学	中央研究院化学研究所所长	
刘慎谔	植物	北平研究院植物研究所所长	
曾昭安	数学	武汉大学教授	
高尚荫	动物	武汉大学教授	
李旭旦	地理	中央大学教授	理组干事
徐克勤	地质	中央大学教授	
王成组	地理	清华大学教授	
娄成后	生理	清华大学教授	

[①]　陆宗贤(1909—2011),浙江吴兴(今浙江湖州)人。中国水泥工业的技术先驱、一代宗师、中国建筑材料工业规划研究院原总工程师。

黄宗甄	植物	中央研究院植物研究所副研究员	
张孟闻	动物	中国科学社总编辑、复旦大学教授	总联络

工组

周　仁	机械冶金	中央研究院工学研究所所长	
支秉渊	机械	中国农业机械公司总工程师	
叶在馥	造船	民生实业公司总工程师	
李承干	机械兵工	永利化学工业公司制铵厂厂长	副团长
孟广喆	机械	南开大学教授	
梁治明	土木	中央大学教授	
施嘉炀	土木	清华大学工学院院长	工组干事
石上渠	工厂管理	永利化学工业公司人事室主任	

农组

金善宝	作物	中央大学教授	
王学书	园艺	山东大学教授	
邓书群	森林	中央研究院植物研究所研究员	
郑万钧	森林	中央大学教授	农组干事
鲁宝重	农化	北京师范大学教授	
俞大绂	植病	北京大学农学院院长	
韩德章	农经	清华大学教授	
许振英	畜牧	清华大学教授	
李竞雄	农艺	清华大学教授	
黄瑞采	土壤	金陵大学教授	
刘伊农	农化	中央大学教授	
沈其益	植病细菌	中央大学教授	会计干事
李世俊	农化	华北大学农场场长	
周慧明	森林	中央大学教授	
胡祥璧	兽医	哈尔滨兽医研究所所长	

医组

张孝骞	内科	协和医学院内科主任	
张鋆	解剖	协和医学院教授	
张昌绍	药理	上海医学院教授	医组干事
吴襄	生理	中央大学教授	
汤飞凡	细菌	中央防疫处处长	

孟目的	药学	善后管理会制药厂厂长
裘祖源	公共卫生	协和医学院教授
杨树勋	制药	杨氏化学治疗研究所所长
杨国亮	皮肤	上海医学院教授
林总扬	细菌	北京大学医学院教授
杨济时	内科	大连大学医学院教授

招待主任为东北人民政府财政经济委员会陈康白处长,秘书为华北人民政府企业部常青松秘书,另有郭和夫(化工)、蔡承祖(经济)两君同行。以后郭留大连,蔡返北平。

(竺可桢、谢家荣、陈康白等:《我们的东北》,生活·读书·新知三联书店,1950年,第156—157页)

七月二十三日　抵沈阳南站,东北人民政府林彪主席、高岗副主席、沈阳市市长朱其文、副市长焦若愚等亲到车站迎接,同赴文化宾馆(大和宾馆)。下午由机车厂厂长陪同参观机车厂。

七月二十四日　上午参观沈阳冶炼厂,下午游览北陵和沈阳故宫,晚赴有色金属管理局与局长及中日技师交谈。晤下午抵达沈阳的团长竺可桢。

《竺可桢日记》:

四点廿分到站后,陈康白与李女士及市府周秋野(无锡人)在站相接。即与周慧明、赵冀、周林等同至文化旅馆,即昔年之太和旅馆也。晤季骅、孟闻等等。知农组定今晚即出发赴哈尔滨、安东、佳木斯;工组明晨赴鞍山;医组则于明午去长春。余决定加入工组。晚膳后偕吴化予、伍献文及黄宗甄、赵冀至中山公园。

(《竺可桢全集》第11卷,第485页)

七月二十五—二十七日　一行22人搭转车(轻油车)赴鞍山参观。先后参观炼焦厂、炼钢厂、化学厂、炼铁厂、鞍山轧钢厂、耐火材料厂、制管厂、陈列室。参观结束座谈,后赴本溪,中途参观弓长岭铁矿。

《竺可桢日记》:

7月25日

晨六点起。七点半早餐。八点自文(化)宾馆出发,赴东车站。计同行者廿二人,梁治明、周子竞、支秉渊、李承干、叶在馥、孟广吉、施嘉炀、钟林、陈康白、王竹泉、黄宗甄、徐克勤、郭和夫、张孟闻、蔡承祖、郭安娜（沫若太太）、吴学周、孙东明、（崔曙英）、谢季骅、常青松、石上渠与余。车过浑河及太子河时,见原来桥均已毁去。辽阳损失更大,车站附近之屋几全毁去。

......

十一点至鞍山,即下车,改乘汽车至铁厂迎宾馆。稍坐后分配房间,余与子竞、陈康白住七号。未几,厂之经理李大章、副经理王勋、郝希英均来。知现有矿工及职员约三万人,每工可得210分。所谓一分,包括粮食、燃料、油、盐与布匹而言。合计每分可得粮食2.8斤......人民政府接收方半年,而于六月中已先后出货,可谓迅速矣。六点回迎宾馆。

（《竺可桢全集》第11卷,第485—486页）

7月27日

晨五点半起。七点鞍山铁厂经理李大章、副经理王勋及工会王君来同早餐,并饮啤酒。膳后开圆桌会议检讨,计申诉意见者有周子竞、季骅、徐克勤、支秉渊、孟广吉、吴化予诸人,谈至九点半。遂谢别李、王二经理。至陈列馆,陈列厂中出品及模型等等。十点至车站,即乘原来汽车启行......

十二点到弓长岭,由杨厂长请一赵君报告,谓弓长岭之有铁,1200 AD高句丽时已知之......余等先往观后台沟之明矿,在此季骅等拾得岩石中有含Garnet石榴石、Serpentine蛇纹岩等矿石标本。至二点下山,在办公室中膳。二点半又往观通关之隧道,深入平面五百公尺下钻二百公尺......

四点各人上车。先回辽阳,至安平站,再向东往本溪。行至离本溪20公里之北台站,前有隧道轨道脱离,乃在此等待。初以为二小时即行,后知轨道修复需时,遂在北台站外轨道上车中过宿。

（《竺可桢全集》第11卷,第487页）

七月二十八—二十九日　参观本溪炼铁炉、炼焦炉、炼钢厂、竖井工程、研究室、洗煤机,继下中央大斜坑,参观工作面。参观结束后座谈,返回沈阳。

《竺可桢日记》:

7月29日

晨五点半起。天又雨。七点早餐后,八点出发参观......今日参观,首至实验室,分为二处,一为物理（性）实验室,有放大1200倍之显微镜,可以照相,有一日本人名热田者主持之。此外尚有试钢铁之 tensile strength 抗张强度等机器,均陈旧。次为化学实验室,试 S、Ph 之成分……自此至洗矿厂,以水洗煤。转至办公室,后赴中央大斜矿。此矿有深入隧道,用电气送车上下深入 1 300 公尺,深 240 米。余等十二人,子竞、化予、孟闻、钟林夫妇、吴力永(公司技术室主任)、季骅等同行。由一姓杜工程师及工头三人同行。十一点十分下矿……余等在矿内计二小时半始出……

三点始回工字楼中膳。杨维经理、靳树梁、吴力永等均来陪同。中膳之后开讨论会。至六点余,出发赴车站。七点车开。十点半始至沈阳,待汽车来接半小时。晚睡已十二点。

(《竺可桢全集》第 11 卷,第 488—489 页)

七月二十九日　中国地质学会理事会决定,停止翁文灏作为中国地质学会的会员的权利和义务,会员录上不予列名。翁文灏从此未能参与中国地质学会的活动。

七月三十一三十一日　从沈阳抵抚顺,参观西部大露天坑,乘车下坑参观,继参观油页岩炼油、陈列室,下龙凤坑,往西部工作面参观采煤。参观结束后座谈,后返回沈阳。

《竺可桢日记》:

7 月 30 日

晨六点起。七点早餐后,七点半至沈阳南站。八点车开,向东至抚顺仍乘轻油车。9:25 至抚顺……到招待所(称俱乐部)后由局长王新三、副局长刘放及吴保民秘书长招待……

中膳后偕刘放副局长参观古城子露天矿。此矿区东西 11 公里,南北 6 公里,煤层之上为油页岩,最上为绿页岩及洪积层。煤层之下为玄武岩……

六点回。晚餐。膳后偕季骅、子竞、李承干等至抚顺市上,见店铺极为萧条。购烛煤、琥珀等纪念品而回。又下午曾参观研究所,实则为化学实验室也。主其事者昔为承纪元,已去石景山,现为王勃洋云。

(《竺可桢全集》第 11 卷,第 489—490 页)

7 月 31 日

晨六点起。七点半即由刘副局长陪同参观。首至抚顺矿务局机电厂,由清华毕业生刘君陪同参观,内有理化实验室。次乘车行四十分钟至抚顺矿务局钢铁厂,由厂长梁克桢陪同参观……

出厂已二点。回俱乐部中膳。膳后三点,王新三、刘放二局长及吴秘书长召集谈话会,嘱参观团团员发表意见,计有子竞、季骅、王竹泉、支秉渊、施嘉炀、孟广吉、吴化予、张孟闻诸先生。厂方有井工处刘宝章、机电处崔培桂、采炼处赵宝谦、工业处丁放及日本人前计划科科长北村渚。六点散。六点半晚膳。七点一刻别王、刘二局长,至车站。七点车开。八点五十分到沈,周秘书长来接至文化宾馆。

(《竺可桢全集》第 11 卷,第 490—491 页)

八月一日 整理笔记,做观感报告。

《竺可桢日记》:

8 月 1 日

晨七点起。早餐后未几,医、农二组自哈尔滨回,一时文化馆骤形热闹。现团员已增至四十八人:理14人,医11人,工8人,农15人。因大连遭遇台风之打击,故决计改变计划。理、工组赴长春、哈尔滨,医、农组赴安东、本溪。中膳后理、工组开一会议,至一点散……

六点后晚膳。六点三刻开全团会议,各组报告。工组季骅报告地质,子竞报告炼钢,支秉渊报告机械,化予报告副产品,共费一小时。农组俞大绂报告农艺,邓淑群报告森林,徐振英报告畜牧,韩德章报告农经,献文报告渔业,亦共费一小时。医组吴襄报告医科大学现况,孟目的报告药。九点半散。

(《竺可桢全集》第 11 卷,第 491 页)

八月二日 参观辽宁大学①。晚离沈阳赴哈尔滨。

《竺可桢日记》:

8 月 2 日

上午参观中国医科大学。晚赴哈尔滨。

晨七点起。九点偕季骅、施嘉炀、支秉渊等十七人赴对面(与文化宾馆相对)中国医科大学参观。由教务长王一公陪往至校长室。由中国医科大学校长兼卫生部部长王斌加以说明……

午后开工组会议。四点半散。六点晚餐。膳后即去车站,有专车一节附车后。

---

① 《谢家荣日记》为参观辽宁大学,而《竺可桢日记》为参观中国医科大学,竺说准确。

七点半开。此车来回哈尔滨、沈阳需八千万元。

（《竺可桢全集》第 11 卷，第 492 页）

八月三—四日　抵达哈尔滨。参观哈尔滨，游览松花江，参观糖厂、烈士纪念馆、哈尔滨工业大学、哈尔滨博物馆。参观结束后赴长春。

八月五日　抵达长春，参观医大建筑、东北影片公司、工业研究所、地质调查所。晚离长春赴沈阳。

八月六—七日　6 日抵达沈阳，整理报告。出席中共中央东北局、东北人民政府市政领导欢迎宴会及座谈会。7 日晚离开沈阳返回北平。

《竺可桢日记》：

8 月 6 日

长沙解放。晚林枫主席、李卓然部长、朱其文市长请晚膳。长春回沈阳，行七小时廿五分。

昨晚一点始自长春开出，子夜两点至四平，七点五分至铁岭，八点廿五分至沈阳，尚能按时间行车。在站即有周秋野秘书长来接，至文化宾馆（大和旅馆）……

下午与各方接洽。此次参观所得之观感，分理工、农、医三组起稿，理、工分地质矿产、冶炼、机械、化工及教育五部，由五人起稿；农分农艺、森林、畜牧、土地利用、渔业五组起稿，亦由五人分任之。因五人文笔、语气不同，合成后甚不易统一。农组于晚膳前始交稿，余于膳后始得阅过一遍。理、工组稿虽于今晨搜齐，但交施嘉炀阅后，于五点交梁治明誊录，故均成稿于匆促中。地质方面，徐克勤与谢季骅意见不一，颇有争执。唯医组因去安东时留三四人在沈阳起稿，已成万余字，再由吴襄一人缩成二千余字，文笔、意思均比较清晰。晚六点，中共中央东北局李卓然宣传部长，东北政委会主席林枫、高崇民，沈阳市人民政府市长朱其文、副市长焦若愚，代表三机关请客。到工业部部长王鹤寿、卫生部部长王斌等。席间由林主席致词，余答辞。八点散。

（《竺可桢全集》第 11 卷，第 495—496 页）

八月八—十二日　火车到锦州后因前方大水被阻，返回沈阳。于 12 日改赴大连。

《竺可桢日记》：

8 月 9 日

晨八点起。九点至民生街 64 号陈康白寓，不值。至太原街一号财经部办公处晤陈,同往者谢季骅、李承干、张孟闻、施嘉炀。谈一刻钟即回……午后睡一小时……膳后与季骅、子竞三人又至北一路旧书铺购书。

(《竺可桢全集》第 11 卷,第 497—498 页)

八月十三日 上午听大连市市长毛达恂介绍大连情况,乘车游览市区,下午参观大连大学科学研究所及卫生研究所。

八月十四日 赴旅顺,参观历史博物馆,中午出席孔祥麟市长的午宴,游万忠墓,上白玉山,游表忠塔,眺望旅顺军港。

八月十五—十七日 参观大连工展、资源馆、玻璃厂、金属机械厂。16 日晚出席大连市委市政府的欢迎宴会,观看话剧《钢筋铁骨》。

八月十八日 赴工人之家出席讲座,在竺可桢讲完"飓风"之后,继讲"矿产是新中国建设之基础"。晚观看评剧《九件衣》。

《竺可桢日记》:

8 月 18 日

晨六点起……

二点至工人之家。其地为工人夜校,有图书馆及讲堂、礼堂,到约八百人,为大连大学之学生及若干机关中之职员。毛市长主席。陈康白介绍后,余讲"台风"一小时,分十节:1) 定义;2) 成因;3) 四周风之分布;4) 向前的行动;5) 台风的发源地;6) 季节;7) 数目;8) 危害;9) 预告;10) 七月二十六日经大连台风。讲一小时。休息十分钟后,谢季骅讲"矿产:新中国建设的基础"。述东北最富之矿为煤,储藏130 亿,每年至多曾出至二千万吨;但山西更多,大同一矿储藏四百亿吨。铁之储藏量四十至五十亿吨;油页岩五十至六十亿吨,年出数万吨油。耐火砖材料有菱苦土,内含镁,蕴藏四五亿吨。此外则金、铜(炼 7 500 吨)、铅(年出 9 000 吨)、锌(年出 10 000 吨)。炼铜有 21 处,十五处已恢复,此为关内所无,但储藏之铜矿不过数十万吨而已。黄铁矿年出一万吨,但需要五六万吨为制硫酸之用。锰矿虽有,不多。东北所缺者为:1) 石油,日本在锦州……打井,未得;2) 磷矿未发现;3) 铝土矿,不能炼铝;4) 锡与钨、锑、汞均缺乏。中国其他各处,山西出煤,四川有煤气,云南锡,广西、江西钨。但东北较丰富。中国如要造铁路,每年 3 000 公里,需铁卅万吨。鞍山可以供给。焦炭可以出口,可至每年四百五十万吨,铁二百五十万吨,钨一万五千,锑、锡均约一万吨。如此中国可以得外汇一亿四五千万美金。钨之埋藏量为三百余万吨。五点回。

六点半至戏园实验剧场看改良京戏《九件衣》,述明朝末年花员外故事,地点在开封。花员外将嫁女，九件衣为人所窃，并杀死一婢女，疑佃户沈大成为之，遂冤杀大成事。

（《竺可桢全集》第 11 卷，第 504 页）

八月二十一二十七日　自大连返回沈阳。先后参观农具厂、沈阳市监狱、沈阳化工厂的硬化油厂和鲁迅艺术学院。空闲时读俄文。22 日晚出席参观团与香港民主人士的联欢会。香港的陈汝棠、李任仁、章行覆发表讲话，参观团的施素禓、俞大绂、吴襄及竺可桢亦发言。

《竺可桢日记》：

8 月 27 日

晚膳后，偕施嘉炀、谢季骅、张孟闻三人徒步至民生路 64 号访陈康白，告以明日十一点将回平，并谢其陪同参观……据云，参观团之观感报告东北行政公署颇重视之，印一千份，预备向各机关送作参考。

（《竺可桢全集》第 11 卷，第 511 页）

八月二十八日　离开沈阳返北平，于 29 日抵北平。

八月三十日　赴中山公园看苏联画片展，晤李文澜。晚严华光来电告知，统战部嘱暂留北平，乃赴严处晤谈 2 小时，从严处知将被派为政协代表出席第 1 届政协会议。

八月三十一日　出席工程师学会座谈会，到会百余人，在座谈会上报告地质、采矿情况。

《竺可桢日记》：

8 月 31 日

自然科学工作者代表筹备会常务委员会约东北参观团团员在中国工程师学会开座谈会。晚王伊曾之女王华敦来，在协和读微生物。于震天来。

……午后二点半筹备会派车来接，遂偕住文海楼之团员一行赴灯市口王府井大街转角上工程师学会，开自然科学工作者代表会筹备委员会常务委员所召集之座谈会。到吴玉章、贺诚、严济慈、乐天宇、恽子强、张子高、丁巽甫、叶企孙、饶树人、卢温甫、陈大受及各界人士与团员。吴主席致辞后交贺诚代理主席。

余首讲十分钟。述参观团组织之起由，以及在沈被热烈招待之经过，与夫八月七日到锦州又折退后事……次施嘉炀报告，谓东北具有煤、电、铁之资源……谢季骅报告,谓煤、铁、耐火材料、油页岩、金与钢为东北六种特富之矿,煤之储藏量 140 亿吨,铁 50 亿吨。子竞述鞍山铁厂……

(《竺可桢全集》第 11 卷,第 513—514 页)

八月　在《矿测近讯》发表《参观东北的观感》,盛赞东北解放后在各方面取得的成就:

首先使我们钦佩的,是东北各工矿自从由人民政府接管之后,在短短的几个月之内,就已全部地或局部地恢复生产了。大多数工矿的生产量,已达到伪满时代最高峰的十分之一,一小部已达到当时的水准,甚至还有超出的。这种惊人的成绩,使我们深深地相信,只有在共产党领导之下,艰苦奋斗,实事求是,才能获得这样的成果。在共产党许多方法中,一个最重要的法宝,就是依靠工人,团结工人,用教育、说服、竞赛、鼓励等等的方法,培养工人的自觉性、创造性,使其自动地和自愿地努力工作,以加强工作的效能。另一方面,又励行劳动保险制度。凡职工的婚丧医药,残废死亡,以及子女教育等等,都予以合理补助,这种劳保经费,约等于每人薪工的百分之三。这样,职工的生活得到保障,工作的情绪自然加强了。同时又随时随地发掘工人中的积极分子、劳模英雄,训练教育,使他们做到领导工作的地位。如鹤岗煤矿,现在已有三个工人当了副矿长,一○九个工人和廿四个普通职员,当了坑、厂、股长,二八一个工人当了班长。像这样诚心诚意地依靠工人,扶植工人,使工人真能做到矿厂主人的地位,确是资本主义国家中所找不到的,无怪工人们都能勤奋工作,齐心合力地为增加生产而努力了。

但是矿厂复工了,生产增加了,如果不顾到效率,不重视成品的规格,不计算成本,那么,生产愈多,品质愈低落,亏累也就愈重,不但不能达到繁荣经济的目的,反将浪费国家的财源,增加人民的负担,所以东北人民政府又号召精简节约,节省原材料,减少事故,防火防奸等等的运动。为彻底推行经济核算,加强成本管理,各矿厂正在次第试行定员生产,定额生产和严格管理原材料,严格检查成品的许多制度。东北工业部在七月廿九日发出《关于加强经济核算制,开展反浪费斗争的决定》的一文里,将目前若干矿厂浪费的现象,坦白陈述,并指示出改进的办法,这是一篇富于建设性的重要文献,凡是研究工矿经济或工厂管理的人们,都应该仔细研读。

从复工到生产,进而增加生产,争取效能,工人的才智、工人的力量,无疑地是具有决定性的因素的。在国民党时代以及资本主义的国家里,这种力量,也在不断运用,但是没有能够充分地发展,更没有能够坦白地表扬,所以许多劳模英雄的功绩是被剥削了，若干天赋的领导人才是被埋没了。共产主义的制度则不然，他是在广泛地发掘天才，诚意地培养人才。从另一方面讲，如果对于技术上有所改进或发明，那就需有深长的研究和试验，才能办到，这种研究和试验需有学理的素养和充分的时间，这在终日辛劳的工人阶级是无法办到的，所以现代化的大规模矿厂，工程师的领导、研究室的指示，仍然为工业生产中重要的一环，东北各矿厂因为忙着复工，忙着生产，并且技术人员普遍缺乏，所以改进和研究方面不能充分照顾，这原是过渡时代无法避免的。最近东北人民政府正向各方延聘专家，并开办训练班，训练大量技术人才，可见英明的当局业已看到这种缺点而正在设法改善了。

东北方面的农业设施，也在长足进步。三年来恢复耕地的面积已达一九四五年的百分之九十四。一九四八年开始提出精耕细作提高产量的方针，每乡地的平均产量，乃逐渐增加。为适应工业需要，又采取了鼓励特产作物如棉、麻、柞蚕、烟草等等。水利方面，以防水治水为主，恢复发展了水田近二十万块。三年来农民交纳了四百五十万吨公粮，支援了战争，供给了城市的需要和工业的原料。

东北卫生部推行了军教合一，政教合一和医药合一的制度，将医药行政、医药教育和卫生制药等工作统一起来，确是一个大进步。医药教育方面，注意专科教育，形象教育，大量训练医生，下乡工作，预定于短期内达到每千人中有一个医生，以满足广大人民的需要。鼠疫是东北人民的大害，一九四七年患者三万多人，死亡的二万三千余人，一年之后，死亡数降到不足四千人，今年到七月为止，各地患鼠疫的仅有十数人，这是防疫卫生方面的一大成就。

社会方面，我们看到大家都有工作做，没有游手好闲的人，乞丐几乎绝迹，老幼都有教养。因为厉行路票制和严格取缔私藏军火，所以向以胡匪著称的东北……现在竟可通行无阻，不怕有被土匪袭击的危险了。我们参观了沈阳和哈尔滨的监狱，一入监门，恍如在一工厂，只见有工人，不知有罪犯，一切管理操作之事，俱由犯人自理，每日工作之外特别注意教育，培养犯人的自尊心和觉悟性，以减少将来出狱后的重犯。这种办法，也是以前国民党政权下所看不到的。对于文化教育方面，则普设文化馆识字班，以消灭文盲；改良戏剧、歌舞，提倡美术、音乐，拍摄富于革命性和教育性的影片，使人民于不知不觉之中，受到了崇高美善的教育。大连的鲁迅艺专和长春的东北影片公司，都有大量人才努力于这方面的工作。最近在沈阳召开的东北人民代表大会，农工商政，男女老幼，荟合一堂，发表热烈，讨论周详，充分表现了民主的团结精神。

中国人民解放革命，是一个划时代的，为大众谋幸福的革命，是一个经过新民主主义以达到社会主义的准确路线的革命。我们参观了东北之后，更觉得这种革命,正在蓬勃地发展,无限光明的前途正在期待着我们!

(《矿测近讯》1949 年 7—8 月号,第 72—73、101—102 页)

九月一日　送参观团第一批人南下,赴翠明庄访钱昌照,适蔡致通自上海来,与之交谈甚久。赴北京大学访孙云铸。

九月二日　送参观团第二批人南下,后与竺可桢等被接至东四牌楼头条胡同。《竺可桢日记》:

9 月 2 日

晨六点起。子竞、化予、献文、叔群、黄宗甄、张孟闻、梁治明、吴襄、何琦、支秉渊、王学书等十二人,今日乘十点沪平通车赴沪。于八点半即有车来接,余与季骅、张鋆等送别。我等即有丁瓒及交际处刘君以车来接,至东四牌楼头条胡同国文学校及从前美国人办之 Language School 语言学校居住,由李工招待。余住西楼 721 号,与俞庆棠为隔邻,季骅住 715……

今日为新华广播电台预备三千字之广播稿,题目为"参观东北后我个人的感想"。晚膳后偕季骅至东四牌楼一走,适遇雨,急遄回,到家大雨并雷电。

(《竺可桢全集》第 11 卷,第 516 页)

九月三日　赴欧美同学会,出席自然科学工作者代表大会筹备委员会常委会会议。

九月四日　与竺可桢赴石驸马大街访胡先骕,继赴兵马司胡同晤高平、孙云铸、金耀华、裴文中等。下午到北京饭店,听林伯渠(报告政协会筹备经过)、徐冰等报告,继赴欧美同学会参加王鸿祯的婚礼。

胡先骕(1894—1968),字步曾,号忏庵,江西南昌新建人,植物学家、教育家,1948 年当选中央研究院院士。中国植物分类学的奠基人。曾任南京高等师范学校、东南大学、北京大学、北京师范大学教授,中正大学校长。与秉志联合创办中国科学社生物研究所、静生生物调查所,还创办了庐山森林植物园、云南农林植物研究所。发起筹建中国植物学会。继钟观光之后,在我国开展大规模野外采集和调查我国植物资源的工作。在教育上,倡导"科学救国、学以致用;独立创建、不仰外人"的教育思想。与钱崇澍、邹秉文合编我国第 1 部中文版《高等植物学》。首次鉴定并与郑万钧联合命名"水杉"和建立"水杉科"。提出并发表中国植物分类学家首次创立的"被子植物分类的一个多元系统"和被子植物亲缘关系系统图。一生发表植物学论文 140 余篇,发现 1 个新科 6 个新属和一百几十个新种。1946 年底收到郑万钧寄来的薛纪如从四川万县磨刀溪采到的水杉枝、叶、花、果标本,进行研究并确定,它与日本古植物学家三木茂在 1941 年发表的两种植物化石同为一属植物。1948 年 4 月与郑万钧共同发表,并给以新的种名(*Metasequoia glyptostroboides* Hu et Cheng)。这一发现使世界植物学界为之震惊。1954 年他出版了《植物分类学简编》,该书内容翔实,在《植物分类原理》一章中,驳斥了苏联李森科关于物种的见解。

九月五日　与竺可桢游北海公园。
《竺可桢日记》:

9 月 5 日

午后睡一小时。三点偕季骅走赴北海公园,自三座门街进入公园,自团城进,过桥,见缸内养有金鱼多种,依反钟向方向自漪澜堂走至五龙亭,在途遇乐天宇、张肇骞等。在天王殿附近看见以窑烧之九龙碑,形状如新。庙前有额曰"须弥春",不知何意。大殿铺有叶子石之石砖,据季骅云即 Richthofen 李希霍芬所云 Wurm Kault 也,乃上寒武纪物……

六点半偕季骅乘车至王府井大甜水井胡同谢济生家。谢,陕西人,德国留学习矿,曾在教育部任事,后至资源委员会,自张莘夫被戕后,谢即继其任。在抚顺一年,因电力不足辞职……晚膳时到钱乙藜。钱颇乐观,与余及季骅意正相合,谈至十点半。回。

(《竺可桢全集》第 11 卷,第 518 页)

九月七日　作为政协特邀代表赴北京饭店开会,周恩来到会讲话,报告政协代表 587 人,特别邀请已定 68 人,目前共计 655 人,已到 440 余人。

九月九日　赴交道口圆恩寺,出席讨论《共同纲领》的会议。讨论会共分为 20 个小组,所在为第 18 组。会毕搭柯仲平的车,赴六国饭店报到,领取证章。

九月十一日　赴南河沿欧美同学会,出席自然科学工作者筹备会常务委员中出席新政协会者之会议,讨论计划委员会所提之 3 个提案,并发言。

《竺可桢日记》:

9 月 11 日

晨六点起。上午作《函数通》。中午偕谢家荣、地质调查所(北平)高平二人,乘

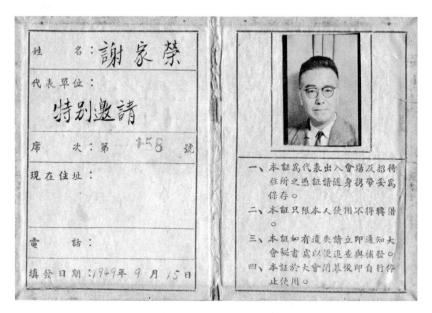

图 90　政协代表证

车赴鼓楼附近之王佐胡同十六号李月三家。李向在研究院地质研究所,于民卅四年于胜利后回北方,为河北建设厅厅长,凡四年。及孙连仲、楚溪春相继下野,河北解放,李亦解职,但共产党对于李颇能谅解,故嘱其在市企业局及华北省府任事云。余询以高文伯被殴事,据云因解放前职员要求发款,多寡不均致生争执,时高为北平市秘书长,遂致被殴。

　　二点半别高平与李月三,偕季骕至南河沿欧美同学会,开自然科学工作者筹备会常务委员中之出席新政协会者之会议。决定派乐天宇为联络员,与新政协宣乡取得联络……讨论计划委员会所提之三提案。一为科学院之设立,政协《共同纲领》中已有此条,余主张将政协《共同纲领》草案中第四十三条"设立科学院,为国家最高的科学机关"二句提出,另立一条为四十三条:"努力发展自然科学"为第四十四条。此意见得大家同意。季骕提出第二条,调查资源放在新政协《共同纲领》第三十二条。五点半散。

(《竺可桢全集》第 11 卷,第 522—523 页)

九月十三日　赴欧美同学会出席自然科学理工组讨论会,讨论计划经济。
《竺可桢日记》:

9 月 13 日

　　三点偕唐臣、季骅等赴欧美同学会开自然科学理工组讨论会,小组对于卅二条计划经济讨论多时,五点半散。知任叔永已到京,住东四七条侯德榜处,上午来寓,余在协和未晤到。余约明晨往见之。晚梁叔五来。晚膳。偕梁叔五、谢季骅等赴西长安街国民影戏园看《百万雄师下江南》,映有第一次新政协筹备会、中苏友好协会发起会等片。十点半回。

(《竺可桢全集》第 11 卷,第 524 页)

　　九月十四日　赴北京饭店,出席政协讨论《共同纲领》的会议。

　　是日　派出由张兆瑾、赵宗溥、刘宗琦和龚铮组成的安徽铜官山铜矿测勘队,赴马鞍山收集资料,于 9 月 20 日赴铜官山工作。

　　是日　地质研究所的同学叶良辅在杭州逝世。

　　九月十五日　参观故宫和历史博物馆。

　　九月十六日　赴永利访李承干。将自 9 月 11 日开始撰写的文章《东北地质矿产概况和若干意见》写完并寄给中国科学社总编辑张孟闻。

　　九月十七日　与竺可桢至北平研究院物理研究所,晤顾功叙、何泽慧,参观该所设备。赴北大晤孙云铸、王竹泉,参观北大地质系实验室。

　　《竺可桢日记》:

9 月 17 日

　　晨六点半起。上午九点偕季骅至东皇城根北平研究院物理研究所。严慕光及钱三强均不在,遇顾功叙,并见钱之夫人何泽慧,化学所之王序亦不在。物理现由顾功叙一人支持,由于人皆忙碌,暂时无暇研究也。顾虽习物理,但目前注意以物理探矿法,方自西山回,为劳动大学探水井,不久又将赴大同探矿云。均以电之阻力视地下有否水或煤、铁等等。参观其磨片之设备,能磨玻璃使成各种角度……出至北大地质系。晤孙云铸,遇孙及王竹泉。系中布置极佳,其屋系丁在君为系主任时所建,有岩石实验室、矿物实验室、古生物实验室,并有一专门布置剥蚀、冰川、河谷等等之历史,寓形象教育之意云。本年招新生二十人。国内有九个大学办地质系,北大当首屈一指矣。十二点回。

(《竺可桢全集》第 11 卷,第 527 页)

　　九月十九日　与竺可桢等参观北平研究院动植物和历史研究所以及华北农业科学研究所。

《竺可桢日记》：

9月19日

晨六点起。上午八点半偕谢季骅、杨石先、蔡邦华、陈鹤琴四人乘车赴西直门外北平研究院动物、植物、历史三研究所。其地即昔日之三贝子公园,民国初改为万牲园,李石曾取其地为拉马克学院。解放后北平研究院之植物、动物、历史三所曾留在内……余等先至植物研究所晤所长刘慎谔,即余同往东北考察者……

次至动物所……

十点半别刘慎谔等,驱车至华北农业科学研究所。

（《竺可桢全集》第11卷,第528—529页）

九月二十一日　得知叶良辅去世之消息,与竺可桢商谈。作为特邀人士出席晚7时开幕的中国人民政治协商会议第1届全体会议开幕式。毛泽东主席致开幕词,刘少奇等12位代表发言。

《竺可桢日记》：

9月21日

中膳后邦华来谈,知叶左之已于本月十四号在杭去世。此次浙大改组,变动颇大。左之向来身体瘦弱,不能胜繁剧,而这次竟被聘为地系主任,每日须到校办公。这真不啻代他掘了坟墓,所谓爱之即所以害之也。渠大儿已在重庆税务任事,次儿患羊癫疯,余息均尚在学校。一旦去世,如何得了。余与季骅谈,拟于今晚与马寅初谈,由浙大拨给一笔抚恤费(后以晚间未晤到,余廿二日晨打电话给北京饭店马寅初,告以过去久年教授死后有给薪一年之办法)……

六点余即出发赴中南海怀仁堂,开中国人民政治协商会议第一届全体会议。余之座位为548号,与江问渔、俞庆棠二人为隔邻。首由周恩来副主席报告。此次应出席者共662人,已到平638人,实到635人,不能到者十人,其中有杨杰在香港被人暗杀,徐向前、颜惠庆因病不能到,萨镇冰、荣德生年老不能到。次推朱德主席,请毛主席泽东致开幕词(十八分钟)。继续演讲者有各团体代表……散会已十一点。

（《竺可桢全集》第11卷,第530页）

九月二十二日　出席政协会议,周恩来代表主席团做关于主席团常务委员会名单和设立 6 个分组委员会的报告,并代表第 3 小组做了《关于中国人民政治协商会议〈共同纲领〉草案的起草经过和特点》的报告。各筹备小组亦有报告。

九月二十三日　上午赴六国饭店出席政协会议的小组讨论会,讨论国旗、国徽、首都等问题,下午出席政协会议全体大会。

《竺可桢日记》:

9 月 23 日

晨六点半起。上午九点开小组会议。余与谢季骅分在六国饭店梁思成、廖承志组,讨论国都、纪元与国旗问题。国都与纪元均由大会筹备会第六小组详细讨论后拟定方案。国都问题,第六小组提议中华人民共和国的首都定在北平,并将北平改名为北京。这在我们小组里一致赞同。纪年问题,第六小组意见以为,新政协之成立在中国历史上是一划时代的大变革,纪年应采用现代世界大多数国家公用的纪年制度,即今年改称为 1949 年。此点在我们小组里亦无异议通过。关于国旗问题,则意见极为分歧。

(《竺可桢全集》第 11 卷,第 531 页)

是日　派出由赵家骧(队长)、申庆荣、董南庭、张有正、高存礼及王万统组成的皖中矿产测勘队,离开南京前往皖中地区工作。

九月二十四日　上午为《光明日报》写书面谈话,下午出席政协第 4 次全体会议。

《竺可桢日记》:

9 月 24 日

晨六点半起。上午为本城《光明日报》写个人对于这次人民政治协商会议的感想,写了二三百字即交与干事寄去。同时谢季骅亦寄去一函。据谢季骅接得京中函,知左之死后浙省方面给予一年薪水外,又丧葬费卅万元、医药费二十万元。左之尚有未完成地质学稿,正在觅人完成之云云。午后睡一小时。三点开第四次人民政治协商会议大会,主席团蔡廷锴、史良、高岗、马叙伦、陈嘉庚五人。

(《竺可桢全集》第 11 卷,第 532 页)

九月二十五日　出席政协第 5 次全体会议。

九月二十六日　上午赴协和礼堂出席巴甫洛夫纪念会。下午偕竺可桢赴中山公园。晚上赴怀仁堂出席晚会。

《竺可桢日记》：

9 月 26 日

晨六点半起。上午九点半偕邦华、唐臣、石先、觉农等赴协和大学礼堂，参加中苏友好协会及自然科学工作者代表大会筹委会二团体所发起的 I. P. Pavlov 诞生百周的纪念。到百余人……

午后三点偕季骅赴中央公园，在园中之桂花已开。在上林春茶点，六点回。晚膳后赴中南海怀仁堂晚会，有人民文工团郿鄠联奏，系用西乐奏秦腔。华北军乐团军歌联奏及华北大学第三部《人民胜利万岁》……

（《竺可桢全集》第 11 卷，第 533—534 页）

九月二十七日　上午接受《进步日报》①记者萧离的采访。下午出席政协第 6 次全体会议，讨论并通过组织法及首都、国旗等相关决议。

是日　《光明日报》第 2 版刊出《谢家荣谈话：地质学家团结起来，为新中国开发富源》。

【本报专访】特别邀请代表谢家荣说：全国人民所渴望的政治协商会议，终于开幕了，这是一个划时代的开国盛典，我以学习自然科学者的资格，承政府邀请参加，觉得十分光荣，十分兴奋。这个会议是史无前例的全国人民大团结的会议，因为它的代表，除了反动派之外，包罗了全国的各阶层和各方面；它是真正民主的会议，因为一切都采用了讨论和协商的方式，分组的，混合的，在融洽的气氛中，反复研讨，不厌求详，每个人都做到了知无不言，言无不尽。这个会议，又是一个十分科学的会议，从准备到开幕，一切设施，都经过审慎的考虑、周详的设计，即就小的方面说，像代表席次的安排、车场的编列，以及照顾代表们的生活，都能做到整齐庄严，有条不紊，绝不浪费，但又使每个人都感到舒适。这个会议最重大的收获，将是研讨并通过三个历史性的重大政治文件，就是"共同纲领"、政协组织法和中央人民政府组织法，这是目前时期全国人民的大宪章、新中国建设的一幅完美的蓝图，是由全国人民大团结，并按照民主的和科学的精神，艰苦奋斗得来的。我们今天能够

---

① 《进步日报》于 1949 年 2 月 27 日在解放后的天津创刊，是解放区新创办的第一份民营报纸，其前身是天津《大公报》。《进步日报》经理是徐盈（后为孟秋江），总编辑是宦乡（后为张琴南），主笔杨刚，副总编辑有李纯青、李光诏、赵恩源等，该报为宣传党的路线政策，在知识界、工商界中发挥了特殊作用。该报出版了 3 年又 10 个月，共 1400 号，于 1952 年 12 月 31 日停刊，与上海《大公报》合并，于 1953 年 1 月 1 日起改称《大公报》，在天津出版，成为一张以财经、国际宣传为重点的全国性综合类报纸。1956 年 10 月 1 日起，该报又迁往北京出版，于 1966 年 9 月 10 日停刊。

举行这个伟大的会议,并得到这样重大的收获,我们应感谢中国共产党、中国人民解放军,尤其应感谢我们的领袖毛主席的英明领导,如果没有他们,就没有这个会了。新中国的建设,千头万绪,而经济建设将是最重要的一环。我是研究自然科学中关于地质和采矿的一个小部门的,这个部门,担负着全国地下资源的调查和开发,我将团结我们的同行在中央人民政府和主管部门的领导下,加紧学习,加紧工作,尽我们的智慧和劳力,在一个前所未有的大组织和大规模下,将天赋予我们的……到今日为止还是知道很少的地下资源,精密地和彻底地开发出来,以供新中国建设的需要。

九月二十九日　上午与竺可桢赴灯市口 12 号访陈康白,未遇。下午出席政协第 7 次全体会议,通过《共同纲领》《选举法》等。

《竺可桢日记》:

9 月 29 日

早餐后,八点余偕季骅赴灯市口十二号晤陈康白,适渠已出门。在恽子强处谈一小时,知恽子强原名代贤,为恽代英之弟。代英行二,渠行四,小代英两岁……

三点至中南海怀仁堂开第七次会议,周恩来报告后通过《中国人民政治协商会议共同纲领》,定人民政府主席一人,副主席人数为六人,委员为五十六人。五点休息后,讨论提案,计有郭沫若等所提向联合国去电声明中华人民共和国成立,不得再以国民政府代表出席,及向人民解放军致慰问各案,五点三刻散。

(《竺可桢全集》第 11 卷,第 536 页)

九月三十日　出席政协第八次全体会议,选举政协全国委员与中央人民政府委员及正副主席。讨论和通过中国人民政治协商会议第一届全体会议宣言;通过给中国人民解放军致敬电的决定;通过建立"为国牺牲人民英雄纪念碑"的决定和纪念碑碑文。

是日　《进步日报》第 4 版在"人民政协代表访问记"专栏中刊出记者萧离的文章《新中国是地大物博的——访问淮南煤矿发现人谢家荣代表》:

谢家荣先生,上海人,著名地质学家,淮南大煤田的发现者。安徽全省煤的储藏量按原来一般估计是三亿吨,谢先生新的发现证明了仅这一区域的储量至少有六亿吨,其他淮北等区域还可能有,约计安徽全省储量当在十亿吨以上。截至现在为止,这个煤田可以说是黄河以南最大的一个。充实设备后,产量可由目前的每天四千吨增到一万二千吨,供京沪两地工业用煤绰绰有余。由此可以说明谢先生对于国家社会已有的贡献和工作的成就。

记者往访这位两鬓已霜,但却精神充沛的学者,承他就下列几个问题作答。

今后地质工作者新的任务

在过去国民党反动派的统治下,地质工作者的工作虽然受种种限制,因为坚持和努力,已有相当的成绩。今后,调查矿藏、完成全国地质图和研究各种地质理论与专门问题这三项工作,仍需继续下去。在新的任务方面,其不同于过去的地方是:㈠ 地质工作者将来不再是为官僚资本、反动集团工作,而是为人民服务了,由于有了这一个觉悟,工作情绪可以更提高,工作效率可以更加大。㈡ 在新的政府领导下,再不怕没有经费了,也不怕没有工作了,我们担心的倒是人力不够和经验不足。㈢ 将来一定要集中全国地质机构,用最大的力量,最大的规模和最大的组织来从事这一工作,一定要这样做,而且一定做得好。㈣ 配合经济建设的计划和重点、理论与实际,进行调查工作。不仅地面的调查,而且要进行探矿。这工作过去也曾做过,今后不但要继续,更要由探矿进一步地做到开发,这样才能详细确定矿的大小、形态变迁、成分变化,再定出开发计划来。因为开矿不是一件可以冒险的事,要经过翔实的调查和探勘,才能决定采用某一种最经济的办法,过去的失败在几部门工作没有密切的联系,很大的机器和房子装盖好了,但开发起来才知道矿的储量并不多,甚至很少,接受这个经验与教训,使调查、探勘、开发三部门工作配合起来,是我们重要的新的任务。

我们建国的本钱——矿藏

过去一般人常说中国"地大物博",又有人说"地大而物不博",究竟如何"博"?如何"不博"?都没有科学的根据。近年来,根据日人调查,发现了很多的矿产,如铜官山的铜、当涂的黄铁矿、栖霞山的锰矿、锦西的钼矿、储量达四百亿吨的大同煤田、储量二十到五十亿吨的阜新、鹤岗煤田。同时,在抗战期间,我们也有新的发现,如玉门的石油、云贵的铝土页岩、昆明的磷矿。胜利后发现的淮南煤矿,安徽凤台的磷矿,漳浦、金门的铝土矿(可以炼铝的)、宁夏的铬矿等。近年来,因为不断调查与探采的关系,煤和铁的数量年有增加,已知的煤的储量从两千亿吨增至四千到四千五百亿吨,可能还要多。铁的储藏已知数字也由二三十亿吨增至六七十亿吨,这两大基本矿产我们是相当丰富的,自给自足,绝无问题。此外,钨矿全国约有五三〇万吨,锑矿三八〇万吨,这两者是中国也是世界最大的，东北的镁矿有十四亿吨，为亚洲第一，锡矿约有六十五万吨，石膏十七亿吨（制造水泥用，也可替代黄铁矿制造硫酸），锰有二九〇〇万吨，油页岩遍布于东北、山西、陕西、河北、热河各地，仅抚顺一地即有六十亿吨，其他盐、碱、石棉、云母、石墨、铅土等应有尽有，除了铜、铅、锌、石油、黄铁矿等较少之外，其他的我们不但可以自给，而且有些还可以大量输出。由以上这个惊人的数字看来，谢先生说："经过科学的调查，我们是称得上地大物博的，何况现在我们的调查还不够仔细，将来一定可以有更多的新发现。我们的本钱是足够的，我们有资格建设一个现代化的工业国家，在新的政府领导下，我们一定有发展，我们的前途一定是乐观的——我可以保证！"（记者按：以上数字，因谢先生手边无确实材料，仅就记忆所及，容有出入）

参加人民政协会议的观感

谢先生表示，能参加此次盛大的人民政协会议是既兴奋又光荣的。由于毛主席的领导和人民解放军的英勇善战，使得这个划时代的会议能够早日召开，人人应该衷心感激。同时，谢先生强调的说明大会的三个特点：㈠ 团结，大会以人民民主统一战线的组织形式，网罗了全国各民主阶层的代表，是有史以来全国人民第一次大团结的表现。㈡ 大会一切议案，采取最民主的协商方式，不厌求详的反复讨论，因之得到大家一致同意的结果。㈢ 大会的进行和布置也是很科学的，用科学的方法与精神来处理一切问题，即以三大文件的讨论来说，也是建筑在科学的精神与方法上的，其他小至于布置招待，也都是妥当合理，经济而不浪费，谢先生对这很合科学原理的办事方法，非常钦佩。

会议结束后，谢先生马上就要回到工作岗位上去了，工作在等待着他，无数无量的地下宝藏在等待着他。今后，我们有自信不再捧着金饭碗讨饭吃，科学与事实说明了，我们有足够的本钱，在新的政府领导下，建设一个现代化的工业国家的。

九月　在《矿测近讯》第 103 期"编者的话"栏中发表《关于资源调查的意见》，对资源的范围，对中国未来地质机构的名称和隶属关系，现有地质机构如何归并，未来新机构的设想等问题发表意见，主张地质、矿产机关的合并应取二元化的原则。

谢家荣《关于资源调查的意见》：

一、关于资源的范围　资源的范围很广，有地上的农林水力、畜牧水产，地下的矿产岩层、土壤水源，甚至有灵性的人才也是资源，也需要调查。如果能够设立一个资源调查部,将这些调查工作,全部归纳在内,统筹办理,固然最好,但恐怕因为包含了过多的部门,不容易做得好。比如地上资源的农林畜牧水产与农业关系最为密切,开发水力则与农林水利航运供电都有关联。人才的调查,则牵涉的部门更多了。只有地下资源的矿产岩层、土壤水源,虽然部分也与农林水利有关,但调查的原理和方法,却都是直接或间接地从地质学发展出来的,并且为了新中国的建设和工业化,我们对于地下资源,应该格外注意,要用最大的力量克期完成调查工作,以供将来制订三年或五年建设计划的参考。所以照我个人的意见,农林畜牧水产的调查,可由农业林垦部门办理,水力调查由水利或重工业部办理,人才调查由科学院办理,地下资源的调查却须另设专门机构。

二、机构的名称和隶属　负责调查地下资源的专门机构可名为地下资源调查局,或地质矿产土壤调查局,或者不用局而称总署,也无不可,可由大家商讨决定。这个机构,照我个人意见,应该直属财经委员会,而不应该属于计划局或调查统计之类部门,因为地下资源调查的工作是比较专门的,需要大量员工和许多精密繁复的仪器,一个矿产储量数字的获得常需半载甚至数年的时间,如果将这种机构属计划局或调查统计之类的部门,那么,因为性质的过于不同,将难得指挥协调之效,而对于将来经费分配,也将有失掉中心任务的毛病,所以我个人主张,这个地下资源调查机构,一定要直属财经委员会,并且它的地位要与一个部大致相等。

三、归并有关机关的问题　究竟哪些原有的地质和矿产机关,应该归并入这个新机构之内?照我所知,全国性的中央机关有中央地质调查所及其所属的二个分所——北平分所和西北分所(设兰州),资源委员会的矿产测勘处,中央研究院的地质研究所,经济部的矿冶研究所。省立或地方性的地质调查所已设立的有长春(现属长春工业研究所)、湖南、江西、福建、绥远、两广、新疆等省区。照一元化的原则,这许多机关,应该全部归并统一指挥,而在全国若干冲要地点设立分所、办事处或工作站。不过中央研究院所属的地质研究所性质有些不同,它一向偏重学理方面的研究,所长李仲揆先生在这方面的贡献尤大,这种研究,将来应该在全国最高学府的科学院下发扬光大,不应该使他与财经系统下实用性较浓的机关相混。所以我个人的意见,地质矿产机关的合并,应取二元化的原则,中央地质调查所及其分所、矿产测勘处、矿冶研究所,各省区地质调查所等合并为一个机构,直属财经委员会。中研院所属的地质研究所及中央地质调查所中纯理论研究的部门,可以合并成为另一机构而直属于科学院。

四、新机构的组织　上述各项,如果决定,其次要讨论的就是组织问题。科学院系统的地质研究组织,现暂不谈,下面所列的是照我个人意见所拟订的关于地下资源的一个组织系统的初步草案:

东北区分局(长春)

华东区分局(南京)

华南区分局(长沙)

西南区分局(重庆)

西北区分局(兰州)及(迪化)

其他绥远、福建、山东、山西等处视工作需要随时设工作站
(各分机构的组织另定之)

全体职工大会

　管理会议　（全体职工的代表出席）

　技术会议　（技术职工的代表出席）

　计划会议　（同上）

　考绩会议　（全体职工的代表出席）

　福利委员会　财务委员会、聘任委员会等

地下资源调查局或地质矿产土壤调查局(或称总署),局长或署长一人,副局长或副署长二人至三人。

总机构设北京

全国地质图编印委员会

地质工作联络委员会

(以上与科学院地质研究所及各大学地质系合作)

地质调查所　测制全国地质图,研究各种地质问题

矿产测勘所　测勘全国矿产

土壤调查所　研究土壤,测制全国土壤图

工程地质研究所　（包括坝址研究、工程地质问题及地下水）

矿冶研究所　附试验室、分析室

探矿工程处　实施钻探、井探、坑探、槽探等探矿工程

地球物理探矿所　用地球物理方法探矿

矿业统计室　收集资料,编印统计,兼办矿业咨询事务

古生物研究室

矿物岩石研究室

测绘室

图书馆

陈列馆

编辑出版委员会

秘书室

材料保管室

总务部

　庶务、文书、会计

　出纳

　材料室

《矿测近讯》1949 年 9 月号,第 103 期,第 77—78 页）

十月一日　中华人民共和国成立。出席开国大典,观看阅兵式。

十月二—三日　分别赴怀仁堂和清华大学出席保卫世界和平的大会。

十月四日　晚与竺可桢、叶企孙等到怀仁堂观赏京剧。

《竺可桢日记》:

10月4日

晚膳后六点半赴怀仁堂,偕企孙、季骅等看京戏。七点半开始至十二点廿分始毕,计有五出戏:(1)《演火棍》(2)《钟馗嫁妹》(3)《红鸾禧》(4)《定军山》(5)《宇宙锋》。

(《竺可桢全集》第 11 卷,第 539 页)

十月五日　赴怀仁堂出席中苏友好协会成立大会。

《竺可桢日记》:

10月5日

下午二点至中南海怀仁堂,参加中苏友好协会总会成立大会,到者坐满。自二点半开始,直至八点一刻始散。选出刘少奇为会长,宋庆龄、吴玉章、沈钧儒、李济深、郭沫若、张澜、黄炎培七人为副会长。丁西林等 197 人为理事。演讲以前由钱俊瑞报告,演说者有刘少奇、宋庆龄、何香凝、张澜、吴玉章、邵力子、朝鲜代表崔浩敏、意大利参议员斯巴诺,而最受人注意者为苏联代表团团长法捷耶夫之演说……法捷耶夫则盛赞鲁迅之伟大著作,说"伟大的鲁迅在他描写小人物阿 Q 的杰作中,表现出他衷心地喜爱这个人并清楚这人的弱点及力量。因为这个作品,鲁迅就被列入了全世界人道主义文学的功臣阁里了"。又说"世界上文化的最大的意义是在于尊敬勤劳的人,是在于使大家受到教育,在于尊重一切民族,不管他们皮肤是什么颜色"。

(《竺可桢全集》第 11 卷,第 540 页)

十月八日　赴东皇城根中法大学听乔治亚科学院副院长阿格拉泽讲"苏联科学之情况"。

《竺可桢日记》:

10月8日

一点半赴东皇城根中法大学听阿格拉泽——技术科学博士(冶金)、乔治亚科学院副院长——讲"苏联科学之情况",到约七八百人,吴玉章主席……晚膳后偕企孙、季骅、邦华至东安市场,余以1 200元购《水浒传》一部。九点半回。

(《竺可桢全集》第11卷,第542—543页)

十月十日　随政协委员游颐和园。

《竺可桢日记》:

10月10日

晨六点半起。作函与允敏。早餐时与江问渔、蔡邦华等谈,决同去游颐和园。于九点半乘大车出发,通车二十余人,余与邓裕志、邦华、沈其益及毛毛、季骅、问渔夫妇等为一组,九点四十分到颐和园。今日园中不收门票,专为人民政协及家属、友人游览之用,并派兵一队保护……十二点到听鹂馆中膳……

一点在大门外与问渔、邓裕志、邦华、季骅等先回,因下午有会也。先至沙滩孑民馆,遇涂长望、梁希等。慕光来,知阿格拉泽今日因病不能来演讲(原定讲"苏联科学院")。再与季骅等行至皇城根东街中法大学听斯托列托夫讲Lysenko李森科,听者已坐满。遂至北京饭店参加教育组讨论会。

(《竺可桢全集》第11卷,第544页)

十月十一日　赴欧美同学会,出席自然科学工作者筹委会常务委员会会议。

《竺可桢日记》:

10月11日

二点三刻偕邦华与季骅二人赴欧美同学会,开自然科学工作者筹委常务委员会。孟少农报告各地分会组织状况。新来自酒泉之空军人员刘善本报告,酒泉煤油设备全未毁,现只出最大量之十六分之一……次杨明轩报告西北情形,谓西北十四种工业中以纺织为最重要……次李为光报告台湾,谓日本人政策不令中国人受高等教育,医科除外,故目前有三千余医生,有医生过剩之虞。最后讨论中医入会问题……

(《竺可桢全集》第11卷,第544—545页)

十月十三日　离开北京,次日抵南京。

《竺可桢日记》:

10 月 13 日

晨六点起。九点送谢季骅、陈鹤琴、沈其益太太等去宁、沪。今日十点十分车，于明晚可到。子夜渡江，到家半晚，可称不方便之至。

（《竺可桢全集》第 11 卷，第 546 页）

十月十五日 晚自南京赴上海。

十月十六日 晨五时抵上海，遇国民党飞机到上海火车站扫射，紧随其后的黄秉维受伤。下午晤孙冶方未果。晚晤徐宽甫。

十月十八日 上午晤庄达卿，下午赴华东区财政经济委员会工业部，出席工业部成立大会。任华东工业部矿产测勘处处长。

上海《大公报》报道《华东财经会工业部成立》：

华东区财政经济委员会工业部于十月十八日正式成立，今后全华东除纺织工业外，所有一切公营工矿业的生产，业务都由该部领导，配合私营工业有计划有步骤地发展全华东地区的工业建设。该部设生产技术及生产管理研究等部门。关于生产技术部门，有电力工业、燃料工业、钢铁工业、机械工业、矿业、电器工业、化学工业和轻工业等八个处，和一个建筑工程公司。管理服务研究部门则有秘书、人事两室和企划、材料、营业、财务、乡村工业推广、矿产测勘等八个处所。十一月一日起，该部迁至四川中路一八五号办公。

兹志该部各处所室负责人如下：

部长汪道涵，第一副部长孙冶方，第二副部长程望，第三副部长吴兆洪。电力工业处处长陈中熙，第一副处长胡邦凯，第二副处长黄育贤，第三副处长谢佩和。燃料工业处副处长许本纯，总工程师王德滋。钢铁工业处处长陈次青，第一副处长吴学蔺，第二副处长许道生，矿业处处长杨公兆，第一副处长范心然，第二副处长王旭九。机械工业处处长支秉渊，副处长夏安世。电器工业处处长恽震，第一副处长褚应璜，第二副处长曹维廉。化学工业处处长徐名材，第一副处长施泽均，第二副处长胡镜波。轻工业处处长刘平若。建筑工程公司经理夏行时。秘书室主任张哲民，副主任华明之。人事室副主任杜善甫。企划处处长杨铭功，第一副处长王新民，第二副处长郭可铨。材料处处长翁为，第一副处长李白涛，第二副处长蒋易均。营业处处长金芝轩，第一副处长张哲民，第二副处长韩之佐。财务处处长蒋学栋，第一副处长季树农，第二副处长胡士林，第三副处长苏曾诒。乡村工业推广处处长向景云。矿产测勘处处长谢家荣，副处长王植。

（《矿测近讯》1949 年 10 月号，第 104 期，第 100 页；上海《大公报》1949 年 10 月 30 日）

十月十九日 自上海回到南京。

图 91 1949 年 4 月南京解放后不久,南京市军管会划拨给矿产测勘处办公的位于南京市中
　　　山北路 200 号的原国民政府资源委员会大楼

十月二十三日 华东区财政经济委员会工业部孙冶方副部长来函告知杨树诚愿意交出所存钻机并参加工作,问矿产测勘处人员何时赴山东工作。

谢处长:

昨日我见了杨树诚先生,他愿意将所存钻机交出使用,他本人亦愿参加工作。

山东李人俊同志来催问你处探矿人员何时去?

因此,你最近如能来沪一行更好,以便面谈今后工作及与杨的合作问题。

敬礼!

孙冶方

二十三日

(谢家荣学术成长资料,采集工程数据库,档号 XJ–001–029)

十月二十四日 关于筹备地质探矿专修学校的讨论会在南京的中研院总办事处召开,俞建章等 15 人出席。提交预拟的一份章程草案,并在会上讨论。与李春昱、俞建章、徐克勤、李善邦被推为筹备委员。

十月三十日 主持召开地质探矿专修学校筹备委员会第 1 次筹备会议,商定将校务委员会名额增至 7 人,先设预算、招生和课程 3 组。

十一月一日 接上海来电,知可赴山东。与郭文魁、沙光文、王承祺、谢继哲、段承敬等离南京赴山东进行野外工作,于次日抵济南。

十一月四—七日 从济南抵博山。与孙冶方副部长谈胶东情形。晤山东工矿部长李人俊。参观山东窑业厂,晤博山窑业学校校长卢开津。阅读资料。

十一月八—十一日 自博山经临朐抵达潍坊,一路考察丁家沟自然铜、白石岭铅锌矿。

十一月十二日 过昌邑,经掖县、招远,抵玲珑金矿。

十一月十三—十五日 考察玲珑金矿。考察结束后提出"对于玲珑矿厂的若干意见",共 7 点,兹据《谢家荣日记》照录如下:

1. 详测坑道图,填绘地质,俾将地面与坑内情况联成一起,从此可确定矿脉的构造和富矿体的分布所在,以供探矿时参考。2. 探矿应注重坑探法,即就目前已开坑道,分层分段多开北西—南东向的斜坑道,以探寻矿脉及富矿体的分布。目前南二号脉?段所遇到的断层即应用此法探定之。3. 可就适当地点施行电探法以推定有何富矿硫化体,但必须顾到地质环境准确推断,以免错误。4. 钻探法在本区殊不适用。5. 目前矿厂动力不够,设备不齐,应采取以出售矿砂为主的营业方针,凡能用土法或氰化法提取的黄金应尽量提取,其余各种矿砂应售与东北。依据各国通例,照矿砂中所含的成分,拟定价格,订立合同,全部出售,在矿方可得资金周转之效,同时又可解除东北冶炼厂缺乏矿砂的困难(沈阳冶炼厂年可炼铜 2 500 吨……安东厂炼铜 5 000 吨……年需矿砂共计不下一二百万吨,而所产不过数十万吨,相差甚大,硫酸厂年需黄铁矿五六万吨,而所产不足万吨)。6. 在南二号、北五号、两子涧等处证实的富矿量约有 3 700 吨,中含铜 5%—15%,含金 30 克/吨—50 克/吨,倘以日产 20 吨即月产 600 吨计,可维持半年,同时在工程上应尽力探矿,如能发现新富矿体,则生产即可继续不断。如是以出售矿砂及可能提取黄金的收入来维持矿厂的开支,集中力量去探矿,则收支或可相距不远。7. 俟动力问题解决,其他条件也较好,成本减低,含金在 30 克/吨以下的金矿可能提取,应增加选厂及氰化设备,以增加金产量。

十一月十六日　自玲珑金矿至掖县(今莱州市)。

十一月十七日　率王宗彝及工矿部张启祉、王毓济、赵心敏、力延诚等自掖县(今莱州市)抵南墅。

十一月十八—二十四日　考察南墅石墨矿、葛家石棉矿、郝家沟方铅矿、泉水眼云母矿、田格庄的所谓磁铁矿。其中 11 月 20 日和王承祺在南墅以南之宋家东北沟中的大理岩中所采云母标本经火试证明为蛭石矿。

十一月二十五—二十七日　自南墅经招远、玲珑、朱桥抵西繇(西由)部署工作,继往三山岛南部考察石英脉和地质。

十一月二十八日　偕同郭文魁、段承敬及山东工矿部张启祉赴三山岛考察,自三山岛抵掖县(今莱州市)。

十一月二十九日　由杨博泉、贾福海等陪同,考察粉子山菱镁矿。

十一月三十日　同郭文魁、张启祉一道自掖县赴平度周戈庄寻找石墨。取道昌邑抵潍坊。

十一月　所著《东北地质矿产概况和若干意见》载《科学》第 31 卷第 11 期。该文明确指出,石油是东北尚未发现的重要矿产,并首次将找油的战略目标指向大庆地区。节录如下:

在东北虽也曾发现过钨矿、锑矿,甚至水银矿,但照我个人的看法,这些矿在东北是无多大希望的。到现在为止,东北还没有发现的矿产,最重要的是石油、磷灰石、三水型铝土矿……日本人在锦州和扎赉诺尔二区对于石油的钻探,虽然没有成功,却是很有理由的,我们将来还应该继续做,并且要扩大范围,彻底钻探。

……

从区域方面讲，我们将来的测勘工作，要特别注意北满，因为北满到现在为止，还是一个处女地……中生代煤田碳分的特低和沥青的产生（如扎赉诺尔），可能有发现油田的希望。现在人民政府领导之下，治安已不成问题，只要地质学家能够不畏艰苦，努力奋斗，依据学理经验，仔细搜寻，将来许多新矿产的发现是可以预料的。

（《科学》第 11 期，第 327 页）

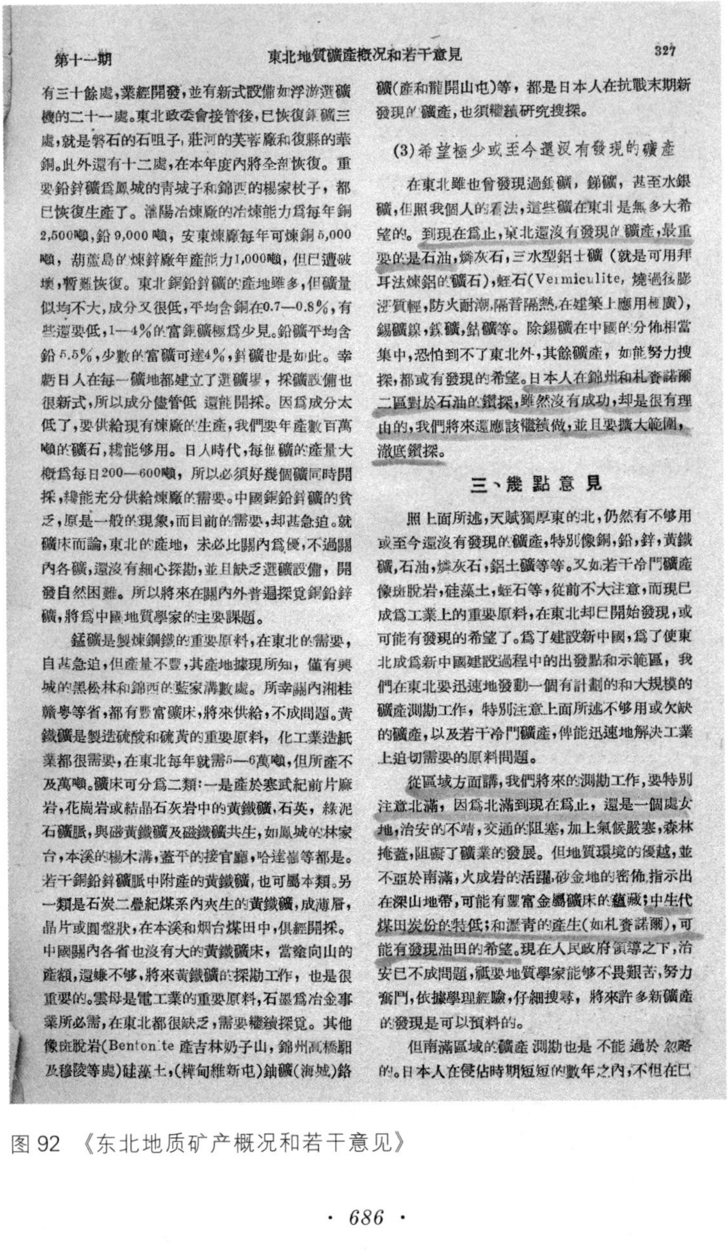

第十一期　　東北地質礦產概況和若干意見　　327

有三十餘處，業經開發，並有新式設備如浮游選礦機的二十一處。東北政委會接管後，已恢復銅礦三處，就是磐石的石咀子，莊河的芙蓉廠和復縣的華銅。此外還有十二處，在本年度內將全部恢復。重要鉛鋅礦爲鳳城的青城子和錦西的楊家杖子，都已恢復生產了。瀋陽冶煉廠的冶煉能力爲每年銅2,500噸，鉛9,000噸，安東煉廠每年可煉銅5,000噸，葫蘆島的煉鋅廠年產能力1,000噸，但已遭破壞，暫難恢復。東北銅鉛鋅礦的產地雖多，但礦量似均不大，成分又很低，平均含銅在0.7—0.8%，有些還要低，1—4%的富銅礦極爲少見。鉛礦平均含鉛5.5%，少數的富礦可達4%，鋅礦也是如此。幸虧日人在每一礦地都建立了選礦場，採礦設備也很新式，所以成分儘管低，還能開採。因爲成分太低了，要供給現有煉廠的生產，我們要年產數百萬噸的礦石，纔能够用。日人時代，每個礦的產量大概爲每日200—600噸，所以必須好幾個礦同時開採，纔能充分供給煉廠的需要。中國銅鉛鋅礦的貧乏，原是一般的現象，而目前的需要，却甚急迫。就礦床而論，東北的產地，未必比關內爲優，不過關內各礦，還沒有細心探勘，並且缺乏選礦設備，開發自然困難。所以將來在關內外普遍探覓銅鉛鋅礦，將爲中國地質學家的主要課題。

錳礦是製煉鋼鐵的重要原料，在東北的需要，自甚急迫，但產量不豐，其產地據現所知，僅有興城的黑松林和錦西的藍家溝數處。所幸關內湘桂贛粵等省，都有豐富礦床，將來供給，不成問題。黃鐵礦是製造硫酸和硫黃的重要原料，化工業造紙業都很需要，在東北每年就需5—6萬噸，但所產不及萬噸。礦床可分爲二類：一是產於寒武紀前片麻岩，花崗岩或結晶石灰岩中的黃鐵礦，石英，綠泥石礦脈，與磁黃鐵礦及磁鐵礦共生，如鳳城的林家台，本溪的楊木溝，蓋平的接官廳，哈達嶺等都是。若干銅鉛鋅礦脈中附產的黃鐵礦，也可屬本類。另一類是石炭二疊紀煤系內夾生的黃鐵礦，成薄層，晶片或圓盤狀，在本溪和烟台煤田中，俱經開採。中國關內各省也沒有大的黃鐵礦床，當塗向山的產額，還嫌不够，將來黃鐵礦的探勘工作，也是很重要的。雲母是電工業的重要原料，石墨爲冶金事業所必需，在東北都很缺乏，需要繼續探覓。其他像斑脫岩（Benton.te 產吉林奶子山，錦州高橋驛及穆陵等處）硅藻土，（樺甸維新屯）鈾礦（海城）鉻礦（產和龍開山屯）等，都是日本人在抗戰末期新發現的礦產，也須繼續研究搜探。

(3) 希望極少或至今還沒有發現的礦產

在東北雖也曾發現過錳礦，錦礦，甚至水銀礦，但照我個人的看法，這些礦在東北是無多大希望的。到現在爲止，東北還沒有發現的礦產，最重要的是石油，燐灰石，三水型鋁土礦（就是可用拜耳法煉鋁的礦石），蛭石（Vermiculite，燒過後膨脹質輕，防火耐潮，隔音隔熱，在建築上應用極廣），錫礦鎳，鉍礦，鈷礦等。除錫礦在中國的分佈相當集中，恐怕到不了東北外，其餘礦產，如能努力搜探，都或有發現的希望。日本人在錦州和札賚諾爾二區對於石油的鑽探，雖然沒有成功，却是很有理由的，我們將來還應該繼續做，並且要擴大範圍，澈底鑽探。

三、幾點意見

照上面所述，天賦獨厚東的北，仍然有不够用或至今還沒有發現的礦產，特別像銅，鉛，鋅，黃鐵礦，石油，燐灰石，鋁土礦等等。又如若干冷門礦產像斑脫岩，硅藻土，蛭石等，從前不大注意，而現已成爲工業上的重要原料，在東北却已開始發現，或可能有發現的希望了。爲了建設新中國，爲了使東北成爲新中國建設過程中的出發點和示範區，我們在東北要迅速地發動一個有計劃的和大規模的礦產測勘工作，特別注意上面所述不够用或欠缺的礦產，以及若干冷門礦產，俾能迅速地解決工業上迫切需要的原料問題。

從區域方面講，我們將來的測勘工作，要特別注意北滿，因爲北滿到現在爲止，還是一個處女地，治安的不靖，交通的阻塞，加上氣候嚴寒，森林掩蓋，阻礙了礦業的發展。但地質環境的優越，並不亞於南滿，火成岩的活躍，砂金地的密佈，指示出在深山地帶，可能有豐富金屬礦床的蘊藏；中生代煤田炭份的特低；和瀝青的產生（如札賚諾爾），可能有發現油田的希望。現在人民政府領導之下，治安已不成問題，祇要地質學家能够不畏艱苦，努力奮鬥，依據學理經驗，仔細搜尋，將來許多新礦產的發現是可以預料的。

但南滿區域的礦產測勘也是不能過於忽略的。日本人在侵佔時期短短的數年之內，不但在已

图 92 《东北地质矿产概况和若干意见》

　　十二月二—四日　自潍坊赴金岭镇铁山、南定冶炼总厂考察,在金岭镇磁铁矿中发现自然铜、赤铜矿及罕见的毛铜矿。还考察了湖田的铝土矿堆。自南定冶炼总厂抵博山。

　　十二月六—九日　自博山经张店、济南、蚌埠,回到南京。

　　在率队前往山东进行野外工作期间,地质探矿专修学校的筹备事务由王植副处长代理,华东工业部发函指示,学校可由矿产测勘处、南京大学地质系、中央研究院地质研究所和中央地质调查所派代表组成校务委员会。谱主被指定为校务委员会主任委员。

　　十二月十一—二十六日　出席华东区工业部在上海召开的华东工业会议。会议于9日开幕,中心任务是制订华东区1950年的工业生产计划,并讨论如何执行。最终确定了1950年的9项具体任务,其中第8项为"加强矿产与水力测勘工作,作将来大规模建设的准备"。汪道涵部长在总结报告中特别提出要加强矿产与水力测勘的工作,以做将来大规模建设的准备。会议通过了1950年矿产测勘处的测勘计划及相当于华东区全部建设资金约2%的测勘预算。陈毅市长出席闭幕会并就当前的形势和任务发表了重要讲话。

　　十二月二十日　在南京中央地质调查所举行的中国地质学会新理事会议上被推举为《中国地质学会志》的编辑。

　　十二月二十八日　主持召开地质探矿专修学校第1次校务会议,规定学生和教师的待遇,分配课程,讨论分科问题,并被授权办理招生事宜,遂即成立由刘汉、马祖望、陈四箴、杨庆如、王梅堵、强统会、段承敬、谢学锦任委员,以刘汉为召集人的地质探矿专修学校招生委员会。

　　十二月　曹国权、张绥言在南京附近的孤峰层中的粉红色页岩层面上发现一种椭圆形卵石,似硅质结核,但比重较轻,后经薄片鉴定和钼酸氨试验证实为磷矿。对此发现极为重视,立即将标本交陈四箴分析,发现含 P_2O_5 达 26.4%。

　　是月　在《矿测近讯》第106期发表《山东矿产前途无量》,总结山东的探矿工作。该文论及鲁中南地区的铁矿和煤田时说"查我国东部接触变质式铁矿中含铜,原是普遍现象,不特铜官山和金岭镇如此,就是大冶铁矿也何尝不然,如能就此线索,广施探勘,不难发现大量铜矿",称玲珑金铜矿"无疑的是一个质、量俱优而富有经济价值的重要矿床""南墅石墨矿,堪称国内第一",掖县粉子山菱镁矿"是胶东的名产,为将来发展钢铁工业必不可少的重要原料",南墅附近发现的蛭石矿"是在国内首次发现的蛭石矿,值得大家注意"。文章指出研究山东矿产亟待解决的问题并得出结论。

　　谢家荣《山东矿产前途无量》(摘录):

三、急待研究的问题

根据上述山东的矿产情况,我们觉得下列各问题,亟须研究,这些问题,包括探矿、选矿和冶炼各部门。

(一)关于探矿方面的有:(a)莱芜金牛山和益都金岭镇磁铁矿的磁性测量和钻探。(b)招远及其附近一带金、铜、黄铁矿的普测及牟平金牛山黄铁矿的详测。(c)胶东非金属矿产的普遍调查,特别注意石墨、菱镁矿、云母、石棉及许多尚未发现的耐火材料。

(二)关于选矿和冶金方面的,我们应该迅速改良南墅石墨矿的浮游选矿,解决玲珑金铜矿的选炼方法。此外应详究金岭镇铁矿的磁性选矿法及海绵铁和贝色麻炼钢法的研究。

四、结论

一、鲁中南的接触变质铁矿和镜铁矿为扬子江式铁矿的延长,含铜也是该区铁矿的特征。

二、胶东在地质上和矿产上与辽东半岛有不可分离的关系,从特种矿物像鞍山式铁矿、菱镁矿、滑石、云母、萤石等等而更可证明。东北矿产既甚丰富,所以胶东的矿产也极有希望。

三、胶东与朝鲜遥遥相对,北朝鲜是耐火材料的著名产地,除石墨、菱镁矿、滑石外,还有许多特殊矿物如橄榄石、矽线石、红柱石、双硬石等等,价值极大。我们在胶东既已发现石墨、菱镁矿等矿床,将来仔细搜觅,说不定还可发现这些矿产。

四、此次在胶东首次发现蛭石矿,意义极为重大。

五、山东有炼焦烟煤、石灰石,还有丰富的耐火材料,钢铁事业的四条件,已具其三,只缺铁矿。从地质观点论,山东大量铁矿的发现,希望很大,因为鲁中南有接触变质式铁矿,胶东有鞍山式铁矿,通常都是储量极大的矿床,只要详密测勘,不难逐一证明。

六、许多矿的开发,常须先作选矿和冶炼的研究,否则虽有天赋资源,亦难利用。我们提出的若干选炼问题,希望专家们予以注意。

(《矿测近讯》1949 年 12 月号,第 106 期,第 114 页)

一九五〇年　庚寅　五十四岁

提要　南京。创办南京地质探矿专科学校。出席全国自然科学代表大会。任中国地质工作计划指导委员会副主任委员兼计划处处长。钻探栖霞山原生硫化物矿体。矿产测勘处撤销。发表《大家注意铁帽》。

一月二一十一日　与赵家骧、程定棠等赴淮南煤田考察。考察结束后出席9—11日的淮南煤矿讨论会,在讨论会上做报告,内容包括:此次考察所得结果(煤延伸至赖山集,磷矿延伸至凤台以西,定远的可能煤田,叶家集的磁铁矿、砂矿);钻探统一合作的办法;岩心集中运往南京;如何利用仿制的两台钻机;中央地质调查所的情况;明年的工作计划;地质探矿专修学校1月招生、2月开学的计划及矿产测勘处的人事安排等。

一月十二日　从淮南返回南京,同行的有华东工业部的孙冶方副部长和苏棕等。

一月十三一十五日　赴上海,到华东工业部商谈工作。

一月十六日　离开上海赴北京[①],参加中央财政经济委员会在北京召开的分配地质工作会议,于18日抵达北京。矿产测勘处的赵家骧、刘国昌、刘汉等人随后赴京出席会议。

一月二十日　参加中央财政经济委员会召开的座谈会。在会上得知:东北需要18个地质队;政务院开会议论地质时,知苏联有地质部和研究机构,周总理做结论,取二元化的方针,至于如何合并,如何划分,等李四光来再定,暂不变更组织机构。

一月二十一一三十一日　出席分配地质工作会议的各种会议、座谈会。

二月一一二日　因病未能参加有关活动。

二月三日　出席地质工作会议总结会。《矿测近讯》第107—108期报道了矿产测勘处人员出席此次会议的情况。

《中财会分配地质工作会议》:

---

① 北平于1949年复称"北京"。

因为中央地质总机构尚未成立,为配合中国的经济建设,并使若干地质机构有工作做,中央财政经济委员会特于一月二十日召开分配地质工作会议,本处奉命参加,先后赴京出席的有谢家荣、赵家骧、刘国昌、刘汉四人。从廿日起先后开预备会议多次,议定了若干原则,就是:(一)就区域论,应以东北为工作重点,华北、华东次之。(二)在各区域中再分别缓急,设置重点。(三)因为本处一九五〇年在华东区的探矿计划业已订定,并大多数是继承上年度的工作的,为驾轻就熟计,华东区的工作仍由本处主办,至于东北、华北,则分别由中央地质调查所和北京地质调查所主办,但本处仍须抽派至少七人参加东北的工作。二月三日开总结会议,到会的有计划局宋局长,钱、孙二副局长,重工业部钟副部长,长春科学研究所武所长及有关部局的主管处长、所长共卅人,由宋局长作总结报告,通过了中财会一九五〇年全国地质调查和探矿的计划和预算,并称此项计划及预算已经中财会陈云主委同意。我处用于华东区的费用,中央同意仍暂由华东工业部垫拨,将来由中央转账,其他地区工作的费用则统由中央直接拨付。会议完毕,本处参加人员即相继返处。

(《矿测近讯》1950年1—2月号,第107—108期,第7页)

二月二十一—二十三日 领导和组织矿产测勘处约20位有关人员评阅地质探矿专修学校入学考试的试卷。

《地质探矿专修学校筹备经过及招生情形》:

远在去年五月间,当本处谢处长在丹阳等待上海解放的时候,就与曾山主任、孙冶方部长等谈到开办地质训练班的计划,当时孙部长极力鼓励我们迅速开办。可是因为谢处长赴京出席会议,到十月初才回南京,所以到十月廿四日才在中研院总办事处先召集了一个关于筹备学校的讨论会,出席的有俞建章等十五人,将预拟的一份章程草案,请大家研讨,当时推定李春昱、俞建章、徐克勤、谢家荣、李善邦五人为筹备委员。十月三十日召开第一次筹备会议,商定校务委员名额增为七人,并先设预算、招生、课程三组,积极进行。后来谢处长赴山东调查,筹备事由副处长王植代理。此时工业部来函指示,学校可由矿产测勘处、南京大学地质系、中研院地质研究所及中央地质调查所推派代表,组织校务委员会,主任委员由矿产测勘处处长担任。十一月廿三日由王副处长召开第一次校务会议,修改章程,计划招生。十二月初谢处长由鲁返宁,乃于廿八日召开第二次校务会议,规定学生和导师的待遇,分配课程,讨论分科问题,并授权主任委员办理招生事宜。适中央所派的华东工作团来告,中央有将矿产测勘处迁京之意,谢处长乃赴京请示,学校一度有停办的消息。后来本处决定留京,一切工作照常进行。遂即成立招生委员会,由刘汉、颜轸、马祖望、陈四箴、杨庆如、王树培、张绰言、段承敬、谢学锦分任委员,以刘汉为召集人。招生委员会成立后,积极推动工作,决定二月初登报招生,二月七日至十日为新生报名日期,十三、十四两日举行考试。关于上海方面招生事宜,推请颜轸、谢学锦二君前往办理。颜、谢二君抵沪后,因人员不敷,关于报名事宜则邀请上海科学工作者协会多人帮忙,监场工作则请大同大学同学协助,考场设于大同大学校内。南京方面则完全由处中同仁负责办理,考场借用丁家桥南大二部教室。二月十四日考试顺利完成。十六日晨上海方面考卷运回南京。原拟在春节假期后开始评阅考卷,后因各校春季开学在即,报考学生在校肄业的为数很多,为使同学早日得知考试结果,以便决定是否仍在原校续学计,所以在廿日的早晨由谢处长领导大家,自动的牺牲假期一日,开始阅卷。因为想争取时间,早日发榜,我们曾出动了约二十人,同时阅卷和登记分数。二月二十三日试卷评阅完竣。我们日夜赶工,计算成绩,二十五日便将录取新生名单正式揭晓了。这次录取新生的名额,正取生共一百四十一名,备取生二十名。

(《矿测近讯》1950 年 1—2 月号,第 107—108 期,第 7 页)

二月二十一日　在广西主持矿产测勘处与平桂矿务局合作探勘广西钟山平头山锡矿的燕树檀函告:军事代表称,欲将他调返南京,非有中南区工业部命令不可。

季师钧鉴:

　　来电敬悉。生等返宁复职,至感欣慰。惟吾师来电,此间军事代表认为系私人电报,不能作准,在此军管时期,不得擅离。倘本处欲将吾等调返,非有中南区工业部命令不可,尚恳吾师呈请华东区工业部函中南区工业部转令平桂办理。吾等在此欲返不能,殊为心焦。此事急盼早日解决,俾得归宿。

　　黄总经理去年离职,暂由白协理代理。白氏缺乏魄力,一切事务悉听军事代表处理。吾师来电当即交与白氏,白氏不敢作主,须与军事代表商议,因军事代表事务繁忙,且逢春节,延至今日始行答复,耽延已近十日,不胜遗憾。端此敬请
钧安。

生　燕树檀　敬呈
二月廿一日

(谢家荣学术成长资料,存于采集工程数据库,档号 XJ - 001 - 028)

二月二十四日　主持矿产测勘处内部讲学会,由贾福海主讲山东掖县(今莱州

市)粉子山菱镁矿。

二月二十六日　偕赵家骧、曹国权、汤克成、殷维翰、张綍言等赴南京近郊青龙山、黄龙山一带调查磷矿层,以露头多被掩盖,仅采得若干磷矿结核的转石。

二月　设计利用办公楼下一大间办公室,以原有办公桌和梯级斜木架,布置标本陈列室。

《本处工作近况》:

三、布置陈列室　本处办公室东头楼下一大间,地位宽敞,颇合陈列之用。经本处谢处长设计,利用原有的办公桌,双桌合并,排成南北向的二条,东西向的一条,在桌上安置五个梯级的斜木架,为陈列标本之用,本处从前制备的木架桌十四张,则放在室的中央,也是双桌合并,排成南北方向的一条。于室的东北端,则放玻璃柜四张。标本的陈列,分为下述各类:(一)华东名产,除浙江、福建外,可说应有尽有。(二)地层及化石。(三)钨、锑、锡、汞,其中汞矿标本搜罗最详,堪称东亚第一。(四)铜、铅、锌、铁及稀有金属,俱按区域分别陈列。(五)非金属矿产,包括煤、石油、明矾石、沸石、磷矿、铝土矿等等,磷和铝土的标本搜罗最为完备,在国内堪称第一。(六)本处新发现矿产,包括淮南八公山的煤和菱铁矿、凤台的磷矿、漳浦的铝土、栖霞山的铅矿、龙潭的磷矿、桂西的菱铁矿、灌县酒店坪的铜矿结核,以及宁镇山脉中的若干零星发现。(七)中国岩石及普通地质。(八)中国矿物,共有百余种。四壁张挂地质矿产图幅及矿厂照片。三面靠窗的地方,还将陈列矿产原料和成品的标本,俾于矿物应用及制炼程序,得一概观。

(《矿测近讯》1950年1—2月号,第107—108期,第6页)

是月　在《矿测近讯》第107—108期"编者的话"中发表《一切都变了》(署名"庸")和《为什么我们要办地质探矿专修学校》(署名"丁")。

《一切都变了》说:人民革命的胜利和中华人民共和国的诞生,带来了新的气象、新的精神,一切都在前进,都在改革,以今较昔,确乎都不同了,新政府正在诚心诚意地依靠中国地质工作者去大力测探地下资源,以作将来大规模工业建设的根据。在上海召开的华东工业会议上通过了1950年本处的测勘计划及相当于全部建设资金约2%的测勘预算。最近中财会召开的地质工作分配会议,更通过了全国地质调查和探矿的总计划和总预算。"革命的先进们,已为我们刈去了蔓草,填平了道路,现在的环境一切都变了,地质工作者的同志们,赶快努力罢,应该齐心合力地同为新中国的建设而奋斗!"

《为什么我们要办地质探矿专修学校》指出,中国地质事业虽已有三十多年的历史,但今日地质学家恐怕还不到 300 人。以一支 300 人的渺小队伍,要在广袤国土展开资源探寻工作,这力量实在太微弱了。由于过去国民党时期对地质教育的忽视,今日地质界的人荒确是严重。要想象苏联那样在短短二三十年内培养出数千新的地质工作者,就不但要大大扩充加强大学中的地质系,而且还要迫不及待地开办专修性质的学校,使学生能在最短期内学会实际工作的本领,以应当前迫切的需要。"我们有经验有修养的中国地质工作者对国家负有双重责任,不但自己要全力为发掘祖国财富而工作,还要为国家训练更多更多能做这工作的人才。在今日这两者相比显然后者更重要,这就是本处在今年大规模测勘工作中间还要抽出人力、物力与南京大学地质系、中研院地质研究所和中央地质调查所四个机关合力创办这一个地质探矿专修学校的原因。"

是月 在《矿测近讯》发表《解放后的矿产测勘处》。文章说:

这是 1949 年本处的工作总结,从这个总结中,我们可以看到新政府正在诚心诚意地依靠我们地质学工作者去大力测探和发现天赋所予我们的地下资源,这就是说,也只有在人民政府领导之下,才能充分发挥我们的才智和劳力。

中国人民革命的胜利,解放了全中国,新中国的人民从此站起来了,新中国的地质工作者也跟着站起来了,一向因为政治不良,使工作不能充分发展的矿产测勘处更觉得好像翻了一个身。

……

我们矿产测勘处的同仁们,将不会再感到孤寂和冷落,将本以往一贯的精神,朝着共同的目标迈进,大家为新中国的建设而奋斗!

(《矿测近讯》1950 年 1—2 月号,第 107—108 期,第 2—3 页)

三月四日 主持矿产测勘处内部讲学会,由刘国昌主讲山东莱芜新泰蒙阴地质。

三月五日 托尹赞勋代为出席在南京珠江路中央地质调查所图书馆举行的中国地质学会理事会。

三月十一日 主持矿产测勘处内部讲学会,由沙光文讲山东莱阳南墅一带的地质矿产。

三月十七日 地质探矿专修学校举行开学典礼,主持典礼并致《华东区工业部地质探矿专修学校开学典礼报告词》。工业部代表、南京市建设局局长万金培、南京市委代表郑山尊、高教处代表栾长明、南京大学教授代表李学清、中央研究院地质研究所代表兼校委导师俞建章、地理研究所代表周立三、中央地质调查所代表兼导师高振西等先后在开学典礼上讲话。

谢家荣《华东区工业部地质探矿专修学校开学典礼报告词》：

今天是我们华东区工业部地质探矿专修学校开学的日子,我不禁想起远在三十七年前在北京的同样的一个日子,那就是农商部地质研究所的开学。那时,我是其中的一个学生。在那个时候,我根本不懂地质是什么意思,不过那个时候中国人懂得地质两个字怎么讲的恐怕也太少了。我记得我们那时全班只有二十多个同学,比起今日诸位这样济济一堂,实在相差太多。那个学校只办了一班就停办了,但那一班毕业的学生,以后多成为中国地质界的干部。自此以后许多大学都办了地质系,陆续造就了不少人才。但由于国民党反动政府对地质教育和地质工作的不重视,地质机关整年闹穷,每年从各大学地质系毕业的人非常少,有的学校甚至有时一班只有一两个人。毕业生这么少,却还找不到工作,还要失业和改行,因此地质学在中国虽已有卅多年历史,但到今天中国的地质工作者还不满三百人。

可是现在我们的情况已经完全改变,人民解放战争基本上已经取得胜利,反动政权已经解体,建设道路上的主要障碍已经移开了,大规模建设的高潮即将来到。建设工作的第一步是要寻找和开发地下的富源;如果我们没有找到储量极丰的煤铁,我们就无法建立大规模的钢铁工业。如果我们找不着大油田,许许多多种近代工业都无法发展,因此地下资源不明了,大规模建设就等于空谈。

我们的政府看到了这一点,因此今年中央人民政府已经拟订了全国范围的探矿计划,动员了全国的地质学家一百五十多人,分头出发到东北、华北、华东和华中工作,地质工作者这样大规模的出动,在中国这还是头一次。在人民财政极困难的今日,政府拿出这么一大笔经费来推动地质工作,可见人民政府对这工作的重视。我们地质工作者再不要像过去那样发愁怕没有工作了。我们唯一担心的只是怕工作做不好,辜负人民对我们的希望。我们更愁的是人力实在太不够。虽然说一百五十多人同时出动调查,在中国地质史上还是空前的,但实际说来这样一支队伍还是太渺小了。诸位想一想中国有多大? 中国的面积约有一千二百多万方公里①,而在这样辽阔的国土上只有一二百人在做着探寻我们自己财富的工作,我们的力量实在太微薄了。

在十月革命前,俄国也只有二百多地质学家,但卅二年后的今日,苏联已拥有近万地质工作者,每年都有几百个调查队出发工作。革命前俄国对自己地下资源也是知道得很少的,全国只有很少区域经过调查。西伯利亚、中亚细亚、乌拉尔这

---

① 谢家荣原文如此。中国政府网载:中国"陆地面积约960万平方千米……内海和边海的水域面积约470多万平方千米"。

些地方,在俄国人心目中只是无人迹无道路的冰天雪地,他们做梦也想不到这些地方会埋藏着世界最大的富源,但是经过革命后卅多年地质学家努力的结果,苏联对自己地下资源的认识完全改观,由于新调查的结果,煤和石油的储量比过去所知增加十余倍,铁矿增加一百多倍。革命以前俄国简直没有什么铝矿,然而革命后乌拉尔的铝矿保证了飞机原料的供给,使苏联空军战胜德国。革命前谁都认为苏联不会有多少锡,铜铅锌的供给也大部分要靠国外输入,然而现在苏联铜铅锌锡矿的储量,都跃居世界的最前列。苏联地质学家又发现了二十亿吨的磷灰石矿和百数十亿吨的钾盐矿和镁盐矿。三十多年的时间使苏联对自己地下富源的认识产生了根本的改变,这决不是只靠老一辈的一二百个有经验的地质学家所能做到的,必须全力发展地质教育,通过大学地质系和专修学校各种形式,造就大批优秀人才,使得每年派出的探矿队由一二百人壮大到近万人,使得整个苏联,从无人迹的冻土带、大丛林、沼泽、沙漠、极南的亚热带地方,都遍布地质工作者。如果不是这样,我刚才所讲苏联这卅二年的成就是不可能达到的。

我们中国的情况正和刚革命成功的苏联相似。诸位大概都在小学教科书上念到过中国是地大物博,以后也许在中学听先生讲,现在许多中国专家认为中国是地大物不博。其实这两种说法都没有充实的根据,因为我们截至现在为止,对中国地下资源的情况,了解得太少,工作得太不够。卅多年来靠了地质工作者的努力,中国的地质研究是有了基础的,然而到目前为止,只完成了一百万分之一的地质图十四幅,还不到全国面积的四分之一。地质图的测制是探矿的基本工作,如果我们准备两年内完成全国一百万分之一的地质图,就得需要五百多人工作。实际上说来一百万分之一地质图对探矿工作是很不够的,必须测制二十万分一,五万分一或更详细的地质图才够应用。如果我们预备在五年或十年中完成廿万分之一的全国地质图一千四百多幅,我们就需要几千人为它工作。地质工作在这卅多年总算还有初步基础,但我们的探矿工作却等于刚刚开始。探矿工作是一种极复杂的技术科学,需要严密而灵活的组织,需要各种人才的合作,需要长期的试探和失败,需要理论与实际配合,需要高度信心和实用的观点。要在全国范围内展开探矿工作,就需要地质、钻探、地形测量、物理探矿、化验以及室内做研究工作者密切配合一致,这样所需要的人,当然比做地质图又要多出好多倍。

由上面我所讲的,诸位就可以看出中国地质的"人才荒"是多么严重。因此,我觉得我们地质工作者目前负有双重责任,不但要尽自己全力为探寻祖国富源而工作,而且还要把自己的本领教给更多的人,让更多的人能做这种工作。要想建设成功,我们必须学习苏联的经验,在短期内大规模训练大批人才,地质工作者决不应忽视这一点。想单靠自己现在一二百人去工作,求得暂时一点小成绩,而忽视了地质教育的重要性,这是极近视的看法,极错误的看法。

我们现在全国有地质系的大学不过十个,每年毕业的学生不到二百人。我们应该大大地扩展地质系。即使如此,我们也只能在四年后才能得到这些人实际参加工作。为了我们国家要在十年廿年之内赶上先进国家,我们必须加速训练实用的人才。就因如此,所以我们南京的四个地质机关——工业部矿产测勘处、南京大学地质系、中研院地质研究所、中央地质调查所,不但全体动员参加中央财经委员会今年的地质探矿工作,还要在百忙中抽出人力来办这个学校。

这个学校由于各方面条件的限制,只招收了一百四十多名学生,其中还包括代石油公司训练的地质人员五十名,另外江西钨锡公司还委托我们代他们训练廿名,这廿名学生是由江西保送的,现在尚未到南京。这样一个专修学校,规模是很小的,但我们希望它只是一个试验的开始,如果成绩好,将来可以扩充,可以继续办理。

这个学校今天能开学,应该感谢中国共产党,尤其是华东和中央几个领导人眼光的正确远大。我记得最初谈起这个学校,还是在去年五月,我在丹阳等候上海解放,就在这战争火药气极浓的时候,曾山副主席和工业部孙冶方副部长却和我谈到和平建设,谈到地质人才的缺乏,并且鼓励我们以后要"多收徒弟",多办训练班才行。华东财经委员会成立后,孙冶方部长一再正式提出要办这样一个学校。很惭愧我们地质界反而不积极,我个人就是如此。也是因为自己工作实在太忙碌,我总觉得办这样一个学校一切从无到有,实在是一种极麻烦的事,而且我们地质工作者大部分时间在野外,谁都没功夫教书。十月三十日召开第一次筹备会,后来工业部来函指示,学校可由矿产测勘处、南京大学地质系、中研院地质研究所及中央地质调查所推派代表,组织校务委员会,主任委员由矿产测勘处处长担任。这样过了好几个月,由于我又去了山东,学校又稍停顿。今年一月下旬,一切准备完成,开始招生。当我去北京开会,和中央各部长谈到这件事,他们都很重视,燃料工业部陈郁部长在液体燃料会议作报告,几次提及这个学校,回到南京又知道华东工业部汪道涵部长在几次演讲中也提到这个学校,大家都关心这个学校,使我很受感动,而且惭愧,觉得我们自己反而对这事不积极,因此回南京后,我就努力推动这个学校的事情,并且自己也决定把大部分精力用在办学校上,与诸位在一起共同学习、研究。

我们的学校是一年毕业的专修学校,也许有些人会轻视它,觉得一年之内学不到什么,这个学校没什么道理。我的看法恰巧相反,我们学校的课程都是很精简而实用的,是理论与实际结合的,并采用形象教学方法,随时随地用实物指示,同时又注重野地实习,目的是使同学们学会专门的实际的本领,能为国家所用。我们不希望训练出什么高深理论都懂一点,但什么实际工作都做不来的人。而且学校毕业后我们还准备使诸位在参加实际工作中继续学习,这样经过一年学校训练,一年到两年野外训练，我不相信我们的学生在做实际工作时，会比不上一个大学毕业生，也许经验还可更多一点。

不过我们的学校草创伊始，设备简陋，且一切都未上轨道，我们的工作人员对办学校又缺乏经验，所以我要求同学们把自己看成学校的主人，不要存着这样思想：认为一切都让学校准备好。要决心帮助工作人员，大家共同办好学校，不但要加紧努力学习，争取早日能工作的条件，而且对学校各方面积极帮助和建议。我希望同学们在彼此有初步认识后，就迅速成立学生会，自己来管自己的事情，一切生活、自修、伙食等事情都自己来管。我们学校的工作人员应该虚心听取同学的意见，帮助他们来改善生活和学习的条件。

今天，承诸位长官、诸位来宾光临指导，我代表全学校的人向诸位致谢，我趁这个机会，还要向上海工业部的同仁，南京市委会、高教处、南京建设局、上海科协、大同大学、南京大学、地理研究所，以及矿产测勘处的同仁们，对于本校的筹备招生、阅卷、发榜等等的帮忙。我们四个合作机关的同仁们对于事务上和教务上的许多帮助，也使我们十分感谢。现在请诸位长官、诸位来宾多多给我们指教。

（《矿测近讯》1950年3月号，第109期，第9—11页）

《地质探矿专修学校开学典礼志盛》：

为了培养地质探矿人才，配合新中国建设高潮的到来，华东区工业部曾指示本处与南大地质系、中央研究院地质研究所、中央地质调查所，筹设一所地质探矿专修学校，并指定本处主办。几经筹划，于本年二月十三、十四两日，分在南京、上海两区招考新生，于二月二十五日发榜，计录取正取生一四一名，备取生二十人。同时积极准备，如课程之编制、教材之搜集、校舍之布置、学生生活之安排等等，均于不到两周之期间，筹备就绪，于十日至十五日报到，十七日下午三时举行开学典礼，出席学员一百余人。工业部并指派南京市建设局局长万金培氏为代表，出席指导，被邀参加者有工业部科长王文奎，宁市市委会郑山尊，高教处栾长明，新华日报记者，新民报记者，南大地质系主任兼校委导师徐克勤，教授李学清，中央研究院地质研究所所长兼校委导师俞建章，地质调查所代表兼导师高振西，地理研究所代表周立三，工业部工业经济研究所代表朱继清，本处副处长王植及该校导师张祖还、张文佑、吴磊伯、颜惠敏、张瑞锡、季寿元、金义林、殷维翰、汤克成、龚铮、蓝葆璞、张传淦[①]与

[①]　在南京地质探矿专修学校任教的除上述参加开学典礼的教师外，还有李善邦、陈旭、张祖还、姚文光、杨鸿达等。

来宾卅余人,由本处处长兼该校校务委员会主任委员谢家荣,亲自招待。会场布置简朴庄严,首先摄影,继即开会,由谢兼主任委员主席,并致辞。继由万金培、郑山尊、栾长明、李学清、俞建章、周立三、高振西诸氏讲话,语多勖勉,至五时半始礼成散会。

(《矿测近讯》1950 年 3 月号,第 109 期,第 19 页)

图 93　华东区工业部地质探矿专修学校开学典礼合影

三月十八日　主持矿产测勘处内部讲学会,由赵家骧讲皖北地质及矿产。

三月二十日　地质探矿专修学校正式上课,同时通知全部备取生于卅日以前报到,已到学生 132 人,尚有远路学员陆续报到。

三月二十五日　矿产测勘处举行技术会议,由各队报告工作准备情况。此前关于 1950 年的野外工作已经先后开过三次会议,反复讨论工作步骤。1950 年组织安排的野外工作队及人员组成如下:

东北鞍山本溪队:郭文魁、谢继哲;杨博泉、沙光文、王万统

东北有色金属队:赵宗溥;张有正、胡信积

山东莱芜新泰蒙阴煤田队:1. 刘国昌;夏希蒙、段承敬;2. 赵家骧;董南庭、张缪言

安徽八公山煤田队:柴登榜;申庆荣

安徽定远可能新煤田队：曹国权；王承祺、倪青珩

山东金岭镇铁铜矿队：杨庆如；韩金桂

江宁栖霞山铅矿队：马祖望；严济南

安徽铜陵铜官山铜矿队：张兆瑾；刘宗琦

扬子江下游矿产队：王植；杨开庆、高存礼。

三月　组织南京郊区磷矿调查。

《本处工作近况》之"宁郊磷矿调查"：

自龙潭孤峰层磷矿发现以后，谢处长对此殊加重视，特拨专款百万元，从事野外调查。三月四日派韩金桂、申庆荣两君赴汤水镇附近五贵山及银凤山调查，此两处孤峰层为硅质页岩，无结核磷矿。三月五日复派曹国权、张绲言二君至东昌镇以北之东山、北望山，石马庙附近之双珠山及镇江西南之昭山，测制剖面，采集标本，于九日返处。十二日曹国权、董南庭又至燕子矶、煤炭山一带，在嘉善寺见到含结核磷矿剖面，惟不甚完整。乃沿相当层位，向东搜寻，露头均不清晰，但沿途均曾见到该项结核，稍加注意，随地可以俯拾得之。十五日曹、董两君又赴汤水以北黄土山、茴山、火龙山一带工作，未见结核，因路途辽远，孟塘以南，未曾详细观察，廿二日曹董两君赴龙潭，因天雨折回。廿七日乘汽车至栖霞山，在其南之大凹王，见到孤峰层露头，出露仅厚四五公尺，长约十余公尺，均为侏罗纪掩盖。下午四时再赴龙潭。廿八日沿从前发现地点向东追寻，在正盘山西端又找到结核。但过此一公里许，岩性变异，磷矿消失，全层厚度增至四十余公尺，悉为黑色硬页岩与少许紫色密致页岩，与在北望山、双珠山所见者无异。其中并含有煤层所变之石墨。铜山龙王庙以南即为此种页岩。当日阴雨霏霏，衣履皆湿。廿九日在正盘山雇工两名挖一正方探洞，将页岩及磷质结核悉行运处，备作二者间重量及体积百分比的测定。

（《矿测近讯》1950 年 3 月号，第 109 期，第 18 页）

是月　在《矿测近讯》第 109 期发表《地质学是什么？为什么研究地质学？怎样研究地质学？》，其中说"对于各种地质现象的观察，要精密周详，丝毫不苟，而结论必须十分谨严，要顾到多方面的可能性（Multiple of hypothesis），更要想到全局的联系性，切戒武断夸大及过早发表不成熟见解的毛病""地质工作除实地观察实物研究之外，还要博采群研，详为参考，才能得到多方面的引证，以增加结论的准确性。同时必须勤于写作，养成著作家的习惯，调查报告的编写，尤须准时交卷，切戒偷懒苟且的毛病"。

四月三日　主持矿产测勘处月内第 1 次讲学会，请中央地质调查所程裕淇讲

野外调查关于岩石方面的几个问题。

四月九日 主持矿产测勘处月内第 2 次讲学会,郭文魁讲山东招远玲珑金铜矿。

四月十五日 主持矿产测勘处月内第 3 次讲学会,王植讲江苏江宁县栖霞山铅矿。

四月二十日 南京地质调查所、矿产测勘处、南京大学地质系、中国科学院地质研究所等单位于下午 3 时半,假中国科学院礼堂举行茶会,欢迎李四光副院长回国,谱主被南京地质界公推在会上致欢迎词。章鸿钊等百余人到会。

四月二十二日 主持矿产测勘处本月第 4 次讲学会,请中央地质调查所的李善邦讲物理探矿的原理,秦馨菱介绍几种物理探矿仪。

四月三十日 与殷维翰、张传淦等率领地质探矿专修学校学生赴南京北面煤炭山、燕子矶一带进行首次地质实习。在金陵煤矿公司矿区内一个新开土窟废石堆中发现沥青细脉及石油痕迹。

五月二日 离南京,赴北京。为勘测安徽定远煤田,派出曹国权、王承祺、倪青珩等离开淮南煤田,前往定远。

五月六日 与高平同赴当晚中国科学院院长郭沫若为欢迎自海外归来的李四光举行的招待宴会,与李济深、陆定一、胡乔木、马叙伦、华罗庚等出席作陪。

五月十三日 出席欢迎李四光的会议。晚又与李四光交谈。

是日 政务院财政经济委员会发出财经总字第四一二号文通知,矿产测勘处改由政务院财政经济委员会领导,易名“政务院财政经济委员会矿产测勘处”,处长、副处长职仍由谱主与王植分别担任,经费自本月起由中央拨发。5 月 20 日启用新印鉴。

五月十五日 赴六国饭店访李四光,商谈机构事宜并聚餐,黄汲清、李春昱、高平等在场。

五月十六日 李四光发函,征询地质工作的意见:

这一个多月来,国内地质界各方面服务的同仁,分别的写给我许多信件和开会的记录,说明今后促进地质工作必需的条件,非常感谢,恕未能一一奉答。为了更慎重地征求我们地质工作者全体各个人关于前述意见起见,现在很希望各位不要顾忌,完全独立的并用极其具体的方式,列条写出,尽于最近期内(至迟在六月三十日以前)寄到北京王府井大街九号中国科学院,我个人愿意很忠实的把惠示的意见总结起来,送到政府有关方面,作为参考资料。

现在时机已亟,希望同仁,能于最近期间提出具体意见,就我个人愚见看来,政府方面大约很希望得到大家的意见后,再决定最后的办法,所以各位的意见,来得愈早,解决得愈快。

李四光谨启
一九五〇年五月十六日

附件

从第一次许多的通信和所收到的开会记录,以及这一个月来和在京、宁两地地质界的同仁交换意见的结果,有如下列各点。我地质界同仁在商讨中国地质界的问题,表示意见时,请予考虑:

1. 应动员全国地质工作者,各个人能以同等的地位利用全国各种设备,并且就个人专长,按工作需要、缓急的程度来分配工作,务求得到最大的效果。

2. 全国地质工作人员,现时名额总数和最近将来可能扩充的数额。

3. 设备(包括图书、仪器等)。

4. 目前亟待处理有关地质的问题:(A)由政府方面提出的问题。(B)从个人过去的工作经验,认为需要继续工作的问题。

5. 适合新民主主义社会的地质工作组织和工作方式。

6. 其他。除上列几点外,你觉得还应该照顾哪些原则,请尽量考虑。

根据前列各点,以及其他的考虑,对于下列各项,请一一发表具体意见,并说明理由。

1. 你觉得在什么样的机构组织下,才可以保障地质事业的发展、理论与实际的配合,适合于新中国的要求? 一个地质工作者于现阶段在一个统一的机构下工作好呢还是在分立的机构下工作好? 如果你认为统一的机构是需要的,这个统一的机构应隶属下列哪方面最为适当? (a)中国科学院,(b)中央财经委员会,(c)隶属于双方,(d)其他。如果你认为分立的机构是需要的,应该如何分法及如何隶属?

2. 中央各地质机构的图书(不包括学校)应如何处理方能使这项主要工具成为工具在工作的需要上方合乎要求? 例如(A)将所有中央各机构的图书配齐一全份,放在一个适当地点,其余的重份则分别放在其他适当地点。(B)将中央各地质机构的图书存放原地分别管理但用适当的方法以求流通利用。(C)随机构调整不另订办法。(D)其他。

3. 中央各地质机构的仪器、实验室及化验室等应如何处理。

4. 全国地质工作计划应否统一订定及如何订定? 全国地质工作及教学人员应否统一调配及如何调配。

5. 全国地质工作人员的工薪应否需要合理的划一。

6.备有哪些条件的地方才设立地方地质机构？地方性地质机构与中央地质机构应有什么样的关系？（A）为中央地质机构的分机构。（B）属大行政区或省行政区的行政系统，但在工作上与中央地质机构保持密切联系。（C）受中央及大行政区或省区的双重领导。（D）其他。

7.地质工作者的报告、论文及地质图等应如何发表。

8.除上列所提出的问题外，其他有关地质方面的意见亦请尽量提出。

发表意见的同仁务请注明所在机关和现任职务。

（《矿测近讯》1950 年 5 月号，第 111 期，第 46 页）

五月二十三日　派出马祖望、严济南二人至栖霞山接洽工作，全队人员于 26 日携钻机抵达工地。

五月二十五日　为彻底勘定山东金岭镇铁矿的经济价值和寻找其中的铜矿体，派出杨庆如、韩金桂、王达顺等组成的山东金岭镇铜铁矿钻探队离开南京，奔赴矿区。

五月二十九日　邀请南京市军管会文艺处处长赖少其到地质探矿专修学校讲演，其主要内容是传达华东军政委员会饶漱石主席的一篇报告《如何克服目前困难达到光明的前途》，全校师生员工出席，矿产测勘处职员部分到会。

五月　主持地质探矿专修学校的校务：

该校第一学期课程讲授已过大半，一个月以后即可结束，期末野外实习已由第三次校委导师联席会议决定原则，交教务组详拟计划以备实施。

该校第二学期开始即将分科，对于了解各学员学习进度与成绩及各人志愿，现正由谢兼主任委员按实习小组按日召集一组举行座谈，学员对学业有疑难均可提出问题，加以解答，并随时口试各学员功课，测验其学习成果，最后互相漫谈，借以了解各学员对于分科之意见云。

（《矿测近讯》1950 年 5 月号，第 111 期，第 47 页）

是月　在《矿测近讯》第 111 期的"编者的话"栏中发表《中国地质界大团结》（署名"庸"），对中华人民共和国的地质工作充满了希望。文章说：

现在的时代完全不同了，在新政府大力从事经济建设的号召下，每一个地质工作者都感觉到自己前途的光明和责任的重大。在经过学习、检讨之后，大家一致认为以前的门户之见、英雄主义以及散漫自由的作风，都应该抛弃，理论和实际必须结合,在这样的统一目标下,中国地质工作者的团结,深深地进了一步。所以当今春中央财经委员会拟订空前未有的一九五〇年度地质探矿工作计划时,大家一致拥护,热烈参加。经过二个多月的准备时间,各队就陆续出发,到今天为止,全部计划业已实施。在东北的二十多个调查队,由于东北人民政府的鼓励、协助,工作进行更为热烈。最近宁京两地举行欢迎新自欧洲返国的中国地质界权威李四光先生,各地质工作者在会场上的发言都充分表现了团结合作和诚心诚意为人民服务的精神。中国地质界的大团结从此开始,在未来经济建设的高潮中,将有一支坚强统一、吃苦耐劳、精干细作的先锋队出现,为发掘我们祖国的财富而奋斗!

是月　在《矿测近讯》发表《南京附近发现沥青细脉及石油痕迹》,对在江南找油充满希望。

从这个发现,我们更可深信江南是有油的,生油层很可能是石炭二叠纪的石灰岩,而蓄油层却是龙潭煤系。(浙江长兴及安徽广德的油苗,都从同层位的煤系中出来。)所以将来探油必须要找龙潭煤系没有出露的地方,如三叠纪石灰岩或侏罗纪砂页岩所成的构造,其附近还须没有受过火成岩侵入及过于强烈的地壳运动的影响,就此钻探,或可获得有经济价值的油田。这是我个人的理想,究竟如何,留等将来事实证明。

(《矿测近讯》1950 年 5 月号,第 111 期,第 44 页)

六月　在《矿测近讯》第 112 期"编者的话"栏中发表《本处在南京附近发现磷矿的意义》(署名"庸")。文章说:

自从本处迁处南京,并进一步的认识了东海磷矿的型式和成因以后,即发动在华东各区进行有系统的搜探磷矿的工作。在津浦南段沿线的变质岩中及方山六合的湖成沉积中,先后发现了含磷层,但因磷分太低,不能称为矿床。继又在皖北凤台发现了与昆阳同型式的寒武纪底部磷矿层,平均含磷二氧五百分之二十,储量估计约有二百六十万吨。只要选矿有办法,这个矿就能开采,以供大规模磷肥厂的需用。

在最近几个月来,本处的曹国权君又发现了孤峰层的结核磷矿层,而本处所属的地质探矿专修学校又在一次师生集体同赴龙潭实习的时候,发现了志留纪高家边层顶部的磷矿层……

以上二种新磷矿层的发现,在经济上和地质上的意义太大了。我们现在虽还不能断定我们所发现的几个地点已有开采价值,但就此线索在扬子江中下游如鄂中、皖南、浙西等处于相当的层位仔细探觅,可能发现比南京附近更好更大的磷矿。至于从磷矿层的发现,我们以后可以更精确地比定层位,并借以推究海水的进退及古生物的变迁。这些都是理论地质的贡献。

中国对于磷矿一向不大注意,中国的农人们更不知道磷肥的应用,其中惟一的例外,是昆明附近的农人,因为他们已很早地在利用一种由磷矿风化所成的磷酸白土了。为增加农业生产,磷肥的制造和推行,是绝对必要的。因此我们在南京附近所发现的二种新磷矿层,将为以后在其他各地发现大量磷矿的重要线索,也就是为新中国农业建设上必要的准备条件。希望我们的同业们注意这个问题,就上面所述的线索,努力搜觅,相信必有重大的发现。

(《矿测近讯》1950 年 6 月号,第 112 期,第 51 页)

是月　在地质探矿专修学校第一学期即将结束的时候,确定了学生的分科和第 2 学期的课程及任课教师。除政治课为公共必修课外,地质矿床科必修矿床学、构造地质学、地史学、旋光性矿物学及测量学;钻探科必修矿床学、构造地质学、地史学、机械原理和钻探;物理探矿科必修矿床学、构造地质学、物理学、微积分和物理探矿。各科导师亦确定。政治:叶枫先。矿床学:谢家荣、徐克勤、汤克成。构造地质学:姚文光、郭文魁、吴磊伯。地史学:陈旭、赵金科。旋光性矿物学:李学清。物理探矿:李善邦。钻探:刘汉。机械原理:潘新陆。微积分:蔡介福。物理:颜承鲁。测量学:蓝葆璞、龚铮。实习所需标本、仪器亦已向各有关机关接洽就绪。

七月四日　淮南钻探队全体职工函告,保证完成本年任务。

谢处长:

我们很高兴地接受上级交下来的本年内钻深二一〇〇公尺的任务。我们曾经过几次讨论,虽然对于钻探五百公尺的钻孔缺乏实际的经验,同时二部五百公尺深钻机开工,只有八八〇公尺的钻杆,其中大和式大钻机机器陈旧,时生故障,还有二一五〇公尺的套杆大部分须随修随用,但是我们坚决要克服这些困难,在你贤明的领导下,我们保证完成本年内钻深二一〇〇公尺的光荣任务。祝
你健康。

八公山钻探队全体职工(48 人签名者)敬礼
一九五〇年七月四日

七月十二日　复信嘉勉八公山钻探队。

八公山钻探队全体职工同志们：

七月四日来信及你们全体保证如期完成工作任务的签名单都已收到。在许多事实存在的困难条件下，你们能如此的发挥工作积极性，并能依靠群众力量克服困难，这种工作精神和克服困难的信心，应该值得钦佩和表扬。我已将你们这封保证完成工作任务的签名书交本处《矿测近讯》编辑组刊载。我相信，照你们这样的工作精神坚持并扩展下去，我们八公山煤田钻深二一〇〇公尺的任务一定可以如期甚至提前完成。祝

你们精神愉快。

谢家荣

一九五〇年七月十二日

（《矿测近讯》1950 年 8 月号，第 114 期，第 90 页）

七月二十三日　地质探矿专修学校第一学期于 7 月 20 日结束，休假 10 日。乘此之便，偕同曹国权及地质探矿专修学校学生朱国华前往杭州，调查志留纪及孤峰层的含磷层。当晚晤朱庭祜。

七月二十四日　赴浙江地质调查所，晤各同仁，观察标本，阅读地质报告。中午与朱夏、盛莘夫、汪龙文、仝子鱼、章人骏聚会。下午至西湖西岸的丁家山考察，见孤峰层在陡峻的单斜层上，底部为一厚约 23 米之薄层燧石与栖霞石灰岩直接接触，其上为黄绿色及淡灰色黏土和页岩，再上即为结核磷矿层，认为可与孤峰层含磷层对比，厚约 0.6 米。晚在紫外灯光下观察矿物。

七月二十六日　赴南屏山考察孤峰层，至雷峰塔。

七月二十七—二十九日　赴丁家山以西之唐家坞、大麦岭、小麦岭、慈云洞、虎跑山、留下镇等处考察。发现在大麦岭的孤峰层为黑色薄层页岩，亦在其中采得磷质结核。

七月三十日　返回南京。

七月　在《矿测近讯》第 113 期"编者的话"栏中发表《地球化学探矿的新发展》和《金岭镇探矿已有重大收获》。

在《地球化学探矿的新发展》中说："地球化学探矿的发展，在欧美不过近十五年间的事，而在中国则连知道的人还不多，何况实施。当兹经建高潮，地质工作应以探矿为第一的时候，深望国内的地质家、化学家们对于地球化学探矿深加注意，努力研究，设法实行，对于新矿地的发现，必将有重大的贡献。"

《金岭镇探矿已有重大收获》一文则评价金岭镇的工作是"这次测探结果,可谓为自从中国施行物理探矿以来最重大、最实际的收获"。

是月　在《矿测近讯》第 113 期发表《栖霞山铅矿的展望》。该文乃为纪念已故叶良辅先生而作,因叶先生的纪念册迟迟未出而先行刊印。文章概述了栖霞山铅矿发现的经过,指出日本人发现栖霞山锰矿的线索恐怕尽在叶先生之前的描述中。文章概述了对栖霞山铅矿成因的看法,将大矿的希望寄托在石灰岩上,主张在矿脉南北两边同时开钻,等探着真正的矿脉所在,再依据构造逐步推进。

八月九日　栖霞山钻探队在第 2 号钻孔的 121 米深处打到了所希望的原生硫化矿,到月底已在矿体中钻进 32 米,尚未穿透,为此在《矿测近讯》第 114 期"编者的话"栏中发表短文《栖霞山一钻成功》,另发一篇短文《栖霞山第二号钻眼岩心的初步研究》。在同一期的"编者的话"中还有两篇短文《超低级铀矿的探勘》和《如何在野地测验氧化铅矿》。

谢家荣《栖霞山一钻成功》:

本处在栖霞山钻探铅矿的工作,经过了许多困难,到八月九日那一天,在一二一公尺处开始打到了我们所希望的原生硫化矿,其中包含着黄铁矿、闪锌矿、方铅矿以及一些黄铜矿。到本月底为止已钻深一五三公尺,还是在矿体之中,这就是说,这个矿体的深度至少是三十二公尺。因为钻孔发生故障,且引擎能力有限,不能再往下打,就此结束,而移钻其西边的一眼。

栖霞山铅矿的发现是南京解放前一年的事,从我偶然地发现了一种黄绿色的磷酸铅矿结晶起(铅的存在还是经本处化验科陈四箴先生首先指出的),就一连串地证明了许多其他氧化铅矿的存在,于是先由我及南延宗、王植诸先生作了一个概测,又请王植、申庆荣、龚铮诸先生进行详测和槽探,最后才决定打钻,以便在地腹深处能遇到未经氧化的原生硫化矿。现在总算成功了,一切都与我们的推测相符合了。这是一件有计划有步骤的事业的成功,是一种理论与实际相结合的最好的例子,是本处继淮南八公山新煤田发现以后的又一辉煌成绩,不但本处的同仁们值得庆幸,就是全中国的地质工作者都应该高兴。同时又因为中国目前极端缺乏铜铅锌,所以栖霞山新矿地的发现——虽然它的最大经济价值的确定,还待继续努力——也将为全国工矿业界人士所极端关心的了。

在栖霞山的钻探过程中,我们时常遭遇到钻孔漏水、岩壁塌陷、机件失灵、套管失落或卡住的种种困难,因为水源太远,套管及若干零件的缺乏,更使这种困难无法避免(详请参阅本期马君专著)。幸经该队全体工作人员在马队长祖望及本处刘工程科长汉的领导之下,艰苦奋斗,逐渐克服困难,使地腹深处的宝藏,终于显露出来,贡献为人民所有,这是值得感谢和表扬的。

栖霞山从此将不再仅仅以深秋的红叶为诗人所欣赏,或丰富的纺锤虫化石为地质学家们所注意了。在不久的将来,可能就有一个现代化的矿厂出现,而在未来经济建设的高潮中占着重要的地位,正像淮南八公山一样,从一个寂寞的农村,突然地变为繁盛的矿都。地质学家为人民服务的目的,到这个时候,才算完全地达到了。

(《矿测近讯》1950 年 8 月号,第 114 期,第 79 页)

《栖霞山第二号钻眼岩心的初步研究》将该钻眼中的岩心分为 8 层,详细描述了各层的肉眼观察特征。依据这些特征作出了下列 8 点结论:"(一) 本钻眼穿越一个侏罗纪砂岩与栖霞石灰岩间的不整合面,其位置大概在 50 公尺的深度左右。(二) 铁帽特别发育,可深到 120 公尺,这个深度也是本处地平的高度,大致与本地的潜水或江面相差不远了。(三) 在地面的氧化铅中几乎不含锌,但到 30 公尺以下的铁帽中,在孔穴中就有很多菱锌矿、异极矿的充填,表示浸滤及沉积的结果;在原生硫化矿带中则闪锌矿却占着重要的比例。(四) 铁帽大部分是由黄铁矿及含锰质的菱铁矿变成的,这从 90 到 100 公尺大理岩中的菱铁矿细脉及 120 公尺以上黄铁矿的残粒可以证明。(五) 15 到 30 公尺的高岭土大概是由侏罗纪中的页岩层经过了热液变化造成的,它是比较不透水的,所以对于矿液的上升和潜水的下降,多少发生封闭作用,但这种封闭,不够严密,因为高岭土以上也有矿床,而锌液的下浸也已通过了这层。(六) 矿床不论是氧化的或原生的,主要产在栖霞石灰岩,可能是其底部的臭灰岩层中,中含炭质及有机质特富,对于上升矿液的还原及富集有重大的影响,但浮面的氧化铅则大多数产在侏罗纪的砂岩中。(七) 这里的许多斜切断层、节理,石灰岩中的洞穴以及不整合面,都是供给矿液上升和经流的孔道。(八) 如果臭灰岩(在本区东边打的二个手摇钻眼在 30 公尺俱见到黄龙石灰岩石质坚密不含矿)是本区的主要含矿层,那末,将来探矿似应依此追索,而在本钻眼附近探矿,似应多多在其南面打钻了。"

《超低级铀矿的探勘》说:"地壳含铀为量虽少,却是非常普遍,平均在百万分之二到百万分之九。这样低的含铀量,当然是无法利用的,但据最近欧美地质专家探勘结果,发现若干中生代以前含有有机质和硫化物较多的海生黑页岩以及各种海生的水成磷矿层包括磷矿的结核在内,都含有较高的铀,大多数在 0.01% 至 0.02%""依据上述线索,我可以指出最近本处所发现的三种磷矿层,都有含铀的可能,其中特别是孤峰层的磷矿结核,希望更大,因为这是一种薄的而又非常匀净不含砂砾和石灰质的岩层。此外如浙江奥陶纪底部的所谓石煤层以及志留纪底部的龙马页岩,都可一试。"

《如何在野地测验氧化铅矿》介绍美国《经济地质》最近发表的一篇关于在野外鉴别氧化铅特别是碳酸铅和硫酸铅的一种非常简单实用的方法：在矿石上滴上一滴 5％的醋酸，一分钟后再滴一滴 5％的碘化钾，如果矿石中含有碳酸铅，或硫酸铅就会产生黄色沉淀。

八月十三日　离开南京，赴北京出席全国自然科学代表大会。

八月十七日　上午出席全国自然科学代表大会常委会，下午出席预备会。

八月十八日　出席全国自然科学代表大会开幕式，朱德总司令、吴玉章主任委员以及教育部、轻工业部、交通部等领导致辞。

八月十九一二十日　听取中国科学院、农业部、卫生部及重工业部门的报告。

八月二十日　下午，出席全国自然科学代表大会的全体代表到中南海怀仁堂拜谒毛泽东主席，当晚在清华礼堂观看京剧。

八月二十三日　《文汇报》刊登《全国自然科代大会代表志》，介绍谱主。《矿测近讯》转载如下：

在深山野谷里从事实际探矿工作将近二十年的地质学家谢家荣，也是这次科代大会中的代表之一。二十年来他所到之处，从脚底下的宝藏，成为建设的材料，在地质界中他是有成就的。

目前他是地质探矿专修学校负责人，他的任务是探测华东区地下的矿产（《矿测近讯》编者按：谢先生系本处处长兼地探专校校委会主任委员，本处工作范围系全国性的）。这一年来他东奔西走，带领着地质探测队在山东、安徽、江西、南京等处发掘华东区的富藏，工作的结果是令人满意的。这是他工作的代价："一九五〇年的工作重心，是探测了安徽定远的煤矿、淮南八公山的煤矿、山东金岭镇的铁矿、安徽铜官山的铜矿，以及南京栖霞山的铅矿。八公山五〇〇公尺深度范围内的储煤已证实的约有一万万吨（《矿测近讯》编者按现已证实有十万万吨以上），供给华东区是绰绰有余的了。新煤田已大力开掘，日产量为两千吨，均属烟煤，质地很好。金岭镇的铁矿，正在打钻，深度是一百八十公尺，已见铁矿含铁量为百分之六十以上，整个储量尚无法估计，至少在三千万吨以上。栖霞山人人只认为是风景区，事实上铅矿很丰富，经探测至少储量有数千吨（《矿测近讯》编者按这是老的估计）。在八月九日打钻到一百二十公尺深处，发现大批方铅矿、闪锌矿和黄铁矿，成分在百分之十到四十。这个发现，真使人太兴奋了。铜官山的铜矿也正在打钻，在三十到四十公尺深度已发现铜矿和铋矿"这是已有结果的探测工作。

此外在他领导下的地质调查队，也在陆续发现新矿苗。像安庆北铁铺岭月牙山一带的发现铜矿，月牙山之北蟹子岗找到的铜矿，以及南京附近龙潭一带所找到的磷矿,都有很高量的成分,现在正建议政府开采。他这样说:"华东区的矿产是很丰富的,这对于华东区未来的建设,一定会起着很大的作用。"

这次他从南京到北京来出席科代大会,还带来了一大包最近探测到的矿物标本。从这些闪烁着金属光泽的标本中,我们就仿佛看到了华东区的金光闪烁的建设前途。

谢先生同时也是一位地质教育工作者,谈到今天地质人才的零落,引起他无限的叹息。据他所知道的,本年暑期里清华、北大、南大等校地质系毕业的同学,是不会超过五十人的,而今年暑期投考地质系的同学,还是寥若晨星,这难怪要使这位地质学者关心这一件事了。他说:"在经济建设的前夜,是多么需要大批的地质工作者啊!"他去年曾在东北参观矿产,他说:"单在那天赋独厚的东北,去做开发矿产的工作,动员今日全部地质工作者,还有人才不敷之感呢。"

最后他谈到对苏联专家的印象。在他工作中曾和一位苏联专家考洛德基一起生活过,他说:"我们应该感激苏联友人对我们的帮助,他们对于中国是那末的关心,尤其是苏联友人工作上的责任感,以及熟练的技术,是值得中国科学工作者学习的。"(八,二三,《文汇》)

(《矿测近讯》1950年8月号,第114期,第93页)

八月二十四日　下午出席全国自然科学代表大会闭幕式,周恩来总理在闭幕式发表了《团结与建设》的演说,历时4小时。

八月二十五日　上午赴北京大学地质系开会,晚上出席中央人民政府政务院在北京饭店举行的招待出席全国自然科学代表大会代表的盛大宴会,会后到怀仁堂观看京剧《二打祝家庄》《打渔杀家》等。

是日　中央人民政府政务院第47次政务会议通过任命中国地质工作计划指导委员会主任委员、副主任委员及委员名单。

八月二十六日　出席下午3时半在中国科学院举行的中国地质学会理事会,出席会议的理事还有:尹赞勋、杨钟健、孙云铸、李四光(尹赞勋代)、黄汲清(乐森玙代)、赵金科(王嘉荫代)、俞建章(孙殿卿代)。通过新增会员43人、第26届年会12月在北京举行等8项决议。并在讨论会刊发行及会费问题时提议:以往的永久会员应取消,今后会费分为两种,一种为会员费,另一种为会刊费,不需要会刊之会员可仅交会员费。

八月底　在地质探矿专修学校第二届学生会执委就职典礼上做"关于出席科代大会、矿产测勘处最近工作和今后地质工作重点问题的报告"的报告。

谢家荣《关于出席科代大会、矿产测勘处最近工作和今后地质工作重点问题的报告——在地探专校第二届学生会执委就职典礼上的报告词》:

一、科代会开会经过

这次参加科代会编过号的代表共为五三六人，实际报到的四五五人，每日到会的在三四百人左右。大会从八月十七日下午的预备会起到二十五日晚政务院的招待会止，一共经过八天，才算完全结束。在十八日的开幕式中，朱总司令、吴玉章主委以及教育部、轻工业部、交通部、北京市人民政府的各首长都致了辞。在会议中我们听取了科学院、农业部、卫生部及重工业部门的报告。二十日下午全体代表到中南海怀仁堂谒见了毛主席，并见到了边疆代表团青年团献礼的仪式，当晚在清华礼堂晚会看京戏。二十一日下午游颐和园，在听鹂观聚餐。二十四日下午行闭幕式，周总理亲来讲话，讲的题目是"团结与建设"，历时四小时。二十五日最后的一晚，政务院在北京饭店盛筵招待，接着又同到怀仁堂看京戏。会议的主要任务是讨论关于中华全国自然科学专门学会联合会（简称"科联"）及中国科学技术普及协会（简称"科普"）的组织章程草案要点，又选出了科联和科普各五十人的全国委员会委员。另一重要任务是分组分科地审查了四一五个提案，决定办法，提交大会通过，又详密商讨了由政府各部门提出的二二三个问题，个别的予以当场解答，送请专门机构或专家解答的种种办法。提案分为一般性的、关于组织问题的以及理、工、农、医的 6 组，其中一般性最多，共一四一案，工组次之，共一二七案，医、农、理及组织又次之。各项问题则分为理、工、农三组，其中以工组最多，共一九二个问题；农组次之，共二十二个问题；理组又次之，共九个问题；医组方面没有提出问题。在理组的九个问题中却有七个是关于地质的，在工组的许多问题中，也有若干是关于地质的。由科代筹会南京区分会提出的提案共有五十九件。

二、地质机构

由李仲揆先生处理的全国地质机构问题，现在已大体决定了，就是在文教、财经二个委员会之下设立一个地质工作指导委员会，以下设二所一局，二所是地质研究所和古生物研究所，归科学院领导，一个局叫作矿产地质勘探局，归财经会领导。各局所的负责人都已由李先生派定，不久谅也可发表了。从前政府一直想召开而地质界也有若干同仁希望召开的地质会议，李先生已决定不开了。

三、本处最近四个月来的工作概况

本处最近四个月来的工作已获得辉煌成绩，这要感谢本处全体工作人员的努力奋斗，而本校同学们的几次实习，也发现了不少有价值有意义的矿产。本处的工作可分为测勘和钻探二项，一共派出了十二队，计测勘七队，钻探五队。测勘方面东北有二队，注意铁矿及有色金属矿的探寻。山东三队，第一队在胶东的东部详测了福山的铁矿、金牛山的黄铁矿、金矿以及藏马县的云母矿，第二队在胶东中部招远、栖霞、蓬莱一带，详测了玲珑山及其附近的许多含铜黄铁矿，第三队在鲁南的新蒙莱,详测煤田,准备钻探。皖北一队,在安庆以北月山、踏水桥、金钩树一带,在一百平方公里的范围内找到了二十余处的铜矿地点,这些矿有些是老矿新发现,有些从前日本人占领期间已在设法开发了,但大多数是这一次新发现的,并且这个区域的富有经济意义,也是经这次本处派员测勘后才知道的。据检视携回的标本,其含铜成分远较最近在东北发现的所谓斑岩铜矿为高,至于矿量究有多少,那就要靠我们以后详细探勘了。在南京附近包括本校的各次实习及杭州的零星考察,并为一队,主要的结果是发现了孤峰层和高家边层中的磷矿,又发现了煤炭山龙潭煤系砂岩和石灰岩中的沥青细脉及石油遗迹。这个发现,在将来江南区探觅石油的工作上有重大意义,同时沥青本身也是一个极重要极有用的矿产。我这次在北京开会,见到上海工务局长赵祖康先生,他提起上海市每年至少要用沥青一千吨,从前多的时候要到三千吨,现在来源缺乏,就用柏油替代,也供不应求,因为在东北和华北炼焦炉中所产的柏油,在本地就不够用,如何能运给上海呢?国产的柏油还有一个大缺点,温度一高容易熔化,冷了容易裂开,所以夏天在柏油路上走,好像走在棉花毡上,要粘鞋,要化开的。赵先生正在考虑利用甘肃玉门的沥青矿,但那儿产的是石蜡质底的石油,恐怕还不适用,因此我就提出了我们在南京附近的发现,他非常注意,想请我们作进一步的研究。我们所找到的沥青质在南京的大热天下是不容易熔化的。倘将这种沥青与柏油混合,就可大大地改善柏油的品质,所以即使我们的矿产量不多,也还可能去解决一部分问题的。

其次是钻探工作。本年度本处预定派出六个钻探队,钻探总尺度为七九〇〇公尺。因为经费拨到太迟了,所有工作到五六月才开始,铜官山的钻探开工更迟。又因为钻机不够,鲁南莱新蒙煤田的钻探迄今还未开始。因此种种,到目前为止,我们的钻探总深度还不过二千〇三十六公尺,即使减去鲁南的一八〇〇公尺,还比预定的六一〇〇公尺的总深度相距很远,这要靠我们以后的加倍努力来补足了。就各队比较,淮南八公山队已钻一〇六一公尺,该队的工作同志们全体具名来函,要保证完成本年度所给予二一〇〇公尺的任务,我想这是没有问题的。定远和金岭镇二个钻探队都已完成了过一半的任务,就是各已钻深三百余公尺,但定远不久要停钻,将钻机移钻栖霞山,因之栖霞山本年度一千公尺的任务,也很可能可以完成的。最困难的是铜官山一八〇〇公尺的任务,恐不容易达到,这儿的岩石特别硬,遂使进程特别慢,要急也急不出的。各钻探队在钻探过程中都遇到了钻孔漏水、岩壁塌陷、机器失灵、套管脱落或卡住的种种困难,因为套管不够,配件不齐,有时水源也不充足,遂使这种困难无法避免。幸赖全体工作人员齐心一志,努力奋斗,随时随地克服困难,完成任务,这是非常庆幸而值得提出来表扬的。

至论各钻探队探矿的成果,除定远队因为钻机深度不够,原先就是一种试探性质,不准备打到煤层外,其余四队都已获得了满意的结果,有些结果竟是出乎意料之外的好的。淮南八公山队钻探的主要目的在确定地面下五百公尺深度的各组煤层是否延续不变,现有一个钻眼已完全证明了这一点,所以这个新煤田的储量,已从六亿吨增加到十亿吨以上了。此外还在钻探乌拉统中煤层的厚薄,以及此新煤田向东南延展的问题。金岭镇钻探队在距现开铁矿的东北十余公里的地方,于一望无垠毫无露头的平地下一八〇公尺深处钻到了含铁百分之六十以上的磁铁矿,厚达六公尺,还没有见底。这个钻眼的位置是依据从前日本人所做磁性测量的结果而定出来的,而我们又加复测,证明无误。这个发现,一方面证实了物理探矿的实用性,另一方面又指出只有理论与实际结合,才能得到这种好结果。铜官山队开钻最迟,到目前仅进五十余公尺,但已打到了铜矿,其上部还发现了辉钼矿。现在第二钻眼不久开工,进度就可以加快了。栖霞山一钻见矿,并且深达三十二公尺,还是在矿体之中,没有见底。这个惊人的百分之一百的新发现,是本处继淮南八公山十万万吨新煤田发现以后的又一重要贡献,在中国特别缺乏铜铅锌及黄铁矿的今日,这个发现,其意义更为重大。虽然一钻的结果还不能断定本矿最大的经济价值,但从地面氧化铅矿带的富厚,锰矿露头的延绵达一公里以上,地下铁帽的深达一百公尺,这一切都指示出它将有巨大的矿量。从钻出的二十余公尺厚的矿体岩心加以初步研究,知道这个矿主要的是黄铁矿,其次为闪锌矿,再其次为方铅矿,至于黄铜矿则为量很少。在已钻到矿体的最上部、中部和下部从二三公尺到十余公尺,都有含闪锌矿及方铅矿较丰富的富矿体,详细成分正在分析中。方铅矿俱成微粒或小块,散浸全体。浮面的氧化矿则以碳酸铅、硫酸铅及磷酸铅为主,含铅最多可达百分之四十,估计矿量可有十万吨,可用露天法开采,冶炼也很容易,这是目前急应举办的一件轻而易举的事业。从栖霞山这个新矿地的发现,更增强了我们从事经济地质工作者对于为发掘祖国财富而奋斗的信心,努力罢! 同志们,只要有科学的根据,准确的推断,配合上坚强不易,艰苦耐劳的精神,你们所费的任何心力,一定可以得到收获的!

四、今后地质工作的重点问题

为了遍普地发掘和准确地估计我们祖国的财富,以配合即将到来的经济建设高潮而全心全意地服务于人民,我们今后地质工作的重点是应当放在经济地质和探矿方面的。这不但是政府的国策,也是全国人民一致的要求。但很奇怪的关于这个问题的看法,在我们地质工作者们的本身,却存在着许多种不同的意见,这从最近发展的各种迹象看来,可以证明的。有些根本怀疑了地质科学的实用性,因而不信任自己;有些好高骛远,轻视探矿,以为只有钻牛角尖,从事纯粹理论的研究,才是最崇高,最时髦。还有些人看到了研究不一定要兑现,而探矿却是最现实最能看出是非曲直百分之百需要兑现的工作,为了减轻责任,就不敢担任这艰巨的工作了。我并不主张全国的地质工作者都去打钻,都去看矿,但我也坚决反对全国的地质工作者都沉湎在几种崇高的理论之中,而不屑分出一些时间来讨论实用问题。所谓重点工作,就是要有较多数的人去做人民所急切需要的工作,至于其他一小部分人尽可为他们自己的兴味、为研究而研究。

(《矿测近讯》1950 年 8 月号,第 114 期,第 89—91 页)

八月　《矿测近讯》第 114 期刊出《1940—1950 年本处工作成果表》,按年份列出派出队数及地点、主要工作和重要发现。

表 12　1940—1950 年本处工作成果表

年别	派出队数及地点	主要工作	重要发现
1940	共十队,叙昆铁路沿线昆明至威宁段,个旧、保山、腾冲、兰坪	完成叙昆铁路沿线昆明、威宁间十万分之一地质矿产图,详测威宁铜矿、个旧花岗岩深度之物理探测、兰坪油田、滇西保山腾冲间地质矿产	
1941	共十九队,镇雄、威信、盐津、大关、彝良、威宁、昭通、鲁甸、水城、会泽、巧家、昆明、文山、祥云、弥渡、宾川、蒙化、龙陵、镇康、云县、猛勇	完成云南、贵州各县区域地质矿产图八幅,详测昭通褐炭、威宁水城煤铁矿、乐马厂铅银矿、文山钨矿、滇西矿产概测、昆明附近铝土矿	
1942	共十九队,湖南桂阳、常宁、临武、郴县;贵州遵义、金沙、黔西修文、贵筑、大定、毕节;云南师宗、罗平、永善、巧家、东川、禄劝、武定、富民、嵩明、易门、玉溪、峨山	完成滇西滇东滇中黔西湘南若干区域地质矿产图,详测贵阳附近铝土矿,水城观音山铁矿	
1943	共十一队,湖南资水流域,常宁、永兴、新田、宁远、祁阳、江华、湘黔边境;贵州都匀独山间,贵阳、修文;云南彝良、昭通、鲁甸、水城、东川、昆明;西康南部	完成西康南部十万分之一区域地质矿产图	贵州云雾山分层采样,发现高级铝土矿

年别	派出队数及地点	主要工作	重要发现
1944	共八队,贵州修文、开阳、贵阳、平越、平坝、都匀独山间	详测云雾山铝土矿,都匀独山间煤田	
1945	共九队,四川长寿、巴县、简阳、隆昌;贵州都匀、修文、贵筑;云南富民、个旧;台湾	四川中部油田地质、台湾油气矿床、贵阳附近煤田	发现云南中部白色高级铝土矿,并证明黄色者由白色者风化而成
1946	共十五队,河北开滦;安徽淮南盆地、当涂;江苏东海、南京附近;湖北大冶;福建漳浦;江西大余;湖南新化;广东乳源、乐昌、曲江;广西富川、苍梧、宾阳;四川绵阳、遂宁、巴县,汉渝公路沿线,隆昌;云南个旧	详测开滦煤田、东海磷矿、福建漳浦铝矿、大冶铁矿、广东广西钨矿、四川中部油田,钻探淮南新煤田	发现淮南八公山新煤田
1947	共廿四队,辽宁海城;河北临榆、唐山、开滦;江苏铜山、东海、六合、江浦;安徽滁县蚌埠间;江西庐山、宜春萍乡间;台湾新竹;福建漳浦;湖南新化、安化;广西钟山、河池南丹间、田东、田阳、西林、西隆;广东云浮、新会、阳春、阳江;河南英豪;四川巴县、遂渠县间、南川、绵阳、江油、荣昌、永川、隆昌、威远、自流井、犍为、灌县;西沙群岛	东北铀矿、台湾新竹煤田、广西铀矿、钻探湖南新化锑矿、湘江煤田、淮南煤田,详测四川中部油田。打钻总尺度三千余公尺	发现淮南新煤田更多的矿量、凤台磷矿、福建漳浦铝矿、凤台山金家煤田
1948	共二十四队,江苏南京、镇江、江阴、无锡;浙江吴兴、杭州、绍兴、江山;安徽宣城、凤台、淮南;江西万年、丰城、分宜、萍乡、永新、泰和、瑞昌、湖口;广东英德;海南雷州半岛;广西富贺钟区、右江;四川巴县、中江;湖北武昌	台湾地下水,江西鄱乐煤田,丰城、余干间煤田,广西稀有元素;钻探土地堂煤田、凤台磷矿、西湾煤田;打钻总尺度4 877公尺	南京栖霞山铅矿、江苏句容下蜀钼矿、桂西菱铁矿
1949	共九队,江苏江宁、栖霞山、宁镇山脉;安徽当涂、大淮南、铜陵;山东招远、掖县、莱阳	完成鲁中南区域地质矿产图、大淮南盆地地质矿产(图);详测玲珑金矿、山东粉子山菱镁矿、莱阳石墨矿、铜官山铜矿;槽探栖霞山铅矿	证明当涂大黄山矾石矿,发现山东南墅蛭石矿

续表

年别	派出队数及地点	主要工作	重要发现
1950	共十二队,东北鞍山、本溪、夹皮沟、老牛沟;淮南八公山、定远;鲁南新蒙;安庆以北;胶东东西两部;南京附近。钻探八公山煤田、定远理想煤田、金岭镇铁矿、铜官山铜矿、栖霞山铅矿	完成各区域路线地质图,矿区地形地质详图,共拟钻探 7 900 公尺,迄八月底止已完成 2 036 公尺	证明八公山新煤田储量可达十亿吨,发现金岭镇北金招铁金,栖霞山黄铁矿闪锌矿方铅矿,南京附近磷矿,沥青矿及 Tripoli 矿,杭州西湖磷矿(与浙所合作)

（《矿测近讯》1950 年 8 月号，第 114 期，第 94 页）

图 94　南京栖霞寺(勘探南京栖霞山铅锌锰银矿时勘探队驻地,谢家荣曾在此住宿)

九月六日　向中央及华东各有关部门发出勘发(50)第九六二号代电,通报栖霞山发现原生硫化矿。各有关部门纷纷来电祝贺。

1. 华东军政委员会饶主任委员贺电

政务院财经委员会矿产测勘处谢处长家荣、王副处长植公鉴:

接九月六日勘发(50)第九六二号代电,欣悉贵处栖霞山探矿队,在南京郊区发现数种有色金属矿。这对今后经济建设贡献很大,实为贵处各同志多方面努力的结果。庆幸之余,特电致贺,并盼继续奋斗,取得更大的收获。

华东军政委员会饶漱石申删

2.华东财政经济委员会贺电

中央财经委员会矿产测勘处谢处长、王副处长钧鉴:

一九五〇年九月六日勘发50第九六二号代电敬悉。南京栖霞山有色金属矿,在你处探矿队努力之下发现,此宝贵蕴藏,尤其在交通便利的条件下,对于人民财富的贡献更大。我们以十二万分的欢欣,代表华东区人民祝贺此伟大成就。尚望继续努力,再建伟绩,不胜企祷,特电奉复,并祝你处及探矿队诸同志康健。

华东财政经济委员会

3.中央重工业部钢铁工业局贺电

政务院财经委员会矿产测勘处谢处长并转全体同志鉴:

接九月六日代电,欣悉贵探矿队于栖霞山探得极富之铜铅锌矿床。此类有用矿物为我国国民经济所迫切需要,今日得此不啻大旱中云霓,不仅为贵处贺,抑且为全国人贺也。

中央重工业部钢铁工业局陆达申删

4.北京矿冶研究所贺电

矿产测勘处谢处长鉴:

奉读九月六日代电,敬悉贵处探矿队已在南京郊区发现大量原生硫化矿体,曷胜欣庆。并盼将有关该矿详细调查情况检赐一份,以资参考。再贵处测勘通讯如继续出版,希能按期寄赠。特此电贺。

矿冶研究所所长谢树英叩

5.西南地质调查所贺电

政务院财经委员会矿产测勘处谢处长、王副处长公鉴:

九月六日勘发(50)字九六二号代电敬悉。你处栖霞山探矿队钻探发现原生硫化矿体,对国家建设及科学上的价值非常重大,特申贺忱,并向参加工作人员致敬。以后如有相似新发现,并希随时赐告。

西南地质调查所所长黄汲清申陷叩

(《矿测近讯》1950 年 9 月号,第 115 期,第 111 页)

九月十三日　中央人民政府政务院第 47 次政务会议通过的中国地质工作计划指导委员会主任委员、副主任委员、委员的名单正式公布。

地质工作计划指导委员会委员名单经政务院通过
　　　李四光、尹赞勋、谢家荣分任正副主任委员
　　中央人民政府政务院第四十七次政务会议通过任命的中国地质工作计划指导委员会主任委员、副主任委员、委员名单

主任委员李四光　现任中国科学院副院长

副主任委员尹赞勋　现任南京地质调查所技正兼古生物研究室主任

　　　　　谢家荣　现任华东军政委员会工业部矿产测勘处处长(编者按:本处自本年五月已改由政务院财经委员会接管领导)。

委员二十一人(依姓氏笔画为序):

尹赞勋　现任南京地质调查所技正兼古生物研究室主任

田奇瑻　现任中南军政委员会重工业部资源勘测处处长

佟　城　现任长春地质调查所所长

李四光　现任中国科学院副院长

李春昱　现任南京地质调查所所长

李　捷　前中央研究院地质研究所专任研究员

侯德封　现任南京地质调查所技正兼陈列馆馆长

孙越崎　现任中央财经计划局副局长

孙云铸　现任北京大学地质系主任

孙殿卿　现任南京地质研究所副研究员

孙健初　现任西北石油公司探勘处处长

徐克勤　现任南京大学地质系主任

张文佑　现任地质研究所研究员

张　更　现任中国石油公司技正

郭文魁　现任华东军政委员会重工业部矿产测勘处工程师

陈国达　现任中山大学地质系主任

黄汲清　现任西南地质调查所所长

杨钟健　现任中国科学院编译局局长

谢家荣　现任华东军政委员会重工业部矿产测勘处处长

谭锡畴　现任云南师范学院博物系主任

顾功叙　现任中国科学院地球物理研究所副所长

（顾问　章鸿钊）

（《矿测近讯》1950 年 9 月号，第 115 期，第 113 页，据 1950 年 9 月 13 日《文汇报》）

九月　栖霞山打出原生硫化矿，证明了铁帽研究的重要性，为此在《矿测近讯》第 115 期"编者的话"栏著文《大家注意铁帽》（署名"荣"）；在同期"编者的话"栏中还发表一短文《研究工程地质和地球化学的重要》（署名"荣"）。

谢家荣《大家注意铁帽》：

在中国，铁帽也是非常发育的，特别在气候湿热、潜水面较深的地方，如云贵高原的许多金属矿床区域，不但其露头都成铁帽，并且氧化的深度可深达三四百公尺，如个旧的锡矿、会理的锌矿、东川的铅锌矿，都是很好的例子。中国地质学家谁都懂得铁帽的意义，但显然的很少人加以注意和研究，因此就在南京近郊栖霞山所出露的大片铁帽和锰帽，以及其中所含的许多金属氧化矿物，竟为从前的工作者们所忽略了，而具有重大经济价值的锰矿和黄铁锌铅矿，也就被遗漏了。最近本处在该山所作的详测和钻探工作，发现了深达一二〇公尺的氧化带，认识了铁帽和锰帽的意义，这对于将来在华东区进而在全国的探矿工作上，将有重大的指助。我所以要特别提出华东，就因为在扬子江下游的许多所谓铁矿露头，很可能大多数是铁帽，如能在有望地点测勘钻探，或可在其下部发现许多有价值的金属硫化矿。希望同业们在今后的工作中，多多注意铁帽，必将有意外的收获。

（《矿测近讯》1950 年 9 月号，第 115 期，第 95 页）

谢家荣《研究工程地质和地球化学的重要》：

工程地质和地球化学是二门比较新兴的科学，无论在学术上或实用上，都有无限发展的前途，在新中国建设的前夕，它更将发挥重大的作用……寻常人都以为工程地质与普通地质差不多,只需测绘一张比较精密的地质图,多多填上些断层就够了,实际情形,并不如是简单。工程地质是以土木工程、水利工程、土壤力学以及地质学、岩石学、构造地质学的原理为基础,应用到大自然的伟大建筑体上去解决许多工程问题的学问。它自有一套研究的方法,必须特立部门,广设实验室,由一大批专家精心一志地去研究、调查和测探,才能完成任务,解决问题。

……在中国,地球化学研究更是一块未开辟的园地,许多有兴味有意义的问题,正待我们去研究解决。我可以随便举几个比较有经济价值的问题。关于超低级铀矿的探采,我已在本刊一一四期中说过了,如何在许多海生黑页岩和磷矿层中测验和分析含铀量,将为一个地球化学问题。研究国内各处所产的锡砂、铁砂以测验其中所含的稀有金属,也是一个重要问题。许多锡砂中有独居石,而从昌平到山海关一带平原下的砂铁,据北京矿冶研究所分析,不但含钛,且含有相当数量的钒。这种含钒钛的磁铁矿,显然是由热河高原上如大庙一类的钒钛矿床冲刷下来重行堆积而成的。从此我们更可推想西康盐边攀枝花的含钛磁铁矿也有含钒的可能。如此说来,中国的钒矿资源岂不可以有扩大的希望了么?诸如此类的问题很多,不及枚举。

综上所述,可知工程地质和地球化学的研究,在中国实有必要,且其发展无可限量,倘使要组织一个完备而现代化的地质机构,这二个部门的设立是决不可少的。

（《矿测近讯》1950 年 9 月号,第 115 期,第 95—96 页）

是月　《矿测近讯》第 115 期刊出《本处发现几种重要矿产的经过及主要参加工作人员表》。

表 13　本处发现几种重要矿产的经过及主要参加工作人员表

年份	矿别	发现经过	本处主要参加工作人员
1943	贵州云雾山高级一氧化铝矿	贵州矿测团乐森璕、蒋溶、罗绳武等发现云雾山铝土矿后,其后调查者以不能得到质佳的样品,几已认为没有价值。本处谢处长主张分层采样,并亲同颜轸、杨开庆、蒋溶等前往工作,就发现了 T_5、T_7 及 T_8 的白色高级铝土矿,后来又证明它是一氧化铝(Diapore)	谢家荣　颜　轸 杨开庆　蒋　溶

年份	矿别	发现经过	本处主要参加工作人员
1945	云南中部的白色高级铝土矿	南延宗老早发现了云南中部的铝土矿,但没有宣布地点,后来昆明炼铜厂炼铝,认为这种黄色多孔的佳矿是 Boehmite,与贵州是不同型的。但本处谢处长认为二处矿床应属一式,乃亲偕杨开庆、沙光文、叶大年等前往调查,结果发现了白色高级铝土矿,并证明黄色者系由白色矿风化而成	谢家荣　杨开庆 沙光文　叶大年
1946	淮南八公山新煤田	淮南煤矿请本处派员测量舜耕山上窑间地形,但本处谢处长以为该区煤层太深,一时不易利用,主张在附近找新煤田。就中央地质调查所出版的百万分一地质图研究,揣想其西部山王集一带可能有一隐伏煤田,就同燕树檀、颜轸前往测勘,发现了分布整齐的乌拉统石灰岩,向平原中倾斜,就决定打钻。经过四年多的工作,证实了这个黄河以南最大的煤田,储量可达十万万吨	谢家荣　燕树檀 颜　轸　韩金桂 申庆荣　叶大年 钻探:杨文俊 陈耀云
1947	安徽凤台磷矿	韩金桂、申庆荣在淮南详测时,找到一种黑石头,认为是玄武岩。谢处长整理他们寄来的标本,认出它是磷矿,经分析证实,就派队详测并钻探	初测:韩金桂 申庆荣　谢家荣 赵家骧　燕树檀 李庆远 详测:赵家骧 沙光文　车树政 倪青珩　龚　铮 钻探:车树政
1947	福建漳浦铝土矿	福建省地质调查所宋达泉、俞震豫在漳浦发现铝土矿结核。本处谢处长推测可能是属于三水型的铝土矿,就派殷维翰、沙光文前去调查,带回来东吴山矿样,经分析并由谢处长用显微镜研究,证明是三水型的铝矿,就由谢处长亲率沙光文、王承祺、龚铮前去复勘,证实了东吴山赤湖一带可供开采的铝土砾石层矿量达五六十万吨,最后又派赵家骧、沙光文、王承祺前往槽探及采样	初测:殷维翰 沙光文 详测:谢家荣 王承祺　龚　铮 沙光文 槽探:赵家骧 沙光文　王承祺
1948	南京栖霞山氧化铅矿	南大教授徐克勤同谢处长闲谈中说起栖霞山锰矿附近,有一种黄色石头,不知何名?谢处长就同李庆远、南延宗、张兆瑾、杨庆如、杨开庆等就资委会委托勘查锰矿之便,前去复勘。谢处长发现了黄绿色六角柱状的结晶,经本处陈四箴分析含铅,乃知是磷酸铅。后来又继续发现碳酸铅,乃派王植、申庆荣、龚铮详测及槽探	初测:谢家荣 南延宗　陈四箴 王　植 详测及槽探: 王　植　申庆荣 龚　铮

续表

年份	矿别	发现经过	本处主要参加 工作人员
1950	栖霞山黄铁矿、闪锌矿、方铅矿及黄铜矿	为证明栖霞山有无原生硫化矿,乃派马祖望、严济南、陈中仪、原印川等钻探。在121公尺处发现了黄铁矿、闪锌矿、方铅矿及少量黄铜矿,深逾32公尺,尚未到底。	钻探及地质: 马祖望　严济南 陈中仪　原印川等 化验:陈四箴 谢学锦
	山东金岭镇北金招磁铁矿	根据日人所作的磁测图,本处派杨庆如、韩金桂、王达舜、杨文俊前去钻探,又由中央地质调查所秦馨菱指导,再作磁性测量,证明钻眼的地点无误。第一钻在180公尺深处发现磁铁矿,深6公尺,尚未穿透。第三钻于144公尺处见矿,厚17.3公尺,到达火成岩。	钻探及地质: 杨庆如　韩金桂 王达舜　杨文俊 详测:秦馨菱 杨庆如　韩金桂

（《矿测近讯》1950年9月号,第115期,第114页）

十月二日　自浦口赴北京出席地质工作计划指导委员会预备会议。

十月四日　出席在中国科学院105室举行的地质工作计划指导委员会预备会议。会议决定10月31日召开地质工作计划指导委员会会议。在预备会上发言,提出一系列问题:须有一个合理的组织系统,一个明白直接的系统。不能太分支,太不集中,以免将来有办事上的困难;职工名称须划一,待遇须平均,不能有此重彼轻之弊。即不能有技术与非技术的鸿沟,更不能有地质与非地质的派别,因为将来凡有工作都是集体的工作,而不是个人英雄主义的表现;双重资格等想法,固然可以一时吸引青年人,但总不是一个识大体懂组织的人的想法,任何一个机构都应该有固定的职工,这是毫无疑义的,倘使把一部分人弄成了双重资格,而其他部分人则否,将来影响情绪,影响团结,流弊很大,万万要不得;局、所的人事,应该让局所的负责人会同委员会的主管人去商讨,不能由少数不相干的人代为决定。像这次委员会下发各局、所的主管人选,没有通过委员会就发表了,是一个错误,是犯了不民主的错误,以后希望不要有同样的错误发生,固然李先生奉了政府的命令,办理一切,可以当机独断的,但如要戴上民主的帽子,那就不太合适了;所以预备会至少不应讨论局的人事,因为谭局长还没有到职。此外还提到了矿产测勘处的归属问题和委员不够广泛的问题。

十月十四日　地质调查所和所工会为庆祝赴东北调查地质矿产的专家胜利返回南京,举行盛大的欢迎会和文娱晚会,并邀请科学院和矿产测勘处的地质人员参加。谈及这年在东北的工作时说："这在中国地质史上是没有过的，也是不可能有的。"并更兴奋地表示："如果像这样的环境和工作情形再继续三十年，中国的地质成绩是很可观了。"

十月十八日 应邀出席中共南京市委宣传部及市府文教局为欢迎参加东北地质矿产调查的同志胜利归来而联合举行的盛大欢迎会。出席会议的有南京市副市长金善宝、中共南京市委宣传部副部长石西民、南京市文教局局长孙叔平、中央地质调查所所长李春昱、科学院地质研究所副所长张文佑、研究员喻德渊、地质界老前辈章鸿钊、侯德封及各地质机构、科学机构和大专院校的科学家共 100 多人。章鸿钊在会上说："在中国三十余年的地质史上，我就不曾看见过这样光荣的一年。"

十月十九日 中国人民志愿军跨过鸭绿江，支援朝鲜人民抗击美帝国主义的侵略。

十月二十八日 启程赴北京参加地质工作计划指导委员会和全国各地质机构与大学地质系的特约代表和民选代表扩大会议。为使许多导师赴京开会期间地质探矿专修学校的学生能有所学，特地安排由王植、刘汉带学生至栖霞山实习。

十月三十日 抵京后赴地质调查所出席计划委员会会议，会议通过了 1951 年地质工作计划大纲。

十月三十一日 出席地质工作计划指导委员会扩大会议预备会，李四光做报告。

十月 在《矿测近讯》第 116 期"编者的话"栏中发表《欢迎野外工作同志胜利归来》(署名"荣")和《克夫丹诺夫先生的话》(署名"鸣")。

谢家荣《欢迎野外工作同志胜利归来》：

中央财经委员会所发动的一九五〇年全国地质矿产调查工作，已大部分的完成了，到东北、华北去的野外工作同志们都已陆续归来，只有在华东区工作的若干调查队以及在华北、华东的几个钻探队还在继续工作，争取在本年内完成预定的任务。

为了庆祝和慰劳野外工作同志的胜利归来，中共南京市委宣传部及市府文教局特于十月十八日在交际处联合设筵欢迎，参加的除地质专家外，还有其他科学机构及大专学校的科学家共一百余人。中央地质调查所及该所的工会也于十月十四日在该所礼堂举行了盛大的茶会和晚会。在这两个盛会中，孙叔平局长、石西民副部长及地质调查所副所长周赞衡、工会负责人钱德苏都分别致欢迎辞。接着由各野外工作同志报告了如何不顾风雪烈日翻山涉水的辛苦工作，终于找到了许多为中国人民目前所急切需要的矿产；又如何用集体工作的精神把地质调查和化验、物理探矿、测量、槽探、钻探等工作密切地配合起来，俾能于短时期内确定了新矿区的经济价值。在已经开采的矿区内他们又为矿上解决了许多实际问题。最后由留在南京和在南京附近工作的同志们讲了话。在这样热烈交流工作经验、相互报道重大发现的盛会,与会的人们都兴奋极了,无怪中国地质界的开山祖师章鸿钊老先生要兴奋地说:"今年——一九五〇年是中国地质界最光荣的一年,今天又是中国地质工作者最愉快的一天了。"

一九五〇年中国地质工作的收获是辉煌伟大的,地质队伍阵容的坚强和经费的充足,更是空前未有的。这种大规模的调查探测,只有在人民政府的大力号召下,在各级地方政府和各矿厂的热心协助下,才有实现的可能。中国地质工作已有三十余年的历史,以往也有不少的成绩,但由于环境不良,影响了它的充分发展,如果像今年的环境和工作情形再继续三十年,中国地质界的成绩就要无法估计了。

一九五〇年的地质工作是遵着一个共同的目标迈进的,这个目标就是要用理论与实际结合的方法,为人民服务的精神,大家一致地为发掘祖国的地下资源而奋斗。这次工作的胜利完成,证明了这个目标的准确性和实践性,所以石西民副部长说:"这次的胜利,不仅是获得了工作成绩,而且为科学研究与实际结合,与祖国的生产建设开辟了新的道路,这条道路已为今后新中国的科学研究的发展,找到了方向。"(荣)

(《矿测近讯》1950年10月号,第116期,第115页)

谢家荣《克夫丹诺夫先生的话》:

《科学通报》第1卷第6期,载着一篇由叶群同志译的由苏联克夫丹诺夫先生所著的《怎样提高知识分子和科学工作者的思想政治水平》的文章,在这里我们看到了下列的一段话:

"科学、文化与社会主义建设的实际任务紧密结合之后,就能产生巨大的实际的改造力量。'实践'是新科学的普及和发明的取之不尽、用之不竭的泉源。然而不明了这一点的人,不肯把自己的科学工作同社会主义建设当前实际任务联系结合的学者们及研究院、学校的工作者们,还大有人在。而且还有不少的'废物们',他们工作在研究院里,然而他们对科学、对社会主义建设的实践都没有和不可能有任何益处。"

大家都知道地质学是最能与实际结合的科学,在新中国建设的前夕,它更将能发挥最大的效能。当兹人才缺少而工作特别繁重的今日,全国的地质工作者应该暂时放弃他们个人的研究兴味,减少一些为名山事业而埋头著作的雄心,再放大眼光,更广泛地团结不但在地质圈内的人,还要团结一切与地质工作有关的人,大家齐心合力用集体工作的精神,为发掘人民祖国的财富,为建设新中国的伟大经济事业而奋斗。如果还有不明了这一点的人,则他将不免要受到如克夫丹诺夫先生在上述的一段话中的批评,虽然这段话中的批评似乎过于严重了一点。所以我特地把克夫丹诺夫先生的话转载出来,以供我地质界同仁们的警惕。

(《矿测近讯》1950年10月号,第116期,第115—116页)

十一月一日 地质工作计划指导委员会扩大会议今日开幕,出席开幕式。共59人出席。经主席李四光介绍后,章鸿钊致开幕词。章先生说:"我从事地质工作43年,从没有像今天这样愉快,过去环境不好,在沉闷中过日子。自从人民政府成立了,情形大变,对我们很重视。为了适应新的时代,地质机构也需要改组。今天我们在好的环境下齐集一堂,开地质界的新纪元,希望大家努力团结,在李先生领导下,为建设新中国的大事业而努力。"接着政务院文化教育委员会秘书长胡乔木、政务院财经委员会委员兼地划局局长宋劭文、中国科学院副院长陶孟和等致辞。谱主主持下午的会议,在宣读北京大学地质系全体同学的贺信后,由李四光做报告。报告称这次会议是章老先生开创中国地质事业以来的第1个重要会议,每个人心里面都有一番热诚,想把中国的地质事业搞好。地委会的组成和地质机构的调整集合大多数人的意见,也照顾到少数人的意见,是符合现实情况的。还有许多问题悬而未决,希望大家认真考虑,提出意见。号召大家团结一致,如果做不到团结一致就没有意义,做到了就是成功。李四光报告后,各地方地质机构代表报告各自的组织机构、人员和设备情况,先后报告的有:中南重工业部资源勘测处田奇瑪处长、西南地质调查所黄汲清所长、中央燃料工业部石油管理总局探勘处孙健初处长、东北科学研究所地质调查所佟城所长、浙江省地质调查所朱庭祜所长、福建省地质土壤调查所丘捷所长、西北地质调查所米泰恒副所长、西北财经委员会王恭睦先生[1]。

十一月二日 出席中国地质工作计划指导委员会扩大会议。会议上午听取各大学地质系代表的报告和尹赞勋关于1951年地质工作计划大纲的报告。各大学地质系做报告的有:北京大学地质系主任孙云铸、清华大学地质系教授张席禔、中山大学地质系主任陈国达、重庆大学地质系主任李承三、南京大学地质系主任徐克勤、青岛山东大学地质矿物系主任何作霖、沈阳东北工学院地质系郝颐寿、西北大学地质系教授郁世元、浙江大学地理系地质组教授朱庭祜;副主任委员谢家荣作为南京地质探矿专修学校的创办人报告,说这个专修学校由南京大学和南京的三个地质机构合办,有学生120人,其中为石油总局培养50人,为江西钨矿公司培养20人。

---

① 本谱关于"中国地质工作计划指导委员会扩大会议"的内容依据《科学通报》1950年第2卷第1期的报道"中国地质工作计划指导委员会扩大会议记略"和谢家荣日记(未刊)。

图 95　1950 年 11 月 1 日中国地质工作计划指导委员会扩大会议代表及来宾合影（前排左起为：喻德渊、尹赞勋、田奇瑗、谢家荣、曹日昌、孟宪民、何作霖、侯德封、竺可桢、孙越崎、宋劭文、胡乔木、章鸿钊、李四光、陶孟和、孙人杰、王竹泉、周赞衡、朱庭祜、李春昱、高建章、杨钟健、孙健初、张更、李学清、冯景兰、王曰伦。后排左起为：郝颐寿、佟城、舒文博、王晓青、李树勋、赵金科、王朝钧、高振西、岳希新、张希希、夏湘蓉、顾功叙、卢衍豪、潘钟祥、叶连俊、李善邦、孙殿卿、高平、邱捷、徐克勤、程裕淇、赵家骧、王恭睦、莫柱孙、郭文魁、刘国昌、张文佑、李承三、杨杰、高之杕、□□□、黄汲清、严坤元、陈国达）

会议下午在主席宣读清华大学地质系学生会贺函后,先后听取了预备会各小组的报告:田奇瑰关于中央与地方地质机构联系问题小组的报告、冯景兰关于地质教育小组的报告、杨钟健关于中央地质机构组织问题的报告以及提案审查小组冯景兰的报告。

大会决议将提案分为五类:"组织问题""工作计划""联系问题""地质教育"和"其他问题",在3—6日分组讨论(5日为周日,休会)。

十一月三—六日 出席地质工作计划指导委员会扩大会议分组讨论会议。

十一月七日 出席地质工作计划指导委员会扩大会议闭幕会。首先是山东大学地质系,然后是其余各大学地质系联合向大会献旗,通过大会的抗美援朝宣言和地质工作者致毛主席的信。后听取各小组作总结报告。最后是自由发言。先后在会上发言的有:朱庭祜、顾功叙、刘之远、俞建章、何作霖、李树勋、王恭睦、李承三。李四光致闭幕词,认为大会不但开得很好,而且皆大欢喜,大家都团结起来了,团结是进步的,猜疑、分散是反进步的。李四光的闭幕词还指"在科学界也有封建势力和与帝国主义相结合的买办科学家,现在他们被打垮了,但是余毒尚存,我们必须消灭它,这要靠我们团结,团结才有坚强的力量",并骂了丁文江。

出席地质工作计划指导委员会扩大会议的65名地质工作者,经大会决议,全体具名致信毛主席,决心努力工作,抗美援朝。

敬爱的毛主席:

对美帝国主义此次侵略朝鲜事件,我们全体地质工作者均表示极端愤慨,坚决拥护各民主党派联合宣言,誓以全力拥护全国人民的正义要求,拥护全国人民在志愿基础上为着抗美援朝保家卫国的神圣任务而奋斗。

同时我们坚决在您的英明的领导下,努力工作,为增加生产,抗美援朝而奋斗。

谨致

最崇高的敬礼

王竹泉	王炳章	王鸿祯	王曰伦	王晓青	王恭睦	王朝钧	尹赞勋
田奇瑰	丘捷	米泰恒	朱庭祜	佟城	李四光	李春昱	李承三
李学清	李善邦	李树勋	何作霖	岳希新	孟宪民	周赞衡	郁士元
俞建章	郝颐寿	徐克勤	袁复礼	高平	高振西	孙越崎	孙云铸
孙健初	孙殿卿	侯德封	夏湘蓉	莫柱孙	陈国达	郭文魁	章鸿钊
黄汲清	张文佑	张更	张兆瑾	张人鉴	张席褆	冯景兰	程裕淇
喻德渊	舒文博	杨钟健	杨杰	叶连俊	裴文中	赵金科	赵家骧
赵心斋	刘国昌	刘之远	潘钟祥	卢衍豪	谢家荣	谭锡畴	严坤元

顾功叙

敬上

一九五〇年十一月七日

（《矿测近讯》1950 年 11 月号，第 117 期，第 149 页）

是日　出席在北京地质调查所举行的中国地质学会理事会，出席的理事还有：李四光、章鸿钊、杨钟健、黄汲清、徐克勤、袁复礼、俞建章、侯德封、李春昱、赵金科、程裕淇、高振西、孙云铸等，修正并通过常务理事会所提学会会章修正草案、新增会员 4 人等 7 项决议。

十一月八—十日　出席地质工作计划指导委员会会议，讨论并通过组织机构等议案。

十一月十一日　出席工作计划会议，后陪同章鸿钊游三贝子花园，晚晤谭锡畴。

十一月十三日　上午开会，赴石油公司；下午为章鸿钊和周赞衡返回南京送行。

十一月十六日　上午赴石油公司和财经委员会；下午出席地质工作计划指导委员会会议，讨论工资问题。

十一月十八日　赴天津北洋工学院，李承干同行。离开北京时赵家骧、周光等送行，在北洋工学院晤王裴轩，晚上在北洋工学院发表演讲。

十一月二十一—二十三日　参加南京市第二届第一次人民代表会议，并在 23 日的大会发言，指出：南京附近的矿产资源非常丰富，变南京为生产城市和工业城市不成问题。

《本处谢处长在南京市二届一次各界人民代表会大会上的发言》：

主席、各位代表：

我们小组经过两天讨论，研究柯市长的报告，除了一致同意并拥护柯市长的市政报告和今后努力方向外，愿在建设新南京的号召下，将怎样把消费城市变为生产城市及把南京的商业城市变为工业城市的问题，提供一些意见。

我们知道要建设工业城市的条件很多，除了交通、技术、销路以外，最重要的是原料，即资源问题。根据地质调查的结果，南京附近及其外围的煤、铁矿产是相当丰富的。煤、铁是发展重工业尤其是钢铁业必须具备的原料，所以在南京设立钢铁厂是颇合理想的。目前马鞍山的厂址不很合适，将来大规模的钢铁厂似乎应该设在浦口。如果这个钢铁厂建立起来，南京的繁荣就不成问题了。

除此以外,还有许多有色金属,如黄铁矿、锌铅矿以及磷矿等。据最近矿产测勘处钻探,就在南京东北20里远的栖霞山,就发现了大量的黄铁矿、闪锌矿和方铅矿,初步估计矿量至少有数十万吨。同时从扬子江中下游的安庆到芜湖还有很多的矿山,据我们看来,将来都是很有希望的。

南京附近有许多磷矿,其中一部分颇能开采,可供制造磷肥之用,这对于中国的农业发展将发生基本的作用。

根据上面情况,南京建设为一个工业城市是具备着有利的条件的。同时南京交通方便,人才多,科学机构也多,这些对于南京经济的发展和繁荣,也极为重大。

当然这些都是远景,不是目前所能做到的,我说这些话的目的,就是要向那些对南京前途存在悲观心理的人指出,认为南京无前途是毫无根据的。我们今天确实需要疏散人口,可是,将来不但不希望疏散人出去,而且希望大批的人才来南京从事建设工作。谨祝大会成功,并祝大家为建设新南京的成功而奋斗!(一一.二四.《新华》)

编者按:上文经已由谢处长略加修正,故与报载原文稍有出入。又文首标题系由编者所加。

(《矿测近讯》1950年11月号,第117期,第150页)

十一月二十九日　请南京大学历史系教授到地质探矿专修学校发表题为"美国可鄙的真面目"的演讲。

十一月三十日　在地质探矿专修学校发表题为"十月革命后苏联地质家在探矿方面的成就"的演讲。(后于1951年3月在《科学通报》第2卷第3期上发表)

十二月一日　中国地质工作计划指导委员会通知矿产测勘处,转发政务院财经委员会和政务院文化教育委员会11月27日"关于地质工作及其领导关系的决定"的财经总字第一○五九号文件。

中国地质工作计划指导委员会通知抄寄中央文教财经两委员会通知的来文
一九五○年十二月一日　地50字第五十六号

顷奉

政务院文教委员会及财经委员会通知《关于地质工作及其领导关系的决定》,兹另纸抄寄,希即遵照。唯以收文太迟,移交时间应酌情展缓。

此致

矿产测勘处

主任委员　李四光

附文教、财经两委通知

一九五〇年十一月二十七日　财经总字第一〇五九号

关于地质工作及其领导关系问题，兹共同决定如下：

一、为了适应国家的需要，地质工作在三五年内应以探勘研究地质矿产情况而解决实际问题为主，以理论性的科学研究为辅。

二、地质工作计划指导委员会应为地质工作的统一领导机关。现有地质工作机构，包括地质调查探勘机构、地质研究机构、古生物研究机构及其人员的配备制度，一律由中国地质工作计划指导委员会负责。以上三机构的工作亦一律由该委员会领导。今后中央各部及各大行政区财委所有关于地质工作方面的问题，一律经由该委员会解决。但地质研究机构及古生物研究机构在组织上仍属中国科学院，其研究活动仍属中国科学院工作之一部分。

三、为求工作简便，地质工作计划指导委员会的经常行政工作，决定由财政经济委员会领导，但一切重大问题仍由财委与文委协商办理。

四、现由中央财经计划局领导之北京地质调查所、南京矿产测勘处，华东教育部领导之南京地质调查所及中国科学院领导之南京地质研究所，在本年十一月份内，一律移交地质工作计划指导委员会接收领导。

特此通知，希即遵照。

政务院财政经济委员会主任　陈　云

政务院文化教育委员会主任　郭沫若

（《矿测近讯》1950年11月号，第117期，第146页）

是日　中国地质工作计划指导委员会发出关于接管矿产测勘处的地50字第60号文件。

我会奉令接管你处，兹派谭锡畴、王植、张文佑三同志为接管委员会，成立接管小组，以谭锡畴同志为组长。特此函达，请惠予接洽办理交接手续，并将办理情形见复为荷。

此致
财经委员会矿产测勘处

主任委员　李四光

（《矿测近讯》1950年11月号，第117期，第146页）

接地50字第60号文件后，便和王植一起着手准备移交工作，将矿产测勘处员工名册、印信契据、文书档案、会计簿册、事务财产、钻探器材、测绘用具、图书资料、岩矿标本、化学仪器药品、物理探矿器材、岩矿实验用具、地质调查用具等分别造册，于年底前完成移交准备工作。

是日 请地质调查所李春昱先生在地质探矿专修学校作题为"鞍山附近铁矿的介绍"的学术报告，请程裕淇做题为"我们怎样在弓长岭调查铁矿"的学术报告。

十二月二日 请西南地质调查所所长黄汲清在地质探矿专修学校作题为"中国南部金属矿床分布与地质构造的关系"的学术报告。

是日 与王植联名发出呈华东工业部及中央财经会报告1950年度工作总结的代电。

上海华东工业部　　　　钧鉴：
北京中央财经委员会

顷接本处淮南钻探队来电，该队钻深二一〇〇公尺之任务，业已于本月二十四日提前完成，共钻七眼，其中三眼用五〇〇公尺钻机探深部煤层。现钻探工作仍继续进行。金岭镇队本年度六〇〇公尺之任务，亦已于本月初完成，共钻四眼，总深六五〇公尺。因乏深钻机，该队工作暂告结束。定远队共钻二眼，总深三四二公尺。因煤系较深，浅钻无法达到，亦暂为结束。栖霞山队现有二个油钻、一个人力钻工作，已有二眼见矿，矿体各深达四〇公尺以上，总进度约七〇〇公尺，距本年度预定之一〇〇〇公尺任务，已相距不远。铜官山之四十三号钻眼，于深七四至一〇四公尺间见黄铜矿三层，最厚七公尺，成分极佳，现正继续钻进中。该队钻进总深度共为一二〇公尺，因开工较迟，石质较硬，本年度所给予之一八〇〇公尺任务，恐难完成。以上五队钻进总深度共为三九一二公尺。测勘队：胶东尚有二队正在进行，胶东东队之上半年调查报告三种并已完成付印。安庆队已完成其西部测勘之任务，并在杨家凹、子贡岭、赵家冲发现铜铅矿多处，希望更大。该队已于本月中暂为结束。以上系本处迄十一月底之工作结果，特为报告，敬祈察核。

矿产测勘处处长谢家荣、副处长王植叩

（《矿测近讯》1950年11月号，第117期，第147页）

十二月初 在《矿测近讯》第117期"编者的话"栏中发表《学习苏联地质家的探矿精神》和《扬子江中下游的金属矿带》[①]。

[①] 《矿测近讯》第117期是1950年11月号，但该号的出版日期显然是在12月初，因为在该期的《扬子江中下游的金属矿带》一文说黄汲清的报告是1950年12月2日作的。

谢家荣《学习苏联地质家的探矿精神》(署名"荣"):

苏联自十月革命后到今天,在短短的三十余年中,使他们对于祖国地下资源的认识,完全改观。煤和石油的储量,增加了七倍,铜增加二十八倍,铅和锌增加了九倍和十倍,铁增加达一百三十八倍。此外,还有大量的钾盐矿、磷灰石矿、铝矿和镁矿都是新发现的。苏联的这种伟大成就,自然要归功于彼国地质家们的努力,而其基本原因,则一方面要感谢政府的大力支持,每年不惜以巨额资金投入探矿事业,同时训练大批人才,派出工作,使最遥远的冰天雪地、沼泽草原,都有探矿者们的足迹;而另一方面则地质家及其他有关部门工作人员的团结合作,坚强组织,也是成功的主要因素。此外苏联地质家又彻底地打破了以前对于苏联矿产贫乏的老观念,而在每一个工作者的心坎中树立了发现新矿地的信心,依据学理观点,运用最新方法,齐心合力地朝着共同目标迈进,这样,他们才得到了上面所述的成就。

现在让我略说几件苏联地质家在探矿方面的成就罢。苏联第一大煤田库兹尼茨四千五百亿吨储量的证实,是斯大林奖金接受人雅伏斯基的功劳。苏联第三大煤田卡拉根达储量五二六亿吨的断定,是贾辟叶夫的成绩。苏联科学院院士古柏肯①就构造研究,预测乌拉山与伏尔加河间存在着泥盆纪的大油田,由于斯大林元帅的支持与鼓励,先探到了石炭二叠纪的油,最后于二千公尺的深度下,终于获得了如古氏预测的泥盆纪大油池。苛斯克②的磁性偏差早在一八七四年就知道了,但没有彻底探勘,直到一九二三年列宁派古柏肯去钻探,才发现并证实了这个苏联最大的铁矿。考古学家研究青铜器物的分布,推定了喀什克斯丹③是当时青铜的供给中心,但没有推究这个事实的意义。革命后在政府大力号召下,地质家萨得彼叶夫、罗萨可夫等在附近一带详密调查,并追踪地名语尾有 Kan 与"Gan"是表示铜矿产地意义的地点,终于发现了许多在青铜时代早已开采而现在却完全忘了的铜、锡、铅、锌矿床,而使喀什克斯丹成为苏联最重要的金属矿产中心之一。在北极圈科拉半岛吉平山地中,院士费尔斯孟④的探险队发现了二十亿吨储量的磷灰石和大量可供炼铝和制造曹达⑤的霞石矿,在短短的八年之中,使这个冰天雪地的角落,成为一个新兴的名叫基洛伏斯克的工业都市。在北乌拉山的西坡,苏联地质家又发现了储量达百数十亿吨的钾盐矿和镁盐矿。苏联每年需用很多的肥料,一向靠国外输入,自从发现了这些磷矿和钾矿,苏联肥料的供应就可自给自足了。

---

① И. М. Губкин,今译古勃金。
② 今译库尔斯克。
③ 即哈萨克斯坦。
④ 即费尔斯曼。
⑤ 即苏打。

从上面所述库兹尼茨、卡拉根达的例子，我们可知大煤田的储量可以达到数百亿吨甚至数千亿吨的。那么中国大同煤田四百亿吨的储量，不足为奇，而本处发现淮南八公山十亿吨储量的新煤田，更如小巫之见大巫了。因此我又想到我们暂时停钻的定远理想煤田，决不能就此罢休，我们必须要有再接再厉的精神，用五百公尺甚至一千公尺的深钻机来解决这个问题。

苏联地质家追踪老矿特别从地名语尾来探矿的方法，在中国也很可适用。中国地图上有不少的金山、银山、铜山、铁山，更有许多村镇的名字，也含有开矿的意义。安徽铜陵的铜官山，以前只知有铁，现在却发现了大量铜矿，就是一个显明的例子。我们以后探矿，必须注意此点。从上面所述喀什克斯丹的例子，我们还要研究古铜器物的分布，而最近在栖霞山的经验又告诉我们同时要注意矿渣的分布。原来在栖霞山的氧化矿堆上以及在镇旁的山坡上，本处的马祖望、严济南二先生发现了大量的矿渣，据简单定性试验，含铅很多，含铜微量，但没有银。由此可知栖霞山也是一个老矿。我们可推想从前的矿床露头，必定斑驳陆离，鲜艳夺目，因此引起了古人的注意，从事采炼，后来开采渐深，遇到了高岭土层(参阅本刊第一一四期《栖霞山岩心研究》)或深厚的铁帽，因铅量太低，就停止了。因此我敢大胆断定我们在一二〇公尺深处所发现的原生黄铁矿、闪锌矿和方铅矿，当时决没有开到。从矿渣已为土层所盖一点看，这个矿的开采年代，必很久远，一切历史记载都忘了这个矿，本地人屡经迁徙，更是无从记忆，但矿渣的遗迹，石头的记录，是埋没不了的，所以我们在今天还能把它发掘出来。

中国目前情况，正和苏联革命后相仿。中央人民政府正以无比的热忱和力量来提倡中国的地质探矿事业。我们地质工作者必须团结一致，消除成见，学习苏联地质家的探矿精神，要打倒以往不准确的所谓"中国地大而物不博"的老观念，把理论与实际结合起来，团结一切有关部门的职工，包括地质、测量、物探、化探、钻探、化验、土木、机械以及办理事务的人员，用集体工作的方式，有组织有计划的勇往前进。如果能够这样做，我想我们将来的成就，一定是不亚于苏联的。(荣)

(《矿测近讯》1950年11月号，第117期，第131—132页)

谢家荣《扬子江中下游的金属矿带》：

从最近各方面调查的结果，已可证明不但南京附近是一个重要的金属矿产带，而且这个矿带可一直推广到安庆以北，这就是说，它已经展布到长江以北了。在这个矿带中目前已经知道的含矿地点，从西到东，计有安庆以北的铜、铅、钼矿，贵池青阳的黄铁矿，铜陵铜官山的磁铁矿、铜矿和钼矿，繁昌长龙山的镜铁矿，当涂的磁铁矿(与磷灰石共生)、赤铁矿、黄铁矿,铜井湾的金铜矿,凤凰山及其附近一带的许多铁矿,栖霞山的黄铁矿、锌铅矿及锰矿,以及在宁镇山脉中零星出露的许多磁铁矿、铜铅锌矿、辉钼矿和锰矿。

黄汲清先生最近在本处地探专校的演讲中说到扬子江中下游含金属矿较富的原因,要归功于薄壳构造。他譬作蒸笼的盖子,如果这个盖太薄了,含矿的水蒸气就容易上升,而在其上面地层中发生矿化作用,造成矿床。郭文魁先生当时就补充薄盖不是唯一的因素,断裂褶皱与成矿更有关系。我在《南京附近的矿产》一文(载本刊第九十三期)中,曾提出若干基本的成矿因素,就是断裂的繁多、火成岩特别是小型侵入体的发育,以及容易发生交换作用的石灰岩的随处皆是,这一切的控制条件,就产生了这个重要金属矿产带。至于薄壳构造,应该是华夏区及其邻近区域的普遍现象,不尽限于扬子江的中下游。这个薄壳构造与贵州高原、山陕高原(或盆地)以及四川盆地,却成了显著的对比。而这两种不同区域对于金属矿产的丰瘠,更是显然,所以黄先生的理论,在大体上还是可以适用的。

扬子江中下游许多金属矿床的来源,应该出自中生代末期的闪长岩类侵入体,这似乎没有多大问题的。从研究中央地质调查所所出版的百万分之一地质图"汉口幅"来看,我们又可揣想在芜湖、安庆间的许多火成岩体,大概是九华山和黄山花岗岩岩基的分支。至于南京附近的许多小侵入体,是与哪一处岩基相连,还难确定,但一点可以断言的,就是这些小侵入体从闪长岩到辉长岩都有,但很少是真正的花岗岩。徐克勤先生最近在繁昌一带的调查,得到同样的结论。这个事实,可有二个解说:一是岩浆分异说,就是从花岗岩岩基中分泌出来的许多小侵入体有逐渐趋向基性之势。另一说法是若干水成岩层如阳新石灰岩之类,被侵入体所熔融而同化了,其结果就造成比较基性的小侵入体。这种解说,在铜官山很有可能,因为那里有整段的石灰岩层都被火成岩所侵占了。这是一个极有兴味并与矿床有密切关系的问题,究应如何解说,还待将来研究证明。

（《矿测近讯》1950 年 11 月号,第 117 期,第 132 页）

十二月二十三日　留在南京的中国地质学会理事在南京地质调查所所长室举行理事会会议,助理书记陈梦熊报告接北京来电,本届理事改选结果是:孙云铸、程裕淇、尹赞勋、谢家荣、杨钟健 5 位理事连选连任。

十二月二十四—二十六日　出席在南京举行的中国地质学会第 26 届年会南京区年会及中国古生物学会第 3 届年会的联合年会。

十二月二十五日　主持在南京大学科学馆致知堂举行的联合年会第 4 次论文会。在宣读论文前,根据北京来函,报告北京方面的年会情形及理事改选结果,并宣读大会所起草之抗美援朝宣言,一致鼓掌通过。

十二月　由于从 1951 年 1 月起,矿产测勘处改组并入新成立的中国地质工作计划指导委员会,《矿测近讯》的任务已经完成。至 1950 年底,《矿测近讯》在 10 年总共发行了 118 期。在最后一期《矿测近讯》发表两篇短文——"编者的话"栏的《测勘西北矿产私议》和《本刊宣告结束》。《测勘西北矿产私议》指出,除石油仍由中国石油公司专业办理外,应将重点放在煤、铁方面,同时也要施探若干金属和非金属矿产,分别指出了勘探西北煤、铁、有色金属应该注意的问题,并号召大家到西北去工作,因为那里有许多新矿床正在等待着我们! 据谢学锦统计,《矿测近讯》从 1945 年到 1950 年的六年总计 62 期中,谱主共撰文 74 篇,平均每期 1 篇,其中《矿测随笔》专栏共 7 篇 28则,"编者的话"专栏 14 篇 22 则。所写内容包括他的理论找矿、科学找矿的思想、找矿方向、找矿新技术新方法、矿产资源情况、矿业政策、市场价格等等。

谢家荣《本刊宣告结束》:

本刊于一九四一年在云南昭通西南矿产测勘处时代创刊,是一种不定期的篇幅很短的油印刊物,其目的不过在报道工作情况,沟通内外消息,专供本机关人员的传阅而已。后来本处迁址重庆,物质条件较好,觉得这个刊物有扩大改良的必要,遂于一九四五年十一月起改为定期月刊,并改用铅印。是为第五十七期。后来本处复员南京,本刊仍继续发行,直到南京解放前后,从未间断,并从一九四九年的一月份就是第九十五期起加印锌版插图,使实地调查需要图幅说明的报告节要,也能在本刊中尽先发表;又从第九十七期起,增加"编者的话"一栏。近二年来本刊的内容,大致包括下列各项:(一)编者的话;(二)一般性或讨论性的文章;(三)一二篇实地调查报告或专门论文;(四)翻译文章或比较轻松的游记、感想等等;(五)本处工作近况及地质探矿专修学校的消息;(六)剪报集,收集有关地质探矿和经济建设的消息;(七)其他。在解放前本刊时常译载欧美杂志上有关经济地质和探矿的论文,并不时刊登国内外矿产品及金属品的市价及市场情况。近因国外杂志不能按时寄到,这类文字也就无法继续了。

本刊原意是专供本机关人员传阅的,后来扩大篇幅改为铅印,就分送到有关机关及若干个人方面,请求指正并供参考,这时就有许多人来函订阅,本刊为照顾各方面的需要,乃增印份数,照成本酌收订费,成为一种公开发行的杂志了。

本刊虽是比较专门性的刊物,但也带有一些普及和通俗的意义在内,不过我们的人力、财力十分有限,大家忙于野地工作和编写报告,很少能分出时间来写文章。再加地质工作者的文字,就一般来讲,不免枯燥艰涩,缺乏生动流利的写作技能,而专门报告和论文的最后发表,又非本刊的任务。因此种种,本刊的内容,就提高方面,以格于体裁,无法收罗,就是通俗文章,也不能做到深入浅出的理想境界,这是要向读者诸君们深致抱歉的。但有一点,可向读者诸君保证,那就是凡所报道,皆力求翔实,不事虚夸,特别关于本处的工作情况,更为切实可靠,读者诸君倘使要知道一些有关本处的工作方针和近年来在探矿方面的成就,只要略为翻阅本刊,就可得其大概了。

从一九五一年一月份起,本处就将改组并入新成立的中国地质工作计划指导委员会内。本刊以任务完成,就此宣告结束,谨向爱护本刊的读者诸君们致敬,并预祝中国地质及探矿事业的成功!

（《矿测近讯》1950年12月号,第118期,第152页）

是月　中国科学社编,竺可桢、谢家荣、陈康白等著《我们的东北》由三联书店出版。书中收集了18篇关于东北建设的报告,大部分是中华全国自然科学工作者代表大会筹备委员会发起的东北参观团团员专家们参观后所写的报告,其中包括谱主的《东北地质矿产概况和若干意见》和竺可桢的代序《参观东北后我个人的感想》。

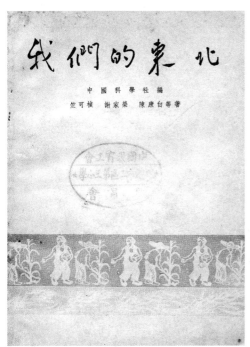

图96　竺可桢、谢家荣、陈康白等著《我们的东北》封面

一九五一年　辛卯　五十五岁

提要　南京—北京。出席西北区 1951 年计划会议。赴北京就任中国地质工作计划指导委员会副主任委员。出席大冶钢铁厂资源勘探会议。考察秦岭地质并赴西北大学地质系讲课。考察大冶铁矿。

一月三日　矿产测勘处开会欢迎中国地质工作计划指导委员会所派尹赞勋、谭锡畴等接管人员。

一月四日　上午八时出席并主持在地质探矿专修学校举行的中国地质工作计划指导委员会接管矿产测勘处的会议，并做报告。

《我处接管会记略 附谢前处长报告词》：

我处前于上年十二月间奉中国地质工作计划指导委员会通知，以奉令接管我处，派谭锡畴、王植、张文佑三同志为接管委员，成立接管小组，以谭锡畴同志为组长，嘱予接洽办理交接手续等因。我处除已将有关移交事宜，准备竣事外，兹以地委会副主任委员尹赞勋同志及接管小组组长谭锡畴同志等均已于年前自京来宁，特于本年一月四日上午八时在我处地质探矿专修学校举行接管会议。出席会议的除尹赞勋、谭锡畴两同志及我处处长谢家荣外，有接管委员张文佑、王植两同志及我处全体职工同仁和地探专校的学生代表共一百余人。会议由谢处长主持。谢处长报告说明本日开会意义，并略述我处自民国三十一年十月在昆明组织成立以来一切人才设备自无而有，艰难缔造的经过历史。谢处长指出我处历年在贵州云雾山、云南中部、淮南八公山、安徽凤台、福建漳浦、南京栖霞山、山东金岭镇、安徽安庆等地区发现的种种重要矿产。谢处长说：这些微不足道的小小成绩，都是由于处内同仁通力合作，齐心一致的努力奋斗得来的，今当交接之际，应当特别提出来，表示衷心的感谢。希望处内同仁仍以以往协助本人的精神，协助新的接管同志。

次由尹赞勋同志报告地委会工作经过。尹同志说：关于接管工作，因准备不及，延迟了一些时期，至于新机构的成立，尚须有一二个月的耽延。在此过渡时期，处内工作暂由接管小组来负责主持。尹同志对于我处十年以来的奋斗精神和在各地区发现的种种重要矿产，备致赞扬。

在会上谭锡畴同志讲话，强调大家要精神团结。谭同志说：一个机构内的各部门工作，必须互相密切联系，通力合作，方能把工作搞好，否则很容易发生偏差。他举了许多实例和许多自己的经验来告诉大家，至为透彻。

会上张文佑、王植两同志发言，愿在谭组长领导下把接管工作搞好，语多谦逊。

最后由我处工会主席段承敬同志、代理总务科长孙钤方同志及地探专校兼教务主任汤克成同志和学生会代表陈苇鸿同学相继发言，大致都希望接收以后新的机构早日成立；陈苇鸿同学并保证各同学一定努力学习，以备将来为人民服务。各同学在会上一致拥护汤克成同志继续担任教务主任。

矿产测勘处谢处长报告词

我们矿产测勘处的全体职工以及地质探矿专修学校的全体同学所日夜期待的日子——接管的日子——今天终于到临了。从今天起，矿产测勘处就宣告结束，一个新的在中国地质工作计划指导委员会下统一领导的地质探矿机构，不久就要产生了。矿产测勘处是一个微不足道，仅仅有十年历史的小机构，虽然在工作过程中，也完成了若干任务，并且很侥幸地得到了一些相当重要的结果——好几处新矿地的发现——但是，这些成绩，从全国范畴的眼光看起来，从崇高学理的观点看起来，究竟是沧海一粟，没有多大价值。而这个新机构，一个具有全国性统一领导的机构，有群众拥护的机构，尤其在全中国大公无私，独一无二，最高地质权威李四光先生直接领导之下的机构，它必将发挥最大的效能，创造无比的奇迹。所以，今天这个接管会是富有历史意义的，它象征着从旧的渺小的一页，进到新的伟大的一页，因此，我们全处同仁、全校同学，都感到无比的兴奋，无比的愉快，无上的光荣！

矿产测勘处是抗战中在云南创办的，因此，图书、仪器的设备非常可怜，并且屡经迁徙，连办公家具都买了好几次，丢了好几次。等到复员南京，我们可说是一无所有，一切要从头做起。经过了五年来的努力，从节余的经费项下，从我们接受各矿厂钻探顾问费项下，我们先买了一块地，后来就造了一些狭小的办公室和宿舍，由于得到了前资委会拨给的一笔外汇，我们才添购了若干仪器和化学药品，开始有了化验室。为了能彻底探矿，我们决定订购了一批为国内其他地质机构所不大设置的钻机，都是用汽油发动，装金刚石钻头的岩心钻，从二百公尺到五百公尺一共有十余架。解放后，承华东工业部借给我们前资委会的煤电金刚大楼作为办公室，又在上海仓库中让给我们许多化学仪器、测量仪器、钻探器材和数架显微镜，这样，我们才有足够的地方，把仪器、标本装列起来，而我们的化验室和测绘课才能充实到目前为全国地质机构中比较最完全的设备了。

矿产测勘处的工作，一向是注重实用的，我们不大研究纯理论的问题。到现在为止，我们除刊印了一种通俗性的《矿测近讯》月刊（到一九五〇年底为止已出到一一八期)和一本以西文发表的《经济地质丛刊》外,我们没有印什么正式报告。但我们同仁常把论文寄到中国地质学会,在《地质论评》或《地质会志》上发表,也还有若干论文,寄到国外发表。

我们的成绩,假使可以称为是成绩的话,都是粗浅幼稚,万万比不上那些具有卓越工作能力和高深理论素养的。但是我们的结果却是简单明了,常常是为人民大众所需要或了解,并且一部分是可以用数字来表示的:譬如我们曾经发现了一千万吨以上的黔、滇一水型铝土矿,十万万吨的淮南八公山新煤田,二百六十万吨的凤台磷矿,六十万吨的漳浦三水型铝土矿,以及矿量还没有确定的栖霞山黄铁矿、闪锌矿、方铅矿和安庆以北的许多铜矿。从钻探,我们又证实了金岭镇北金召的铁矿。此外,还有许多零星发现,如当涂大黄山的矾石矿、桂西的菱铁矿、南京附近的磷矿和沥青矿、山东南墅的蛭石矿等等。从一九四七年我们开始做钻探工作的一年到今天,我们一共钻了一万二千公尺的钻眼,这个数字可算是中国人在中国境内打钻所完成的最高记录。去年,就是一九五〇年政府所给予我们的钻探总任务,共为六千一百公尺,分为五个钻探队进行,其中有二队提前完成了任务,二队完成了百分之八十以上,有一队因为开工最迟,石头最硬,只完成了百分之十二。倘使平均算起来,一九五〇年我们已完成了百分之六十七以上的钻探总任务。

为了培植人才,特别是为紧急需要的人才,我们又办了一个地质探矿专修学校。开办这个学校的动机,还是在一九四九年的五月,当我在丹阳等候上海解放,就在这战争火药气极浓的时候,曾山副主席和孙冶方副部长却和我谈到和平建设,谈到地质人才的缺乏,并且鼓励我们以后要多收徒弟,多办训练班才行。华东财委会成立后,工业部孙冶方副部长一再提出要办这个学校,由于本处的工作太多,所以一再延迟到一九五〇年的三月才正式开学,一共招了一百二十多位学生,其中有五十名是为石油管理局训练的,另有二十名是由江西有色金属分局保送来的。因为本处设备不够,人员也不多,所以这个学校是由矿产测勘处和南京大学地质系、中研院地质研究所及中央地质调查所合办的,本定一年毕业,后来为符合教育部公布的专科学校制度,改为二年,现在第一年的最后一个学期就将开始,第二年的上半年,全部同学将派赴各地作长期实习,实习完后再读一学期就可毕业了。同学们经过各次的实习,都已学会了测地形图和填绘地质,并且在几次实习中,还很侥幸地发现了龙潭志留纪的磷矿层和煤炭山的沥青矿。

以上所说是矿产测勘处十年来从无到有、逐渐充实的情况,以及一些微不足道的成绩,这些成绩,都是本处职工同仁努力合作,艰苦奋斗的结晶,是他们用脑力、体力和流汗所换得来的。

但是矿产测勘处的缺点太多了,东一钻西一眼的投机式的探矿,重应用而不重理论的江湖派的作风,早已为具有卓越工作能力和高深理论素养的人们所提出了。我们没有出版刊物,更没有从提高方面下功夫,以致阻碍了一些青年工作者的进步,也是一个大缺点。要知道,我们虽然做到了把工作面向人民大众,并希望在普及的基础上提高,还是不够的。这些缺点,都是领导上的不健全和不合理所造成的。我愿意承认这些缺点,并担负造成这些缺点的责任。

矿产测勘处在解放后不到一个月就开始工作了,直到现在没有停顿。在一年多的军管时期和华东工业部及中财会的领导时期中,组织上给予了我们许多的便利和帮助,已如上面所述。有了这些帮助,我们才能够从一个万分简陋的机构,逐渐成为粗具规模的机构了。在这里,我要特别感谢南京市军管会经济部的万里部长和万金培副部长,华东财委会曾山主任,华东工业部汪道涵部长和孙冶方副部长。我更要感谢本处职工同仁们和本校同学们的始终密切合作,倘使没有他们的合作,那么,矿产测勘处就将一无所成了。

我担任矿产测勘处处长的职务,前后算起来,已有十年之久了,建树毫无,罪多功少,实在非常惭愧。现在使我有机会移到另一个工作岗位上去——中国地委会的副主委兼计划处处长——向另一方向去努力,这是我非常高兴,并要感谢我们的李主任委员的。从今天起,本处的一切责任,将由以谭组长寿田为首的三人小组担负,倘使有什么需要我帮助的地方,我一定尽力。现在请尹副主任委员报告关于接收本处的情形。

(《矿测近讯》1950年12月,第118期,插页)

一月五日　地质探矿专修学校第3学期开学。

一月九日　就地质工作计划指导委员会的人事任免问题致函李四光。

仲揆先生:

月初为推举高德明①兄为本会计划处副处长事曾寄一函,谅达左右。未蒙赐复,甚以为念。昨日开计划会议,建猷②兄当场宣布,先生有以孙殿卿兄为计划处副处长之意。弟事前未闻,不知确否?以鸿儒③兄之学识经验,担任此职实属非常恰当,但倘使能改任秘书处副处长似更适宜,因地委会自开创到今,彼俱参与大计也。倘先生必须以鸿儒兄为计划处副处长,则拟请将副处长改为二人,以高德明为第一副处长,孙鸿儒为第二副处长。德明居京甚久,与各机关素有联系,且对于计划工作亦甚熟悉,为事业计,非彼出任不可,务希批准,以利工作,并请早日复示为感。

---

①　即高平。

②　即尹赞勋。

③　即孙殿卿。

此外,弟拟请白家驹兄为计划处之资料室主任,刘汉兄为器材室主任,刘本人已答应,如寿田①必欲彼为局的钻探处副处长,则拟请刘兄兼任二职,将来于工作之联系上反有许多好处。以上二事亦请批准。至于综合、联络二室主管人选正在拟物色中。

俟一九五一度计划编好②,弟当来京请示,为时当在阴历年后。在京住数日,弟即拟赴西北工作。至于长驻北京,暂不可能,必须俟计划京内部职员充实,资料齐全(南京的资料全部运京不可能,只有抄写,恐需相当时日)后,弟始能到京办事。现接管各事都已顺利完成,各事俱有主管人负责。弟在南京研究资料,编拟计划,再于暇时做一些室内工作,谅于局所之进行必无妨碍。请先生放心,《矿测近讯》自一九五一年起即停刊。知注附闻。此致

敬礼!

弟　谢家荣顿首　(一九五一)　元,九

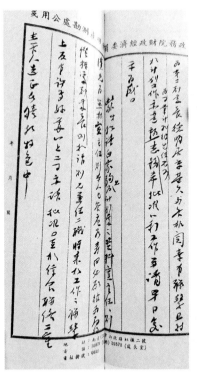
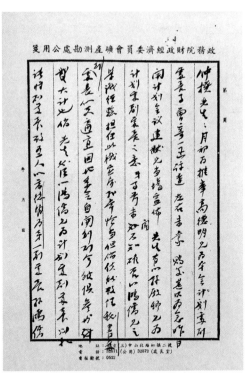

---

①　即谭锡畴。

②　谢家荣兼任地质工作计划指导委员会计划处处长,这在几乎所有有关谢家荣小传的文章中都曾提及,谢家荣在接管矿产测勘处的接管会的报告词中也曾提道,但1949—1952年地质部成立期间有关矿产测勘处和谢家荣的档案以及地质工作计划指导委员会的档案资料至今不知在何处,所以我们没有找到相关的任命文件。

· 740 ·

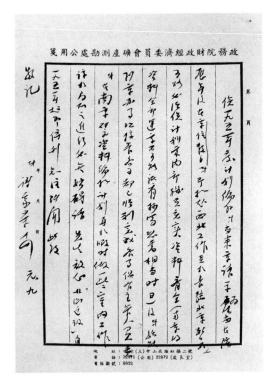

图 97　谢家荣 1951 年 1 月 9 日致李四光的信

一月十七日　出席在南京珠江路地质调查所图书馆举行的中国地质学会 1951 年度第 1 次理事会，出席的理事还有：侯德封、赵金科、俞建章、尹赞勋、章鸿钊、高振西、李春昱、程裕淇(李春昱代)、徐克勤(侯德封代)。议决总会会址设在北京等 21 项。会议决议非会员不得担任编辑，《地质论评》与《会志》的编辑不重复，照顾各地区各部门，谱主与程裕淇等 14 人被选为《会志》编辑，谱主还被推举为奖金委员会干事。

一月　支持三子谢学钫响应国家"抗美援朝，保家卫国"的号召，参军入伍。谢恒、谢学钫和谢学铮的文章《怀念敬爱的父亲谢家荣院士》有如下记述：

1950 年朝鲜战争爆发后，党和国家向青年学生发出了"抗美援朝、保家卫国、参加军干校"的号召，当时在北京清华大学读书的学钫，毅然响应祖国号召，报名参加军干校，并被批准。但学钫想起了当年姐姐去解放区时母亲大病一场的情景，不敢告诉在南京的母亲，只写信告诉了父亲。父亲回信态度很明确："我支持你报名参加军干校。年青人就是要自己去闯，自己走自己的路。至于妈妈那边，我们设法慢慢告诉她吧!"

（郭文魁等主编:《谢家荣与矿产测勘处——纪念谢家荣教授诞辰 100 周年》,第 141 页）

二月十四日　离开南京赴北京,田奇瑰等送行,两天后抵达北京。

二月十七日　出席在北京英子胡同中国地质工作计划指导委员会举行的中国地质学会 1951 年度第二次理事会。出席者还有:俞建章、杨钟健、孙云铸、斯行健、李春昱、高振西、赵金科、尹赞勋、侯德封、程裕淇。孙云铸主持会议,议决新会员等八项事宜。

二月中旬—三月中旬　在北京编制地质工作计划。

二月　中央文教委员会决定编印"现代中国科学论著丛刊",把现代中国科学家的重要学术贡献系统、全面地介绍给国内外科学工作者。1951 年的重点放在数学、物理、地质、生理、气象五种学科。地质组的文献分为 6 类,与何作霖、孟宪民负责第 4 类矿物岩石和矿床。

三月一日　翁文灏于 2 月 26 日飞离巴黎,于 28 日抵达香港,经中央驻香港有关人员安排,于当晚乘船离开香港赴澳门,于次日下午抵达广州,3 月 7 日抵达北京[1],住进王府饭店,中共中央统战部派人嘱起草反省文章。

三月十四日　受聘担任燃料工业部石油管理总局地质顾问,正式填写燃料工业部石油管理总局人事处的《干部履历表》[2]。

三月十五日　离开北京,赴西安,出席西北地区 1951 年计划会议。

是日　《十月革命后苏联地质家在探矿方面的成就》在《科学通报》第 2 卷第 3 期发表。文章概述了十月革命后苏联许多重大的探矿发现,包括库兹巴斯煤田、顿巴斯煤田、卡拉干达煤田、碧佐拉煤田、第二巴库油田、乌黑塔油田、库尔斯克铁矿、哈萨克斯坦铜矿、卡姆斯克钾盐矿的发现过程,指出:中央人民政府大力支持中国的地质探矿事业,一定会取得如苏联十月革命后的探矿成就。

三月十七日　到达西安。西北大学地质系郁世元、西北地质调查所副所长米泰恒及西北大学地质系学生代表迎接。

三月十八日　出席西北大学地质系的欢迎会并在会上讲话;西北大学侯外庐校长及教育司陈司长也在欢迎会致辞。

三月十九日　出席在西北财经委员会物资供应局开幕的西北地区 1951 年计

---

[1]　李学通:《翁文灏年谱》,第 354—362 页。
[2]　中国地质科学院组织人事处:谢家荣人事档案,档号 1-6。

划会议,被选入 7 人主席团,另外 6 人是:冯直副局长、王恭睦(西北财经委员会资源勘测处)、张更、徐克勤、郁世元、米泰恒。冯直副局长主持会议。在狄景襄秘书长讲话后发言,论及:西北建设的条件;1951 年的计划;西北地区机构。着重指出要争取时间,有计划、有重点地完成任务。

三月二十一一二十四日　出席西北地区 1951 年计划会议,先后听取了景泰、白水、韩城、宜君煤田和宁夏铁矿的调查报告,高家湾石灰岩及天成线的工程地质报告,天兰、兰肃两段铁路线的工程地质报告,并在 22 日下午的会议上做有关计划的报告。23 日上午讨论西北地区的机构问题,与王恭睦各做一报告。

三月二十五日　偕徐克勤、袁耀庭、王恭睦等人游临潼。

图 98　1951 年游临潼华清池留影(右一为徐克勤,右二为谢家荣,左一为袁耀庭)

三月二十六一二十九日　继续参加西北地区 1951 年计划会议。26 日张治中副主席做西北建设问题的报告。

三月二十八日　上午参加会议者合影。下午出席在西北大学地质系举行的中国地质学会西安分会首届季会,与李春昱分别做学术讲演。向西安分会捐款147.5万元,作为西安分会特设助学贷金。晚赴杨虎城旧居止园出席西北军政会之筵,习仲勋、张治中、包尔汉、西北各省主席及西北军政会各委员出席,饭后赴群众堂观看常香玉主演的《二度梅》。

三月三十日 离开西安赴南京,杨晓初局长、冯直副局长等送行。

四月一日 经郑州、徐州抵达南京。

四月二日 参加南京地质探矿专修学校校务座谈会,赴中央地质调查所参加西北工作座谈会。

四月三日 上午赴南京地质探矿专修学校做关于出席地质会议的报告,并号召同学们赴西北区工作。下午赴中央地质调查所,召集赴西北工作的人员商谈具体工作计划,并确定出发日期。

四月五日 偕刘汉、马祖望赴栖霞山考察,徐克勤同往。

四月八日 到洪武路工人之家参加南京市人民代表会议。9时开会,市长柯庆施致开幕词,李乐平副市长报告市政建设。在下午的会上先后由公安局长报告惩治反革命的情况,财经会主任报告工商业情况,石西民报告抗美援朝运动。

四月九日 继续参加南京市人民代表会议,分在第16组,并在讨论会发言。中午赴九华山会晤俞建章。

四月十日 上午赴地质探矿专修学校讨论学生分配名额,下午赴南京人民大会堂参加南京市各界人民拥护中央惩治反革命的运动大会。

四月十一日 整理行李,晚赴南京大学地质系出席欢送会。

四月十二日 上午与矿产测勘处的同事讨论安庆铜矿,下午3时离开南京,赴北京。由于对被任命为中国地质工作计划指导委员会第二副主任委员的任命不满,不到北京上班,将"中国地质工作计划指导委员会副主任委员"的牌子挂在南京的办公室,直到时任南京市市长的柯庆施找他谈话,指出他再不赴京就任会犯错误后[1],才启程到北京就任。此时离被任命之日已近8个月了。

四月十七—二十日 著文《关于陕北油田地质的几点意见》[2]。

四月二十三—二十八日 出席在钢铁工业局举行的大冶钢铁厂资源勘探会议,并在23日下午的会议上做关于淮南煤田的报告,在27日下午做关于探矿计划的报告,在28日下午的会上继续做探矿计划的说明。28日下午大冶钢铁厂资源勘探会议在决定成立一个"大冶钢铁厂资源勘探指导委员会"后闭幕。会后讨论了

---

① 谢学锦:《私人通讯》。
② 据谢家荣日记。《关于陕北油田地质的几点意见》发表于何处,至今没有查到。

大冶钢铁厂资源勘探指导委员会的组织及委员人选问题。

四月二十九日　赴中国科学院,向李四光报告大冶钢铁厂资源勘探指导委员会委员人选等问题,后去兵马司胡同与谭锡畴商量。晚约高平、李捷等人到家里商谈组织与预算。

五月一日　7时半即赴劳动人民文化宫,9时上观礼台,10时庆祝五一大会开始,观礼至下午3时。晚上修改计划及预算。

五月三日　上午赴石油局与徐今强局长商谈,下午到地质调查所查看药品房,取大冶区域图。晚上研究大冶地区资源。

五月四日　上午与石油局徐今强局长、苏联专家莫谢雅夫以及王撇讨论石油问题。下午赴钢铁工业局,送计划书与预算。

五月五日　与孙越崎、李四光商谈研究专题。赴中央财政经济委员会计划局与苏联专家商谈石油问题。为考察秦岭地质及赴西北大学地质系讲课,离开北京赴西安。

五月初　调黄懿、边劲增、辛德奎参加大冶铁矿工作队,黄懿任大冶地质大队(第三)大队长。[①]

五月十日　自西安赴宝鸡。

五月十二一十九日　考察黄牛铺—清风阁—北星街一线地质和黄牛铺—后岭沟—银洞滩—黑山沟—老厂一线以及碾子坝、堆子上等地的地质。

五月二十日　自宝鸡返回西安。

五月二十三日—六月一日　到西北大学讲课,讲授石油地质,石油工业,探矿事业的进步,煤、铁、铜铅锌矿和非金属矿产。

六月四日　离开西安,于六日回到北京。

夏　派谢学锦与张佩华赴安徽安庆月山踏勘,为开展我国首次地球化学探矿做准备;9—11月,谢学锦和徐邦梁一起赴安徽安庆月山进行我国勘查地球化学的首次试验,根据土壤、岩石分析成果,发现了铜矿的指示植物铜草(学名海洲香薷)。

八月中旬　周恩来总理7月20日在政务院会议期间对邵力子表示,翁文灏可回家居住。翁文灏于8月4日自王府饭店移住锡拉胡同18号家中,陶孟和于16日访翁文灏,此后数日,吴兆洪、杨钟健、谱主等相继拜访翁文灏。[②]

八月二十七日　加入中国地质工会全国委员会。

九月六日　中国地质事业的创始人之一、中国地质学会创立者之一章鸿钊在

---

① 《大冶钢铁厂资源勘探指导委员会三组联席会议记录》,北京大学档案馆,档号1RW0172002-0647。
② 李学通:《翁文灏年谱》,第367—368页。

南京逝世,享年 75 岁。

九月十五日 赴北京饭店听取李富春关于国民经济运行情况的报告和 1952 年的计划要求。

九月二十九日 周恩来在北京、天津高校教师学习会上做"关于知识分子的改造问题"的报告,其中提到翁文灏的例子:"新华社宣布过他是战犯之一。但是他在欧洲表示愿意回到新中国来,无论如何不愿意到美国当教授。因为他有这样的表示,我们就欢迎他回来。他回来以后,有些朋友觉得他应该写一个声明,这样好使人民谅解他。但是我们仍然觉得不要太勉强,要他慢慢觉悟,自觉地写。"①

十月十二日 出席在粉子胡同 19 号召开的第 1 届全国地质会议,22 名委员中有 16 名出席。

十月十三日 出席下午 4 时在北京大学地质馆系主任办公室举行的中国地质学会理事会。出席会议的其他理事有:李四光、尹赞勋、孙云铸、侯德封、杨钟健、黄汲清、田奇㻬、徐克勤,会议议决第 27 届年会分区举行,章鸿钊追悼和纪念问题等事宜。

十月中旬 出席中国地质工作计划指导委员会为及时厘定 1952 年资源勘探计划草案和 1953—1957 年资源勘探计划轮廓而在北京召开的资源勘探专题研究会。

十月十七日 听取孙越崎报告,讲地质工作的基本建设、工作量,两年来的工作等。

十月十八日 晚,出席招待东北方面的座谈会,参加人员有:有色金属局地质勘察处副处长兼钻探队队长武建勋、东北煤总局地质调查处处长任移山、有色金属局地质副工程师张建、设计公司工程地质队队长赵万丰、地质调查所测量队队长徐祖璧、工业部设计处采矿室地质钻探科副科长黎彤等。

十月二十一日 出席在地质工作计划指导委员会召开的西北、华东地区地质工作座谈会。西北的韩修德、王恭睦、张伯声、黄邵显,华东地区的徐克勤、朱庭祜等分别谈了新疆、西北大学地质系和山东的地质工作情况。武建勋做关于钻探队的报告。李陶、黎彤分别讲中梁山和东北的地质工作,重点讲钻探,刘广志讲钻井泥浆问题,王曰伦讲五台山的地质问题。

十月二十五日 出席西南矿产会议,讨论云南东川铜矿 1951 年和 1952 年的工作计划。

十月二十六日 章鸿钊的追悼会在北京近代物理研究所举行。李四光致悼

---

① 《周恩来选集》下卷,人民出版社,1991 年,第 70 页。

词,高度评价了他的业绩,称:"章先生为人正直而有操守,始终不和恶势力妥协;他站在中国人民一边,多次拒绝和日人合作,对于中国地质事业的开创贡献尤大。因此中国地质事业的创始人不是别人而是章先生。"

十一月四日　离开北京,赴汉口。

十一月七日　在中南所作报告。报告分为5个部分:1.地质工作计划指导委员会的方针和任务,2.地质工作是集体性的工作,3.钻探工作今后应该努力的方向:避免事故,提高钻速,降低成本,实行经济核算,准确记录,合理推断,与地质密切联系,4.从国防、交通和资源的观点看中南地区在国家建设中的重要性,5.矿床的共生关系是从事探矿工作的一个重要观念。

十一月八日　与田奇瓗、徐厚孚乘船至石灰窑。

十一月九日　在张松龄副经理的陪同下看岩心记录,后至源华煤矿考察地质,再赴真家湾看钻探。

十一月十一日　考察黄石老铁山、尖林山地质。

十一月十二日　研究铁山地质图和地质报告。晚上出席尖林山队茶话会,在会上讲大冶钢铁厂资源勘探指导委员会成立的经过及方针、任务,大冶钢铁厂在国家建设中的地位及今后钻探工作应该努力的方向。

十一月十三日　主持大冶钢铁厂资源勘探指导委员会3组联席会议。高芸生、张松龄、魏景昌、何维藩、夏煦、王泰春、傅雨田等34人出席。①

十一月十四日　继续主持大冶钢铁厂资源勘探指导委员会3组联席会议,首先讨论加强组织及联系的问题,指出:联席会议主要工作是3组间的联系,3组对外的联系,3组与委员会的联系。将来北京、汉口都只用一两人,一切的人事、财务(预算各组编制)都不由委员会主持。勘探组是中国地质工作计划指导委员会领导的,坑探组是由中央钢铁工业局领导的,所以大冶指导委员会只针对工作,各组对指导委员会只报月报、季报,最重要的是年报(联席会议统一起来)。主要计划要经指导委员会商讨,指导委员会不过问人事问题。联席会议对内联系工作计划,对外联系就是统一办事,主席要有专任,轮流不好。不需设副主席。主席从3个组的组长中选定1人兼任,最好请坑探组组长兼。各组业务不同,一定要分工合作。将来人事增多,房屋不够,一切请联席会议负责。勘探组现在的组织都是队,是流动性的,东西也是分散的,外表看起来不如坑探、钻探整齐,所以希望地质方面常有人住在此地,房屋不够,可多修几间。后讨论1952年的计划。

最后做会议总结,指出:这次会议开得很好,是有相当收获的。各组报告了工

---

① 《大冶钢铁厂资源勘探指导委员会三组联席会议记录》,北京大学档案馆,档号1RW0172002-0647。

作情况,讨论了今后的任务和工作的方针,决定加强组织,并设立联席会议负责办事。各组内部组织加强了,一切事务比较容易推进,要正确执行指导委员会的计划,并设法或向指导委员会请求帮助,解决人力、物力补充上的困难。这都是联席会议的主要工作。我们已经推定联席会议组织大纲的起草人。如商得高委员同意,担任主席,希望很快就能组织起来。各组报告后,对于工作的重要性和时间性都做了明确的界说,由于以前人事联系不够,进度比较慢,也是有客观原因的。坑探工作须到明年才能开始。以往由于人力、物力不够,虽然有成绩,但今后仍要加强。现在有联席会议作武器,以前工作上的缺点,都可以帮助克服,以后的工作进展就更好了,更加有华钢的一切帮助,都是我们工作上的有利条件。我们的目的是能够在大冶周围得到一亿吨的铁矿,并配合其他矿藏的发现。今年是准备年,实际工作只有 3 个月,钻探和地质做得多一点。明年是发展年,可能有好些个收获。1953 年为收获年,可能得到具体结果。可能延到 1954 年结束。

十一月十四日　视察老铁山钻孔,当即决定停钻,另开新钻。

十一月十五—三十日　先后考察下陆李家坊白云石矿以及煤系、火山岩等,象鼻山、狮子山铁矿体、石灰窑、灵乡铁矿等。

十二月一—五日　驻铁山,赴管山、铁子脑、老唐庙、火山、打子山、打石山、砂子脑、象鼻山等地考察。高振西、严济南于 5 日到矿。

十二月六日　与高振西等讨论工作计划。晚为高振西、严济南等接风。晚 7 时,在大冶铁山会议室发表"大冶鄂城阳新一带铁矿勘探方法的讨论"的演讲:

大冶勘探工作的任务是为了搜寻建立大冶钢铁厂所需的若干种矿产资源,如铁、煤、锰、耐火材料、白云石等,找到之后,还要估计每一种的矿量,其中最重要的自然是铁矿,就是今天我们所要讨论的题目。此外工程地质方面,我们还得勘察大冶钢铁厂厂址附近的地质和大冶核心区(铁山)的给水问题,这些我们今天暂不讨论。

大冶铁矿,在以钢铁厂为中心,以五十公里为半径作圆的范围内,能否有我们所要求的一亿吨以上的数字呢?要解答这个问题,我们先从地质观点来看——

一、铁山的地质环境

铁山曾经日本人开去很多,他们的估计到现在还有矿石三千万吨至五千万吨。这是一个保守的估计数字。就是说日本人的探矿工作很可能不彻底。因为他们是在一九四一年前后几年汪精卫伪政府支持下进行的,做贼心虚,不是平心静气时做的。

我们看来,现在要增加铁山铁矿的储量,还可以有下面的三个可能性:

第一个可能性是加深、补空、加宽、加条的问题。

1.加深　就是它的深度还有前途。日本人认为最深的深度是一百四十五公尺，一般只有七八十公尺，有几处只有三四十公尺。我们认为决不只此。

2.补空　就是在已知的两个矿体间，还有隐伏的矿体存在，如象鼻山、龙洞间的九百公尺的一段空处。

3.加宽　如象鼻山矿脉的宽度，下深有变宽之势。因为向上是由于成矿时达至较上部时，矿液沿岩层面而横溢，部分颇似马鞍状矿床。

4.加条　从以往日本人在狮子山所作探坑来看，矿脉是有两条的，探坑内甚为明显，地表已因露天开采不能确言。又如物探在象鼻山的磁测结果，也认象鼻山矿体之北一百公尺处，还有一条隐伏矿体。

第二个可能性是东西延伸的问题。

铁山向东有管山，曾经日本人开采过，约近一百万吨，现在还剩下几万吨。管山再向东二三百公尺是陆家湾百林(小)村，有铁矿出露，出露长度量得为三十一公尺，宽为十三公尺半，其东端十公尺处，日本人打了一个钻。再向东是铁子脑(在下陆的谢家畈附近)，出露长度量得为一百零三公尺，再以东是老官庙，山顶有铁的碎块，再东到肖家湾，一九四七年高振西同志看过。合计铁山以东的一二十里距离以内，有铁矿断续出露，当然值得我们注意。

我们再看铁山以西，已经知道的有分伙山、大面山、砂子脑几处。分伙山的西北面和山的南脚下，都有铁矿。还有分伙山东面不远的大面山南脚下也有铁矿。又在分伙山西北的砂子脑，在四百公尺长的范围内，山脊上面有铁矿。

第三个可能性是铁山以北的一个大侵入体，姑名之为大冶侵入体，它的南缘就是铁山的铁矿。可是侵入体的其他东、西、北三面有没有铁矿呢？这是有的，详情在勘察中，现在还不十分明了。铁矿已知地点有碧石渡附近的广山马坡、鄂城西雷二山、肖家湾以北、银山头等处。

二、灵乡的地质环境

灵乡区铁矿的深度很是一个问题。几处矿体的出露深浅，可能因侵蚀的程度而异。此外还有一个特殊现象，就是它的富矿在山顶，往下就前人所挖探槽来看，是以贫矿为主的，贫矿的矿石是磁铁矿，磁铁矿的结晶往往很完整，颗粒有芝麻大小，如交代凝灰质页岩时，生成相当显著的条带状构造，下面的矿是很不整齐的、难以捉摸的。

又就刘岱山附近几处的情况来说，当地人认为矿体很像一个个的萝卜，下面还有萝卜根子。

灵乡的玉坪山、狮子山等地，山顶上的富矿，可能是由于风化作用，把原来的贫矿富集而生成的,时期可能是在白垩纪灵乡系以前。

灵乡铁矿因无铜的杂质,含硅含硫均甚低,矿质是优良的。

灵乡探矿的问题,就是下面的贫矿如何呢?分布好大呢?探矿方法,将来拟以坑探为主,以钻探为辅。就上富下贫来推测,灵乡铁矿的矿是不能过存奢望的。

比较起来,大冶铁山的储量是颇可乐观的。

三、地质条件的控制,可分四个方面来看:

1. 找接触 接触面、接触带、接触线等是。因为火成岩与各种地层接触的地方,往往有产生矿床的机会,所以要留意接触。

2. 围岩种类 石灰岩、火山岩、石英岩、砂岩中,石灰岩往往易于成矿,火山岩次之,硅质岩石又次之。又不纯石灰岩往往易于成矿,纯净石灰岩次之。

3. 矿液上升孔道 就铁山来说,矿液上升到相当高处,沿背斜层构造而横溢,停积于这种构造内或其附近,因为背斜层顶部的裂缝是很发育的,成为上升矿液的孔道。其他构造,如层面、节理等,也都是矿液所循的孔道。

4. 围岩蚀变 铁山和灵乡的高岭土化作用是很普遍的,铁山还有青盘岩化作用。

四、探矿的程序

探矿工作要分别出轻重缓急来进行,所以在着手探矿以前,尽量地详做地质工作,目的是全面了解——了解地质,了解构造,了解矿床分布。成竹在胸,才不至于盲目进行。

综合起来看,我们得知道主要矿体之所在,并要明了矿床的集体性,知道矿体两端有无延伸情形,再注意附近的侵入体,注意地质构造关系等项。总之,要注意它的整体,千万不能孤立地看问题!我们所要分辨的,何者为矿群,何者为矿组,何者为矿区,集群为组,集组为区……

五、工作方法

1. 测量方面,矿群作一千分之一地形图,加上方格子。矿组作五千分之一地形图。矿区就用已有的五万分之一地形图。测图时要留地面标志。

2. 测量要去配合物探,这样可以节省时间,节省人力,因为全国物探工作人员是很少的。

3. 物探图上,不要以为单只画上了物探结果即以为足,要把地质、矿体一并画上。

4. 定钻眼——周密慎重,就地定钻眼。

5. 打钻要有系统,要用地质来领导钻探,将地面地质与地下地质密切结合起来。铁山区尽先在象鼻山和铁门坎打排钻。

6. 岩心研究不够周密。要以地质研究结果决定钻探工程的进止。

7. 群众报矿的方法,应该提倡。

8. 最后还要用坑探来确定矿体的形状、大小。

讲演人谢副主委校订　黄懿记录并注

(全国地质资料馆,档号 11215)

十二月八日　考察鸡公岭铅矿露头,此处黄土与矿块相杂,上部多黄铁矿及赤铁矿,呈红色。露头上有白铅矿,黄土中有红色氧化铅矿。

十二月九日　赴马家山考察铁矿。此处有褐铁矿块甚多,并有石榴石岩,火成岩中含黄铜矿。

十二月十一—十五日　考察白沙铺铜矿、赤马山铜矿、欧阳山铜矿、白云山和银山的铅锌矿等。

十二月十七日　赴象鼻山考察钻孔,现场决定移钻上壁。

十二月十八日　开第一次三组联席会议,讨论若干行政事务,并决定向中财委说明灵乡及尖山平洞的坑探工作。

十二月二十一日　王承祺函告因单位由南京局划归中南局,原由南京局供应的金刚砂钻头的供应似成问题,请求解决:

我队现时钻探地区,石质坚硬,平均约在六度以上,但迳经主委指导,为了减轻成本,改用手镶宝石钻头,节省金刚砂钻头的消耗,除万不得已,或宝石供应不上时,方可应(用)金刚砂钻头。唯是项钻头原系宁局供应,现我队划归中南地区,似已脱离宁局所辖范围;宁局亦时以为借口,似不予供应,故特呈钧座,仍知宁局照旧供应发给,以利工作为祷。

谨呈

中国地质工作计划指导委员会副主任委员谢

大冶分伙山钻探队队长　王承祺

五一.十二月.廿一.

(谢家荣学术成长资料,存于采集工程数据库,档号 XJ-001-030)

十二月二十二—二十三日　赴马鞍山、土地堂、仙人山及汉冶萍矿井考察。

十二月二十四日　经土地堂抵武昌。

十二月二十六—二十八日　乘江泰轮离开汉口,经石灰窑、武穴、九江、安庆,抵铜官山。

十二月二十九日　上午下矿坑考察,下午了解钻探情况,晚上在铜官山队全队会议做报告,讲 4 个问题:1. 引用李富春副主任的报告,论述中央人民政府对探矿工作的重视;2. 探矿必须从地质着手,要将地面地质与地下地质相结合,对于矿床要有集体性的观念,不能把一个个的矿体孤立起来;3. 钻探工作须有地质观点和经济观点,要加快进度,降低成本,准确记录。本队今年的成绩很好,已经超额完成任务,进度也不少,成本在规定的 50 万之下,但仍可改进,如:改用电力,改两班制为三班制,改用手镶金刚石钻头,不用美国钻头。准确记录要注意矿层的厚度,尽量提高岩心采取率,并收取岩屑,这能获得更精确的矿量与矿质的结果;4. 探矿工作是集体的工作,要联合事务、钻探、地质的各式各样的人,通力合作,加强联系与合作才能搞好工作。

十二月三十日　李四光在中国地质学会年会发表题为"地质工作者在科学战线上做了一些什么"的讲话,后演讲稿发表于《地质论评》第 16 卷,并载于 1952 年 1 月 29—30 日的《光明日报》及《新华月报》1952 年 3 月号。讲话中有这样一段文字:

我那一本用讲演稿子凑成的《中国地质学》,匆忙地在伦敦出版,直到现在没有能够像我所希望的那样,用中文写成在中国出版,就是现在我检讨自己,必须举出的一个实例。我那一部书主要是着重学理的探讨,而在英美方面我所得到的反映,大都认为它不包括中国矿产分布的记载和讨论,是一个显著的缺点。在美国方面,特别是曾经在北洋大学当过教授的莫里斯,简直在美国的《科学》杂志上,干脆地指责一本讲中国地质学的书籍,没有能够把一系列的外国人对中国地质的工作,宣扬出来,就根本不配讲中国地质。他甚至于认为没有提到两个美孚公司打钻人,福拉尔和克拉普的名字,是一个缺点。能不能够比这两样反映还更清楚地表示帝国主义地质家对我们中国地质科学发展的看法?这本书序文里,我提到丁文江。有一些地质工作者都明了,我自己尤其明了,并不是为了发展中国地质学的原因,欺负我最厉害的人,就是这个人。然而他死了以后我还要瞒着我的良心恭维他:说什么他一生苦心为了中国地质事业工作,来表示我的宽宏大度,我这种虚伪的态度,岂不是自欺欺人?

(《地质论评》第 16 卷第 3—6 期,第 4—5 页)

十二月三十一日　致信田奇㻪、舒文博,草拟致地质工作计划指导委员会的快邮代电。

是年　主管中国地质工作计划指导委员会计划工作(兼任中国地质工作计划指导委员会计划处处长),负责地质工作计划制定,参与大问题的决策。针对辽东提出的建设处于深变质区的大伙房水库计划和进行库区初步工程地质勘察的要求,举荐变质地质专家程裕淇出任项目负责人。

程裕淇《怀念恩师谢季骅》:

解放初期他主管地质工作计划指导委员会的计划工作时,1951 年辽东省提出进行一个水库坝址(大伙房或参窝)和库区初步工程地质勘察的要求,由于地处深变质区而一时没有承担工作的适当人选,我就主动请求负责这个项目,马上得到他的批准,使我得到一个密切联系实际的良好机遇。据说 1952 年把我从中国科学院地质研究所的工作岗位借调到大冶兼任铁矿勘探队队长的决定,他也是决策者之一,使我得以在另一专业领域获取联系生产实际主战场的好机会,也开阔了宏观视域,这是谢老师对我的又一次栽培。

(郭文魁等主编:《谢家荣与矿产测勘处——纪念谢家荣教授诞辰 100 周年》,第 98 页)

是年　在《地委会计划处报告》中指出:1950 年计划由中财委计划局召集有关人编拟,各队人选由各机关分派。1951 年计划由中财委计划局依据 1950 年情况及配合政府需要拟一计划大纲发给地委会,再由地委会编订,在南京和北京分别召开了几次会议后才决定下来,并且做到编队、派定人选为止。1952 年的计划则是先进行专题研究,煤、钢铁、石油、有色金属、化工及其他,各组从 4 月 21 日到 6 月底先后开会讨论,9 月初还召集了一次工程地质会议进行讨论。依据各专题组的讨论结果编制草案,送各大行政区机构参考,提出意见,各区报送计划。将各区计划汇总后,提出控制数字,送中财委。9 月 14 日中财委召开 1952 年计划讨论会。之后又召开了 7 人小组会重新讨论,对项目加以修改,决定采购钻机的数目。国内自制 300 米钻机 50 台,其中 30 台年底可制好,其余 20 台 1952 年春可完成。自瑞典采购的钻机因价格原因,由原定的 30 台减为 25 台,虽已购外汇,但因厂方未能取得出口证而撤回,改订苏联钻机。报告还列举了所取得的成果。[①]

---

① 谢家荣:《地委会计划处报告》(手稿),北京大学档案馆,档号 1RW0172002－0670。

一九五二年　壬辰　五十六岁

提要　北京。考察铜官山铜矿。"三反"运动后被认为"不适于做原有的领导工作,可调作技术上的领导工作"。地质部成立,任地质部总工程师。发表《从中国矿床的若干规律提供今后探矿方面的意见》,将华北平原和东北平原列为含油希望很大的地区。

一月一日　上午出席铜官山铜矿矿厂庆祝元旦大会,应邀入主席团并在大会上讲话,内容为:铜官山以往历史的回忆,铜矿的重要及各任务的伟大与艰巨,要搞好工作必须实行"三反"运动,测探队的工作情况。下午赴老庙基山、狮子山考察。在80米平坑外的矿堆上发现大量含次生辉铜矿的磁铁矿。

一月二—七日　先后考察笔山、老山、宝山、白家山、东西狮子山、砂子堡、鸡冠山、白芒山、老爷岭,至铜官山考察铁帽,次生富集带,矽卡岩,含铜闪长岩与石灰岩的接触带。

一月八—九日　自铜官山乘轮船经芜湖到南京。

一月十—十一日　在南京会晤宋叔和、李春昱、程裕淇、刘汉、马祖望、周赞衡等,并向宋叔和了解白银厂的情况,于13日回到北京。

一月十九日　出席地质工作计划指导委员会的"三反"运动动员大会,李四光主任委员做报告,讨论动员报告。

一月二十—二十一日　阅读和讨论薄一波1月9日的报告"为深入地普遍地开展反贪污、反浪费、反官僚主义运动而斗争"。

一月二十二日　与尹赞勋、谭锡畴、地质工作计划指导委员会秘书长习东光各自在大会上检讨。检讨后听众提出各种各样的意见达61条之多。主要有:应该是检讨,不是工作报告,更不是学术讲演;为什么与副主任委员尹赞勋不团结? 尹、谢之间不团结起了什么破坏作用,思想根源在哪里? 要学习政治,打掉纯技术观点;1949年前贪污了多少黄金和美钞? 主张二元化是不是想争取领导地位;多次去看翁文灏……

二月一日　春节刚过,各小组汇报"三反"运动的情况,已经决定将马祖望从栖霞山停职调北京,习东光在会上讲,湖北大冶、南京栖霞山都应查,五台队的问题也严重。后参加上午 11 点在中山公园音乐堂召开的中央机关汇审大会,审判薛昆山等 7 人,宣判薛昆山等 2 人死刑,其余 5 人从处 15 年有期徒刑到行政处分不等。薄一波在宣判会后讲话,谈"三反"运动的开展情况。

二月二日　出席检讨大会。姚锡锟、姜达权、周慕林、刘中甫等作检讨。

二月三日　星期日。出席"三反"运动的小组汇报会,听各小组的汇报情况。决定次日作动员报告,先反贪污,后由首长检查。

二月四日　出席在兵马司胡同召开的反贪污动员会,由习东光做动员报告。

二月五日　出席在地质工作计划指导委员会举行的"三反"运动汇报会,习东光讲话:不要钻牛角尖,主要在于是否个人利益侵犯了集体利益,小团体利益侵犯了大团体利益,是否自私自利,损人利己,要用工人阶级的思想打垮自私自利损人利己的思想。上午 10 点在兵马司胡同出席第 4 大组第 2 小组会议,听刘兴忠和高凡检讨。

二月六—七日　出席"三反"运动小组会。会上,刘海阔、田本裕、辛奎德检讨。

二月八日　上午出席节约检查委员会会议①。会议决定总务科党总支副书记撤职,限总务科科长 10 号前坦白。第 3、第 4 大组合并。下午出席小组会,由岳希新(时任中国地质工作计划指导委员会矿产测勘总局燃料组副组长)检讨。

二月九日　上午出席节约检查委员会会议,决定 2 月 15 日前将其他各组的问题暂时搁置,集中力量突破总务科的问题。下午出席第 4 大组会议,由杨林藏、宋鸿年、姚锡琨等人做检讨。

二月十一日　出席节约检查委员会会议,总务科姚锡琨被撤职,由王曰伦暂时代管。

二月十二日　出席第 4 大组(高平、岳希新、裴荣富组)的会议。会上称小组长没起带头作用,高平未起作用,岳希新嘻嘻哈哈等。

二月十三日　出席在兵马司胡同南院北楼进行的"三反"运动会议,由高平交代问题。在高平之后检讨。检讨被认为"不深刻"。之后王钰检讨。

三月二十六日　听地质工作计划指导委员会副主任委员宋应做关于"三反"运动的报告。

在"三反"运动中,南京的地质单位以矿产测勘处为运动重点,认为谱主有严重问题,要求将他调回南京原单位参加运动,宋应决定派人了解情况,没有同意南京方面的要求。

---

①　据谢家荣日记,"三反"运动初期,地质工作计划指导委员会机关设立了 1 个节约检查委员会,共分 8 个大组,计 20 个小组。各大组设正副组长,正副组长分别兼任各小组组长。

邓林《怀念宋应同志》：

宋应同志(1916年3月—1975年11月)，河北枣强人。出生于天津，并在天津完成中学学业。1933年考入北京大学地质系，1937年毕业。1952年初，中央根据李四光同志提名，将他由成都市委第二书记调至中国地质工作计划指导委员会任副主任委员。地质部成立后，宋应同志任副部长，党组成员。

从中学时代起，宋应同志就积极投身抗日救国运动。1936年，在北京大学参加中华民族解放先锋队。不久，入团转党，曾担任北大民先的分队长、中共北大中心支部书记。他以"地质学在军事上的应用"为题撰写的毕业论文，充满爱国的热情、求实的精神，受到广泛的好评。

北京解放后，我参加了对北京地质调查所的军管工作。从1952年起，有机会在他的直接领导下工作和学习。虽然这段时间不长，但是他严谨细致的工作作风，实事求是、注重调查研究的领导风范，一直给我留下深刻的印象。现谨将我亲自接触到的几件事，记录于下。

派我去南京地质调查单位搞"三反"工作

1952年初，南京市开展"三反"运动。根据群众揭发的材料，错认为矿产测勘处前领导人谢家荣先生有严重问题。谢先生当时是中国地质工作计划指导委员会副主任委员之一，曾是前中央研究院的评议员（相当于今院士），是知名的党外人士。南京方面要求调谢回原单位参加运动。宋应同志不同意这种简单化的处理，他建议先背对背地查清问题，然后决定是否让谢回南京。于是派我去南京帮助市委工作组工作。

我去工作了约两个月，发现查证工作受"左"倾思想的影响，把解放前淮南煤矿给矿产测勘处的一笔奖金，加大匡算得离了谱。事实是，1946年6月，有几百年开采历史的淮南煤矿因资源枯竭，面临闭矿停产的威胁，于是向抗战胜利后刚迁回南京的矿产测勘处告急，请求寻找和开拓新煤田。谢先生率领同仁，应用地质学理论，并通过钻探验证，于1946年10月，发现了八公山隐伏煤田。当时盛传"淮南一钻得煤"，即指此事。该煤田经过继续工作后，证实储量达四亿吨。矿方大喜过望，给予重奖。当时由于国民党挑起内战，滥发纸币，钞票贬值，物价飞涨。蒋政权溃逃前夕，命令在宁的地质单位都要撤到台湾去。测勘处等单位决定都留在大陆，不去台湾。谢先生于是派人赴上海，以纸币兑换一定数量的黄金。去办事的人，通过各种关系兑换到后，是将黄金放在漱口杯里，塞上牙刷和毛巾以遮掩，乘火车回南京复命的。可以想见，其黄金数量是有限的；而清查组则认为，谢"贪污数额巨大"。显然，这样的揭发和反映，是经不起检查和落实的。我将了解到的情况，向宋应副主任如实写了报告。当时地方党委工作组仍加大火力,继续追查,甚至发展到对个别人动手打骂。宋应同志知道后,决定把我调回北京,说:"让当地党委领导吧!我们等南京市委有了正式结论再说。"我离开不久,南京市将此案搞得很大,于1952年3月初,召开"大专院校文化科学机关反贪污斗争大会",把曾赴上海换取黄金的地质专家当场逮捕法办。同年7月10日,南京市人民法院批准销案,宣布无罪释放。这就证明我向宋应同志汇报的依据是可靠的,也证明宋应同志的决定是正确的,是符合党的实事求是原则的。他不仅保护了谢家荣的专家地位,也使党的工作避免和减少了损失。

(刘广志主编:《宋应同志文集》,2005年,第154—155页)

邓林(1921—),天津市人,1944年考入西南联大地质系,1946年转入清华大学地质系,并于同年加入中国共产党,任清华大学党支部书记。1950年中央批示技术人员归队,邓林被批准进入中国地质工作计划指导委员会,参与筹建地质部。

春　提出下列重点矿区勘探基地及其技术负责人的人选:

湖北大冶铁矿	程裕淇
内蒙古白云鄂博铁矿	严坤元
河北庞家堡铁矿	王曰伦
贵州水城观音山铁矿	路兆洽
安徽铜官山铜矿	郭文魁
甘肃白银厂铜矿	宋叔和
山西中条山铜矿	王　植
陕西渭北煤田	李春昱

四月七日　著文《对贵州平越和贵阳市油页岩的意见》。

五月三十一日　中央财委会党委办公室《"三反"坦白资料汇集(五)》整理了五个人的资料。谱主为第一人,除简历外,有如下文字:

谢平日唯利是图,极端自私自利,惯窃他人工作成果,为了追求个人名誉地位,不惜使国家财产遭受重大损失。其平日作风及品质之恶劣可由下列数事见其一斑。

(一)解放前谢在矿测处时贪污受贿习以为常,同仁对谢竞相送礼品,内容彼此守密,想以奇致胜,博谢欢心。(略)

（二）听从其妻吴镜侬干涉处内行政，工作人员之升降皆受其影响……

（三）一贯窃取他人工作成果，以满足个人出风头之愿望（略）。

（四）平日作风上有严重的官僚主义，加以一味追求个人名利，仅栖霞山及铜官山二处即使国家遭受损失十余亿元。（略）

（五）无组织无纪律之作风（略）。

（六）任用私人（略）。

（七）迫害作风正派及与其意见不合之工作人员……

谢虽具有这些严重的资产阶级思想及错误行为，但在此次"三反"运动中仍不深刻检讨，不肯暴露真实情况，第一次检讨，群众评之为学术演讲。二次检讨，则将自己痛骂一顿，企图闯关。两次不能通过后，反而对群众的帮助采取了抗拒态度，至今仍无接受群众帮助，检查自己之意，以致群众对他公开表示失望，不愿继续帮助，而建议由上级节委会对他进行教育。

谢之作风及品质既如此恶劣，社会关系又极复杂，所接近者多为以前翁文灏左右之人物，如孙越崎、钱昌照、高平、李春昱等（翁回北京后，谢曾去看望数次），历史问题一时无法弄清，故认为不适于担任原有之领导工作。

（中国地质科学院组织人事处：谢家荣人事档案，档号 5-5）

五月 著文《中国石油地质概况和今后勘探工作方针》①。

六月十四日 学习《人民日报》社论《把专门技术人才放到经济建设最需要的岗位上去》。

六月中旬 填写《三反运动鉴定表》，"交代问题"。

我对于栖霞山工作没有尽到应负的责任，主要的错误在：（1）对于钻眼设计，事前没有好好布置，在后一阶段，我几乎不管，以致造成了自流的状态。（2）当我研究马祖望队长寄来的地质详图、剖面图和岩心记录后，我已觉得我们的钻机能力是不够的，而钻眼位置过密，颇不合理，但没有设法纠正，而更为不对的是没有将这些情况详细告诉矿产地质勘探局的各部分负责人，以便大家设法补救。（3）栖霞山掉失钻杆时我还在南京，知道了这件事，却没有深入检查，追究责任，大家研究打捞的办法。我到北京后，又听说栖霞山被窃了许多钻杆，我仅在口头上告诉局方，谓事情严重，但未加适时处理，叫局方执行。（4）对于栖霞山的浪费情形，我应负

---

① 《对贵州平越和贵阳市油页岩的意见》和《中国石油地质概况和今后勘探工作方针》两篇文章至今没有确定发表在何种刊物上。其手稿一直到1988年仍保存在廊坊，后被人以"纪念谢家荣诞辰90周年"为名借阅丢失。

一部分领导上的责任。此外,我对国防观点不够注意,因此主张在华东沿海地区打钻,这是根本上的错误。

我因其他职务,直到1951年10月地质会议闭幕后才到大冶,除视察各矿区外,我取消了尖林山的打钻。我根据物理探矿结果,首先电告他们在尖林山打钻,但我又独断独行的取消了。我的用意是:在钻机万分不够的情况下,用了两部钻机(一共只有三部动力钻)在最硬的石头中打钻,日进三四公寸,每公尺钻探费要百余万元,这是浪费时间,浪费金钱,最不经济的办法。我并想从这个改计来补偿以前的过失。但我没有等得到物探人员(大部分已回南京)的同意并与地质人员好好商量,也没有跟田所长(他是冶钢资委会副主任)商量就决定停了,这是命令主义式的官僚主义作风。

由于我的官僚主义作风,就使我在计划上犯了很多的错误,它因此而造成的损失是很大的,是难以数字计算的。

我在这次"三反"运动中又交代了关于思想上和作风上的问题:

(1)团结问题:我因自高自大,自以为是"矿床界第一把交椅",想争取领导权,因此对于地质机构,开始就主张二元化。后来李四光先生的一元化机构成立了,叫我当第二副主委,我就非常不满意,对李主委、尹副主委和谭局长常有不团结的思想。1951年我到北京编计划,觉得地委会事情很多,会中同仁大家工作紧张,所以感动了,工作也就积极了,但思想上仍是想不通,特别对于机构组织非常不满意,常发牢骚,随便批评。这种思想对人民的地质事业有重大的危害性,有形无形的损失是难以数字计的。经过这次"三反"运动,得到同志们的帮助,我觉悟了,决心改正了,以后要在李主委的领导下和各位同志们团结一致,努力合作。

(2)纯技术观点:我的第二个大错误是纯技术观点,不好好学习政治,不能把政治和技术结合起来,因此我所定的计划,往往不够准确,不讲标准和效能,不爱惜人民的小米,造成了重大的贪污和浪费。这种技术是落后的、保守的,是走着英美资本主义的技术路线的,是完全不合于人民的需要的。经过这次学习,我已抱定决心,要好好学习政治,彻底打掉我的纯技术观点,要学习苏联先进经验,要向群众学习,依靠群众,信任群众,这样才能搞好我们的业务。

(3)资产阶级思想(略)。

同志们批评我在矿产测勘处时代是封建把头式的统治,我仔细检查了,也确有这种情况。最主要的是表现在:(甲)一言不合就辞退人,(乙)主观思想太重,(丙)作风不民主,(丁)不走群众路线,(戊)没有建立起图书仪器的设备,自己不发行刊物,因此留不住人,(己)自己学问不好,不能提高学术水准,(庚)任用若干亲友,(辛)不能团结大家,形成了宗派,造成很大损失。

我以后要好好学习马列主义、毛泽东思想,彻底肃清资产阶级思想,树立无产阶级的立场,全心全意的为人民服务。

(4)发现淮南新煤田的政治意义并批判我以往的一些工作。(略)

再看看我的其他工作。我当过大学教授、系主任,也曾发表过一些无价值的学术论文。这些工作,表面上看起来是与人民的利益不冲突的,但如深刻检讨,我还是做了反动政府的装饰品,利用学术救国的美名,来引诱和麻痹一部分有志气的青年,走上了与解放人民的革命事业不关痛痒的道路上去,这就削弱了人民的力量,阻延了解放的推进,总之是与革命有重大影响的。我自己虽不是提倡学术救国论的人,但至少也做了他们的帮凶了。

五查

Ⅰ.历史上重大贪污行为:

1946年矿产测勘处复员南京,当时的淮南煤矿公司就邀我勘矿。未去之前,我研究那一带的地质资料,就推断其西边八公山北麓的平原下有发现新煤田的可能。后来我亲自实地视察,证明无误,乃提出与淮南合作钻探的办法。除全部费用由淮南担任,并每月给矿测处以一定的钻探费和钻机租金外,并口头上保留如发现大煤田当另订报酬的办法。经过几个月的测绘钻探,终于发现了到目前为止中国在黄河以南最大的大煤田。

我们的贡献证实之后,我就向公司提出酬报办法,大意是为矿测处建筑一所相当规模的办公室,津贴两个工作人员赴美留学,并津贴我赴美考察的费用。这一切公司都答应了。后来公司因经费不充裕,建筑办公室和派人留美的计划暂缓实行,而我的赴美考察计划也没有得到伪资委会的批准。同时我在若干工作上对当时伪资委会当局发生不满,很想离开伪资委会。但我住的是公家的房子,一朝离职,就毫无办法(当时南京房荒严重),因此淮南就出钱为我在南京买一块地(约一亩)并建造一所房子,作为对我的酬劳。后来房子没造成,南京就解放了。这块地皮的价值为黄金七十两,造房子的费用为伪金圆券四万元。这是1948年夏秋间的事。在此之前,我还接受过淮南公司送我的子女教育费伪法币数千万元,约合黄金十余两。

Ⅱ.与各方面之社会关系、人物、住址

我认识的朋友,大都是地质界工作人员,此外比较熟的有下列人士:

竺可桢 中国科学院副院长

庄达卿 中国建筑公司总工程师,北京北池子,电话5-2106

徐宽甫 前淮南煤矿公司协理,上海五原路236号

张 英 北京燃工部石油管理总局计划处

Ⅲ. 个人经济情况：每月收入约 170 万元，收支有余。个人财产约值 4 000 余万，包括银行存款 900 万（浙江兴业 400 万，中国实业 500 万）。我是上海科学印刷公司的股东，共有 11 200 股，是抗战前 500 元大洋的股本。1949 年的股息 224 000元，今年才收到。

我的女儿、女婿在中国驻印度大使馆（新德里）任职，"三反"前每月寄安家费 30万元，分季在外交部领，共不到一年。"三反"后已嘱他们停寄，移捐抗美援朝了。

"三反"运动是一个严肃的紧张的革命斗争，是有关革命成败，国家兴亡，全体政府工作人员和全体人民的根本大问题。它不是临时的、光是为省几个钱的消极的运动，而将是长期的，为合理运用资金、努力增加生产的积极的运动，它是建设我们国家的根本方针，也是为推进我们国家建设事业前进的大动力。

"三反"运动对于我们地质探矿事业更有重大的意义。根除了贪污、浪费和官僚主义，我们的工作才能合理地、经济地和迅速地进行。我们可用最低的人力、物力和资金，做到最大、最高的工作效能，而在最短时间内获得为经济建设所必需的各种基本资料。这样就可大大地帮助和加速新中国建设的进行。

观于政府对贪污分子采取了教育与惩罚相结合的宽大政策，我们更可了然于"三反"运动的目的不是在惩办几个人，而是在使全国人民都有一个彻底清洗资产阶级思想和旧社会遗毒的机会，而为以后的工作建立有利的基本条件。

我开始就认识了这次"三反"运动的意义，就以积极的和热烈的态度来参加"三反"运动。我做了第一次同仁们认为不深刻的检讨，以后就参加了各次的大会和小组会报。自己也参加了小组学习，帮助同志们学习检查，自己也得到了很多的教育。但在这次"三反"运动的领导和布置上，因为能力薄弱，并因存在了依靠老干部和党团员的思想，因此自己在这方面所起的作用是微不足道的。

在"三反"运动的后一阶段中，因为要照顾到一些业务，我就不参加小组学习和小组汇报了，有时虽然没有业务，我也不参加小组学习，而却去读俄文，这种不能坚持到底的松懈态度是十分不对的。

我一共做了四次检讨，现在组织了一个小组帮助我检讨，已开过两次会，谈得很融洽。我从前怕人家提意见，现在却欢迎人家提意见，这表示我在思想上已有进步了。我以后要决心清除资产阶级思想和旧社会遗留下来的毒害。

（中国地质科学院组织人事处：谢家荣人事档案，档号 3-1）

六月二十四日　出席石油局会议，讨论钻探计划。

六月二十五日　"三反"运动结束，对于谱主的处理意见，中央人民政府财经委员会直属机关党委"同意支部鉴定意见，工作问题可等该会编制正式确定后，再作研究"。

六月 在《地质学报》第32卷第1—2期发表《煤地质的研究》。序言介绍本文的内容,关于煤的最早的成因分类则介绍了德国普托尼和俄国柴里斯基将煤分为三大类的分类法,以及苏联纳乌莫伊的分类法。

谢家荣《煤地质的研究》:

煤地质的研究,可大致分为三个节目:(1)研究煤的本身;(2)研究煤层的沉积;(3)研究煤田地质。这些问题,虽是可以分开的,但又是互相关联着的。煤的本身的研究,似乎偏重理论,但对于煤的加工和应用却有重大影响。煤层和煤田的研究,为开发煤矿业所必需的资料,但其中也包括着许多理论问题,如沉积的环境,湖沼的类型等等。最后略述关于煤的成因的分类。

(《地质学报》第32卷第1—2期,第61页)

七月七日 听艾思奇题为"新民主主义向共产主义过渡的阶段"的报告。

八月七日 中央人民政府委员会第17次会议通过成立"中央人民政府地质部"的决议,任命李四光为部长,何长工、刘杰、宋应为副部长,谱主为总工程师①。

《向地球深处探宝》(勘查地球化学家谢学锦院士口述,宗道一等整理):

"三反"运动以后就成立了地质部,部长李四光,何长工是党委书记、副部长,宋应是副部长。宋应找父亲谈话,说:"请你当地质部的总工程师。"父亲觉得还可以,就答应了。

(谢学锦学术成长资料采集工程,存于老科学家学术成长资料采集工程数据库,档号ZJ-002-012)

----

① 关于谢家荣在地质部成立时的任职问题,据谢学锦说,在地质部成立前夕,宋应找谢家荣谈话,让他任地质部总工程师。《煤》1953年第29期发表谢家荣的文章《关于煤地质方面的一些重要知识》时,署名为"中央地质总工程师 本刊特约写稿人 谢家荣",1957年10月21日地质部地质矿产研究所写、副所长吴俊如签字的《谢家荣传》记载的也是"地质部总工程师"。但是,中央档案馆(自然资源部档案室)所藏中央人民政府地质部临时组织机构及所有干部分配统计表(1952年8月31日,全宗号196,目录号1,案卷号0101)中没有谢家荣的名字,而1954年的地质部干部统计表中,谢家荣的名字出现在地质部地质矿产司中,职务是总工程师。此外,在中国地质科学院所存谢家荣的人事档案中有一份"地质部党组对谢家荣鉴定材料"(1953年11月16日,档号3-2)的原始稿件,它清楚地反映了这份鉴定材料的起草与修改情况:关于谢家荣的职务,起草人通通写"地质部总工程师",而所有出现"地质部总工程师"的地方,都做了修改,都在"地质部"后加了"地质矿产司"五个字,即由"地质部总工程师"改为"地质部地质矿产司总工程师"。2009年地质出版社出版了由国土资源部部长、党组书记,国家土地总督察徐绍史主编、由国土资源部多位副部长和中国地质调查局多位领导任编委、由国土资源部抽调多位干部组织编写的《我为祖国献宝藏——国土资源系统院士画册》,在经过反复调查研究后,确认谢家荣任职地质部总工程师(见《我为祖国献宝藏——国土资源系统院士画册》第63页)。

八月十一日 出席有色局讨论东川铜矿区勘探计划的会议。

九月三日 中央人民政府地质部成立大会在北京举行。

九月十二日 在大礼堂听取农业部长李书城关于农业问题的报告。

九月十三日 听取林业部梁希部长关于林业问题的报告。

十一月十六日 出席安徽广德大小牛头山煤田和铜官山铜矿、江西、湖南、河南普查勘探计划讨论会。

十一月十七日—十二月八日 全国地质工作计划会议在北京召开。

十一月十八日 出席全国地质工作计划会议,讨论西南地区煤田的地质勘探计划。

十一月十九日 出席全国地质工作计划会议,讨论西北、中南、东北地区煤田的地质勘探计划。

十二月九日 出席中国科学院编译委员会预备会议,讨论和确定编译重点。

是年 所著《从中国矿床的若干规律提供今后探矿方面的意见》刊于《地质学报》第32卷第3期。该文论述了中国矿床纵横分布及矿产时代和矿产区域,特别以煤、石油和磷矿为例,讨论了矿床与古地理的关系,指出:石油都产在水成岩中,最好是海洋边缘的浅海相沉积,并且指出大陆沉积本身也能生油。文章在"若干探矿方向的意见"一节中,提出了寻找石油的7个地质条件,并在中国首次同时将华北平原和东北平原列为含油希望很大的地区。

谢家荣《从中国矿床的若干规律提供今后探矿方面的意见》:

依据石油地质的理论,石油都产在水成岩中,最好是海洋边缘的浅海相沉积,在此中迅速地堆积着巨厚的沉积,因为有机物先天的不遭氧化,倘使后天的也不遭到剧烈的变动,使之毁灭,那末,就可造成石油。但石油的蓄积却不一定限于原生的海相层,它可迁移到附近的陆相层,特别是粗细相间、有足够渗透性的蓄油层和结构紧密足以阻止油质流散的盖层。因之,产油地带大都在从前大地槽的边缘,或其附近内陆大盆地的陆相沉积中。因为从前的大地槽现在常成为高山,而内陆盆地经过后期褶皱,又常成为大山前的前山带,所以在这个前山带中寻找石油,最为有望。

中国有好几个内陆大盆地,其中堆积了第三纪的或中生代的巨厚沉积。第三纪的大盆地,从西到东,有准噶尔盆地、塔里木盆地、甘肃河西走廊以及其南北两山间的山间盆地。中生代盆地最重要的为陕北—伊克昭盟盆地和四川盆地。在这些盆地的边缘都是高山,也就是从前的大地槽,如准噶尔和塔里木盆地间为天山大地槽,塔里木盆地之南为昆仑大地槽,河西走廊与柴达木盆地间为南山大地槽,河西走廊之北与蒙古高原间为北山大地槽,四川盆地的西北缘和北缘为龙门大地槽(以)及大巴山大地槽。陕北—伊克昭盟盆地的四周也都有现在为高山而从前为大地槽的构造,如秦岭、阴山等等。在这些大地槽的边缘,都可能找到于适宜于生油的浅海相地层。倘使承认大陆相或海陆混合相的湖、沼、港、湾等沉积也能生油,则在地盘不断下降的条件下所造成的这种巨厚沉积,只要气候不太干燥、氧化不过剧烈,都可能使有机质保存而变为石油。这就是说,大陆沉积的本身也能生油,如陕北盆地、四川盆地中都可能有这种情况。

(《地质学报》1952 年第 3 期,第 223—224 页)

寻找油田,除油苗等外,主要依据古地理环境、沉积型相和地质构造。大致的条件如次:(i)大地槽边缘的浅海地带;(ii)为海侵所及褶皱轻微的地台区;(iii)没有火成岩的干扰;(iv)有相当褶皱,但造山运动不能过于剧烈;(v)粗细相间的地层,有生油层,也有蓄油层;(vi)生油层和蓄油层不要过于暴露的地区;(vii)此外,在港湾、潟湖或内陆大湖的沉积中也可能生油。

依据上述条件,我们编制了一张中国油区和可能油区的分布图。这里指出了两个新的探油方向:

(1)以往中国探油只注意中生代和第三纪的地层,其实古生代的各纪地层几乎都能产油。世界各国实例甚多,尤以石炭二叠纪、泥盆纪等产量更为丰富。就古地理及沉积型相研究,中国古生代地层,未尝不能产油。贵州翁项的志留纪油苗足为一证。而泥盆纪和石炭纪二叠纪地层,就沉积型相和古地理研究,也都有产油希望。就此方向,我们定出了一个古生代的可能产油区。

(2)其次要特别注意海相的第三纪或中生代地层。在华北、华东、甚至东北的广大平原下,已有种种迹象指出有广大海水侵入的可能。如果不谬,那末,含油的希望就很大了。所以这些地区应作为可能油区而予以密切注意。

(《地质学报》1952 年第 3 期,第 228—229 页)

这篇文章中提到的中国油区和可能油区的分布图,是中国编制的第二张,也是1949 年后编制的第一张油区和可能油区的分布图。

是年 将《全苏矿物协会会报》1952 年第 81 卷第 3 期(*Записки Всесоюзного Минералогического Общества*,Том. 81,Вып. 3,с. 169—174)所载马加克扬(Магакьян,И. Г.)的重要论文《若干构造—岩浆杂岩体类型中的矿床专属性》(*О металлогенической специолизации в некоторых типах тектоно-магматичских комплексов*)译成中文,译文发表于《地质学报》第 32 卷第 3 期。

228　　地　質　學　報　　32卷

（1）　要在已知煤田的附近，從研究古地理、地質構造等資料，重新建立其原來煤田沉積的範圍，因而指出何處可以發現新煤田，再用鑽探來證實。華東某新煤田的發現，就是一個最明顯的例子。江西某礦區在紅色地層下鑽到了豐厚的煤層爲另一例子。目前在蘇北一帶的工作，也是照着這個方向進行的。將來還要在河北某煤田和甘肅某煤田及秦嶺山脈的山間盆地中尋覓與已知煤田有關聯的新煤田。

（2）　要在爲新地層或冲積層所埋覆的地方尋找新煤田。這個方向的範圍更廣泛了。太行山東坡的許多地段，都有發現新煤田的希望。其中有若干處，日本人已作過地震震波探礦。北滿大片爲森林和浮土所蓋覆的地帶，其下可能發現比現在更多更大的侏羅紀煤田。目前在渭河北岸黃土台地上進行的鑽探工作，是這個探礦方向的例子。

2. 鐵　爲了大規模的經濟建設，中國現知的鐵礦礦量是萬分不够的。所以發現新礦床，當爲今後努力的方向。在水成鐵礦的探礦工作中，首先要依據古地理、推定古代的海岸線及淺海帶的所在，作爲我們勘測的範圍。其次，再依據詳測構造的結果，進行鑽探。如宣龍式鐵礦、寧鄉式鐵礦，都可用這個方法。在火成礦床的磁鐵礦體，要廣泛地施行磁性探礦法，以勘定礦體所在，再進行鑽探。山東某鐵礦在遠距已知礦體十餘里外的平原中，鑽到了鐵礦，就是依靠磁測探礦的結果。在人烟稀少，交通不便，而鐵礦分佈又可能十分廣泛的地區，可用飛機磁測法，這樣可在短時間內完成廣大面積的勘查。然後就指出地點，進行詳測和鑽探。此外，在已知接觸鐵礦的附近，要沿接觸帶擴大測查，以便發現新礦體。山東某新礦的發現，就是一例。

（3）　石油　尋找油田，除油苗等外，主要依據古地理環境沉積型相和地質構造。大致的條件如次：（i）大地槽邊緣的淺海地帶；（ii）爲海浸所及褶皺輕微的地台區；（iii）沒有火成岩的干擾；（iv）有相當褶皺，但造山運動不能過於劇烈；（v）粗細相間的地層，有生油層，也有蓄油層；（vi）生油層和蓄油層不要過於暴露的地區；（vii）此外，在港灣、瀉湖或內陸大湖的沉積中也可能生油。

依據上述條件，我們編製了一張中國油區和可能油區的分佈圖。這裏指出了兩個新的探油方向：

（1）　以往中國探油祇注意中生代和第三紀的地層，其實古生代的各紀地層幾乎都能產油。世界各國實例甚多，尤以石炭二叠紀、泥盆紀等產量更爲豐富。就古地理及沉積型相研究，中國古生代地層，未嘗不能產油。貴州翁項的志留紀油苗足爲一證。而泥盆紀和石炭二叠紀地層，就沉積型相和古地理研究，也都有產油希望。就此方向，我們定出了一個古生代的可能產油區。

3 期　　謝家榮：從中國礦床的若干規律提供今後探礦方向的意見　　229

（2）　其次要特別注意海相的第三紀或中生代地層。在華北、華東、甚至東北的廣大平原下，已有種種跡象指出有廣大海水浸入的可能。如果不謬，那末，含油的希望就很大了。所以這些地區應作爲可能油區而予以密切注意。

4. 銅　中國產銅不多，而需要激增，詳測已知銅礦和發現新銅礦，當爲中國地質工作者今後主要課題之一。就蘇聯專家的意見，作爲中國主要勘探銅礦的對象，似有下列各類型：（1）斑岩狀或浸染式銅礦；（2）黃鐵礦式銅礦的中溫熱液礦床；（3）含銅較富的脈礦；（4）磁鐵礦、磁黃鐵礦和黃銅礦共生的接觸變質銅礦。我們如果找不到質量俱豐的大銅礦，則成分較低，而礦量巨大的礦床，實較零散的富礦爲重要；因此，斑岩狀或浸染式銅礦當爲主要的對象。目前這類銅礦在中國發現尚少，成分合格，礦量巨大的尤不多見。今後當就此努力，並把浸染在礫岩中的西康某銅礦，也作爲斑狀銅礦看待。因爲這種銅礦也可能是由上昇熱液造成的。此外，當特別注意構造控制、鐵帽類型以及次生富集作用，這與勘定銅礦的聚合和富集礦體有重大關係。目前必先編製一張銅礦分佈與大構造關係的圖，從此可定出在不同大構造中銅礦床在成分、形狀和類型上的特性，作爲將來探礦的指針。

5. 鉛、鋅　鉛鋅礦也是中國非常缺少，而又極感需要的礦產。目前已在生產的祇有遼東、遼西、雲南、湖南等處，開採數十年，但其附近仍有發現新礦的希望，現正鑽探。從地質觀點和古代鉛銀產地的紀載，以後探礦似應首先注意雲南西南部一帶。其次滇東的許多古鉛銀礦中，也有若干可以恢復發展。在贛西和贛東一帶也是古代開採鉛銀極盛的地方，值得注意測勘。冀、熱、遼山地中的許多鉛鋅礦也應注意。湘中爲一個重要鉛鋅礦帶，如仔細調查，可能發現很豐富的礦床。此外，在鄂西南和湘西高原區域與火成岩似無直接關係的許多鉛鋅礦床，可能也有若干大礦。

6. 鋁礦　中國鋁土礦可分爲一水型與三水型兩類：前者產於中石炭紀和二叠紀，在雲南、貴州、遼東、河北、山東許多煤田中分佈很廣，爲重要的耐火材料。三水型鋁土礦係由玄武岩風化而成，已發現者有福建的兩處。因三水型鋁土礦較易處理，以後當特別注意，並要在閩粵沿海雷州半島、海南島等地質環境相似的地方，仔細搜尋，必能發現新礦床。

7. 磷礦　中國磷礦可分爲五種類型：

图 99　《从中国矿床的若干规律提供今后探矿方面的意见》(《地质学报》1952 年第 3 期)

一九五三年　癸巳　五十七岁

提要　出席全国地质工作人员会议,作"勘探中国煤田的若干地质问题"的报告。考察渭北煤田和白银厂铜矿。著文《探矿的基本知识与我国地下资源的发现》《学习苏联先进地质科学的一些体会》,指出华北平原和松辽平原可能有重要油田。

一月二十日—二月十二日　地质部在北京召开全国地质工作人员会议,会议历时 24 天,出席会议代表 400 人,列席代表 338 人。

一月二十二日　上午在全国地质工作人员会议上做题为"中国煤田探矿的若干地质问题"的报告①,下午会议分组讨论该报告,对于讨论中提出的各种问题,谱主给出了《关于"中国煤田探矿的若干地质问题"报告中讨论问题的解答》②:

一、大地构造与煤田问题

大地构造与煤田有密切关系,是不容怀疑的苏联先进理论,正如有色金属第三组所补充的《研究大地构造为勘探与发现新煤田的(指)南针》,但因过去中国地质工作做的不够多,大地构造在中国的划分还存在着许多问题,因此,在此时要想把中国煤田做一个全面的大地构造的分类,还嫌过早,但我们决不能怀疑这种努力方向的重要性,更不能怀疑苏联先进理论的准确性。

太行山东麓煤田是否属于山前凹地? 当石炭二叠纪时,太行山固然还未存在,但有若干地块的高起地带是可能的,并且当时的华北大平原可能是一个盆地式的大地槽,没有经过强烈的褶皱和显著的掀起(黄汲清同志告诉我美国密歇根盆地就是这样的一种地槽),因此,太行山东麓,可假想为华北地台中一个地槽与地台边缘的凹地,这是符合于山前凹地的定义的。

开滦煤田和淄博煤田都是假想的华北大地槽与地台边缘间的山前凹地。淮南煤田、禹密煤田则是淮阳地质与秦岭地轴前的山前凹地。沁水煤田与太行山东麓煤田间在当时很可能有一个平缓的隆起带,因此,它可称为边缘盆地而与山西中

---

① 中央档案馆(自然资源部档案室)档案(全宗号 196,目录号 2,案卷号 9,序号 1)显示,谢家荣的这个报告作于 1 月 22 日,但谢家荣日记记为 21 日上午。

② 中央档案馆(自然资源部档案室)档案(全宗号 196,目录号 2,案卷号 9,序号 6)。

部、陕北等煤田处在地台内部的内盆地煤田相区别。黄汲清同志最近在地质工作规范中所试拟的《中国煤田的勘探类型表》中所举的若干例子,可作为本问题的参考,但正如上文所说的,目前要做一个全面的和准确的分类是不可能的。

地台区和地槽区中都有地堑式的煤田,所以先决问题是要分别地台和地槽,但因地槽一般是下降的,在掀起褶皱阶段,又不容易造成地堑,只在局部隆起时才有地堑,故加鞍部地堑字样。抚顺煤田是否为地堑式抑为水成带状向斜式(工程地质组提出)还须进一步研究决定。

煤系特厚,煤层特多而又多不很厚的近似地槽类型的煤田,如四川地区的彭灌煤田(据李春昱、黄汲清两同志面告)、新疆的八道湾煤田(据王恒升同志面告),本拟补充说明的,在报告时忘记了,应在此补充。

大地槽一般是狭长形的特别深的沉积区域,急速下降,急速沉积,因此,在纵的方面,就是在垂直剖面中,岩性的变化大,同时也就不能造成厚的煤层。在横的方面,就是沿走向的方向,岩性相当稳定,所以煤层的分布也相当长。地台中的盆地和凹地一般范围较小(有许多例外),但地盘的起伏运动较轻微,所以横的方面变化较大,垂直方面变化较小,因此可以造成分布不大的厚煤层。

山前凹地煤田在中国还很多,有色金属第一组所提出的渭北和天山南北麓煤田都是很可能的。照目前所知,山前凹地煤田,具有重大的经济意义,以后调查,当对此特别注意。

研究煤田大地构造的实用方面,最主要的是在把许多孤立的煤田合理地结合起来,使个别煤田的特性,或为一个区域的特性,这对于已知的或未知的,个别的或区域的煤田的远景估价,无疑地是有重大的意义。至于煤田的勘探布置,包括钻眼线的距离,一定要考虑到许多因素,如煤层的稳定性和构造性(有色金属第五组所提的必须注意煤田本身构造),但这些特征都与大地构造(包括古地理)有直接的或间接的关系。苏联的五种煤田的勘探类型,就是根据这种综合研究所定出来的,譬如其第一类和第二类都是大地槽煤田,而第三类却是地台煤田。

其他关于大地构造若干名词问题,说来话长,恕难详为答复。

二、山西系海相层问题

有色金属第一组及第六组提出少数地区(如太原西山)的山西系中,还夹有海相石灰岩,所以它不是纯粹陆相,这是我遗漏的地方,应予补充改正。这个问题,对于华北石炭二叠纪的海进海退情况有重大意义,需有更多资料,以资研究,山西系是否就是下石盒子系或山西系一名,根本可不用,地层学家和古生物学家的意见还不很一致,留待将来解决。把华南栖霞底部煤系及乐平煤系与华北的山西系、太原系相比,只比较其含煤贫富,并没有在地层上对比的意思。

三、沉积环境、沉积轮回和硫分问题

海相煤层(非金属第五组提出)一名是误解了,应该说是近海相或海陆交替相。开阔的海洋沉积中不含煤。把木头(或植物)在空气中燃烧,留下的只是灰烬;如在气流闭塞的环境下燃烧,则成木炭:这都是急速的氧化作用。如把木头放在湿地上,则起腐烂,经过很长时间可以烂完;如把木头放在很深的气流闭塞的水面下,则可经久不变;但如水面不深,有气流可通,则就局部腐烂,或为如泥炭的东西:这是由于细菌作用所进行的极端缓慢的氧化作用。所以菌解是成煤的第一步。菌解的深浅,一方面视水面深浅和气流通畅与否而异,另一方面,菌解所造成腐殖质有消毒作用,可以阻止细菌的继续繁殖,因此在死水湖泊中,先初步地菌解,俱因水流不通畅,腐殖质浓集就能消灭或减少细菌,阻止完全的菌解,而造成镜煤。至于苏联地质家阿莫索夫所说煤系上部和下部的煤,常富于镜煤,原因如何,原文未加说明,可能是流域宽广,水面也就较深的缘故。

在煤系沉积的初期和末期,代表着一个阶段的开端和尾声,地盘起伏或频繁是合理的也是可能的,由于地盘的起伏,就增进了沉积的包括粘(黏)土等的带进,这种粘(黏)土或其他尚未明了的物质的媒触剂作用就增进了煤的粘(黏)结性。(粘[黏]土对炼油有媒触剂作用在工业上已经广泛利用。脱色是另一种粘(黏)土如酸性白土、铝土等的作用。硅藻土通常用为吸收剂和防热等,是否也有煤触作用不很明了)。从另一方面看,矿物质加多,就增加了灰分,这对于煤的炼焦性是相当不利的。在沉积的中段,由于新环境的业经调正,地壳保持相当时期的稳定性,所以造成了较厚的煤层。为什么煤系中部的煤常富于丝炭?阿莫索夫的原文中未加说明,暂难解答,但它对于煤的粘(黏)结性十分不利是肯定的。阿莫索夫的理论,因能结合沉积环境和地壳的稳定性,是一个新的研究方向,所以提出来供各位参考,至于中国各煤系中煤层及煤质的分布情况,是否如是,极应注意研究。有色金属第二组所提出的相反观察非常宝贵,希望能著文评论,以供研讨。

木质煤(应为木植煤)是由陆生植物在沼泽环境下所造成的,腐植煤则是水生植物如藻类或陆生植物的芽胞、花粉等在较深的开展水面下造成的,其中有时也夹杂着动物的遗体。腐植煤含挥发分特高,如灼煤、藻煤,中国的乐平煤及其他特种煤,质致密,黯淡不亮,一般不具备层理结构。

煤系的沉积轮回是依据其中岩石的岩相、岩性,特别结合来源地带的地貌和地盘的稳定性所作出的沉积的分段,每一煤系中可能含着好几个完全的轮回或部分的轮回。它是最合理最科学的煤层分组和煤层对比的根据,从研究相邻煤田中的煤系的沉积轮回,可能进一步地提供煤层尖灭与分叉的原因和规律(但其他原因也能造成煤层的尖灭和分叉)。

中国石炭二叠纪煤系中常含有许多铝土矿、菱铁矿的夹层,它们不仅可用作标示层,对于分划沉积轮回也有重大意义,如铝土矿可反映来源地带地盘的稳定及有准平原的地貌,菱铁矿则是开展水面下的水成沉积,在煤系中都属陆相沉积。

微古植物为芽胞、花粉等,对于煤层的对比,应是最直接、最准确的对比方法,报告中未提,应予补充。

用硫黄菌解说陆相和海陆交替相煤中含硫的多寡只是根据教科书上所述沿海盐沼中常多硫黄菌,而淡水沼中则否的论据,没有深入地参考原始著作。但中国煤层的硫分与沉积相关系的规律,一般来说确是存在的,从黑色金属第二组所提出的正反面意见就可知道,希望同志们以后对此问题,收集更多资料,予以证实。黑色金属第三组所提时代不同(侏罗纪和二叠纪)的煤层不能并论的问题,照沉积学观点论,似不存在。硫分与树木本身的成分(黑色金属第一组所提)决无关系,但后天的地下水作用,如造成黄铁矿结核,确有显著影响,若干含硫特多的纯陆相煤层,其原因或即在此。

四、其他问题

中国侏罗纪含煤系一般的自西向东变薄,主要原因由于沉积环境的不同,在中生代,西北及西南的局部地方可能存在着许多巨大的内陆湖沼,由于局部地盘的不稳定,继续下沉,就造成了深厚的煤系。与白垩纪的详细分层确需进一步的研究。

技术指数是指开采及加工技术上所需的一切技术资料。

报告中讲到的新煤田发现的实例,其用意,正如黑色金属第二组所说的:"过去都是找旧坑,今后工作要靠地质的理论,来指示发现煤的线索。"是一种鼓励工作,增加信心的意思。那时还没有学到苏联的先进理论,现在懂得了这个理论,就能指出另一新的方向,就是淮南煤田与禹密煤田间可能发现新煤田的问题。(答黑色金属第三组第一个问题)。

南北满煤储量孰多孰少,照目前所得资料,还难正确比较(报告中没有作比),但西北满含煤贫乏,确是事实。

此次报告,因准备时间万分短促,遗漏谬误之处很多,承各小组同志们提出许多宝贵意见,使我有修正和补充的机会,谨在此致以衷心的感谢。

二月八日　中国地质学会第 28 届年会、中国古生物学会在北京举行联合年会。当日下午年会分 4 组讨论,主持第 3 组"石油地质问题"组的讨论,就找油方向发言,提出应以中国的大地构造、古地理、地层和一般构造为主要根据,认为塔里木、准噶尔、内蒙古与蒙古国交界处及滇、桂等地区都是勘探寻找石油的理想地区。

三月十五日 《中国煤田探矿的若干地质问题》的报告经会议各小组讨论,做了若干修正和补充后,易为《勘探中国煤田的若干地质问题》,刊于《科学通报》3 月号,并于 5 月由《地质学报》第 33 卷第 1 期转载。

谢家荣《勘探中国煤田的若干地质问题》之绪论:

在学习了苏联专家所提出的储量分类和储量计算方法等文件之后,我体会到储量计算主要是对于某一地区矿床了解程度的具体表现,因之它必须包括下列三点:(i) 矿床的量的方面,(ii) 矿床的质的方面,而尤为重要的是(iii) 对于该矿床在纵横方面质与量变化的规律问题,也就是远景的估价问题;以及确定若干技术指数,如水文地质、煤层的顶底板等等。这一切都是与煤田地质的实地观察和理论推断分不开的。

我又学习了苏联地质学家 И. И. 斯契柏诺夫、Г. А. 伊万诺夫、Ю. А. 任竹士尼古夫、М. И. 阿莫索夫等关于煤田类型与大地构造的理论,煤系的沉积轮回、煤田变质分带以及煤的成分和性质变化的基本原因等等的文件,深切地体会到,为了合理地、准确地探矿,为了发现新煤田,我们必须抓住基本理论环节,把理论与实际结合起来,这样才能得到满意的结果。当我读了霍明托夫斯基关于地壳构造与煤田关系的文章,更觉得这种理论研究的重要。因此在本报告里想依据苏联地质学家的先进理论和经验,结合目前已知的一些关于中国煤地质研究的资料,提出中国煤田探矿的若干地质问题。因为研究不够精密,参考资料尚多遗漏,我在这里只能提出问题,或至多提供一些初步解决问题的方向和方法,请苏联专家和同志们指正与批评。至于煤田类型的具体分类、探矿安排的详细规范,还要等待一个长时间的研究之后,才能逐步订立。

我在这里想讨论的煤田探矿的地质问题,包括下列四类:

(1) 如何结合大地构造的理论来订立煤层的稳定性,作为布置钻眼线距离和探巷距离的标准。

(2) 如何依据煤系中沉积轮回的原理为对比煤层的根据。

(3) 沉积环境对于煤质的影响。

(4) 寻找和发现新煤田的方向和方法。

(《科学通报》1953 年 3 月号,第 40 页)

三月十六日 听刘毅关于斯大林逝世的报告。

三月十九日 听刘杰副部长关于斯大林的理论与实际活动对党的贡献的报告。

三月二十八日　中央地质部保卫处提交《对过去地质界宗派斗争材料的初步整理》，材料认为地质界有李四光派和翁文灏派，翁文灏派中又有李春昱派和谢家荣派；在学校的有三大派：北大派、清华派、中大派。材料分析了各派活动的政治背景、宗派结成与斗争方式。认为中华人民共和国成立后这些宗派斗争正在逐步削减。但是由于劣根很深，所以还有所谓"阴魂不散"的现象，值得进一步提高警惕，做好工作，在国家的地质工作中减少或消灭不应有的损失，完成祖国在地下资源勘探工作的伟大任务。

中国地质界从开始发展到现在算来有四十多年的历史了，最初是几个德国人，后来有个犹太人葛利普从美洲来中国搞了不少的年代，最后是死在中国的。中国人自己来搞地质工作的最早的一个要算章鸿钊，这个人直到解放后才死去，他是从日本东京都大学（学）地质的……等到1910年左右在军阀政府农商部搞一个地质室……在1916年左右开办了一个地质训练班，以在日本学回的一套开始训练学生。这批学生现在还在地质机构工作或从事地质工作的有谢家荣（地质部工作）、王竹泉（燃料工业部总工程师）、周赞衡（科学院南京办事处主任）、李学清（南京大学地质系教授）、卢祖荫、赵志新等人（两人都在地质部工作，一在陈列馆，一在图书馆）。在日本学习回来的还有丁文江，回国后也……做了一些矿务工作……在这一时期，翁文灏从比利时学地质回国，也到了北京，从事中国地质论文出版研究工作，并筹办地质调查所。到1920年左右，李四光从英国归国，在当时北京大学办地质系。据说当时丁文江、翁文灏、李四光三人是这样分工的，丁文江从事矿产调查工作，翁文灏从事地质调查工作，李四光负责训练学生的工作，这样三人在工作上就逐渐分开来，地质界的宗派逐步萌芽。随着几个帝国主义在中国的战争以及军阀得势的消长，加上学校派系而愈演愈明显，进而互相攻击，各不相让，造成了地质界历史上一贯的宗派斗争。现将已了解的材料情况简述如后。

一、地质界有哪些宗派

地质界的宗派关系是相当复杂的。可以说有纵的关系，有横的关系。所谓纵的关系是按其工作的性质、研究路线和工作机关来看的，所谓横的关系是从学校毕业的同学关系来看的。现将以其主脑人物为主分述宗派关系如后。

（一）李四光派，或者叫理论研究派。这派在学术路线上是离开实用，从事理论钻研，特别在地史古生物以及地质构造方面从事一些理论方面的工作，由于与反动政权关系不大，因此在政治思想方面，可以说是比较开明的一派。这一派的主要人物，大体上可说有俞建章、张文佑、喻德渊、孙殿卿、吴磊伯、马振图、斯行健等人

（因为留德关系，所以后来与李春昱也很相投）。这些人从做学生、留洋回国，做研究工作，都是与李四光有密切关系的。张文佑、俞建章是李的左右手，是最得意的门生。孙殿卿在地质界人称他是李四光家的"太监"，因为李四光的家务都是孙殿卿在管。其余的人都是不直称李四光的名字的，均称李为"李师"或"吾师"，来表明他们对李的崇拜。由于他们一般的在政治上不得意，或有脱离政治的清高思想，在学术上又各有分工，因此内部矛盾不大，比较团结。

（二）翁文灏派。翁回国后从事出版与地质调查工作……国民党中央地质调查所的工作就全部交给翁，原章鸿钊就到国民党实业部搞一个地质科去了。翁在国民党政府得势后就大力推展地质调查所，攻击李四光，正式办起翁派机构，招兵买马，投靠的人也多了。除中央地质调查所在1927年移南京外，并北京、兰州两地设分所，地方性的地质调查所也先后成立，如江西地质调查所（夏湘蓉、高平主持）、湖南地质调查所（田奇㻆主持）、浙江地质调查所（朱夏主持）。抗日期间设四川地质调查所（先是李春昱主持，后换侯德封主持）。当翁文灏在国民党政府逐步上升后，中央地质调查所曾先后交给黄汲清、尹赞勋等主持，抗日战争中期才交到李春昱手里。这一派由于在反动政府得势，所以力量最大，人员也最多，但由于人多，以至与帝国主义的关系和国民党内部的派系斗争关系，所以内部又闹起争名誉地位，而闹小派别，后来正式分庭抗礼的，可以说有两大系统了。

1. 李春昱派　这一派向自称为地质界的正统。李春昱把持地质调查所十多年，所以在地质调查所工作的人员……若果不依附他的人，或不称赞他的人，在地质调查所是不易待下去的，如徐克勤（现南京大学地质系主任）、刘国昌等人。同时李又把进地质调查所的条件提高，使一般地质系毕业生很不容易进所，要经过几次三番的考试才能进所，造成一进所就身价百倍的所谓荣誉感。所以进了所的也被这种荣誉感所迷惑……当然所内的设备也比较充实。这里的主要人物有黄汲清、程裕淇、李善邦、高振西、王钰等人。另外如北京地质调查所的高平、西北的米泰恒等也是主要人物。可以说翁派的主要力量都到了李春昱的名下。内部比较不得志像侯德封（由于没有留过洋）爬不上去，尹赞勋（由于所长无原因的被李春昱取而代之），但这些人在中央地质调查所的立场上，对外是一致性的，是团结的，内部又各怀鬼胎……

2. 谢家荣派　谢家荣身在地质调查所难以出头后（谢原在调查所搞矿产调查室），抗日战争爆发时在北京大学任系主任，后来到了昆明，就带了几个助教和学生，开始搞起了江华矿务局，就逐步单独起家了。由于在翁文灏面前与李春昱竞争，翁便于领导与利用谢、李之间的矛盾，就放手让谢单独搞一门面与李抗争，因此谢就在伪资源委员会的名字下挂起了矿产测勘处的招牌，企图垄断中国的矿产调查工作,他的心腹人物有王植、马祖望、殷维翰,在地质业务工作上他有四员大将即南延宗、郭文魁、赵家骧、刘国昌……谢家荣这一派内部是最不团结的。但在对地质调查所的攻击上是一致的。在地质业务上是专从事于矿产调查,所以李四光派曾说他们是"江湖派",说是跑江湖的、吹牛卖膏药的地质家,很看不起他们。同时这一派主要的特点在搞钱,与各个矿商或官僚资本的关系也较密切。所以有人说"进矿产测勘处是为求利,进地质调查所是为求名",这也有些道理的。除了上述这些派系,在学校的派系上也可以分成三大派:

① 北大派 这是中国地质界的主力。由于北大地质系成立最久,毕业的人也最多,上述各派的主要人物都是北大出来的,如李春昱、黄汲清(李、黄,再加上死去的朱森并称北大"三杰")、斯行健、侯德封、俞建章、杨钟健等人都是目前最得力的。所谓北大"八俊"即岳希新、卢衍豪、赵家骧、郭文魁、叶连俊、杨敏之、李树勋、刘国昌等人都是北大的。高振西、张文佑、赵金科也是的。因此北大派是压倒一切的,这些人在上述各派系里都是健将。

② 清华派 以程裕淇、宋叔和、王植等人为中心,但人数不多,很难与北大(派)抗争。

③ 中大派 中大因地质系成立较迟,上层人物较少,但在中下层人数也逐渐多起来了,以南延宗(死去)、张更(石油管理总局)等人为中心,另外黄懿、汤克成、李学清、徐克勤等人亦是中大派的出色人物,发生学校派系斗争时往往和清华派合作,以对抗北大(派)。

学校派系由于毕业后各报了在地质界竞争的一派,因此除了在私人关系上拉势力,在私人关系上互相照顾外,就不像那些竞争权势的那样激烈了,所以学校派系基本上是李、翁或是谢家荣与李春昱各派的一个横的关系。

二、各个宗派活动的政治背景

地质界的宗派斗争也正式反映了半殖民地半封建的中国,各个帝国主义竞争的关系和反动政权内部矛盾的关系。我们可以把地质界宗派斗争的外衣给他剥下,看一看他背后的政治背景就很清楚了。

(一)李四光最初是日本学造船的,后来在英国住了较长的时间,并且在英国教书,所以养成了所谓英国的那种绅士风度。据说他曾参加孙中山先生领导过的同盟会,并且做过孙中山的秘书,所以政治思想上受孙中山的爱国主义可能有一定的影响,所以听说他在大革命时期是属于比较进步的一面。在蒋介石叛变革命后,他在政治上的活动是停止下来,后来专门搞他的地质研究所长。由于他不愿与国民党反动派搭上关系,所以也就遭到了翁文灏的排挤,因此也只能去为地质而地质的做些理论上的工作,必然走向脱离实际的方面去。他与国民党的关系也不是决裂的,也带有某些妥协成分。他的得意门生之一俞建章是国民党在科学工作方面的重要人物之一。俞曾做国民党沙坪坝区党部书记,俞在党务工作上是活跃的,并且介绍一些地质工作人员入国民党,如杨庆如、车树政都是俞介绍的。李四光对俞建章非常器重。每当李四光离开地质研究所时都是俞来代理所长。南京快要解放时,俞建章代理所长竭力主张跟着国民党迁走,由于整个伪中央研究院稳定下来,因此也没有搬动。俞建章在外表上的做法是仿效李四光,学得很像的,彬彬有礼的绅士风度是一模一样。俞也是从英国剑桥大学学地质回国的,所以从李四光对俞的关系上,不能说不是对国民党的一种妥协表现,但在他领导下的其他人员,在政治上一般的说是与蒋介石政府不合作的。张文佑在政治上、思想上一直是比较进步的,据说是他有几个要好的同学是共产党员,他本人后来参加民盟。喻德渊曾加入过共产党,虽然脱党了,但在思想上还是受到一定进步影响。吴磊伯也加入过共产党,一直到国民党开国大代表会时掉了组织关系。当然像斯行健这些人就一直不搞政治活动的,所以这些人物看来,李四光派除了俞建章外,其余的(是)比较好的。从李本人或其派系中主要人物,他们在政治思想上基本上是资产阶级民主革命要求为主的,同时李在伪中央研究院也可能受蔡元培所谓各种思想兼容并收的影响,所以古生物研究所(即过去的地质研究所)一个以清高自居,为学术而学术。他们在学术思想上是受英帝国主义影响较大的,所以出版地质论文也是以英文写的多。李四光写的《中国地质学》就是英文版的,据说还是在伦敦出版的,一直到解放后,才由张文佑摘要地翻译成中国文。解放后有人问李四光为什么过去要用英文写文章,据说他以"惭愧"两个字回答。这也可以看出来解放后在思想上是有些内疚的。

(二)翁文灏以地质调查所做资本,投靠了蒋介石,卖力地在反动政权服务,从地质调查所而经济部,而资源委员会……所以政治立场上是非常反动的,这为大家所共知。据说在国民党内部,翁是靠近政学系的,也有人说他就是政学系的人物,但在翁派地质界的主要人物,像李春昱、黄汲清等一般的是和政学系不接近的。

像李春昱,他所以能在翁文灏名下攫取所谓地质界"正统",也是有他一定政治背景的,他在得到了翁文灏的信任后,同时又和朱家骅搭起关系来,他平时称朱家骅为"朱老师",不知是政治老师,还是地质老师,可能在北大时,朱家骅做过他的助教,朱家骅曾邀他去搞伪教育部次长,据说嫌官小,没有去。朱家骅在地质界历史不长,除在广东中山大学教过书外,后来搞两广地质调查所而起家的,大概也是从德国回来。所以李春昱自和朱家骅勾搭上以后,和翁在表面上也曾起过一些不和(李春昱在解放后,自己说他是反对过翁文灏的,侯德封、高振西也这样说过,其实这类反对也是与国民党内部矛盾有关)……

三、宗派结成与斗争的方式

这些宗派的演成也有他一定的规律,相互斗争也有一定的方式。一般的是各派自己拥出一个首领,或叫宗师,首领周围抓紧几个得力大将,或以自己几个心腹以形成核心,再通过大将或心腹去拉拢一般的地质工作人员,同时豢养着一些测绘、化验等人员,以形成能单独的进行地质工作的一个派系,在政治上找到靠山或支持者,对外与帝国主义则各找门路,以便本派人员出国留洋的方便。宗派之间则相互攻击,竞争权利,以致造成中国地质界的乌烟瘴气、极不团结的恶劣现象。这些恶劣传统,对解放后的地质工作也造成莫大影响和损失。这些宗派斗争必须加以彻底摧毁和改革,建立起新的地质工作的力量,才有可能来完成祖国大规模经济建设中的地下资源勘探任务,也才有可能把中国的地质工作发扬光大。

恶劣的宗派斗争与演成有下列几种方式:

1. 政治上的投靠,思想上的基本一致。(略)

2. 师徒关系上极力拉拢

在为首的人凭着在地质界历史较长,各自选择了最能顺从自己的学生加以培养,作为自己的助手或所谓心腹人员。如李四光对俞建章、张文佑、孙殿卿,谢家荣对王植、马祖望、殷维翰;或是以同学关系拉拢也很普遍,在地质界造成了同学的派别。

3. 利用所谓"裙带"关系或是叫"内线"的办法加强联系(略)

4. 以名利相结合(略)

5. 相互吹嘘,相互抬捧(略)

6. 相互攻击,造成壁垒(略)

7. 解放后的一度倾轧

……

在解放以来整个形势的发展和全国各个战线上胜利的鼓舞下,以及在各种社会的运动中教育了全国地质工作人员,在政治认识上和工作态度上,大多数的地质工作人员都有很大的提高和改进,这些宗派活动的市场也大为缩小,而逐步走向消减的途中。但是由于劣根很深,所以还有所谓"阴魂不散"的现象,还是很多,是值得我们进一步提高警惕,做好工作,在新中国的地质工作中来减少或消灭不应有的损失,完成祖国在地下资源勘探工作的伟大任务。

[中央档案馆(自然资源部档案室),全宗号 196,目录号 2,案卷号 0032,序号 8]

三月　编译《苏联铜矿概况》,载《地质学报》第 32 卷第 4 期。译文依据 17 篇

(本)俄文文献,介绍了苏联具有工业价值的十二种铜矿类型、苏联的大地构造轮廓和铜矿的分布、苏联几种重要铜矿及其实例。

四月三一十二日 应燃料工业部煤炭管理总局之邀,与陈梦熊等一道前往抚顺煤田,调查抚顺煤矿西露天采场南帮的滑坡现象。同去的还有地质部的石宝颐(负责一般事务性工作),煤管局的王子全、徐振锋(负责联系,介绍现场情况和提供参考资料)和中国科学院的萧金(负责岩矿分析)。总结此次考察结果,著《抚顺矿务局西露天南帮滑坡现象的初步观察》。

四月二十四日 听尹赞勋的地质学院教务报告。

五月十一日 一行六人离开北京前往西北,于 13 日抵西安。此行考察了渭北煤田、白银厂铜矿和青海化隆、青海湖、倒淌河、贵德等地地质,9 月结束[①]。

五月十四日 赴渭北煤田考察,途经临潼,游览华清池,经蒲城抵达高阳镇。

五月十五一十八日 考察南河桥、李家河等处地质,研究各钻孔岩心,并向642 队了解情况。

五月十九日 返回西安,向西北地质局汇报渭北煤田考察情况。

五月二十日 自西安飞兰州,李贲、张俊及一位苏联专家同行。撰写检查 462队工作报告[②],晚作报告。

五月二十一日 上午为地质部工作同志做关于白银厂地质的报告,历时3 小时。

五月二十二日 赴机场接刘杰副部长一行,参观轻工业部工业试验所(该所应允分析白银厂矿石)。

五月二十三日 赴白银厂矿区,下午即赴折腰山、火焰山一带视察一周。

五月二十四一二十五日 出席讨论会,了解情况并观察岩心。

五月二十六日 在白银厂勘探队(641 队)做报告,讲解黄铁矿型铜矿床的特征。

五月二十七一三十日 考察折腰山、家鸽山、火焰山、白银厂后山等处地质。

五月 将《全苏矿物协会会报》1952 年第 80 卷第 2 期(*Записки Всесоюзного Минералогческого Общества*, Том.80, Вып.2, с.81—87)发表的 Билибин, Ю. А.论金属矿床垂直分带问题的文章(К вопросу о вертикальной зональности рудных месторождений)译成中文,发表在《地质学报》第 33 卷第 1 期,并在译文之后加"译者按",讨论应用垂直分带理论研究中国钨锡矿床和铜铅锌矿床的问题。

---

① 依据谢家荣日记和北京大学档案馆藏《谢家荣野外记录本》,档号 1RW0172002－0047 和 0048。由于日记和野外记录本上都未记载谢家荣何时离开西北回到北京,此次考察于几号结束,无从查考。

② 谢家荣 5 月 14 日和 20 日的日记上分别记为 642 队和 462 队,显为笔误,应为 642 队。

译者按：爱孟斯的金属矿床分带论,在中国地质界中曾被广泛地采用,译者本人也曾援引这个学说。今读本文中所引斯密诺夫严正的批判,足证此说有修正的必要。在中国南部分布广泛的许多钨、铋、锡、钼、铜、铅、锌、锑、汞、砷等矿床,其时代可能不同,构造又极不一致,乃提倡矿床分带论者竟把它们混为一体,强为分带,真乃唯心论了。我们以后必须抛弃这个腐朽的形而上学的学说,而从事实出发,重新研究。

斯密诺夫所倡立的间歇性的垂直分带以及毕力宾同志在本文中所提出的沉淀分带,对于研究金属矿床垂直变化的问题上提供了有力的论据。这种不同的分带,在中国的许多金属矿床中,一定发育的很多,应详为分别研究。赣南的钨锡矿脉,其中钨与锡的分布及层位的上下,各人意见不一,究竟属于间歇分带抑为沉淀分带,今尚未定,但钨锡矿及其共生的(或在附近发育的)铜铅矿床,以及个旧锡矿中的铜、铅锌矿,则无疑地是属于间歇分带。就是说,这些不同矿质的矿床,是属于不同的成矿阶段的,但其性质是逆向的抑是顺向的,亟须分别研究。如果是顺向的,则铜铅矿之下可能有钨锡矿;倘使是逆向的,则钨锡矿之下可能还有铜铅矿的发现。赣南的钨锡石英矿脉,到了深处,据说可变为伟晶花岗岩脉,这可能是爱孟斯的地热分带,也可能是两个不同时期的产物,因而属于斯密诺夫的间歇分带。但无论如何,依照逆向分带的理论,则伟晶岩脉之下,未必不再有石英钨锡矿脉存在的可能。将来探矿时,对此点应加注意。

讲到毕力宾的沉淀分带,特别是方铅矿和闪锌矿的例子,在中国有更为广大的应用。在中国的许多铅锌矿,一般是上部多铅,下部多锌,如水口山就是一个最明显的例子。因此,中国地质工作者一般都默认在那里以锌矿为主的最深开采层之下,再没有铅矿了。从沉淀分带说,则在水口山,在同一深度或更深的地方,仍有发现以铅为主的瞎矿床的可能。在探勘水口山及其他铅锌矿床时,应对此点特为注意。

(《地质学报》第 33 卷第 1 期,第 91—92 页)

是月　《地质学报》第 33 卷第 1 期刊发孟宪民之文章《中国铜矿的分布情况及其勘探方向》。本文"经谢家荣等同志参加意见修改而成"。

六月一—四日　再赴折腰山、火焰山、家鸽山一带考察地质,并先后赴凤凰山、桌子山、炼铜巷考察,采集标本,布置陈列试验矿物。

耿瑞伦《谢家荣——中国经济地质学的先驱》:

作者在中国地质工作计划指导委员会工作 8 个月后,翌年又返校继续读到毕业,并分配到铜官山 321 队工作。嗣后转到北京,不久,又去白银厂 641 队工作。那是随刘杰副部长和谢家荣先生的一个工作组去协助该队工作的,后来作者奉命留在队上。当时谢先生五旬有余,他在白银厂勘探区踏遍所有矿化带与布钻点,并详细调查老窿及勘探坑道,一丝不苟,给地质队员留下深刻印象。

(郭文魁等主编:《谢家荣与矿产测勘处——纪念谢家荣教授诞辰 100 周年》,第 61 页)

六月七日　苏联专家罗吉诺夫到达白银厂矿山,下午即报告白银厂情况,观察标本。

六月八—十二日　出席座谈会,考察折腰山、火焰山、天池岘等地地质。

六月十五日　所著《学习苏联先进地质科学的一些体会》刊于《科学通报》6 月号。文章以悼念斯大林逝世的方式撰写,写了学习苏联先进经验的 4 点心得,其中提及金属矿床分带的理论和矿床储量的计算,更再次点明华北与松辽平原可能发现重要油田,以及普斯托瓦洛夫沉积分异理论对中国石油地质的重大意义。

谢家荣《学习苏联先进地质科学的一些体会》:

现在我愿意响应《科学通报》的号召,提出一些学习的心得来和共同学习苏联科学的同道们讨论。

1. 找矿方向:苏联有所谓矿床预测图(Карты прогноза),依据理论指出合理的探矿方向。理论的基础很多,其中主要之一是研究大地构造。苏联地质学家在 1930 年就初步完成了全国大地构造的研究,从此订出了许多规律和找矿方向,并且获得了巨大的成就。最明显的例子就是古勃金对于乌拉尔山和伏尔加河间新油田的预测,斯切柏诺夫对于顿巴斯煤田向东西两方延展的预测,斯密诺夫和毕力宾对于西伯利亚金属矿分带研究的预测,后来这些预测都成了事实,乌拉尔与伏尔加间的新油田成为"第二巴库",顿巴斯煤田的储量大大增加了,而在中亚细亚哈萨克斯坦等地发现了许多前所未知的金属矿。这些辉煌的成就证明了理论基础对于找矿的重要性,今后我们合理的科学探矿工作也必须走苏联的道路,从研究大地构造开始。因为中国地质工作做得不够普遍,许多地区还是空白,准确的大地构造的论断,还嫌过早;不过即使根据这些片段的资料,并依据黄汲清同志所著《中国构造单位》一文的材料,我们已能初步做出一张表示中国大地构造与矿床分布关系的轮廓图,从这张图上可指示出若干探矿的方向。例如根据山前凹地的理论,我们可能在淮南煤田与河南禹密煤田间大片平原上发现许多新煤田,在桂西、滇东、黔南的地台区和华北与松辽大平原上可能发现重要油田,在祁连山、南岭和扬子江中下游一带地槽区内可能发现斑状铜矿以及寻找铝土矿、磷矿及锰矿的方向等等。

2. 岩石学的研究：近年来苏联地质学家对岩石学的研究，获得了巨大的成就：在理论方面创立了许多新的观点和学说，在实用方面，对完成发展苏联国民经济的斯大林五年计划起了极大的作用。关于沉积岩的分异理论，沉积形成的周期性和沉积作用的方位性诸学说，是近十年来苏联沉积岩石学方面最具有理论性的综合。普斯托伐洛夫根据他自己所倡立的分异学说，定出了两大沉积系统中分异产物的大致程序，画成了一幅充分表示出沉积岩系统的规律性的成因树。他从地壳运动影响沉积环境的重要意义上，订立了沉积周期性的理论，并在一定范围内，从地壳构造发展的知识，便能预先指出这一区沉积岩的特性。这对于预测若干水成矿床，如煤、石油、铝土矿、磷矿、锰矿、水成铁矿、钾盐矿等就有了极其重大的实用意义了。从沉积分异的理论，普斯托伐洛夫又创立了以陆生植物为主的胶体分异产物为造成石油原始质料的崭新学说，这个学说，虽还未能获得普遍的承认，但对中国石油地质问题上似有极重大的意义。过去中国对于水成矿床和非金属矿床的研究做得非常少，虽然也曾用大致与苏联近似的但远为肤浅的理论，发现了一些磷矿和铝矿，但理论探讨不够深入；鉴于苏联在这方面的突出成就，更使我们感到有加紧努力学习的必要了。研究火成岩的结晶过程及物理化学体系是纯粹理论问题，但苏联地质学家像别良金等却把它应用到实用方面去，从此发展了"工业岩石学"的专业，在制造水泥、玻璃、耐火材料、研磨料及若干人造岩石方面起了决定性的理论指导作用。

3. 金属矿床分带的理论：美国爱孟斯的金属矿床分带说基本上是一种地热分带，就是要先假定一个无所不包的普遍存在的花岗岩岩基，随着温度的降低，从这个岩基中分异出各种不同的矿床，形成了在垂直方面和水平方面的分带。但实际情况并不如是简单，因此，苏联地质学家斯密诺夫提出了间歇分带的理论，他以为在褶皱带发展的不同阶段中，将分出不同的含矿溶液，这些溶液依次地充填了围绕着侵入体所发生的裂隙，因而产生了带状分布。最近毕力宾又提出了沉淀分带的补充理论，这是在一次分出的含矿溶液中由于物理化学环境的不同，也造成了分带现象，并且还可分为顺向的和逆向的两种不同的分带变化。这种进一步的分带学说，对研究矿床的垂直变化，具有极大意义，并对矿床的远景估计，有了根本改变。中国华南金属矿床分带，一向依据爱孟斯观点，现在应该根据新理论加以修改，对于矿床深度变化、远景估计，也必须用新的观点来推测。

4. 计算矿量：苏联科学的理论与实践是紧密联系着的。斯大林同志曾说："离开实践的理论是空洞的理论，离开理论的实践是盲目的实践。"这两句话正是过去中国地质学的写照。过去中国地质家很少关心实用问题，对于探矿工作做得更少，在许多调查矿产的报告中,只是追踪老窑,或填绘露头,很少能根据地质理论,提供发现新矿床的方向,更少能提出一个精密的探矿计划。我过去自以为是最注意实用问题的,一向主张要理论与实际结合,因而就很早提出要大规模地进行钻探工作。但在布置探矿过程中,我常感觉到缺少一套合理的标准以资依据,而在计算矿量时,更由于矿床形状的复杂,常有无从下手之感。当初也曾在英美书籍中去寻找,但所得到的都是些零碎的、缺乏完整系统的东西。自从学习了苏联专家们关于矿量分类及计算储量的许多报告以及若干文献后,才知道苏联计算矿量是有一整套的办法的,它不但照顾到量,还照顾质,照顾到技术指数和远景估计。它首先依据对于矿床了解程度的不同、探勘工作的精粗,把矿量分为三级五类,而每一类级,在地质测勘和探矿工程上都有它大致的安排。至于每一类级的具体布置和要求,又要视矿床类型的不同而分别规定。这种探矿类型的划分,主要依据矿床的规模大小、矿体的稳定程度(就是矿体形状为规则的抑为不规则的)以及成分变化而定,一般是分为五类,也有分为四类或三类的。这一整套最精密最科学的探矿规范,并不是凭空造出来的,它一方面依靠大量经验,在实践中不断补充修正,另一方面还要靠对矿床规律性极广泛极深入的理论上的探讨,才能达到这样完善的程度。"矿物原料储量计算法"是一部关于矿量计算的标准著作,作者斯米诺夫本人不但是一位经验丰富的地质工程师,而且也是苏联矿床界的理论权威,足证理论指导是计算矿量的基础。

(《科学通报》1953 年 6 月号,第 42—43 页)

六月十七日 白天讨论白银厂地质工作计划,晚上讨论赴青海之计划。

六月十九日 自银川赴小松山,考察小松山铬铁矿。

六月二十一二十一日 讨论小松山铬铁矿地质并做总结,苏联专家罗吉诺夫和刘杰副部长作报告。

六月二十二日 自白银厂赴兰州。

六月二十四日 游览兰州玉泉山。

六月二十六日 自兰州赴西宁。

是日 靳永贵致电谢家荣,告知青海化隆等地的地质情况。

青海省工业厅转中地部谢家荣总工程师

青海已知的蛇纹岩分布地区在化隆县北阿尼吉利山之阳,即化隆扎堤镇东 16 里喇嘛庙一带,为典型露头。由此更向东行即为阔阳沟含铂砂金矿床。顺沟上行,越分类岭到民和县官厅镇乌石沟寺。由此寺西南顺一黄河尖支流上行约八六里可到铜矿出露地点,其附近并有一废煤窑。寺中喇嘛一般知晓孔雀石所在处。又由民和到乐都县去南药草台沟、尽磨处阿、虎浪沟等地,产长纤维石棉。此沟亦盛产砂金,不知绞(6896)情况。曾忆亦有蛇纹岩之分布。由西宁出发去化隆衫之六路经沙沟、数儿湾,在第三纪西部红色砂岩层中有含少量硅酸铜颗粒之层位,详细地点忘。请到沙沟一带联系群众即知。沙沟有无性炭窑一处,附近即燥。玄武岩层分布。以上系记忆,仅作参考。

(北京大学档案馆,档号1RW0172002-0007)

六月二十八日　在西宁市马副市长及青海省工业厅顾问戴尚清的陪同下,经乐家湾至小峡,沿湟水南岸公路考察地质①。

六月二十九日　上午整理图件,下午听关于赴少数民族地区工作注意事项的报告,要求搞好民族关系,遵守党的民族政策,尊重当地风俗习惯,一切工作由上而下,一切活动尊重民族形式等。

六月三十日　自西宁赴扎巴镇。

六月　所著《探矿的基本知识与我国地下资源的发现》由中华全国科学技术普及协会出版。本书是作者早些时候在由中华全国科学技术普及协会主办的"中央科学讲座"所作讲演的速记稿。书中指出了对于中国矿产资源的看法,应该是有事实根据的地大物博,而不是盲目的地大物博,也不是地大而物不博。该书在中国石油地质文献中第一次用"松辽平原"取代"东北平原",并在论及石油的探矿问题时,再次指出华北平原和松辽平原都可能有石油蕴藏。

谢家荣《探矿的基本知识与我国地下资源的发现》:

对于中国矿产资源的看法,从前清末年到现在,大致可以分为三种不同的看法:

盲目的地大物博说——这种说法是既没有实地调查,又没有科学根据的夸张的说法,盲目乐观,以为中国什么都有,无所不包。这种看法在前清末年相当盛行。

地大而物不博说——自辛亥革命以来,由于帝国主义的恶意宣传,和他们派来的许多地质学家或探矿工程师歪曲理论,便以为中国只有相当丰富的煤和仅够小规模发展的铁。至于石油、有色金属及其他许多工业上需要的重要矿产,在中国几

---

① 以下6—9月在青海省的考察行程及工作内容依据北京大学档案馆所存谢家荣野外记录本(档号1RW0172002-0047,1RW0172002-0048)及谢家荣所著《青海省民和村梧释沟铜矿简报》(北京大学档案馆,档号1RW0172002-0160)、《青海省化隆县辣水峡铜矿简报》(北京大学档案馆,档号1RW0172002-0161)、《青海省共和贵德境内地质矿产简报》(北京大学档案馆,档号1RW0172002-0162)。

平就不存在,或含量不多。当时帝国主义的应声虫们就提出了一种看法,说中国地虽大而物并不博。另一小部分中国的地质学家也中了恶意宣传的毒,不去实地调查,也盲目相信中国矿产的贫乏。所以在那时要想开发中国的铜、铅、锌矿和石油矿,都好像是毫无希望的。

有事实根据的地大物博说——在解放以后的短短数年中,由于中国共产党和人民政府的正确领导,中国的地质学家翻身了,从一向不大注意实际问题的迷梦中觉悟过来,大家都要为开发祖国的地下资源而努力。近年来测探的面积已急剧增加,现在西到西藏,北到内蒙(古)和东北,南到海南岛,在广大的区域中正进行着地质调查和钻探、坑探工作,先后发现了许多前所不知的矿藏,并大大增加了已知矿区的矿量。

(中华全国科学技术普及协会,1953年,第17—18页)

图100 《探矿的基本知识与我国地下资源的发现》封面

　　我们还可以用地质学的理论来证明中国是矿产丰富的国家。我国的地质是非常复杂的,大地构造的发展也是多种多样的:我国有广大的水成岩区域,有广大的盆地,这是有利于产生石油和煤的地质条件;我国有各种火成岩所贯侵的褶皱地槽区域,这是产生金属矿床的优越条件。

(第20—21页)

　　无论在地槽区或在地台区中都可能产生石油,它大致位于地槽的边缘,或地台的凹地之中。如苏联的巴库油田,位于地槽区;而乌拉尔、伏尔加河间的所谓"第二巴库"油田却位在地台之中。中国现知的许多油田多位于从前是地槽,现在成为高山的前山麓带和许多与盆地相连的地区。如新疆的准噶尔盆地、塔里木盆地、青海的柴达木盆地、甘肃河西走廊等。又如陕北及伊克昭盟盆地、四川盆地,则大部分属地台区。因此如广西西部、云南东部、贵州南部的地台区都可能有尚未证实的重要油田,华北大平原、松辽大平原下面也都可能有石油蕴藏。

(第23—24页)

　　七月一一四日　从扎巴镇到茶铺、羊肚山。考察茶铺—柴毛吉寺和茶铺—苏拉附近地质。在苏拉以西,至俄博、八宝山,为标准的冰川地形,出露闪长岩、粗面岩、安山岩、基性火山岩,发现矿脉或矿化带4条,含黄铁矿、毒砂、方铅矿。有铁帽。

　　七月五一六日　赴化隆,考察辣水峡铜矿。发现铜矿产石英岩—片麻岩系之间的含石英脉的云母片岩中。

　　七月七一十二日　自化隆经沙龙湾赴安都,自化隆经多伦南行至卡里冈山,自化隆赴德加及药水泉沟,自化隆至马堂和辣水峡,考察地质,所见有片麻岩、安山岩、基性超基性火山岩及红层,在马堂见有黑页岩及煤层。

　　七月十三日　驻化隆编写报告。

　　七月十四一二十日　自化隆赴宽沿沟、东沟、西沟、循哇堡、塔家、边家滩、银洞等地考察地质。17日在循哇堡沟中淘洗全样及白金,在底层中获白金3粒。

　　七月二十一一二十四日　自塔家赴梧释沟,沿途多见白垩纪红层,在梧释沟寺见有挖煤者,据云煤层厚尺许。考察梧释沟铜矿和煤矿。

　　七月二十五日　在梧释沟详测矿区地形地质。写铜矿报告。

　　七月二十六一二十九日　自梧释沟寺经官亭、古鄯邑、巴州、红山寺、民和等地,返抵西宁。

　　七月三十一一八月二日　向青海省政府汇报考察情况,整理资料,撰写周报。

七月 程裕淇在《地质学报》第 33 卷第 2 期发表《对于勘探中国铁矿问题的初步意见》。其中提道:"在准备文稿阶段,承谢家荣总工程师提供许多宝贵意见。"

八月三日 自西宁越日月山赴倒淌河,沿途考察扎马龙(黑云母片岩及片麻岩)、海藏寺(石英片岩、花岗片麻岩、伟晶岩)、湟源县城附近(南山系下部千枚岩和斑点状片岩)、克李尔(硅质及白云质石灰岩)、图尔干(白垩纪红砂砾岩)等地的地质。

八月四日 赴青海湖边考察。

八月五日 考察倒淌河南面的八盘山地质,发现出露南山系的黑色页岩为标准的大地槽沉积。

八月六日 自倒淌河西北考察地质,穿越由砂砾组成的两级台地和由片岩、片麻岩组成的北山,至查汗城。

八月八日 自倒淌河草地东行,经把卡台、野牛山、浪麻沟,至曲乃海,沿途考察地质。

八月九一十七日 自曲乃海经都龙沟,考察铅矿;11 日赴寨门卡牙,考察寨门卡牙铜矿带,测制了五千分之一的矿区地形地质图。

八月十八一二十一日 自寨门卡牙赴罗汉堂,考察罗汉堂矿点,测制五千分之一的铁矿区地形地质图,矿体产于南山系砂页岩与闪长斑岩的接触带。

八月二十二一二十五日 自罗汉堂赴德河楞,考察附近地质及含铜石英脉。

八月二十六一二十七日 自德河楞经都拉村、曲不藏至相曲沟,沿途考察地质。考察甘家沟的煤矿及铜矿。

八月二十八一三十一日 赴贵德,考察其地质。

九月一日 自贵德的上尕让、越拉基山返回西宁,沿途考察地质。

九月六一八日 由化隆县杨县长陪同,自西宁赴化隆,考察沿途地质及辣水峡铜矿。

此次青海考察历时两个多月,共测勘了都龙沟铅矿、寨门卡牙铜矿、德河楞铜矿、甘家沟铜矿及煤矿、罗汉堂铁矿,测制了五千分之一的矿区地质图两幅,曲乃海—相曲沟五万分之一的路线地质图 68 公里。

十月十一日 所著《关于煤地质方面的一些重要知识(上)》刊于《煤》第 29 期,署名"中央地质部总工程师、本刊特约写稿人谢家荣"。

十月二十一日 所著《关于煤地质方面的一些重要知识(下)》刊于《煤》第 30 期。文章讨论了有机物的腐解过程、煤的沉积环境、煤系的沉积和煤层的生成、沉积轮回及其应用、煤田变质的规律及其应用、煤的风化及自燃、煤田分布的规律、煤田的大地构造类型、煤的分类等问题。

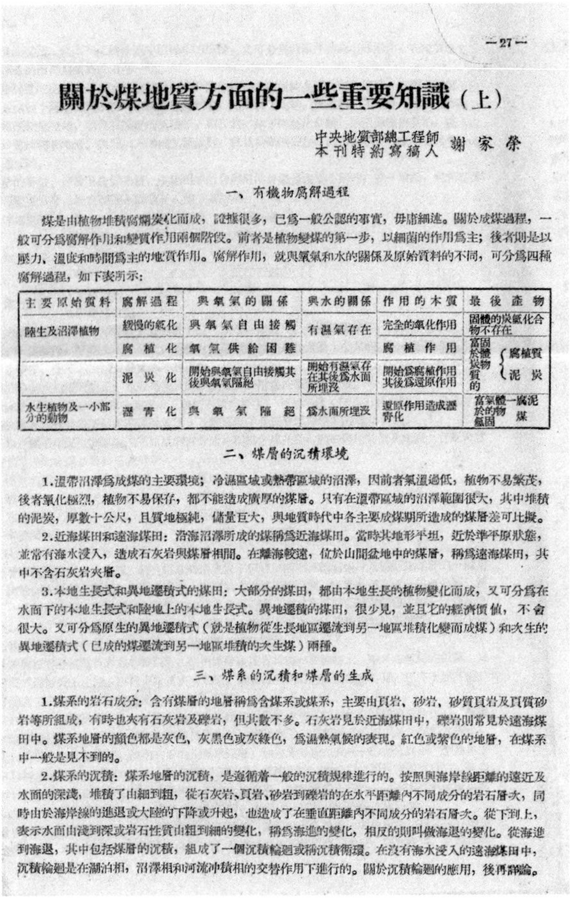

—27—

關於煤地質方面的一些重要知識（上）

中央地質部總工程師
本刊特約寫稿人 謝家榮

一、有機物腐解過程

煤是由植物堆積腐爛炭化而成，證據很多，已爲一般公認的事實，毋庸細述。關於成煤過程，一般可分爲腐解作用和變質作用兩個階段。前者是植物變煤的第一步，以細菌的作用爲主；後者則是以壓力、溫度和時間爲主的地質作用。腐解作用，就與氧氣和水的關係及原始質料的不同，可分爲四種腐解過程，如下表所示：

主要原始質料	腐解過程	與氧氣的關係	與水的關係	作用的本質	最後產物
陸生及沼澤植物	緩慢的氧化	與氧氣自由接觸	有濕氣存在	完全的氧化作用	固體的炭氫化合物不存在
	腐植化	氧氣供給困難		腐植作用	富於炭質的固體物 {腐植質
	泥炭化	開始與氧氣自由接觸其後與氧氣隔絕	開始有濕氣存在其後爲水面所埋沒	開始爲腐植作用其後爲還原作用	泥炭
水生植物及一小部分的動物	瀝青化	與氧氣隔絕	爲水面所埋沒	還原作用造成瀝青化	富於氫的固體物—腐泥煤

二、煤層的沉積環境

1.溫帶沼澤爲成煤的主要環境；冷濕區域或熱帶區域的沼澤，因前者氣溫過低，植物不易繁茂，後者氧化極烈，植物不易保存，都不能造成廣厚的煤層。只有在溫帶區域的沼澤範圍很大，其中堆積的泥炭，厚數十公尺，且質地極純，儲量巨大，與地質時代中各主要成煤期所造成的煤層差可比擬。

2.近海煤田和遠海煤田：沿海沼澤所成的煤稱爲近海煤田。當時其地形平坦，近於準平原狀態，並常有海水浸入，造成石灰岩與煤層相間。在離海較遠，位於山間盆地中的煤層，稱爲遠海煤田，其中不含石灰岩夾層。

3.本地生長式和異地遷積式的煤田：大部分的煤田，都由本地生長的植物變化而成，又可分爲在水面下的本地生長式和陸地上的本地生長式。異地遷積的煤田，很少見，並且它的經濟價值，不會很大。又可分爲原生的異地遷積式（就是植物從生長地區遷流到另一地區堆積化變而成煤）和次生的異地遷積式（已成的煤遷流到另一地區堆積的次生煤）兩種。

三、煤系的沉積和煤層的生成

1.煤系的岩石成分：含有煤層的地層稱爲含煤系或煤系，主要由頁岩、砂岩、砂質頁岩及頁質砂岩等所組成，有時也夾有石灰岩及礫岩，但其數不多。石灰岩見於近海煤田中，礫岩則常見於遠海煤田中。煤系地層的顏色都是灰色、灰黑色或灰綠色，爲濕熱氣候的表現。紅色或紫色的地層，在煤系中一般是見不到的。

2.煤系的沉積：煤系地層的沉積，是遵循着一般的沉積規律進行的。按照與海岸線距離的遠近及水面的深淺，堆積了由細到粗，從石灰岩、頁岩、砂岩到礫岩的在水平距離內不同成分的岩石層次，同時由於海岸線的進退或大陸的下降或升起，也造成了在垂直距離內不同成分的岩石層次。從下到上，表示水面由淺到深或岩石性質由粗到細的變化，稱爲海進的變化，相反的則叫做海退的變化。從海進到海退，其中包括煤層的沉積，組成了一個沉積輪廻或稱沉積循環。在沒有海水浸入的遠海煤田中，沉積輪廻是在湖泊相，沼澤相和河流冲積相的交替作用下進行的。關於沉積輪廻的應用，後再詳論。

图 101　1953 年发表在《煤》第 29 期的《关于煤地质方面的一些重要知识(上)》首页

十一月十六日　地质部党组对谱主做出鉴定，涉及其工作能力、1949 年前后的政治态度、现任工作及其表现、使用和安排意见等。

《地质部党组对谢家荣鉴定材料》：

谢家荣，男，现年五十六岁，一八九七年七月出生于江苏省，上海市人。汉族，家庭成分——小资产阶级，本人(为)高级职员。

一、主要社会经历①，社会地位及其代表性：

一九一五年北京农商部地质研究所毕业，一九一七年赴美士丹佛，威斯康星大

① 这个鉴定涉及的社会经历的时间节点有几处有误，例如从地质研究所毕业的时间应为 1916 年，赴德国的时间应为 1928 年，从德国回国的时间应为 1930 年。

学毕业于一九二〇年，一九二九年赴德国地质调查所及弗兰堡大学实习，研究煤岩学和金属矿床，曾发表过论文；一九三一年返国后至一九三七年任北京地质调查所技正、代所长，先后曾在北京、清华、师范三大学任教授，并兼地质系主任；一九三七年至四〇年任广西江华矿务局经理；一九四〇年至四九年四月先后曾任昆明叙昆铁路沿线探矿工程处总工程师、西南矿产测勘处处长及伪资源委员会矿产测勘处处长，另外参加中国科学社和地质学会，担任过地质学会理事长。一九四九年五月后曾任我华东工业部矿产测勘处处长、中央地质计划指导委员会副主任，现为地质部地质矿产司总工程师①。四九年曾为全国政协特邀代表。

在地质矿产测勘方面在我国要算较有经验的人，对煤及金属矿有研究，找矿有些经验，国民党时期翁文灏对他很器重⋯⋯

二、解放前及解放后的政治态度。（略）

三、现任工作及其表现：

现任地质部地质矿产司总工程师，在工作中积极肯干，对找矿有一些实际经验，能钻研问题，对苏联先进经验的学习很努力，四年来对国家建设上是有贡献的，如首先提出白银厂及铜官山是铜矿区，可能是大矿。一向认为储量上亿吨的贵州水城大铁矿，他提出很可能不是铁矿而是铁帽，这些都已证实是对的。规定出一些表格制度和提倡地质人员在野外就地鉴定矿样，这样在工作效果上有所提高。但其为人还有好吹及争功，闹小集团和私人拉拢的表现。

四、有无政治问题，政治上可靠程度如何。（略）

五、对他使用和安排的意见：

根据其有地质工作知识和找矿的一定经验，多年来在地质工作上是有一定名望的，并在解放后对国家经济建设有贡献，也是国家经济建设迫切需要的人（才），为此可以作全国代表，但另一方面值得注意和参考的是在政治上落后⋯⋯

现在他任地质部地质矿产司总工程师是适当的。

中央人民政府地质部党组

1953 年 11 月 16 日

（中国地质科学院组织人事处：谢家荣人事档案，档号 3-2）

是年底 撰写并上交《一九五三年自我检查》。

---

① 存于中国地质科学院的档案中的鉴定材料有一份钢笔起草的草稿和一份打字稿。草稿中谢家荣的现任职务最初都写的是"地质部总工程师"，在每个出现"地质部总工程师"的地方都在"地质部"后面加上了"地质矿产司"几个字，改成了"地质部地质矿产司总工程师"。

Ⅰ.工作

1.业务学习对工作怎样提高？

一九五三年有四五个月出差西北，其余时间因须经常赴科学院参加名词审查工作，每星期还要赴石油局一次，对于部中业务学习参加很少，主要是自学。这一年中学会了读俄文地质图，从要经常翻字典起到几乎不翻（普通科学书）或翻得比较少，因此才能广泛地参考苏联的文献。但对这方面自己觉得还很不够，因为有些深奥复杂的句子，有时还不懂，阅读的速度还比英文为慢，因此还要继续努力，以求巩固。

在准备专业会议的报告时，因需参考许多专著，对自己工作提高不少，尤其是对煤地质方面。

2.工作的责任心

由于外务太多，如审查名词，为杂志写文章，作报告，赴石油局等等，因此对部中工作做得不够，没有尽我应负的责任。这是很不对的。虽然客观条件使我不能尽责，但主观不够努力却是主要原因。尤使我惭愧的是我的待遇比跟我同等才力的人为高，而我的工作却比较少，这虽由于我年岁较大，组织上的照顾，但自己总是不安心的。

3.工作中有何错误

审查名词及写文章粗制滥造，有许多错误。

赴白银厂工作，本是在地质方面要做些详细观察，但结果还是很肤浅地看一看了事。采了许多标本，至今还未研究。青海工作，由于身体关系，跑山不够多，观察就不够精密，初步报告是在野外写的，但至今还没有进一步地加以研究。

在石油局的工作，以往及本年上半年还有些贡献，为提出伊克昭盟应与陕北等量齐观，作了一张全国油区及可能油区分布图，及参照苏联第二巴库的发现经过，结合中国大地构造，提出滇、黔、桂地台为可能含油区等等，但下半年后就没有做什么工作了。

Ⅱ.学习

1.自觉、被迫，主动或被动？

除为专业会议作报告，为杂志写文章，都为被迫外，其余学习都是自觉的、主动的。正因为这个原因，我的学习有时散漫自流，不够系统的毛病。

2.学习的东西是否与工作联系？

大部分学习的东西都与工作相联系，特别是关于苏联矿量分类及矿量计算的方法等等。还有许多的学习是偏重理论的，与目前关系可能不很多，但对将来，尤其是关于中国矿产的远景评价方面，可能有相当重要的关系。

3. 学习中收获些什么？

学会了读俄文书，初步领会了苏联科学的先进性和综合性，懂得了矿量分类和矿量计算的一整套的方法。对勘探设计的领会，但实际设计工作几乎没有做。

深切相信大地构造与矿产分布的关系，并确认它能指示找矿的方向，为预测新矿地提供了可靠的根据。曾不止一次地提出了这个意见，以供领导上的参考。

学习了一些关于矿床方面的理论问题，特别是铜矿方面。感觉到对于铁帽更应予以系统、细致的研究。初步学习了一些地球化学探矿的方法。

Ⅲ. 思想方面

1. 在现岗位是否安心工作？ 如不安心，有什么思想问题？

对现岗位的工作是满意的，安心的，唯一不安心的是，待遇却是头等，但工作却做得比较少。

2. 对分配工作是服从抑不服从？

绝对服从。

3. 现在有哪些思想问题？ 怎样来对待或认识？

在检查工作时，总觉得自己做得太少，不够负责任，但如真正要做许多工作时，又要感觉到，学识、经验及体力方面都差得很多，有招架不住的危险。

负了能学习苏联先进科学及懂得一些矿床知识的虚名，但实际上这都是十分肤浅的。正因为不够深入，就不能切实地与中国的实际情况紧密联系。我的主要毛病是初步学习很快，但因根底差，就不能够深入，时常想做容易成功的和抄近路速成的工作，因此懂得的面虽稍多一些，写的文章也不止一二篇，但总拿不出一二件值得考验或可作为典型的工作来。许多朋友们对我有这种看法，我自己也承认这个弱点，但一时还纠正不过来。希望以后要做一些踏实的、有意义的工作来补救我肤浅的缺点。

Ⅳ. 一九五四年努力方向

第一季度，参加各种专业会议，努力学习苏联先进经验，物探训练班教书一个半月（三月三日起）。

第二季度，研究中国煤田类型，研读罗兴（鲁欣）的《沉积岩石学》，写一篇关于中国铜矿类型和分布的论文，编《中国矿床学》。

第三季度，研究矿（煤）岩学对煤分类的关系。

第四季度，完成中国煤田类型的文章，继续编《中国矿床学》。

其他组织上分配的工作，不包括在上述计划之内。

（中国地质科学院组织人事处：谢家荣人事档案，档号 4-4）

一九五四年 甲午 五十八岁

提要 北京。主编《古勃金院士与石油地质学》等四本"科学译丛"的书和《普查须知》。任地质部普查委员会常委、总工程师。发表《中国的产油区和可能含油区》。当选第二届全国政协委员。

一月 出席 1 月 12—27 日举行的煤地质专业会议。13 日听取西北小组铜官县、迪化西山湾、平罗煤田的报告,14 日出席关于上述各煤田的讨论会。16 日听取王朝钧关于中梁山煤田的报告和胡冰关于渭北煤田的报告。18 日听取李星学关于石拐子煤田的报告、韩影山关于平顶山煤田的报告及各队提出的问题。19—22 日听取开滦、峰峰、桌子山、石拐子、阿甘镇、平顶山、斗笠山、平罗、禹县三峰山等各煤田的工作计划。23 日刘杰副部长做总路线的报告。25 日出席讨论各有关单位的设计。27 日宋应副部长做会议总结。

是月 在学习苏联先进经验的热潮中,积极支持中国科学院编译局决定出版的一套《科学译丛》,先后担任《科学译丛》四本书的主编。

吴凤鸣《缅怀谢家荣先生——从谢老主编四本〈科学译丛〉说起》:

20 世纪 50 年代初,在倡导学习苏联先进经验的热潮中,中国科学院编译局、科学出版社拟定编译出版一套《科学译丛》,我携带杨先生(中国科学院编译局局长杨钟健)的亲笔信件,敦请谢先生对《科学译丛》的地学部分给予指导和建议,得到了谢先生等的热情支持。不久,谢老便邀我去他的办公室商讨地学《科学译丛》编译工作。当时谢先生既是全国科学名词审定委员会委员,也是中国科学院出版委员会委员,对这项工作十分热心。1954 年和 1955 年……科学出版社出版了由谢先生任主编的四本科学译丛:《古勃金院士与石油地质学》(1954)、《煤地质学的理论问题》(1954)、《煤的成因类型与煤岩学研究》(1954)和《金属矿床学与矿床分类法》(1955)①。这四本书的内容,都是谢先生最热爱、最熟悉的学科和论题。谢先

① 吴凤鸣这段文字中所说《科学译丛》4 本书的出版时间有误,实际出版的时间是:《古勃金院士与石油地质学》出版于 1954 年 5(6)月,《金属矿床学与矿床分类法》于 1954 年 8 月出版,《煤地质学的理论问题》出版于 1954 年 12 月,《煤的成因类型与煤岩学研究》于 1955 年 10 月出版。

生每次审稿都很认真,常邀有关学科的专家一起讨论,有时争论得十分热烈。这段时间我和谢先生接触很多,几乎每周都要去他的办公室审稿和定稿,聆听他的教诲。他还鼓励我参与了一般性传记文章的翻译,诸如《煤地质学创始人——鲁突庚》(1954)、《关于古勃金院士的生平及科学活动》(1954)等,都是由他和朱夏先生精心修改,得以定稿的。谢先生对青年人循循善诱,耐心教诲,回忆起来,受益匪浅,刻骨铭心!

（张立生主编:《丰功伟识 永垂千秋——纪念谢家荣诞辰 110 周年》,第 68—69 页）

是月 为《科学译丛》第一种《古勃金院士与石油地质学》作序:

这是《地质译丛》的第一种,我们在这里共选译了六篇文章,其中有三篇都选自古勃金院士的纪念论文集(1952 年苏联科学院出版社出版),一篇译自苏联科学院《地质丛报》1952 年第 2 期,一篇从布斯特瓦洛夫《沉积岩石学》下册末章节译,还有一篇是关于古勃金的生平和科学活动(《地质丛刊》1952 年第 2 期)。

古勃金是苏联石油工业奠基人之一,"第二巴库"油田的发现者,是苏联的石油地质创始人。我们要学习苏联的先进石油地质科学,必须先从古勃金学起。从这里选译的《古勃金的生平和科学活动》,费特洛夫的《古勃金学说和"第二巴库"油气矿床》及马斯洛夫《在古勃金院士石油理论启发下的油气矿床成因的分类》三篇文章,就可初步认识古勃金对苏联国民经济和石油理论的贡献;但这仅是一个入门,我们以后还要继续介绍古勃金的学说,以便能深入领会它的基本理论和精神,并作勘探我们祖国的丰富油田工作的参考。

本译丛介绍了两篇关于石油起源的文章,索科洛夫的《石油的起源》,讨论了三个基本问题,就是石油原始母质的性质、造成油气的原因和过程及油气的游移和聚积;而在讨论这些问题之前,先简述了碳的地球化学。密洛诺夫的《石油的成因问题和它的解决途径》,则不但论述了近年来苏联科学家们对于石油成因的各种看法,特别是古勃金的理论,还提出了今后在石油成因领域中的研究任务。读了这两篇文章,我们对于石油起源问题就可获得比较全面的了解。

布斯特瓦洛夫是苏联现代沉积岩学家泰斗之一,他的《沉积岩学》是曾经获得斯大林奖金的名著。本译丛所译的《从沉积分异论生油层的可能成因》是他从沉积分异论中引申出来的关于生油层成因的一个崭新的学说。这个学说,虽然还未能获得学者们普遍的承认,但它的研究方向是正确的,其意义又十分重大,因为从此提供了为陆相沉积生油最有科学根据的可能性,所以值得我们深切注意。

为使我国石油地质工作者在祖国大规模的工业建设时期更好地完成油田勘探

任务,除了学习古勃金的科学思想和奋斗精神外,更要深切领会他在实践中和在辉煌发现中所倡立的基本理论。因此本译丛两篇译文——"第二巴库"和"油气田成因分类"中所提出的油田的反原生论和带状油田的理论,是有重大意义的。卡里茨基的基本错误就在他拥护他的所谓原生论,并低估了石油的游移性能,因此就把乌拉尔—伏尔加区石油矿床的真实价值完全抹煞了。美国地质学者的地层油田,只是从单方面考虑问题,因此,本译丛所介绍的带状油田的新分类,指出了对于这类油气田进一步研究的正确方向。

在中国有许多油气苗,特别像滇、黔、桂陆台中产在第三纪地层中的油砂层,是原生的呢,还是从下面深部地层游移上来的呢?我们必须详细研究其周围的地质情况,从沉积学、古地理及大地构造的理论,综合分析,详密思考。我们要走古勃金的正确的道路,决不可走卡里茨基错误的道路。

又如在许多背斜构造很不显著的油气矿区,特别像陕北,究竟有没有带状油田呢?如果有的话,我想是很可能的。我们应该怎样去确切证明,并详细测量,分别类型,俾能制定出有效的勘探方法呢?这里所介绍关于带状油田的文章只是一个概论,其目的不过在引起工作同志们对此问题的注意罢了。

谢家荣 1954 年 1 月

二月十一日　出席在北京举行的中国地质学会第 1 次全国会员代表大会(中国地质学会会讯 1954 年 5 月代表大会专刊第 3 页"中国地质学会第一次全国会员代表大会代表名单"中的特邀代表,地质部总工程师),来自全国各地的代表 27 人出席,中华全国自然科学专门学会联合会副主席吴有训出席会议并致辞,地质部副部长宋应做题为"国家在过渡时期的总路线与地质工作"的报告,李四光做总结过去工作的报告和题为"旋涡状构造及其他有关西北大地构造体系的复合问题"的报告。

二月十二日　上午小组讨论最近几年的工作任务和计划。在下午的专题讨论会上做"中国煤田类型"的报告。报告按照大地构造分区划分了中国煤田的类型,在地台区划分了四个类型:宽广盆地型、断块盆地型、地堑盆地型和局部小盆地型,在地台凹地划分了凹地带型、活动凹地带型,在地槽区划分了山前凹地型和山间盆地型。

二月十三日　上午分组讨论中国地质学会的工作方式及 1954 年的工作计划。在下午的"铜与铬的成矿规律及探矿问题"专题讨论会上做"中国铜矿类型"的中心发言,参考苏联的铜矿分类方法,将中国铜矿分为正岩浆矿床、岩浆后期矿床、表层矿床与变质岩中的矿床 4 大类。

二月十四日　当选中国地质学会新一届(第 29 届)理事会理事。

二月十五—二十七日　出席地质部在北京召开的有色金属专业会议,检查1953年的工作,布置1954年的工作,进行了有系统的有色金属矿床理论与勘探技术的学习,同时对有色金属矿床的勘探远景做了比较充分的研究与讨论,以便进一步提高今后的勘探工作成绩。为正确认识我国有色金属矿的勘探远景,有效布置今后的勘探工作,在会议上做题为"中国铜矿的勘探远景"的报告。报告中叙述了我国开采铜矿的悠久历史,并依据自然地理与地质条件,主张把我国铜矿的分布暂分为十大区。报告中提出了今后中国铜矿的勘探方向,并肯定地说,我国大地构造是多种多样的,铜矿类型是极其复杂的,经过努力,一定会发现许多有价值的铜矿,可以大大丰富我国的铜矿资源。

三月二十四日　在中国科学院地质研究所召开的中国地质学会第29届理事会第2次常务理事会上被推举为《地质学报》编委会成员。

三月二十五日　与翁文波等同往燃料工业部石油局订立石油普查项目。

三月三十一日　上午赴北京地质学院上课。这是最后一次在地质学院讲课,教完煤的地质学课程。下午学习中国共产党七届四中全会决议。

三月　在《科学大众》发表《中国的煤田》。文章讲述了煤的一般知识,分东北、华北、华东、中南、西南、西北六区叙述了我国煤田的分布,介绍了我国煤的种类,论及我国煤的储量时指出,相信今后数年中必有更多、更大的发现,估计全国煤储量列于世界第3位。

四月九日　赴国家计划委员会做关于中国煤田的报告。

四月二十二—二十八日　出席在北京召开的地质部普查工作会议。

四月　编写本年普查任务说明书。

三—四月　为地球物理培训班讲授矿床学课程。

五月六日　中央人民政府地质部发出"关于组织普查委员会的决定"①,指出组织普查委员会的目的,规定了普查委员会的任务和普查委员会的组成。谱主被指定为普查委员会常务委员,并任普查委员会总工程师②。决定全文如下:

①　普查委员会在这之前已在运作。1954年4月20日地质部办公厅发出通知:我部普查委员会定于4月22日召开普查工作会,通知所用公章为办公厅的公章[中央档案馆(自然资源部档案室),全宗号196,目录号3,案卷号200,序号9]。普查委员会1954年12月所写《关于专家工作检查总结报告》的叙述"普查委员会成立较晚(今年3月)"[中央档案馆(自然资源部档案室),全宗号196,目录号3,案卷号201,序号1]。

②　谢家荣的普查委员会总工程师职务在"关于组织普查委员会的决定"中没有出现,也没有查到任命文件。根据现有档案资料,普查委员会总工程师的身份最早出现在1954年的"453队(孝感青口山队)检查报告"中(存全国地质资料馆,档号3400),而后出现在1955年9月普委会五人小组所写的"关于谢家荣的材料"(中国地质科学院组织人事处:谢家荣人事档案,档号5-1)、1956年8月8日"地质部普查委员会对华东石油普查大队地质工作的检查报告"[中央档案馆(自然资源部档案室),全宗号196,目录号5,案卷号289,序号7]和"对右派分子谢家荣的结论意见"(中国地质科学院组织人事处:谢家荣人事档案,档号6-2)中。后详。

一、为指导普查工作的进行及组织暑期地质学院、系毕业生的生产实习和三年级学生的教学实习，决定组织普查委员会。该委员会秉承的意图，在地质部的领导下进行工作。

二、普查委员会的任务是：

1）研究新区普查地区的资料，提出普查计划。

2）进行普查队出发前的准备工作。

3）与地质学院、系配合进行暑期实习的组织工作。

4）掌握新区普查工作进行的情况，并在技术上予以指导。管理新区直属部的普查队。

5）审查新区普查队的工作报告。

6）掌握群众报矿工作。

三、普查委员会，以地质部有关各司、所、处、局负责同志并聘请地质学院、各大学地质系负责同志及有关部的地质负责人组成。为便于进行具体领导，委员会下设常委会。

普查委员会下设办公室，负责进行日常具体工作。

附普查委员会名单：

（一）常委会

主任委员　李四光

常务委员　许　杰　刘　毅　黄汲清　谢家荣　孙云铸　侯德封
　　　　　李　奔

委　　员　刘英勇　孟宪民　程裕淇　顾功叙　佟　城　张文佑
　　　　　斯行健　孙仲起　高之杕　王含馥　惠北海　张同钰
　　　　　孙殿卿　邹家尤　张彦文　张更生

北京地质学院2人，东北地质学院2人，南京大学地质系、西北大学地质系、重庆大学地质系、中南矿冶学院、燃料工业部、重工业部、水利部各1人，各局各1人共5人。

（二）办公室

主　任　刘　毅

副主任　李　奔　安桐馥　高之杕　曾　东

中央人民政府地质部

一九五四年五月六日

五月二十一—三十一日　赴湖北、湖南,检查中南地区的普查工作,先后到汉口、长沙、娄底,同中南地质局有关同志讨论普查工作,并赴野外队考察。5月29日听徐瑞麟介绍斗笠山煤田地质及勘探情况,5月31日出席斗笠山煤田普查座谈会。

五月①　所主编的《科学译丛》第一种《古勃金院士与石油地质学》由中国科学院出版,全书由6篇译文和1篇序组成。翻译了其中4篇:《在古勃金院士石油理论启发下的油气矿床成因的分类》《古勃金学说和"第二巴库"油气矿床》《从沉积分异论生油层的可能成因》和《石油的成因问题和它的解决途径》。

吴凤鸣《缅怀谢家荣先生——从谢老主编四本〈科学译丛〉说起》:

(3)《古勃金院士与石油地质学》(1954)。谢先生1954年担任地质部和普查委员会的总工程师,后又肩负全国石油、天然气的普查勘探重任,为了解国外油气地质理论与勘探经验,热心突击学习俄文,阅读了大量有关油气地质方面的俄文文献,从中选定几篇急需了解的论文,分工翻译出来,以供参考,共选论文6篇如下:

索阔洛夫的《石油的起源》、马斯洛夫的《在古勃金院士石油理论启发下的油气矿床成因分类》、费特洛夫的《古勃金学说和"第二巴库"油气矿床》、布斯特瓦洛夫的《从沉积分异论生油层的可能成因》,他指定让我快速翻译《关于古勃金院士的生平及科学活动》,从中可以了解苏联的石油勘探历史、成就,石油地质理论及其发展现状,特别是古勃金的名著《石油论》。谢先生之所以急于了解《石油论》的内容,主要是书中系统地论述了石油起源理论,其中包括有机成因理论、独特的石油生成泥火山理论,石油天然气矿床形成条件和运移规律;译成后,由他亲自认真审校,并亲自撰写了"序",着重地论证了苏联石油生成、起源、形成条件、分布规律和分类等理论,对我国石油地质理论研究意义和借鉴。

我记得谢先生在定稿会上说:这虽然是一本译文集,一本小册子,却蕴涵着有价值的石油和石油地质理论,苏联石油地质理论的发展也是经历过长时间的论战而取得成就的,诸如与苏联另一位石油地质学权威 K.卡里茨基的论战,与 A.F.杜布梁斯基的石油形成中的不变论的斗争,特别是与 H.A.库德梁彩夫的石油无机的岩浆起源假说等。他表示反对用大批判的方式,贴上"反动的""形而上学的""唯心主义的"标签。

谢先生十分称赞古勃金的石油勘探和研究的历史经历。他的经历就是苏联早期石油勘探发展史,从北高加索的迈科普开始,到塔曼半岛、阿塞拜疆油田,再到阿普希伦半岛石油矿床,到库尔斯克磁力异常区,发现第二巴库含油区,最终到乌拉

---

①　《古勃金院士与石油地质学》一书的出版时间,扉页写1954年6月,但版权页印为1954年5月第1版。

尔-伏尔加含油区,他踏遍了苏联当时的大部分油田和油区。

　　谢先生称赞古勃金的石油地质勘探事迹和雄厚的石油理论,对他的思想有一定启迪和影响。谢先生也踏遍我国的大油田和含油区,发表了大量石油勘探和理论著述,诸如:《甘肃玉门石油报告》(1921)、《陕北盆地和四川盆地》(1934)、《再论四川赤盆地中之油气矿床》(1946)、《台湾之石油及天然气》(1946)、《江南探油论》(1948),特别是新中国成立后发表的论文、讲话、建议等,对新中国石油地质勘探、普查找矿和理论研究更具有指导与现实意义,诸如:《中国的产油区和可能含油区》(1954)、《石油地质的现状、趋势及今后在中国勘探石油的方向》(1956)、《中国油气区和可能油气区的划分与评价》(1957)、《关于中国若干油气区普查和勘探方向的初步意见》(1957);在 1957 年发表《珊瑚礁油田》一文时,提出开辟寻找古生代碳酸盐地层中的油田,号召开辟中国的"第二巴库",并列举了古勃金当年开辟苏联"巴库""第二巴库"的事迹。谢老对中国石油地质学、中国地质事业的敬业精神和贡献,堪可与苏联的古勃金院士比肩。

(张立生主编:《丰功伟识 永垂千秋——纪念谢家荣诞辰 110 周年》,第 72—73 页)

图 102　谢家荣主编和翻译的《古勃金院士与石油地质学》封面

　　六月一——四日　继续在湖南检查普查工作。

　　六月五日　从株洲乘火车抵武昌北站,赴中南局参加普查会,与王晓青、杨庆如等讨论。

六月六日 在中南地质局做题为"今年普查找矿的基本方针和若干找矿标志"的报告,历时 3.5 小时。

今年普查找矿的基本方针和若干找矿标志

I

1) 普查找矿必须有方针,否则是盲目的。如必待全国地质图做完再找,则时间不够。

2) 找各种矿,找某些矿,或在某些地区内找矿或找某些矿。

    a) 目前最缺的:Cr、Ni、Pb、Zn、Pt、Diamond、K,其次 Mn、Cu;主要煤。

    b) 西北、西南找铁,中原区找铁。

    c) 某些地区找煤,特别是铁路用煤。

3) 就矿找矿(结合群众报矿),连点成面,点面结合,就面找点。

    a) 就矿找矿,追踪老窑——古代开采技术(通风抽水)的限制,没有选矿,故常有许多矿遗留未采——根据露头及群众报矿及已有资料的找矿方法,较有把握。

    b) 连点或面——划出普查范围。

    c) 就面找点——划出勘探范围,从此再定矿田或井田范围。

    d) 逐步包围、逐步缩小的办法。

4) 今后普查找矿的方针——由于露头挖完,浅部矿开尽,或许多群众不认识的矿,必须根据地质科学来找矿,并找深处的矿。

    例子——隐伏煤田,深藏煤田——谭家山、恩口、资兴。

围绕火成(岩)体,依据学理找有色金属矿。

沅江流域找金刚石。

萍乡超基性岩。

海南岛、雷州半岛找铝土。

茂名电白石油

大地构造——地槽区找金属矿

地球化学——矿物和元素的共生关系找出指示物及指示元素,以预测矿体的分布。

II 找矿标志

1) 地层的——对层状矿床最有用。标志层。

    a) 煤——煤系本身及煤系上下的岩层。北方奥陶纪灰岩、淮南 Uralian 灰岩、南方三叠纪灰岩、长兴灰岩(贵州、斗笠山)、茅口石灰岩(清溪冲石灰岩)

2）构造的——断裂带——Hg，Pb，Zn，Cu——运矿通道

　　　　　　背斜顶部——许多金属矿，石油，气

　　　　　　断块盆地，向斜盆地——煤，水

　　　　　　逆掩断层——煤

　　　　　　断层的规律——找断失了的矿层

3）火成岩的——

　　a）与元素有专属关系的岩石——

　　　　超基性岩——Pt，Cr，C，Ni，V

　　　　酸性岩——Sn、W、Mo、Bi（Sn 有例外），

　　　　alkali rock—— apatite，微碱性的细碧角斑岩——白银厂式铜矿

　　　　两者俱有的——Fe，Cu

　　b）接触带——远近、距离、方向、倾角

　　c）岩顶的，Cupola

　　d）水成岩陷落的

4）矿物岩石的——

　　a）围岩蚀变——各种蚀变带——skarn，sericite，silicification，baritization，chloritization，ect.

　　b）对交代作用的难易——石灰岩，砂岩（钙质胶结），brecciaed shale，壶天灰岩上层为 pure limestone，下为 dolomite 对交代作用不明，栖霞及茅口的 limestone 的硅质层对交代不利。

　　　　volcanic tuff——

　　c）特种水成岩如 black shale 及磷矿中常含 U，V，时间长的，层厚小的。中国志留纪底部的黑页岩及五峰页岩及浙江奥陶纪的黑页岩要注意。

5）风化剥蚀

　　a）风化壳——Al，Mn 帽，Ni silicate，铁帽

　　b）铁帽的研究——颜色、结构、残留矿物

　　c）不整合及沉积间断——许多水成铁、锰、铝、磷矿都与此有关。油气也常积聚于不整合间。

　　d）砂积矿床乃剥蚀的结果——重砂法、碎石法、分散晕法（化学探矿）都基于风化剥蚀的原理。

　　e）茅口灰岩顶部为一风化壳——水口山当冲积层鸣山层。

6）地形的

　　高起的—俄博式—铁

凹下的—"冲"的地形—恩口洪山殿煤田

陷落带—Pb, Zn 矿区

麓山带—斗笠山式地形

峭壁危岩

7）植物的—指示植物—海洲香薷

植物的吸收—分析灰分

植物的损害

8）其他找矿标志

大地构造—地槽地台—煤、石油、铜、磷等

古地理—古海岸线的推测—宁乡铁、原生氧化锰及碳酸锰

9）必须各种标志合并应用最为有效。

Ⅲ　追索露头，揭露矿体，刻槽采样

1）追索露头

a）一般地质方法——地层的、构造的、地形的、植物的，等等。

b）碎石法

c）重砂法

d）分散晕法、地球化学探矿法，追索目力看不到的露头——机械分散晕，化学分散晕（盐晕，吸附晕）

e）荧光法—追索沥青。

2）揭露矿体——浅井、槽探、斜坑——必须先定出矿床的趋向及大概形状来布置，如趋向及形状搞错了就得不到效果。

3）采样可用各种方法，而以刻槽法最能代表

Ⅳ　中南区普查找矿十个项目中的找矿标志

为祖国建设，需要许多并不同种别的矿产。同志们努力工作吧。这是一个开端，让我们在工作中获得经验，发现更多的找矿标志，确定成矿规律，预测矿体分布，准备更多的勘探基地及矿田。

（谢家荣野外记录本，北京大学档案馆，档号 1RW0172002－0049）

六月七日　从武汉乘火车到许昌，换车赴平顶山队队部。

六月八—十二日　在平顶山向地质人员了解情况，考察地面地质，观察岩心。

六月十三日　上午在平顶山队做"煤田地质问题"的报告，下午与平顶山队地质人员谈平顶山的勘探设计问题。报告如下：

煤田地质问题

I　煤田的找矿标志

a) 地层的标志层——北方奥陶纪灰岩、平顶山砂岩、淮南 Uralian 灰岩；长兴灰岩—各种，斗笠山，三叠纪灰岩——贵州、斗笠山

b) 地形的——斗笠地形、凹地地形、盆地、Foot hill range、平顶山地形及砾石沉积 rusa，cuesta，dissected cuesta，dissected plateau.

c) 构造的——断块盆地；逆掩构造——比国、北票、鸡鸣山、烈山。

断层规律

d) 老窑的

e) 其他——追踪碎石等间接方法

II　煤田的勘探：

a) 必须作大面积的地质图，10 000—50 000（分之一）地质详测，可得 C_2 级；10 000—50 000（分之一）＋总线，明了层数及层厚，可得 C_1 级

b) 必须把许多邻近煤田联合起来，不可孤立看一个煤田——重建原来煤盆地沉积的范围

c) 在详测煤田时要划分区域，定出勘探的先后；划分标准：交通、地形、煤层、煤质、构造、水文等等（怎样划分区域，平顶山的例子）

d) 对于煤质及水文地质的了解——平顶山的水文地质。从找矿到详测逐步了解，由全面到深入，由小量到大量，实验室规模到半工业以至工业式的试验

e) 勘探设计的原则：

1) 由浅及深

2) 结合井田布置及井口的位置

3) 高级矿量与低级矿量的比例

III　煤层的对比——平顶山煤层的划分问题

标志层——砂岩、灰岩、其他

化石

沉积旋回

煤层本身：厚度、距离、特性

IV　煤田的大地构造类型

a) 什么是大地构造——古地理、地史、沉积相型

b) 煤田的大地构造类型

c) 中国煤田的大地构造类型

平顶山煤田的大地构造类型——层厚及标志层的变化

　　d）划分类型的应用

　　　　（1）为了勘探设计

　　　　（2）为了综合研究

　　　　（3）为了预测煤田的分布及煤质

V　平顶山煤田问题

　　a）构造及分区

　　b）分区原则及煤层对比

　　c）地形及砾石层

　　d）远景发展

（谢家荣野外记录本，北京大学档案馆，档号1RW0172002－0049）

六月十四—十六日　赴三峰山、新峰煤矿考察。在三峰山煤矿做"煤田地质问题"的报告。

煤田地质问题——三峰山

1　煤田与地形

大平原、大盆地、切割高原、高山、斗笠山、冲、鬃坡、平顶山、腺脊山（脉背山）

2　煤田与构造

　　a）分别有煤区与无煤区，或有望地与少望地

　　b）划定煤田的范围

　　c）寻找缺失了的煤层

3　煤层对比与煤层分组

　　对比的重要

　　对比的依据：煤、标志层、圈层

　　分组

4　煤质变化的规律——包括煤种

　　a）变化范围　灰分

　　　　　　　　硫　　　沉积型相及环境为主

　　　　　　　　煤级的变化——变质作用为主，其他为副

　　b）变化原因——原始质料

　　　　　　　　　　沉积环境

　　　　　　　　　　积水情况

介质的种类和性质

变质——接触,动力,区域

c）豫西煤质可能的规律

5　煤田的勘探——几个原则

6　豫西煤田的展望

（谢家荣野外记录本,北京大学档案馆,档号 1RW0172002 - 0049）

四—六月　为适应即将开展的全国大规模矿产普查工作,为野外工作人员提供一本尽可能详尽的工作手册,遵照普查委员会的意见,与黄汲清一起编著《普查须知》,由地质出版社出版。全书共 5 章,负责第 1 章《找矿须知》(述及一般方法及铁、铬、锰、钒、镍和钴、钼、钨、铜、铅、锌、银、铝、镁、锡、汞、铂族金属、铀、钍、镭、磷、金刚石、钾盐、煤、石油),第 4 章《追索露头,揭露矿体,系统采样》,第 5 章《野外简易试验方法》(含铁帽及次生富集带的研究,点滴试验法的说明,用研磨法试验矿物或岩石中各种元素说明,煤的鉴定和简单试验,用荧光检查岩样中的沥青质,包括野外用荧光盒方法、荧光摄影法和荧光分析用岩样采集方法)。

《普查须知》前言:

大规模的矿产普查工作即将在全国范围内展开。显而易见,要搞好普查,首先要求普查工作人员具备普查工作中所必需的各种科学技术知识。这些知识范围非常广阔,而普查队又不可能携带大批参考书籍到深山旷野中去,让工作人员一面工作一面学习,以便逐渐掌握它们。所以地质部领导上早就考虑把在普查工作中所应知应会的东西,搜集在一起,印成专册,以供野外工作人员的急需。这样一种《普查须知》,如要名副其实,不但需要记载各种找矿的理论和方法,而且需要扼要地介绍与普查有密切关系的技术方法如测量学、地质制图学、勘探工程、采矿选矿工程、地球物理、地球化学等等;此外还应当介绍中国区域地质的一些基本知识(包括地层、大地构造、火成岩和矿产区域等)。像这样一个繁重的任务显然是不可能在短促的时间内完成的,也不可能应有尽有地写在一本手册里。但是几十个普查队即将出发,为了使工作人员不至于毫无综合性的参考材料,普查委员会请了谢家荣、黄汲清两同志在最短期间编成这个小册子,取名《普查须知》。它的内容偏重找矿的基本理论和方法,附带讲一点测量和地质制图;一些野外试验方法,特别是点滴法和先进的粉末研磨分析法,有很大的实用意义,也附在后面。

我们深知,这本册子内容是非常不够全面的,错误也是难免的;所以恳切地希望使用它的同志们,尽量提供意见,指出它的缺点和错误。并希望在今年的大规模普查实践中,获得宝贵的经验,从而逐渐修改并丰富它的内容。

此外,由于时间迫促,没有能开会讨论,以致许多名词和术语未能统一,有一些是暂用的或试用的;不少操作方法须用图件说明的,也未来得及这样做。这些缺点今后当予以改正。

地质部普查委员会

一九五四年六月十七日

年中　和黄汲清一起布置了一批铬矿和镍矿的普查勘探基地,其最重要者是内蒙古锡林郭勒盟的崇根山和贺根山铬矿基地。

七月九日　上午在家预备报告并整理行装,下午2时赴国家计委作报告,晚10时20分离京赴北戴河疗养。

七月十日　晨抵北戴河。在北戴河疗养期间翻译《蚀变围岩及其找矿意义》一书的部分章节。月底回北京。

七月　在《石油地质》发表《中国的产油区和可能含油区》[①]。本文首先指出"中国肯定是有油的,并且其储量一定是相当丰富的",依据中国周围和我国的地质条件指出:"我们可以断定中国有油,并且可以推测它的分布是很广泛的。"依据石油地质的理论指出"前山带中寻找石油,最为有望"的同时,论述了"内陆相沉积的本身也能生油"。文章在论述了中国各个盆地的可能含油性后,特别指出了华北、华东、松辽平原的含油远景,并将中国的含油远景区分为3大类20个区,事实上成了一年后中国开展全国大规模石油普查的一篇纲领性文献:20世纪50年代所有的石油普查战略选区都在本文指出的范围内。

谢家荣《中国的产油区和可能含油区》:

从前曾有人提出中国是否含油的问题,由于事实的证明,特别是解放以来,石油地质工作大规模展开后所搜集的许多事实,这个问题已不攻自破了。中国肯定是有油的,并且其储量一定是相当丰富的。

从另一观点说明中国有油。苏联中亚细亚的佛干那和可达葛海相的第三纪地层中都产油。这两个地区,与中国新疆的塔里木盆地相邻,相距不过数百公里。蒙古人民共和国库伦以南,最近开发了一个新油田,这是位于二叠纪地槽之内,而从中生代大陆沉积中产油的。从苏联的库页岛,向南至日本中部的东西两岸,海相第

----

①　《石油地质》是1950年代由中央燃料工业部石油管理总局编印的一种不定期连续刊物。依据刊物本身的记载,其第10—11期的出版时间为1954年5月1日,第13期的出版时间为1954年8月,但第12期却没有注明具体的出版日期,按照前述各期的出版时间推算,第12期出版时间应为1954年6或7月。

三纪地层中都盛产石油。云南西部与缅甸相邻,缅甸的伊洛瓦底江流域,从北到南,可分为三个油田,最重要的是中部的仁安羌油田,产油层都是第三纪砂岩层。与西藏交界印度境内加拉海湾北端,有狄葛博油田。与新疆西南端相近的巴基斯坦境内,有三个油田,其中之一还是一九四四到一九四六年才发现的。印巴油田的地层时代,也都属第三纪。

从上所述,可知中国的四周,都有油田。如果说被包围在中间的这块大陆,没有石油,除非它是一块前寒武纪的古陆,或是为各种火成岩和结晶变质岩所组成的杂岩区,否则就无从理解说它没有油。事实证明,我们的大陆,包含有许多地槽,许多盆地,它曾经过复杂的地质历史,沧海桑田,山脉起伏,以致地面上出露了大片的沉积岩层,造成了很多显著的构造,因之,我们可以断定中国有油,并且可以推测它的分布是很广泛的。

依据石油地质的理论,石油都产在沉积岩层中,绝大部分产在富有生物的浅海相地层(中)。由于沉积愈迅速,则其中所包括的有机物质就不容易遭受氧化;沉积愈巨厚,则有机物质堆积的数量也就愈多。因之,为形成石油的有利地质环境是地槽或地台的边缘凹地,这种凹地,不断下降,不断沉积,就能迅速地对堆积了巨厚的但仍然是属于海相的富于有机体的沉积,倘使后天的地质作用,不使有机质毁灭,那末,就可以造成石油的母岩。但石油的储积,不一定限于原生海相层,它可迁移到附近的陆相层中,特别是粗细相间,有足够渗透性和孔隙度的蓄油层,并且上面还有要结构紧密,足以阻止油质流散的盖层。因此,产油地带,大都在从前地槽的边缘,或内陆大盆地的陆相沉积中。因为从前的地槽,现在常成为高山,而内陆盆地经过后期的褶皱,又常成为大山的前山带,所以在这个前山带中寻找石油,最为有望。

在中国有好几个内陆大盆地,其中堆积了第三纪的或中生代的巨厚沉积。第三纪的大盆地从西往东有:准噶尔盆地、塔里木盆地、柴达木盆地、甘肃河西走廊盆地等。中生代地层最重要的为陕北与伊克昭盟盆地和四川盆地。在这些盆地的边缘,都是高山,也就是从前的地槽。如准噶尔和塔里木盆地间为天山地槽,塔里木盆地之南为昆仑山地槽,河西走廊盆地和柴达木盆地间为南山地槽。四川盆地的北缘为龙门山及大巴山地槽等等。在这些地槽的边缘,都可能找到适宜于生油的浅海相地层。倘使承认大陆的沼泽相或湖泊相沉积也能生油,则在地盘不断下降的条件下所造成的这种巨厚沉积,只要气候不太干燥,氧化不过剧烈,都可使有机质保存,而变为石油。这就是说,内陆相沉积的本身也能生油。

事实证明,上面所说的许多大盆地,特别在其边缘和从前地槽邻接的地方,都是现在所知的产油区,或可能含油区,这与石油成因的理论,大致吻合的。

此外中国还有若干盆地,如两湖盆地、衡阳盆地、赣中盆地、热河盆地和北满的几个盆地(如海拉尔盆地)大多数属中生代,此中曾找到石油迹象。不属于上述各区的还有若干油苗、气苗,如浙江的长兴,江苏的江阴,上海,海南岛的保亭,贵州的翁项和泡木冲,广西的右江盆地和西康的宁静、贡觉。南京附近龙潭煤系中曾找到沥青沉积,表示扬子江下游的上古生代地层有含油迹象。在桂、滇、黔三省相交的广大地台区,从构造上,地层上和油砂的发现上都证明有含油的可能。含油层有第三纪,三叠纪及中上古生代包括泥盆纪在内的几种可能。

最后值得提出的是华北平原、华东平原及松辽平原中都曾发现有若干油、气苗,虽然有些还未证实,但因这些地区距海较近,在第三纪或中生代是否有海水侵入,造成海相地层,深伏在现代冲积层之下,这与石油关系重大,值得格外注意。鉴于世界各国第三纪、白垩纪海相地层中油产的丰富,我们自不能不想到在这些广大平原下有发现大量油气矿床的希望。

依据大地构造、沉积厚度及现知油气苗的分布情况,我们可将中国含油气区域(分)为下述三大类:

(一)油、气苗很多,构造合适,有些并已生产的确定油气区。本类中包括准噶尔盆地、塔里木盆地、柴达木盆地、河西走廊盆地、伊克昭盟—陕北盆地、四川盆地及台湾东部油田等七个区域。在新疆的三个大盆地中,主要油气带都在盆地的边缘,在盆地的中心,不但覆盖太厚,且因盆地属地块构造,可能多属老地层,不可能产油。

(二)从大地构造推断,希望很大,但油气苗分布不广或尚未证实的可能含油区,包括桂滇黔地台区、华北平原、松辽平原、华东平原、茂名沿海区、海南岛、海拉尔盆地、热河盆地等八个区域。

(三)构造尚为合适,油气苗零星分布的比较次要的可能含油区,如两湖盆地、赣中盆地、长江下游区、西康盆地等五(四)个区域。

(《石油地质》第 12 期,第 20—21 页)

是月 在《地质知识》发表《找矿标志》一文,指出:"找矿标志是理论与实践密切结合的产物:没有理论,它将是表面的、局部的,经不起考验的标志;没有实践,则将陷入钻牛角尖,空洞幻想,而得不到结果。""从找矿标志的性质来讲,我们可把它分为地形的、地层的、构造的、岩性的、矿物的和植物的数种。"分别叙述了各种找矿标志,最后还讨论了用大地构造、古地理及地球化学方法作为找矿标志的办法。

八月 主编的《科学译丛》之一《金属矿床与矿床分类法》由科学出版社出版,审校其中的《矿床分类法问题》。

吴凤鸣《缅怀谢家荣先生——从谢老主编四本〈科学译丛〉说起》:

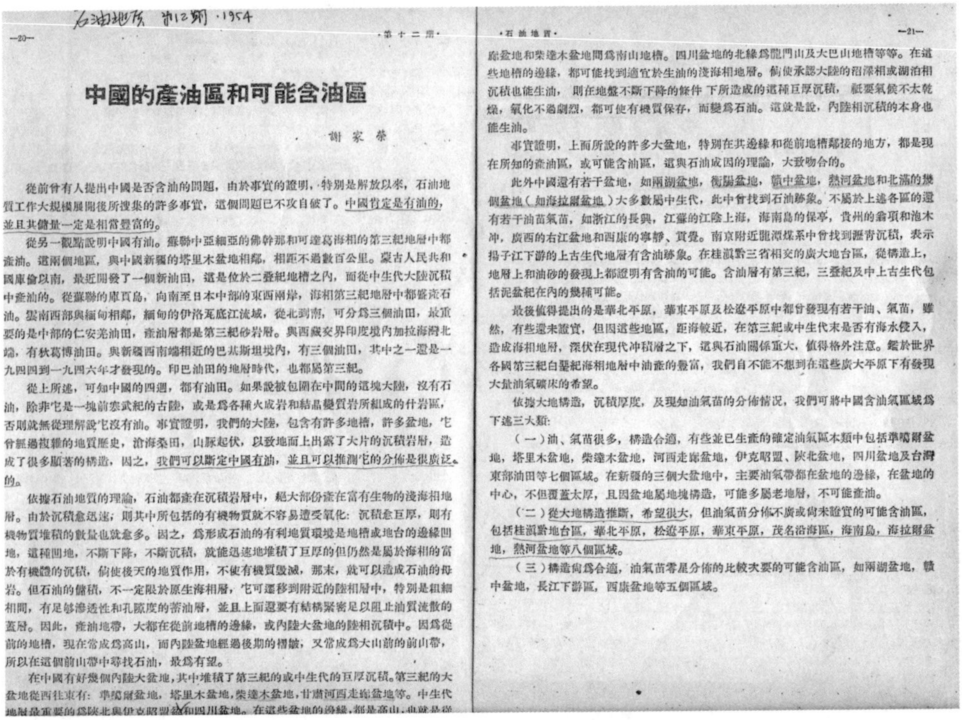

石油地质 第12期·1954

—20—　　·第十二期·

中國的產油區和可能含油區

謝家榮

從前曾有人提出中國是否含油的問題，由於事實的證明，特別是解放以來，石油地質工作大規模展開後所搜集的許多事實，這個問題已不攻自破了。中國肯定是有油的，並且其儲量一定是相當豐富的。

從另一觀點說明中國有油。蘇聯中亞細亞的佛幹那和可達葛海相的第三紀地層中都產油。這兩個地區，與中國新疆的塔里木盆地相鄰，相距不過數百公里。蒙古人民共和國庫倫以南，最近開發了一個新油田，還是位於二叠紀地槽之內，而從中生代大陸沉積中產油的。從蘇聯的庫頁島，向南至日本中部的東西兩岸，海相第三紀地層中都盛產石油。雲南西部與緬甸相鄰，緬甸的伊洛瓦底江流域，從北到南，可分爲三個油田，最重要的是中部的仁安羌油田，產油層都是第三紀砂岩層。與西藏交界印度境內加拉海灣北端，有狄葛博油田。與新疆西南端相近的巴基斯坦境內，有三個油田，其中之一還是一九四四到一九四六年才發現的。印巴油田的地層時代，也都屬第三紀。

從上所述，可知中國的四週，都有油田。如果說被包圍在中間的這塊大陸，沒有石油，除非它是一塊前寒武紀的古陸，或是爲各種火成岩和結晶變質岩所組成的什岩區，否則就無從理解說它沒有油。事實證明，我們的大陸，包含有許多地槽，許多盆地，它曾經過複雜的地質歷史，滄海桑田，山脈起伏，以致地面上出露了大片的沉積岩層，造成了很多顯著的構造，因之，我們可以斷定中國有油，並且可以推測它的分佈是很廣泛的。

依據石油地質的理論，石油都產在沉積岩層中，絕大部份產在富有生物的淺海相地層。由於沉積愈迅速，則其中所包括的有機物質就不容易遭受氧化：沉積愈巨厚，則有機物質堆積的數量也就愈多。因之，爲形成石油的有利地質環境是地槽或地台的邊緣凹地，這種凹地，不斷下降，不斷沉積，就能迅速地堆積了巨厚的但仍然是屬於海相的富於有機體的沉積，倘使後天的地質作用，不使有機質毀滅，那末，就可以造成石油的母岩。但石油的儲積，不一定限於原生海相層，它可遷移到附近的陸相層中，特別是粗細相間，有足夠滲透性和孔隙度的蓄油層，並且上面還要有結構緊密足以阻止油質流散的蓋層。因此，產油地帶，大都在從前地槽的邊緣，或內陸大盆地的陸相沉積中。因爲從前的地槽，現在常成爲高山，而內陸盆地經過後期的褶皺，又常成爲大山前的前山帶，所以在這個前山帶中尋找石油，最爲有望。

在中國有好幾個內陸大盆地，其中堆積了第三紀的或中生代的巨厚沉積。第三紀的大盆地從西往東有：準噶爾盆地，塔里木盆地，柴達木盆地，甘肅河西走廊盆地等。中生代地層最重要的爲陝北與伊克昭盟盆和四川盆地。在這些盆地的邊緣，都是高山，也就是從

·石油地質·　　—21—

廊盆地和柴達木盆地間爲南山地槽。四川盆地的北緣爲龍門山及大巴山地槽等等。在這些地槽的邊緣，都可能找到適宜於生油的淺海相地層。倘使承認大陸的沼澤相或湖泊相沉積也能生油，則在地盤不斷下降的條件下所造成的這種巨厚沉積，祇要氣候不太乾燥，氧化不過劇烈，都可使有機質保存，而變爲石油。這就是說，內陸相沉積的本身也能生油。

事實證明，上面所說的許多大盆地，特別在其邊緣和從前地槽鄰接的地方，都是現在所知的產油區，或可能含油區，這與石油成因的理論，大致吻合的。

此外中國還有若干盆地，如兩湖盆地，衡陽盆地，贛中盆地，熱河盆地和北滿的幾個盆地（如海拉爾盆地）大多數屬中生代，此中曾找到石油跡象。不屬於上述各區的還有若干油苗氣苗，如浙江的長興，江蘇的江陰上海，海南島的保亭，貴州的翁項和泡木冲，廣西的右江盆地和西康的寧靜、貢覺。南京附近龍潭煤系中曾找到瀝青沉積，表示揚子江下游的上古生代地層有含油跡象。在桂滇黔三省相交的廣大地台區，從構造上，地層上和油砂的發現上都證明有含油的可能。含油層有第三紀，三叠紀及中上古生代包括泥盆紀在內的幾種可能。

最後值得提出的是華北平原，華東平原及松遼平原中都曾發現有若干油、氣苗，雖然，有些還未證實，但因這些地區，距海較近，在第三紀或中生代末是否有海水侵入，造成海相地層，深伏在現代冲積層之下，這與石油關係重大，值得格外注意。鑑於世界各國第三紀白堊紀海相地層中油產的豐富，我們自不能不想到在這些廣大平原下有發現大量油氣礦床的希望。

依據大地構造，沉積厚度，及現知油氣苗的分佈情況，我們可將中國含油氣區域爲下述三大類：

（一）油、氣苗很多，構造合適，有些並已生產的確定油氣區本類中包括準噶爾盆地，塔里木盆地，柴達木盆地，河西走廊盆地，伊克昭盟、陝北盆地，四川盆地及台灣東部油田等七個區域。在新疆的三個大盆地中，主要油氣帶都在盆地的邊緣，在盆地的中心，不但覆蓋太厚，且因盆地屬地塊構造，可能多屬老地層，不可能產油。

（二）從大地構造推斷，希望很大，但油氣苗分佈不廣或尚未證實的可能含油區，包括桂滇黔地台區，華北平原，松遼平原，華東平原，茂名沿海區，海南島，海拉爾盆地，熱河盆地等八個區域。

（三）構造尚爲合適，油氣苗零星分佈的比較次要的可能含油區，如兩湖盆地，贛中盆地，長江下游區，西康盆地等五個區域。

图 103　指导20世纪50年代中国石油普查的纲领性文献《中国的产油区和可能含油区》

《金属矿床学与矿床分类法》(1954)选译了当时苏联有关多金属矿床的成因理论、发展历史，特别是以C. C. 斯米尔诺夫院士为代表的苏联金属矿床学派的发展、理论现状和发展趋势；书中还选译了谢先生亟待了解的查哈罗夫院士的金属矿床分类法及其分类原则、标志和特征，其中使他特别感兴趣的是查哈罗夫等对西方矿床学家的严厉批判，其中包括林格仑(W. Lindgren, 1860—1939)、艾孟斯(S. Emmons, 1841—1911)、尼格里(P. Niggli, 1888—1953)和施奈德宏(H. Schneiderhöhn, 1887—1962)(即H. 史奈德洪——编著者注)，批评林格仑1911年提出的、以物理—化学原理、建立在控制成矿时间的温度和压力上的成因及其分类法；批评艾孟斯的热液矿床“岩基概念”，阐述了苏联学者主张的热液矿床形成与侵入岩相关的基本原理。译文集中还选译了苏联金属矿床学奠基人C. C. 斯米尔诺夫的沿太平洋成矿带、硫化矿床氧化带、围岩蚀变、围岩作用理论等。

谢先生精选这些论文的目的性很强，一则是20世纪50年代初我国正处于全国开展矿产普查找矿热潮中，亟待理论指导，这从谢先生当时发表的著述中即可看出，诸如《中国矿产分布规律的初步研究及今后找矿方向》《近代成矿理论方面的几

个基本问题》等；二是上述四大世界著名矿床学家都是他很熟悉的同行。1917—1920 年他在美国斯坦福大学和威斯康星大学学习期间，正值艾孟斯《近代金属矿床学的演化》和林格仑的《金属矿床学》风靡一时，自然比较了解；至于苏黎世学派的尼格里，强调区域变质而否认热变质和接触变质、动力变质观点，也是谢老比较熟悉的矿床理论，而施奈德宏的《早期结晶的金属矿床》等理论那就更熟悉了。

众所周知，谢先生于 1928—1930 年作为访问学者在柏林大学、地质调查所及弗莱堡大学同兰姆多尔和施奈德宏一起研究煤岩学、矿相学以及金属矿床学，对他们的理论和成就都有基本的了解，通过译文集可反映出苏联矿床学派对西方矿床学的不同观点。但谢先生也不完全同意苏联学者所采取的全盘否定观点，更反对贴上"唯心主义"和"形而上学"的标签。

（张立生主编：《丰功伟识 永垂千秋——纪念谢家荣诞辰 110 周年》，第 74—75 页）

图 104 1954 年与家人合影

十一月三日 作为普查委员会总工程师，与张瑞祥、谢怀德组成的地质部普查委员会中南检查组离开北京，赴 453 队、451 队及 409 队检查工作，于次日晚抵湖北花园寓伙铺。

十一月五日　检查组一行抵达 453 队队部湖北孝感青山口,当日下午听取了来队检查工作的中南地质局副总工程师王晓青及 453 队同志的汇报。

十一月六一八日　一行先后赴徐家寨、青山凹、小山、天门洞、仙人洞、公母山、绿帘洞、青山顶、仙人岭、万家寨、尖山庙、松林坡等地考察后,于 8 日下午在 453 队作报告。

十一月九一十一日　自青山口赴汉口,听取有关方面的汇报,编写 453 队检查报告。

十一月十二一十四日　自武汉经株洲、上饶,抵达永平(老铅山)队部。

十一月十五一十九日　在永平各处考察,包括附近的炉渣、废石堆、老窿、铁帽、花岗岩、火山岩等,并探槽。15 日晚在队上做报告,讲永平矿区的地质情况和对永平矿床的看法。17 日晚再做报告,讲两天来的所见和围岩蚀变。

十一月二十一二十二日　自永平经上饶、弋阳,抵达铁沙街。

十一月二十三一二十六日　考察锈水坞、大石坞、张家坞、倪村、熊坊、马鞍山等地的地质后,回到弋阳。

十一月二十五日　所著《在普查及勘探设计中值得注意的几个问题》刊于《地质通讯》第 18 期。这些问题包括普查找矿的地点及项目的选择,遵守由浅及深、由疏到密、从普查找矿到详细勘探的勘探程序,从矿产本身的价值到勘探成本的经济观点,依据实际资料理论推测矿产的形成条件和远景,提出从整体着想的勘探设计和考虑国民经济发展要求、配合整个经济建设步骤的时间观念,以及应注意各种各样的找矿标志。

十一月二十七日一十二月三日　自弋阳经乐平抵德兴作历时一星期的考察后,于 12 月 3 日晚给地质人员作题为"德兴矿的地质矿床问题"的报告。

十二月三日　当选第二届全国政协委员(归属自然科学团体)。

十二月四日　自德兴经乐平返回弋阳,寓安乐旅社,写考察报告。

十二月五一十日　离开弋阳,经停杭州、上海,回到北京,结束历时 40 天的检查工作。准备出席中国人民政治协商会议第二届全国委员会第一次会议。

十二月十五日　全天在地质部普查委员会汇报工作。

十二月十六一二十六日　出席中国人民政治协商会议第二届全国委员会第一次会议。

十二月　主编的《科学译丛》地质学第二种《煤地质学的理论问题》(朱夏等译)由中国科学院出版,翻译了其中的《含煤建造的大地构造类型》,并审校了《含煤系中沉积旋回的划分与定型原则》。

吴凤鸣《缅怀谢家荣先生——从谢老主编四本〈科学译丛〉说起》：

《煤地质学的理论问题》(1954) 共选译 8 篇论文，主要是结合我国当时开展大规模煤田勘探工作，汲取和借鉴一些先进煤地质的基本理论，确保勘探工作快速开展，以保证经济恢复时期大量用煤之需，内容包括煤的生成、煤的煤化及变质作用，含煤系中沉积旋回的划分与定型原则，苏联中生代含煤区、含煤沉积、煤在中生代的层位分布及其古地理环境等，书中还特别选译了两位苏联煤地质学理论创建者的生平事迹，借以了解苏联煤地质学的理论发展历史和现状，特别是顿巴斯煤田等理论研究经验。具体内容如下：

《造成煤的成分与性质不同的主要原因》《论煤的煤化作用及变质作用》《含煤系中沉积旋回的划分与定型原则》《边缘凹地的含煤沉积》以及《苏联的中生代含煤沉积》，谢先生自己特别选译了苏联著名地质学家鲁欣的一篇《含煤建造的大地构造类型》。他最欣赏的是过渡型含煤建造（山前凹地、山间盆地）和地台型含煤建造，他认为鲁欣的划分方法对我国煤田建造划分有一定参考价值。

谢先生审读全稿后，作为精通煤田地质的学家，撰写了一篇概括这本文集全面内容的"序"，并着重地提出了在 1954 年中国煤田会议上，中国学者对沉积旋回原理的重视和讨论，认识到旋回原理在煤层对比中的意义及其在阐明整个煤田发展历史上的重要作用。谢先生结语中肯定地说，上述所选论文，都是煤地质学理论研究具有参考价值的重要文献。

（张立生主编：《丰功伟识 永垂千秋——纪念谢家荣诞辰 110 周年》，第 69—70 页）

《煤地质学的理论问题》序：

本书主要是介绍煤地质学的理论问题，其中共选择了八篇文章，现在把它们的主要内容和对我们学习所起的作用略微谈谈。

鲁突庚是苏联煤地质学的创始人，他首先详细研究了顿巴斯的煤田地质，奠定了详测煤田地质图的基础；他的高足弟子斯切巴诺夫从而发扬光大，从实际观察提高到理论研究，创立了煤田在地球上分布的规律。我们要学习煤地质，必须对这两位苏联煤地质学大师的工作及学说有足够的认识，因此这里所译任竹士尼柯夫关于鲁突庚(1864—1915)和斯切巴诺夫生平事略的两篇文章是值得我们详细学习的，特别是今年为鲁突庚九十诞辰纪念，学习他生前的科学创造更有特殊意义。

任竹士尼柯夫所著《论煤的煤化作用及变质作用》，主要是批评脱拉文关于若干名词定义的文章，从此我们可以深切了解煤化作用、煤炭化作用、增碳化作用、变质作用及煤的化学成熟性的意义,及它们彼此间的关系。任竹士尼柯夫所提出的煤及泥炭的成因过程表扼要地说明了煤的成因过程的现代观念。

大家都知道煤在成分上和在性质上是非常复杂并且是变化万端的,但很少人能深刻了解造成这种复杂和变化的真正原因,为了大规模开发祖国的广大煤田并合理地使用各种不同性质的煤,我们有必要去进一步研究这个问题。阿莫索夫所著《造成煤的性质与成分不同的主要原因》,就此给予我们一个详尽而明确的答复。阿莫索夫所提出的五个主要原因中如积水情况及介质的化学性质二个原因,是综合了现代煤岩学家和煤化学家最新研究的结果,对于(我国)研究煤质变化的问题上提供了新的方向。

在今年春天中央地质部召开的煤田地质会议上,大多数的中国地质工作者们都已学习了沉积旋回的原理及其在煤层对比和在阐明整个煤田发展历史上所起的重要作用。这里介绍了波特维金娜所著《含煤岩系沉积旋回的划分与定型原则》一文,这是关于研究煤系沉积旋回的新著作,它详尽地讨论了划分各型旋回的原理,足为煤田地质会议关于本问题学习资料的补充读物。

本书介绍了两篇关于煤田大地构造类型的文章。鲁兴所著的《含煤建造的大地构造类型》是从他的巨著《沉积岩原理》中节译出来的。这是从沉积型相来研究煤田大地构造的方法,是比较准确而对于中国煤田类型来讲更能给予可靠证据的方法,特别像硅质岩、铝土页岩、菱铁矿层等,都已在中国许多煤田中找到,所以可作为划分煤田类型的标志。另一篇克拉兴宁尼可夫所著"边缘凹地的含煤沉积"介绍了苏联关于煤田大地构造类型的最新观点,着重指出边缘凹地是造成丰厚煤田的最有利的地质环境,这与中国研究若干重要煤田所得的初步结果是大致相符合的。在这篇文章中详尽地讨论了边缘凹地型煤田的特征,举出了许多实际例子,足为我国研究这个问题的重要参考资料。

还有一篇文章是克拉兴宁尼可夫的《苏联的中生代含煤沉积》,它讨论了苏联中生代煤田的分布及大地构造类型,着重指出煤系沉积与地盘升降的关系。苏联中生代煤田的地质特性,在许多方面与中国的中生代煤田是很相近似的,因此关于苏联中生代煤田的理论与实践相结合的经验总结,足供我们进一步工作的参考。

谢家荣 1954 年 7 月 1 日

(《煤地质学的理论问题》,中国科学院,1954 年,第 1—3 页)

是年　经中国地质学会北京分会理事会数次会议讨论,决定除请苏联专家做学术报告外,另有 14 项报告或专题报告。担任第 12 项专题报告煤田的主讲人。

是年　到唐山地区实地调查了奥陶系灰岩及油苗特征,首次提出在华北古生界寻找油气藏的见解,并建议在唐山、巨野等处先进行钻探①。

　　是年　翁文波、邱振馨合编的《全国含油气远景分区图(1∶800万)》及其说明书《我国含油气藏区的初步分析》和《中国大陆按油气藏的分区划分》完成。谱主与黄汲清参与了工作。

---

　　①　关于谢家荣赴唐山考察奥陶系灰岩及油苗特征的活动,文献记载有几种说法：① 刘炳义的《渤海湾盆地找油史》载:"1945年,谢家荣在唐山地区实地考察了奥陶系灰岩及油苗特征,第一次提出在华北古生界寻找油气藏的见解,并建议在唐山、巨野等处先进行钻探"(石宝珩、王仰之、刘炳义主编:《中国石油史研究》,第101页);② 张以诚、王仰之的《谢家荣教授年谱》则说,谢家荣1952年"赴唐山赵各庄井下考察油苗,确认华北下古生界有蕴藏油气的可能"(郭文魁等主编:《谢家荣与矿产测勘处——纪念谢家荣教授诞辰100周年》,第280页);③ 王育林、石宝珩的《谢家荣对中国石油事业的贡献》则在文末的《谢家荣有关石油著作目录》中列出了谢家荣石油著作30篇(本),其第22篇为《看唐山油苗》,称之为"未刊资料,1954年"(石宝珩、王仰之、刘炳义主编:《中国石油史研究》,第242页)。这三种说法都没有给出依据。在谢家荣本人的日记或文稿中也没有见过与此相关的资料。但我们看谢家荣1945年的活动记录,说他1945年赴唐山考察石油,似乎没有可能,而"看唐山油苗"被认为是1954年的未刊资料,是否可以认为这两者实际上是同时的? 本谱以此种可能性,将谢家荣赴唐山考察华北古生界含油一事置于1954年,不一定正确。

一九五五年　乙未　五十九岁

提要　出席第 1 次石油普查会议,"石油及天然气矿床的普查"的报告。与黄汲清一道主持石油普查战略选区讨论会。提出松辽平原石油地质踏勘项目,并撰写《关于松辽平原石油地质踏勘工作方法》。发表《中国勘探油田中的若干具体问题》。赴西北和华北、华东检查和指导石油普查。普委会五人小组写《关于谢家荣的材料》。

一月十三—二十三日　燃料工业部石油管理总局在北京召开第 6 次全国石油勘探会议。在会上展示了翁文波等人编制的《中国大陆含油气远景分区图(1∶300 万)》。这是我国第 3 张油气远景预测图。图中表明,全国沉积岩厚度大于 500 米的地区约占 337 万平方公里。该图按照油气远景将全国含油气远景区分为 5 级。

翁文波在这次会议上的报告《中国大陆按油气藏希望的区域划分》对这张图有如下说明:

中国大陆按油气藏希望大小的区域划分,是由苏联专家莫谢耶夫的建议而开始的。一年多以来,几位苏联专家在中国专家的积极参加下,完成了一张 1∶3 000 000 的远景评价草案图(图 1),今天向大家汇报,希望提出改进的意见。

参加编制这一草图的中国地质学家,主要有谢家荣同志、黄汲清同志、邱振馨同志。参加提供意见的苏联专家有戈鲁斯同志、伊凡诺夫同志和柯斯金同志。

（《翁文波学术论文选集》,石油工业出版社,1994 年,第 266 页）

在这张图上出现了松辽盆地的名字,这是根据谱主的意见命名的。对此翁文波在《怀念谢家荣同志》一文中有如下说明:

谢家荣同志对大庆油田的发现亦做出了重要的贡献。远在大庆油田发现之前,就已确认松嫩盆地的含油气远景,并为该盆地的石油气开发做了大量的工作。在 1952 至 1953 年间,当笔者根据中国沉积盆地地图编制中国含油气远景分区图时,因为地质资料不足,遇到很大的困难。我们就请教地质界的老前辈,得到了他们重要的帮助和热忱的支持,其中最热心的地质学家就是谢家荣先生。当时,石油总局常以油气勘探委员会的名义,每星期或每半月请外单位专家来商讨石油和天然气勘探问题(包括中国含油气远景分区图的编制),谢家荣先生几乎从不缺席。

当时的中国地质图上,留有大片空白,特别是东北部分资料很少。谢家荣先生帮助我们得出几点重要的认识:(1)在原有沉积盆地地图上,"东北"这个地理名词用来表示含油气沉积盆地,不够妥当。(2)日本地质学家常用的"北满"和"南满"等分区名词,既不适当,也难于接受。(3)无论是北面的松花江流域(包括大庆),或南部的辽河流域(包括下辽河),都有很广阔的含油气远景,故将此沉积盆地命名为"松辽盆地"。在 1955 年 1 月召开的第六次全国石油勘探会议上,经过清绘的1:3 000 000 的中国含油气远景分区图首次向国内学术界公开。松辽盆地(也写作松辽平原)的命名立即为学术界所接受,并鼓舞了石油勘探工作者的士气。

(中国地质科学院矿床地质研究所编:《中国矿床学——纪念谢家荣诞辰 90 周年文件》,学术书刊出版社,1989 年,第 2 页)

一月二十日 地质部第一次石油普查工作会议在北京开幕。出席开幕式。在开幕式上有两个正式报告:一是李四光部长兼主任委员的开幕词,一是许杰副部长的《关于 1955 年石油天然气普查工作的方针和方法》。出席这次会议的正式代表 200 人,列席代表 116 人,包括准备参加石油普查队工作的主要干部和技术人员 130 人,中国科学院地质研究所、古生物研究所、石油局、东北及北京的地质学院,以及西北、华北、西南三个地质局和本部有关单位负责干部及工作人员 186 人。国务院第三办公室及国家计划委员会也派代表出席会议。

会议的进行,约可分为下列几个阶段:(一)1 月 13—19 日,参加石油管理总局召开的全国第六次石油勘探会议,以了解和学习几年来石油勘探的成果及经验教训,并为我部召开石油普查工作会议打下基础。(二)1 月 20 日—2 月 1 日,主要由石油管理总局各工作地区负责同志介绍各工作区域的石油地质情况和工作经验,以及由苏联专家和中国地质学家介绍石油普查工作方法,以便为今年继续石油普查指出方向并为野外工作打下基础。(三)2 月 2—11 日,由部下达各石油普查大队的设计任务书,并领导各队骨干,根据设计任务书的规定编制预算方案。

一月二十七日 上午出席地质部第 1 次石油普查工作会议,先听余萍的新疆工作报告和苏联专家的矿物产地报告,10 点做题为"石油及天然气矿床的普查"的报告,并在下午的大会上继续做此报告。

报告分为5个部分：1. 为什么要进行石油及天然气矿床的普查？普查能解决些什么问题？2. 石油矿床的普查与地质测量有什么区别？3. 石油地质的几个重要问题；4. 油气矿床的找矿标志；5. 对今年普查中各项工作的意见。

报告一开始就进一步发展了1949年1月在《三十七年度本处工作概述》中提出的"依据地质理论，并为解决中国石油问题计，我们应该扩大范围，在中国各地普遍探油"的主张，提出并从正反两个方面详细论述了"在全国含油区和可能含油区进行大规模的全面的地质普查是十分必要的"这一观点，为3年全国范围内的石油普查制订了正确的战略方针。

谢家荣《石油及天然气矿床的普查》（摘录）：

对石油矿床的普查工作来说，普查的结果只能指出含油气层可能的分布，并就此划出若干圈闭或有希望找到圈闭的地点，以供进一步的详查或细测。因此，从普查经过详查，细测以至勘探，是有一段相当长过程的，也是需要一段相当长的时间的。

大家又都知道，中国需要石油为量甚巨，而目前已找到的油田却是十分不够，所以如何在短时间内，发现并证实大量油田，投入生产，保证社会主义经济建设的完成，实为我们地质工作者当前最急迫的光荣任务。既然石油的普查不能指出勘探基地，而中国目前对于石油的需要，又如是之急迫，因此，就有人这样的设想，我们是否能够不做普查，就在已知油苗的附近或在以往地质研究上认为有希望的地点，进行详测或细测，甚至即进行打钻，这样岂不是大大地缩短了勘探的时间吗？尤其当我们知道油气矿床往往是局限于一定的构造或圈闭之内，它所占的面积是比较小的，因此，只要在这个小范围内进行详测或细测，就能提供为勘探所需要的一切资料了。

上述的想法在原则上是不正确的，因为只有对于全区的地质构造、地史发育和含油情况有了全面和明确的认识后，我们才能选择出最有希望的地点进行详测、细测以至钻探，也只有在足够多的和全面的地质基础上，我们才能够解决在详测、细测及钻探中所遇到的关于油气矿床规律性的许多问题。苏联石油地质大师古勃金院士曾警告并反对研究石油矿床而没有地质基础的幼稚作风，并严正批判了"没有足够的地质根据，而以瞎碰的方式，进行勘探……这种探勘的唯一理由，就是以为有石油的外部显示"（《苏联科学院通报》1936年第1期）。

试回忆一下中国以往探勘石油矿床的历史，也可证明石油普查工作的重要。甘肃老君庙油田的发现是从详测做起的，没有经过大区域的普查，这是一个超越了工作程序，但却是获得了成功的例子。它进行钻探的地质根据是相当多的，因此，它不是属于盲目施工,侥幸成功的范畴,但因为忽略了普查而招致的后果也是很明显的。因为没有普查,我们就不能够全面明了,不用说整个河西走廊,即使是酒泉盆地的地质情况,因此就不能及时地准备出第二和第三个老君庙的石油基地。因为没有普查,使我们对于石油分布的规律不能彻底了解,以致影响了新油田的钻探工作。石油总局近年来在酒泉盆地及河西走廊一部分所做的地质普查工作,是针对这个缺点而做的,并且已经获得了相当的成果,这是很正确的。

在滇、黔、桂地台区找油是纯粹依据初步地质理论的指示,在石油地质上的根据非常贫乏,因此必须先在大区域内详细研究地层层序、岩性变化、构造单元,特别是从石油地质的观点出发,推断其含油气的情况、储油的条件及圈闭的类型。必须做许多野外工作,以测验油气在各层系中的分布,这样才能选择有希望地区做进一步的工作。换句话说,就是要进行大区域的普查。如果仅仅在右江的第三纪沉积盆地中做工作,在油砂露头附近详测几个构造,其意义不会很大,并且也不会得到好的结果。

同样的布置也适用于在中国东部平原中找油,我们必须调查平原四周的山区地质,进行综合研究,以便推测平原下可能存在的地层。同时要配合地球物理、地球化学以及打浅钻的综合普查方法,以推断平原下的地质构造及含油情况。如果只局限于若干有油气显示的地点或其附近的山区进行普查,而忽视了广大地区的地质和采用各种工作的综合方法,是不能得到好的结果的。

相反地,1954 年石油局在鄂尔多斯所做的普查工作,虽然还不够全面,不够详细,但已能初步推定了盆地西缘的界线,古老地层隆起地带的位置,以及从西到东在各个大地构造单元中沉积厚度及岩相上的变化。这对于进一步的普查或详测,指出了明确的方向,可作为普查工作能发挥作用的一个明显的例证。如果一开头或在全部工作中仅局限于鸳鸯湖的详查或细测,而忽略了其附近大区域的普查,我想我们绝不能得到如目前对于伊克昭盟比较全面的认识的。以后自当本此方针,扩大我们的普查范围,以期对于各个大地构造单元,获得进一步的认识。

但是如果考虑到目前中国对于石油的急迫需要,或者普查区域过于辽阔,工作人员不够分配,在短时间内无法完成全部的普查工作时,我们是否也能斟酌情形,略为变通,在普查的同时,或者依据以往资料,在普查还做得不够的地区,选择若干地点进行详测,以便能尽早实施勘探呢?或者普查与详测平行进行呢?我想,在特殊情况下,这种变通办法还是可以采用的。最明显的例子就是 1954 年石油局在柴达木盆地西部所做的一面普查,一面详测及细测的工作。根据这种工作,我们在短期内就能提出若干构造作为初步勘探的对象,这对于加速柴达木盆地中石油的开发无疑是有好处的。但为了全面了解起见,柴达木盆地的全部或至少其西半部的区域普查,还是急迫需要的。因此,地质部在本年度就决定在这个地区内进行大规模的普查。

以上所述,可知在全国含油区和可能含油区内进行大规模的、全面的地质普查是十分必要的,这是为在一个地质省内了解石油地质基本情况的必要步骤,它将为进一步的详查、细测和勘探打下坚实的基础,指示正确的工作方向,以避免返工浪费、走弯路等不应有的损失。

[中央档案馆(自然资源部档案室),全宗号196,目录号4,案卷号260,序号7]

报告还指出在我国应该重视陆相生油的可能性,同时指出,在实际找油工作中,更重要的是储油层,而不是生油层:

为了寻找石油和对预想的油田做出评价,生油层的有无及其分布范围,应该是一个具有决定性作用的基本问题……大多数油田的可能生油层都属浅海相沉积,但陆相生油也大有可能,特别在我国,这种看法有重视的必要……在实际找油工作中,我们所注意的是含油气的层系,更重要的是储油层,而不是生油层,但从生油层的观点来研讨普查区域内含油的可能性,对全面了解问题方面还是有好处的。

[中央档案馆(自然资源部档案室),全宗号196,目录号4,案卷号260,序号7]

一月二十八日　下午赴中国科学院,参加综合小组各区提问题的讨论会,先由王尚文、余伯良、曾鼎乾谈工作方法,继由曾鼎乾谈四川石油问题。

一月二十九日　上午赴科学院参加座谈会,田在艺提鄂尔多斯的问题。下午赴全国工商联座谈台湾问题。

一月三十一日　上午听顾功叙之"石油普查任务与地球物理工作"的报告和谢学锦之"几种试验沥青及水化学指标的野外方法"的报告。下午先到化探室参观试验,再出席全国工商联的座谈会。

一月　所著《煤的成因类型及其意义》刊于《地质知识》第1期(新年号)。该文讨论的煤的成因类型,是指植物质在沉积环境下所形成的各种特性,而非煤的原始质料所决定的特性。这种煤的成因类型的研究综合了煤岩学、沉积学和大地构造学的研究,反映的是沉积环境。文章以作者所作豫西某煤田成因类型的研究为例,讨论煤的成因类型研究的意义。

二月一日　上午出席地质部第1次石油普查会议,听取苏联专家扎帕林斯基(Запаринский)作"含油岩相的大地构造条件及大地构造分析"的报告,下午在家写普查报告。

二月二日　上午参加讨论孟宪民的报告。下午到中国科学院听苏联专家伊万诺夫(Г. А. Иванов)的报告。晚写普查报告。

二月三日　上午赴地质部写普查报告。下午到中南海怀仁堂听周恩来总理做"改善和节约生活"的报告,报告历时 4 小时,听众 6 000 人。晚写普查报告。

二月五日　出席在北京举行的中国地质学会第 29 届年会。年会开幕式后,翁文波做学术报告——我国含油区域的初步估计。报告中提到了三百万分之一的中国油气远景分区图:"在上述基本构造轮廓上,我们可以进一步划出具体的沉积区域。由于苏联专家莫谢耶夫的建议,我们在一九五四年就开始做了一些筹备工作。一年多来,经过几位专家的积极参加,做成了一个1/3 000 000草案,今天给大家报告,希望大家提出改正的意见。参加编制这一草图的中国地质学家,主要有谢家荣同志、黄汲清同志、邱振馨同志,另外有几位苏联专家也提供了一些修正的意见。"

在当天下午的会议上主持对翁文波论文的讨论,并在讨论中指出,讨论油气远景要以大地构造为主要依据,主张用分区,而不用分级。1955 年的《中国地质学会会讯》第 9 期报道了谱主在这次讨论会上的发言:

　　我觉得这个报告是指出一个远景,来指出今后工作的方向,所以有许多关系的问题,还不可以过分的要求。刚才许多同志提出关于加上大地构造名词的问题,我觉得不然。虽然要根据旧有资料,没有资料怎么办呢? 有油苗、有气;但有没有含油层,有没有构造地层呢? 大地构造是综合反映的结果,大地构造与矿床结合着石油远景问题,这个方向是正确的。苏联有许多先进经验,用大地构造作为找油方向是正确的。翁文波提的名词很多,但必须说明这个大地构造是哪一套,把这个讲出来,将来不对再研究,再修正,相互地找,我认为大地构造用得还少。

　　哪里有油也可以依据地层厚度来划分。地层的厚薄本身就是大地构造。从厚度得的结果也与地质条件相合。所以其根据要以大地构造为主,其次为油苗。

　　其次为分级问题,因为他是根据有没有油苗及根据地层厚度 500 米以上,以下来分级,而没有讲到地质情况及油气层的储藏及油田储的条件。分级是很困难的问题,现在最好在中国作出标准区,用地质的特征来命名,用分区而不用分级。

　　这次报告中对各种体系油田的特点提得不够,实际资料用得也不够,固然是因为翁文波同志做的工作很多,很熟悉,认为不提也可。这是不对的,因为我们还要继续做下去,不断地修正。

　　盆地的大小大可考虑,如陆相生油,各地均对此问题研究讨论,主要是植物、动物生油的问题。生油主要是植物——低等植物。高等植物生油少。最近苏联有人说高等植物可生油,主要是许多小种子带到海湾,形成油,但它的成因与成煤条件不同。

煤经蒸馏形成油是不太可能，这是两个系统，如煤成油需要加大量的氢，这是比较困难的。

（《中国地质学会会讯》第 9 期，地质出版社，1955 年，第 8—9 页）

在讨论会结束时谱主做如下总结：

现在大家的意见较趋一致，大地构造作为研究油田是对的，另一方面说得不清楚还是可以讨论，最明显的是中国地质图也有问题，可是这样的图也起了相当的作用。

其次是分级问题，大家都认为有问题，如唐山与玉门相提并论，现在看起来是不合适的，尚待研究讨论。

至于分层，报告希望明确是根据哪一套。这样就好明确。

（《中国地质学会会讯》第 9 期，第 10 页）

二月九日　与朱夏一起赴天津。

二月十日　上午在煤田总训练班(训练班学员 100 多人，大多为野外工作人员)做题为"煤质变化及煤质变化图测制问题"的报告，下午听朱夏做关于煤田类型的报告。

二月十一日　上午在煤田训练班解答问题，下午回北京。历时 20 天(除春节休息 3 天)的地质部第一次石油普查工作会议闭幕。

第一次石油普查会议期间，与黄汲清一道组织地质人员讨论进行石油普查的地区。在会议闭幕时通过了第 1 次石油普查会议决议，决定当年组织 5 个石油普查大队①，进行 5 个地区的石油普查。

《中华人民共和国地质部第一次石油普查会议决议》：

一九五五年地质部决定组织地质队廿四个，其中有重晶石和煤的普查队三个，油页岩普查队一个，石油普查队十八个，石油详查队一个，石油专题研究队一个，地球物理和地球化学队十八个，其中重磁力队九个，电法队六个，地震队二个，地球化学队一个，浅钻队六个，大地测量队一个以及相应的地形测量和经纬度测量队。分

———————————

① 根据第一次石油普查会议决议，5 个石油普查大队的名称分别是：新疆石油普查大队、柴达木石油普查大队、鄂尔多斯地台石油普查大队、四川盆地石油普查大队和华北平原石油普查大队。

赴新疆的准噶尔盆地、吐鲁番盆地、青海柴达木盆地、鄂尔多斯、四川盆地、华北平原等五个地区进行工作。

[中央档案馆（自然资源部档案室），全宗号196，目录号4，案卷号0260，序号2]

第1次石油普查会议决议分别阐述了上述5个地区的含油远景和石油普查的目的、任务。其中，华北平原的含油远景和华北石油普查大队的目的、任务是：

华北平原石油普查大队

华北平原是中生代以来的下沉地带，新生代的泥沙堆积甚厚，其中可能有海相沉积和产生石油的有机质，又由于喜马拉雅运动发生，较老的平原沉积可能曾遭受到轻微褶皱，因此，华北平原是可能产生石油的。加以油苗在各地的不断发现（如临清、巨野等地），对平原作进一步地了解乃成为刻不容缓。按目前情况，华北平原的石油地质普查工作可围绕下列目的和任务进行。

（1）初步了解平原基底的起伏情况；

（2）推测平原下新沉积的厚度；

（3）初步认识平原的大地构造轮廓；

（4）选定一、二点进行地质深探井；

（5）检查已知油苗，配合必要的浅钻工作，了解其周围的地质情况。普查方法应以物探为主，配合地面地质来进行。

（中央档案馆自然资源部档案室，全宗号196，目录号4，案卷号0260，序号2）

在会议结束之后，与黄汲清一道专门提出了松辽平原的找油工作方向和工作方法，并坚持本年即布置普查勘探工作。黄汲清出面交代苏云山起草《松辽平原石油地质踏勘设计任务书》。与黄汲清修改了此任务书①。

二月十三日　9时与黄汲清乘车到中山公园参加张澜的公祭仪式，刘少奇主祭，周恩来等陪祭。

二月十四日　在百万庄与刘毅、黄汲清、李奔等商谈上半年的工作计划。

二月二十二日　出席在北京开幕的地质部1955年的全国地质会议。

二月二十六日　出席全国地质会议，听取程裕淇的报告《中国已知铁矿的成因与工业类型及今后的普查方向》、宋叔和的报告《中国已知铜矿主要工业类型以及

---

① 《黄汲清与石油、天然气的普查、勘探（黄汲清口述）》，《院史资料与研究》2008年第6期（总第108期），第34—35页。

最近几年内找矿方向》和孟宪民的报告《中国铅锌矿床已知的地质情况及其远景》。

二月二十八日　在全国地质会议上做"关于'煤田类型'"的报告和"中国的油页岩和炼油煤"的报告。

在"关于'煤田类型'"的报告中讨论了究竟什么是"煤田"、怎样认识与确定煤田的"类型"、各种含煤建造的基本特征、苏联煤田类型的划分等问题,提出了我国"煤田类型"的划分方案,将我国煤田划分为 3 种类型:构造简单的、构造中等的和构造复杂的,每一类型又分为稳定的、比较稳定的和不稳定的。

"中国的油页岩和炼油煤"讨论了油页岩和炼油煤的工业要求或标准,油页岩的成因种类和性质、中国油页岩的分布规律、油页岩与石油矿床的关系、油页岩的工业用途和要求规格、油页岩的勘探类型、对油页岩勘探方法与矿床研究的要求以及油页岩的储量分类与级别,炼油煤的定义、各种煤炼油的方法及中国炼油煤的分布,认为云南的褐煤、东北中生代及第三纪的烟煤以及华北的某些储量巨大的煤田可作为炼油煤。

三月一日　在全国地质会议上作题为《1954 年普查检查工作中的几个问题》的报告。报告分为 4 个部分。第 1 部分概述了 1954 年普查工作检查的结果,将普查工作地区分为 3 类:有进一步工作价值的、工作价值不大的、无须进一步工作的和不能肯定是否值得进一步工作的。第 2 部分谈普查检查工作中发现的 7 个优点和 8 个缺点。第 3 部分总结了在检查工作中发现的影响普查工作的 14 个理论问题。第 4 部分则提出了今后普查找矿的方向和方法,包括各种金属矿床和非金属矿床,尤其是石油的找矿方向。指出"需要尤为迫切者则为石油,我们必须全力以赴,要有只许成功,不许失败的精神,在祖国广大地区内找出石油资源的基地,以保证社会主义工业化的圆满建成",提出以后数年应集中在准噶尔、柴达木、塔里木及河西走廊,华北、松辽及华东平原应予注意。

谢家荣《1954 年普查检查工作中的几个问题》(摘录):

四、今后普查找矿的方向和方法

为了配合国家经济建设的需要,我们必须找出更多的矿产资源,特别在中原、西北及西南寻找铁矿,在华北寻找锰矿,在全国范围内寻找更多的铜铅锌。在铁路沿线及缺煤之区,寻找煤矿。而需要尤为迫切者则为石油,我们必须全力以赴,要有只许成功,不许失败的精神,在祖国广大地区内找出石油资源的基地,以保证社会主义工业化的圆满建成。他若镍、铬、铂、金刚石、铝、磷、钾盐等矿产也是我们普查找矿的对象。为了发展原子能在和平事业中的应用,我们应开始寻找放射性元素的矿产,以供试验及开采。兹根据几年来在普查找矿中所获得的经验,加上学理判断,提出下述的找矿方向。

西康攀枝花已证明为一巨大铁矿,必须继续探勘,以供在西南建立钢铁基地之用。至于昆明附近铁矿,因规模不大,只能供给小型钢铁厂的原料。在四川盆地中寻找大型铁矿,已得到了否定的结论,那些已找到的像綦江铁矿,涪陵、彭水等铁矿也只能供给小型钢铁厂之用,故今后找矿方向应转向盆地边缘大山之内,如川北的大巴山及川西南的天全、宝兴一带。如结果不好则最后只有依靠攀枝花。

在中原和西北寻找铁矿,尚未获得结果。我们在秦岭及甘肃南部应继续搜探,同时应在河西走廊的北山地区及阿拉善三角地带寻找变质或火山成因类型的铁矿。如鞍山式,白云鄂博式或其他种矿床。

应在华北山西、河北及热河等省,就震旦纪地层分布之区,广泛寻找原生沉积的锰矿。

继续普查中条山变质岩分布地点,以寻找更多的铜矿,同时在五台地块、吕梁地块及太行山地块中布置普查,搜寻相似的铜矿矿床。在祁连山布置区域地质测量以寻找白银厂式及其他类型的铜矿。

扩大赣东北,江西北部及浙闽沿海的普查,以寻找铅锌矿,普查青海的铅锌矿。在湘西及云贵高原区布置适当的普查队以寻找有工业价值的超低温的铅锌矿床。

继续在满蒙地槽及祁连山地槽寻找铬镍矿床。集中力量在野牛沟找铂及沅江流域和其上游梵净山一带寻找金刚石。

从漳浦往南在闽粤沿海及雷州半岛、海南岛等地寻找三水型铝土矿。在东海外围及在大别山南麓从宿松到花园一带普查磷矿。在山西中部太原以南之晋南盐池间及川中自流井普查钾盐矿床。

以后数年的石油普查工作应集中力量在准噶尔,柴达木,塔里木及河西走廊的四大盆地之中。华北、松辽及华东平原中亦有产油希望,应予注意。在四川应注意川西、川中各区,并应着重天然气的开发及利用,在华北寻找炼油煤,而在华东、中南则注意油页岩。中南区的乐平煤已划定为炼油煤,而清水河、大同、静乐各煤田及平顶山的上部煤亦俱有用作炼油的条件。

普查找矿的方法应着重在每一地区中提出关键性的地质理论问题,同时结合当地的地质情况,矿床产状,定出每一地区的具体的找矿标志,作为在工作中的指针。应广泛利用点滴法及各种野外测验法以鉴定矿物,辨别品位,以辅助目测的不足。除槽井探外,还应广泛采用露头爆破法获得岩石的新鲜面,以发现有用矿物。用唧筒喷射试液,在大面积内测验矿物的存在。每一地质人员应学会淘洗重砂法以追索露头,发现矿体。认真注意依据老窑(包括露天开采遗迹及陷落带)、炉渣及废石堆,密切联系群众,采访各种情况,发动群众报矿,以获得更多关于矿产地的资料。

（中华人民共和国地质部：《一九五五年地质会议文献汇编》,第519—520页）

三月三日　在地质研究所讨论当年出发的各队的计划。

三月八日　晚,在黄汲清家讨论科学研究小组的踏勘及科学专题问题。

三月九日　起草科学研究小组讨论总结。

三月十日　石油管理总局苏联专家安德烈依柯、尼基金、季利契柯夫与中国科学院的侯德封、张文佑、赵金科、崔克信等8人及地质部的黄汲清、谢家荣和邓尧和石油管理总局的翁文波等及翻译李国玉在石油管理总局会谈,并提出了成立石油地质委员会的建议。[①]

三月十三日　赴北京地质学院做题为"中国煤田的分布,特征及大地构造类型"的报告。

三月十五日　会晤《中国建设》(*Chian Reconstruction*)杂志社西门女士。

三月十七日　出席全国地质会议闭幕式。此次会议历时24天。会议总结了1954年的地质工作,指出通过1954年的工作,若干矿种的工业储量有了显著增长,基本满足了当前几个主要工业设计的急需资源,普查取得了重要成果,但是勘探依然赶不上工业设计的需要,普查不能适应勘探的要求,科学研究工作急需加强。会议确定1955年的地质工作项目有120项,其中初勘和详勘为42项,工作重点是大力开展石油与人造石油原料的普查,大力满足煤井建设的需要,急需寻找新的铁矿产地,尽一切可能满足国家对铅、铜、锡、铬、镍、钼、铝、磷等的急需,并加强其他矿种的普查与勘探。

三月十九一二十一日　撰写勘探青草湾油田的意见[②]。

三月二十日　填写地质部人事司所发《干部鉴定书》。在此《干部鉴定书》的《自我检讨》中,谱主对自己1954年的工作、学习、思想和今后的努力方向进行总结。

一、工作方面:1954年这一年中,我除了赴北戴河休养20天及两次生病外,好像一直在忙。但现在自己检查起来,我做的工作实在太少了。在第一季度,我曾为地质会议作了几次报告。4—5月间我参加普查会议,并做了些普查设计的工

① 中央档案馆(自然资源部档案室),全宗号196,目录号4,案卷号261,序号9。
② 依据谢家荣日记,没有查到文章发表在何处。

作。5 至 7 月在斗笠山检查工作。11 到 12 月又赴孝感及江西东北部检查铅锌矿的普查。8 到 10 月普委会负责同志都出外检查,由我暂为照看。当时曾详细阅读了各普查队的工作报告,并经常听取队上来人的汇报,又为储委去审查过铜官山的报告。此外经常赴科学院审查名词,赴石油局了解石油地质的工作,并提供一些意见。为地球物理培训班教了一个月"矿床学"的书,写了几篇短文,译了些煤地质及围岩侵蚀的俄文专著。这都是地质部以外的额外工作。我记得在上一次的鉴定中,曾提出要在第二季度起编著矿床学教科书,但直到现在,我一个字也没有写,一天到晚好像很忙,但对部的工作既做得太少,自己的学术研究及编著工作又未能尽照计划进行,这样的工作效率和成果是不能使人满意的。

我在工作上的缺点是急躁忙乱,抓不住重点,在许多方面表现粗枝大叶。现在急躁的脾气好得多了,但忙乱依然,仍看不出有什么重点工作。人家说我做事还不算慢,能够学习新事物及新技术。正因为学习得快,吸收得多,就不免粗枝大叶,不够深入。这在上一次的鉴定中我已检讨过了。现在看起来,改进得还太少。更大的缺点是做事虽还说能负责,但积极主动性不够。派我做的事我一定做,没有派我的我就得过且过,如好几次我想把地矿司各勘探队的全部报告详细阅读,从此做一些综合研究,以便提出问题及解决问题的意见,供领导参考。但一则没有时间,二则因领导上未叫我做,就懒得过问了。只有当普委会刘毅主任留信叫我照看普委会时,我才积极地把所有普查队的报告及图件都详细研读,发现了一些问题,并随时发出关于技术方面的指示。我现在对去年所进行的普查工作能有一些轮廓上的观念,其原因就在此。这种被动的工作作风是不够积极,不够负责的,以后当就此点努力改进。

我对于培养干部、教育后进的工作,以前做得太少,去年一年中还是很不够。如关于煤岩学的指导,组织上是派我负责的,但我在这方面所费的时间很少,仅去过四、五次。这是非常惭愧的,以后当加倍努力。

我对保密一向不甚重视。现在虽改进多了,但自由散漫的习惯还未除掉。如我竟把部中所发的日记本,在一次部中会议时遗忘在桌上了,幸经人检收后交还给我,而我自己还不知道是什么时候丢的。这个本子上我记的东西虽然极少,但究竟是一个保密的东西,不应该如此大意。我必须记住这次教训,以后小心警惕,保证不再犯这样的错误。

二、学习方面:政治学习还是不够积极,只是随着大家阅读文件,听几次报告,交一些论文,因此谈不上有什么特别的心得和体会。但自从学习了总路线及总任务及联共党史关于工农业化的几章后,对于祖国伟大经济建设的前途,具有更大的鼓舞与信心。我感觉到地质工作在这方面所负责任的重大。自从学习了四中全会的文件后,又觉得骄傲自满的情绪必须克服,必须抱着全心全意为人民服务的精神努力工作。

为结合业务的改进和提高,我读了几篇关于煤地质的俄文论文,又学习了一些普查方法,重要的心得都已收集在已出版的《普查须知》中了。读俄文的速度又增长了一些,如练习读俄文的政治书籍,我曾读了原文联共党史第九第十两章,不过许多生字还不能记住。

三、思想方面:科学工作者一般都有主观思想。这表现在轻视人家的工作,不接受人家的意见,自以为是方面。我也是主观思想很严重的一个人,以后要多多听取人家的意见,阅读人家的著作及报告,更加实事求是地从实践中来改正自己的错误。

一个在旧社会中工作多年,没有经过彻底改造的我,资产阶级思想的残余自然是很严重的,因此在若干问题上的看法,不知不觉中就为资产阶级思想所俘虏了。如关于红楼梦,我从前也是赞成俞平伯的看法的,近来读了报上的一些批判文章后,才知道以前想法的错误。

纯技术观点也是我思想上的另一错误。我近来虽稍有改进,但在工作中依旧表现出来。如这次鉴定中有人提出我在检查中南区铅锌矿工作时,只注重技术,不谈其他。其实我在上次检查斗笠山及平顶山的工作时,也只是注意技术,并且那次除打了几个电报,解决了一些技术问题外,连检查报告都没有。这是很不对的。在下半年出发检查时,我就决心要做好报告,因此在野外就完成了三篇,最后一篇,返家后几天内就交卷了,在时间上总算没有耽误,但谈的只是地质,不涉其他问题,这是很不全面的,我接受小组上提出的意见,以后要予以改正。

四、今后努力方向

1. 要积极的主动地争取做工作,要有计划地按时完成工作。

2. 经常了解各种地质工作的基本情况,大胆勇敢的提足意见,供领导上参考。

3. 决心做好各种矿产图的编制工作,矿产的踏勘工作及石油普查的检查工作。

4. 进一步学习苏联先进理论和先进经验,经常与专家联系,向专家学习。

5. 学习马列主义及辩证唯物主义的哲学理论,随时清除资产阶级的思想残余。

6. 希望今年开始编著矿床学教科书。

(中国地质科学院组织人事处:谢家荣人事档案,档号3-3)

三月二十一日　地质部人事司所发《干部鉴定书》确定小组鉴定意见:

工作积极,肯负责,肯发表意见。完成任务敏捷。接受新事物,特别是苏联先进理论和方法很快,丝毫不保守。

在五四年的普查会议和今年的石油普查会议中都起了骨干作用,贡献出了很大的力量,并收到了显著的效果。

特别是选定五四年各普查项目和确定设计任务书发挥了很大作用,在两项生产检查工作中都提出了建设性的建议。

在工作中由于接触面太广,往往不够深入,也看不准努力的重点。研究问题有时坚持己意,流于主观。对政治学习抓得不紧。

刘毅 李奔 王曰伦 谢家荣 1955年3月21日

(中国地质科学院组织人事处:谢家荣人事档案,档号3-3)

三月二十五日 上午赴普查委员会编图,下午赴国家计划委员会作题为《煤地质的几个问题》的报告,包括:① 煤田类型,② 煤质变化,③ 当前的任务:a. 准备第一个五年计划的矿量,b. 给铜铁基地找焦煤及瘦煤,c. 在缺煤少煤地区找煤。

三月二十六—三十日 赴普查委员会审查铁矿、锰矿、钼矿、铋矿、钨矿分布图,出席地质部召开的踏勘工作会议。

三月三十一日 赴燃料工业部石油管理总局报告在酒泉盆地内勘探石油的意见,并与苏联专家阿努列克(Анурско)和尼基金(Никикин)讨论。

三月 所著《次生石英岩》刊于《地质知识》第3期。"次生石英岩"是苏联地质学家发现和命名的。文章给出了次生石英岩的定义、生成环境、矿物成分与结构特征、次生石英岩的分类以及与次生石英岩有关的金属与非金属矿产,指出次生石英岩与火山喷发或近地表的浅成侵入作用有关,并且是与中酸性火山岩或浅成小侵入体有关,有一套特殊的矿物组合,依据其矿物组合可以分为7个相。与次生石英岩有关的矿产主要有明矾石、高岭石、叶蜡石等非金属矿产和铜、多金属、金银及锑、砷矿等。文章指出了中国的两个次生石英岩发育区及其矿产:浙闽粤沿海一带的中生代火山岩及侵入岩发育区和长江下游的中生代火山岩区。

四月一日 全天在地质部里讨论华北平原的物探设计工作。

四月三日 赴商业部礼堂与北京地质学院学生联欢,燃料室全体人员参加,在会上发表演讲,内容有三:煤地质的重要性、复杂性及科学研究前途,以后在学习和工作中应注意之点,煤地质工作者当前的任务。

四月四—五日 在普查委员会与孟宪民等编踏勘项目计划。

四月六日 与王曰伦同赴北京地质学院参加第一届科学研究综合讨论会,听了4个报告:王鸿祯的"从寒武纪地层论中国大地构造单位",朱志澄的"中条山的若干地质构造",冯景兰的"黄河流域的地貌及动力地质现象"和袁复礼的"新疆准噶尔地质";下午在讨论会发言,略提了些意见。

四月八—十一日　在普查委员会审查石油分布图,编制大地构造轮廓图,与许杰副部长等讨论机构及科研工作。

图 105　1955 年 4 月 10 日与家人合影

四月十二日　到地质部出席有苏联专家参加的踏勘讨论会并在会上做了相关报告。下午分组讨论如何进行踏勘工作;赴中国科学院编译局讨论俄中矿物学名词译名。

四月十四日　在石油管理总局苏联专家办公室讨论地质部 1955 年石油普查计划。地质部普查委员会总工程师谢家荣主持会议,出席人:普查委员会常委黄汲清、物探处处长顾功叙,石油管理总局苏联专家安德烈依柯及柯达夫斯基,石油管理总局局长康世恩、处长翁文波,中国科学院叶连俊、陈庆宣等,翻译李国玉,会议记录普查委员会邓尧①。苏联专家在听取了黄汲清对中国石油普查计划的介绍后发言,主要谈物探工作,表示总体上可以认为各工作区布置是合理、可行的。

四月十六日　到地质部新址在地矿司做题为"中国的产油区及可能含油区及

①　中央档案馆(自然资源部档案室),全宗号 196,目录号 4,案卷号 262,序号 2。

在勘探油田中的若干具体问题"的报告,历时 3 小时。

四月十八日　上午在普查委员会校稿并审查图件,下午出席地矿司踏勘讨论会。

四月二十四日　赴中国科学院编译局出席大地构造名词讨论会。

五月一日　赴天安门观礼台观礼。审查马家沟报告。

五月二日　在西黄城根内务部礼堂听苏联专家别捷赫琴(А.Г.Бетехтин)院士的报告"热液矿床与火成岩的关系"、别洛乌索夫(В.В.Белоусов)的报告"大地构造的基本问题"。

五月三日　上午赴中国科学院地质研究所听苏联专家别捷赫琴院士的报告"苏联地球化学及矿床学发展情况"。

五月四日　在地质部与苏联专家别捷赫琴等 3 位院士座谈,在别洛乌索夫组报告酒泉及华北平原的石油。

五月五—七日　审查马家沟报告。赴燃料工业部石油管理总局听翁文波汇报各盆地情况。在普查委员会与李赓阳谈华北、东胜地区石油地质及五台地质测量。

五月八日　与孟宪民一道赴中国科学院听日本著名地质古生物学家早坂一郎(Ichiro Hayasaka)的演讲。演讲会由中国古生物学会和中国地质学会联合举办。出席演讲会的还有:尹赞勋、孙云铸、杨遵仪、王鸿祯、张席禔、马杏垣、杨杰、周明镇、王曰伦、高振西、赵宗溥、刘宪亭等 30 多人。早坂一郎的报告持续约两小时,追述了以往和若干中国地质古生物学家的友谊,盛赞中国的新生、发展和成就;详细介绍了日本地质学会、日本古生物学会的学术活动情况,特别提到了他在中国台湾和日本做过的古生态学和遗迹化石的研究;他还说,过去日本军国主义对中国有很大的破坏作用,日本人民感到非常对不起中国。他向中国古生物学会和中国地质学会赠送了许多学术刊物。报告会受到与会者的热烈欢迎。

五月九日　与鄂尔多斯石油普查队人员谈工作方法。与加工室林思君谈选煤工作。

是日　中国科学院党组致函中共中央宣传部,汇报根据中共中央政治局会议精神对中国科学院学部委员名单进行修改的情况,指谱主与黄汲清、程裕淇、王力、汤飞凡、周仁、胡先骕、汤佩松等 8 人属于"学术水平较高,政治上虽有某些可疑情节,但无适当理由向科学界进行公开解释或因国家建设之需要,目前担任国家机关或企业厂矿重要职务又不能不用者"[1]。

五月十二日　上午偕刘毅赴燃料工业部石油管理总局与(苏联)专家谈东胜及四川探油事。

---

①　潘云唐:《程裕淇年谱》,《院史资料与研究》2006 年第 1 期(总第 91 期),第 44 页。

五月十三日　到中南海怀仁堂听周总理关于亚非会议的报告，陈毅副总理做补充报告。

五月十四日　到地质部参加苏联专家别捷赫琴的座谈会。

五月十五日　在中国科学院党组向中共中央宣传部并中央呈报的、经修改后的学部委员名单中，被列为中国科学院生物学地学部学部委员。

五月十九日　赴燃料工业部石油管理总局商谈赴酒泉考察事，并与苏联专家商谈基准井之问题。出席储委审查并通过马家沟报告。

五月二十一日　校完《普查须知》稿。

五月二十二日　作为地质部普查委员会石油地质工作检查组成员乘火车由北京出发赴西安。检查组成员还有刘毅、黄汲清、吕华和邓尧以及财务两人、警卫员两人，共9人，刘毅任检查组组长。

五月二十四日　在西安与西北地质局有关人员谈河西走廊踏勘事。黄汲清赴西北大学做题为"从西北区大地构造特征谈石油远景"的报告。晚8时听取西北地质局汇报。

五月二十五日　出席7时起举行的座谈会，与黄汲清等发表对西北地区将来勘探石油的方向和方法。10时赴机场，11时起飞，与检查组一行飞往兰州，于中午1时15分抵达，稍息后于2时起飞，下午4时30分飞抵酒泉，由于机上太冷，降落时大呕吐。1小时后，搭油矿局车于晚八时抵达老君庙。

五月二十六日　由李德生陪同赴老君庙西边注水井、南边油水边界及顶部注气各井参观。听取各勘探点地下地质情况介绍。余伯良介绍地面地质情况。

李德生，石油地质学家，1922年10月17日生于上海，籍贯江苏苏州。1945年毕业于中央大学地质系。1991年当选为中国科学院地学部委员（院士）。2001年当选为第三世界科学院院士。中国石油天然气集团公司北京石油勘探开发科学研究院总地质师、教授级高级工程师、美国石油地质学协会终身会员。长期从事石油勘探开发和地质研究工作。大庆油田发现过程中的地球科学工作者之一。参与编制完成大庆油田第一部开发方案《萨尔图油田146平方公里面积的开发方案报告》。20世纪60年代中期—70年代，参与创立了渤海湾油区复式油气聚集（区）带的理论并指导实践。对我国陆相生油理论、含油气盆地构造类型、陆相湖盆储层研究、古潜山油气藏以及裂隙性储层特征研究等方面都做出了重要贡献。代表作有《石油勘探地下地质学》《中国含油气盆地构造类型》《李德生石油地质论文集》和《中国石油天然气总公司院士文集：李德生集》。1982年获国家自然科学奖一等奖，1985年获国家科技进步奖特等奖2项，获2010年度陈嘉庚地球科学奖。

五月二十七日 考察红柳峡侏罗白垩纪地层剖面。

五月二十八日 检查组分为两组进行工作。与刘毅一起考察青草湾以南地质。

五月二十九—三十一日 考察石油沟火石山石炭二叠三叠纪地层,白杨河地质,考察火烧沟 NK_p 与 NK_h 的接触关系,考察惠回堡侏罗白垩纪地层剖面。

五月三十一日 经国务院第 10 次全体会议批准通过,当选为中国科学院生物学地学部委员。

六月一日 中国科学院举行学部成立大会,正式被聘为中国科学院生物学地学部委员,颁发聘书。在老君庙油田考察旱峡侏罗纪煤系和泥盆纪旱峡系地层。

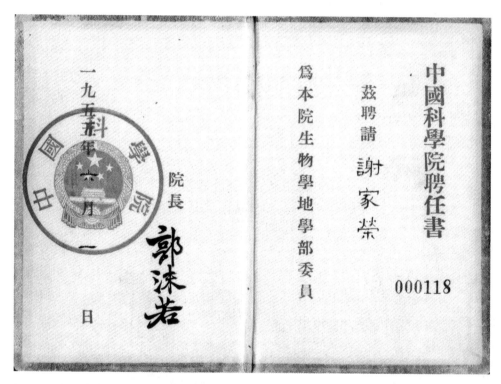

图 106 中国科学院生物学地学部委员聘书

六月二日 在玉门矿务局召集的有约 40 人参加的座谈会(苏联地震专家亦参会)上做报告,报告考察情况及找油方向,指出酒泉盆地是祁连山前从晚古生代到新生代的山前凹地和山间盆地,广义的酒泉盆地远景还很大,必须进一步普查勘探。之后黄汲清亦做报告。苏联专家发言极支持谱主和黄汲清的主张。座谈会后出席玉门油矿举行的宴会。从老君庙抵达玉门。

谱主在座谈会上的报告,依据玉门矿务局的记录如下:

中央地质部刘毅、谢家荣及黄汲清等同志,于五月廿五日来矿,由我局李德生、余伯良同志陪同前往青草湾、白杨河、石油沟、大红圈、红柳峡、火烧沟、惠回堡及旱峡等地进行短期地质观察后,于六月二日在玉门矿务局作了关于酒泉盆地石油勘探问题的报告,记录如下:

谢家荣先生报告:这次野外观察的结果和我上次在北京所作的报告没有抵触的地方,现在分为四个问题来谈。

(一)向哪里去找第二个老君庙?

酒泉盆地是否有第二个老君庙?毫无疑问,我们的回答是有。最近苏联的理论是任何矿藏的出现,一定是成群的,而不是单独的。所以要有信心。在这种思想的指导下,石油局同志已做了很多工作,找到了很多构造,并且进行了很多深钻工作,但到目前为止还没有找到第二个老君庙。这就提出了到何处去找第二个老君庙的问题。

酒泉盆地的范围自积阴功台至文殊山,余伯良已作了大的分带,按地质构造的型相,可以分为:

(1)南山山麓逆掩断层带。

(2)山前凹地潜山带。这一带对石油具有极重要的意义。石油沟火石山出露老地层,NK_P 不整合超覆于老地层之上,最高露出 P_Y 地层。老君庙出露 NK_P 及 NK_S 地层,打钻下遇 KH 达 TS,此井位于构造顶部,因此亦证明为一潜山。下面还可能钻到侏罗纪。下面老地层石炭二叠纪的存在,对于构造的形成来说,这样的潜山对于石油的储集具其重要的意义。石油沟之火石山与老君庙之潜山,大致成为南山山前凹地的潜山带。这潜山带是否向西延伸,是值得注意的。

(3)北山地台区,根据打钻的结果,证明白杨河为单斜构造,地层主要有侏罗白垩纪。地台的特征是结晶岩较浅,现文殊山已打出结晶岩,红柳峡亦有结晶岩露头,这都证明这一带结晶岩是不深的,那么这一带为地台区是无疑的了。

根据地质情况而分成以上若干带,山前凹地对于生油最有利,对这一带应加以重视,而潜山又对于形成储油构造有利,因此山前凹地带中的潜山带应作为今后找第二老君庙的重点。潜山带前可能还有褶皱,如一号重力高,也应加以注意。

(二)根据哪些准则去找第二老君庙:

1.在山前凹地带里的潜山带找第二老君庙。

2.找 NK_P 构造(NK_S 可能不整合于 NK_P 上,构造亦受错动,N_Y 所造成的构造肯定不太好),但不要露得太多,上面盖层要封闭得很好。找潜伏构造亦是不可忽视的。

3. 要有生油层。第三纪已肯定是不会生油的,那应有石炭、二叠、侏罗、白垩纪等未变质的可能生油层系存在时,其找油的希望最大。

由已知推未知,在青草湾以南及积阴功台以东的戈壁滩上列为第一位,一号、三号重力高等构造列为第二位。地台中的油藏为另外一个类型,如岩性封闭、尖灭等,对于圈闭的类型,其意义不大。

(三)对于河西走廊的找油远景问题

最近所提出认为石油沟、白杨河谷以西有油,东边无油的这种说法,证据是不够的。生油地区绝不限于以西,如民和盆地有油,即有力地证明了这一点。整个河西走廊一直向东过去都可能有油,只是目前还未很好研究。东边阿拉善三角地带的红层带可能为有油区。酒泉盆地与塔里木相接,其间应进行工作。阿尔金山一些山间盆地,除部分有变质岩的外,亦有侏罗纪等地层,可进行研究。

(四)有关进一步研究的地质问题

1. 研究石炭纪以后的沉积史。除研究沉积厚度、岩相变化、沉积型相外,研究沉积史对于石油的生成来源具有很重要的意义。包括第三纪以下的所有老地层,要整个联系起来,从石炭、二叠纪开始研究。如很多地层中均有砾岩,这表现供给区的地壳上升而形成,因此只研究沉积史,找出其时代关系还不够,还必须把沉积区与供给区的关系结合起来。又如地层中石膏很多,对于沉积岩的研究仅限于岩石的形象(型相)还不够,还必须研究其含盐量等。石膏层对于研究这一方面是很好的条件。下惠回堡系以上有石膏层,这表示温度增高,湖水蒸发而成。第三纪 NK_P 及 NK_P 顶均有石膏层,可能为沙漠区干燥情况下所形成。NK_P^2 的砾岩层是否可以认为是沙漠相。

对于 LM 层间结核层,其生成原因是值得研究的。一般沉积可分成沉积、压缩成岩、变质、风化四个阶段。我想此层可能系成岩阶段生成。

大家均认为白垩纪是一个湖,今后是否可以进行一些工作,把湖的边缘范围划出。

2. 关于玉门及酒泉砾石层的问题

N_Y 属晚第三纪,Q_C 属第四纪,其时代是否可以这样划分,是应进一步研究的。研究砾石层可以找出分布及厚度变化情况,这对今后钻井用途很大。N_Y 是否为早时高的戈壁滩,而酒泉为较新而低的戈壁滩,玉门是否向南变为冰川沉积,如属冰川沉积,再确定冰川关系来划分时代。

3. 把各种构造的不整合、超覆等联系起来,明确构造的发展史。

总的来说,首先应研究出地质的发育史,再结合研究石油的发育史(产状及规律性),然后作出结论,指出今后的工作方向。

（五）根据结合提出初步建议

1. 山前凹地区应作为工作的第一重点，应加强地球物理及地球化学的探矿工作。

（1）在青草湾以南及以西的地区，可进行地震、浅钻及地球化学探矿工作。

（2）石油沟储油构造轴线往西，与老君庙之间关系需要明确，是否还有构造存在？

（3）大红圈南面用地震法探，是否还有高点？

2. 对于重力高应加以注意，这一带构造是一排还是两排还不太清楚，凹地中的重力高应列为第二位工作。

3. 地台区工作可适当减少。

黄汲清先生报告……

地震专家柯特拉夫斯基发言

现在还未对此两报告有充分的了解，但仅根据所听到的来看，这两个报告很有意义。自己特别感兴趣的是对酒泉盆地的分区问题。关于南带是最有希望的一带，过去也曾听地质家们讲过，但是在制订五五年勘探计划中，没有把这点充分地反映出来。经过深入研究此地区以后，两位地质家的报告都强调（指）出了这点，我认为这报告是很有说服力的。两天以前在总局曾召开会议，讨论如何在酒泉盆地布置浅钻问题。会上听了张朝干的发言，很大程度上与两位谈的相似，但缺乏整体性，今天听到的比较更有根据。现在在谈布置浅钻与勘探任务面前，是否可以改变方向。在工作过程中改变工作方向是不好的，不过如果有这必要性还是可以，当然改变方向的问题，还得在会议上深入讨论来决定，作为在总局工作的中国和苏联专家的提议，是不能摆在一边不管的。

（本报告记录未经黄汲清及谢家荣先生亲自校阅，如在文字内容及插图上有错误之处，由记录者负责。记录：金伟光　邵大贞，整理邵大贞）

（谢家荣、黄汲清：《关于酒泉勘探问题的报告》，甘肃省地质资料馆，档号 263）

六月三—五日　检查组一行自玉门出发，经安西、星星峡、哈密、三堡、三道岭、七角井，抵达吐鲁番盆地东部的七克台南湖工地。这里是新疆石油普查大队一个地质分队所在地。队长为靳毓贵，全队地质技术员都是女青年。新疆石油公司在该地区布置了浅钻队，并有苏联专家担任指导。

六月六—九日　先后考察鹰嘴岩第一剖面线、红胡子坎第二剖面线、台子村油苗及土法采油。其间听取了新疆石油普查大队靳毓贵队长在 6 日做的地质报告，并与靳毓贵队长谈工作方法。

图 107　在新疆石油普查大队七克台南湖工地检查工作时留影（据中国地质科学院编《黄汲清纪念文集》，地质出版社，1988 年。中间三位左起为靳毓贵、谢家荣、黄汲清，右一为吕华）

六月十日　检查组一行经鄯善抵吐鲁番境内的胜金口。

六月十一日　考察胜金口剖面，继赴吐鲁番，考察煤窑沟地质。

是日　与黄汲清共同修改过的、由黄汲清出面让苏云山起草的"松辽平原石油地质踏勘设计任务书"由普查委员会办公室副主任李奔签发，下达东北地质局组织实施。

六月十二日　自吐鲁番经达坂城抵乌鲁木齐。

六月十三—二十四日　在乌鲁木齐，先听取石油大队戴天富等人汇报情况，后赴石油公司晤余萍处长，参观各室，听取苏联专家西力克报告准噶尔盆地的地层、构造和含油远景。他特别强调侏罗、白垩纪生储盖层的重要性。与苏联专家涅夫斯基（Невский）讨论问题。听取油页岩队队长的情况介绍，同赴妖魔山水磨沟及东山考察油页岩。与西北地质局新疆分局人员一起考察六道湾煤矿。赴石油公司听苏联专家尼基金的报告，认为尼基金的报告甚好。与朱夏、胡焕文等讨论新疆石油地质问题。

朱夏（1920—1990），大地构造学家，石油地质学家，上海人，祖籍浙江嘉兴，出身文学世家，父亲朱大可以古体诗称名，母亲孙企馨也擅长文学。1935 年入上海交通大学物理系,1936 年入中央大学地质系并于 1940 年毕业,1946 年获瑞士苏黎世大学地质研究所博士学位。大庆油田发现的主要贡献者之一。1955 年参加新疆和青海石油普查,发现马海油田,参加大庆油田会战,是中华人民共和国石油地质普查的开拓者之一,含油气盆地理论研究的创导人。1980 年当选中国科学院生物学地学部委员。曾任地质矿产部上海海洋地质调查局高级工程师。40 余年坚持参加石油地质调查,对我国各主要沉积盆地和地区的石油地质情况和资源前景都进行过认真探讨,对油气盆地的大地构造特征与演化提出了许多新看法,如运动体制的变化是形成含油气盆地的首要条件、两个世代及两种运动机制的盆地及叠加作用等,从活动论构造历史观出发进行盆地原型并列叠加的 T(构造环境)—S(地质作用)—M(油气响应)的系统分析,撰写许多重要论著,对指导我国油气田的找矿与勘探做出重大贡献。代表作有《朱夏论中国含油气盆地构造》《朱夏诗词选集》。1982 年获国家自然科学奖一等奖。

六月二十五日　自乌鲁木齐经玛纳斯、三道河抵乌苏独山子。

六月二十六—二十八日　听取闵玉的汇报,观察岩心,考察泥火山、中沟、奎屯河地质,土斯台构造。

六月二十九日　给矿区提了若干意见后,检查组一行离独山子,经乌苏、头台、车牌子,抵张恺[①]营。

六月三十日　赴黑油山即克拉玛依考察白垩纪及侏罗纪剖面、研究不整合面、沥青沉积,返途考察张恺区剖面、沥青及构造。

七月一日　在与张恺营的工作人员谈地质情况后离开张恺营,进抵乌尔禾。

七月二日　赴乌尔禾东边的风成山,考察沥青脉及沥青砂岩。与物探队人员谈考察情况后离开乌尔禾,抵和什托洛盖。此处是大队暂时住地,平铺的中生代地层中出现沥青,并由新疆石油公司布置钻孔,正在钻进中。当晚听三分队队长余世杰汇报。

七月三—八日　检查组由主任工程师朱夏引路,乘大小两部汽车在和什托洛盖周围穿了几条路线,进行地质考察。

七月九日　出席石油地质普查大队会议,石油公司的人也来参加。上午由黄汲清做报告,历时两小时。在下午的会议上首先做报告,也历时两小时。继由刘毅做报告。

---

①　张恺,河北沧州人,1952 年冬毕业于北京地质学院石油地质系,1953 年春到新疆中苏石油公司(新疆石油管理局前身)工作。曾任克拉玛依矿务局副总地质师、新疆石油管理局总地质师等职。张恺对中华人民共和国第一个大油田——克拉玛依油田的发现曾做出过重大的贡献。

七月十日 上午读奥布鲁切夫(B. A. Обручев)报告,下午自和什托洛盖经库仑塔别克抵达德伦山第二沟,宿冯福阖所在队的帐篷。

七月十一—十三日 先后考察德伦山第二沟的侏罗系和白垩系剖面、德龙山第一沟东面及南面的第三系剖面和德龙山东北的构造。

七月十四日 在冯福阖队开座谈会,先由冯福阖做报告,在黄汲清提出若干意见后也发言提出几点意见。

七月十五日 自德伦山第二沟抵达唐克义①队所在的乌伦托小海。

七月十六日 在唐克义队开座谈会,先由唐克义报告,提问题,再由朱夏解答。在朱夏发言之后发言,讲了3个问题:1. 单面山,2. 研究地文地貌的重要,3. 准噶尔盆地含油远景问题。之后黄汲清也发了言。

七月十七—十八日 赴东南考察第三系剖面及构造,宿营红石山北,继赴距营地33公里的陡岩考察,后赴王文彬队,在其附近山上扎营。

七月十九—二十日 从王文彬队往南考察构造后,开座谈会。

七月二十一—二十五日 顺乌伦古河谷东南行,穿过布满蚊群的浅草地到二台。从那里北望阿尔泰山。从二台南行经哈萨坟、六棵树、将军戈壁,赴黄草湖。从黄草湖西行,考察侏罗纪地层中满布的巨型硅化木,考察石树沟的构造后返回黄草湖。

七月二十六—二十七日 与苏联(物探)专家座谈后,检查组一行于晚上11时离开黄草湖南行赴奇台,出行17公里即遇最大的砂山,数次推车,彻夜而行,穿过44公里的流沙地带后于晨7时抵奇台,在军区合作社稍事休息后,再行200公里抵乌鲁木齐。

七月二十八日—八月二日 一路劳累,抵达乌鲁木齐后身体不适,疟疾复发,卧床休息。其间刘毅、黄汲清乘飞机从空中进行目测。

八月三日 写准噶尔盆地报告,准备赴石油公司的报告。

八月四—五日 出席在新疆石油公司地质处召开的中苏地质专家座谈会,由公司主任地质师杜博民主持会议,出席座谈会的苏联专家有斯莱达(Срейда)、尼基金、涅夫斯基、乌萨诺夫(Усанов)、马克西莫夫(Максимов)、施耐德(Schneide)、库辛(Кусин)等,中国方面有检查小组一行以及大队部负责人等。谱主代表检查小组在座谈会上作中心发言:"准噶尔盆地地质及其石油远景之初步意见",主要谈了地层分层及对比、大地构造单元之划分及盆地之形成、可能储油的构造等,强调山前凹地远景比地台好,应予特别重视。之后解答苏联专家提出的问题。黄汲清和

---

① 时任地质部新疆维吾尔自治区地质局631队第4分队分队长。

朱夏相继发言。苏联专家尼基金、乌萨诺夫、聂夫斯基、马克西莫夫等相继发言,刘毅做总结。尼基金专家做系统的、内容丰富的发言,再度强调"地台"上找油的优越性,并认为准噶尔盆地中部可能是加里东地台、南边是天山山前凹地、东北边则为华力西褶皱带。

八月七日　上午赴 519 队晤佟城等,再与苏联专家谈。

八月八日　随检查组一行自乌鲁木齐(经哈密)飞抵酒泉,王恒升、宋叔和接机。听严济南报告。

八月九日　继续听严济南的报告及杜孙的汇报,然后前往老君庙,听李德生及苏联专家伊万诺夫的报告。

八月十日　检查组其他人离开酒泉前往敦煌,开始下一阶段的检查工作。上午 9 时在酒泉出席大会,向大会做题为"酒泉盆地含油远景的初步意见"的报告,苏联专家伊万诺夫及水文地质和物探的专家相继发言。下午写致刘毅、黄汲清的信。

八月十三—十六日　自酒泉(经停兰州)飞抵西安,换乘火车返抵北京。

八月十七—十九日　研究华北油田、柴达木盆地石油地质,与普查委员会办公室副主任李奔谈检查工作情况。

八月二十日　赴石油工业部报告新疆及各队情况,继至政协礼堂参加廖仲恺逝世 30 周年纪念会。

是日　修订普查委员会草拟的"中华人民共和国地质部何长工副部长对全国石油普查工作全体同志的广播词",并在稿上签字①。广播词概述了几个月来石油普查工作所取得的成绩。

八月二十二日　参加普查委员会大会,李奔在会上做关于肃反运动的报告,总结肃反运动前一阶段的情况和如何使运动深入的办法。报告讲了 5 点:一是要在初步揭发的基础上,在提高思想及信心的基础上继续深入,一定要贯彻在机关内部肃清全部反革命分子的任务;二是前一阶段运动的收获,揭发出了段国璋、李清华等反革命分子及坏人坏事,同志们的政治水平及警惕性提高了,缺点是运动发展慢,许多有问题的人还没有老实彻底地交代问题,低头认罪;三是要下定决心,不全部肃清反革命分子绝不收兵,坚决、彻底、全面、干净地肃清一切反革命分子与五年经济建设是一个工作的两个方面;四是讲政策,坦白从宽,抗拒从严,共产党的目的是改造社会,改造人;五是重新调整力量,分为两组(运动组和业务组),运动组又分为一组(讨论问题)和二组(学习文件)。

八月二十三日　上午赴地质部向卓雄、许杰副部长汇报赴西北检查情况,下午

①　中央档案馆(自然资源部档案室),全宗号 196,目录号 4,案卷号 0260,序号 5。

赴中国科学院编译局审查俄中矿物名词。

八月二十四日　上午在普查委员会讨论柴达木盆地、四川盆地、华北石油普查大队情况,下午研究川北及桂西资料,并写出意见。

八月二十七日　出席石油工业部召开的柴达木盆地、四川盆地、陕北和酒泉盆地石油地质讨论会。

八月二十九日　所撰写的《关于松辽平原石油地质踏勘工作方法》,由普查委员会发给东北地质局。

九月一日　在普查委员会听取东胜石油普查队余飞汇报。汇报称,东胜地区的三条沟,最东边为哈什拉川,次为罕台川,西边为柳沟川。现在已经完成 3 000 平方公里,还有 3 000 平方公里待做,预计 10 月可完成。东部构造较复杂,西部较为简单,大部分为洛河砂岩。详细介绍了东胜地区的地层和油砂岩的分布。为《中国建设》撰写文章,并完成了一大半。

九月二日　上午 8 时起在普查委员会听取华北石油普查大队汇报。孙万铨、顾功叙、翁文波、王曰伦、郭宗山等人先后汇报。孙万铨先讲地质问题:检查油苗 25 处,还有 10 多处没有检查,大多数是假的,比较有意义的油苗有:巨野、临清、沧县、平阴、唐山龙谷壮、河南清风、香河、沭阳等;深水井工作共做了 16 个大城市的水井,天津最深,成果尚未出来,到 800 米深处仍未见胶结好的地层,北京和石家庄深水井多砾石;地质图现完成 284 平方公里,第三纪地层为石灰岩、石英砾岩和石灰质砾岩,其上为砂岩;剖面图与物性队配合已完成西山、安阳、淄博等,曲阳有泥质石灰岩,曲阳灵山镇有 700 米厚的石灰质砾岩;物探方面,在西山、曲阳、临城、安阳、淄博 5 个剖面上做了物性测定,南部地区百万分一重力异常已经做完,可分为东、西两边,东边一异常向东逐步升高,可称为重力高带,巨野嘉祥间有一重力高,磁力也高,电法做了五条剖面;化探方面,拟作临清、巨野及顺义,只做了临清。

顾功叙补充了苏联专家的 6 点意见,包括重力异常应考虑砾石层、重磁力只看大致情形,解决问题要靠电法及地震、如何与基准钻配合及明年计划等。

翁文波讲了奥陶系含油性的确定和华北基准钻等 5 个问题。

王曰伦、郭宗山等也在会上做了发言。

会上谈到了下半年要完成的任务、冬训和 1956 年的任务等。

九月六日　赴普查委员会阅读李春昱关于东胜的报告,下午阅读六盘山报告,分别提了意见。

九月八日　赴石油工业部向苏联专家汇报华北基准钻情况,并听苏联专家报告柴达木的工作。审阅四川的两个总体设计。

九月十日　写关于南京油苗的问题(答华东工业厅信)。参加普委肃反大会。

九月十三日　在普查委员会向宋应和许杰副部长汇报,上午汇报石油问题,下午汇报地质测量情况。

九月十四日　到地质部地矿司开会,讨论为即将来华访问的三位苏联专家做准备的问题:为别乌斯、乌拉索夫专家准备伟晶岩和稀有元素资料,为西尼村(B. M. Синицы)专家准备大地构造和石油资料。具体的准备工作包括:一、收集中国伟晶岩和铍、钽、锡、钨矿的资料;二、中国大地构造资料;三、中国石油资料;四、兰新路沿线地质资料;五、1956年计划;六、编制中国地质图的资料;七、六盘山以西的地形图资料;八、配备一组伟晶岩及稀有金属野外工作队,地质部、中国科学院地质产研究所、北京地质学院及司幼东参加;九、石油及大地构造方面,以地质部为主,中国科学院地质研究所参加;十、兰新路沿线由水文地质局配备干部;十一、公开报告应包括新疆地质、大地构造和石油远景。大地构造及石油资料由普查委员会和石油部收集,中国科学院地质研究所和北京地质学院协助。

九月十五日　为编写各盆地的说明,到石油工业部收集资料,同时提交了一份对探油的意见。

九月二十日　写河西走廊说明。与地质部物探局周克商谈1956年的计划。

九月二十六日　听取各工程师汇报研究各盆地的结果。

九月二十七日　听取华北石油普查大队物探队汇报最近情况,初步选定南部基准钻地点,暂定楚旺镇及临清,俟10月补充工作做完后再最后决定。

九月二十八日　与普查委员会办公室副主任李奔商谈第四季度工作安排。

九月二十九日　赴石油工业部谈华北基准钻问题,并与苏联专家谈新疆深钻井。

九月三十日　赴普查委员会开会,讨论国庆假期安排。

九月　普查委员会5人小组提交"关于谢家荣的材料",指其"现为本部普委会常委、总工程师"。材料涉及谱主的经历、任职、工作表现、家庭和政治问题。

(一)一般情况

谢家荣,又名谢季骅,男,五十六岁,江苏上海市人,家庭出身、本人成分均系职员,现为本部普委会常委、总工程师。

本人学历:一九○五——一九一○年在上海西城小学读初小、高小,一九一一——一三年在上海制造局兵工学堂附属中学读初中、高中,一九一三——一五年在北京农商部地质研究所学地质,一九一七——一八年在美国士丹佛大学主修地质,一九一八——二○年在美国威斯康星大学学地质,主修经济地质,一九二九——三一年在柏林德国地质调查所及弗兰堡大学实习地质。

工作简历：一九一六—一七年在北京农商部地质调查所，为练习员，后因赴美留学离职。一九二〇—二七，仍在北京农商部地质调查所工作，任技师。一九二八年在广州，两广地质调查所任技正。一九二九在南京中央大学地质系作教授，教矿床学，因赴德留学离职。一九三一年在北京中央地质调查所任技正并代所长。一九三二—三六年在北京任过北大、清华、师大等校教授及兼系主任。一九三七—三九年在资源委员会任专门委员、江华矿务局经理。一九四〇年在昆明叙昆铁路沿线探矿工程处任总工程师。同年至四二年又在昭通西南矿产测勘处任处长。一九四三—四九年，相继在贵阳、重庆、南京等地矿产测勘处任处长。一九四九年解放后留任华东工业部矿产测勘处处长。一九五〇年为南京中财委测勘处处长。一九五一年调北京中央地质指导委员会任副主任委员。一九五二年中央地质部成立，任中央地质部地矿司总工程师。一九五四年调普委任常委及总工程师至今。并为政协全国委员会委员、石油管理总局顾问。外文通晓英、德、法文，并自修俄文。著有地质学、煤、石油等地质论文二百余种，并发现淮南八公山新煤田、安徽凤台磷矿、福建漳浦铝矿、江苏栖霞山铅锌黄铁矿。

（二）家庭主要成员及社会关系

谢之妻吴镜侬，又名吴醒民……

谢之长子谢学锦，现在本部化验室工作……

女谢恒：为中国驻印度大使馆秘书……

次子吴东：唐山炼钢厂值班工程师兼团支书。

子谢学钫：长春空军预科总队第一大队四中队（参加军干校）。

子谢学铮：就学。

张英：系谢之内表弟，在北京石油管理总局计划处工作。

庄达卿：寄兄，在北京华北建筑公司总工程师。

谢（谭）锡畴：同学，地质矿产勘探局局长。

竺可桢：朋友，中国科学院副院长。

（三）谢之思想作风……

（四）谢之政治问题

……

（五）对问题之分析

谢家荣在中国地质界是知名的科学家，是地质界之前辈，曾两次留学至德国及美国，得有学位，在国内也有若干著作，在技术上有一定成就，而且现在所负责任重大，关系全国之地质情况、地质成果，某些矿区之储量、品位、远景、计划皆须经其耳目……如此就更有必要加强对其政治上了解，必须弄清其政治情况、政治背景及一些活动、社会关系,使我们心中有数,才能对其大胆使用,否则我们就要在政治上犯最大错误。

(中国地质科学院组织人事处:谢家荣人事档案,档号 5-1)

十月一日　赴天安门国庆观礼,晚 6 时与夫人吴镜侬及长子谢学锦等赴天安门观看烟火。

十月四日　听取黄绪德汇报华北石油普查大队明年的地质工作计划。

十月十一日　刘毅、黄汲清等检查组一行自西北回到北京。

十月十二日　石油工业部沈司长等来办公室告知青草湾南已有两个地震剖面显示构造,同赴三里河看望刚刚回到北京的刘毅和黄汲清。

十月十三日　出席普查委员会会议,听黄汲清关于柴达木及六盘山的报告。报告谈及柴达木盆地各地的地层出露情况及构造,指出构造俱在第三系中:均为短轴背斜,最多 1:4,没有山前凹地的褶皱、倒转,逆掩断层少;茫崖有些像箱状构造,断裂不强烈;乳山出露上第三系(N),储油性能不很好;大、小柴旦区较好,砂岩厚 100~200 米,分选好,盖层也好,油苗主要在西部;俄博岭背斜顶、冷湖第四个构造及格沙侏罗纪煤田背斜上的第三系底部有油砂。对柴达木的评价是构造好,完整;油苗显示多;储油层和盖层一般不好,东部可能较好;肯定是油田,可能很大,也可能很小。六盘山东部出露奥陶纪和志留纪的海相沉积,西部为侏罗纪白垩纪沉积,分六盘山的构造为三带:中部带出露白垩系,成背斜,有六个构造,东部为大逆断层;东带出露白垩系第四段,有四个构造,两翼平缓;西带出露白垩系第六段及下第三系,有五个构造。

之后汇报四川、华北、黔东和华东的情况。

十月十七—十八日　出席普查委员会会议,讨论 1956 年度石油普查工作计划。

十月二十六日　出席中国科学院生物学地学部第 5 次常委扩大会议。竺可桢在会议上报告国际合作问题,国内、国际学术会议,干部培养问题,编辑问题等。李四光要求各科学方面找出关键性问题及其解决方法。秉志、秦仁昌、侯德封、张文佑、何作霖、赵九章等均有发言。

《竺可桢日记》:

10 月 26 日

晨八点到院。和黄汲清谈生物学地学部组织。八点半开生物学地学部第五次常委扩大会议。今天到者较多人,因野外工作已回。李副院长也到。我首先报告召集这次会的主要目的是为 11/7—11/12 的院计划会议作准备,报告了今年重要的会议、调查队、国际活动等,谈到明年度的项目。李副院长、陈凤桐、许杰和秦仁昌、秉农山也统讲了话。十点分三组地质、动、植物开了会。动植物组首先由殷宏章报抗生素会议准备情况(12/1)及抗生素委员会的组织,再分为动、植物组分别讨论。

(《竺可桢全集》第 14 卷,上海科技教育出版社,2008 年,第 204 页)

十月三十日　离开北京,赴华北、华东检查石油普查工作。

十月三十一日　在石家庄听取华北石油普查队的汇报。

十月　主编《科学译丛》之第三种《煤的成因类型与煤岩学研究》由科学出版社出版。该译丛选译了有关煤岩学分析的论文 7 篇,谱主翻译了 4 篇:《陆植煤的煤岩亚种》《顿巴斯西南部中石炭纪煤的成因类型》《煤的成因类型与沉积环境的关系问题》《陆植煤的光学性质及用折光率定煤化程度的方向》。(另 3 篇由朱夏翻译)吴凤鸣对此译丛有专门的说明。

吴凤鸣《缅怀谢家荣先生——从谢老主编四本〈科学译丛〉说起》:

《煤的成因类型与煤岩学研究》(1955),谢先生亲自选译了 7 篇论文,集中反映了煤岩学研究的成就和理论发展现状,其中有苏联著名煤岩学家金士蒲格的《陆植煤的煤岩亚种》,基莫菲耶夫的《煤的成因类型与沉积环境的关系》,华西列夫的《探讨煤洗选性的煤岩学研究》,以及克莱洛娃的《陆植煤的光学性质及折光率定煤化程度的方向》等,主要是结合当时我国煤的工业性,特别是结焦性、炼焦配煤等诸多问题,汲取苏联及其他先进国家的经验,了解他们的理论发展和现状及解决实际问题的经验,其中他特别感兴趣的是煤的分类体系,高度评价了苏联陆植煤的分类方案,及其对中国煤的分类方案的借鉴意义。

(张立生主编:《丰功伟识 永垂千秋——纪念谢家荣诞辰 110 周年》,第 71 页)

是月　与黄汲清、王曰伦等人合著的《普查须知》第 2 版由地质出版社出版。第 2 版大大充实了第 1 版的内容,增加了一章《围岩蚀变》及其他章节。

《普查须知》第 2 版前言:

本书第一版系在 1954 年五、六月间,由普查委员会谢家荣、黄汲清两同志于很短时间内编成的。因为只照顾了野外队在工作中的急需,所以尚有许多重要资料,没有来得及加入,且全书在内容方面也缺乏系统化。但这本小册子已起了一定的作用，对1954年从事野外工作的同志们给了一些帮助。

本年的普查任务比去年更为繁重，并且加上了石油普查工作，因此普查委员会认为有把第一版的《普查须知》修改和补充的必要。于是发动了有关部门在实际工作中有经验的同志们来帮助：如科学院地质研究所，燃料工业部石油管理局地质处，本部地质矿产司，物理探矿局，水文工程地质局，西南地质局，及华北地质局等部门同志。这些同志有的编写了新的章节，有的就原有各章提出了修正的宝贵意见。普查委员会对这些同志的热忱合作，谨表示衷心的感谢。

我们本想多费些时间，多搜集些材料，把此书彻底改变成为一本更有系统，更为全面的实用书籍；但因有许多别的急迫任务，致使编辑时间万分不够，这个愿望无法达到，此次也只能将现有的新旧资料加以汇编，并新加入了围岩蚀变、水文地质、石油普查的野外简单试验、中国地层表等各章节，以供同志们在野外参考之用。

现在再版的《普查须知》内容尚不够充实，系统还不够完善，错误的地方自然也不少，更重要的是所介绍的某些方法还缺乏实际工作的证明，因此希望工作同志们能在实践中参酌各地具体情况灵活地加以运用。

《普查须知》是野外地质工作的手册，是配合工作规范的详细说明，在祖国目前正在开展大规模普查找矿的时候，它的重要性是不言而喻的。但这类书籍必须密切结合我国实际情况，用许多具体例子，加以引证，才能更为实用。普查委员会拟继续进行这个工作，希望在一年内把《普查须知》再加修改，使成为比较完善的一本野外参考用书。

此次编辑工作是用集体方式进行的，但又大致略为分工，如创稿和总的布置方面由谢家荣、黄汲清及王曰伦三同志担任，缮贴编校的工作由孙文玺及宋士渊二同志担任；绘图工作由李子平及邹由基二同志担任。感于时间的万分仓促，错误与疏忽之处很多，希望读者多加批评与指正。并希望实际工作的同志们能把在实践中所获得的许多宝贵经验随时函告普委会，以便在第三版时加以修正补充，这是非常感谢并欢迎的。

地质部普查委员会
1955.4.1

十一月一日　赴华北石油普查大队部(设在柏林庄)听取物探汇报并讨论基准钻问题。

十一月二日　在招待所讨论华北石油普查大队1956年度工作计划，晚11时乘车赴邢台。

十一月三日　晨3时8分抵邢台。11时乘队部汽车经南和、平乡及威县，于下

图 108 谢家荣、黄汲清、王曰伦主编的《普查须知》(1955 年版)

午 3 时抵临清。

十一月四—六日 听取地震队、化探队汇报。视察化探、钻探及地震勘探。离开临清前,写下了《对临清工作的意见》①。

1 地球化学探矿得到明显的异常显示,并且沥青异常与水化学异常大致相合,可见本区地下可能有潜伏的油气矿床,值得进一步研究。

2 但地震工作只能做到 1 600 m,且都系平层,无起伏。因只做近东西向的一线,此线与重力异常的轴向相平行,故建议再做一东北—西南向的一线(与前一线大致垂直),以窥究竟。

3 因地球化学已做出异常,4、5、6 三浅钻亦俱分析出较高的沥青含量,此高沥青带似限于浮面的 30—40 公尺之内,故 7、8 两浅钻可不打,而立即移至夏津打该处含 H_2S 特多的水井。夏津打完后,该浅钻可移至嘉祥打奥陶纪地层。

4 本年度地球化学探矿是照 1 000 m×500 m 的间隔打的,东面的异常环尚未做完,本年应向东,把该环做完。明年应在今年找出的异常区内,加密采样,照

① 北京大学档案馆,档号 1RW0172002-0045。

500 m×100 m 的间隔进行沥青分析,以便详细划定这个异常形状。

5　明年应在本区做电测深,以补地震工作的不足。

6　地震记录既指示 1 600 m 以上的地层无起伏,故在本区打 1 000 m 左右的浅钻似无多大作用。最好把基准钻放在本区。

7　本区电测深及地化详探俱尚未做,但基准钻明年必须动工,故建议基准钻即放在林园 4 号浅钻附近。

8　本区可能为一盐丘,但尚须更多的工作来证明。

十一月七—八日　自临清经清平、博平、济南、泰安,抵桃园。

十一月九—十日　赴嘉祥,考察嘉祥山、尖山、凤凰山地质和虎山马家沟灰岩中的油气显示。

十一月十一—十一日　自嘉祥,经兖州、曲阜,抵达南京。结束嘉祥工作后,提出"对嘉祥工作的意见"[①]:

1　嘉祥附近的山(嘉祥山)为下奥陶纪的白云岩,呈淡红色,层厚约 1/3—1/2 公尺,一般呈细粒状,有的较粗,则常含铁质较多。一般较为致密。有方解石结晶充填于晶洞中。常有油味。此山高约 60 m,地层向 NNW 倾斜,倾角不过 2—4°。

2　其北约 3 km 的尖山、凤凰山,则顶山有中奥陶纪灰绿色寻常石灰岩,厚层状,致密。此层与白云岩成超覆现象,故其间的页岩有时不见,或出露较薄,如尖山。页岩下的白云岩,即白云岩的顶部有约 30 m 厚的薄层白云岩,呈糖粒结构,为极佳的储油层。此种白云岩,油味特浓。

3　在虎山石灰岩采掘场,中奥陶纪灰绿色石灰岩晶洞中有沥青,还有极细的沥青脉,但未见液体油。虎山西南的曹山大山头俱为本层所成。

4　本区似有 100 余公尺厚的白云岩,其上部约 30 m 储油性能最佳,上为致密状白云质石灰岩,厚 10 m,再上为页岩夹白云岩,厚 20 m,更上为中奥陶纪灰岩出露,50—60 m,此三层俱可为盖层。

5　巨野西 5 里许七号点电探示石灰岩深 400 余公尺,据嘉祥山区地层倾角 3—5°,向西倾入,应在 300 余公尺处见灰岩。此高差可能由于断层或上覆地层的超覆,因此七号点下可能为新地层(第三纪或较老)超覆于白云岩之上,巨野玉和井油苗或即由此。

6　明年应在玉和井附近做地球化学探矿,以找出有何异常。同时做地震,以

①　北京大学档案馆,档号 1RW0172002－0045。

找出有何不整合及超覆现象。

7　同时在七号点打 500 m 左右的钻（不久即进行），可能打到含油的白云岩。

8　如油储位于新地层与白云岩不整合之间，则希望极大，用地震及地化探矿俱可测定其大致分布的范围，可能遵南北方向延长极远。

9　巨野有较大的远景，并且如有油，可能离地（面）不深，在 1 000—2 000 公尺可打到油。

十一月十二—十五日　与韩金桂、潘江等赴幕府山、嘉山寺采石场、燕子矶和江边及汤山东端考察地质及磷矿，往华东地质局收集烈山、宣泾及淮南的资料，陪同苏联专家参观陈列馆，赴南京地质学校会晤汤克成、殷维翰、朱熙人等人。之后乘火车回北京。

结束在南京的工作后，留下“对于南京附近工作的意见”①：

1　栖霞石灰岩的裂缝中含油及龙潭煤系的砂岩和石灰岩中含沥青及油，俱已确实证明，毫无疑问。

2　油的来源可产自栖霞（石灰岩）本身，也可产自其下的地层，如志留纪页岩及奥陶纪灰岩等。

3　据前石油局分析，乌桐石英岩中含沥青（荧光分析）很高，可知深处地层也有含油可能。

4　此次视察，在志留纪及奥陶纪地层中俱未找到明显的油气显示，以前也未找到过油气显示。

5　在汤山研究奥陶纪剖面，中上奥陶纪岩性较杂，但致密岩层多，未见有孔隙度较高的地层。汤头层下部的 Nodular calcium shale（瘤状钙质页岩——编者）及 Sun crack orthoceras argil. ls（干裂直角石泥质石灰岩——编者）恐惧不能成为好的储油层，因胶结很紧。仑山灰岩大部是致密的，只有其下部的白云质石灰岩呈细粒状及少数的块粒状（Fragmentary），也不是好的储油层。

6　中上志留纪的坟头层虽含砂岩多层，但层薄粒细，质地甚杂，胶结亦紧，不能成为好的储油层。全部志留纪是很好的盖层。

7　乌桐系中多石英岩夹页岩，储油性不强。本身为陆相或三角洲沉积，不可能生油。如奥陶纪油上升，因有志留纪页岩的阻隔，除沿断层外，很难富集成为重要储油层。

---

①　北京大学档案馆，档号 1RW0172002－0045。

8　很可能油是从栖霞灰岩中产生,则龙潭煤系底部的砂岩为最好的储油层。以后找油似应以此为主要对象,同时适当地研究奥陶纪,特别是中上奥陶纪储油的可能性。

9　明年工作方法:

a) 在幕府山、汤山、龙潭等处详测剖面,注意各层(奥陶纪—三叠纪)中有何油气显示;

b) 分层采样,做沥青荧光分析,以决定各层的含油性;

c) 在嘉山寺一带打2—3个钻,从煤系顶部到栖霞(石灰岩),最好穿过栖霞(石灰岩),以研究龙潭煤系中有何储油层。

(油苗及沥青附近)。

d) 铁石冈的钻暂时不打。

10　分为两区进行普查:

1) 江北的巢县、和县、合山区

2) 长兴、广德、宣城区

用石油地质观点研究剖面,找构造及其他圈闭。仔细搜觅油苗及各种油气显示。分层采样,做沥青分析。

11　在长兴打钻。

12　详测长兴附近地质,找乌桐石英岩中的构造。

结束检查工作回京后提交《检查华北石油普查大队工作及南京附近油苗报告书》[①]。

十一月二十二日　出席普委会例会。例会讨论了与将在明年举行的第2次石油普查工作会议有关的3个问题:1. 迅速准备少于1 000字的综合简报(含柴达木、新疆、四川、六盘山、华北),2. 各普查区全年的综合报告,3. 积极准备1956年1月的第2次石油普查会议。拟参加大会的人员:小队长以上(今年及明年的小队长),各省有关所、地质局有关石油(单位),石油部,国务院三办及政治工作人员俱参加。会议将分为两个阶段:审批各队报告;批准明年计划。历时约一星期。会议目的是学习、交流经验。会议上的报告有:普委、各大队作经验性的报告,石油工业部报告方法及操作规程——踏勘、详查、细测。普委会准备3个报告:① 1955年的总结、1956年的任务,② 石油普查中的几个基本问题——远景、看法等有关明年的方针问题——关于明年工作方针的理论及实际根据,③ 若干石油普查及详查细测方

面新的方法和经验——地质、测量及物探的配合,技术上的重大措施。操作规程依据石油部的。物探、测量、化探各做技术性的报告。地质测量或与普查合开一小会。会议最后将通过决议,决定1956年工作的方针、任务。历时约一星期。

十一月二十四日　赴普委听取松辽平原队汇报。汇报谈及舒兰附近,长春堡剖面,长春—昌谷间6个剖面的地层,公主岭、八面城的氧化铁薄膜,阜新地区过去打钻及出油的情况,义县背斜油征显著(日本人因投降而未打钻),东岗营探煤时用手摇钻打出了油砂岩,浅井中打出含油煤、沥青等,称东岗营可能是背斜加断层封闭等。

十二月十七日　出席在百万庄举行的放射性元素地质矿产及地球化学座谈会,由苏联专家谢尔比纳讲世界各国铀矿地质及分布,然后与苏联专家西尼村讨论中国大地构造问题。

十二月十九日　上午赴政协礼堂听刘景范副部长所作地质部肃反运动总结报告;下午赴中国科学院参加学部小组讨论会,讨论中国科学院如何达到国际先进水平的问题。

十二月二十日　上午到百万庄写报告,下午学习刘景范副部长的肃反报告。李奔谈派员赴苏联考察事。

十二月二十一日　上午赴三里河地质部向李四光汇报,下午学习刘景范副部长的肃反总结报告,晚上研究地台上油田的规律。

十二月二十三日　与华北队及李赓阳等谈问题。赴中国科学院参加由李四光副院长召集的大地构造问题讨论会。李四光就一般性的基本问题和特殊性的技术问题发言。

十二月二十六日　出席普查委员会座谈会,座谈农业合作化问题,农业的社会主义改造比预定计划提前完成,检查最近两年工作的方针、安排及方法有何右倾保守苗头。决定于1956年1月3日和5日晚上及4日下午分4个小组讨论。

十二月二十七日　上午参观荣宝斋木刻水印,遇叶企孙、饶毓泰等,下午赴百万庄参加反右倾保守大会,晚在黄汲清家讨论大地构造问题。

十二月二十八日　参观北京东郊九龙山农业机械厂,遇李承干和蔡邦华。

十二月二十九日　上午在家做科学研究项目的说明;下午赴普查委员会工作,至4时赴北京地质学院观看有关原子能的影片。

十二月三十日　上午出席在普查委员会举行的苏联专家谢尔比纳的座谈会,下午参加反保守反右倾座谈会。

提要　北京。出席第 2 次石油普查会议，做"石油普查工作中的若干重要问题"的报告。主持制订作为地质部科学研究十二年远景规划组成部分的地质部地质矿产研究所科学研究远景规划。参与制定 1956—1967 年全国十二年科学发展远景长期规划。任地质部新组建的地质矿产研究所副所长。发表《石油地质的现状、趋势及今后在中国勘探石油的方向》《火山及火山沉积作用在中国几种矿床中的意义》。编制四百万分之一中国含油区和可能含油区分布图。

一月八日　地质部党组提议由谱主担任即将建立的地质部地质矿产研究所副所长，指其"对地质矿床的研究有一定的经验，根据工作的需要，拟任该所副所长职"，称谱主"工作积极肯负责，对地质勘探工作有些经验，对五四年普查会议和五五年的石油普查会议，在技术指导上起了作用""但由于接触面广，往往不够深入，研究问题有时坚持己意，对政治学习抓的不紧"[①]。

一月二十日　地质部第 2 次石油普查工作会议在北京召开。在会议上作题为《石油普查工作中的若干重要问题》的报告。会议报告还有许杰副部长的《1955 年石油普查工作总结与 1956 年的任务》、黄汲清的《一年来石油普查地质工作中的经验教训及对今后工作的一些建议》。

《石油普查工作中的若干重要问题》着重讲了在欧美各国已经生产了大量油气的各种圈闭，包括珊瑚礁油田、盐丘油田、晶片状油田、裂缝储油、断层储油，潜山、隆起和不整合、构造圈闭与地层圈闭。报告还论述了大地构造与油气田的关系。报告的结论部分特别提道地台区储油的优越性和重要性，注意寻找构造以外的圈闭，要同样注意碳酸盐地层等，并提出评断一个油区远景的 6 条准则。

谢家荣《石油普查工作中的若干重要问题》之结论：

（1）如果说我在第一届石油普查会议上所作的报告是注重各种油气显示及普查找油的标志，那末，我这次的报告，（则）是想详细地介绍各种各样的圈闭，特别是

---

① 中国地质科学院组织人事处：谢家荣人事档案，档号 9-1。

那些在欧美各国已经熟识了的并曾经生产过大量油气的重要圈闭。

（2）从最新所传来的苏联的先进经验,结合了美国中部油区的各种经验,我们深深地体会到地台区储油的优越性和重要性,我们以后找油要对此特别加以重视。这里的油田以短轴背斜、穹窿层及地层圈闭为主;为确定这种不很明显的并往往是上下不相符合的构造圈闭的性质和位置,地面地质与物探工作之外,必须加上大量的浅钻及地下地质的对比工作,才能获得良好的结果。

（3）在研读了许多石油地质的文献后,我深切地认识到了油气圈闭和储油层的多样性及海相地层的重要性,以往我们工作只注意找背斜构造,因而无理由地否定了许多有价值的矿区,以后要同样注意非构造的地层圈闭。以往工作,大都布置在西北区的陆相中新生代地层中,以后要更多地注意西北区以外的海相地层,特别是古生代地层。以往只注意砂岩油储,以后要同样注意碳酸岩的储油层。

（4）在本文中首次指出了黔东沿江南古陆的周围,可能有珊瑚礁油田的分布,贵州翁向油田的初步报告,已可证明此点。在中新生代的广大沉降带中,如华北平原及松辽平原,都有找到盐丘油田的可能;沿着许多隆起的周围,特别在地台上的隆起带,是找地层圈闭及其他地台型圈闭油田最有利的地方,而在古海岸线附近则有希望发现晶片状油田。在钻到结晶基底后,适当地考虑下钻若干公尺,以追索基底裂缝储油,有时会获得出乎意料的结果的。

（5）在评断一个可能油区的远景价值时,要根据下列准则进行:① 沉积岩的厚度及容积;② 油气显示;③ 不整合及超覆;④ 富于孔隙性地层的尖灭;⑤ 区域性隆起;⑥ 局部构造如背斜层、穹窿层等。这些准则与以往只找构造不顾其他的老办法是大有出入的。

[中央档案馆(自然资源部档案室),全宗号196,目录号5,案卷号290,序号4]

一月中旬—二月下旬　中国科学院十二年远景规划第一阶段规划工作完成。分四个学部进行,各学部按学科性质分别进行了讨论。

一月三十一日　出席国务院在中南海怀仁堂召开的有中国科学院、国务院各有关部门、高等学校的领导人和科技人员参加的制订科学发展远景规划的动员大会。李富春在报告中提出的要求是:2月15日前科学院和各部门交出初稿,以后各部自己讨论各部门的规划,各部由部长负责,科学院则由各学部讨论,再提交科学院讨论,再由中国及苏联专家讨论。2月15日开始集中一批必要的科技专家在一处,进行综合审查,希望苏联专家也参加。2月15日—4月15日集中讨论两个月,未集中的专家也参加讨论。

陈毅要求在制订规划中,苏联专家、中国专家和党政负责人三方面要加强合作,各部门"党委及行政负责人和科学家建立同志式的感情,找彼此间的共同语言,打破隔阂,发挥科学家的积极性",要求在 12 年内主要部门赶上或接近或超过国际水平。会上宣布成立以范长江为组长的 10 人科学规划小组。

一月　应约撰写的文章(Progress in Prospecting)在《中国建设》第 5 卷第 1 期刊出。文章指出,中国地质学家正忙于三个全国性的重大任务,重新调查重工业建设所需要的、已知的煤、铁和其他基础原料,发现它们比过去知道的要富。文章介绍了中国地质队伍的建设与成长:中华人民共和国成立后,第一年只有 29 支地质勘探队,短短的 5 年中已经发展到了 100 个队,过去每个队只有几个地质人员,现在大的队有一二百个地质人员,过去中国只有几部陈旧的钻机,而现在每个队都有几部现代化的钻机。1952 年地质部建立以后,全国的地质工作按照短期和长期的计划统一进行,建立了两所地质学院,一所在北京,一所在长春。1953 年的地质工作主要是调查急需的煤、铁和一些有色金属。已经获得的资料证明中国的煤、铁是丰富的,过去一些外国"专家"关于中国贫铜贫油的说法已经被否定。文章列举了这些年在矿产资源方面的许多发现和石油地质工作所取得的进展。文章还介绍了除两所地质学院外,各大学地质系及各种专业学校的建立,以培养各种地形测量、地球物理勘探、水文地质、工程地质人员和熟练钻工。地质工作者已经获得了 202.7 亿吨的煤储量和 24.7 亿吨的铁矿储量,很多人已经开始进行第二个五年计划的工作了。

是月　为地质部地质矿产研究所业余学校讲授"矿床大意附勘探方法:矿床绪论",总计讲授 10 个学时。矿床分类实习课 4 个学时。[①]

二月十八日　第 2 次石油普查会议闭幕。会议通过的《中华人民共和国地质部第二次石油普查工作会议决议》总结了 1955 年石油普查工作所取得的成果,确定了 1956 年的石油普查任务,决定正式开展松辽平原的石油普查工作和开辟若干新区的石油普查。

《中华人民共和国地质部第二次石油普查工作会议决议》(1956 年 2 月 18 日):

一年来,在完成和超额完成主要工作量的基础上取得了一定的地质成果。主要是:初步查明了工作地区的地面地质情况,发现了可能储油构造 171 个和各式各样的油气显示,这就为我们的祖国寻找出更多的含油远景地区,为今后进一步开展石油勘探工作打下了基础。此外,一年来在实际工作中我们参加工作的同志逐步学会了石油普查工作方法,积累了一些经验,因而,培养和提高了干部,壮大了石

---

① 《业余学校地质学教学计划》,北京大学档案馆,档号 1RW0172002 - 0660。

油普查力量，为1956年工作的大发展创造了有利的条件……

一九五六年地质部不仅应当更大规模地石油普查和部分详查细测工作，找出更多有希望的地区，尤其必须提供一批有含油价值的可供钻探的构造。主要的任务如下：

第一，在全面规划下，继续在一九五五年已进行工作的地区即柴达木盆地、准噶尔盆地、四川盆地、鄂尔多斯等处挑选最有希望的具有代表性的构造适当地集中力量进行详查细测并综合大量的浅钻和地球物理、深探井和综合研究工作，在石油工业部和科学院的协作下作出其含油价值的确切的结论，提供一批可供钻探的构造。在华北平原则应继续加强地球物理工作，同时进行基准井和大量浅钻，收集更多的地下地质资料，以对平原的石油远景作出更进一步的评价。

第二，在一九五五年工作的基础上，尽量扩大老区普查，并适当地开辟新区普查，更多的圈定具有含油远景的地区，寻找各个时代、各种类型的构造，为详查细测准备条件。

第三，根据已有地质资料和地质理论上的推断，尽可能多作一些概查或检查工作，收集更多的资料，寻找新的有含油远景的地区，为今后进一步的工作打下基础。

第四，为了加快勘查的速度，在概查和普查工作中，注意挑选有含油远景良好的地区进行普查或详查细测。

根据上述方针任务，1956年决定组成14个石油普查大队，包括90个地质队，24个地球物理队，29个浅钻队以及相应的大地、地形测量队。除继续在柴达木盆地、准噶尔盆地、鄂尔多斯地台（包括六盘山区和东胜地区）、四川盆地、华北平原等老区进行工作外，并开辟塔里木盆地，西藏黑河地区，滇中地区，贵州地区，广西地台，华东地区，松辽平原，内蒙古二连和海南岛等新区的工作。

[中央档案馆（自然资源部档案室），全宗号196，目录号5，案卷号290，序号1]

会议决议正式组建松辽平原石油普查大队，开展松辽平原的石油普查工作，并提出了当年松辽平原石油普查的具体任务和要求。

松辽平原石油普查大队

广阔的松辽平原的大地构造轮廓与华北平原相似，是一个晚近的下沉地带，其中堆积着很厚的新沉积。包括白垩纪地层以及第三纪和第四纪的疏松沉积，其中可能有含油岩系。普查的主要目的是使用大面积的重磁力普查，配合若干电测深剖面和地震剖面，初步探测平原基底起伏情况，沉积岩深度和新沉积厚度，结合地面地质观察和地层剖面的研究，以及油苗检查，推断平原的大地构造轮廓和新沉积分布的规律性。选择适当地点准备打基准井,并提出初步钻探设计。

具体任务和要求如下:

(1) 整个平原共约面积 360 000 平方公里,1956 年的重磁力普查可先从南部做起,联结 1955 年已工作过的地区,逐步向北推进。

(2) 横穿平原作电测深剖面 5—7 条。

(3) 对普查所发现的重磁力异常进行详查,必要时作电测剖面,以期发见潜伏构造。

(4) 测制平原及其边缘五十万分之一地质图,适当划分第四纪沉积,着重研究中生代及第三纪沉积,并尽可能详细分层。此一工作可先从平原东部开始。1956 年要完成 45 000 平方公里,注意有无新构造运动。

(5) 详细研究哈尔滨与开原间的中生代和第三纪,作出若干对比剖面,并采集样品进行沥青分析。

(6) 寻找油气显示,检查宾县及其他各地的油苗。

(7) 在油苗良好地区或中新生代出露比较完整的地区,测制 1∶50 000 或 1∶100 000 地质草图。

(8) 为了研究剖面和油苗得进行适当的浅钻工作和必要的槽井探。

(9) 收集并研究深井资料,研究各种泉水和井水,进行取样和分析。

根据以上工作量和成果,说明平原大地构造和沉积环境特征,初步提出含油远景意见和基准井的钻探设计。

[中央档案馆(自然资源部档案室),全宗号 196,目录号 5,案卷号 290,序号 1]

二月　制订作为地质部科学研究十二年远景规划组成部分的地质部地质矿产研究所科学研究远景规划。远景规划纲要说明、远景规划纲要及第 1、2、6、7 中心问题说明书如下:

地质部地质矿产研究所科学研究远景规划纲要说明

一、国际水平:中共中央最近号召我们向科学大进军,要在三个五年计划,即在距今十二年内使各主要部门的科学研究工作达到或接近国际水平。什么是地质科学的国际水平呢?根据我们粗浅的了解,中国的地质科学研究工作是否达到国际水平,可从下述四点来衡量:

(1) 对于矿产的普查与勘探必须达到高度水平,以便能找出足够多的各种各样的矿产。因此,中国地质科学主要研究任务之一是研究各种矿床的生成理论、成因类型、找矿标志、分布规律、勘探方法、综合利用等等的实用问题,以指导今后在全国范围内进行普查和勘探工作的方向和方法。

（2）必须对中国地质的基本问题如地层、古生物、矿物、岩石、构造、大地构造、古地理等等，获得足够的了解，而在此基础上进行全国规模的地质测量及各种缩尺的地质图幅的编制。对于某些为中国特征的地质现象，必须进行深入的专题研究，作为世界典型的例子。

（3）必须基本上掌握并熟悉地质工作上的各种研究方法及成套理论。对于最近发展的几种新的部门，如沉积学、地球化学、结晶化学、放射地质学等，尤须急起直追，迎头赶上。关于各种新仪器及新方法，如计算地层的绝对年龄，同位素研究，放射性测探等，俱须于最近期内设置完成，积极研究。

（4）必须培养足够多的研究人员，特别是相当于博士及副博士的高级研究人员，必须随着科学研究发展的趋势，设置足够多的分支机构和专业机构。至于图书馆及陈列馆为科学研究不可少的部门，亦须大力扩充，而为表达研究成绩的各种学术专著和报告尤须大量出版，以资交流。

二、发展方向：地质学领域中若干重要部门的发展方向可约述如次：

（1）矿物学：各先进国家对于矿物的形态、成分、各种物理性质及产状、成因的描述，俱已十分详尽，对于本国所产矿物研究尤精。虽现知矿物已达千余种，而每年新矿物的发现，仍时有所闻。目前发展趋势主要在结晶物理及结晶化学两方面，而在高温高压及挥发分的影响下人造矿物及新矿物的试制和研究，尤富有实用及学术的意义。

（2）岩石学：岩石的显微镜描写及化学成分的分类法，俱已达到高峰，岩石新种仍时有发现，岩浆分异及结晶条件的研究，俱在日益精进之中。目前发展趋势，在与地球物理及地球化学研究结合之下，进一步地研究岩浆起源，岩浆的分异及世界各地火成岩发育史和岩石的分区问题。利用物理化学相律控制下的人造岩石的研究，除学术意义外还有巨大的实用价值。

（3）古生物学：关于化石形态和种属的描述，各先进国家都已达到高峰，但新种属仍在不断发现和修正。目前发展，在结合地层层序，订立系统分类，从而订出每一生物属的演化历史，结合沉积学及生物学的研究，推断生物群的生物相及生态环境。有许多国家正在研究现代沉积物中生物的生物相及生态环境，并有发展为定量研究的趋势。

（4）地层学：本学科应用动植物化石和岩相在各地区的变化，通过地壳运动、海进海退的研究，来划分和对比地层。

（5）孢子花粉分析和微体古生物学：是新兴的科学，在中国几乎是空白点。这些学科在普查找矿和地质勘探精确对比地层时，具有特殊重要的意义。近十年来，在苏联十分发达,特别是在石油、煤和其他沉积矿勘探,已起了极大的作用。本学科是利用统计学的方法,按照地层的次序,逐层分析孢子花粉、介形虫、有孔虫和硅藻化石,以建立系统地层对比的基础。

(6)沉积学:已从描写阶段过渡到岩相分析上定质定量的研究,及各种规律性的创立。强调与构造运动的关系,定出沉积岩的建造组合,以确立沉积岩的沉积环境与沉积运动。利用统计学方法,以帮助各种沉积分析数据的解释,而研究现代沉积物的沉积环境及生物相、生态环境等尤为最近发展的一个重要方向。

(7)地球化学:地球化学为新兴的地质分科之一,具有远大发展的前途,其任务可分别为:1.个别元素的地球化学,研究各元素的分布规律,行动特性,特别注意分散与聚合的规律,对地球化学探矿有基本的意义;2.在各个地质作用过程中地球化学的研究,对于内生及外生各矿床的成矿作用提供了原则上的根据;3.同位素的地球化学,为测定地层绝对时代及推断矿床起源的有力武器;4.生物地球化学,为地球化学探矿中一个新的方向;5.区域地球化学,是综合性的,以地区为主的研究;6.地壳中元素的含量即克拉克值的研究,为各种地球化学研究基础之一;7.在各种地球化学过程中热力及物理化学的问题,包括能量的计算,乃地球化学中最崇高的理论研究;8.水圈、气圈以及天体的地球化学,研究地球发展过程,海洋中盐的来源,大气成分的变化等理论问题;9.地球化学探矿理论及方法的研究,主要研究各种分散晕的形成过程及类型,并如何运用最精密最快速的分析方法来进行工作。为配合和平利用原子能及半导体制造,地球化学对于放射性元素及稀有元素的研究,在最近时期中尤有巨大的发展。

(8)放射地质学:为苏联创立的一种新兴科学,包括放射性矿物,岩石中的放射性,水圈、气圈的放射性,天然核子反应在地质学中的意义,放射性及地热,确定地质年代的放射法及各种放射性测量及测井的研究等。

(9)大地构造学:是结合构造、地史、沉积、古地理、地下地质、地球物理等等研究的一门最具有综合性的科学,能具体地反映地壳构成的复杂性及其在地壳演化过程中各地区、各时代运动的特性。各先进国家都已编制大地构造图,并在逐步修正,使大地构造的分区,更形精密。目前发展在寻求矿床分布与各种大地构造单元的关系,并研究海洋的大地构造,以便能获得对地球整体的大地构造的观念。

(10)石油地质学:各先进国家对于储油层的性质,圈闭的类型,油气田与区域构造的关系及油气水在地层中分布的规律等等,都已经研究得很为详尽,因此,在指导实际找矿及勘探工作中获得了辉煌的成果。目前发展方向在1.更精密地研究油气分布与各大地构造单元的关系;2.生油层的沉积环境演化过程及岩性特征;3.油气的地球化学,如油气起源及其详细的形成过程。在最后一个研究问题中,各先进国家都在广泛深入地研究现代沉积物的沉积环境,生物组合,有机物含量及有何游离的沥青和油质等,以便解决油气形成与成岩作用孰先孰后以及油气游移的阶段和规模等问题,并从这种资料来推解古生代油层及油气形成的过程。

(11)煤田地质学:关于区域的煤田地层的描述,煤省、煤区的划分,煤的成因问题等,各先进国家都已了解得比较透彻,但对于煤的分类,煤及煤层形成的详细过程,煤化学的研究,煤田类型的划分等等,都尚在进一步研究之中。在结合了沉积型相,煤岩特征,变质趋向及大地构造单元的综合性的有关煤的成因类型的研究,是为煤田地质发展中的一个新的方面。

(12)金属矿床地质学:各先进国家对于重要矿区的测勘、描述、成矿作用、成因类型、找矿标志、分布规律等等的研究,都已积累了大量资料,足为今后找矿勘探的有力指导。在理论方面,苏联学者们的研究获得了辉煌的成就,例如许多所谓岩浆分异矿床都是由于岩浆晚期残余熔蚀体所形成,伟晶岩脉代表着后期岩浆高温热液作用的产物,矽卡岩矿床中往往伴随有热液矿床,而研究热液矿床的结果,则批判了艾孟斯的热液一次运动和金属矿床分带的学说,提出了在热液矿床形成过程中关于热液的起源、运动、交代、胶体溶液的作用及与侵入体或围岩间关系的许多重要问题。从风化壳及硫化矿床氧化带的研究,奠定了对原生矿石露头评价的基础。金属矿床变质作用的研究,确定了矿石再结晶及塑性变形的重要性,为含铜黄铁矿及其他变质矿床指出了新的研究方向。火山岩及火山-沉积杂岩系对成矿作用的重大意义,也是最近发展的方向。此外关于各种岩浆杂岩体对矿床专属性及各大构造单元中成矿作用和矿床组合的研究,也有巨大的发展。在普查找矿及勘探方面则强调航空磁测,金属量测量及物理探矿的巨大意义,而最后则要用系统的钻探来发现许多可能存在的盲矿体。将来发展方向为广泛进行区域成矿作用的研究,利用分散元素(或称少量元素)、同位素、矿物共生序列、矿石沉积中物理化学相律及其他地球化学方法的研究,来解决矿质的起源,矿床的成因及其在空间和时间中分布规律等问题。

(13)非金属矿床学:随着沉积学、地球化学、古地理学及大地构造研究的发展,许多在外生作用及风化壳中形成的非金属矿床,其中也包括了许多金属的沉积矿床,在成矿作用、矿床类型及分布规律上都获得了长足的进步。苏联学者提出铝土矿不只是红土化残余作用的产物,而是沉积作用的结果,是完全符合于中国的情况的。在研究铁、锰、磷及其他沉积矿床的形成过程中,奠定了矿床与沉积环境,沉积型相,物理化学相变及大地构造单元间关系的许多重要规律,对普查找矿有极大帮助。

(14)区域地质测量及地质图幅:一个国家对地质科学了解的程度,可部分地从其编印地质图幅缩尺的精粗及完成面积的多少来衡量。目前各先进国家都已完成或大部分完成了全国廿万分之一的地质图幅,有些国家已编印了达到全国面积一半以上的五万分之一或五万分之一左右缩尺的地质图,在有些疆域较小的国家并已大部分完成了二万分之一左右的地质图幅。但图幅的完成,并不等于地质测量工作的终止。因为随着地质科学的进展,出现了新的理论观点(如地层的分层和时代,构造形态,岩石的命名及其他等)和新的研究方法,而随着工农业的发展,国家对于某些地区的地质图幅也有了新的要求。因此,地质图幅的不断修订,补充甚至重测,以及地质图幅缩尺的继续加大,就成为每一个国家对区域地质测量的经常性的工作了。

其他如水文地质、工程地质、地球物理、加工试验等部门的发展方向,因另有专设研究所,在这里不予讨论。

三、中国地质及矿床的特征:中国幅员广大,地形复杂,有宽广的沉积平原、沉积盆地和连绵不断的褶皱山系。地层的发育,从最古到最新,保存完备。地壳的升降运动与海进海退,发展频繁,规模宏大,褶皱运动的序幕十分复杂。火成岩种类多,分布广,其演化历史甚为繁杂。变质作用在某些地区发育强烈。大地构造单元常具有中间型和多轮回性的特征。这些地质上的基本情况,就决定了中国是富于煤、铁、石油及各种金属和非金属矿产的国家。就目前所知,煤、铁、钨、锑、锡、汞等,不但可以自给,有些还可出口,铜铅锌已逐渐走上自给,石油希望极大,但还须工作证明,其他矿产多待努力寻找。

四、我国地质研究工作的现状:我国的地质研究工作虽一直没有赶上国际水平,但也不是完全没有基础的。解放以前的地质工作由于反动政府不予重视,经费不够,人员缺乏,加上研究与实际脱节,就使全部工作松弛涣散。不过经过卅余年的长期工作过程,对地质学上的某些基本问题,如地层,古生物,大地构造,矿床的分类与分布等,也还有若干轮廓性的了解,足为今后进一步工作的参考。在这一阶段最薄弱的环节,是矿产勘探、水文地质、工程地质及地球物理等部门,至于地球化学、沉积学、结晶物理学、结晶化学、放射地质学等等的新兴部门,则都是空白。

解放以来的情况就完全不同了,由于党及政府的大力支持,正确领导,在短短六年的功夫,使我们的地质队伍,从解放前的不到二百人扩充到几千人,并且使某些矿物原料的供给,如煤、铁、铜,基本上满足了第一个五年计划社会主义工业建设的要求。但缺点还是很多。在矿产方面,如被称为重工业血液的石油资源,我们找到的产地特别少。在中原、西北和西南还没有确定足够多的铁矿,以适应建立钢铁基地的要求。在东北急迫需要的富铁矿、炼焦烟煤,至今还没有眉目。煤的储量估计,虽不断增加,但在地区平衡上如西北和西南仍嫌不足,而足为冶金用的煤焦烟煤则更感缺乏。已经勘探的铅锌、锰矿的储量,离实际要求还很远。铬、镍矿床,还没有找到确定的基地。东北、华北及西北都还是缺乏磷矿的地点,而急待发现。至于钾盐,放射性元素及许多稀有元素矿床的寻找和研究,更是迫不及待的重要工作。

近年来由于专心致志于各种矿产的普查勘探工作,遂使地质科学基本问题的研究,进展较小,区域地质测量及地质图幅的编印暂时陷于停顿。

五、研究方针:根据上述情况,我们的研究方针主要是:

(1) 配合地质部在全国范围内所进行的普查勘探工作,进行综合研究,提出关键性问题,并尽量设法予以解决,根据理论与实践,指出进一步的找矿方向和方法,以便发现更多的详查和勘探基地。

(2) 指导全国区域地质测量工作,研究基本地质理论问题,对一向在中国是空白或薄弱的重要研究部门,必须迅速建立或大力充实。

(3) 在进行研究工作中努力培养干部,充实设备。

六、具体任务:地质矿产研究所在三个五年计划中的具体任务,约如下列:

(1) 第一个五年计划(1956—1957):在距今只有两个年头的时间内,拟完成下述工作:① 区域地质测量方面:完成百万分之一地质图幅 5 幅,廿万分之一地质图幅 35 幅。编印地质测量规范及地质测量与普查找矿手册。② 矿床研究方面:对若干已知重要矿区,如大冶、包头、鞍山、宣龙、镜铁山的铁矿,白银厂、中条山、庐江的铜矿,水口山、桃林及其他地区的铅锌矿,豫西、淮南、太行山东麓、晋南、晋北、贺兰山东、开滦等大煤盆地及柴达木、新疆、河西走廊、四川、华北、鄂尔多斯、黔桂等重要含油区,进行深入的矿床理论的研究,从此提出进一步普查和勘探的意见。初步找出钾、磷(在缺少磷矿地区)、铬、镍、钒、钴的矿产地点。指出如何扩大锰、铅锌的普查找矿范围及如何在中原、西北、西南找寻铁矿,在东北找寻富铁矿、炼焦煤及磷矿,及在华北寻磷矿的方向和方法。开始研究稀有元素矿产,从熟悉普查及分析的方法及初步鉴定若干有望产地的矿石标本着手。③ 岩石矿物方面:初步掌握岩石的化学分析方法,熟悉矿物的分析及其鉴定工作,系统地研究重要矿区的火成岩发育史及变质作用,研究几个超基性岩体及碱性火成岩体。④ 古生物及地层方面,配合在各矿区的研究工作,进行古生物及地层方面的鉴定和研究。

(2) 第二个五年计划(1958—1962):① 区域地质测量方面,完成百万分之一地质图幅,廿万分之一地质图幅 210 幅。② 矿床研究方面:对含煤盆地及含油地区进行更细致深入的有关沉积构造及古生物地层方面的研究,对各新发现的金属及非金属矿产基地进行研究,特别注意矿床类型,成矿作用,找矿标志及成矿规律方面的研究。基本上完成矿产分布图及矿产推断图的工作。③ 岩矿方面:熟悉了岩石的分析方法及矿物的原子构造的研究,已开始发现新矿物并详细描述国内所产的各种矿物,编制中华矿物志及岩石志。

（3）第三个五年计划(1962—1967)：① 区域地质测量方面：测制百万分之一地质图幅 11 幅，基本上完成全国百万分之一地质图幅的工作。测制廿万分之一地质图幅 300 幅。迄至第三个五年计划为止，共完成相当于全国总面积三分之一的廿万分之一的地质图幅的工作。② 矿床研究方面：基本上完成全国重要金属矿床及煤盆地和含油区的研究工作，广泛利用地下地质资料，更深入地研究沉积环境，岩相构造，古生物生态，生物相及矿区的推断工作。继续研究稀有元素及放射性元素矿床。③ 岩矿方面：开始利用同位素及放射地质方法以研究地层的绝对时代，矿床类型，矿床成因的各种问题。分析了数千的岩石和矿物，对地球化学的基本数据，获得了初步成果，实验室的设备已达到了国际水平。

七、中心问题略述：在本规划中共提出了 12 个中心问题，其内容如表所述。

这里要加以说明的，中心问题可不包括经常性的工作和配合在各种问题中所应该进行的各种基本研究工作。因此，如中国地质测量及区域地质图的编制，各种矿产分布图，推断图及大地构造图等的综合性研究，在具体任务中有所说明，但没有完全表现在中心问题中。为配合发展方向所急应建立的地球化学，沉积学，放射地质学，结晶化学，结晶物理学，海洋地质学等空白部门，大都包括在各个中心问题的研究项目中，有些则须待全国地质科学机构合作研究，故在中心问题中也没有出现。

八、人员及投资略述：

依照上述远景规划，至 1957 年，应有研究人员 259 人，至第二个五年计划之末(1962 年)，应有研究人员 1 111 人，至第三个五年计划之末(1967 年)，研究人员应发展至 1 726 人。总投资（包括房屋建筑及仪器、图书、设备）计 55 280 540 元，其中至第一个五年计划之末投资为 4 346 680 元，至第二个五年计划之末投资为 15 848 130 元，第三个五年计划之末投资为 35 085 730 元。

地质部地质矿产研究所科学研究远景规划纲要表

方向	中心问题	研究进度	附注
1	2	3	
1. 石油天然气地质学	1. 中国各含油区及可能含油区的油气矿床的研究，特别注意储油层及圈闭类型的研究	1956—1967	
2. 煤田地质学	2. 中国含煤系的沉积型相，沉积旋回，煤岩特征及成因类型的研究	1956—1962	

方向	中心问题	研究进度	附注
3. 金属矿床地质学	3. 中国重要黑色金属矿床的研究 4. 中国重要有色金属矿床的研究 5. 中国钨锑锡汞矿床的矿床类型及分布规律 6. 中国放射性元素矿床及稀有元素矿床的寻找和研究	1956—1962 1956—1962 1958—1962 1957—1967	
4. 非金属矿床地质学	7. 中国肥料矿产的研究 8. 中国重要地区区域地质及成矿作用的研究	1956—1962 1958—1967	
5. 构造地质学	9. 中国大地构造的研究	1956—1967	
6. 地层及古生物学	10. 中国区域地层的划分和对比 11. 中国各地质时代动植物化石群和标准化石的研究 12. 中国产油地区和主要煤田的孢子花粉和微体古生物的研究及其在地层上的意义	1956—1967 1956—1967 1956—1967	

中心问题说明书

1. 学科：矿床学

2. 方向：石油及天然气地质学

3. 中心问题名称：中国含油区及可能含油区油气矿床的研究，特别注意储油层及油气圈闭的研究。

4. 中心问题简单内容及其意义（学术意义及实际意义）

（1）研究含油区地层的沉积型相、沉积环境、地层在纵横方面的变化、有何不整合、超覆及尖灭等现象。

（2）根据详细的地层剖面，研究岩性、岩相的建造组合及其与地壳升降运动的关系。

（3）根据油气苗及地层含油性的观察，推断可能储油层的层位、分布及储油性能，注意有无好的盖层。

（4）结合地层、构造及地球物理的研究，推断油气圈闭的类型，如构造的、地层的、岩性的或其他特殊类型的圈闭（如盐丘、珊瑚礁、晶片状油田、裂缝储油等）。注意有何区域性的隆起或断裂，及其在油气矿床形成上的意义。

（5）研究古地理，特别注意古海岸线，三角洲及古河冲积的位置等等。

（6）结合含油情况，沉积型相，区域构造及地球物理的研究，推断本含油区在大地构造中的位置，并进行在本区中进一步的大地构造单元的详细区分，作出在含油远景上不同的评级,为进一步详查细测或勘探的根据。

(7)在第二个五年计划内,完成柴达木、新疆、四川、鄂尔多斯、华北—松辽平原及黔桂、江南等已知油区的研究。在第三个五年计划内,广泛利用地下地质资料,更深入地研究沉积环境,岩相建造及矿区的推断工作,同时研究各新发现油区的储油层及油气圈闭。

(8)上述研究,对于石油地质富有学术意义,而对于含油区的远景评价及勘探布置尤有重大关系。

5.中心问题的国内及国际现状(发展水平)

(1)国内现状:

中国石油地质研究方在开始,已开采的油气田为数不多,上述各种问题的了解,颇为不够,特别是储油层及圈闭类型,尚多模糊不清,一向只知找构造而不知其他。因此,如何运用国际先进水平,注意储油层及圈闭类型的研究,实为当前为配合国家需要,迅速发现足够多的巨大新油气田最急迫、最实用的关键性问题。

(2)国际现状:

先进国家,如苏联及美国关于油气矿床的实用研究,已达到高度水平,因此能正确地进行评价及指导探矿,而获得辉煌的成果。目前关系油气圈闭的类型及其与古地理及大地构造的关系,尚在进一步研究之中。

6.何年达到国际水平

1956—1967。在第二个五年计划之末,随着新油气田的陆续发现及勘探工作的扩大,中国关于储油层及圈闭类型的研究,基本上可达到目前的国际水平,在第三个五年计划中就可随着国际水平的发展,一同前进。

7.本中心问题的合作机构

科学院地质研究所、石油工业部各普查勘探队、本部各石油普查队、物探局研究所。

8.本中心问题的作者:谢家荣。

中心问题说明书

1.学科:矿床学。

2.方向:煤田地质学。

3.中心问题名称:中国含煤系的沉积型相、沉积旋回、煤岩特征及成因类型的研究。

4.中心问题简单内容及其意义(学术意义及实际意义)

(1)含煤系岩性、岩相的研究及其在纵横方面的变化

（2）根据含煤系的详细剖面作出沉积旋回图，以供对比煤层（与孢粉及煤岩学结合研究）及研究含煤区地壳升降运动的根据。

（3）研究煤岩特征、煤的物理化学性质，以估计煤质牌号，结合沉积型相，进行煤的成因类型的研究。根据这些资料，提供中国煤分类及其在选矿上的意见。

（4）研究煤层在含煤系中分布的规律，煤系沉积环境对煤层厚度及煤质变化的关系。

（5）研究变质作用，包括接触变质、动力变质及区域变质对于煤质变化的影响。

（6）根据在各地区各含煤系所作上述研究的结果，进行综合比较，作出中国煤省、煤区及在大地构造观点下煤田类型的划分，以供预测煤田工作的参考。

（7）上述研究具有重要学术意义，对实用也有极大帮助。

5. 中心问题的国内及国际现状（发展水平）

（1）国内现状：已做过若干初步研究，因缺乏有关沉积及煤岩的精密资料，故结论不够透彻，今后应在全国各煤田广泛深入进行研究。

（2）国际现状：苏联正在深入研究，已获得许多重要结论。

6. 何年达到国际水平

1956 年开始，在第二个五年计划内可达到国际水平。

7. 本中心问题的研究工作由何机关合作进行

中国科学院地质研究所、煤炭工业部、地矿司、物探局研究所

8. 本说明书的作者：谢家荣

中心问题说明书

1. 学科：矿床学

2. 方向：放射性元素及稀有元素矿床学

3. 中心问题名称：中国放射性元素矿床及稀有元素矿床的寻找和研究

4. 中心问题简单内容及其意义（学术意义及实际意义）

（1）放射性元素及稀有元素矿床的研究，为配合和平利用原子能及半导体和其他工业制造上具有基本意义的工作。

（2）放射性元素的铀、钍矿床，在中国已有零星发现，但最重要的属于中温热液成因的铀矿床，则迄今尚未找到，而具有最大发展前途的沉积铀矿床在中国尚未开始研究。

（3）可依照最近在日内瓦原子能会议中所提出的铀矿床的成因分类，综合我国的具体地质情况，找出寻找铀矿床的区域和铀矿的可能类型。

（4）依据古地理、沉积岩及地球化学的资料，寻找沉积铀矿床，特别注意为各

先进国家所确定的三个重要沉积铀矿的时期,即下志留纪、侏罗纪及老第三纪,要注意那些成层不厚但所代表的地质时间却非常长的、深黑色富于有机质页岩中及磷矿结核中的铀矿,以及在陆相地层中与钒共生的钒酸铀矿。

(5)要广泛利用航空地球物理及地球化学的找矿方法,后者如晕圈法、水化学方法及生物地球化学方法等。

(6)稀有元素的种类很多,我们应以寻找和研究为配合和平利用原子能及其他工业制造的稀有元素,如锆、铍、镓及为半导体制造所需要的锗矿床作为我们的重点来工作。

(7)广西富贺钟的砂锡矿床中已发现多量的独居石(钍矿)、锆英石及钛铁矿,台湾东部的沿海沙滩层中已证明有锆英石,要广泛研究花岗岩或变质岩区域附近的砂积矿床及沿海的沙滩沉积,以便发现有工业价值的矿床及钛铁矿床。

(8)作为铍矿的绿柱石矿床,主要产在伟晶花岗岩岩脉中,也有少量绿柱石与钨锡矿共生,而最近在接触型铁矿(大冶)中也证明有铍矿物的存在,这些都是我们今后在中国找铍矿的对象。

(9)锗与镓常与超低温的锌矿床共生,而成为冶锌工厂的副产品。德国孟斯菲尔德铜矿中含有少量的铍。最近许多国家都在研究煤灰中锗与镓的分布,已获得若干规律,如成晶片状的薄煤层及煤层的上部和下部,锗的含量特别多等等。应对中国不同时代及不同层位的煤,进行搜寻锗与镓的工作,俟获得初步线索,再集中在几个地点,进行深入研究。在超低温铅锌矿及白银厂式的含铜黄铁矿中,亦俱应进行锗矿物的搜寻与研究。

5. 中心问题的国内及国际现状(发展水平)

(1)国内现状:本问题的研究正在开始,对于稀有元素矿床的研究更为落后。

(2)国际现状:苏联及美国正在大力发展,除已发现许多新产地及确定了许多新的矿床类型外,对于放射性元素及稀有元素在地壳中分散与富集的规律,分布与行动的性质,以及克拉克值的测验等有关地球化学的研究,俱获得了长足的进步。此外关于普查与勘探的方法,亦正在努力改进中。

6. 起讫年份:何年达到国际水平

1957年开始工作,先从熟悉分析及普查方法着手,希望在第三个五年计划找到若干有价值的产地,在学术研究及技术方法方面,希望在第三个五年计划的末期,接近国际水平。

7. 本中心问题研究工作的合作机关:

本部物探局研究所,主持放射性矿产的有关机关,各有关普查队及勘探队,科学院地质研究所等。

8. 本说明书的作者：谢家荣

中心问题说明书

1. 学科：矿床学

2. 方向：非金属矿床地质学

3. 中心问题名称：中国肥料矿产的研究

4. 中心问题的简单内容及其意义(学术意义及实际意义)

(1) 肥料矿产主要为钾盐、硝盐、石灰岩及硫黄。自从发明了空气中定氮的方法，硝盐的供给，不一定依靠天产矿床，并且在中国除火硝(即硝酸钾)外，对肥田最有效的硝酸钠矿床，迄今尚未发现。石灰岩在中国分布甚广，硫黄在肥料方面需量不大。因之目前肥料矿产的研究，应集中在钾盐及磷盐二项。

甲、钾盐矿床

(2) 除四川自流井的盐卤中已证明含钾外，真正的钾盐矿床在中国尚未发现。自流井的黑卤含钾最多，黄卤次之，黑卤报自深约三千公尺之处，属三叠纪石灰岩的顶部。该层属海相，且已发现有大量石膏，而在自流井大坟包的盐井中，则岩盐层的存在，亦已确定。

根据地质构造及古地理研究，自流井附近在三叠纪时代可能为一海湾，再配合其他因素如气候及沉积环境等，有造成完全封闭及全部蒸发的有利于形成岩盐及钾盐矿床的条件。

(3) 另一个有利于造成海相蒸发盐类矿床的时代为华北下奥陶纪的顶部，在山西南部的若干地点，已发现巨厚石膏层，陕北延长的深探井中则已发现岩盐，在地质条件合适的地方，特别像晋南、陕北，俱有发现钾盐矿床的可能；华北大平原下也可能有钾盐矿床的存在。

(4) 在许多巨大内陆盐湖中曾证明有钾盐的存在，如最近在柴达木盐湖中所发现者，但含量甚微，衡以世界各国巨大钾盐矿床都产于海相地层中的先进经验，这种产地可适当考虑，但不是我们研究的主要对象。

(5) 自流井虽已确定有钾盐存在，但产状、层位、厚度及品位等问题，俱未研究。我们建议，应先收集最近在自流井地区广泛进行的电测井资料，加以综合研究，然后用中子及伽马射线的测井法在自流井大坟包及其他地区进行工作，以便初步定出钾盐层的层位、厚度及含量，同时在各有望地区进行水化学的研究，作出与钾盐有关的如碘、溴、硼等指示元素的等量线图，以便划出异常区，供远景推断及进一步工作的依据。

(6) 同时我们也要注意其他含钾盐的矿物原料，如海绿石及明矾石。明矾石是中国特产矿物之一,有巨大的储量。海绿石在中国则尚未发现,但在许多海相沉积中,这种矿产的存在是可能的,应予密切注意。

乙、磷矿矿床

(7) 在云南中部、四川西南部,沿着康滇地轴的东缘,下寒武纪的磷灰岩矿床分布甚广,已证明有极大矿量。在江南古陆的西缘,主要在贵州境内,同时代的磷灰岩矿床层,延展甚广,向东至淮阳地盾之北,在安徽凤台境内,下寒武纪的磷灰岩矿层又复出露,故下寒武纪的海相磷灰岩,在中国分布最广,其经济价值亦最大。

(8) 在山东地块及淮阳地盾的南缘,东海、宿松一带,则有产于前寒武纪变质岩中的磷灰石矿床,品位最高,但分布不广。

(9) 在江苏及安徽等地有分属于奥陶纪(只南京一处)、志留纪及二叠纪地层中的磷灰岩矿床,厚度较薄,品位亦较差,其中以二叠纪矿层分布稳定,价值较大。在西沙群岛则有古鸟粪沉积的磷矿。

(10) 从上述可知,中国已找到了属于六种不同层位的磷矿矿床,在地区分布上讲,西南有足够的磷矿资源,华东已找到了许多产地,但在西北、华北、东北及中南尚未找到确定的矿床,以后应对这些地区多予注意。为配合白银厂丰富的硫酸基地,如在其附近发现磷矿则经济意义更为重大。

(11) 在研究钾盐及磷盐矿产时,要注意地层的时代和层序,沉积的型相和环境,矿层的分布规律和沉积序列,从此定出矿床的成因类型,找矿标志以及在大地构造单元中分布的规律,为进一步普查找矿的根据。

(12) 为配合目前中国的农业合作化高潮及全国农业发展纲要的要求,本中心问题的提出是具有特别重大实际意义的。

5. 中心问题的国内及国际现状(发展水平)

(1) 国内现状:中国对于磷矿的研究及新产地的发现,已获得了初步成绩,应在此基础上进行更深入的研究,以便发现更多的新矿床,同时在磷矿床的学术研究上作出重要的贡献。至于钾盐矿床的研究则尚未开始。

(2) 国际现状:德国的钾盐矿床,开发最早(1861),在 1952 年前,她几乎操纵着世界许多国家钾盐肥料的供给。其后苏联(1926)、美国(1932)、法国、波兰、西班牙等都相继发现了钾盐矿床,特别是苏联及美国的矿床,分布极广,矿量巨大。德、苏、美的钾盐矿床俱属二叠纪的海相沉积。美国也有一小部分钾盐产自内陆盐湖。法、波、西班牙等国的钾盐矿床则属第三纪。

苏联及美国的磷矿床俱开发甚早,并都有极大的矿量。

在研究钾盐及磷盐矿床的同时,苏联及美国都阐明了蒸发盐类矿床及沉积矿床在成矿规律及与大地构造关系方面的许多理论,在学术上贡献很大。

6. 起讫年份：何年达到国际水平

1956—1957 年开始工作,希望在第二个五年计划内找到有价值的钾盐矿床,并相当深入地研究各已知磷矿的产地,在第三个五年计划开始就可随着国际水平一同前进。

7. 本中心问题研究工作的合作机构

本部物探局、各磷矿普查队及勘探队、农业部有关机关、科学院地质研究所。

8. 本说明书的作者：谢家荣

(《地质部地质矿产研究所科学研究远景规划》,北京大学档案馆,档号 1RW0172002-0658)

二一三月 地质部根据中央提出的"向科学进军"的号召和制定发展国民经济 12 年规划的要求,制定了地质工作和地质科学技术 12 年发展规划。与黄汲清、程裕淇、郭文魁等参加了此项工作。规划中提出了我国 5 个关键性重要地区(秦岭、南岭、大兴安岭、祁连山和康滇地区)作为开展地质科研工作的"突破口"①。

三月十四日 国务院成立科学规划委员会,开始制定 1956—1967 年全国自然科学和社会科学十二年长期规划。

三月十五日 在普查委员会讨论中国一匈牙利合作在鄂尔多斯开展物探工作事宜,预计 4 月中旬先来扭秤,5 月来大地电流,5 月 21 日左右可到齐,6 月初开展工作。

三月二十二日 加入九三学社。

三月二十六日 中央成立了由地质部、石油部、中国科学院联合组成的全国石油地质委员会,作为全国石油地质工作的咨询机构。李四光任主任委员,许杰、武衡、康世恩任副主任委员,谱主与刘毅、黄汲清、顾功叙、侯德封、张文佑等为委员。但这个委员会只开过一次会,实际上起的作用不大。

三一四月 3 月,以范长江为组长的 10 人科学规划小组以科学院物理学数学化学部、生物学地学部和技术科学部为基础,集中全国 600 多位科学家,按照"重点发展,迎头赶上"的方针,采取"以任务为经,以学科为纬,以任务带学科"的原则,对各部门的规划进行综合。4 月,有 16 位苏联科学院专家应邀来中国对规划提出意见和建议。谱主与黄汲清、程裕淇、郭文魁等在全国科学发展远景规划中的第 9 项(我国矿产分布规律和矿产的预测)和第 10 项(地球物理、地球化学和其他地质勘探方法的掌握及新方法的研究)两项规划中发挥了重要作用,还对程裕淇负责的子

---

① 《中国地质科学院地质研究所大事记纲要》,第 4 页。

课题提供许多有益的建议。

程裕淇《怀念恩师谢季骅》：

在以后的十几年中,他和我虽都住北京,并在同一大机构中工作,却没有再共同承担一项地质工作的机会,只在一般的学术活动或地质工作的讨论中,从他的丰富学识和经验获取教益了。其中一项共同的重要业务活动是 1956 年上半年的国家十二年科学技术发展规划工作的第九、十两项任务的规划,他还对我所负责子课题的规划内容提出了不少有益的建议。

（郭文魁等主编：《谢家荣与矿产测勘处——纪念谢家荣教授诞辰 100 周年》,第 98—99 页）

四月十二日　任地质部新组建的地质矿产研究所副所长①。

在地质矿产研究所 1956—1957 年研究工作计划所列全部 21 个研究项目中,负责或与人共同负责的有 5 个：华北地台奥陶纪石灰岩及石炭二叠纪地层的沉积型相、沉积环境及沉积运动(谢家荣、王曰伦)、华北平原基准钻剖面的层序、时代及其与周围山区中新生代地层的对比(谢家荣、王曰伦)、贵州、广西石油普查区域中古生代、中生代地层、古生物及含油远景的研究(孙云铸、谢家荣)、中国肥料矿产的研究(谢家荣)、编制全国的及分区的矿产分布图及矿产预测图(谢家荣、王曰伦)。黄汲清负责的项目有 4 个：大兴安岭地区大地构造与成矿规律的研究、南岭地区大地构造与成矿规律的研究、秦岭地区大地构造与成矿规律的研究、补充、修正并重印全国三百万分之一地质图②。

四月二十五日　毛泽东在中共中央政治局扩大会议上的讲话《论十大关系》中指出："一切善意地向我们提意见的民主人士,我们都要团结。像卫立煌、翁文灏这样的有爱国心的国民党军政人员,我们应当继续调动他们的积极性。"

五月十五日　在《科学通报》5 月号上发表《石油地质的现状、趋势及今后在中国勘探石油的方向》。文章提出了研究中国石油地质的 10 个基本问题,并指出储油层的确定和圈闭类型的研究具有关键性的意义,文章在论及中国今后勘探石油的方向时,再次指出要纠正油在西北之说的偏向。并且在中国地质界第一次提出"我们不但要在西北广大地区以往曾做过相当工作的如柴达木、准噶尔等地区内进行勘探,还要在尽管了解还不很够但交通较便、开发较易的地区内进行工作,俾可

① 中国地质科学院组织人事处：谢家荣人事档案,档号 9-1。
② 谢家荣学术成长资料采集工程项目资料,存于采集工程数据库,档号 SG-007-094。

收事半功倍之效"。这是一年多后发生的石油勘探战略重点东移所做的第一次思想和理论准备。

谢家荣《石油地质的现状、趋势及今后在中国勘探石油的方向》：

研究中国油气矿床的基本地质问题应包括下列各项：

(1) 全国油气苗的研究及其对于层系和地区含油性的意义。

(2) 含油层系及可能含油层系的分层、对比、沉积型相、沉积环境及沉积运动的研究，包括岩性、岩相及厚度在纵横方面的变化，作出岩性、岩相变化图及等厚线图。

(3) 含油层系与上下地层的接触关系，如不整合、假整合、整合、超覆等等。

(4) 研究本区或附近地区含油层系上下含煤系中煤层的定碳率，推断含油层系的变质程度。在进行这个研究时，除必须正确采样及分析外，还必须充分考虑煤层的层位及深度，因为不同层位及深度的煤层，其定碳率自然不同，不如此做，就很难加以比较。

(5) 结合岩性、岩相及油气苗的分布，作出关于储油层和可能储油层及有无好的盖层的结论。

(6) 结合储油层与构造形态，不整合关系、岩性、岩相的变化，古生物群的产状，古地理（古海岸线、古河冲积盆地、三角洲等），局部或区域的隆起等等的研究，作出关于储油圈闭的结论。必须分别构造的、地层的、岩性的圈闭和其他特殊类型的圈闭，后者包括珊瑚礁、盐丘、晶片状油储或裂缝油储等等。必须注意各种综合的圈闭和在多油层地区的叠覆构造。

(7) 在已经勘探或生产的油气区，必须充分研究地下地质和地球物理探矿的资料，包括储油层的层位、厚薄及性能（孔隙度、渗透率、饱和度、产油量等）、区域及油田构造的详细形态、油气比例和油气水的压力，从此推断地下压力的情况以及油田驱动的类型。

(8) 结合生产及各种探矿资料，包括地面的及地下的资料，研究区域性隆起、区域构造、潜山及古海岸线等与油气田分布的关系，从此划出含油盆地或含油带，以作扩大已知含油基地的根据。

(9) 编绘全国油气田分布与大地构造及古地理的关系图，从此划出若干巨大含油盆地及可能含油盆地，绘入轮廓性的构造等高线，阐明区域隆起和不整合，以供今后在全国范围内预测油气矿床的参考。

(10) 根据上述资料，提出中国油气田大地构造类型的划分。

以上所述为与石油的普查与勘探有直接关系的基本问题，其中如储油层的确定和圈闭类型的研究，在目前石油勘探工作方在开始的中国尤其具有关键性的意义。为了迅速发现足够的新油田以满足国家的要求，必须对此问题尽先研究，迅速予以解决。如果这两个重要问题，在各重要含油盆地中都已研究清楚，则我们的勘探对象即已确定，只要钻探能赶得上地质工作，我想许多巨大新油田的跟踵发现，是在意料之中的。其他如全国油气区域的划分以及油气田大地构造类型或成因类型的订立，虽比较接近理论，但因与比定油区等级、扩大已知石油基地以及在指示今后普查、预测的方向和方法上有重大关系，亦应尽先进行研究……

我们不但要在西北广大地区以往曾做过相当工作的如柴达木、准噶尔等地区内进行勘探，还要在尽管了解还不很够但交通较便、开发较易的地区内进行工作，俾可收事半功倍之效……

中国以往有“油在西北”之说，并且一向只注意中生代和新生代的陆相砂岩储油层及背斜构造。我们以后要纠正这种偏向，要同样注意西北以外的许多可能油区，要研究从古生代直至新生代的各可能储油层，其中包括许多从未注意的海相碳

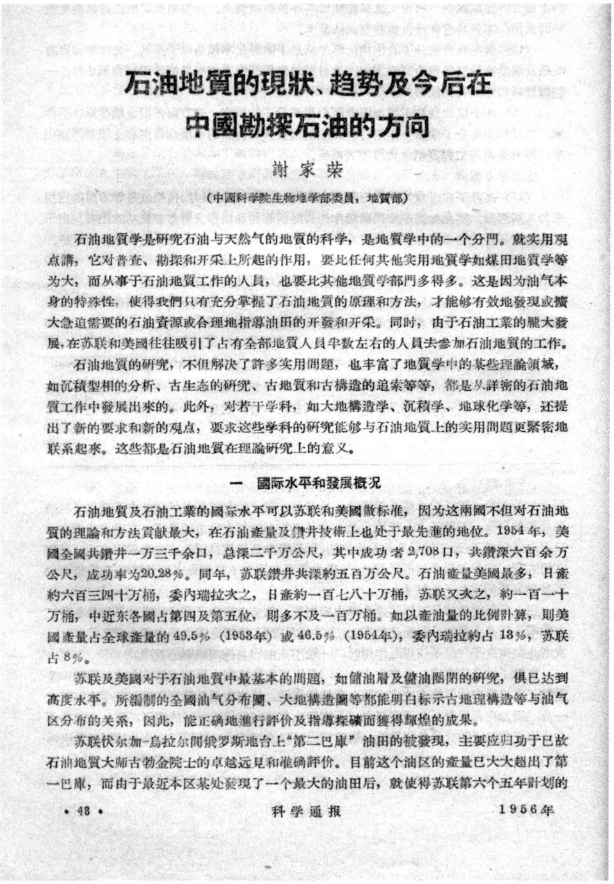

石油地質的現狀、趋势及今后在中國勘探石油的方向

謝 家 荣

（中國科学院生物地学部委員，地質部）

石油地質学是研究石油与天然气的地質的科学，是地質学中的一个分門。就实用观点講，它对普查、勘探和开采上所起的作用，要比任何其他实用地質学如煤田地質学等为大，而从事于石油地質工作的人員，也要比其他地質学部門多得多。这是因为油气本身的特殊性，使得我們只有充分掌握了石油地質的原理和方法，才能够有效地發現或擴大急迫需要的石油資源或合理地指導油田的开發和开采。同时，由于石油工業的龐大發展，在苏联和美國往往吸引了占有全部地質人員半数左右的人員去参加石油地質的工作。

石油地質的研究，不但解决了許多实用問題，也丰富了地質学中的某些理論領域，如沉積型相的分析、古生态的研究、古地質和古構造的追索等等，都是从詳密的石油地質工作中發展出來的。此外，对若干学科，如大地構造学、沉積学、地球化学等，还提出了新的要求和新的观点，要求这些学科的研究能够与石油地質上的实用問題更緊密地联系起來。这些都是石油地質在理論研究上的意义。

一　國际水平和發展概况

石油地質及石油工業的國际水平可以苏联和美國做标准，因为这兩國不但对石油地質的理論和方法貢献最大，在石油產量及鑽井技術上也处于最先進的地位。1954年，美國全國共鑽井一万三千余口，总深二千万公尺，其中成功者2,708口，共鑽深六百余万公尺，成功率为20.28%。同年，苏联鑽井共深約五百万公尺。石油產量美國最多，日產約六百三四十万桶，委內瑞拉次之，日產約一百七八十万桶，苏联又次之，約一百一十万桶，中近东各國占第四及第五位，则多不及一百万桶。如以產油量的比例計算，則美國產量占全球產量的49.5%（1953年）或46.5%（1954年），委內瑞拉約占13%，苏联占8%。

苏联及美國对于石油地質中最基本的問題，如儲油層及儲油圈閉的研究，俱已达到高度水平。所編制的全國油气分布圖、大地構造圖等都能明白标示古地理構造等与油气区分布的关系，因此，能正确地進行評价及指導探礦而獲得輝煌的成果。

苏联伏尔加-烏拉尔間俄罗斯地台上“第二巴庫”油田的被發現，主要应归功于已故石油地質大师古勃金院士的卓越远見和准确評价。目前这个油区的產量已大大超出了第一巴庫，而由于最近本区某处發現了一个最大的油田后，就使得苏联第六个五年計划的

· 48 ·　　科学通报　　1956年

图 109　《石油地质的现状、趋势及今后在中国勘探石油的方向》

酸岩储油层,并要同样注意寻找除背斜构造以外的各种圈闭,特别是珊瑚礁、盐丘、晶片状油田、断层封闭及其他地层圈闭的油田。

(《科学通报》1956 年 5 月号,第 51—53 页)

六月七日 地质部(56)地干字第 192 号文件任命谢家荣为地质部地质矿产研究所副所长。

中华人民共和国地质部通知　转知国务院任命宋应等人职务由

(56)地干字第 192 号

地质矿产研究所:

接国务院人事局五月二十八日(56)国人事字第 1424 号通知略称:"一九五六年五月二十五日国务院全体会议第二十九次会议通过:任命宋应为地质部地质矿产研究所所长,黄汲清、谢家荣、孙云铸为副所长"。特此通知。

中华人民共和国地质部(章)

一九五六年六月七日

(中国地质科学院档案,档号 1-56-3,据国土资源部档案 19499 号卷)

地质矿产研究所的工作方针任务

(一)方针:

(1)配合矿产的普查和勘探,研究学术上和实用上的关键性问题;

(2)指导全国区域地质调查,阐明基本地质问题;

(3)根据理论指导,发现更多的详查和勘探基地。

(二)具体任务:

(1)研究和阐明全国矿床的分布情况,成矿规律、矿床类型、地球化学及其他地质理论问题,随时提供普查找矿的方向和方法。

(2)对正在详查和勘探的重要产地进行专题研究,提出改进各种工作及进一步研究的意见。

(3)对勘探工作基本上已完成的重要矿区,应进行全面的综合研究,作出科学总结,以供今后在其他地区内勘探同样矿床的参考。

(4)指导全国区域地质调查工作,编制区域地质调查规范和手册,审查全国区域地质调查图幅及说明书。与有关机关合作,进行关于中国地层系统,标准化石、大地构造、岩矿分析及其他基本地质问题的研究。

（5）编制各种综合性的地质矿产图，如工业区域地质图，矿产分布图，矿产预测图等等。

（6）进行古生物、矿物及岩石的鉴定，分析和研究工作。

（7）编印不定期的中外文并列的《研究汇报》和《研究专报》等刊物。

（中国地质科学院档案，档号 1－56－3，据国土资源部档案 19491 号卷）

六月十六日　中国地质学会第 30 届年会在北京东单三条中华医学会举行。在侯德封书记致开会辞，报告年会筹备经过后，即向大会宣读论文《火山及火山沉积作用在中国几种矿床中的意义》（后刊于《地质学报》第 36 卷第 4 期）。这是我国早期关于火山作用与成矿关系的论文，文章论述了中国火山沉积岩的分布、时代及其中的矿化现象，叙述了祁连山中的志留泥盆纪火山沉积岩中的黄铁矿型铜矿、酒泉铁矿，赣东北德兴、铅山、弋阳等地中生代火山沉积岩中的铜矿、铅银矿等，探讨了进一步工作的方向，认为通过对火山岩系中矿化作用的详细研究，必能发现更多的铜矿和金属矿床。

宣读论文后即展开讨论。讨论开始时即对报告作了进一步的解释性发言：

金属矿床一般与侵入岩有关，而与火山岩的关系很浅，近来研究证明火山岩亦有一定的作用。

火山岩在海底喷发，挥发分不完全跑掉，与海水作用，加上水底沉积物对矿起富集作用。火山岩夹有沉积岩对成矿有利。

在乌拉尔黄铁矿铜矿以及阿尔泰多金属矿，很多都先认为与大侵入体有关，以后认为与小侵入体有关。现在认为小侵入体不能发生矿，因此是与火山作用有关，而乌拉尔含铜黄铁矿无疑与火山喷出有关。

喷出的硅酸盐交代作用对铅锌矿床成矿有关。

中国有些锰矿床与火山沉积作用有关，但工业价值不大。

中国的火山岩及火山沉积岩在中国东部最广，由大兴安岭至浙江附近皆有。从前认为燕山期火山岩在东部分布广，而青海南拉脊山三百万分之一的地质图上是南山系，所见都是火山沉积岩，由地层接触关系，推测是侏罗纪燕山期的火山岩。所以不单分布在东部，甚至到青海，其次是第三纪第四纪火山岩，主要是大陆喷发，对矿床关系不大。

华力西火山岩，在中国西北发育最多，西康东部有泥盆纪火山岩，下石炭纪岩层的砾岩中亦有火山岩，泥盆纪火山岩除西康东部外，还有云南北部。在西北与泥盆纪火山岩有关的矿床，如白银厂黄铁矿型铜矿，镜铁山的铁矿，都有开采价值，梯子岩的锰可能价值不大,但其中有铜矿,所以此期火山岩很重要。

二叠纪火山岩在四川分布很大,局部是海底喷发,西南分布广泛,有很多铜矿化的指示,但至目前为止尚未找到很大的矿床。主要是没进行打钻,尚不能肯定。除铜矿外还有钴。是否有相当的侵入相可能造成有价值的矿床还不清楚。在云南东部康滇地轴中部有东川铜矿,本身于震旦纪地层中,附近火成岩很多,可能与基性辉长岩有关。若辉长岩可代表与二叠纪火山岩相当的侵入体,那么就可说东川铜矿与二叠纪火山作用有关。这样不但二叠纪玄武岩与铜矿有关并与铅锌有关。

前寒武纪也有许多喷发岩,但尚不清楚,如中条山有很多安山岩喷出是前寒武纪的,其中有许多含铜石英脉,矿化作用清楚。

燕山期火山活动造成二种次生石英岩区,一在浙江广东,主要与酸性喷发岩有关;一为扬子江下游南京一带至庐江,侵入体及火成岩较中性,有明矾及金属矿,这种金属矿究竟与侵入岩有关还是与火山岩有关呢?至少与一部分火山岩有关,"酸性喷出岩造成次生石英岩造成的非金属矿床比较重要,中性喷出岩往往产生金属矿"这是苏联的理论。结合中国在浙江区明矾叶蜡石等非金属矿床更觉得重要,而南京区金属矿更重要,所以应重视在庐江的铜矿床。

石英斑岩是火山颈的产物,而其周围有砾石层,因之德兴的铅锌矿床是很有意思的。

(《中国地质学会会讯》第 10 期,地质出版社,1956 年,第 3—4 页)

向此次年会提交的另一篇论文《中国铜矿的分布及分类》在会上宣布了题目。

七月上旬 率地质部石油地质局工作小组赴华东地区检查石油地质普查工作。

《中华人民共和国地质部普查委员会为发送对华东石油普查大队地质工作的检查报告事函》:

兹送上我委对华东石油普查大队地质工作的检查报告。

普委 8 月 8 日

对华东石油普查大队地质工作的检查报告

石油地质管理局工作小组由谢家荣总工程师率领,七月四日下午到达南京,五日上午在晓庄华东石油普查大队队本部听取了陈仲凯队长和刘政昆同志关于工作情况及地质成果的汇报。同日下午对幕府山区乌龟山、猪头山及铁石岗附近地质剖面、钻孔岩心等进行了初步了解,阅读了部分的图件资料,六日上午视察了龙王山构造青龙灰岩剖面和钻孔,下午遇雨返局,与邓局长、严总工程师、戴天富工程师及队中同志进行座谈,交换了关于工作的意见。

　　[中央档案馆(自然资源部档案室),全宗号196,目录号5,案卷号289,序号7]

　　七月二十九日　在贵州炉山石油普查大队作题为《贵州石油远景的初步推断》的报告,从油苗观点、沉积观点,大地构造观点,储油层,可能有的圈闭和今后工作的方向等6个方面初步推断了贵州的石油远景,说:贵州石油究竟有无希望,相信在二三年内便可见分晓。朱景善记录、整理了报告的内容,经修正和补充后,收入1957年10月由地质出版社出版的《石油地质论文集》。

　　八月八日　在《对华东石油普查大队地质工作的检查报告》中提出了3个希望地质部予以解决的问题。

　　《对华东石油普查大队地质工作的检查报告》:

　　目前存在的几个问题经与局领导方面座谈,希部考虑解决。

　　(1)华东队目前拥有四台1000米钻机,除长兴地区需布置深钻孔外,南京附近一般使用500米型即可,考虑其他石油队急需深孔钻机,应请部统筹调换二部浅型钻机,这对全面是有利的。

　　(2)目前华东局仅有二个电测井队,需在四个煤田工作,无力参与石油队测井工作,应请部考虑在可能情况下,另派测井队参加工作。

　　(3)华东石油普查大队缺少主任地质师,局的意见可由局内工程师兼管,但不便指定专人负责,我们的意见除由局工程师就近下队指导工作外,队应加强及时向石油地质局汇报工作成果及附有必要图件的资料,以争取石油地质局的及时指示。此外,应请石油地质局在可能时派员到队短期协助工作。

　　[中央档案馆(自然资源部档案室),全宗号196,目录号5,案卷号289,序号7]

　　八月三十一日　在石油工业部听张文佑的报告:"青海西藏见闻——柴达木-祁连山-西藏一部分的大地构造及成矿作用"。

　　八月　在《地质知识》第8期发表《中国矿产的分布规律及其预测》,明确指出中国的石油远景一定很大,之所以找到得少,是因为工作量太小。

　　中国有广大的沉积盆地和沉积平原,油气苗又遍及全国,石油远景一定很大。从前找到的石油很少,主要原因是(1)地质了解不够,特别对于储油层及圈闭类型未加研究;(2)没有经过广泛钻探。美国每年钻探二千万公尺,钻井一万二三千口。苏联钻探五百万公尺。中国从解放后至今共钻不过五十万公尺,这样小的钻探量如何能钻到大量石油呢?

……在柴达木、准噶尔都布置了钻孔,历时不久,果然好消息就不断传来。克拉玛依及冷湖都喷了油,初步证明了这两个地区是具有工业价值的重要油区。

中国其他地区如华北平原、黔桂滇台地、鄂尔多斯、四川等地都是有希望的大油区。华北平原可先在边缘找奥陶纪及石炭二叠纪中的油储,在平原中的隆起带还可找海生中新生代的油储,黔、桂、滇可找古生代及中生代产在石灰岩和白云岩中的储油层,在该区发现珊瑚礁油田的希望极大。

(《地质知识》1956 年第 8 期,第 2—3 页)

九月　地质部机构大调整。撤消各大区地质局,成立北方地质总局和南方地质总局。地质矿产研究所正式成立,宋应任地质矿产研究所所长,谱主与朱效成、孙云铸、黄汲清任副所长①。作为副所长,主管矿床、岩矿及地球化学等室的研究工作,提出以研究成矿规律为重点,对重点矿床进行解剖,树立典型,解决成矿的区域地质和矿床成因,以利进一步找矿。

十一月七日　出席政协报告会,听取关于世界各国水力发电情况和中国水力资源的报告。

十一月九日　地质部水文地质工程地质局 11 月 5 日致地质矿产研究所便函,1957 年需要与地质矿产研究所合作研究第 4 纪、第 3 纪分层的时代问题,特别是呼和浩特、北京、河西走廊、三门峡、河北等地;河西走廊的新构造问题;大地构造图编制;长江三峡石牌以下河谷的发育、黄陵背斜轴部花岗岩与片麻岩的关系及花岗岩的风化现象。谱主批示:各室编计划时考虑。②

十二月三日　地质部党组会议研究决定,在中央未批准地质部建立科学研究院之前,为了加强对科学研究工作的领导,在部内首先建立科学研究工作委员会,委员会成员有:宋应副部长(兼主任委员)、许杰副部长(兼副主任委员)、谢家荣、黄汲清、孙云铸、任子翔、冯善俗、李杰、夏湘蓉等③。(该委员会建立后,于 1958 年初撤消)

十二月十五日　出席在中国科学院地球物理楼 4 楼举行的中国科学院生物学地学部第 14 次常委(扩大)会议。会议由竺可桢主持,讨论增补学部委员之问题。

《竺可桢日记》:

---

①　中国地质学会:《黄汲清年谱》,地质出版社,2004 年,第 95 页。
②　北京大学档案馆,档号 1RW0172002 - 0675。
③　国土资源部档案 890 号卷。

12 月 15 日

午后二点至西郊,开生物学地学部常委扩大委员会,讨论增请学部委员名单。经过去函征求意见后,暂时定出:生物部门汤飞凡、胡先骕、刘思职、朱元鼎、张香桐、曾呈奎、饶钦止、刘慎谔、马溶之、谈家桢、李汝祺、陈心陶、吴光等十三人,地学部门拟出冯景兰、傅承义、任美锷、王之卓、喻德渊、李善邦、王鸿祯、翁文波、孙敬之九人。经分组讨论,我参加地学组,到谢家荣、张文佑、黄汲清、孟宪民、田奇㻪、尹赞勋、侯德封及竺可桢,列席施雅风、裴秘书长。地学原有学部委员 24 人,计地质古生物 18,地理、地球物理 6。今日提议地质古生物加冯景兰、王竹泉、王恒升、李春昱、徐克勤、喻德渊及王曰伦(祁连山觅得大铁矿镜铁山)等七人;地理加任美锷、孙敬之二人;大地测量加方俊、王之卓二人;地球物理加傅承义、李善邦、翁文波三人。此外因李连捷也参加讨论,提出熊毅和马溶之。宋达泉归生物组决定。地学组共加十四人。

(《竺可桢全集》第 14 卷,第 467 页)

是年　编制了新的四百万分之一中国含油和可能含油区分布图,将中国划分为 3 个油气省,22 个远景区。这张图 1957 年经缩绘后发表在《中国油气区和可能油气区的划分与评价》(《科学》第 33 卷第 1 期)和《中国的产油区和可能含油区及对今后勘探工作的意见》(《石油地质论文集》)中。

是年　指导郭邑海、高振藩、梁玉左编制全国铜、铅锌矿产分布图及预测图,指导孙忠和编制全国非金属矿产分布图及预测图,指导王绍伟、吴厚本、周季安、杨伯贤、陈红略编制全国煤炭分布图及预测图,指导王杰、陈颐亨、王崇友编制全国石油分布图及预测图。执行项目"中国铝土矿的研究"[①]。

是年　制订地质部地质矿产研究所 1956—1957 年研究工作计划,安排研究项目 21 个,各项目的名称、起讫时间、主要工作内容、预期成果和已经安排的项目负责人等内容如下(项目名称前的数字为项目代号)[②]:

101. 华北地台奥陶纪石灰岩及石炭二叠纪地层的沉积型相、沉积环境及沉积运动(1956—1958),负责人谢家荣、王曰伦。主要工作内容:(1)收集华北石油队及华北各煤田队采集的标本加以分析研究,(2)派出两个野外队分赴河北、山西、山东及陕西等省,详测奥陶纪及石炭二叠纪地层剖面,注意岩相变化,不整合,超

[①] 《地质部地质矿产研究所第四季度各室研究工作一览表》,北京大学档案馆,档号 1RW0172002 - 0657。

[②] 《地质矿产研究所 1956—1957 年研究工作计划》,北京大学档案馆,档号 1RW0172002 - 0676(谢家荣手稿)和 1RW0172002 - 0655(打印件)。

覆,岩层尖灭及古风化面等现象,(3)进行沥青分析,机械分析,化学分析(钙、镁、铁及酸浸残留成分),光谱分析(Sn,Ba 等少量元素),重矿物分析,显微镜研究,孔隙度、渗透率的测定及古生物研究等。(4)研究构造形态及其与岩性及沉积的关系。预期成果:(1)配合华北石油队的任务,研究古生代地层中的生油层、储油层及盖层,并推断可能的圈闭,(2)从古生物,化学成分,沉积组分,沉积旋回及物理性质作出奥陶纪及石炭二叠纪地层在对比上的根据。

102.华北平原基准钻剖面的层序、时代及其与周围山区中新生代地层的对比(1956—1958),负责人谢家荣、王曰伦。主要工作内容:(1)根据华北基准钻队送来的样品进行分析研究,(2)派队分赴长辛店、周口店、山西榆社等中新生代地层发育地区进行复查及采样,(3)进行沥青分析,机械分析,重矿物分析及显微镜研究,就若干有意义的地层测定孔隙率及渗透率,(4)进行古生物鉴定及孢粉分析。预期成果:(1)从岩石特性,沉积组分,沉积旋回及化石特征进行基准钻剖面与周围山区若干重要新生代地层剖面的对比,(2)作出关于基准钻中所遇地层含油性,储油性能及含油远景的初步结论。

103.贵州广西石油普查区域中古生代中生代地层、古生物及含油远景的研究,负责人孙云铸、谢家荣(1956—1958)。主要工作内容:(1)对各普查队送来的岩石岩性及化石进行鉴定及研究,(2)依据普查资料,对各标准剖面进行剖面详查及分层详采化石的工作,(3)研究地层在岩相上和厚度上的变化,注意海进海退,局部隆起,不整合,超覆及古风化面等,(4)研究油气苗的产状、分布及其与可能有的圈闭的关系。预期成果:(1)根据剖面及各种证据,作地层在分层和对比上的准则,(2)进行大地构造分区的研究,(3)依据沉积及构造,结合油气苗的观察作出本区储油层、圈闭类型及含油远景的初步推断。

104.东胜和柴达木含油地层孢子花粉组合、古生物及地层时代的研究(1956—1958),负责人徐仁。

130.豫西煤区及淮南煤区的沉积旋回、煤岩特征及变质趋向(1956—1957),负责人王晓青。主要工作内容:(1)就各煤田队及煤矿征集的标本及岩心和本所派队采集的标本进行分析研究,并配合化石、孢粉及煤岩的鉴定和分析,(2)就以往做的煤样分析及本所采样的检查分析,研究煤质的区域性变化规律,(3)结合沉积及构造研究大地构造分区。预期成果:(1)结合岩性、岩相、化石及孢粉的研究,作出关于煤系沉积型相、沉积旋回及煤层对比的结论,(2)结合煤岩及沉积的研究,作出煤的成因类型及对比特征的结论,(3)从大地构造分区及煤质变化规律进行煤田预测。

131.华北地台石炭二叠纪含煤沉积及煤田预测的研究(1956—1958),负责人王晓青、王绍伟。主要工作内容：(1) 一部分的剖面及采样工作可与华北石油队合作进行，(2) 研究含煤系的沉积型相及沉积旋回，(3) 进行煤质分析及煤岩的研究，(4) 绘制煤系等厚线图，岩性分布图，煤质牌号图及煤系以上沉积等厚线图等。预期成果：(1) 煤系沉积与古地理及大地构造的关系，(2) 煤质变化规律，(3) 煤层对比的准则，(4) 依据大地构造分区进行煤田预测。

201. 甘肃酒泉镜铁山铁矿的地质特征及矿床类型(1956—1957)，负责人王曰伦、李则新。主要工作内容：(1) 就镜铁山队所做各种工作的基础上，检查区域地质，核对若干剖面，广泛寻找化石，以便确定地层层序，岩石种类及地层时代，(2) 研究各种侵入岩及喷出岩的名称及先后关系，(3) 研究矿区的构造特征，矿床与沉积岩，喷出岩及侵入岩的相互生成关系，(4) 就所采标本，进行显微镜研究，化学分析，光谱分析及重矿物分析，以便确定岩石的名称，类型及变质作用和蚀变作用的特征。预期成果：确定矿区的地质特征及矿床的成因类型，以供远景评价及扩大外围找矿的依据。

230. 中国铬铁矿的研究(1957—)。

301. 甘肃白银厂及其外围的地层层序、构造特征及成矿历史(1956—1958)，负责人刘梦庚。主要工作内容：(1) 在白银厂队所做工作的基础上，检查区域地质，核对剖面，广泛寻找化石，以便确定南山系地层的层序及时代，(2) 研究地层、构造特征，推断掩盖区下的构造，各个构造间的相互联系及其与矿床间的关系，(3) 就所采标本进行显微镜研究、化学分析、光谱分析、重矿物分析及机械分析，(4) 就大量分析及显微镜资料，研究白银厂矿体在水平和垂直方向上的矿物和矿质的变化规律，(5) 绘制白银厂及其外围的构造轮廓图、大地构造分区图、成矿区域和矿床预测图等等。预期成果：结合地质及矿床的研究，作出成矿历史及成矿规律的推断，以指导今后在外围及深部找矿的方向和方法。

302. 山西中条山矿区的地质特征及矿床类型(1956—1957)，负责人郭宗山。主要工作内容：(1) 就中条山队所做工作的基础上检查区域地质，核对若干剖面，提出关键性问题，(2) 就所采标本进行显微镜研究、化学分析、光谱分析、重矿物分析，(3) 研究变质岩的层序，成因及分带，决定各种侵入岩及喷出岩的名称及相互关系，(4) 试做若干远距离的铜量测量截线，以便决定矿床分布的趋向及进一步详细金属量测量的根据。(5) 绘制构造轮廓图、成矿区域及矿床预测图。预期成果：解决变质岩的层序、构造及矿床的成因类型，以供进一步找矿的根据。

303. 安徽庐江一带铜矿的地质特征及矿床类型（1956—1957），负责人郭宗山。主要工作内容：(1) 就庐江队所做工作的基础上，检查矿区地质，核对钻孔及地质剖面，采集标本，特别注意围岩蚀变（如青盤岩化）及地表的找矿标志，(2) 就所采标本进行显微镜研究、化学分析、光谱分析及差热分析，(3) 研究成矿特征及矿体纵横变化与品位富集的规律。预期成果：综合地质矿床的研究，作出矿床类型和成因的结论，以指导今后在长江下游类似地质情况下找矿的方向和方法。

350. 中国镍矿的寻找和研究。

360. 中国钴矿的寻找和研究。

401. 中国稀有元素及放射性元素矿床的研究（1956—1960）。主要工作内容：(1) 进行对不同时代及不同层位的煤及超低温铅锌矿床中锗与镓的研究和分析，(2) 研究伟晶花岗岩脉及接触型铁矿中的绿柱石矿床，(3) 根据古地理、沉积条件及地球化学的资料，寻找和研究沉积铀矿床及钒酸铀矿床，(4) 根据铀钍矿床的成因分类，结合我国具体地质情况，指出寻找铀钍矿床的区域和可能发现的类型。预期成果：配合半导体制造及和平利用原子能在国内寻找锗、镓及铀钍矿床。

中国肥料矿产的研究（1956—1960）。主要工作内容：(1) 首先在四川自流井地区寻找钾盐矿床，综合研究已有的电测井资料，然后用中子及伽马射线测定钾盐层的层位、厚度及含量，用水化学方法划出碘、溴、硼的异常区，(2) 研究海绿石、明矾石等其他的钾盐矿物原料，研究内陆盐湖中钾盐矿的存在，(3) 在山西南部及鄂尔多斯地台膏盐矿层中注意搜觅钾盐矿床，(4) 研究中国磷矿的分布、类型、找矿标志及预测方法。预期成果：首先寻找和研究钾盐矿床，其次研究磷矿的分布规律，以便发现更多的磷矿新产地。

601. 大兴安岭地区大地构造与成矿规律的研究（1957—）。
602. 南岭地区大地构造与成矿规律的研究（1957—）。
603. 秦岭地区大地构造与成矿规律的研究（1957—）。

701. 中国前寒武纪地层分界的研究。

901. 编制全国及分区的矿产分布图及矿产预测图（1956—）；

902. 补充、修正并重印全国 300 万分之一地质图。

是年　地质部普查委员会整理普委工程师的问题,将谢家荣的问题整理为六七个主要问题,提出"由保卫部门作专门案件处理,不在普委进行斗争"的意见。

(中国地质科学院组织人事处:谢家荣人事档案,档号 5 - 2)

一九五七年　丁酉　六十一岁

提要　北京。撰文《第二老君庙在哪里?》。出席中国地质学会第二届会员代表大会。在地质部第三次石油普查会议作题为《对于中国若干油气区的看法》的报告。赴山西考察地质。考察甘肃、青海的地质。发表《中国铜矿的分类、分布及今后普查勘探的方向》《中国油气区和可能油气区的划分与评价》。著《石油地质论文集》。被划为右派,降职、降级、降薪。

一月一日　晚赴怀仁堂出席京剧晚会。

一月二日　上午9时到地质部参加地质部局长会议,听取刘杰副部长的总结报告,下午3时出席科学研究座谈会,听取各工程师的意见。

一月三日　全天出席在地质部继续进行的科学研究座谈会。晚上出席在办公室召开的九三学社小组会。

一月四日　出席在石油工业部举行的17项科技规划会和华北基准钻讨论会,至下午5时返回地质部学习俄语。

一月五—六日　撰文《第二老君庙在哪里?》①。

一月十二日　出席政协视察座谈会。

一月十五日　上午出席煤储量联合委员会,宣告委员会成立,通过规范及议定分工办法。下午1时听取朱效成报告的初稿,2时开始正式报告(在地质部局长会议结束后,朱效成副所长代表地质矿产研究所邀请参加局长会议的各省区地质局的总工程师座谈,听取他们对地质科学研究和研究项目的意见和要求)。

一月十九—二十六日　出席地质部的科学规划会议,并任会议第一小组组长。21日代表地质矿产研究所发言。其间曾发表对华北平原地下水和玉门石油的意见,以及科学规划要点的意见。

一月二十八日　上午开所务会议再谈计划,下午赴沙滩中国科学院地质研究所参加地质学会代表会议筹备会。

一月三十日　除夕,与程裕淇研究部、局、队的研究项目。

---

① 据《谢家荣日记》,但至今尚未查到《第二老君庙在哪里?》一文的去处。

一月　著文《中国铜矿的分类、分布及今后普查勘探的方向》，在《地质论评》第17卷第1期发表。此文是在1956年提交给第30届年会的论文《中国铜矿的分布及分类》的基础上扩充而成的。文章包含5个部分：过去中国铜矿业的概况、中华人民共和国成立后若干新产地的发现、中国铜矿床的成因分类、中国铜矿的分布和今后普查勘探的方向。

过去中国铜矿业的概况概述了中国自古以来，特别是自汉唐以来铜矿业的概况，指出中国的铜矿业历史悠久，最初是从中条山一带开始的，其后渐向西南发展，到清代集中到云南、四川和西康。

中华人民共和国成立后发现的铜矿产地，着重讲述了甘肃白银厂铜矿、中条山铜矿和安徽庐江铜矿的发现经过，论述了甘肃白银厂铜矿和中条山铜矿的地质特征和成因类型及工业价值，指出庐江铜矿有可能是斑岩铜矿；同时称东川铜矿经过勘探，证明了有巨大的工业价值，认为它属于岩浆后期的中深热液交代充填矿床。

文章把中国铜矿分为岩浆矿床、表成矿床和变质岩中的矿床3大类，岩浆矿床又分为正岩浆矿床，岩浆后期矿床两个亚类，分表成矿床为淋滤矿床和沉积矿床（红层铜矿）两个亚类，分变质岩中矿床为主要矿床成于变质作用之前后和被变质矿床两个亚类，含岩浆矿床12个型式，表成矿床5个型式，变质岩中矿床5个型式，分别列举了矿床实例。

中国铜矿的分布一节按照地理区域将中国铜矿产地分为东北区、华北区、秦岭区、华南区、东南沿海区、西南区、川康滇黔区、祁连山及其南区域、天山区和西藏区共10个区，论述了各区的大地构造、岩浆活动及主要矿床。

文章最后论论述了中国铜矿的普查勘探方向，就中国斑岩铜矿、中条山式铜矿、红层铜矿、含铜黄铁矿、东川式铜矿、镍铜矿和矽卡岩铜矿的找矿方向做出一些初步的推测。

二月五日　中国地质学会第二届会员代表大会开幕，以地质部地质矿产研究所副所长的身份作为特邀代表参会。但未出席开幕式，而往地质部参加讨论接待苏联地质部长及苏联代表团事宜。

二月六日　赴报子街科联礼堂出席中国地质学会第2届会员代表大会论文讨论会，主持上午的石油问题讨论会，下午出席由徐克勤主持的煤矿、铁矿讨论会。

在石油问题讨论会上，在石油工业部的黄先驯报告《克拉玛依油田的一些地质情况和几个地质问题》后的讨论时发言：

过去新疆石油公司的苏联专家尼基申曾说过：克拉玛依地区是有含油远景甚至比天山北部更大些，今天的事实证明他的预见是正确的。我认为无论是古生代还是中生代,油的来源比天山北麓更有利些,变质岩中有油是值得注意的。美国花岗岩、石英岩中有油;侏罗系可以是生油层,上边的油可以沿裂隙下渗。关于油的来源问题,往往是多种多样的,问题在于哪个占主要,我认为是地层超覆,不整合。

（中国地质学会编:《中国地质学会会讯》第 11 期,第二届会员代表大会专号,1957 年 8 月,第 27—28 页）

在下午的铁矿论文会上,东北工学院曾繁礽作题为《本溪区侵入岩的时代问题及其与鞍山式铁矿的关系》的报告,讨论时发言:

很早以前地质界曾有岩浆可以形成任何矿床之说法。而到现今很多人都倾向于用沉积解释很多的矿床成因,今天曾先生谈的又似乎是由沉积变成岩浆的说法。

很多资料证明鞍山式铁矿是有一定层位的,而分布得如此之广是值得考虑的。

如果为热液成因的,则矿床需要有易交代的岩石,因此这个矿区的交代情况,尚须要进一步研究。当然热液作用可以引起铁矿的迁移。

因此我认为是否老的说法还比较合适。

（中国地质学会编:《中国地质学会会讯》第 11 期,第二届会员代表大会专号,1957 年 8 月,第 36—37 页）

在下午的煤矿论文会上,煤炭工业部煤田地质研究所的潘广宣读《淮河煤区地质》论文。继王竹泉、王鸿祯发言之后发言,指出苏北、淮南、豫西三个地区的煤田都很有希望,并对比分析了此 3 个地区的煤:

潘广同志的论文很有兴趣,分析方法也很正确,苏北、淮南、豫西三个煤田有相似的地方,但也有不同的地方,三者如何分开,尚不清楚。三个地区将来勘探都是很有希望的。

淮南煤田与豫西煤田究竟连不连? 二者基本是一致的,但中间可能有高高低低,如潘同志的提法,二者是一个大地构造单元的两个出露部分。二者中间部分须要进行地球物理学工作,将来大片是有希望的。

论文对三个地区的对比很好,还应进一步对比沉积环境。

海豆芽的发现很有意义,那当然是海相的。从煤岩性质看,豫西及淮南煤简直是一样的,煤组也可以对比,大致淮南的 B 组相当豫西的 C 组。

山西系煤质与石盒子煤质很不同,愈上挥发分愈高,顶部植物组织很破碎,是否冲积的?

贾汪煤质与淮南不同,二者沉积环境可能有区别,与太行东麓也不同。

过去我们说太行东麓边缘凹地,淮南边缘凹地,当时是随便讲的;现在我也同意取消淮南边缘凹地,看是否可以叫它地台凹地,反正是凹地,不是凹地不会成煤。

沉积来源要研究,本区是多煤层煤区,同意煤系沉积时,地形是准平原状态,没有大山。

紫斑东西也很值得注意,淮河流域铝土很多,过去我们分出许多层来,其生成可能与紫斑的形成有关。

沉积旋回、相、环境,值得很好研究,可以把相分出来,近年钻孔资料很多。对这一带应先进行地球物理学工作。

（中国地质学会编:《中国地质学会会讯》第 11 期,第二届会员代表大会专号,1957 年 8 月,第 52—53 页）

潘广在最后的发言中说:谢先生对有关煤系煤岩性质的研究很重要。

二月七日　上午赴沙滩中国科学院地质研究所出席地质学会的伟晶岩论文讨论会。在讨论司幼东《关于最高型式花岗伟晶岩类的地球化学变异问题》及郭承基等《内蒙古南部地区花岗伟晶岩》时发言,指出:"司先生和郭先生的研究是很好的,但地质材料不足,应当从它们的产状和侵入在什么岩石里来加以考虑。"[1]下午赴报子街出席地质学会大会,讨论大地构造和赣南钨矿等。晚上出席中国地质学会第 2 届会员代表大会代表、理事座谈会,在讨论会上发言:

目前高等学校中专业设置太细,地质勘探学院中工程课的分量是否应该削减,其次整个地质工作的机构组织是集中搞还是分散搞。在地质部的研究机构中要研究些什么,怎样避免和勘探队重复。地质勘探工作也是科研工作中的一部分,因此也需要有奖励制度,对学会工作方面希望在北京设置（学会）会址,整理一下存书,以便利用,同时恢复外文会志。

（中国地质学会编:《中国地质学会会讯》第 11 期,第 19 页）

二月九日　上午赴报子街参加地质学会理事会理事选举,当选新一届理事。下午赴南苑机场迎接苏联地质部长安特罗波夫及其他专家 6 人,其中有著名苏联地质学家金兹堡（И.И.Kинзбург）。

---

[1]　中国地质学会编:《中国地质学会会讯》第 11 期,第二届会员代表大会专号,1957 年 8 月,第 58 页。

晚,中国地质学会第 30 届理事会在前门外李铁拐斜街远东饭店会议室举行第一次会议,与金耀华、徐克勤、尹赞勋、程裕淇、陈国达、孙云铸、王竹泉、李承三、张伯声、王鸿祯、侯德封等理事出席。侯德封主席,选举常务理事会,讨论学会组织方面的问题和出版问题。

二月十日 陪同苏联地质部代表团游览颐和园。

二月十一日 出席地质部欢迎苏联地质部长的会议。

二月十二日 上午赴北京饭店接金兹堡等苏联专家到百万庄,9 时开座谈会,在座谈会上首先向苏联专家介绍地质矿产研究所 9 个研究室的情况,提出了 3 个问题及 3 个学术问题,后参观各研究室。下午 3 时,苏联专家解答上午提出的问题,主张地质矿产研究所与矿物原料研究所合并为一,并谈及伟晶岩、找铍及铜矿问题。

二月十三日 上午赴公安局礼堂出席苏联地质部部长的报告会,下午出席金兹堡的报告会,讨论稀有元素矿床的成因类型。

二月十六—二十四日 第 3 次石油普查会议即将召开,撰写将在此会议上作的报告"对于中国若干油气区的看法"。

二月二十五日 上午出席地质矿产研究所所务会,下午出席全国政协预备会。

二月二十六日 赴前门饭店出席全国政协预备会,下午在自然科学组发言。

二月二十七日 上午出席地质矿产研究所所务会,下午 3 时出席在怀仁堂召开的最高国务会议,毛泽东主席做《关于正确处理人民内部矛盾问题》的报告,历时 4 小时。《对于中国若干油气区的看法》脱稿。

二月二十八日 出席在前门饭店举行的全国政协小组座谈会。

三月一日 地质部第三次石油普查会议在北京开幕。但未出席开幕式,而往前门饭店出席全国政协小组座谈会和最高国务会议。许杰副部长在地质部第 3 次石油普查会议上致开幕词,谓"这次会议的目的就是为了讨论我国各含油气区域地质工作的方向,为了总结交流两年来石油地质工作的技术经验""这次会议虽然准备得不够充分,但内容仍然是比较丰富的,它包括:中国各含油气区域的讨论;苏联油田地质的介绍;石油地质普查和区域测量的经验交流和石油地质调查暂行规程的讨论"。

是日 所著《河西走廊及阿拉善三角地前盆地含油远景的初步评价》在《石油工业通讯》第 5 期发表。该文是作者在正在北京召开的第 3 次石油普查工作会议上所作报告"对于中国若干油气区的看法"第 1 部分的充实稿。

三月二日 下午 3 时听李富春副总理关于第 2 个五年计划说明的报告。

三月四日 赴南河沿 25 号出席政协小组会,并在下午的会上发言。

三月五日　全国政协第二届第三次会议在北京政协礼堂开幕。中华人民共和国主席、中国人民政治协商会议全国委员会名誉主席毛泽东和其他领导人、全体政协委员，包括新增补的委员，共计621人出席。周恩来做《关于访问亚洲和欧洲十一国的报告》，陈叔通作《中国人民政治协商会议第二届全国委员会常务委员会工作报告》。

三月十一日　上午赴中国科学院出席生物学地学部会议。下午出席全国政协第二届第三次全体会议，并做题为"地质工作要跟国家要求密切结合"的发言。翌日，《人民日报》全文刊出此篇发言。

我完全同意并衷心拥护毛主席在最高国务会议中的讲话，周恩来总理访问亚洲和欧洲十一国的报告，李富春副总理关于第二个五年计划的说明及陈叔通副主席关于政协常委会的工作报告。

我是学地质的，目前正在地质部的一个研究所中工作。解放以来在党及人民政府的正确领导下，中国的地质事业突飞猛晋，在短短数年中地质干部增加到数千人，地质工作者的足迹，遍及边疆僻壤，发现了许多矿物原料基地，满足了第一个五年计划所需要的各种矿产资源，并为第二个五年计划的发展，奠立了基础；这是我们全体地质工作人员所引为欣慰并感到莫大光荣的。现就下列三个问题略抒己见，请各位委员们指正并请有关部门参考。

（1）关于地质研究问题

解放以来，在人员少，任务重的条件下，为满足国家需要，我们的工作自应以勘探为重点，其次则逐渐开展普查找矿及区域地质测量，这是非常自然也是十分合理的步骤。由于全力进行勘探和普查，我们对于基本地质理论就不够注意，综合研究，也做得很少，因此尽管积累了大量的勘探和普查资料，而如何消化运用，却大成问题，这对于许多矿区的准确评价，有莫大的影响。同时，由于勘探工作的广泛展开，已知矿点就逐渐减少了，我们不可能只凭就矿找矿的老办法，而必须根据理论指导以发现潜伏的和延展的新矿体，这一切都需要科学研究来予以解决。

根据上述理由并响应政府向科学大进军的号召，地质部于1956年上半年就开展科学研究工作，这是非常适时的。但我们一开始就仿照苏联办法建立了许多专门的科学研究机构，这种措施是否对，值得慎重考虑。

苏联地质部的研究机构是经过由集中到分散的过程建立起来的。在开始时他们只有一个地质研究所，然后随着某些研究室力量的壮大，以及任务的繁重而将它们独立成所。这是个瓜熟蒂落的自然过程。最近苏联地质代表团来时也向我们着重提醒过这一点。我们在展开科学研究工作时未适当的考虑这一点已造成了一些困难,例如四个研究所在同一建筑物内都各有其行政机构,造成了一些人力的浪费;各所的人才和设备互有短长,而不能充分加以利用;在房屋建筑上也感到紧张。因此,根据稳步前进的原则,如何将现有研究机构适当地集中合并,使所有研究人员都能迅速充分的利用现有设备,进行工作,不致陷于忙乱,是一个值得详细研究的关键性问题。

在科学研究工作中的干部问题也日渐严重。解放以来几个地质学院的教学方针是以培养勘探的专业为主普查为副,这为配合当时的需要是可以理解的。但这样培养出来的学生往往不适合于研究工作,因此就需要大力发展一些综合性的大学如北京大学,南京大学,西北大学等的地质系,以便造就适合于研究及解决生产中复杂问题的人才。另外目前地质学院的工程课太多,学生花了许多时间去学习设计勘探用具上某些零件,而对基本课程如矿物、岩石、矿床、古生物、地质构造等,反而学得较少,外文训练也差,这种情况需要改正。

(2)普查与勘探方法的改进

新中国地质工作的最大成就是许多新矿地的发现和若干已知产地的矿量的确定,这都要靠大规模的普查和勘探工作来完成。这种辉煌的成就,只有在党和政府的英明领导下才能获得,并且是与苏联专家的帮助及学习苏联先进经验分不开的。但我们的工作还不是没有缺点的,如在有些场合,因为缺乏经济观点,遂过多地布置了槽探,坑探,钻探及化验工作量,而造成了浪费;有时则因对矿床的勘探缺乏预见性和整体性遂使勘探设计陷于片面,或使勘探的结果不能与国家的要求密切配合。

最近以苏联地质和矿藏保护部部长安特罗波夫为首的访华团同志们告诉我们说:苏联以往所定的勘探规范,不免要求过高,在时间和经济上要造成许多损失,因此,目前正在缜密拟定一套新的规范来作为今后普查勘探工作的指南。

为了更进一步的学习苏联,我们应当重新检查和研究解放以来所做的各项普查勘探工作,吸取其中的经验教训,在结合中国具体地质情况基础上,参考苏联所定的新规范,对勘探方法进行改进,而制定一套我们自己的规范,这是为提高工作效能,加速勘探地下富源所必须采取的一项重要措施。

(3)石油问题

解放以来中国石油工业获得了巨大的发展,无论在勘探、钻井、制炼、储运各方面俱有新的成就。从1950—1955年六年中的钻探总进尺为四十九万公尺,而解放前1907—1949年四十二年中钻探总进尺则仅为三万九千七百一十公尺,1955年天然石油的年产量与解放前最高年产量相比增加几达五倍。最近一年中新油区如克拉玛依、冷湖(柴达木)、鸭儿峡、马莲泉(俱在甘肃玉门老君庙附近)及独山子等地的喷油好消息不断传来,大大增加了我们对中国石油远景的信心,有力地粉碎了以往认为中国无石油的恶意宣传。

鸭儿峡和马莲泉喷油的消息是具有特别重要的意义的,因为它是位于铁路已经通到的地方,交通便利,将来发展自属事半功倍。从新油田的观点讲,我们多少年来努力寻找的所谓"第二老君庙"可能已在这个地区中找到了。

为了寻找更多的"老君庙"我建议要在老君庙以西,在安西和敦煌以南几个由第三纪地层所成的盆地中进行普查勘探工作,如果在这些地区中发现了油田,那么我们就更有理由去修建从甘新铁路干线上安西敦煌往南通过当金山口直达柴达木盆地北缘的一条支线,这样就可把甘青两省最重要的油区联系起来,并且也就可以把处在盆地北缘业已证明有工业价值的冷湖油田迅速地开发起来了。

最后我提出保证,要继续努力学习,并不断改造自己,要在向科学大进军及在为祖国寻找矿物原料基地的光荣任务中,贡献出我自己应尽的全部力量。

(《人民日报》1957 年 3 月 12 日第 6 版)

三月十三日　上午 9 时赴地质部参加第 3 次石油普查会议,作题为《对于中国若干油气区的看法》的报告①。报告详细论述了河西走廊及阿拉善三角地、准噶尔盆地、柴达木盆地、四川盆地、华北平原、黔桂滇地台区、陕北及鄂尔多斯盆地、华东地区的石油地质和含油气远景以及下一步工作意见。报告还再一次指出:

"中国以往有'油在西北'之说,并一向只注意砂岩储油及构造圈闭,以后要纠正这种偏向,要注意西北以外的许多油区,并要同样注意碳酸岩储油层及各种各样的地层圈闭及断层圈闭,特别是珊瑚礁、潜山、断层封闭及其他地层圈闭的油田。""中国关于生油层的问题,尚待进一步研究解决。目前可以肯定的是在许多油气区中陆相地层生油的可能性非常大,如独山子、克拉玛依、柴达木及陕北等等。美国洛基山油区(科罗拉多州西北部油田)及加利福尼亚州的若干油田,其生油层都可能是属陆相的。加拿大地盾边世界上最大的沥青沉积,一向以为是从其西边泥盆纪珊瑚礁油储中上升而来的,最近研究其植物遗迹,也有属陆相生成的可能。如果从沉积分异或含油层的再沉积的观点来解说生油层的成因,则陆相生油的学说在理论上是没有什么困难的。"中国"目前已开采的油气田,多产在第三纪及中生代地层中,在若干地方似可证明这些油可能来自第三纪或中生代的湖相或湖沼相沉积,

---

① 第 3 次石油普查会议上的报告《对于中国若干油气区的看法》通常认为是 1957 年 3 月 9 日作的,这是会议开幕前的安排而非真正作报告的时间。谢家荣的日记明确记着,3 月 9 日"烧已全退在家休息",3 月 13 日"上午九时赴地质部为石油局作报告"。

因此大陆沉积生油的理论在我国是应该予以很大的考虑的。"

[中央档案馆(自然资源部档案室),全宗号 196,目录号 6,案卷号 050,序号 2]

三月十五日　出席九三学社在前门饭店 455 室举行的茶会。

三月十六日　赴安外出席煤炭部地质勘探局的学术座谈会。

三月十九日　全天出席政协二届三次会议的大会,上午大会结束后赴南河沿开小组讨论会讨论决议,下午听周恩来总理作全国政协二届三次会议的总结报告。

三月二十日　上午赴南河沿出席政协小组,下午出席 4 时 15 分开始的全国政协第二届第三次会议闭幕式,通过各项决议,会议于 5 时 10 分闭幕。

三月二十一日　出席"中国矿床会议"筹备会,孟宪民、张炳熹、金耀华等到会。

三月二十二日—四月十日　撰写论文《中国油气区和可能油气区的划分与评价》。

三月二十九日　出席中国矿床会议筹备会。赴地质部出席讨论地质学院课程的会议。

三月三十日　出席储委会召集的煤田勘探类型和成因类型会议。

四月一—八日　出席全国第 1 届区域地质测量会议。

四月五日　出席在地质矿产研究所召开的关于煤的成因类型的讨论会,研究所与学校代表到会。

四月九日　全国第 1 届区域地质测量会议结束,但未参加总结会,赴北京饭店做关于中国油田的报告①。

四月十三日　上午与程裕淇、李赓阳等讨论五年计划总结报告,下午赴政协文化俱乐部讨论提案审查问题。

四月十五日　上午出席地质矿产研究所所务会议。下午 4 时 30 分与孟宪民司长、孙忠和等一行 6 人离京赴山西考察地质。

四月十八日　凌晨 2 时 52 分抵东镇,寓 214 队办事处。7 时起,8 时 30 分动身,经横水、横岭关,在横岭关稍息,观察地质,于 11 时许抵 214 队队部皋落,下午听白谨汇报。

四月十九日　在 214 队部会见张伯声等,出野外观察安山岩,下午显微镜下观察薄片。

四月二十一—二十四日　考察胡家峪、小南沟、老宝滩等地地质。

四月二十五日　自皋落向北行,赴毛家湾,沿河上行至庞家庄,观察片麻岩与下石英岩的接触关系。晚上听队上报告勘探方法。

---

①　据《谢家荣日记》,但日记未提在北京饭店开的是什么会。

四月二十六日　考察组一行与 214 队同志一起座谈,与孟宪民、张伯声 3 人各讲 20～30 分钟,然后与队上地层组及西安地质学校师生合影。早餐后观察岩心。十时许赴笸子沟,午餐后听取分队长和指导员的汇报,然后进 61 号平硐考察,观察岩心,至五时许返皋落队部。

四月二十七日　从皋落铜矿峪赴大西沟和 2 号平洞考察地质。

四月二十八一三十日　考察 W$_7$ 石英岩与绿泥石片岩的接触关系及赤铁矿脉、大庙西山地质剖面、大挡仙沟地质,发现所谓变质花岗闪长岩实为一杂岩系,系由火山岩、沉积岩及凝灰岩组合而成,其中亦夹绿泥石片岩及石英岩。

五月一一十一日　考察铜矿峪绿色片岩,石梯子沟 4 号硐矿层,观察 29B 及 75 孔两个钻孔的岩心。考察铜矿峪火山岩及与上下大理岩系等的接触关系和铜屹塔一带地质、李坝沟的地质剖面、Ⅰ矿带至Ⅱ矿带的平硐。

五月二日　在《石油工业通讯》发表(第 10 期续刊)《关于中国若干油气区普查和勘探方向的初步意见》。文章系在第 3 次石油普查会议上所做报告《对于中国若干油气区的看法》的第 2—9 部分之增补版,其中再次指出“我们不但要在西北广大地区已证实的油田内进行工作,还要在交通较便、开发较易的地区内加速勘探,俾可收事半功倍之效”。

五月十三日　在 214 队做考察报告,历时 3 小时。继由孟宪民做报告,讲东川铜矿和攀枝花铁矿。

五月十四一十五日　赴庙屹塔,考察花岗岩和石英岩,观察岩心,与队员座谈。

五月十六一十九日　赴横岭关,在队部听取陈根生的汇报后观察 282 孔和 233 孔的岩心。赴东镇,经太原返回北京。

五月二十一二十二日　出席在北京饭店举行的中国科学院学部委员会第 2 次全体会议的预备会。

《竺可桢日记》:

5 月 21 日

开预备会议

晨六点起。和尤芳湖谈。他不久去苏联,(为之)拟一电稿致苏联海洋所所长 Kopт。九点至北京饭店 322 号,地学组讨论如何修改大会报告,到三十人左右。从京外来的有夏剑白、李秉枢、邹赞衡①、谢家荣、孟宪民、卢衍豪,及在京委员赵九章、涂长望(下午)、顾功叙、黄秉维、张文佑、何作霖、边所长? 杨钟健、卫一清、陈宗

---

①　疑应为周赞衡。

器、施雅风、吴汝康、孙冀平。

下午继续讨论。中饭、晚饭时均在222号房汇报。此次总报告闻已修改八次。讨论时,主要认为提成绩不够全面,也没有提得确当。涂提出去年规划时方针是重点发展、迎头赶上,今年改为重点加强、相应照顾,似乎是让步了。对科学奖金估计太高。对成绩提而没有提缺点。直至晚十点回。今天上下午组成十四组讨论,晚间十四组统把文件改好,明日交委员会重新改写。

（《竺可桢全集》第14卷,第579—580页）

五月二十三日　出席中国科学院学部委员会第2次全体会议开幕式,郭沫若致开幕词,陶孟和副院长做中国科学院学部的工作报告,吴有训、竺可桢、严济慈、潘梓年分别代表物理学数学化学部、生物学地学部、技术科学部和哲学社会科学部做两年来的工作报告。董必武、章伯钧、许德珩、聂荣臻出席会议。

五月二十四日　出席中国科学院学部委员会第2次会议地学组会议,讨论5年计划问题。

《竺可桢日记》:

5月24日

晨六点起。上午九点在北京饭店322号开地学组会议,讨论1958—1962五年计划。大家对于各项目依57项重要任务排列,表示不满意。Самойлов首先讲了地理方面应开辟的方向,如水化学、湖沼学等。次述地质地理应密切联系。讨论时,大家认为地球物理和物理的联系,以及和地质联系不够密切。

下午黄汲清和谢家荣、田奇㻞、乐森琇、斯行健、孙云铸统到了会,对五年计划提了意见,决定推委员会修改。晚膳后,七点半又到北京饭店,各向郭院长汇报。

（《竺可桢全集》第14卷,第581页）

五月二十五日　上午出席中国科学院学部大会的地学组会议,讨论学部工作及大会发言问题,下午出席学部大会的论文报告会,包括张文佑的大地构造图、李善邦的地震区域图及孙云铸的古生代地层分界问题。

五月二十六日　上午出席中国科学院学部大会的地学组论文报告会并做《我国若干油气区勘探方向》的报告,内容与5月13日在地质部第三次石油普查工作会议的报告《对于中国若干油气区的看法》相同,只是改了题目。上午的报告还有:孟宪民的《华南金属矿床与分布规律》、黄汲清的《含油区划分及远景》。下午分为两组,任第2组主席,讨论景观图、祁连山构造轮廓及内蒙古伟晶花岗岩问题。

《竺可桢日记》：

5月26日

　　晨六点起。九点和尹主任至北京饭店中膳厅,听地学组论文报告。孟宪民《华南地区金属矿床的分布规律》,以为矿床是集成区域的华南弧形构造内缘盆地为矿区,如江西、广西、云南之钨、锡矿,云南东川之铜矿。在山西中条山近发现铜矿与东川相似,也为前震旦纪,各数百万吨。滇西保山、贵州和郴县有汞,这是从新的大断裂层跑出来的。以时代论,从古生代得到铅与锌,从前震旦纪得铜,从侵入的花岗岩得钨、钼和锡,从深裂缝得 Hg 和砒云。次黄汲清讲对我国含油气远景分区。说从他看来目前所开河西老君庙每年出四十万吨,是小矿区,要和苏联 Baku 相比必得年出千万吨,目前唯准噶尔盆地有此希望,克拉玛依看来这区可出百万吨,然尚系估计数字。次为四川油田,川东、川西、川南统有希望。柴达木也有希望,但尚难估计。次则为华北、华东和松辽平原能够得第三纪海相即有希望。谢家荣《若干地区油气普查勘探意见》,认为觅油第一是以找油苗,有好油苗必有好油。次则第三纪(如老君庙重要),但中生代地层如克拉玛依在侏罗纪更重要。过去注重地槽,但克拉玛依是在北缘地台,而非山前凹地,是地层圈闭而不是构造圈闭云。华东平原在长兴、龙潭、巢县、和县均有油气,也可能得小区的油云。

(《竺可桢全集》第 14 卷,第 582 页)

　　五月二十七日　出席中国科学院学部委员会第 2 次全体会议大会,上午听取中国科学院赴苏技术科学考察团团长严济慈所作考察团的工作报告、钱学森所作《论技术科学》的报告及钱三强所作关于参加联合原子核研究所的报告。下午在大会上发言[1]。

　　五月二十八日　上午在所会谈仪器等情况并审查仪器表,下午出席学部会议大会发言,晚 7 时出席地学组会议。

　　五月三十日　出席中国科学院学部委员会第 2 次全体会议的闭幕式。陶孟和副院长代表提案审查小组做提案审查报告,吴有训副院长宣布增选的学部委员名单和中国科学院院章起草的委员会名单,大会还通过了声援台湾同胞爱国反美斗争的通电,颁发了中国科学院 1956 年度自然科学奖金。郭沫若致闭幕词。

　　六月六日　出席在百万庄举行的地质部九三学社小组座谈会,并在会上发言。

————————————————

①　据《谢家荣日记》,但日记未提及发言内容。

六月十八日　离京赴西北,考察甘肃白银厂等地和青海柴达木盆地,夫人吴镜侬到车站送行。孙忠和、安江海及中国科学院的尹赞勋、李璞、施雅风等同行[①]。

六月二十二日　赴甘肃省地质局会晤宋叔和,研究地质图。

六月二十三—二十九日　赴白银厂考察。先后考察小铁山、折腰山、火焰山、家鸽山—西岔—孙家梁村等地的地质,并在火焰山发现镜铁山式的铁矿。

六月三十日　赴石青铜队部,与队员乘车赴北面的沙河井、石拐子以北考察,在石炭二叠纪石灰岩中寻找化石。

六月　所著《中国铜矿的分类、分布及今后普查勘探的方向》刊于《地质论评》第 17 卷第 1 期(延期至是月出版)。该文概述了甘肃白银厂铜矿的发现经过、山西中条山铜矿和安徽庐江铜矿的地质特征,指出白银厂铜矿是作者最先肯定其类型和价值的黄铁矿型铜矿,不同意王植关于"中条山铜矿是斑岩铜矿"的意见,认为庐江铜矿应属斑岩铜矿。文章提出一个中国铜矿的成因分类表,将中国铜矿划分为10 区,即"东北区、华北区、秦岭区、华南区、东南沿海区、西南区、川康滇黔区、祁连山及其南区域、天山区及西藏区",概述了每个区的铜矿特征。文章还指出了今后勘探中国铜矿的主要对象(类型)及其可能的地区。

七月一—二日　考察拦门石的锰矿、雷庙山的镜铁矿及二道湾附近的浅井。

七月三日　在郝家川队部做报告,内容为白银厂矿区的地层、构造,矿床问题,今后勘探的方向与方法,历时两小时。

七月四—六日　从兰州赴梯子岩、铜硐壑岘、陈家沟、杏树沟考察地质。

七月七—九日　自兰州经酒泉到老君庙。

七月十—十一日　腹泻,坚持考察鸭儿峡、马莲泉 82 号采油井。

七月十二日　在局做"中国含油盆地的勘探问题"的报告。之后动身赴镜铁山。

七月十三—十七日　考察桦树沟、夹皮沟、古浪峡等地的铁矿及地层。

七月十八日　上午赴黑沟找化石,下午看陈鑫工程师所采白尖的标本,晚 8 时在队里做报告[②]。

七月十九—二十三日　自桦树沟返老君庙,经青草湾、红柳峡,赴照壁山,沿路观察地质,考察照壁山东矿区矿化带、中部矿区、地层。

七月二十四日　因交通受阻,取消原定考察西矿区的计划,改赴东矿区东头考察地质并寻找化石,找到"*Lingula*";整理图件,研究浅井记录。晚 7 时 30 分在队里作报告《照壁山之谜》,表示对照壁山的前景不乐观。

---

① 依据《谢家荣日记》和北京大学档案馆所藏《谢家荣野外记录本》,档号 1RW0172002 - 0046。
② 据《谢家荣日记》,但《日记》未提及报告的题目和内容。

七月二十五日　自照壁山经红柳峡、玉门、安西、红柳园,抵达华牛山。

七月二十六—三十一日　先后考察第一矿区第一、二、三、四矿带和第三、四矿区地质及华牛山附近地质,庙儿井、八一山等处大理岩与花岗岩的接触带、矽卡岩型铜矿及白钨矿。

七月　所著《中国油气区和可能油气区的划分与评价》在《科学》第 33 卷第 1 期发表。文章简述了石油地质的理论,然后依据石油生成的地质理论,列出了划分油气区和可能油气区应当遵照的 6 个原则及评价含油区远景的 4 条准则,划分了中国 3 个油气省和 22 个油气区。

依据上述石油生成的地质理论,我们在一个国家内划分油气区和可能油气区可遵照下列原则来进行:

(1) 大片火成岩或变质岩发育的地区绝不会含油,可以划分出来作为无油区。在中国如秦岭地轴、康滇地轴、江南古陆、华夏古陆以及华北地台上的许多古地块如五台地块、吕梁地块等,都可肯定是无油的地带。

(2) 沉积岩发育较薄的(譬如说在五百公尺以下)地区,其产油的希望也较少,如上述地轴、地盾或古陆中的狭小层薄的沉积盆地,都可一概划分为无油带。

(3) 在褶皱剧烈的沉积岩地区,由于地层倾斜较陡,升起较高,显露过多,保藏不佳,尽管有油气显示,其产油的希望也不大;偶然也可找到若干规模狭小的油气田,但大型矿床是不会有的。

(4) 在大盆地中,沉积岩层发育较厚,保藏也较佳,对油气最为有望。这些盆地也包括为冲积层所覆盖的大平原在内,如华北平原、松辽平原等等,在地腹构造未经研究清楚之前,我们是不能够武断地肯定它们为不含油的。

(5) 进一步的划分要把地区分为地槽或地台,而在地槽的山前凹地及地台的边缘凹地中,则含油的希望最大。

(6) 更细致的研究各地区的含油或产油远景,可遵照下列准则进行:(a) 油气苗的分布及产状;(b) 沉积岩的厚薄,型相,有无生油层,储油层和盖层以及储油层的孔隙度、渗透率等;(c) 在地层间有无不整合、超覆及地层尖灭现象;(d) 构造圈闭的型式、圈闭面积及闭合度等。同时要结合地形切割现象,推断保藏情况,综合加以评价。

依据这些原则,文章在中国划分出 5 类地带、3 个油气省和 22 个油气区。这 5 类地带是:① 肯定不含油或大概不含油的地块、地轴、地幔、古陆及结晶杂岩带,② 大概不含油的加里东褶皱带,③ 含油希望不大的华力西褶皱带,④ 可能含油的燕山褶皱带,⑤含油希望甚大的喜马拉雅褶皱带。3个油气省是西北、华北(含松辽平原)及华南油气省。根据大地构造、沉积厚度及当时已知的油气苗分布情况,将22个油气区归为这样3大类:

(1)油气苗很多,沉积及构造条件俱甚合适,有些并已生产的已证实的油气区。本类中包括准噶尔盆地、塔里木盆地、哈密及吐鲁番盆地、柴达木盆地、河西走廊及阿拉善三角地前盆地、鄂尔多斯陕北盆地、四川盆地、黔桂滇地台及台湾西部油田等九个区域。

(2)从大地构造推断有相当希望,但油气苗分布不广,地质情况不够明了的尚未证实的可能油气区,包括西藏含油区、华东山地区、华东平原、华北平原、松辽平原及热东盆地等六个区域。

(3)地质条件尚为合适、油气苗零星分布的次要的可能含油气区,如两湖盆地、衡阳盆地、鄱阳盆地、茂名沿海及海南岛、西康盆地、二连盆地、扎赉诺尔及海拉尔盆地等七个区域。

文章详细论述了每个含油区和可能含油区的特征及其含油远景,并指出:"在大盆地中,沉积岩层发育较厚,保藏也较佳,对油气最为有望。这些盆地也包括为冲积层所覆盖的大平原在内,如华北平原、松辽平原等等,在地腹构造未经研究清楚之前,我们是不能够武断地肯定它们为不含油的……"

八月一一二日　继续考察华牛山地质。在队上做题为"华牛山的找矿方向"的报告。

八月三一五日　自华牛山赴敦煌,经当金山口至冷湖。

八月六日　考察冷湖油苗及各个钻孔,了解构造。

八月七日　自冷湖赴大柴旦632队。

八月八日　上午听阿尔金山队报告,下午听朱夏及物探队报告。

八月九一十三日　先后考察大头羊沟地质,石灰沟奥陶纪灰岩、页岩及其上老君山砾石层的不整合,全吉河地质,鱼卡煤矿地质及绿岩系老地层,大柴旦湖及硼砂矿。

八月十四日　在632队工会做题为《从地质观点论柴达木盆地的开发问题》的报告,听众上千人。

八月十五一二十日　先后考察胜利口铁山关的下石炭统地层及其下的红砂岩、锡铁山的地层及矿床和锰铁帽、茶尔汗盐池地质。

八月二十一日　在锡铁山做"锡铁山地质矿床及柴达木盆地远景开发问题"的

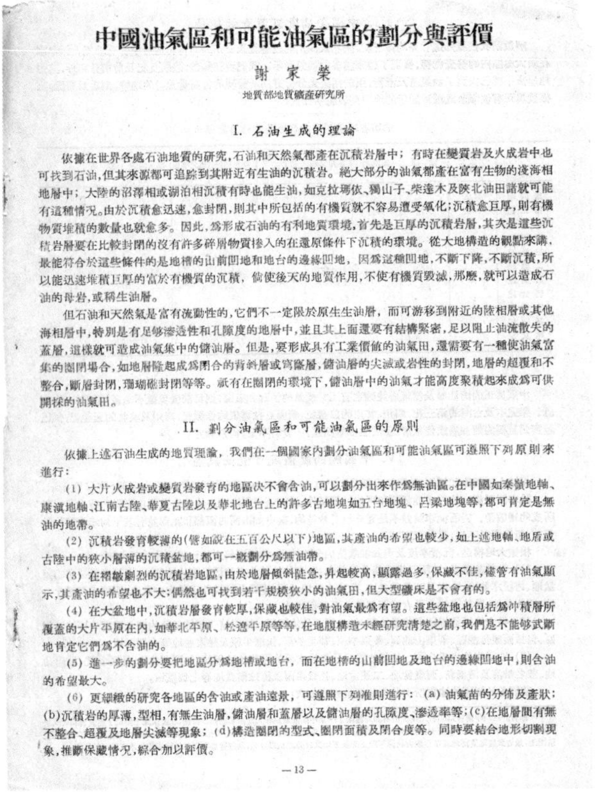

中國油氣區和可能油氣區的劃分與評價

謝 家 榮

地質部地質礦產研究所

I. 石油生成的理論

依據在世界各處石油地質的研究，石油和天然氣都產在沉積岩層中；有時在變質岩及火成岩中也可找到石油，但其來源都可追踪到其附近有生油的沉積岩。絕大部分的油氣都產在富有生物的淺海相地層中；大陸的沼澤相或湖泊相沉積有時也能生油，如克拉瑪依、獨山子、柴達木及陝北油田諸就可能有這種情況。由於沉積愈迅速，愈封閉，則其中所包括的有機質就不容易遭受氧化；沉積愈巨厚，則有機物質堆積的數量也就愈多。因此，為形成石油的有利地質環境，首先是巨厚的沉積岩層，其次是這些沉積岩層要在比較封閉的沒有許多碎屑物質摻入的在還原條件下沉積的環境。從大地構造的觀點來講，最能符合於這些條件的是地槽的山前凹地和地台的邊緣凹地，因為這種凹地，不斷下降，不斷沉積，所以能迅速堆積巨厚的富於有機質的沉積，倘使後天的地質作用，不使有機質毀滅，那麼，就可以造成石油的母岩，或稱生油層。

但石油和天然氣是富有流動性的，它們不一定限於原生生油層，而可游移到附近的陸相層或其他海相層中，特別是有足够滲透性和孔隙度的地層中，並且其上面還要有結構緊密，足以阻止油流散失的蓋層，這樣就可造成油氣集中的儲油層。但是，要形成具有工業價值的油氣田，還需要有一種使油氣富集的圈閉場合，如地層隆起成為閉合的背斜層或穹窿層，儲油層的尖滅或岩性的封閉，地層的超覆和不整合，斷層封閉，珊瑚礁封閉等等。祇有在圈閉的環境下，儲油層中的油氣才能高度聚積起來成為可供開採的油氣田。

II. 劃分油氣區和可能油氣區的原則

依據上述石油生成的地質理論，我們在一個國家內劃分油氣區和可能油氣區可遵照下列原則來進行：

(1) 大片火成岩或變質岩發育的地區決不會含油，可以劃分出來作為無油區。在中國如秦嶺地軸、康滇地軸、江南古陸、華夏古陸以及華北地台上的許多古地塊如五台地塊、呂梁地塊等，都可肯定是無油的地帶。

(2) 沉積岩發育較薄的(譬如說在五百公尺以下)地區，其產油的希望也較少，如上述地軸、地盾或古陸中的狹小層薄的沉積盆地，都可一概劃分為無油帶。

(3) 在褶皺劇烈的沉積岩地區，由於地層傾斜陡急，昇起較高，顯露過多，保藏不佳，儘管有油氣顯示，其產油的希望也不大；偶然也可找到若干規模狹小的油氣田，但大型礦床是不會有的。

(4) 在大盆地中，沉積岩層發育較厚，保藏也較佳，對油氣最為有望。這些盆地也包括為冲積層所覆蓋的大片平原在內，如華北平原、松遼平原等等，在地腹構造未經研究清楚之前，我們是不能够武斷地肯定它們為不含油的。

(5) 進一步的劃分要把地區分為地槽或地台，而在地槽的山前凹地及地台的邊緣凹地中，則含油的希望最大。

(6) 更細緻的研究各地區的含油或產油遠景，可遵照下列准則進行：(a) 油氣苗的分佈及產狀；(b)沉積岩的厚薄，型相，有無生油層，儲油層和蓋層以及儲油層的孔隙度、滲透率等；(c)在地層間有無不整合、超覆及地層尖滅等現象；(d)構造圈閉的型式、圈閉面積及閉合度等。同時要結合地形切割現象，推斷保藏情況，綜合加以評價。

— 13 —

图 110　谢家荣著《中国油气区和可能油气区的划分与评价》(《科学》第 33 卷第 1 期)

报告，历时 3 小时。

八月二十二—二十三日　自锡铁山经柴达木盆地东边的希里沟、茶卡、大喇嘛寺、倒淌河、日月山、湟源抵达西宁。途经茶卡时曾观察茶卡盐池。

八月二十四日　赴塔尔寺游览，至泉湾龙骨化石产地考察。晚上与青海办事处地质学家座谈青海的地质问题。

八月二十五日　自西宁经老鸦峡抵兰州。

八月三十一日　结束西北考察，返回北京。

秋　成为被地质部点名批判的四个高级工程师之一。

九月一日　研究矿产预测图。

九月四日　地质部机关六级以上工程师等 70 余人举行会议(地质部高级工程师座谈会)，批判地质部北方总局总工程师李春昱在整风期间发表的一系列言论。李春昱在会上做长约 1 小时的检查。

九月五一二十六日　参加地质部六级以上工程师座谈会。前期揭发批判李春昱,后期转而揭发批判谱主等。

九月七日　在九三学社小组会做检查。

第一部分的第1项是说地质工作方面,基本地质注意的不够,怎样消化成问题,影响了评价工作。地质部设立研究所是对的,但我片面地把科研与勘探分开来看。部在勘探中也建立了研究工作,我的说法是歪曲的。辉煌的成就是在党的领导下,苏联专家的帮助下取得的。但缺点是勘探设计片面,不能与国家需要相结合。我在政协发言:"重新检查普查勘探工作,吸取经验教训,结合中国具体情况制定新的全面规范。"政协发言未经部审查是不对的。在这里过分强调缺点和浪费,在政协的场合,这种发言的影响是不好的。在学部委员会中也是过分强调了自己没搞清的工作的浪费,如说"牛山、连南、石龙三地浪费了资金,应检查,检查普查,检查浪费"……并说"地质部把地质测量交给苏联专家,未免太天真了"这句话是恶毒的。我认为科学院、地质部都应有地质测量总局。我在部务会议上谈要把地矿所取消,成立地质调查研究所,兼作地质测量工作。这个意见我还要保留……

第2项是组织领导问题。在部座谈会上发言没稿子,现已记不清了,主要有下面几方面(略)。

第一部分的第三项是抓住苏联专家某些缺点夸大,今后一定改。对专家意见,对理论方面与有些专家意见不同,如对中条山、庐江。中条山究系斑状抑或层状,尚无定论,有的观点与苏联专家罗吉诺夫讨论过。罗说东矿铜矿是层状,我不同意,他也不在乎,此类问题还没有定论。有时自己和专家讨论时态度不好,尤其背着专家时。对勘探布置也是如此。对苏联先进经验我还是赞成的,也钦佩他们的办法,我认为学习苏联要结合中国具体情况。如我对陕西牛山的具体情况不了解,贸然叫专家缺点很多是荒谬的。牛山、连南、石龙这三个地方我都没去过,这是"无的放矢",这是恶劣的,这种场合提出很不合适,容易引起错觉,特别是对年轻人。对专家的私人事很少谈。仅对工作有意见,是个别的,私人感情很好。

第二大部分危害性……

第三部分思想根源……

从自己出发,自私自利,以为自己有一套,在苏联专家之上,为了表现自己突出,才打击别人,抬高自己。

（中国地质科学院组织人事处:谢家荣人事档案,档号6-8)

九月二十七日　出席地质部会议,被安排就两条路线斗争的问题发言。

九月二十八日　地质部高级工程师座谈会告一段落,就此开总结会,卓雄副部长到会讲话。地质部六级以上工程师座谈会对谱主的揭发有下列几点:

1. 1946 年淮南煤矿向加拿大借款,加拿大要一块矿区作抵押并要地质资料,该矿邀谢家荣勘测。谢偕颜轸与我同去。我们去后看到老矿区没有希望,就偷偷跑到八公山,我小便时发现太原系的纺锤虫,知道这是含煤地层,但八公山不在邀请勘测的区域之内。谢回南京与淮南总经理面商后,交给淮南进行勘探,结果很好,淮南矿务局送给谢一只很好的手表,谢家荣和谢太太嫌礼物太小,要求给他盖一所洋房,事后解放了,洋房没有盖成,这就是过去的"研究空气"(燕树檀)。

2. 1946 年我和颜轸随谢家荣去徐州东贺邨附近煤矿区,但不是做地质调查,而是为了划矿区,想卖给贾汪煤矿或永和公司,并曾到贾汪煤矿探探行情,不久解放,这笔生意也没做成。(燕树檀)

3. 谢家荣为了包揽给淮南打钻的生意想买钻机,但伪资源委员会不给钱,谢家荣就直接找宋子文,宋子文批了个"可"字,给了十六万美元,买了十六台钻机,以后就给人"包钻",从中赚钱。(燕树檀)

4. 解放前淮南煤矿勘测是以谢家荣为主,作了两年,打了 10 000 多公尺钻,研究的成果呢?三大问题未解决。一、地层分层没解决(山西系、石河子系未分开)。二、煤质不清楚。三、构造也未解决。谢家荣却大吹大擂,说是根据地质理论、老窑等找到的矿,实际上是根据太原系石灰岩推断的,并无高深理论。(燕树檀)

5. 1942 年谢家荣曾去贵州水城观音山,搞了个把月调查,我也曾参与其事。那时质量怎样?从地层上讲,仅仅是下中上石炭纪作了一个粗糙的划分,而中上石炭纪未分开。从构造上讲,只划了三个断层,对矿物岩石未作显微镜研究,矿床生成规律也未得到解决,尤其是在眼皮底下的铅锌矿也未看到。

6. 广西木圭锰矿。过去有人说木圭锰矿的地层是下石炭纪,谢家荣认为是龙山系,解放后经过勘探证明是泥盆纪榴江系,并详细作了分层工作。(燕树檀)

7. 李春昱与谢家荣的反党联盟问题:

李四光先生回国后,为执行党的团结统一地质界的政策,成立地质工作指导委员会等组织机构,而谢与李均表示反对。他们企图通过孙越崎的道路,在财经委员会之下,单独设立地质局,并公开在《矿测通讯》上发表"二元化"文章(即生产与研究分开)来反对地质队伍的团结和统一。(钱尚忠)

8. 会上许多人揭发谢家荣等过去"东抄西抄,剥削别人工作成果"闭门著作等方面是很出名的。

（中国地质科学院组织人事处：谢家荣人事档案，档号 6-5）

十月七日　交出第 1 次书面检讨。

十月十五日　中共地质部党组、机关党委作出"关于谢家荣的鉴定"，称其"对我党的政策方针和'三反''肃反'、人事制度以及学习苏联的先进经验都表示不满和反对，因此属于右派""有无政治问题，需长期审查""对其现任副所长职务，待部统一考虑安排，并撤消全国政协委员"。

谢家荣，男，五十九岁，上海市人，汉族，家庭出身小资产阶级，个人成分高级职员。

（一）党派关系及其职务：现为九三学社社员。

（二）主要社会经历，社会地位，及其代表性：

1915 年在农商部地质讲习所毕业。1915 年—1918 年留学美国士丹佛大学学习，1918 年—1920 年美国威斯康星大学毕业，1920 年—1928 年在农商部地质调查所任技师、技正等职。1929 年—1931 年赴德国柏林地质调查所及弗兰堡大学学习，研究煤岩学和金属矿床，曾发表过论文；1931 年返国后至 1937 年任北京地质调查所技正、代理所长，先后曾在北京清华、北大、师大任教授，并兼地质系主任，1937 年—1940 年任广西江华矿物（务）局经理，1940 年—1949 年 4 月先后曾任昆明叙昆铁路沿线探矿工程处总工程师，西南矿产测勘处处长及伪资源委员会矿产测勘处处长。另外参加中国科学社和地质学会，担任过地质学会理事长。1949 年 5 月后曾任我华东工业部矿产测勘处处长，中央地质计划指导委员会副主任，地质部地质矿产司总工程师，地质部地质研究所副所长，并为全国政协委员。

在学术上，曾著有地质学和与人合编的《普查须知》等书，并写有煤，石油等地质论文二百余种。在地质矿产测勘方面和掌握地质矿床规律方面较有经验，对煤及金属矿有研究，因此在地质界中是有名地质专家之一。

（三）解放前及解放后的政治态度……

总之对我党的政策方针和"三反""肃反"、人事制度以及学习苏联的先进经验都表示不满和反对，因此属于右派。

（四）现任主要工作及其表现：

地质部地质矿产研究所副所长。在工作中，有综合能力，曾在 1954 年 5、6 月间以他和黄汲清为首的在很短时间内，积极的编成《普查须知》一书。地质矿产研究所初成立时,工作还是积极的……

（五）有无政治问题,政治上可靠程度如何?

……

因此,谢有无政治问题,需长期审查。

（六）对他的使用和安排的意见:

对其现任副所长职务,待部统一考虑安排,并撤消全国政协委员。

中共地质部党组、党委

1957 年 10 月 15 日

（中国地质科学院组织人事处:谢家荣人事档案,档号 3-4）

十月十六日　交出第 2 次书面检讨①。

十月十九日　地质矿产研究所整风办公室所写"右派分子动态"中,提及谱主的最近动态。

部六级工程师以上会议结束后,谢即转入我所专案小组进行帮助。10 月 7 日谢写出了第一次书面检讨,内容与在部最后一次所谈相似……

第二次书面检讨于 10 月 16 日交出……

专案小组现正审查他的第二(次)检查,预备提出问题,进一步责令其补充交代。

（中国地质科学院组织人事处:谢家荣人事档案,档号 6-6）

十月二十三日　交出第 3 次《书面检讨》,"承认"自己"反对党的领导""反对苏联专家",并检讨自己在地质事业和学术研究中没走社会主义道路的表现及危害,深挖思想根源,并提出今后努力的方向:

四、科学研究中的两条道路

1. 自从我的工作调动后,我不但产生了轻视勘探,还产生了逐步把研究脱离生产的错误思想,老是想做一些自以为是比较高深的、实际是钻牛角尖的工作,以补救我从前粗枝大叶的缺点。因此,在讨论地矿所的方针任务时,我常说我们只能指出找矿方向而不负直接找矿的责任;又如反对把镍、铬矿列入研究计划,而强调要研究石油。这都是只照顾了个人兴味而不顾国家实际需要的脱离生产的研究方

---

①　10 月 7 日和 16 日分别交出的两次检讨都未获通过,被退给谢家荣本人,因此档案中并无这两次检讨的文稿。

针,又是想走资本主义道路的表现。

2. 一年多前,在讨论部的研究所的十二年远景规划时,我曾说"研究计划不能太呆板,可容许一些自由市场;研究的结果如有一部分能置诸实用,就非常了不起,并且这些结果有时又马上置诸实用,有时则需要相当长的时间,才能得到应用。过分强调实用并要按期列出预期成果的研究计划是江湖派"等等。

现在看起来,上述这些言论都是错误的。在过去,科学不发达,社会制度没有变的时候,这些话可能是对的。许多发明与发现都是碰上的。科学家各自单干,没有分工,没有联系,没有具体计划,自由散漫,研究结果不普及,自然就不能得到应用了。现在时代完全不同了。自然科学的研究,突飞猛进,有细致的分工与合作。在社会主义国家里,任何研究都有坚强的目的性,定出精密的计划,用集体创造、紧密合作的办法,代替了自由散漫、各自单干的老办法,并明确规定要为社会主义建设服务,为广大人民群众服务,研究结果百分之百是可以置诸实用的。

资本主义国家也有研究计划,但他们的研究是为资本家服务,为少数人的剥削利益服务,与广大人民群众毫无关系。由于资本家的垄断,就不可能有融洽的合作,大家钩心斗角地竞争,把力量都抵消了,因此成效不显著,时间要拖长,这就是社会主义制度优越性的所在,也就是为什么苏联能放射出世界上第一颗人造卫星而美国至今还放不成的原因主要所在。为了维护资本家的私人利益,他们可以把某些重要发明收买起来,不进行生产,因此就也不能张上得到应用了。

所以我以前说的话都是老一套的看法,是想走资本主义道路的又一表现。由于我的荒谬言论,使地质部的十二年科学远景规划,起了推迟的作用,使地矿所的方针任务在一段时间内模糊不清,对各种工作都有不良影响,其危害性是非常大的。

我对计划的另一错误看法是凡有利于我能表达意见或理论,或合于我口味的计划则赞成,否则就反对,最显著的例子就是我不顾许多人的反对而一定要搞中条山的研究,就是完全为个人兴味出发的。我对计划的执行与检查,也是不关心的。在野外工作时,除听听队上关于计划完成情况的汇报外,从不主动地深入地去检查计划是否完成,更从不研究一下执行过程中有什么困难和经验教训。这里表示我自己虽也草拟了许多计划和科学研究的远景规划,但只是一种书面上的工作而已,即此书面工作也不是全心全意的,而是半心半意的,至于如何准确执行及如何检查等等,则都不感兴味了。因此,可以说,在本质上我是不太赞成计划的。

五、危害性

……

首先,解放后党要把地质机构统一起来,而我则主张分散,要二元化,抗拒党的政策方针。要搞好社会主义的地质工作，一定要有老干部的领导，就是服从党的领导，只有在党的领导下，才能顺利地完成国家所交给我们的任务。而我则反对普查队及研究队设行政队长，抗拒何部长及宋部长的命令，这一切反动行为都表示我反对党的领导，想篡夺党的领导权，想恢复我从前的独立王国，走资本主义的道路。

党重视勘探，要首先完成国家对我们的储量要求，而我则轻视勘探，在检查工作中不关心勘探，不研究勘探的布置。党要把一切工作计划化，要把计划纳入国家正轨，要为社会主义建设服务，而我则不要计划，要把研究与生产脱节，提倡自由主义，强调个人兴味，钻牛角尖。

要搞好社会主义的地质工作，一定要学习苏联先进经验，这是党的既定政策，而我则看不起部分苏联专家，硬说他们有经验，无理论，不了解中国的具体地质情况，造成浪费。说什么"苏联专家＋老干部包办一切"，说什么"苏联专家带领大批青年学生照规范办事未免太天真了"……严重地影响了中苏合作及党与技术人员之间的关系，抹煞了学习苏联先进经验的必要性，想把中国的地质事业拖向后转，开倒车，恢复老一套，走资本主义道路，推迟中国的社会主义建设，其危害性是十分严重的。

党又谆谆告诫我们，要学习政治，要学习马列主义及唯物辩证法，而我则强调纯技术观点，说学习政治对业务没有用处，抗拒学习。

我现在已经深切地认识了我的许多反动言行的危害性，并且由于我的错误言行，已使地质部的许多工作蒙受了莫大的损失。同时我又深切体会到社会主义的优越性和学习苏联先进经验的必要性，这是一条成功之路，是一条生路。走资本主义道路则是一条失败的道路，是一条死路。我今后必须牢牢记住这一点，要坚决走社会主义道路，必须密切结合国家整体利益，为社会主义建设服务，为广大人民群众的利益服务。

六、思想根源

……

党对我的爱护与信任不只是在技术，还要通过我在地质界起团结的作用，使大家同心协力的为社会主义服务，为人民服务，而我不但没有在这方面好好地做，反在许多方面起了反作用……

七、今后努力的方向

……

经过严格的检查和思想斗争，我已幡然觉醒，认识了自己的错误，并挖了一下造成我错误的主要思想根源，希望同志们继续帮助，提意见，我愿意继续检讨。

我现在已完全认清楚了解放前我的罪恶行为是一贯为帝国主义、官僚资本主义和资本家服务的,属于反动统治阶级中的一个小支柱。解放后,因为没有好好学习,好好改造,我的反动本质,资产阶级思想,原封不动地保留下来了,始终站在反动立场上,因此看问题,提意见,做研究工作,待人接物,都无一是处,这是使我这次发表许多反动言行的主要思想根源。

我在地质工作中,无论在拟订计划方面,或到野外检查,都是从个人利益、个人兴味出发,很少结合到国家整体利益,社会主义建设的利益,不能从党的事业的角度来看问题,没有培养起深切爱护这种伟大事业的思想感情。朱局长说得好,我好像不是从地质部派出来的人,只是想从研究若干理论问题中来表达自己,不甘心做无名英雄,不愿意在集体工作中来发展自己的才能。这种严重的个人主义思想与纯技术观点是十分有害的,以后必须彻底清除,要把自己与群众结合起来,要认识到只有与广大群众相结合、与国家整体利益相结合的才能才是有用的才能,否则是没有用的。

我今后一定要彻底清除我的崇美思想,放弃投机取巧、侥幸成功的工作方法,而采取踏踏实实积累大量资料的辩证唯物的工作方法;一定要与苏联专家亲密无间的合作,虚心向他们学习,并要尽量贡献我所知的一切,向他们请教和求正;要努力学习苏联在地质方面的先进理论和经验,并把理论与实践紧密地联系起来。

我今后一定要重视计划,要把计划纳入国家正轨,为社会主义建设服务;我不但要做好书面的计划工作,还要重视计划的执行与检查,要研究在计划执行中的优缺点和经验教训。

我计今后一定要重视勘探,要研究普查和勘探的方法,要重视勘探程序和工作规范。总之在一切地质工作中要坚决走社会主义的道路。

为了彻底改造我的思想,我今后一定要好好学习,从理论中学习,从生活体验中学习,从工作中学习。要热爱劳动,参加劳动,要在劳动中锻炼自己。要掌握马列主义及辩证唯物法的思想武器,要具备无产阶级世界观,一定要与工农群众及党建立起血肉相关的思想感情,把我从资产阶级立场上逐渐转变到无产阶级的立场上来,这样才能保证我以后少犯或不犯错误,并能顺利地搞好工作……

(中国地质科学院组织人事处:谢家荣人事档案,档号 6-7)

十月 所著《石油地质论文集》由地质出版社出版。书中收《石油是怎样生成的》《珊瑚礁油田》《关于盐丘》《石油及天然气矿床的普查》(在地质部第 1 次石油普查工作会议上的报告)、《论储油层圈闭类型及油气田与大地构造的关系》(在地质部第 2 次石油普查工作会议上的报告)、《中国的产油区和可能产油区及对今后勘探工作的意见》和《贵州石油远景的初步推断》共 7 篇文章。

在《石油是怎样生成的》一文中，作者说："陆生植物的分异产物足以造成石油的理论是值得我们注意的，尤其当许多大陆沉积中的石油矿床陆续被开发并确定了它的大陆成因后，这个理论更有重视的价值，因为大陆沉积中的有机物可能主要是由陆生植物分异而来，而三角洲、潟湖和大的内陆湖俱为沉积大规模生油层的处所。我国西北的许多第三纪和中生代油田，其储油层俱属大陆沉积，而在许多地方，如新疆乌苏的独山子及准噶尔的克拉玛依，其下伏地层俱是变质的下古生代地层，因此只有其上覆的陆相地层才是最可能的生油层；而为了解说陆相沉积中的生油质料，陆生植物分异的理论，是最能符合于实际情况的。如果认为在地质历史中的不整合面对石油的沉积和富集有特别重要的意义，那末，这个不整合面时期也可被认为是风化剥蚀较为剧烈，陆生植物的腐解分异也是最为完全，它有利于石油沉积的形成也是不言而喻的了。"

对于石油的沉积环境中的海相生油和陆相生油问题，作者指出："因为以往在世界各国所发现的油田大多数都产在海相地层中，所以地质学家就得出一个结论，认为石油几乎都是在海水特别是浅海相的环境下沉积的。由于近年来在许多地方的陆相地层中也发现了重要油田，特别是在我国西北的新疆、甘肃、青海等处，这种油田更为普遍，因此以往所谓世界上95%左右的油气田都是在海相环境下生成的结论已有所动摇了。目前大多数地质学家都相信陆相沉积也能生油，三角洲、潟湖和大的内陆盆湖地俱可为沉积石油的有利环境……因为在陆相沉积特别是大的湖相沉积中，动植物有机体的含量还是很丰富的，而如果承认如上面所论大陆上高等植物的分异产物也能成油，则陆相沉积中即不患无生成油气的原始质料了。""尽管海相沉积的油田比较常见，但我们目前已有足够多的事实，证明陆相地层也能生油，因此只从相的研究绝不能决定生油层。"

在《珊瑚礁油田》中详细论述了珊瑚礁的构造、结构、大小、厚度，珊瑚礁在地史中的分布，珊瑚礁发育与海进海退的关系，珊瑚礁中油气的来源，世界上几个著名的珊瑚礁油田以及中国是否有可能发现珊瑚礁油田等问题，指出："现在要提出

图 111　指导 20 世纪 50 年代中国石油普查的重要文献《石油地质论文集》

一个重要问题,中国是否有发现珊瑚礁油田的可能? 我的答案是中国一定有珊瑚礁油田。在贵州、广西及其他地区,特别是围绕着江南古陆及若干隆起地带的四周,珊瑚礁油田的发育非常适合,实际上我们已获得了若干线索——可以指出某些油苗可能是珊瑚礁油储,我们必须进一步地去研究证实。"

十二月 地质矿产研究所整风领导小组作出"对右派分子谢家荣的结论意见",称谱主"主要的反党反社会主义言行"表现为"攻击社会主义科学研究和地质事业的方针政策""攻击党领导的地质事业""反对党或企图取消党的领导""反对学习苏联,主张走美国道路""污蔑'三反'、'肃反'运动""反对思想改造与技术人员学习马列主义",将他划为右派,降职、降级、降薪,但允许他继续做研究工作,保留其全国政协委员和学部委员等职。

一、本人简况:

谢家荣,字季骅,男,上海人,现年 58 岁,家庭出身旧职员,本人成分旧职员,九三学社社员,现任地质矿产研究所副所长。本人简历:1916—1939 曾任伪地质调查所练习员、技师、技正,北大、清华教授兼系主任,中大教授。1918—20、1929—31 先后在美、德学习和实习,1937—1949 历任伪资委会专门委员,江华矿务局经理,伪中央研究院评议员,叙昆铁路沿线探矿工程处总工程师,伪矿产测勘处处长等职。解放后曾历任华东工业部及中财委矿测处处长,中财委中国地质工作指导委员会第二副主任委员,部地矿司和普委的总工程师。主要社会兼职有:政协全国委员,科学院生物学地学部委员,国务院科学规划委员会地质矿产组组员等职。

……

三、结论

……总结上述事实,谢家荣已构成反党反社会主义的右派分子……

处理意见:降职、降级、降薪。

撤消地质矿产研究所副所长及矿床室主任职务,建议解聘国务院科学规划委员会地质矿产组组员职务,建议工会、九三学社予以处分。

保留其全国政协委员及学部委员等职,(科学院学部委员,如系学术性,即应保留)。

级别,由一级工程师降为二级工程师待遇。继续保留做研究工作。

地质矿产研究所整风领导小组(盖章)

1957 年 12 月

谢家荣

(中国地质科学院组织人事处:谢家荣人事档案,档号 6-2)

一九五八年　戊戌　六十二岁

提要　北京。国务院批复地质部报告,被给予降职、降级处分。著《中国矿产分布规律初步研究及今后找矿方向的若干意见》。赴江苏、福建、江西考察地质矿产。

一月一日　由《地质知识》和《地质通讯》合并后的地质部机关刊物《地质月刊》创刊号发表地质部部长助理张同钰的署名文章《地质界两条道路的斗争》,点名批判李春昱和谱主。

张同钰《地质界两条道路的斗争》:

地质界的资产阶级右派分子,和社会上其他各界的右派分子一模一样,向党的领导和社会主义制度进攻,污蔑第一个五年计划和党的各项根本政策。他们还根据了地质工作的特点,提出题目,大作文章,企图把我国地质工作拖回国民党统治时期的老路上去。地质界两条道路的斗争,是解放以后就存在的,地质界知名之士中的资产阶级右派分子在全国解放以后就没有承认共产党的领导,他们利用一些同志思想立场上的糊涂观念,散布毒素,挑弄是非,披着地质家的外衣不断地同我们进行较量。随着社会主义改造的巨大胜利,他们敌视党的领导更加变本加厉了。整风期间他们利用大鸣大放的时机,开始了公开的露骨的恶毒进攻。

解放以后,特别是在第一个五年计划期间,预计(地质部和各兄弟部)探明可供设计建厂的储量,铁矿约46亿吨左右(根据1955年的文献,美国已探明的储量只是38亿吨),储量在1亿吨以上的矿产地约20处。铜矿的勘探彻底粉碎了帝国主义"学者"关于中国是贫铜国家的谰言。铅矿探明的储量也在世界上跃居前列。钨、锡、钼已探明的储量,居于世界第一位。煤矿经过几年来的工作,编制了预测图,根据现有资料进行预测,我国煤矿的总储量,当在12 000亿吨以上。几年来,我们勘探了约50余种矿产的储量。这些在旧中国的地质界是无人于设想也从无人设想过的。

地质科学必须服务于社会主义工业建设,造福于人民,这是我国地质工作必须走的一条社会主义道路。地质界的一小撮右派分子,对我们的工作成果充耳不闻,对储量尤其不感兴趣,这是由于他们反对地质工作走社会主义道路的缘故。他们说地质部的工作就是"勘探",就是"打钻","地质部无地质",为了加强"地质",工作项目不应该规定储量。他们诋毁第一个五年计划期间的方针政策,说只讲勘探,不注意普查。

几年来完全证明了,由于地质工作纳入国家计划的轨道,地质工作为社会主义建设服务,地质工作紧密地根据国家工业建设确定每个时期的方针任务,地质工作从劳动人民的利益出发来决定它的科学的勘探方法,学习苏联先进经验等,才取得了今天的成就,并在这个基础上使我国地质科学技术水平得到了迅速的提高。右派分子却是坚持走资本主义道路,他们为了反对地质工作走社会主义道路,才对几年来地质工作的成就,颠倒黑白,仇视污蔑,声言"算总账",说今天的地质事业"一团糟"。

党提出了在今后十二年或者更多一点的时间,赶上世界先进的科学技术水平的号召,地质部采取了措施,开始建立和加强地质科学的研究工作。我们主张,科学研究必须为社会主义建设服务,为生产服务,并把它纳入国家计划中。右派分子伪装热心于地质科学的研究,企图在学术上称孤道寡。他们首先反对把科学研究工作纳入国家计划,说:"科学研究怎能规划到什么时候出来什么成果?简直是江湖派的科学研究。科学研究不能做计划"。国家需要铬、镍矿甚急,过去的地质资料很少,地质人员对寻找铬、镍矿缺乏经验,为满足国家建设的需要,地质部经常指示各野外队加强铬、镍普查,并要求研究机关配合这一任务开展研究工作,右派竟狂妄地宣称:"如何找铬、镍不是我们的研究任务",并说在百家争鸣的口号下,毛主席也不能给他们下命令。

解放以后在地质科学的发展上是否中断了,地质科学研究的情况是否今不如昔呢?刘景范副部长在人代大会上的发言,给了明确肯定的回答。

右派分子敌视社会主义道路,企图把我国地质工作拖回资本主义道路上去,学习苏联的问题,在他们心目中自然是不能容忍的。党的领导更为他们所仇视。我们认为,地质工作必须在党的领导下,依靠广大的工人和技术干部,学习苏联,才能得到发展。右派分子说地质部有一个公式,就是"老干部加苏联专家包办一切",不打破这个公式,技术干部的作用永远不能发挥……区域地质测量必须中国专家来做,由"苏联专家加青年干部"未免太"天真"了。

几年以来,大部分同志,不倦地诚心诚意地向苏联专家学习,进步很快,科学技术水平有了很大的提高,基本上已能独立地提出问题和处理问题,并且他们还在努力学习。还有一部分同志学习态度不够端正,学习方法有缺点,学得不深不透,工作中不能具体发挥与灵活运用,对这些同志还要在今后学习中予以帮助。右派分子却不同，他们不是学习态度和学习方法，以及学习是否有进步的具体问题，而是同我们有根本的分歧。例如我们几年来学习苏联收获最大的方面正是这些人攻击我们最厉害的方面，它反映了对立的立场和哲学思想上的分歧，社会主义计划化和执行党的方针政策方面的分歧，在地质事业中贯彻社会主义管理原则及组织制度上的分歧，等等。

苏联建设社会主义已有40年的历史，她积累了地质工作如何为社会主义建设服务的丰富经验……

我们认为向苏联专家学来的并经我们肯定了的勘探程序和勘探方法是科学的，我们认为，唯物辩证法、马克思主义的认识论，在地质科学上体现得最为生动具体。毛主席在实践论一书中说过，原来人们在实践过程中，开始只是看到过程中各个事务的现象方面，实践的继续，使人们在实践中引起感觉和印象的东西反复多次，产生了概念，循此前进，使用判断和推理的方法，就可以产生出合符论理的结论来。"实践、认识、再实践、再认识，这种形式，循环往复以至无穷，而实践和认识之每一循环的内容，都比较地进到了高一级的程度"。地质工作的全部过程，就是应用辩证唯物论的认识论这个武器解决矿产资源问题。起初，由少量的生产工作取得资料，进行分析研究，然后以研究所得的初步认识，（推断）布置下一步的工作，在不断的完成勘探生产计划中，取得更多的资料，来丰富和充实原来的认识，修正原来的科学推断，这样的周而复始，认识不断深化，推断渐趋合于实际，最后达到确实掌握地下情况，经济而迅速地取得矿产储量和预期成果的目的。由此，地质勘探工程，必须有其阶段性，这种阶段性，表现了由浅及深，由近及远，由已知到未知的工作方法。地表观察应用露头和人工的露头，发现矿体以后在地表追索其延展，经过地表研究再由稀疏的浅井或钻探研究矿床的生成条件，控制矿体生成的基本因素，了解矿体在地下的分布状况，然后再由相当的勘探网，探明工业设计所需要的各种级别储量……

右派分子为了实现他们的道路，在如何组织我国地质工作的问题上，妄图把地质部恢复成国民党统治时期矿产测勘处和地质调查所式的两个局的组织状况。因此，李春昱污蔑说，建立省局没有听从右派分子的意见是没有群众基础，并说党在这个问题上是孟什维克。在组织问题上他把自己描写成为革命派，把党说成是反动派。抓住群众的一般性意见，进行煽动，说地质部欺里骗外。

……

在每次机构的重大变更期间，有许多同志持有不同的看法和意见，这是很自然的，因为它是关系到改进我国地质工作的关键性的问题，这些同志都关心正确的解决它。可是右派分子却不然，他们想把我国地质工作引入歧途，否定党对地质事业的领导,破坏地质工作服务于社会主义工业建设的道路。

撤销地质计划指导委员会成立地质部的时候,他们发出了这种呼声,时机过早吧! 冒进了吧! 事情很明显,不是及时的建立了地质部,便不会有第一个五年计划期间的猛烈发展及所取得的重大成就。地质部建立以后,加强了党对地质工作的领导,加强了技术管理与计划管理,使我国地质工作走出了狭小的圈子,获得了广阔的发展。

……

在全国解放的初期,他们积极的反对全国地质工作的统一,在政府决定建立地质计划指导委员会的时候,李春昱、谢家荣等就企图依附前在伪资源委员会任过要职的人,另起一个炉灶。谢家荣还在这个时间,大写文章,准备一旦全国地质工作统一的时候,自己挂帅。地质计划指导委员会成立之后,李春昱退回了国家任命他为勘探局副局长的委任状,并奚落接受政府委派的人,说他们背叛了"珠江路",企图拆党和政府的台。谢家荣被任命为副主任却住在南京不来到职视事……确实,我们和右派之间是互不能容忍的两派,而右派才是名副其实的反革命派。

(《地质月刊》1958 年创刊号,第 5—8 页)

张同钰(1919—1998),河北文安人。1938 年加入中国共产党。曾任冀中军区南进支队团政治处主任、回民支队政委,冀鲁豫军区分区政治部副主任。1944 年入延安中央党校学习。后任辽宁省一专区副专员、鞍山市市长、吉林省粮食局局长、九江市市长。中华人民共和国成立后,历任江西省工商厅副厅长,中南有色金属管理总局副局长,地质部计划司司长、部长助理、办公厅主任,地质部地质科学研究院党委书记、副院长,地质部副部长,地质矿产部副部长、顾问,中国地质技术经济研究会名誉会长。第三届全国人大代表。他在 20 世纪 70—80 年代坚决支持了谢学锦提出的区域化探全国扫面计划。

三月 向在北京举行的中国地质学会第 31 届学术年会北京分会提交论文《祁连山及其邻近地区构造成矿带的初步研究》(与孙忠和合著,未宣读,载《中国地质学会会讯》第 12 期)一文。文章述及祁连山至柴达木盆地北缘东西及南北各约 100 公里范围内的地层、火成岩及构造轮廓,划分了 9 个构造岩相带和 12 个构造成矿带。

四月二十一日 在国务院批复地质部的报告中,被给予降职、降级处分:"批准给予地质矿产研究所副所长右派分子谢家荣以降职降级处分(由一级工程师降为二级工程师待遇)。希即执行。"

《国务院关于批准撤消右派分子刘毅、刘韵、马冰山行政职务和给予右派分子谢家荣以降职、降级处分问题的批复》：

地质部：

你部报来撤消右派分子刘毅、刘韵、马冰山行政职务,给予右派分子谢家荣以降职降级处分等案件收悉。批准撤消极右分子刘毅的地质部办公厅主任职务,留用察看；批准撤消极右分子刘韵的资源计划司副司长职务,留用察看；批准撤消右派分子马冰山的教育局副局长职务；批准给予地质矿产研究所副所长、右派分子谢家荣以降职降级处分（由一级工程师降为二级工程师待遇）。希即执行。

(中国地质科学院组织人事处：谢家荣人事档案,档号 6-1)

春、夏　著《中国矿产分布规律的初步研究及今后找矿方向的若干意见》,全文近 10 万字,共 8 章：Ⅰ.引言,Ⅱ.大地构造轮廓,Ⅲ.岩浆活动,Ⅳ.成矿时代,Ⅴ.矿产省的划分,Ⅵ.矿产区和构造成矿带,Ⅶ.几种重要矿种（铁、锰、铬、镍-钴、钒-钛、钨、钼、铜、铅锌银、锡、铝、镁、汞、锑、稀有分散元素及非金属磷、钾盐、硼、金刚石）的找矿方向,Ⅷ.若干建议。在所提 17 条建议中明确指出,应对"江西九江（城门山）瑞昌（铜岭）的几个所谓铁矿点进行研究,它们可能是铜矿、黄铁矿或其他硫化物的铁帽"。

谢家荣《中国矿产分布规律的初步研究及今后找矿方向的若干意见》之若干建议：

1. 要研究深变质、多变质及混合岩中的铁矿,确定它们的工业价值,供以后普查勘探的参考。要在甘肃北山及阿拉善三角地寻找白云鄂博式铁矿可能向西延展的部分。在秦岭地盾的卢氏、洛南及其东西延展（如凤台、淮南）的凹陷带中寻找宣龙式铁矿。太行山东麓林县、邢台（包括武安红山铁矿）是一个矽卡型铁矿丛集的地区,应进行综合研究,以供大规模开发（目前在邯郸已设中型钢铁厂）。山西汾河地堑中沿断裂上升所成的侵入体及矽卡型铁矿,同样也应加以注意。

2. 要更多注意在红土中所产的风化残积锰矿床。建议在平南、江口、桂平、贵县,沿浔江流域的第四纪沉积盆地边缘及柳州、来宾、宜山一带有上二叠纪盖覆的向斜盆地中寻找这类矿床。要把娄山关隆起作为控制遵义锰矿生成的主要因素。最近在云南发现的三叠纪锰矿层是一个新的层位,要予以特别的注意。

3. 要沿整个满蒙地槽带,西至居延海、阿尔泰,东达林东、林西、吉林、小兴安岭,寻找超基性岩及铬铁矿。在祁连山应多注意鱼卡沙柳河南加里东地槽的铬矿带。

4. 在南秦岭燕山期及康滇地轴华力西期发育的硫化镍矿床似较有望。在康滇地轴南段元江、墨江一带,因气候有利于深厚风化壳的生成,故有发现更多硅酸镍矿床的可能。东川铜矿及其附近的铅锌矿俱含镍,应进一步研究。

除在闽、浙、云、贵研究玄武岩风化所成红土中的钴矿结核外,应注意中条山铜矿、大冶铁矿、铜官山铜矿及一些硅酸盐交代的铅锌银矿床中的钴含量(如缅甸老银厂铅银矿中有相当多的钴,中国同类型的德兴铅银矿应予注意)。将来勘探滇西铅银矿时亦应注意钴的分析。在铜铁矿中,钴每与黄铁矿密切共生。

5. 中国钒钛磁铁矿的矿量虽大,但因选矿困难,目前尚难利用,应先注意寻找含钛铁矿及金红石的砂矿床及伟晶岩脉矿床。辽南地盾,大青山,北满的若干结晶基岩体以及华南砂锡矿区俱应普查。应在满蒙地盾的中新生代红层盆地中寻找科罗拉多式的铀钒矿床。

6. 横断山脉带、大兴安岭、北满东部山区、温泉伊宁带都可作为今后进一步寻找钨矿的地点。冀东、冀南已发现黑钨矿—石英矿脉,应在本区中石灰岩(主要是震旦纪)与燕山花岗岩(即黑钨矿母岩)的接触处用荧光灯仔细寻找矽卡型的白钨矿床(据孟先生云,解放后不久清华大学师生们已在迁安发现了白钨矿)。在中国最大钨矿区——湘东赣南区——应做更多的工作,以确定钨矿区的分布范围,并研究在此区中钨锡的分布规律。

7. 钼在中国已证明有极大的储量,以后应继续沿秦岭地盾的花岗岩侵入体及满蒙华力西地槽带中寻找更多的细脉浸染型钼矿。对浙、闽、粤及新疆的许多辉钼矿-石英矿脉,应从研究有无围岩蚀变及其与伟晶岩的关系来作出评价。在横断山脉带中寻找高温锡钨矿床的同时,亦可注意寻找钼矿床。要分析辉钼矿中有否铼。

8. 应对浙江武康(铜官)、长兴及江西九江(城门山)、瑞昌(铜岭)的几个所谓铁矿点进行研究,它们可能是铜矿,黄铁矿或其他硫化物的铁帽。要在会宁,静宁,秦安可能为祁连山北加里东地槽东延带中以及秦岭柞水系发育的地区寻找白银厂式的铜矿。要在沿海一带,特别是定海,象山,宁德寻找属于太平洋内带的金瓜石式的铜矿。北满东部山地区的东缘也应注意研究。要详细研究马豆子及各种红层铜矿中的稀有分散元素,特别是黑页岩相的马豆子铜矿与德国孟斯菲尔德铜矿有多少相似之处,发现稀有元素的希望更大。越西的黔铜矿中要注意分析锗及碲。

9. 以后应对湘中粤北带(包括水口山),蕉岭梅县带,锦西兴城带,康滇地轴内外带及滇西的许多铅锌银矿群进行系统研究,必能发现更多的新产地。浙江的诸暨、璜山、昌化、富阳及青海同仁夏卜楞的铅锌矿群亦应予以注意。对在川湘黔桂矿产省及在若干陆台上分布广泛的可能属沉积或潜水分泌的铅锌银矿亦应适当研究,以确定它们的价值。应注意分析各种铅锌矿,特别是闪锌矿中的分散元素,并要证明在高中温闪锌矿中富含铟与钴，而在低温矿床中富含锗与镓的规律是否准确。在共生的黄铁矿中要注意分析硒，碲，铊等元素。

10. 在大兴安岭哈乌尔地块及北满东部山地可寻找从苏联贝加尔东及海参崴北延展过来的锡钨矿带。在横断山脉的云县，顺宁，剑川，维西，德钦，可寻找由南洋及个旧可能向北延展的锡矿带。在温泉，精河，除钨矿外可能也有锡矿的发现，这个矿带可能是从苏联的巴尔喀什湖区延展过来的。在普查锡矿时，除进行重砂测量外，还可试用阿伦斯和里本贝格所提出的在云母中用光谱法测定铟与锡的方法来进行初步评价。此外，要在个旧文山间及个旧、麻栗坡、高平（越南）间布置普查工作，以寻找新的锡钨产地。在广大砂锡矿分布区域，都要设法寻找原生锡矿床。

11. 中国的一水型铝土矿储量极大，分布广泛，今后应更多地注意三水型铝土矿，并要在闽粤沿海、雷州半岛及海南岛布置普查工作，相信有发现新矿地的希望。中国的层状菱镁矿储量亦大。最近在锡林格勒盟风化壳中发现的次生块状菱镁矿以及在超基性岩区域中受蛇纹石化所成的菱镁矿，俱应予以注意。

12. 中国汞矿的成因问题非常复杂，应结合东部青龙、昌化各矿点进行综合研究，相信对今后找矿可能有帮助。除继续普查和勘探川湘黔桂及横断山脉矿产省中的汞矿外，对于河北青龙的汞矿点应做适当工作，或可供中小型矿业的开采。甘肃岷县的冲积辰砂矿床应设法找出其来源。南岭各地重砂试验所发现的辰砂应进行解释。

13. 中国锑矿的成因及成矿时代也很复杂，要注意研究。锡矿山西北不远的鸡叫岩，构造情况相似，在此勘探可能会发现第二"锡矿山"，应先做地质详测及地球化学探矿，以便获得可靠的资料。浙皖边区的若干锑矿点应予研究，这对矿床成因可能有所帮助。

14. 在中国的许多稀有及放射性元素区域中，满蒙地盾可能是最有希望的一个，应予以密切注意。最好从西到东，横贯地盾做15—25条的伽马测量飞行截线，以便发现异常区。目前对铍锂矿床已获得若干线索，除在香花岭式矽卡型矿床中工作外，也应研究安源式的萤石锡石矿床中的含铍情况。对铌钽矿床的寻找尚待努力，似应先从研究全国最有希望的伟晶岩着手。今后应发动一个全国性的对砂矿（包括砂金、砂铁、砂锡及海滨黑砂），伟晶岩，黑色有机岩（北方的下马岭页岩，武川的含钒页岩，浙江的石煤，华南的石牌页岩，五峰页岩及含马豆子铜矿的页岩等等），铝土矿，磷块岩及煤层中稀有分散元素的分析与评价工作，并要对各种硫化物、氧化物，特别是大型矿床，如白银厂、镜铁山、中条山等等，矿物中的分散与微迹元素进行测定，以供他日回收利用时的根据。

15. 应在海州外围及淮阳地盾的南缘进一步寻找海州式磷矿,要特别注意蚌埠嘉山一带。要沿康滇地轴及川湘凹陷带中寻找更多的震旦纪及寒武纪的磷矿层。秦岭地轴中的洛南—卢氏—鲁山—凤台凹陷带也是一个重要的磷矿带。从目前迹象来看,高度还原环境的黑页岩相是形成磷矿的有利条件。北方如有磷矿可能在下马岭页岩及其上覆景儿峪灰岩中有海绿石共生的砂页岩夹层中。

16. 四川自流井一带是目前所知寻找钾盐矿层最有希望的地点,亟应先用伽马测井法测探岩盐层中或岩盐层上下有无钾盐层,其次用地球化学探矿法在自流井外围工作,以便圈出有望地点进行勘探。晋南、晋中只有石膏,尚未发现盐层,应进一步搜觅。柴达木盐湖中已探得相当数量的钾盐及硼盐,应予重视,并继续工作。其他地区的盐湖亦应做同样工作,特别在北满的各盐湖。西藏的硼盐矿床应尽先详细研究,同时要注意第三纪中或其他较老时期中有火山岩间层的层状硼盐矿床,因为这种矿床的储量与品位最大最高。已发现若干接触变质带中的硼矿物,也要注意研究并设法利用。

17. 相信贵州梵净山可能是湘西金刚石砂矿的发源地,可布置普查工作,用重砂测量方法追踪金刚石或其密切共生的三种矿物——镁铝榴石、镁钛铁矿及铬透辉石。应对震旦纪冰碛层进行淘洗,如发现金刚石或其他共生的矿物,就可确证其属前震旦纪。

（谢家荣学术成长资料,存于采集工程数据库,档号 SG-005-040）

初夏 订立"红专规划"。

1. 思想方法

解放后,经过学习自以为与党已经是一条心了,并且也已经深切体会到为人民服务的精神了。经过这次整风运动,特别是在反右斗争中,经过同志们的揭发与帮助,才知道自己与党不但是三心两意,并且还有许多反党反人民反社会主义的错误言行。至于个人主义的名利思想,尤为严重。解放后,利的思想,虽然已减少得多了,但还是非常好名,常想发表精彩文章,以博取个人的名誉。不用说,有了名,利也就随之而来,所以向上爬和图名图利仍是我的主要要求。在工作中的三风五气也很严重,骄傲自满,自高自大,常随时随地流露出来。浪费与保守也很突出,如对各种计划与采购,常粗枝大叶,不严加审查,以致造成浪费。对新理论新技术新方法,虽一向注意钻研,容易接受,但对新社会的许多新事物则往往采取保守怀疑的态度。一向抱只专不红,以为我年纪老了,红不红无所谓,党所以器重我和倚靠我,就因为我有技术,有专长,如果说我能发挥一些作用,也就在技术方面。

现在看起来，这些思想都是错误的，也就是使我成为右派的主要思想根源。我现在已决心悔改，接受改造，要把心交给党，把知识交给人民，坚决服从党的领导，走社会主义的道路。要努力学习马列主义，联系实际，改造思想，肃清个人主义名利思想，兴无灭资，响应号召，参加劳动锻炼，向工农学习，做一个又红又专的工人阶级的知识分子。还要鼓足干劲，力争上游，遵照总路线多快好省的精神，从事组织上交给我做的各种工作。坚决反对浪费，反对保守，清除五气，在地质研究工作中做一个促进派。

2. 工作方法

我一向以为地质工作者必定是唯物主义者，他们的工作方法是最能够联系实际，联系生产的；并且由于学会了观察现象，分析事实和创造理论的一套工作方法，我又以为地质工作者是最能够从全面看问题，并能充分考虑到客观的现象和事实的。经过这次整风运动的学习与批判，才发现我的许多工作方法是往往不联系实际、不联系生产的；我对现象的观察和事实的分析，又往往从合于我自己的观点出发，就是说主观片面。总的说来，我的工作方法是唯心的成分大大地多于唯物的成分。今后必须学习唯物辩证法，在实际中彻底改正我的工作方法。

3. 政治学习

积极学习马列主义，提高阶级觉悟，学习辩证唯物法以提高工作方法。除参加法定时间的学习外，每周一、三、五清早上班前学习政治一小时，阅读毛主席的许多论著及其他经典著作。经常检查自己，争取组织及同志们的帮助，随时改造自己。

4. 业务学习

除参加法定时间的业务学习外，每周二、四、六清早上班前学习业务一小时。晚上经常从事写作。保证每年能作出 10 篇以上关于地质矿床方面的文摘（如果需要的话），1—2 篇的翻译，2—3 篇综合性报道的文章，5 篇左右的学术论文。争取于三年内（1958—1960）完成《中国矿床学》的专著。

在工作中努力学习苏联先进经验与理论，保证完成领导上所交给的各种任务。随时学习新方法、新技术与新理论，并到生产实践中进行补课。除随时提高德文、俄文的阅读能力外，还要抽出时间温习法文，1960 年起拟学习日文。

努力贯彻在工作中培养干部的方法。对青年干部所做的研究工作，要在制订计划、收集资料、阅读文献及讨论问题等各方面，面对面地加以指导。对于青年干部学习外文尤须尽力帮助，务使能在最短时间内达到顺利阅读的能力。

5. 时事学习

每天读报，学习党的方针政策，并以祖国各地大跃进的建设成就来鼓舞自己的工作与学习。了解国际时事情况，认识世界形势的发展。

6.生活及其他

保证参加工间操。积极培养身体,努力做好除四害讲卫生的工作。树立艰苦朴素、勤俭办一切事业的作风。

响应政府号召,参加劳动锻炼,本年九十月间即可参加。

（中国地质科学院组织人事处：谢家荣人事档案,档号4-2）

夏 提交《思想总结》,从"大鸣大放""反右斗争""干部下放""双反运动""烧三风五气""树立革命风格——务虚""红专辩论""向党交心""今后努力方向"9个方面做出总结。

谢家荣《思想总结》：

6.树立革命风格——务虚

毛主席在成都会议中提出了革命的风格问题。要敢想敢说敢做,解放思想,破除迷信,这样,才能鼓足干劲,力争上游,多快好省地建设社会主义。这对于我是一个极大的启发与教育。在本所召开的几次务虚会议中,大家多就这个问题作了发言,从务虚到务实,因此也谈到了本所的工作计划问题。我的体会是,如果没有毛主席提出敢想敢说敢做,破除迷信,力争上游,多快好省,努力干的方针,则最近许多的新发明、新发现是不会出现的。这次七一向党献礼,工厂,农村,学校,机关,都提出了许多重要的发明与创造。现在看起来,有许多产品已经赶上英国,预料在七年内,在各方面都赶上英国是没有问题的。目前大家关心的是,如何赶上美国的问题了。近年来中国社会主义建设的速度为中外古今所无,照着这个速度前进,我想在不远的将来赶上美国也是没有问题的。只要能解放思想,破除迷信,世界上是没有做不到的事情,也没有克服不了的困难的……

9.今后努力方向

我现在决心悔改,诚心诚意地接受改造。首先要把心交给党,把知识交给人民,坚决服从党的领导,走社会主义的道路,坚决把我的资产阶级立场转变为无产阶级的立场。要努力学习马列主义,提高我的阶级觉悟,学习辩证唯物法,以提高我的工作方法,随时联系实际,改造思想。要肃清个人主义的名利思想,兴无灭资,响应党的号召,参加劳动锻炼,向工农学习,做一个又红又专的工人阶级的知识分子。还要鼓足干劲,力争上游,遵照总路线多快好省的精神来从事组织上所交给我做的各种工作。坚决反对浪费,反对保守,清除三风五气,在地质研究工作中做一个促进派。

（中国地质科学院组织人事处：谢家荣人事档案,档号4-1）

九月十一二十一日　中国地质学会与地质部、冶金部、中国科学院地学部联合召开第一届全国矿床会议,地质部 24 个省级地质局,冶金部、化工部、中国科学院及其他 20 个生产部门和 24 所高等院校,中共中央工业工作部,国家计委,国家科委,国家经委等部门的代表共 734 人与会,宣读工作报告和学术论文 200 篇。谢家荣向会议提交论文《中国矿床分布规律的初步研究及有关今后找矿方向的若干意见》。

十月十六日　乘火车离京,随地质部工作组赴江苏、福建和江西考查,吴俊如、孙忠和、陈砚云等七人同行,于 10 月 17 日晨抵下关。

十月十八—二十日　听取江苏省地质局汇报和徐州队的情况介绍,阅读资料,商讨发言。

十月二十一日　出席江苏省地质局会议,并在许杰副部长报告之后,在会上做报告,报告分 3 部分:江苏省主要矿产类型和分布、江苏省大地构造单元及构造成矿带、找矿方向及方法①。

十月二十三日　赴宝华山考察铁矿,赴汤山及石骨山考察。自南京赴徐州。

十月二十四—二十六日　在徐州先后考察徐塘庄铁矿、孟庄铁矿和古寨山铜矿后返回南京。

十月二十七—二十九日　考察南京附近的红色山、狮子山、乌龟山和朱门铜矿。

十月三十日—十一月一日　自南京乘船赴九江,转赴南昌。

十一月二日　与许杰副部长等商谈工作,决定次日赴福建。赴江西省地质局晤吴甄铎局长。

十一月三—四日　自南昌抵来舟,换车赴莪洋,自莪洋乘小火轮抵达福州。

十一月五—九日　与福建省地质局局长张启祉商谈工作,听取福建省地质局的汇报,赴川石岛查看油苗,游鼓山。

十一月十—十一日　自福州抵建瓯,赴驻邵武的福建省地质局第一地质大队,考察伟晶岩。

十一月十二—十四日　自邵武经埔上,渡富屯溪,再经大干、上干、重阳际,抵观音庙队部。赴大头王观察岩心,考察符竹坑铁矿和铜矿。

十一月十五—十七日　自观音庙经埔上至邵武,再经建阳、临江,至龙霞第二地质大队分队部,考察铜坑、冷水坑地质。

十一月十八—二十二日　折返临江,赴建瓯,经南平、永安,到达龙岩,途中考

---

①　江苏省地质资料馆:《谢家荣关于江苏省普查找矿的报告》,档号 1018。

察大池铁矿。在龙岩先后考察翠屏山煤田、赤坑雁石的铁矿、津头的煤系地层,于22日晚听取地质队汇报后,简短发言,谈煤田勘探方法、煤层对比及矿床远景。

十一月二十三—二十四日 赴东宝山考察钨矿及铅锌矿,并考察地质,观察岩心标本,赴马坑考察铁矿。

十一月二十五—二十六日 自龙岩赴上杭。赴黄竹岭考察铜矿,继至石圳潭考察铜水坑,后上紫金山半坡考察。

十一月二十七日 自上杭经郭车、龙岩抵达漳州。

十一月二十八—三十日 听取地质队汇报情况。自漳州赴石码,折向南,经海澄、浮宫至港尾,折向西,经佛坛、赤湖,至铝矿队部,赴东吴山及将军澳考察,再赴深澳、深铵考察铜矿,继赴白坑,考察铝土矿。

十二月一—三日 经漳州抵厦门,途中考察文圃山铁矿。游览鼓浪屿至海滨公园,上日光岩。赴集美,游陈嘉庚的鳌园。经蒲田、涵江、白沙、广宫,至银坑队部,考察附近地质和 3 号老洞,观察岩心。返回福州。

十二月七日 在福建省地质局 1959 年地质计划会议上做报告,题为"对福建矿产的若干看法和意见",历时 4 小时。

十二月十一日 修改"对福建矿产的若干看法和意见"报告稿。晚六时半参加座谈会,解答问题并做补充报告。

《对福建矿产的若干看法和意见》[①]是对这次历时 24 天的福建地质考察的总结。报告详细论述了对考察所及各矿床的看法和意见,并依据考察所得及以往地质资料和所听取的介绍,将福建全省划分为 4 个构造岩相带(自北至南):浦城、将乐、清流变质岩隆起带,永安、龙岩、永定中上古生代凹陷带,福安、德化、平和火山岩覆盖带,沿海花岗岩底层及新第三纪沉积盆地带。将福建全省划分为六个构造成矿带(自北至南):高中温多金属磁铁矿复杂矿化带,简单型矽卡岩磁铁矿带,火山岩系中的铅锌矿带,沿海铝土、褐煤、铁砂、玻璃砂及可能有的油气矿床带,钨矿带,上杭、连城、沙县含铜砂岩、斑脱岩及锰钴带。

报告还论及福建省铁、铜、铅锌、铝土矿、褐煤、玻璃砂及油气矿床、煤、稀有分散元素矿的找矿方向和工作方法。

十二月十二—十六日 自福州经衮洋、鹰潭到南昌,在南昌江西省地质局研究资料后转赴上饶。

十二月十七—十八日 晤上饶大队队长、副队长及书记,阅读资料,观察标本,会晤谢钦尧工程师,听取他们介绍本区的地质矿床情况,并共同拟定考察计划。

---

① 《对福建矿产的若干看法和意见》,存于全国地质资料馆,档号 29927。

十二月十九—二十日　赴铅山县永平矿区考察。

十二月二十一—二十三日　自铅山赴弋阳。考察锈水坞的地层及矿、流纹岩及凝灰岩、张家坞的基性岩流绿岩及火麻圩地质。

十二月二十四日　考察余干县境内的姚家坂铜矿、造子坑铜镍矿及采矿点、禾昌湾的钨矿脉。

十二月二十五—二十八日　赴乐平众埠街，到锰矿队（104队）了解情况并观察标本。考察大、小铁山的锰矿，观察岩心，与地质人员谈锰矿地质问题。抵达德兴。

十二月三十—三十一日　听取地质队汇报，考察春米堆一带地质，赴银山考察南山圩与方家圩及第二矿体。

是年　撰文《成矿规律》，指出"解放后近九年的普查勘探工作给我们发现与证实了许多具有重大工业价值的矿床，在矿床上增加与补充了新的内容。不论在矿床类型、成矿条件、成矿时代和成矿区的认识上，获得了较深刻的了解，为我国今后在找矿的指导和矿床学的研究上，提供了丰富的理论基础"。文章简述了我国的15个重要的矿床类型的特征，包括含稀土元素的高温热液交代的磁铁矿及赤铁矿矿床，前震旦纪变质岩中条带状磁铁矿和赤铁矿，细脉浸染型钼矿，与花岗岩有成因关系的锡矿，黑钨矿-石英脉及矽卡岩型白钨矿，中条山铜矿、德兴铜矿和黄铁矿型铜矿，矽卡岩型及脉状铅锌矿，锡矿山式锑矿，产于震旦纪、寒武纪和前震旦纪变质岩中的磷矿，石棉，菱镁矿，压电石英，盐湖盐矿，接触交代型硼矿和明矾石矿；讨论矿床的生成条件，包括岩浆专属性、构造控制、岩性控制和地层层位控制；讨论了我国的5个成矿时代及其所发育的矿床；按照地质特征和矿床分布情况分别论述了我国东、西部矿产区的特征。

是年　为水利建设部门撰文《长江流域地质总论矿产篇》，全文约12 000字，分3部分：现知矿产的种别、类型及其分布，储量、产量及水库对矿产的影响，进一步研究的方向。论及石油天然气时指出："川东褶皱带可能为一天然气区，川南褶皱带似亦以天然气为主。"

一九五九年　己亥 六十三岁

　　提要　北京。考察赣东北地质矿产。考察雷琼地区三水型铝土矿。著文《江西省上饶专区找矿指南》《江苏省找矿指南》。考察滇、黔、川三省，做地质矿产科学研究。著文《云南省成矿区及构造成矿带的研究》。中央批准同意摘掉其右派帽子。考察广西锡矿。

　　一月一—五日　德兴。阅读德兴地质报告和图件，听取工程师朱钧介绍地质情况，赴朱砂红考察古火山岩，观察岩心。

　　一月六—七日　从德兴铜厂，经德兴、乐平，抵景德镇。

　　一月八—九日　参观景德镇陶瓷研究所及美术工艺瓷厂、陶瓷展览馆及"大跃进"展览会，在展览会的地质馆内摘记若干矿点的资料并索要一些标本。

　　一月十日　从景德镇抵达东乡。

　　一月十一—十三日　到东乡东面的邓家考察铁矿和地质，到东乡南面5公里的何方村考察老地层，到东乡西北的稽坊村考察锰矿。

　　一月十四—十六日　自东乡赴上饶。听取绕二墩队的报告。参观烈士纪念塔。

　　一月十七—十八日　自上饶抵上海。

　　一月十九—二十日　赴广东路17号石油普查大队看望大队长，听情况介绍，在大队部听取汇报。赴陆家楼人民公社考察民用天然气，继赴唐家宅看钻机及岩心。

　　一月二十一日　离开上海返北京，于22日下午5时抵北京站，历时3个月又1周的苏、闽、赣地质考察结束。

　　一月三十一日　撰写《对江西省上饶专区若干矿区的看法和意见》（与孙忠和、陈砚云合著）[①]，对考察过的铅山东南永平镇的多金属矿，弋阳南面铁砂街的铜砷矿，弋阳姚家坂的铜镍矿，弋阳北的曹溪煤矿及石灰岩，乐平众埠街的锰矿，德兴银山及北山的铅银矿、德兴铜厂铜矿、东乡邓家铁矿和东乡寺前锰矿的地层、构造、矿床及工作方向等提出意见。

---

　　① 《对江西省上饶专区若干矿区的看法和意见》，全国地质资料馆，档号29935。

二月一日　四姐本韫因心脏病去世。

二月八日　春节。3位所长上门拜年。

二月十一日　许杰副部长等上门拜年。赴三里河,向李奔、朱夏、汤克成拜年。

三月二十日　受地质部矿物原料研究所派遣①,离京赴广州,配合广东省地质局进行广泛、深入地寻找三水型铝土矿的工作。

三月二十三—二十五日　听取广东省地质局张有正总工程师介绍区域地质测量情况,广东省地质局地矿处周仁沾工程师介绍广东全省地质情况。

三月二十六—二十七日　自广州抵湛江。广东省地质局所派何立德、陈应荣携带快速分析铝土矿的全套仪器及药品同时到达。

三月二十八—二十九日　赴龙朝、西营及湖光岩考察火山喷口湖及附近地质。听取湛江区地质局宋锜工程师对湛江全区地质矿产情况的汇报。

三月三十日　与湛江地质局派的宋锜工程师、鉴定员、磨片员等同时到达雷州半岛北部的海康,随即赴企水考察和采样。

三月三十一日　地质部党组以(59)党发字第36号发文《关于成立中国地质科学院的决定》,决定"在地质部现有科学研究机构的基础上成立中国地质科学院"(后来定名为"地质部地质科学研究院"),"将地质研究所、矿物原料研究所、水文地质工程地质研究所、地球物理探矿研究所、勘探技术研究所、地质力学研究室、地质博物馆、地质图书馆划归地科院领导";地质部地质科学研究院6月正式成立②。

是日　自海康赴雷州半岛南部的徐闻。听取雷南队尹诗丽汇报情况。

四月一—四日　在徐闻附近、大水桥水库附近,下桥、调风一带,徐闻西南的迈陈,徐闻南部的海安等地考察铝土矿,将所采得的样品磨片观察。在海安发现有质量上乘的铝土矿。附带考察了调风南面安园的褐煤。

四月五—六日　自海安搭金星轮抵海口。阅读资料。考察海口附近的红土剖面。

四月七—九日　自海口抵石碌。在石碌听取海南地质局符国光局长、张霖书记、王才清同志对海南岛地质矿产情况的介绍。海南岛地质局派周德雨工程师陪同考察石碌铜矿和铁矿。

四月十—十一日　到海南岛地质局看标本并与地质人员座谈后,由海南岛地质局张霖书记、王才清、鉴定员、磨片工等陪同,经都工、大溪桥、那大、和舍、加来、临高、博厚(那白)抵达海口,沿途考察地质,考察博厚(那白)红土剖面时,在东部发

---

①　谢家荣从地质部地质矿产研究所调到地质部矿物原料研究所的时间当在1958年或1959年初,但未能查到相关档案。

②　国土资源部档案,19290号卷。

现较好的铝土矿。

四月十二—十六日 自海口经潭口、文岭,赴长昌,考察长昌煤矿。自长昌赴甲子考察风化玄武岩、铝土矿,至烟塘考察铜矿、石墨矿。自琼东经龙门、龙塘寻找铝土矿普查组未果,乃返回龙门,赴定安,到区测队了解地质情况。由定安返海口途中,在旧州附近发现矿核层,采集铝土矿样品。

四月十七日 与张霖书记等赴雷虎岭考察火山喷口,并赴秀英坡观察红土剖面。着手撰写报告《考察雷州半岛及海南岛三水型铝土矿报告附"关于在雷琼地区找煤的若干意见"》。

四月十八日 上午在海南岛地质局做关于铝土矿及煤的报告,并就如何进一步工作提出意见。下午继续撰写报告。

四月十九—二十一日 再赴秀英坡,考察铝土矿,见到未风化的新鲜玄武岩。自秀英港登船抵达广州。到广州时接北京来电,令返回北京开会(当选第三届全国政协委员,归属中国科学技术协会)。

四月二十二日 向广东省地质局报告考察情况。完成考察报告《考察雷州半岛及海南岛三水型铝土矿报告附"关于在雷琼地区找煤的若干意见"》(署名谢家荣、傅同泰)①。

考察报告概述了作者赴雷州半岛和海南岛考察三水型铝土矿的行程,简述了工作区的地形、气候、土壤和地质背景。详细描述了红土剖面,认为雷琼地区铝土矿的品位不能与漳浦相比美,主要原因或在于铁盖层的过于发育,以及结核层发育的不深不透所致。报告对雷琼地区的三水型铝土矿做出了远景评价,认为由于所采样品过多,化验赶不上采样,因而还不能说是否已经找到具有工业品位的铝土矿,也还不能说是否已经找到足够多的可供开采的铝土矿石。待大量分析结果出来,可能会发现一些胶体状矿石,总的品位可能比原来估计得要高。报告还对下一步工作提出意见:应就已获得的资料进行综合,编制十万分之一比例尺的综合地质图,详列采样地点、样品号及红土剖面,并对湛江系及第四纪地层加以合理划分。同时还必须根据红土层剖面的观点重新划分所采样品。报告还提出了在雷琼地区找煤的若干意见。

四月二十三—二十四日 晤张有正,递交考察报告《考察雷州半岛及海南岛三水型铝土矿报告附"关于在雷琼地区找煤的若干意见"》。乘飞机经停长沙、武汉、郑州,抵北京。历时 1 个月又 5 天的赴广东(海南岛)考察(野外工作时间为 3 月 22 日—4 月 19 日)结束。

---

① 《考察雷州半岛三水型铝土矿的考察报告附"关于在雷琼地区找煤的若干意见"》,全国地质资料馆,档号 18027。

四月二十五日　赴国际饭店出席第三届全国政协小组会,继赴正义路出席在团中央举行的大会。

五月一日　赴天安门出席五一游行观礼。

五月二日　撰写《江苏省找矿指南》①。

五月三日　上午赴图书馆借书;下午出席九三学社会议,晚赴北海观看焰火。

五月　著文《江西上饶专区找矿指南》(署名:谢家荣、孙忠和、陈砚云)②。指南分为五个部分:第 1 部分为地质轮廓,叙述区内的地层、岩浆活动、构造轮廓;第 2 部分为大地构造,将该区划分为扬子凹陷区、江南古陆区、浙赣凹陷区、武夷山及闽北地块隆起区和鄱阳湖地堑区;第 3 部分为矿床概况,概述了本区的金属和非金属矿床;第 4 部分为构造成矿带,在本区内划分出自南至北的 16 个成矿带;第 5 部分找矿指南,列出了铁矿、锰矿、铜铅锌矿、钨锡锑汞矿、铝土矿、放射性及稀有分散元素矿、煤、石油及天然气、磷矿的找矿方向和找矿方法。

图 112　1959 年夏谢家荣、吴镜侬与孩子们合影(前排为女儿谢恒,谢家荣、吴镜侬夫妇,后排自左至右为:三子谢学钫、长子谢学锦、四子谢学铮、次子谢学铨)

① 《江苏省找矿指南》直到 1990 年前后还保存在河北廊坊地球物理地球化学勘查研究所,后遗失。
② 《江西省上饶专区找矿指南》,全国地质资料馆,档号 29934。

六月十八日 写出并上交《检查红专规划》：

（一）对于政治学习，已从过去的不大愿意学习变为愿意学习，并且对它发生了兴味。但是学习的时间还是很不够，红专规划上所规定的每星期一、三、五清早上班前学习政治一小时的计划，实行了不久就停顿了。由于工作比较多，以后是否能够恢复，还有问题。至于法定时间的政治学习，包括政协的学习，则除有突击任务外，一般都不缺席。

（二）现在已做到每天读报，注意学习党的方针政策及国内各种建设的跃进情况，核要地了解国际间的时事。

（三）业务学习经常进行，但因血压高，并常患失眠的关系，晚上已不阅读，也不从事写作。红专规划中保证每年能作出 10 篇以上的文摘，2—3 篇的综合性报道文章，因无需要，始终没有写。专业性文章方面，已写好关于福建、江西上饶专区、江苏等省及海南岛、雷州半岛有关构造成矿带及找矿指南的论文五篇，还想修改去年为矿床会议编著的《中国矿床分布规律的初步研究及有关今后找矿方向的若干意见》一文，并添编几张附图。这个工作的工作量很大。最近则奉许部长命，与其他若干同志集体草拟关于地质学的当前任务及今后发展可能性的文章。

（四）在今年春间未出差赴广东之前，曾抽出时间温习法文，大体上已可阅读地质专著，但速度还太慢。

（五）孙忠和同志下放后，已无青年同志在一起工作（出差时曾由傅同泰伴同），因之对培养青年干部方面竟没有什么进展。

（六）总结以上检查，专的方面已写了几篇文章，并学习到了一些新东西，但还是不够的。红的方面，则大大不够，如何补救这个缺点，当为今后努力的方向。

（中国地质科学院组织人事处：谢家荣人事档案，档号 4 - 3）

夏 地质部党组书记何长工在邹家尤的陪同下到中南海向毛泽东主席汇报地质部工作。当他们见到毛泽东主席时，毛主席手里拿着谱主与黄汲清主编的《普查须知》，询问谱主最近情况怎样？[①]

八月十四日 在许杰副部长办公室研究滇、黔、川三省地质矿产科学研究计划。就云南哀牢山超基性岩、滇东南锡矿、滇西红色盆地找油、贵州沉积矿产、水城

---

① 原地质矿产部地质矿产司高级工程师宋克勤(1960—1997 年曾在地质部、地质矿产部地质矿产司、矿产开发管理局长期从事矿产勘查和矿产开发技术管理工作)1971 年夏天在江西省陛江县地质部五七干校与邹家尤(1952 年 8 月调地质部，历任办公厅副主任，财务司副司长、司长、计划司司长，1966 年 3 月任地质部副部长)谈关于毛主席对地质工作的指示时，邹家尤提供的信息。(宋克勤：《私人通讯》)

和松桃的铅锌矿以及四川盆地的石油等问题发表意见。

九月六日　自北京乘飞机，经停西安、重庆，抵昆明。许杰副部长、地质部地质科学研究院吴俊如副院长、郭文魁、陈佩洛和陶惠亮等同行。

九月七—十一日　在昆明先后赴云南省地质局、云南省地质研究所、昆明地质学校、中国科学院昆明分院地质研究所听取汇报。云南省地质局李公俭局长汇报云南省 1959 年地勘计划的实施情况，李希勣介绍云南省地质矿产及鱼子甸铁矿、寸田铁矿、马厂箐铜矿、大姚铜矿、安宁—晋宁铝土矿、安定镍矿等的地质情况以及云南省区域地质调查的工作情况。

九月十二—十五日　在昆明听取了龙陵黄连沟绿柱石矿的地质情况报告后，一行人经安宁、祥云，抵达马厂箐铜矿。赴蒿子坝考察。后在矿上举行的讨论会上发言，谈对马厂箐、蒿子坝矿区地质的认识与勘查工作。其后郭文魁发言。自马厂箐赴楚雄。

九月十六—十八日　自楚雄赴武定，听取武定地质队勘查工作的情况汇报。赴唐李树矿区考察。在武定地质队举行的座谈会上，与郭文魁先后发言，讲述对滇中泥盆纪铁矿预测的意见。之后离武定赴安宁。

图 113　1959 年 9 月在云南武定迤纳厂考察地质时合影(前排左起：云南省地质局总工程师肖明山、郭文魁、□□□、许杰、吴俊如、谢家荣。陶惠亮摄)

图114 1959年9月在昆明西山龙门留影(左起郭文魁、吴俊如、陈佩洛、谢家荣、肖明山、云南省地质局地矿处刘景新。陶惠亮摄)

九月二十一日 全天在云南省地质厅做报告,题目为"对云南矿床的若干看法",就云南省矿产区与构造成矿带的划分提出具体意见。

九月二十二日 自昆明飞抵成都。

是日 中共地质部机关党委作出"对右派分子谢家荣的鉴定意见",称"该人自划右派以来主要对错误有了认识,愿意接受改造,从(重)新做人。经过实践在各方面亦确有显著转变,因此,我们认为可以摘掉右派帽子,并在今后工作中加强教育改造"。

中共地质部机关委员会"对右派分子谢家荣的鉴定意见"[①]:

谢家荣,男,上海人,现年60岁,出身旧职员,成分旧职员,解放前曾任地质调查所技师,北大、清华大学教授,矿务局经理及中财委矿测处处长等职。解放后任中财委中国地质工作指导委员会第二副主任委员,地质部地矿司总工程师,地质所副所长,现为二级工程师。九三学社社员,全国政协委员。

① 据中国地质科学院人事档案,此意见是给地质部党组还是国务院的报告,档案中并未说明。

目前思想、工作、劳动、学习表现情况：

第一、在思想上，划右派后对错误认识比较深刻，接受改造的态度诚恳，在向党交心、红专辩论时对过去只专不红的错误思想批判较深，并主动依靠党的领导制定红专规划。虚心接受群众意见，按红专规划改造自己，特别是对解放后地质工作所取得的伟大成就与过去的看法有显著不同。如今年八月，部在征求对《十年来地质工作的辉煌成就》文章时，谢对党的领导和群众路线是做好地质工作的重要关键有了正确的认识，平时接受苏联专家的建议也比较诚恳。这与过去认为苏联是小专家，他是大专家的看法有了显著的转变。

第二、在工作方面，比较积极认真，在研究工作时能积极地提出建设性的意见，而态度老实。今年随部工作组去江西、浙江、福建、江苏等地检查工作时，不辞劳苦上山爬山了解情况，发现问题能及时提出改进意见，因而受到当地干部的欢迎。出差回来后写了"上饶专区找矿指南"和"江苏省找矿指南"，这两篇文章对指导找矿工作均有实用意义。

另外，在向党献礼时加班加点，写了《中国矿床分布规律初步研究》，这本书虽然质量不算高，但很有参考价值……

第三、在劳动观点方面，对从劳动中改造自己有了深刻认识。今年以来曾主动提出参加劳动锻炼三次（其中两次因工作未去），在劳动中虽然年老体弱，但很卖力气，不甘心落后。同时在历次卫生运动中均亲自下手和同志们一起打扫办公室和环境卫生。特别是在打麻雀运动中表现非常积极，早起晚归，坚持岗位……

第四、在学习方面，除积极钻研业务外，在政治理论学习方面也较前重视，能经常坚持理论学习时间，并积极参加讨论，但发言不多。

从以上各种表现来看，该人自划右派以来主要对错误有了认识，愿意接受改造，从（重）新做人。经过实践在各方面亦确有显著转变，因此，我们认为可以摘掉右派帽子，并在今后工作中加强教育改造。

请批示。

中共地质部机关委员会
1959 年 9 月 22 日
（中国地质科学院组织人事处：谢家荣人事档案，档号 3－5）

九月二十三—二十四日　听取四川省地质局王朝钧总工程师关于四川省地质局 1959 年地质勘查工作的情况介绍。听取有关南充—安县一带铝土矿、蒲家坝铀钒矿、万源菱铁矿的情况介绍。听刘增乾介绍四川地质科研工作的情况。听取乐山-泸州含铜砂岩、拉拉厂铜矿、米易镍矿等矿区勘查情况的介绍。

九月二十五日 参观成都地质学院。

九月二十六日 在四川省地质局研讨四川地质矿产工作,对四川含铜砂岩、铝土矿、拉拉厂铜矿及石油勘查工作发表意见。郭文魁也对矿产勘查工作发表意见。

是日 松辽盆地松基 3 井在钻至 1 300 余米深处时,经试油于青山口组、姚家组层位,首次喷出工业油流。

九月二十七日 乘火车离开成都,次日回到北京。

九月二十九日 松辽石油普查大队二区队在松花江南扶余雅达红构造扶 27 井上也试获白垩系泉头组第 4 段工业油流。大庆油田宣告发现。

十月十五日 地质部党组在中共地质部机关委员会《对右派分子谢家荣的鉴定意见》上批示:"已经中央批准,同意摘掉右派帽子"。(何长工签章)

十月二十一日 中共矿物原料研究所办公室支部编写《谢家荣小传》,副所长吴俊如批示"同意支部意见"。

谢家荣,别名季骅 男 现年 60 岁,上海市人,汉族,家庭出身旧职员,本人成分旧职员,现为我所二级工程师,九三学社社员,全国政协委员。

主要经历:

1915 年在农商部地质讲习所毕业。

1915 年至 1918 年留学美国士丹佛大学。

1918 年至 1920 年留学美国威斯康星大学毕业。

1920 年至 1928 年在农商部地质调查所任技正等职。

1929 年至 1931 年赴德在柏林地质调查所等实习。

1931 年至 1937 年在北京地质调查所任技正、代所长及清华、北大、师大任教授。

1937 年至 1940 年在广西江华矿物(务)局任经理。

1940 年至 1949 年在昆明铁路沿线探矿工程处任总工程师,在西南矿产测勘处及资委会任处长,在地质学会任理事长。

1949 年 5 月至 1957 年在华东工业部矿产测勘处任处长,在中央地质计划指导委员会任副主任,在地质部任总工程师、副所长。

1957 年至 1959 年在地质部矿研所任二级工程师。

在地质工作方面:

谢从事地质专业有 40 余年,早年留学美国,并赴德国研究过煤岩及金属矿床,归国后追随翁文灏派系得宠,对地质矿产测勘和掌握矿床规律方面积累了一定经验。对煤及金属矿也有研究。解放前著有地质学及普查须知等书,写有煤、石油等地质论文二百余篇。

……

经过二年来的考验,思想上有所转变,对工作较前积极主动,五九年秋随部工作组前往江西、浙江、福建、江苏等地检查工作时,不辞劳苦,跋山涉水,发现问题也能及时地提出,曾受当地干部好评,出差回来后写了《上饶专区找矿指南》和《江苏省找矿指南》两篇文章,对指导找矿工作均有实用意义。参加劳动较好,主动要求去劳动有三次之多,对过去高人一等的思想有了转变。在学习方面,除积极钻研业务之外,在政治理论学习方面较前重视,能坚持学习时间。从以上各种表现看,自划为右派以后,对错误有了认识,愿意接受改造……

(中国地质科学院组织人事处:谢家荣人事档案,档号 5-6)

十一月二十三—二十六日　离开北京,赴贵阳参加全国铅锌矿会议。同行的有许杰副部长、朱效成副院长、孟宪民、郭文魁等,经停柳州,于 26 日抵达贵阳。

十一月二十七—三十日　阅读资料,听取汇报,游览花溪,出席预备会。

十一月　著文《云南省成矿区及构造成矿带的研究》,文后附《对云南矿床的若干看法》①。

十二月一日　出席在贵阳召开的全国铅锌矿专业会议开幕式。此次会议由地质部、冶金工业部和中国地质学会倡议召开,参会代表 213 人。许杰副部长致开幕词,苏联专家、孟宪民、郭文魁等做报告。

十二月二—八日　出席全国铅锌矿会议,听取重点矿区报告,参加小组讨论。

十二月五日　《人民日报》第一版头条发布信息:"中央国家机关和各民主党派中央机关摘掉一批确已改好了的右派分子的帽子":

新华社 4 日讯　中央国家机关和各民主党派中央机关根据中共中央、国务院"关于确实表现改好了的右派分子的处理问题的决定",最近摘掉了一批确实改好了的右派分子的帽子。

这一批被宣布摘掉右派帽子的有:黄琪翔、费孝通、叶恭绰、林汉达、潘光旦、浦熙修、向达、薛愚、袁翰青、陶大镛、陈铭德、谢家荣、费振东、谭志清、金芝轩、吴文藻、刘瑶章、曾彦修、王曼硕、樊澄川、雷天觉、彦涵、董守义、陈明绍、裘祖源等一百四十二人。

(中国地质科学院组织人事处:谢家荣人事档案,档号 6-4)

---

① 此文一直到 1988 年仍保存在廊坊,后被人以"纪念谢家荣诞生 90 周年"为名借阅丢失。

十二月十日　出席上午的全国铅锌矿会议,由苏联专家解答问题。之后由许杰副部长做会议总结。在许杰副部长的总结后做报告,朱效成继而发言。晚,出席贵州省政府举行的宴会。之后讨论矿床类型至 12 时。

十二月十一日　与许杰副部长等游黔灵公园,当晚乘火车赴广西南丹。

十二月十二日　12 时许抵南丹,矿上派车接至大厂。午餐后听取情况介绍。

十二月十三—十四日　赴长坡考察脉状矿,赴巴黎山、龙头山考察错断带锡矿,赴灰罗考察大福楼锡矿脉,赴拉幺考察锌锡矿。

十二月十五日　在大厂锡矿区地质人员会上讲"对丹池矿区的几点体会和认识"。

十二月十六—十七日　自大厂经金城江、柳州,返回北京。

一九六〇年　庚子　六十四岁

　　提要　北京。赴河南洛阳、三门峡、郑州等地参观视察。赴广东大宝山、凡口、郴州、湖南水口山等矿区考察。赴北戴河疗养。赴山东、安徽和广东大宝山考察，撰文《大宝山及其外围地区含矿远景的初步意见》

　　二月二十七日　乘火车赴河南洛阳、三门峡、郑州等地参观视察工厂、人民公社、三门峡、花园口水利枢纽工程等。

　　二月二十八日　听取洛阳市副市长的报告。

　　二月二十九—三月六日　先后参观了轴承厂、耐火材料厂、第一拖拉机制造厂、洛阳矿山机械厂、麻袋厂、宫灯雨具厂、敬事街小学六一校办工厂、洛阳钢铁厂、瀍河人民公社服务站、敬老院、仿唐瓷厂；先后游览了关林、白马寺和龙门石窟。其间出席了参观团的座谈会。

　　二月底　地质科学院根据国家科委的指示，制定了广东大宝山1960—1961年的两年工作计划。

　　三月七日　参观洛阳烧沟汉墓后，赴三门峡市。晚饭后听三门峡市市长刘莱的报告，观看有关三门峡的新闻纪录片。

　　三月八—九日　先赴史家滩工地，听报告，观看模型，后参观三门峡大坝，出席三门峡市政府的宴会，赴滨湖路参观车马坑古墓遗址后，离开三门峡抵郑州。

　　三月十一—十五日　听郑州市赵副市长报告郑州市情况，先后参观河南省十年成就展览馆、黄河展览馆、郑州市国棉三厂、郑州砂轮厂、管城区人民公社、郊区人民公社、岗李村花园口水利枢纽工程和陈列着1938年6月蒋介石炸毁花园口大堤的图片和相关图表的展览会，并赴黄河边参观当年花园口决堤旧址。

　　三月　地质部大宝山综合地质普查勘探方法研究队正式成立[①]。

---

　　① 中国地质科学院档案，档号1-60-15，序号2。据王玉珉、王劼刚《曲江县大宝山铁及多金属矿产发现史》：广东大宝山多金属矿区的科研工作，"1959—1960期间，以地质科学院为主，由长春地质学院、广东省地质科学研究所等十余个单位参加的100多人组成普查勘探方法研究队，队长为地科院习东光副院长，技术负责为谢家荣、郭文魁、张有正、覃慕陶，配合地质勘查进行较多的新方法研究"（《广东地质》1994年第4期，第86页）。另据1960年4月的《广东韶关大宝山多金属矿区综合地质普查勘探方法研究工作初步设计》记载："为更好完成研究成果，经部局专家进行技术指导，并聘请我国专家到队审查与指导工作，初步（**转下页**）

四月十九日　地质部地质科学研究院发出(60)地科办字第 47 号文件[①]:"中华人民共和国地质部地质科学研究院关于在广东大宝山多金属矿区开展综合地质普查勘探方法研究的指示",对"大宝山综合研究工作的方法与步骤"提出 6 条意见,要求"首先选择已知矿床(大宝山)为中心,开展矿床生因、地质条件、物质成分、综合利用及普查勘探方法(包括物探、化探)"的全面试验研究,要求对这类矿床的富集规律加以论证,指出找矿标志,并对有效的普查勘探方法得出结论。

四月二十三日　出席地质矿产研究所讨论会,讨论广东大宝山研究队的目的和任务。乘火车离开北京,赴广东大宝山、凡口,湖南郴州、水口山等矿区考察。

四月二十五日　6 时许抵韶关,8 时许抵大宝山广东省地质局 705 地质队。全天开会。

四月二十六日　赴野外,向北沿断层考察。晚上开会。

四月二十七—二十八日　与广东省地质局总工程师张有正研究设计问题。

四月二十九—三十日　听取大宝山多金属矿普查勘探方法研究队铁帽组汇报地质情况,考察铁帽。

五月一日　读苏联斯米尔诺夫(С. С. Смирнов)的专著《硫化矿床氧化带》。

五月二—九日　给铁帽组提意见。先后听取围岩蚀变组、成矿规律组、矿体形状组、物探、化探、水文地质和稀有分散元素组的汇报,观察岩心,研究纵剖面图,考察矸洞地质,用显微镜观察岩石薄片、矿石光片。

五月十一日　全天在大宝山多金属矿普查勘探方法研究队做报告,报告包括 3 部分:对各组汇报所提的意见,对大宝山矿区的看法及找矿方向,关于普查找矿及编制成矿预测图的一些意见。

五月十二日　自大宝山抵韶关,到韶关地质局了解情况。

五月十三日　修改在大宝山多金属矿普查勘探方法研究队所做报告,与谢学锦商讨大宝山的工作。

五月十四—十五日　自韶关赴凡口勘探队,听取勘探队的情况介绍,考察凡口矿区地质,观察岩心。

五月十六—二十一日　自凡口经韶关赴湖南郴县,赴郴州地质局了解情况,阅

(接上页)提出如下的建议:谢家荣——4 月 25 日到 5 月 15 日,重点指导矿床成因、规律及铁帽氧化带的研究。孟宪民——8 月 1 日到 8 月 16 日,着重于矿床物质成分、围岩蚀变与矿床类型划分的研究。黄汲清——10 月 3 日到 10 月 20 日,着重于区域成矿规律及区域地层构造方面的研究。"(中国地质科学院档案,档号 1-60-15,序号 3)

① 中国地质科学院档案,档号 1-60-15,序号 1。

读资料。赴新田岭 408 地质队了解情况,观察标本。从新田岭赴黄沙坪考察地质。

五月二十二—二十四日　自郴州赴金船塘,观察标本及岩心。返郴州,赴铜坑湖考察地质。返回郴州后赴衡阳。

五月二十六日　自衡阳经松柏抵常宁水口山矿区。

五月二十七日　听取 217 队陈鼎恺的汇报,赴鸭公塘考察地质。晚开座谈会至凌晨,谈水口山的找矿方向。

五月二十八日　自水口山经松柏,于晚 8 时取道衡阳赴长沙。

五月三十一日—六月一日　在湖南省地质局了解情况,阅读资料。

六月二日　在湖南省地质局做报告①。

六月三日　乘火车返京,于次日下午 3 时抵达②。

六月下旬　大宝山多金属矿普查勘探方法研究队接地质科学院有关“两年任务一年完成和今后工作以综合普查勘探方法研究为重点”的指示。

六月　著文《中国锡(包括钨)矿带的初步研究》③。

七月十一日　与夫人吴镜侬同赴北戴河疗养。

七月十三日　上午开会讨论学习事宜,下午读 1960 年 4 月 16 日《红旗》杂志编辑部的文章《列宁主义万岁——纪念列宁诞辰九十周年》。

七月十五日　赴山海关、孟姜女庙、秦皇岛港口游览后返北戴河。

七月十七日　次子谢学铨(吴东)和儿媳亚兰自唐山到北戴河来探望。

七月二十七日　赴西楼拜访顾颉刚。翁文灏、钱昌照来访。

七月三十日　自北戴河回到北京。

八月二十一日　在矿物原料研究所填制的《人员情况调查表》的“屡次政治运动和现实的具体表现”栏填“右派分子,表现较好,已摘掉帽子”,在“工作机密程度和具体担负项目”填“矿床室有色组工程师,工作属机密要害部门”,在“本单位处理意见”填“调离要害部门,院内调整”。

(中国地质科学院组织人事处:谢家荣人事档案,档号 5-3)

八月　大宝山多金属矿普查勘探方法研究队接地质科学院指示,要求年底结束工作。

十月四日　晚九时半离家,乘火车赴济南。吴俊如、郑直、赵文津等同行。

十月六—十一日　先后听取山东省地质局何工程师所作综合普查勘探情况的

---

①　依据《谢家荣日记》,所作报告内容不详。
②　4 月 25 日—6 月 3 日的行程及工作依谢家荣日记缩写。
③　《中国锡(包括钨)矿带的初步研究》初稿于 1959 年,1960 年 6 月修订。打字文稿一直到 1988 年仍保存在廊坊,后被人以“纪念谢家荣诞辰 90 周年”为名借阅丢失。

图 115　1960 年夏全家合照（后排左起：次子谢学铨、长子谢学锦、四子谢学铮、三子谢学钫、女婿
胡定一。中排左起：外孙胡为民、女儿谢恒、吴镜侬、长孙谢渊泓、谢家荣、谢学锦夫人李
美生。前排左起：外孙女胡英、孙女谢渊泉、孙女谢渊洁、孙女谢渊如、孙子谢渊沛）

报告、朱崖铁矿情况汇报、沂蒙山队汇报、809 队（金刚石队）胡诗林汇报、压电石英
汇报。赴商河看石油坎，到沙河街构造了解地质情况并观察岩心，听苗培树介绍情
况。阅读和研究资料。

　　十月十二日　　出席在山东省地质局招待所开的座谈会。在吴俊如之后发言，
讲山东的大地构造、找矿方向及地质与矿床发展史。下午郑直、赵文津发言。晚
11 时离开济南，赴安徽宿县。

　　十月十三—十七日　　听取情况介绍，赴宿东煤矿芦岭、孔庄、朱仙村三地考察。
阅读资料。

　　十月十八日　　出席座谈会。在吴俊如之后发言。下午郑直、宋国荣、王在霞等
发言。

　　十月十九—二十四日　　以地质科学院大宝山工作组成员的身份自宿县经上海
抵韶关。正在大宝山工作的谢学锦来接，到大宝山。

　　《地质科学院大宝山工作组汇报》（节录）：

部党组,院党委:

　　大宝山工作组以周镜涵、谢家荣、吴功建、孙忠和四人组成。在十月二十三日到队,十一月七日离队,工作半个月。详细听取了各工种的全面汇报,采取边汇报,边讨论,分别看了取得的资料和已写出的报告初稿及交换了意见。最后在综合队全体同志的告别会议上除代表部院领导表示慰问外,我们对工作上也提出了较全面的看法和意见……

　　刘英勇局长到队一天多,过韶关时见到许副部长,均已简单汇报。

　　　　　　　　　　　　　　　　　（中国地质科学档案,档号1-60-14,序号1）

十月二十五日—十一月五日　听取大宝山队汇报。开会讨论钻孔位置。

十一月六日　在大宝山多金属矿普查勘探方法研究队综合队全体同志的告别会上做"大宝山及其外围地区含矿远景的初步意见"的报告(此报告在删去谱主的署名后,作为1960年11月18日《地质科学院大宝山工作组汇报》的附件二报送地质部党组和地质科学院党委)。

　　谢家荣《大宝山及其外围地区含矿远景的初步意见》[1]:

　　这次来大宝山主要是学习综合普查勘探方法的实施情况及其成果,虽经几天听汇报,看资料,学了很多东西,但体会还是很不深刻的。我们往往习惯于老一套的工作方法,对新方法的掌握和运用是要经过一个阶段的。对我来说,运用物化探、地质、钻探四结合来找矿,并不生疏,在思想上是了解与信服的,但用来估计矿体厚度、品位及进一步计算矿量,另外还要用四结合方法填制精密的地质图,却是完全新鲜的,在思想上并不是能够顺利接受的。经这次学习及同志们的关于矿床综合勘探、区测、物性、物化探的各种报告后,知道大宝山综合研究队在这方面获得很大成绩,深深地体会到综合研究的有效性和优越性。这是一个很大、很现实的教育,除表示祝贺外,还感谢同志们给我的指教与教育。

　　在同志们研究的基础上,我想简单地谈谈大宝山及其外围地区成矿带分段及含矿远景的初步意见。

　　首先我同意区测队关于500平方公里范围内成矿带划分的意见,但补充加一条横坑太平圩的成矿带。

　　对有色金属来说,最重要的当推大宝山、凉桥、新江的成矿带,其次是西部的伍练铜罗山还没有详细研究的成矿带,再其次为横坑太平圩成矿带。

────────────

[1]　谢家荣手稿,中国地质科学院档案,档号1-60-14,序号1。

一、大宝山凉桥新江成矿带：从北至南可分为下列各段：大宝山段、徐屋段、凉桥段、洋河湾新江段。其中大宝山段已知巨大矿体，资料最多，可定为一级区。其他各段作为二级区。此外伍练、铜罗山及横坑、太平圩都可作为三级区。

1. 在大宝山段可分为：船肚、大宝山西部、中部（即已知巨大矿体）、东部、南部及北部各块。

（1）船肚块：构造组认为最有希望，断裂发育，NEE 为主，有二个复向斜，N30°E及 N70°W（北段），围岩为上泥盆纪石灰岩，挤压破碎，有矿点（以 W、Mo 为主），磁测及金属量测量异常不很高。有 NEE 向分布的花岗斑岩及细粒花岗岩，时期比英安斑岩为老为新未肯定。可能为 W、Mo 矿而非多金属矿的有望区。

这个矿段可能应放于东西向构造带内，而不应放在属于北西向的多金属构造成矿带内。

（2）大宝山西部即现在正勘探的地区：11（408 孔见矿）、15（401 孔见矿，407孔见矿化）二线已打到矿，至少向北延伸至 19 线。19 线北花岗岩侵入体密集，围岩变质深，情况不明。11 线以南，7、3、0、4 各线希望较小，东岗岭灰岩块变狭。8线（415 孔）已打到矿，向南延伸有望，可达到 20 线或更南，因 Pb、Zn 原生晕强。在8 线，磁测也有异常，但过此则弱，可能由于以 Pb、Zn 为主之故。如流纹斑岩下的东岗岭灰岩块断（段）向南扩大，即侏罗纪，断层及流纹斑岩的接触线变缓，则灰岩块断（段）可扩大，成矿有利。32 线以南，流纹斑岩未出露。40 线坑探见流纹斑岩潜伏地下，但位置向东移，此处已无西部与中部矿体之分。中部矿到 36 线为止，40线未见矿。西部如何，难以定论。离接触带较远的侏罗纪中，7—19 及 7—24 线俱有磁异常，还有电异常，地质组认为系炭质页岩所引起。化探 7 线 401 孔无异常，是一个谜，须验证。32 线以北距接触（带）较远处的侏罗纪中，构造组发现铁帽，据云北边的 2/3 为含铁质砂岩，南边的 1/3 确是铁帽，但块大，且与大宝山间有小山相阻，不可能从远处冲来，须挖槽验证，并采样分析 Cu、Pb、Zn。

（3）中部即已知大矿体：南北长 3 000 米，东西最宽 450 米，产于东岗岭灰岩的复向斜中，北端翘起，与南端高差约 300 米，底板波浪起伏。矿体基本上限于 Fa^1—Fa^7 间，富矿则限于 Fa^2—Fa^3 间。35 线附近为铜矿带，向南、北减低，南部 Pb、Zn高。大宝山顶附近有黑云母花岗闪长岩侵入体与船肚相连，为一钼矿带。

（4）东部即方山万长岭区：铁帽明显，断裂也有利，但可能没有石灰岩，物化探俱有异常，不强而浅，是否仅有裂隙充填矿床，柱头群砂页岩下是否因构造复杂而引起的灰岩（断块），如西部矿体，均需钻探验证。可根据铁帽组结果打平硐坑探，俟摸清产状后再打钻。

（5）北部九曲岭槽对坑区：D_2^2 下肯定有灰岩，其他火成岩及构造均有利。原生晕资料，最北一线(83)257孔，Pb 55γ，Cu无，稍南71线俱有异常。再南67线有薄层含铜黄铁矿小矿体，更南63线5个孔(286，198，247，284，287)都打到PbZnCu矿，有黄铁矿、磁黄铁矿(287孔最好)。构造组认为本区地形高，不会有矿，但西边流纹斑岩出露，矿液有来源(高低应从底面算起)，应补做详细电磁测及地表原生晕，再选异常区打钻。257孔可能距火成岩太远。本区应为一有希望的CuPbZn区，但走向转为NNE，NNW断裂较发育，对成矿是否不利需研究。其西的鸡麻头D_{1-2}希望不大。

(6) 南部即徐屋流纹斑岩断层线以北至凡长岭间的地段，原生晕异常好，分散流及金属量测量亦有异常，物探做得不够多。从24线以南至40线，勘探证明，东岗岭灰岩有矿地带逐渐缩小，以Pb，Zn，黄铁矿(黄铁矿常居下盘)为主，但分散，缩小。28线较小。32线稍大，分散。36线在侏罗纪中打到黄铜矿薄层矿。两个断层间的D_2^{1-2}(东岗岭灰岩、页岩)楔形断块变为很小，未有钻孔验证有无矿。40线未见矿。92孔有潜伏流纹斑岩。西、中两部矿可能已连成一片。主要问题在于侏罗纪断层或不整合面的倾角大小及流纹斑岩侵入面的倾角，决定了这个有矿D_2^{1-2}地段的大小，如倾角小，则矿体就可扩大。

以上六个块断(段)俱属大宝山段，南以徐屋流纹斑岩的断层F_6^{16}为界，北以船肚花岗岩及九曲岭流纹斑岩及F_6^7断层为界。这六个块断(段)除中部块断(段)已证明有巨大工业价值外，其他都尚待进一步工作及钻探验证。有些可能无矿，有些可能找到一些矿(如西部已找到)，但都属于探边追踪的方面，决不会如中部的大而完整，则可断言。西部矿属于流纹斑岩下深层矿的露头部分，故在中部流纹斑岩下是否还有矿，也就是摸底部分，值得将来开发勘探时予以注意。

另外，化探组证明，7线407孔所穿流纹斑岩全部矿化了，可达100余米，东部0线上的7孔穿进流纹斑岩100余米，原生晕Cu 900γ，Pb 3 172γ，Zn 5 592γ，As 99γ，有些含铜可够工业品位，最高达1.6%，这里是否可找到斑岩铜矿，亟须研究，并用正规分析法验证品位。大宝山脊一带，淋失大，还要注意找其下是否有次生富集铜矿，如有，则经济意义更大。构造组认为北部九曲岭无矿，丘坝及徐屋石英斑岩俱属早期生成，根本不会含矿，亦需由化探组采样验证其各岩体的含矿性。如同样与大宝山有矿液活动，则无矿论即不能成立了。

2. 徐屋段——指徐屋石英闪长斑岩以南与徐屋东岗岭灰岩的一个块断(段)而言。构造组图上把徐屋附近定为上泥盆纪，并向东南一直连至凉桥，未被柱头群的交错褶皱所穿过，此点需进一步验证，孰是孰非，但徐屋凉桥间沿沟有一断层，则似无问题。区测组谓徐屋东岗岭灰岩周围矿化弱，地质组则谓有相当矿化，须在此做四结合工作，特别注意流纹斑岩南面的接触线(与柱头系及东岗岭灰岩)及沿东岗岭灰岩的断层须密切工作,如有异常可打钻验证。

3. 凉桥段——指凉桥、虾公坑一段而言。

徐屋断层可能连至凉桥及更向东南沿冲积河谷分布。东岗岭灰岩沿此断层可能有分布。已知矿点在凉桥虾公坑一带有磁铁矿、黄铁矿、闪锌矿充填于东岗岭页岩的 NNW 裂隙中,长 1 000 米—300—400 米,宽 20—40 米(Fe C_1 级 82 万吨,C_2 级 113 万吨),还有锑矿。此区应做 1:1 万地质图、大面积磁测、电测,在凉桥做原生晕,注意断层及东岗岭灰岩的分布,结合已知矿带,就异常区打钻验证。

4. 洋河湾新江段——据构造组,本区与凉桥段为一断层所隔,向斜轴向北东推移至洋河湾,由上泥盆纪组成,至石围子又下降为下石炭纪所组成。总之,本区是一个断块向斜盆地,NE,NW 和 NNW 向断裂带交错,有四小块流纹斑岩露头,还有辉绿岩及煌斑岩,还可能有潜伏的东岗岭灰岩在河谷中。石围子附近有 Pb 矿露头,范围不大,东西向? 其北与火成岩接触处有矽卡岩。石围子与新江圩间有煌斑岩脉,东西走向。已做磁测,联合剖面,激发电位,钻探证明为煌斑岩,不是矿,磁 200γ。洋河湾磁异常 $2\ 000\gamma$,东西向,500×100 米测网,浅井揭露赤铁矿及褐铁矿厚 0.3 米,其西 200 米有铁帽。石围子附近也有铁帽。本区应做包括洋河湾、石围子的万分之一地质图,确定构造、火成岩分布及铁帽,做大面积磁测、电测、稀疏的金属量测量及原生晕。就火成岩、围岩、构造(断层及向斜轴)及物化探异常交汇地点打钻验证。区测图与构造图不合,须订正。初步以向斜轴为主要控制,其次为断层,这里可能有如凡口的矿床。

二、伍练、铜罗山、马岭成矿带——NNE 方向,无铁帽,资料不多,水化学、金属量测量有异常。

三、横坑太平圩成矿带——构造组谓有 4—5 里长的黄铁矿,Pb、Zn、Mo 矿化,围岩有 C_1,D_1,D_{1+2},值得注意。东西方向排列。此外,新官山、华寺山、棠李排等处还有 Pb、Zn 矿点,也可能属于东西方向排列者。

以上带、段、块的划分,主要依据构造,如褶皱及断裂,其次则考虑火成岩(流纹斑岩)、围岩(中泥盆纪灰岩为主,上泥盆纪及下石炭纪亦应考虑),还有铁帽、矿化、围岩蚀变及物化探的资料。第一带从槽对坑到新江确有围绕着丘坝岩块而旋转之势,旋卷构造值得注意。做较大面积的地质详测及物化探,结合构造,如向斜、背斜或断裂及其他找矿标志来评价。仅在一个点附近做工作,如新江、凉桥和洋河湾所已做者,是万万不够的。因此,点面结合,充分考虑地质因素十分必要。此外,还要用钻探验证,这才是四结合,否则就只能谓三结合了。

其他问题已在小组中谈过,现在不详谈了。以上所述都是极初步的粗浅意见,因为自己没有实地考察,仅供各位参考,并请指正。

一九六一年　辛丑　六十五岁

　　提要　赴海拉尔休养。发表《中国大地构造问题》《成矿理论与找矿》。

　　二月十四日　除夕。谢学锦及谢恒全家来团聚。

　　二月十五日　表弟张英、女儿谢恒及外孙来拜年,赴紫竹院用午餐,在康乐宫用晚餐。晚偕次子谢学铨赴人民大会堂参加春节联欢会。

图 116　1961 年 3 月摄于北京中山公园

　　七月二日　与夫人吴镜侬离开北京,参加全国政协组织的内蒙古海拉尔进行暑期休养。同行者有:翁文灏、顾颉刚、章元善、黄绍竑、黄琪翔、梁漱溟、何思源、熊庆来等。

七月七日　听关于呼伦贝尔盟(今呼伦贝尔市)的报告。

七月八日　接中华书局《辞海》书稿,嘱审查。团体游览市区,到西山参观樟松及检阅台。

七月九日　寄给中华书局关于审查《辞海》岩石部分的信及稿件。

七月二十日　呼伦贝尔盟地质局前来汇报工作。

七月二十一日　读海拉尔地区地质图和矿产分布图。

七月二十二日　与翁文灏聊天。读海拉尔地质报告。

七月二十六日　与翁文灏给小组做报告。翁文灏先讲"地质学学理及呼盟地质矿产概论"。在翁文灏之后讲"呼伦贝尔盟及其邻区的大地构造及成矿区分区"。

李学通《翁文灏年谱》：

(1961年)7月2日　本日至8月7日,参加全国政协组织的暑期休养,赴内蒙古海拉尔休假。其间曾于24日参加蒙疆垦荒及移民实边问题座谈会。26日作地质学学理及呼盟的地质矿产概论报告,还参观了当地牧业人民公社等。同行者有顾颉刚、章元善、黄绍竑、黄琪翔、梁漱溟、何思源、熊庆来、谢家荣……

（第392页）

《顾颉刚日记》：

记笔记三则。写四儿信。楚溪春夫人来。易礼容等自北京来。到会议室,听翁文灏讲地质,自九时至十时三刻。备讲稿……

（《顾颉刚日记》第九卷,台北联经出版事业公司,2007年,第295页）

七月二十八日　听侯仁之所作的《北京城的地理历史》报告。

《顾颉刚日记》：

记笔记二则。听侯仁之讲北京城历史及将来之容貌,自九时至十二时……

（《顾颉刚日记》第九卷,第296页）

七月二十九日　参观呼伦贝尔盟地质局。李连捷夫妇来访。

七月三十一日　听顾颉刚"关于东北民族史"的报告。

《顾颉刚日记》：

三时半起,编东北民族史年表讫。到会议室为同仁讲东北民族史简况,自九时至十一时半……

今日天闷热,而予又易紧张,讲了两小时半,内衣两件俱湿透矣。东北史非我所习,抱佛脚数日,依然未能消化,甚以为惭。俟他日充实、提高,再为同仁讲此。

作家协会今日有二十人来此,宾馆尽满矣。此一团体之名义为文化代表团,将至呼伦池、呼和浩特等处,除文学界外,尚有歌、舞、摄影者参加。

(《顾颉刚日记》第九卷,第 298 页)

八月一日　听李连捷做的土壤报告。

图 117　1961 年 7 月在海拉尔休养时与吴镜侬留影

八月五日　离开海拉尔,次日抵哈尔滨,受到哈尔滨党政领导的招待,于 7 日下午 3 时 15 分回到北京,结束海拉尔疗养之行。

《顾颉刚日记》:

八月五号星期六(六月廿四)
九时进食。到施大夫等处辞行。十时许上站。十一时四十五分开车……

· 937 ·

留海拉尔者：施金墨一家、刘清扬、王平安、章伯钧夫妇及其二女、孙起孟、易礼容夫妇及其三子……

八月六号星期日(六月廿五)

九时三刻到哈尔滨，受党政负责人招待，游览全市，到中苏友谊宫休息。入西楼洗澡。还至正楼饭……

(《顾颉刚日记》第九卷，第301页)

九月　所著《中国大地构造问题》一文刊于《地质学报》第41卷第2期。文章提出"中国地台"的概念。

文章认为，"中国地台的范围是西自塔里木，北达内蒙地轴，东自山东、辽宁，东北包括松辽平原，南至江南古陆及梧州，包括川、湘、黔、滇、桂的一部分"，并认为"在南岭及浙、闽、粤沿海一带，无论从地层或绝对年龄测定的资料，都没有古老地台展布的征象；华夏古陆大概不会存在。因此，张文佑、黄汲清、陈国达等认为中国东南部为一地台的说法似乎是根据不足的。西藏及喜马拉雅山经受过连续的海侵及造山运动，应该是一个活动的地槽褶皱带。因此葛利普所称的'西藏古陆'可能也有问题。"

中国地台的核心"根据少数的绝对年龄资料，我们可初步划分出迄今所知最老的三个核心带，这就是内蒙地轴、山西繁峙代县及山东的桃科。每个核心的分布范围究有多大，还有待更多的研究来决定。秦岭地轴及淮阳地盾是否也可代表中国的古老核心，亦尚未定"。

"在中国地台上可分出地盾和台坪，还可分出许多凹陷和隆起、穹窿和盆地。我国地盾颇为零碎，主要者可分为七条，即内蒙古-阿拉善带、山海关辽东带、山西带、山东带、秦岭带、江南带、康滇带等。其他为较厚的沉积盖层所覆盖者俱可称为台坪，如塔里木台坪、柴达木台坪、华北台坪、华南台坪等。华北台坪又包含着许多隆起和凹陷，最典型的如贺兰山、六盘山隆起、陕北鄂尔多斯盆地、吕梁五台隆起、太行隆起、华北平原、山东隆起等等。华南台坪包括四川盆地、云梦盆地、衡阳盆地、鄱阳盆地等。在地台上还可分出一些沉积较厚、活动性较为显著的过渡带，如燕辽凹陷带、扬子下游凹陷带、浙赣凹陷带、湘西川东凹陷带、湘南粤北凹陷带等，常具有准地槽的性质。"

文章还认为，中国地台在寒武纪以后开始解体。在中国地台的东南边缘江南古陆以南，形成了东北-西南向的赣湘粤加里东地槽褶皱带，而在分裂了的中国地台中部则形成了近乎东西向的祁连山-秦岭加里东地槽褶皱带。从晚古生代开始，沿着中国古老地台的边缘，在固化了的加里东地槽褶皱带的基础上，广泛发育了海西地槽。在地台的北缘,在西伯利亚地台和中国地台之间发育了广泛的地槽带,其中最重要和最显著的是天山、阿尔泰山、内蒙古及东北的海西地槽带;在中国古地台的南缘,则在昆仑山北部、松潘-甘孜地区以及南秦岭地区发育了海西地槽;在中国地台的东南缘及南缘,特别是在赣湘粤加里东地槽带的前缘,所有晚古生代的地层都应该是地台型而属于地槽区中的山间凹陷沉积。在中生代时期,沿着中国地台的东南缘和南缘发育了燕山地槽褶皱带,桂西、滇中及滇西乃至西藏也都发育了中生代的地槽带。新生代时期则在地台的西南缘发育了喜马拉雅地槽褶皱带。

十月　在中国地质学会的一次学术讨论会做"中国大地构造轮廓与成矿问题"的报告。

十一月　作《中国成矿区示意图》。

是月　所著《概论铌钽》刊于地质部地质科学研究院主编的《铌钽矿床资料专辑》(《中华人民共和国地质部科技情报》系列)。全文长达 3 万多字,系统介绍了铌钽的性质及应用,铌钽矿的选矿、冶金及制造,铌钽的地球化学及矿床类型,现知铌钽矿床的地理分布,铌钽矿的储量、产量、价格及国际贸易,在我国寻找铌钽矿床的方向和方法。关于我国铌钽矿床的找矿,文章提出:首先要找砂矿及风化淋滤矿床,尤其是与砂锡矿共生的铌钽矿床,其次是伟晶岩矿床、碳酸盐岩矿床和与铝土矿(特别是由碱性岩风化形成的铝土矿)伴生的铌矿床。

十二月五日　10 月在中国地质学会学术讨论会上的报告"中国大地构造轮廓与成矿问题"经修改后,以《成矿理论与找矿》为题,刊于《中国地质》第 12 期。

文章认为,成矿理论对于科学的和有效的找矿勘探有重大意义,成矿理论的研究对于提供合理的矿床分类依据和对矿床的系统论述具有决定性的作用。文章简略论述了现代成矿理论的 10 个关键问题,包括:花岗岩化和成矿理论,地壳的分层,深层的从硅镁层形成的玄武岩浆成矿体系,再熔化硅铝层混合岩浆的成矿体系,次生热液矿床和再生矿床,溶解度或热力和熔点在成矿作用中的意义,矿源层的概念,同生、后生、原地、异地等问题,地质测温计的进一步发展,矿床的分布规律。

文章提出了对中国成矿问题和找矿方向的若干看法,指出:

成矿理论的观点,既有所改变,找矿方向也不得不随之变更。以前在万能岩浆论主宰下的专门注意火成岩及接触带的找矿方向似乎需要修改了。我们将不得不更多地注意围岩的成分以推断矿源层的存在,详细研究各种构造模式及可能形成对矿质的圈闭,以发现矿床。在这方面可以看出我们的找矿方向似乎已经逐渐接近于石油地质上的找矿方向了。此外深大断裂,结合大地构造及成矿岩浆体系的成矿预测,前寒武纪地质发展史,潜伏构造及围岩蚀变与矿床带状分布等问题俱对找矿有重大意义。

(《中国地质》1961 年第 12 期,第 31 页)

是年 著《读书心得录》,其中谈到了他对当时已经有的几种中国大地构造图的看法,谈到了他与黄汲清及张文佑的分歧,指出他们没有考虑矿床的变质程度(如煤)及矿床的成因类型与大地构造的关系以及必须统一名词术语的问题。这段文字是:"近来我国已编著了好几种大地构造图,我所看到的只是张文佑及黄汲清二先生所编的图。他们的图都是依据苏联的方法编著的。除某些细节外,在原则上没有什么冲突。有人说黄汲清先生的图主要依据沉积观点,但我国对此研究还很不够,自然谈不上有什么观点。我的总的看法是分得太详细,设色太多,对大的轮廓反(而)模糊不清了。我的主要不同观点是张、黄二氏俱以中国东部为地台(黄氏称为准地台),西部为地槽,我则以为中国中部是古地台,随着它的边缘,发展了地槽,扩张了大陆。张、黄二氏都没有考虑矿床的变质程度(如煤)及矿床的成因类型作为区分大地构造标志的可能性,更不够联系到邻国的大地构造。如果能联系到苏联的远东及印度支那一带的大地构造则我国的东部及东南部就应该主要是燕山时期的地槽褶皱区了,而矿床分布的情况,也是如此。(最近麦茹京所编著的《世界成矿图》,即根据矿床特点把中国东南部划为地槽带)。由于无法解说在此区中的岩浆活动及褶皱复杂的情况,黄汲清先生就提出了准地台,陈国达先生提出了活化地台这些比较牵强的名词。把南岭区与四川同作为准地台看待,即在小比例尺地质图上一看就可发现其不合理了。黄氏图上有许多物探资料,绘上了等深线,标示了大断裂,这是非常好的,但对这些资料的分析研究还很不够,对成矿规律的控制(如石油)阐明得还不够深。李部长提倡的地质力学研究是完全可以与苏联式(美国大致相仿)的大地构造融合起来的,但为大多数地质学家所接受的地槽地台的基本概念,必须在图上划分出来,再加上主要构造线的方向及不同构造模式的分布,就可获得更全面的大地构造认识了。名词的纠缠是目前造成大地构造研究上混乱的另一原因,应熟读并彻底了解最近国外文献,从正名定义着手。"

一九六二年　壬寅　六十六岁

　　提要　北京。提出若干研究项目建议。赴浙江、上海、江苏参观。赴北戴河疗养。发表《论中国大地构造的格局》(On the Geotectonic Framework of China)和《近代成矿理论方面的几个基本问题》。考察燕山地区、内蒙古索伦山铬铁矿和白云鄂博铁矿。

　　一月六一十二日　一行 12 人自北京乘火车,经停上海到杭州。在杭州游苏堤、岳庙和孤山。参观丝绸印染联合厂和都锦生丝织厂,听浙江省委书记霍士廉报告,参观新安江水力发电厂、游新安江水库。游西湖至湖心亭、三潭印月、花港观鱼、灵隐寺、九溪十八涧。

　　一月十三一十五日　自杭州赴绍兴。参观管墅人民公社、云集酒厂、纸扇厂及青藤书屋。自绍兴赴宁波。

　　一月十六一十九日　在宁波参观天一阁藏书楼、姚江水闸、海洋渔业公司及金丝草帽厂。经穿山赴普陀山,自普陀山赴沈家门。参观食品厂、船厂及水产研究所。赴舟山。

　　一月二十一二十三日　从舟山搭轮赴穿山,再经宁波回到杭州。与朱庭祜讨论浙江地质。到浙江地质局听取介绍情况。赴东坡剧院做报告,听众二三百人①。于 23 日晚到上海。

　　一月二十四一二十五日　晤庄达卿和徐宽甫,听上海市副市长金仲华报告。参观上海手表厂、天马和海燕电影厂。

　　一月二十六一二十八日　自上海赴苏州。苏州市政协钱君陪同游狮子林、拙政园及博物馆,参观周瘦鹃花园、丝织厂、美术研究所及苏绣。游虎丘、留园、西园、网师园、怡园。访章太炎夫人。回到上海。

　　一月二十九一三十一日　游上海城隍庙,参观豫园、小刀会指挥部遗址,游闵行一条街,访问工人宿舍及百货公司。晤翁文灏、徐宽甫。离开上海,于 2 月 1 日回到北京。

---

　　①　据谢家荣日记,报告内容不详。

二月二十一日 地质科学院以(62)地科计字第 46 号文的形式,发出"地质部地质科学研究院关于建立院务委员会和学术委员会及对一些专家工作安排意见的请示报告",拟安排谱主为学术委员会委员和地质图书馆馆长。

国家科委:

现将我们关于建立院务委员会和学术委员会的意见及对部分专家工作安排的研究送上,请一并审批批示(本计划部党组未正式批,院外学术委员尚未联系,院外委员有下划线者是):

一、建立院务委员会:

为加强科学研究和行政工作的集中领导,健全制度,发扬民主,搞好合作共事关系,使他们有职有权有责,我们认为应该建立和健全院务委员会。

院务委员会由院长、专家和各单位负责人组成,由正副院长组成常委会,负责研究和处理院的有关行政管理工作。院部办公室是院务委员会的办事机构。

院务委员会和院务委员会常委会组成名单:

委员:朱效成 黄汲清 孙云铸 王 琳 程裕淇 吴俊如 孟宪民
习东光 冯志爽 范心然 周镜涵 张更生 郑文才 王子麟
郭文魁 罗 颖 马春芳 谭树田 张 均 付 轩 蔡元真
刘 颖 鲁 曼 刘性存 李增明 胡子文 路季云 刘清亮
李治安

常务委员:朱效成 黄汲清 孙云铸 程裕淇 吴俊如 孟宪民

(院务委员会委员名单系按照六所二馆提出的,若物探、水文、勘探三所不划归科学院直接领导,则可减去三所的人员名单)

二、建立学术委员会:

为贯彻十四条的精神,充分调动专家的积极性,搞好科学研究工作,我们认为应该建立学术委员会。

学术委员会由院长、专家和有关部门负责人组成,设立主任 1 人,副主任 4 人,秘书长 1 人,副秘书长 2 人。学术委员会负责拟定科学研究计划,验收成果,技术推广,学术答辩,培养干部等,院部学术计划处作为学术委员会的办事机构。

学术委员会委员和领导成员名单:

主任委员:许杰

副主任委员:朱效成 黄汲清 孙云铸 孟宪民

秘书长:程裕淇

副秘书长:习东光 郭文魁

委员(分六个专业小组)：

1. 地层古生物及大地构造专业组：

组长：黄汲清　副组长：孙云铸　孙殿卿

成员：徐　仁　王曰伦　谢家荣　王晓青　李春昱　盛莘夫　吴磊伯
　　　楚旭春　高振西　田奇㻦　张文佑　徐煜坚　马杏垣

2. 沉积矿产组：

组长：岳希新

成员：王绍伟　朱夏　关士聪　曾鼎乾　王竹泉

3. 火成与变质矿产组：

组长：程裕淇　副组长：王恒升　郭文魁

成员：蒋　溶　郭宗山　刘梦庚　陈　正　沈其韩　王若华　裴荣富
　　　黄蕴慧　董　瑞　赵家骧　金耀华

4. 稀有组：

组长：孟宪民　副组长：侯德封

成员：郑　直　张炳熹　赵心斋　涂光炽　佟　城

5. 方法组：

组长：顾功叙　副组长：陈四箴

成员：黄旭芳　李济苍　陈荫祥　刘正适　董智虞　钱翠琳　蒋铁珊
　　　郁品崇　吴功建　赵文津　谢学锦　陶绍勤　李贤成　钱尚忠
　　　李　璞　刘广志　李发美　王伟莹

6. 水文工程组：

组长：谷德振　副组长：贾福海

成员：陈梦熊　戴广秀　王　锐　张宗祜

三、专家的工作安排：

由于几年来我院机关变动很大，以及其他原因，我院有些专家的工作及时的妥当的安排不够，有些人的职务也未予明确。因此，为更好地发挥他们的作用，有利于科学研究工作的发展，我们拟对以下(13)名六级以上的工程师的职务问题，作如下安排(前已由部任命为副院长的专家不在此内)

单位	姓名	级别	政治面目	安排职务	备考
一室	王晓青	2	九三	副主任	
一室	李春昱	3		副主任	右派分子已摘帽子

续表

单位	姓名	级别	政治面目	安排职务	备考
三室	徐 仁	2	九三	副主任	
三室	王曰伦	2	九三	副主任	
三室	盛莘夫	3	无党派	副主任	
四室	王恒升	1	无党派	副主任	
四室	郭宗山	4	九三	副主任	
五室	郑 直	6	党员	副主任	
六室	蒋 溶	1	无党派	主 任	
七室	黄旭芳	4	民革	副主任	
八室	陈四箴	3	无党派	副主任	
图书馆	谢家荣	2	九三	馆 长	右派分子已摘帽子
图书馆	张熙南	6	九三	副馆长	右派分子已摘帽子

以上意见,已同时报送地质部党组,请批示。

地质部地质科学研究院

1962 年 2 月 21 日

(中国地质科学院档案,档号 1-63-30,序号 8)

三月六日 在广州举行的有竺可桢、孟宪民、尹赞勋、程裕淇、任美锷、卓雄、斯行健、杨克强等参加的讨论陈毅副总理报告的会上,地质部副部长卓雄表示,地质部没有将谱主与李春昱等老科学家安排好。

《竺可桢日记》:

3 月 6 日

晨六点半起。今日上、下午均讨论陈毅副总理昨天①讲演极为坦白透彻,动人甚深,所以反映也热烈。孟宪民认为知识分子缺点是把自己课题提到高于一

---

① 根据中国共产党新闻网提供的资料,陈毅在广州会议上的讲话时间是 1962 年 3 月 6 日,而《竺可桢日记》将其记为 3 月 5 日。

切……任美锷认为,估计学生质量也要从政治思想着眼。尹赞勋承认有作客思想。杨克强主张要争一口气,于很短期内赶上国际水平。现在可靠老人,1972与国际比赛,就要靠年青人,认为古生物在地质部领导下比科学院领导期内发展得快。地学部在科学院不仅是能不能发展问题,而是要不要问题。卓雄承认,地质部安排老科学家,如谢家荣、李春昱,没有安排好。

下午继续讨论。顾功叙认为兴趣不高,不能很快工作。我承认了过去作客思想……

（《竺可桢全集》第16卷,上海科技教育出版社,2009年,第215页）

图 118　1962 年夏天全家合影

六月十三—二十六日　出席地质科学院研究室主任及六级工程师以上干部会议。会议讨论的中心问题是地质科学院的机构设置问题。许杰副部长在 6 月 13 日下午的开幕会上指出:地质科学院是地质部的研究机构,地质部是工业部门。我们有两重任务:一是发展地质科学,提高研究程度。二是为普查勘探提供依据,解决其中的重大科学技术问题。这两方面的任务是紧密联系的。程裕淇副院长在会议上对根据此前所开 12 次通气会上所确定的机构设置建议方案做了说明。

六月二十日 在地质科学院研究室主任及六级工程师以上干部会议上发言，提出 4 点意见。

地质科学院研究室主任及六级工程师以上干部会议 6 月 20 日会议记录（谢家荣发言）

1. 计划方案很不错，但是刘（梦庚）的建议太时髦了点，岩、矿合起来①。王老"大合"的意见虽好②，但不易解决，仍以徐仁的建议为好。情报、出版是技术性的，仍属业务室。但愿机构别大动，相对稳定。这是总的机构问题。

岩矿是固定的，比较固定，高级的设备应置岩矿室，别的室可以使用。

2. 我院各处设备都适应于办公，不适应于研究。研究的设备，宜多弄些（给）工作室，另外还有储量室，技术档案室等等。（我）曾去台湾，有一日本专家一分钟内取出许多所需资料。我们有卡片，（但）无分类卡。这些都要建立。有些资料可以由个人保管，全集中有些过了。

实验室是公共的，只要大家去工作就行。

计算工具十分重要，如电子计算机，至少得有点计算机。现在大家不需要，说明工作未上去。

设立工作组。由于人不够，暂不成室，例如绝对年龄，可改为同位素地质工作组。可以搞些硫、铅同位素。碳的同位素也需要，将来可以成室、成所。

临时的工作组：如钾盐找矿工作组，完成任务后就取消。

3. 有研究生还是好的。研究生报告不一定要长。精炼些好。要加强技术指导。

4. 行政人员要通业务，都该要有点地质的味道。有些单位，如化验室，应有为地质解决问题的抱负。

（中国地质科学院档案，档号 1 - 62 - 20）

六月 提出《关于若干研究项目的建议》③，共提了 8 个项目，并表示希望从事其中第 2、3、6、7 项目的研究：

---

① 大概是指刘梦庚前一天在会议上的发言，提出："是否可以将岩浆矿床并入岩石室，岩石矿物的研究是否应以结合矿床为方向？沉积矿床似应与沉积岩放在一起。"（见中国地质科学院档案，档号 62 - 20）

② 大概是指王恒升 6 月 14 日在会议上的发言，"诚心呼吁：把建立地质大军作为唯一任务，不分矿原所、地质所的界限。再研究如何建法"。（见中国地质科学院档案，档号 62 - 20）

③ 手稿上没有注明日期，但在用曲别针别的一张小纸条上写有"请印五份。王道 2/6"的字样，据查，王道 1959 年转业到地科院，1962 年调离地科院，因此本文的写作时间最早应为 1960 年，或 1961 年，最晚为 1962 年间的 6 月 2 日前。不过中国地质科学院的档案将这份《若干研究项目的建议》归在 1962 年的档案中，见中国地质科学院档案《六级以上工程师所提研究题目》，档号 1 - 62 - 41。

一、中国铅锌矿床成矿温度的研究,二、南岭地区成矿时代的研究,三、川黔湘鄂无火成岩区铜铅锌汞钨锑锡矿床的成因研究,四、在我国东部地区寻找南北间缺失了的钨锡矿带,五、中国成矿区成矿带的研究,六、从岩相古地理分析及矿物鉴定在川滇区寻找钾盐矿床,七、从大地构造及岩相古地理观点研究在鲁南、苏北及华北平原一带是否存在二叠纪钾盐矿床,八、华北平原及松辽平原中油气矿床古地理及圈闭类型的研究。其中"华北平原及松辽平原中油气矿床古地理及圈闭类型的研究"项目的建议指出:"初步推测从华北平原北段的无隶中经渤海湾到松辽平原的安达为一个大油气区,可能是海相第三纪或白垩纪地层中的产物,并与新民北前寒武纪老地层隆起的潜山有密切的关系""不但渤海湾含油,而更为现实的是辽河流域更有极大含油的可能性"。

七月九日　出席地质科学院院务会议。会议由许杰副部长主持。会议讨论了地质科学院的机构设置、1962年的年度计划和部分干部的调整问题。谱主被调整到第五室(矿床室)任副主任。会议关于干部调整的决定分别于7月13日和8月27日向地质部报告。

地质科学院"院务会议纪要"第一号:

日期:1962年7月9日上午

主持人:许副部长

出席:黄旭芳、谭树田、马春芳、刘性存、石珍、李文会、盛莘夫、吴磊伯、孙殿卿、习
　　东光、吴俊如、胡子文、谢家荣、王恒升、蒋溶、王曰伦、徐仁、程裕淇、孙云铸、
　　朱效成、王琳、许杰、冯志爽、张同钰、范心然、魏世明、鲁曼、刘清亮、刘颖、蔡
　　元真、崔跃先、葛秀斋(按签到顺序排列)

会议听取了张同钰副院长关于1962年院的机构调整意见、院的会议制度、院长分工、筹建学术委员会以及部分人员调整问题的汇报;程裕淇副院长关于仪器设备问题的补充说明;习东光所长关于1962年科研项目计划问题的汇报。经过讨论,会议作出如下决定:

(一)机构问题:

第一室的成矿规律组并入矿床室;

第二室(大地构造室)改为地质构造室,今后除继续进行大地构造的研究外,逐步开展矿田构造和新构造运动的研究工作;

第三室(地层古生物室)改为古生物地层室,研究内容不变;

第五室勘探方法研究组并入第九室,第九室改为普查勘探方法研究室,研究内容为普查勘探方法(包括综合地质普查勘探方法)及地质经济问题的研究。

第四、第六室人员仪器略作调整。

其余的研究室按院长会议第一次方案进行。出版及情报暂合一起,以后视情况再分。行政管理和技术管理机构方面,设办公室、学术计划处、人事处、实验工作管理处。

(二)大型、精密仪器的管理问题

绝对年龄测定设备、沉积试验设备由岩石室代院管理;

双变设备,单矿物分离设备由矿物室、岩石室共同代院管理;

X光设备,不透明矿物鉴定设备及高温高压设备,由矿物室代院管理;

电子显微镜、差热分析设备及煤岩鉴定设备由矿床室代院管理。

在院长的领导下,实验管理处负责进行组织上列实验室的工作计划,检查计划的执行情况等管理工作。

(三)院长分工问题:在许副部长统管全院工作和全面领导下,副院长、所长的分工如下(按室处次序排列):

一室(区域地质室) 朱效成副院长

二室(构造地质室) 黄汲清副院长

三室(古生物地层室) 孙云铸副院长

四室(岩石室) 程裕淇副院长

五室(矿床室) 孟宪民副院长

六室(矿物室) 程裕淇副院长

七室(加工工艺室) 吴俊如副院长、范心然所长

八室(化验室) 吴俊如副院长、范心然所长

九室(普查勘探方法室) 张同钰副院长

十室(出版及科技情报室) 孟宪民副院长

办公室、人事处和机关政治思想工作 王琳副院长、冯志爽所长

学术计划处 习东光所长

实验管理处 吴俊如副院长、范心然所长

博物馆 冯志爽所长

图书馆 习东光所长

(四)部分干部调整工作问题:

刘颖同志到第十室任主任

李增明同志到第四室任副主任

李文会同志到区域地质室任副主任

谭树田、魏世明同志到办公室任副主任

陈双同志调到学术计划处工作

谢家荣、郭文魁同志到第五室任副主任

其余部分干部调整问题由有关副院长、人事处及有关室、处抓紧进行。

（五）筹建学术委员会问题：

1. 请许副部长任学术委员会主任委员；黄副院长、习所长任副主任委员。习所长兼学术委员会秘书长，郭文魁主任任副秘书长。

2. 学术委员会的组织、规章及委员人选等问题，由该委员会主任、副主任和秘书长、副秘书长另行研究，提出方案再议。

（六）1962年科研项目及计划问题：

1. 同意习所长关于1962年科研项目调整情况的汇报，由各室在有关院长领导下进一步将研究项目调整落实，学术计划处负责综合平衡后下达执行，院务会议不再讨论；

2. 总结过去科研成果的工作应列入1962年的计划。

1962年7月10日

（中国地质科学院档案，档号 1-62-20）

八月三日　与夫人吴镜侬赴北戴河疗养，到北戴河时因取行李而不慎摔伤腰。

八月十日　经连日按摩、蜡疗和红外线治疗后，首次外出下海。

八月二十日　赴山海关、秦皇岛参观。

八月二十一日　自北戴河回到北京。

八月　在《中国科学》(*Scientia Sinica*)发表《论中国大地构造的格局》(On the Geotectonic Framework of China)一文，专门阐述我国境内从前寒武纪以来大地构造的发展特点，该文继1961年9月发表的《中国大地构造问题》之后，再次提了"中国地台"的概念。黄汲清在《谢家荣先生在地质工作组织领导、石油地质和大地构造方面的重大贡献》中评论此文时云：

谢家荣是矿床学家，但对大地构造问题也十分注意，并往往从大地构造观点来讨论矿床分布规律。1962年，他发表了一篇重要论文《论中国大地构造的格局》，专门阐述他对我国境内从前寒武纪以来大地构造的发展特点。他首次提出中国地台(Chinese Platform)这一概念，认为在晚前寒武纪时，中国地台包括了塔里木地台，中朝地台、杨子地台以及后来的许多古生代褶皱带（昆仑、祁连、秦岭、松潘甘孜和川西地区，但天山除外）；它的南界大致在昆仑山之南，东延经金沙江至红河一线，再东延入贵州南部、广西中部而到江南古陆之南界。他采用地台-地槽说并接受裴伟的深断裂概念后指出,从寒武纪以来,由于深断裂带之不断发生、发展,中国地台解体(dismembered),一部分形成优地槽,如祁连山,但大部分则形成晚古生代优地槽,如昆仑、秦岭、川西等地带,它们在古生代末褶皱、隆起而成华力西褶皱。中国地台之西南即西藏地区展布着特提斯海,它包括了北面的华力西优地槽褶皱、中间的燕山冒地槽及优地槽褶皱以及南面的喜马拉雅优地槽褶皱。中国地台之东南则出现湖南、江西的加里东冒地槽褶皱和浙闽粤沿海的燕山优地槽褶皱。他还强调,深断裂带自前寒武纪即开始形成,那时的硅铝地壳很薄而且不稳定,它们在以后的各造山期中继续发展或回春(rejuvenated)。有两个系统的深断裂存在,即东西系统及南北(或北东—南西)系统,由于它们的出现,前寒武纪基底被打碎而解体,形成镶嵌形态的若干块体,这就为后来的大地构造发展铺平了道路。

令人惊异的是谢先生的中国地台概念和我们的"古中国地台"概念基本上相同,对它的"解体"及以后的发展情况的说法也大致相似。但是,我们在撰写《中国大地构造及其演化》时,没有查阅他这篇重要论文,这是不能饶恕的,应当进行自我批评。

(中国地质科学院矿床地质研究所编:《中国矿床学——纪念谢家荣诞辰90周年文件》,第4页)

十一月　撰文《近代成矿理论方面的几个基本问题》。

是月　被《地质科学研究院临时分党委对统战工作的几点体会》点名批评:

第二,要教育党员,学会用阶级观点和辩证的观点分析和认识知识分子的本质和特点……从几年相处中,体会到总的趋势还是朝着进步的方面发展,但是他们的进步和改造,确如中央所指出的,是反反复复,时好时坏的,他们中个别人的资产阶级尾巴在一定气候条件下,还可能要翘起来,最近就有个别人又暴露了这条坏尾巴,如谢家荣就在一次会上公开讲:"你们一讲就是方针政策,我最不愿意听这个"等等。又如徐仁,资产阶级名利思想和旧作风比较浓厚,反右派后期批判以后收敛了一些,但工作上比较消沉,广州会议以后,积极性有所提高,对青年人的培养比较关心了,对工作比较积极负责了,但过了一段,那些拉拉拢拢,挑挑拨拨的坏作风又暴露了,总之是好一阵坏一阵。

(中国地质科学院档案,档号1-64-6,序号1)

十二月十八一二十五日　中国地质学会第3次会员代表大会暨第32届学术年会在北京举行,出席此次会议的正式代表96人,特邀代表46人,谱主为中国地质学会理事会中的代表，身份为"地质科学院主任工程师"：

中国地质学会第 3 次全国会员代表大会代表名单：

地　区	姓　名	工作单位及职务
理事会	李四光	地质部部长
理事会	侯德封	中国科学院地质所所长
理事会	许　杰	地质部副部长
理事会	孟宪民	地质科学院副院长
理事会	王鸿祯	北京地质学院教授
理事会	程裕淇	地质科学院副院长
理事会	金耀华	冶金部地质研究所总工程师
理事会	尹赞勋	中国科学院地学部主任
理事会	孙云铸	地质科学院副院长
理事会	李春昱	地质科学院主任工程师
理事会	黄汲清	地质科学院副院长
理事会	杨钟健	中国科学院古脊所所长
理事会	谢家荣	地质科学院主任工程师
理事会	王竹泉	煤炭部地质司司长
理事会	朱效成	地质科学院副院长
理事会	张席禔	北京地质学院副院长
理事会	李　璞	中国科学院地质所主任
理事会	张伯声	西北大学副校长
理事会	徐克勤	南京大学地质系主任
理事会	陈国达	中南矿冶学院教授
理事会	宋叔和	西北地质研究所副所长
理事会	李承三	成都地质学院教授（未到）
理事会	喻德渊	长春地质学院院长（未到）
北　京	……	

（中国地质学会编：《中国地质学会会刊·第一期第三届会员代表大会暨第三十二届学术年会专号》，1962 年 12 月，第 1 页）

在会上宣读两篇重要论文：在构造、石油组宣读《中国东南地区大地构造主要特征》，在矿床组宣读《论矿床的分类》。

在本次会议上继续当选理事会理事和编辑委员会委员。

十二月二十三日 所著《近代成矿理论方面的几个基本问题》,刊于地质部地质科技情报所编印的《地质快报》第 24 期。文章讨论了三个问题,即矿质的来源、成矿作用及其过程和矿床分布规律。指出矿质来源的基本因素是它们来自地壳以下或来自地壳间不同层位的问题,而整个成矿作用可设想为地幔与地壳及地壳的不同层位间相互交流及相互反应的结果;成矿作用及其过程虽然已经获得了大量资料,但如何从地球化学的观点来探索详细的过程,从实验室结果来验证自然现象,并从定性的描述转入定量的论断,还需多方努力;矿床的分布规律包括时间和空间两个方面,即成矿时代和成矿带、成矿区、成矿域等的划分。指出除了成矿作用及其过程外,其他成矿理论问题归根结底是研究地壳及地球内部的问题。从矿床学的观点讲,研究地壳及地幔的上部似最有意义,因为这是矿质的主要源泉,而目前可供利用的各种矿产主要产在地壳中。

十二月三十一日 致信幼子谢学锌夫妇,回答他们关于某地断层的认识,并告知吴镜侬当选街道妇联委员及北京市妇联代表的信息。

雪花、学锌:

十二月四号及五号来信收到了,因开会忙,迟未作复。现把译稿改好寄上,可仔细研读一下。

寄来的豆豉很多,可吃相当长的时间,不需再买。以后凡是需要工业券的东西,都不要买,因为你们工业券很少,还是留下来买些急需的东西。家中茶叶也很多,不要再买了。雪花把家里的茶叶送给我们,真是感激之至。

你提出的断层问题,因图绘得不够清楚,我了解的资料也少,不可能作出答案。但是,你说得很对,低角度的断层是很少的,除非是逆掩断层。不过这里构造比较平缓简单,地层层序也比较整齐,逆掩断层大概是不会有的。老山超覆是一个可能的解说,但必须更多地层上的资料来证明。你是学石油地质的,所以有此想法,一般学煤的人恐怕不容易接受。你可以提出来,作为讨论,但千万不要肯定,更不要太尖锐的批评人,以免使人家不高兴。

北京近来供应很好,水果尤多。昨晚在家过新年,去政协拿了七份菜,与小恒全家共度了一个欢乐的晚上。大家都想到你们不能回来,否则一起过更可热闹些。小东来信说阴历新年可能回家度春节。

妈妈当选为街(道)妇联委员及市妇联代表。最近二处都开了会,尤以后者(第五届第一次市妇联大会),出席代表一千人,会场在劳动剧场,吃了六天午晚饭,饭菜非常好,不拿薪水的只交粮票不出钱,对妈妈这样(的)老年人,非常照顾。妈妈开会有些累,但能参加这种场面,深感荣幸。昨天又去了人民大会堂听了彭真市长的报告。

我参加地质学会,开了七天会,宣读了两篇论文,此次共提交论文七百余篇,宣读者三百余篇,严格控制时间,全部宣读完成,而讨论热烈,盛况可称为空前。

你们的新房建成,谅现在已搬进去了,此后生活可以好些,不会再受风吹雨打之苦了。余俟下次再谈。

父亲

十二月卅一日

(谢家荣学术成长资料,存于采集工程数据库,档号 XJ - 001 - 031)

是年　考察寿王坟铜矿、内蒙古索伦山铬铁矿和白云鄂博铁矿。考察寿王坟铜矿时在矿区做题为"燕山地区的成矿问题"的报告,论述燕山地区矿床的带状分布、燕山地区铜矿床的类型和找矿方向,以及对寿王坟铜矿的若干看法,认为含矿岩体是中生代之后沿背斜轴的逆断层侵入的,对矿区的构造发展历程和找矿方向提出了意见。

考察索伦山铬铁矿后在矿区所做报告《索伦山铬铁矿区的几个问题》,讨论了矿区内沉积岩的时代及分布、岩浆活动的程序、超基性岩及铬铁矿的成因、花岗岩化及大地构造分区、铬铁矿的找矿方向,并认为找煤值得注意,最后提出了 4 点进一步工作的意见。

考察完白云鄂博后,在矿山做《白云鄂博地区的地质矿床问题》的报告。关于地质问题的讨论,提出内蒙古大地构造的三分法,并对岩相古地理、岩浆活动和花岗岩化问题发表了意见。矿床部分论述了矿床的特征、地层控制、构造控制、岩浆控制、碳酸盐岩和白云鄂博矿床的成因问题,认为白云鄂博矿床"是由潜伏的碱性超基性岩浆分泌出来的热液与沉积的白云岩或石灰岩起交代作用而成",可称为"在微量沉积铁矿的基础上被碳酸盐岩式的热液或气化所交代而成的矿床,主要还是热液交代矿床的范畴",提出了 10 点进一步工作的意见。

是年起　承担地质部地质科学研究院为期 10 年的研究项目《中国矿床分布规律研究》①。

---

① 《地质科学院一九六二年研究计划》,中国地质科学院档案,档号 62 - 36 。

一九六三年　癸卯　六十七岁

提要　北京。发表《让花岗岩与花岗岩化的研究为区测找矿工作服务》、《华南主要大地构造特征》(Major Geotectonic Features of S. E. China)、《中国锡矿研究》(A Study of the Tin Deposits in China)、《山西省某铜矿的地质矿床问题》(Problems Pertaining to Geology and Ore Deposits of A Copper in Shansi Province)、《中国找盐问题》《论矿床的分类》《地质历史中成矿作用的新生性、再生性和承继性》。视察江苏、上海。

年初　邀请莫柱荪同赴广东考察，经过对广东沿海区测图及实际资料分析，提出云开大山变质岩是加里东褶皱带的新认识。在此基础上，开始撰写《让花岗岩与花岗岩化的研究为区测找矿工作服务》的论文。

一月十九日　地质部发出《关于任命王晓青等 32 同志职务的命令》，任命谱主为地质科学院第五研究室副主任①。

三月　所著英文论文《中国锡矿研究》(A Study of the Tin Deposits in China)刊于《中国科学》(Scientia Sinica)第 12 卷第 3 期。文章按西北区、东北区、河北-辽宁地区、东南区和西南区阐述了中国锡矿的地理分布，将中国锡矿划分为气成热液脉型、接触交代型、中低温锡石-硫化物型和锡石-绿泥石-石英脉型等 4 个类型。关于锡的成矿时代，文章指出，中国东南和西南广泛分布的锡矿是燕山期的，但在东南地区有加里东地槽，在南岭及其邻区可能有加里东期的锡矿。文章按照大地构造将中国锡矿床分为产在地槽中的和产在地台上的。阐述了花岗岩化与锡的富集，根据中国锡矿床的地质特征和地理分布，给出了中国锡矿床的找矿方向。

四月十九日　在华东地质研究所石油组座谈会上发言②。

五月下旬　《让花岗岩与花岗岩化的研究为区测找矿工作服务》脱稿。此文是此前在广东赤坎区测大队及南京地质学会分会上所做报告的修订稿。

六月二十三日　所著《让花岗岩与花岗岩化的研究为区测找矿工作服务》刊于

---

①　中国地质科学院档案，档号 1-61-12，序号 10，据国土资源部档案，档号 3301。
②　在华东地质研究所石油组座谈会上的发言(1963 年 4 月 19 日，打印稿)，直到 1989 年时还保存在经 1984 年整理后的谢家荣遗著(手稿)档案中，1989 年后丢失。

地质部地质科技情报所编印的《地质快报》1963 年第 12 期。文章介绍了花岗岩化的定义、花岗岩化的各种标志、各种花岗岩化的一般概念、花岗岩化的野外和室内研究方法，以及如何运用花岗岩化理论来解决区测工作中的花岗岩问题，提出了推断岩体时代的 5 条准则，重点讨论了对我国花岗岩问题的一些看法及花岗岩化与成矿作用的关系，指出花岗岩化对成矿既有破坏，又有富集作用，关键在于所处阶段的不同。

九月十八日　出席地质部地质科学研究院首届研究生开学典礼，招收的两名研究生张立生、陈廷愚入学。

九月　所著《山西某铜矿的地质矿床问题》(Problems Pertaining to Geology and Ore Deposits of a Copper in Shansi Province)刊于《中国科学》(*Scientia Sinica*)第 12 卷第 9 期。文章是 1957 年作者考察山西中条山铜矿的成果，提到了对中条山地区地层和构造的修正意见，阐述了变质花岗闪长岩和基性侵入体的成因以及中条山铜矿的成因，指出：中条山地区存在的花岗岩化现象和中条山铜矿的多旋回和多成因性质值得进一步研究。

是月　科学出版社出版谱主与袁见齐、叶连俊合编之《钾磷矿床研究》，为《矿床学论文集》之一种，载文 5 篇，其中有谱主的《中国找盐问题》和《盐矿地质》两文。

《中国找盐问题》指出，可以认为中国的盐矿资源极为丰富，具有广泛发展的前途，阐述了中国盐矿的地理分布。文章论述了有关中国找盐的 5 个问题：现代盐矿床与古代盐矿床、陆相盐矿床与海相盐矿床、盐矿层的时代与找矿、寻找盐矿的步骤与方法，特别是寻找钾盐矿的步骤和方法。

《盐矿地质》一文所引用的资料主要是德国学者的研究成果，因为德国拥有得

图 119　与妻摄于 1963 年

天独厚的盐矿及钾盐矿床,研究最为深入。文章论述了盐矿的成因,包括盐的来源和盐矿床的形成条件;盐矿床的类型,介绍了苏联盐矿地质学家伊万诺夫的分类和德国地质学家洛采的分类以及古今盐矿床的比较;盐矿床的地质时代与地理分布及盐矿床与古地理及大地构造的关系;盐矿的层理、结构、变质及盐田构造。

十月十八日—十一月三十日 加入全国政协视察团,赴江苏省、上海市视察。先后视察了南京化学工业公司、南京汽车制造厂、梅山铁矿、栖霞山多金属矿、扬州万福闸江都水利枢纽工程处、高邮邵伯船闸管理所、扬州市漆器玉石工艺厂、施桥人民公社、江苏省地质局第四地质大队、无锡柴油机厂、无锡机床厂、无锡生化搪瓷厂、无锡县(今无锡市锡山区)红旗公社、上海合成纤维厂、上海照相机厂等单位。

十月 科学出版社出版孟宪民等编《矿床分类和成矿作用》,为丛书《矿床学论文集》之一种,共收录五篇论文,其中两篇为谢家荣所著,一为《论矿床的分类》,一为《地质历史中成矿作用的新生性、再生性和承继性》。在《论矿床的分类》一文中,回顾和评述了前人的矿床分类方案后,吸收当时矿床学研究的新成果,独树一帜,将矿质的来源作为矿床成因分类的最基本因素,提出了一个新的矿床成因分类方案,并做了详细的论述。在《地质历史中成矿作用的新生性、再生性和承继性》一文中,他运用唯物史观对成矿演化的一些基本问题提出了精辟见解,强调地壳运动、岩浆活动和成矿作用三者紧密相连,随着地史的发展,地幔物质上升转变为地壳,地壳由薄到厚,而地壳厚薄与矿质来源、矿床类型密切相关,在地球发展历史中,成矿演化过程是具有转折点的,"相信这种转折点表现在从较薄地壳的以新生矿床为主的特点,逐渐转化为在地壳中迁运沉积、变质同化、改造再造的再生矿床为主的特点,也就是从地壳地幔间的反应,逐渐转化为地幔顶部与地壳间及在地壳内部的反应"。中国科学院院士翟裕生这样评价《论矿床的分类》:

1963 年谢先生发表了《论矿床的分类》,该文在回顾和评述前人的矿床分类方案后,将成矿物质来源作为矿床成因分类的基本因素,独树一帜,提出了一个新的矿床成因分类方案,并作了详细论述,我个人认为以下两点很有意义。

(1)谢老的分类方案,以矿质来源、成矿作用和成矿场所为三个基本要素,尤其是将矿质来源作为首要因素,这正反映了当时地球科学和同位素地质学的新进展。20 世纪 50 年代以来,地球物理学和同位素地质学发展较快,对地球各层圈的结构和物质组分有了更多的资料,因而有可能探讨成矿物质来源这个根本性问题。论文中按矿质不同来源将矿床分为:A—地面来源;B—地壳表层来源;C—硅铝层再熔化岩浆来源;D—硅镁层岩浆来源四大类。这个分类代表了当时矿床成因及分类研究的一个重要方向,并被不少矿床学著作所采用。现今矿床学研究的一个重要领域——成矿多源论,正是沿着谢老等指出的方向而逐步深入和拓展的。现今大量的 S、Pb、Rb、Sr、C、H、O 等同位素资料和矿石物质的精细研究表明,不仅总的成矿物质是多源的(包括地幔源),而且不少大型–超大型矿床都有成矿物质多来源的特点。

(2)这一矿床成因分类方案一改过去矿床成因分类中"就矿论矿"的局限性,而将矿床成因分类建立在宏观的地球层圈系统之中,即将矿质来源与地壳的四个层圈相联系,矿床成因类型受到地壳内部结构的制约。地球科学发展到今天,已有更充分的实际资料说明谢老这一科学观点的正确。现今不少地质学家已运用系统论的整体观将成矿系统作为地球系统的一个组成部分加以研究,并从地球动力学和成矿作用动力学的高度探索其内在规律性。

从以上可以看出,谢先生是尽力从地球时空演化的背景上来研究矿质来源、矿床分类和成矿演化趋势的。"成矿理论最基本的问题,归根结底是研究地壳及地球内部的问题","必须对地壳以下的地球内部结构进行深入的研究","对我国来说,现在已经是为使地质工作迈进一大步而必须注意这种研究的时候了"。谢先生在20 世纪 60 年代初期能提出这种观点,预见到成矿学的发展趋势,这充分体现了一位地质大师的科学洞察力和科学预测能力,也展现了他的矿床学研究思维方法:实用观、整体观和历史观。

(翟裕生:《谢家荣先生对矿床学和矿产勘查工作的贡献》,载张立生主编《丰功伟识 永垂千秋——纪念谢家荣诞辰 110 周年》,第 27—28 页)

十二月四日　地质科学研究院分党委关于统战工作的总结(草稿)说:"对于知识分子的团结教育改造,是一项长期的复杂的任务,是一个反反复复的斗争过程。从地质科学院的知识分子队伍来看,总的说来是朝着进步的方向发展,但是在他们进步和改造的过程中,也确如中央所指出:是反反复复的,时好时坏的。例如谢家荣在划为右派后,尚能接受改造,但在摘掉右派帽子后,不服从党的领导的情绪又有所(抬)头"[①]。

十二月　在《中国科学》(Scientia Sinica)发表《华南主要大地构造特征》(Major Geotectonic Features of S.E. China)一文,阐述华南的变质杂岩和花岗岩问题。包括加里东变质杂岩和花岗岩、华力西变质杂岩和花岗岩,以及中生代变质带和花岗岩,并概要地叙述了它们的特点和分布情况。黄汲清曾评论此文云:

---

①　《一九六三年地质科学院分党委关于统战工作总结及安排》,中国地质科学院档案,档号 1 - 63 - 7,第 6 页。

在前述论文（指《论中国大地构造的格局》）发表之后，谢家荣于1963年又发表了一篇大地构造论文，即《华南主要大地构造特征》。这篇文章阐述了华南的变质杂岩和花岗岩问题，其中有加里东变质杂岩和花岗岩、华力西变质杂岩和花岗岩，以及中生代变质带和花岗岩，并概要地叙述了它们的特点和分布情况。他认为这些变质带和花岗岩带大体上是从江南古陆起向东南走，一带比一带更新，在东南沿海一带则主要分布着中生代变质带和花岗岩，后者是一个燕山优地槽褶皱带，这点在他的前一篇文章中已经强调过。燕山优地槽存在的理由是：（1）广东福建沿海有巨厚的海相侏罗系展布，地层虽大半为碎屑岩，但有火山岩夹层；（2）它们经受了强烈的褶皱和轻微的变质；（3）它们具有广大的花岗岩化和岩浆活动。他进而叙述华南地区的弧形构造和线性构造，如图所示，从西北往东南，有加里东弧、加里东火山弧、华力西火山弧、中生代弧和紧靠海岸的中生代火山弧。该图中还把李四光的广西弧、粤北弧、闽西弧等也插入上述弧形和线性构造中。他的结论是"深断裂作用是地槽形成的第一和必不可少的条件，地槽沉积柱的变形和下拗的结果，一个广阔的区域变质、混合岩化和花岗岩化从而产生。可以这样说，断裂作用、地槽的形成、变形作用、区域变质，花岗岩化、再生岩浆的侵位和最后的成矿作用，代表地槽带发展过程中的一个完全的连续不断的地质作用。"

应当指出，从当前的大量地质资料来判断，东南沿海有一个中生代（侏罗纪）优地槽存在的说法，是没有根据的。如该文中第5图所示的一些火山弧、沉积弧和线性构造也经不起详细的检验和推敲。不过当前学者们对东南沿海的大地构造特点仍说法不一，有的仍认为它是前震旦纪古陆，有的认为它是加里东古陆，有的则认为它是华力西褶皱带，但也有人把政和大浦深断裂以东地带当作中生代褶皱带（不是优地槽），这和谢的见解相近似。笔者有一些新的看法，在适当的场合可以提出。

总之，谢家荣的两篇大地构造论文，在当时来说，确实提出了很多新认识和新观点，即便在今天，也仍然值得我们认真加以考虑和研讨。

（中国地质科学院矿床地质研究所编：《中国矿床学——纪念谢家荣诞辰90周年文集》，第4—5页）

是年 开始写《中国矿床学》。这部书计划写三篇：第一篇总论；第二篇各论，依照矿种编写，每一矿种依次讨论经济情况、地球化学、矿床类型及在我国的分布以及重要矿区概述等节；第三篇各省找矿指南，依照省份编写，每一省依次讨论地质背景、大地构造分区、各种矿床及其分布、成矿区（成矿带）及找矿方向等节。该书后成为其代表作。

一九六四年 甲辰 六十八岁

提要 北京。应北京大学地质系之邀请，开"矿床学专题"讲座。应邀出席江西省地质学会成立大会和福建省地质学会成立大会，并分别作题为"现代成矿理论的各种学说"和"有关研究中国钨锡矿床的几个问题"的学术报告。考察闽、赣地质矿床。著《湖北省找矿指南》。

一月十一日 致信幼子谢学铮，谈其工作调动问题。

学铮：

元月八日来信收到了。我于九日致赣州一信不知已转到了否？

你们此次冒险出发，可谓失策。侥幸不出问题，还算大幸。你现在决定先去报到很好。让雪花在上饶满月后再去，小孩应放在上饶，俟后再想办法，因北镇系在乡间，不方便，房子一定挤，带了小孩去有种种困难。

你到北镇后可适当地反映你有严重耳疾。要经常敷新鲜药，请组织上考虑照顾，以后再设法慢慢调到其他分队或德州的队部去。

山东第一普查大队是部属的石油队。此次为大力开展石油工作，把队中非石油人员悉（数）调出去，而把石油专业人员调进来，这是好意。大队部设在德州。六个区队分设在郑州、合肥、通县、唐官屯（天津附近）、沧州及北镇（山东）。另有一个综合研究队设在济南。对你来说，北镇是最不利的地方，但对石油工作却最为直接，因为这是勘探队，山东打到石油的钻井就在这里。

你同时需要向组织（江西省局及北镇队组织）上反映你们的情况。雪花因生产要后去，你赶快一人先去。至于要回家，可利用春节假期回来一次也好，但必须得组织上同意。

你们此次本可向省局说明情况，在赣州留一些时候再去报到。我在部石油局人事处说明你们情况时，甄忠处长就说他不反对，但必须取得省局领导的同意，因为你们的工资报到前要在省局领，报到后才可在新机关领。

荣

一月十一日

你赶紧去北镇报到。不报到是拿不着薪金(的)。雪花,可代她请产假。至要,至要。

(谢家荣学术成长资料,存于采集工程数据库,档号 XJ－001－037)

一月十四日　国家科委以(64)科五范字 63 号文正式批示,同意将地质科学研究院现有的 10 个研究室合并为地质研究所、矿床地质研究所、矿产综合利用研究所、地质科学情报研究所等 4 个研究所,院部为地质部地质科学研究院的管理机构。2 月 25 日地质科学研究院据此提出建立院政治部,并拟定张同钰兼任政治部主任、蔡元真为副主任,并将之与各所所长、副所长名单报部党组及政治部;此名单于 3 月 18 日获得地质部批准,以(64)地政字第 135 号文下达地质科学院[①]。

三—四月　应北京大学地质地理系之请,为该系开设"矿床学专题"讲座。讲座分为 4 个专题:现代成矿理论的各种学说、中国沉积矿床的综合研究、中国层状铁锰矿及有色金属硫化物矿床的成因问题、中国大地构造轮廓及矿床分布规律。曾任北京大学副校长的于洸对这些讲座给予高度评价。

于洸《谢家荣教授在北京大学》:

新中国成立以后,谢家荣先生在地质部工作,对北大地质学系培养人才的工作仍十分关心。20 世纪 60 年代,北大地质学系为地球化学专业高年级学生开设了一门"矿床学专题"课,邀请谢家荣、孟宪民、郭文魁、涂光炽等著名矿床学家授课。1964 年谢老应邀为地球化学专业六年级(1958 年入学,当时为六年制)学生作讲演,他讲了"现代成矿理论的各种学说""中国沉积矿床的综合研究""中国似层状铁锰矿及有色金属硫化物矿床的成因问题""中国大地构造轮廓及矿床分布规律的初步研究"四个专题。在讲演中,谢老既广泛介绍国内外各种成矿理论,又详细地进行分析,发表自己的见解。他指出:"我们必须分别深成的硅镁层来源的原生岩浆矿床和再熔化的硅铝层来源的次生岩浆矿床","由于岩浆的定义有了新的概念,所以真正的岩浆矿床就显得越来越少了。""在任何一个旋回中所造成的各种矿化,包括原始的岩浆矿床、沉积矿床以及其他矿化,都可以在以后的各次旋回中产生各种各样的再生矿床,而在多旋回矿区中的所谓矿床的承继性,至少一部分是由于这个因素造成的。""广义的火山作用,包括次火山式的侵入,是真正的也是主要的成矿岩浆作用。""我们决不能否认热液在成矿中的意义,但也不能笼统地把它都称为是岩浆热液,因为变质热液及地下水热液同样有广泛的分布,也同样可以成矿。"并指出:"专门注意火成岩及接触带的找矿方向似乎需要修改了,应同样注意围岩的成

---

① 　中国地质科学院档案,档号 1－64－23,序号 1、10 。

分,推断矿源层的存在,更多地研究火山作用与成矿的关系,要详细地研究各种构造模式及可能形成对矿质的圈闭,以发现矿床。在这方面可以看出,我们的找矿方向已逐渐接近了石油地质上的找矿方向了。"

研究矿床学理论要解决中国实际找矿问题,这是谢老的一贯思想。例如,在上述矿床学专题的讲授中,他在评价了现代成矿理论的各种学说以后,着重讲了中国沉积矿床的综合研究,中国似层状铁锰矿及有色金属硫化物矿床成因,中国大地构造轮廓及矿床分布规律,讲了找矿实践中提出的理论和实际问题。他总是以中国矿床实际问题为中心进行研究,并多有创见。他指出:"我们必须要结合区域地质、大地构造、深大断裂、成矿岩浆体系,详细掌握地质构造、地球物理、地球化学资料,进行区域性的成矿预测,这样才能达到多快好省科学找矿的目的。"谢家荣先生求实创新的治学精神给师生们留下深刻的印象,使师生们受到很大的教育。

谢老的讲演,可以说是他长期从事中国矿床学研究经验总结的一部分,理论联系实际,使师生学到很多东西。他还不辞辛苦,写了近12万字的讲稿,铅印出来供学生学习。这些文字也是谢老留给我们的宝贵的科学论著。

(郭文魁等主编:《谢家荣与矿产测勘处——纪念谢家荣教授诞辰100周年》,第84—85页)

四月四日　地质部地质科学研究院提请地质部免去谱主在地质科学研究院的第五研究室副主任一职,改任地质科学院矿床地质研究所综合研究室主任。呈报表称谱主"地质知识较广,业务水平较高,自摘右派帽子后,表现尚好,尚能认真从事研究和著作"[①]。

四月十三日　经地质科学研究院分党组和院务会议研究后,"地质部地质科学研究院关于我院在京四个研究所所属研究室负责干部的调整配备意见"以(64)地科人字181号的形式报地质部党组并政治部。谱主被安排为矿床地质研究所第二研究室(综合矿床研究室)主任,并于9月22日这一安排写入地科政干字第55号文,并再次上报地质部政治部干部部[②]。

六月　赴河北青龙,曾听取孟宪铮介绍河北金矿。

七月十一十八日　应邀出席在江西庐山举行的江西省地质学会成立大会、江西省地质学会第1届会员代表大会暨首届学术年会。

七月十日　出席江西省地质学会成立大会开幕式。应邀致辞。

---

① 中国地质科学院组织人事处:谢家荣人事档案,档号9-2。
② 中国地质科学院档案。档号1-64-23,序号6及21。

主席、各位代表、各位来宾：

今天江西省地质学会第一届会员代表大会暨首届学术年会在这里开会，这是一个团结的大会，是检阅成果的大会。我能够有机会参加盛会向各位同志学习感到非常高兴，非常荣幸。

江西省地质学会的成立是一件大事，它对今后江西地质事业的开展，将发挥巨大的作用，本人谨在此表示热烈的祝贺和致以崇高的敬意。

此次学会开会，江西省地质局领导同志及参加筹委会的同志们费了很多的时间，很多的精力布置会议，征集了 201 篇论文，并挑选了庐山——这个在地质学上富有意义的地点，同时又是避暑胜地来开会，真是一件煞费苦心的辛劳工作。同时由于江西省党政领导及科协领导上的重视和支持，才使我们排得上队在此及时开会。至于对我们在生活上的各种照顾更是无微不至，本人谨在此表示衷心的感谢。

本人是旧中国时代做过工作的一个地质人员，当时反动派不重视地质，全国地质人员不到 200 人，要钱无钱，要房子，要设备，都没有，因之勘探事业根本谈不到什么发展。当时江西省虽有一个地质调查所，但全所人员不过二三十人，设备更是简陋万分，曾做过一些区测及对某些地区做过调查，但从没有打过钻，挖过坑，因此谈不上计算矿量，也没有可能发现新矿产。

现在情况完全不同了。在党和毛主席的英明领导下，我国地质事业得到了空前的发展，江西省的地质发展更大，人员众多，设备现代化，勘探基地遍布全省，精密计算矿量的矿区日益增多，并每年都有新矿产及矿区的发现，为社会主义建设作出了巨大的贡献。

江西在我国的革命事业中有它特殊的地位与意义，南昌八一起义，井冈山会师，五次反围剿，这些伟大的革命事业都发生在江西省，它为我国神圣的革命事业奠定了胜利的基础。江西是老解放区，是革命的圣地。如何响应党的号召开发与建设这个老解放区革命的圣地，应是我们每一个地质工作者的伟大而光荣的任务。

江西的地质与矿产具有无限发展的前途。江西的地质是复杂的，有地台，也有地槽，有巨厚的沉积岩，也有种类繁多的岩浆岩，矿产更是丰富多彩。钨矿是全世界闻名的，煤、铁非常丰富，多金属矿床近来发现很多，其他稀散元素矿床也不断发现。在江西做地质工作的条件真是太好了，人人感到英雄大有用武之地。让我们大家团结起来，同心协力，为发展这个革命圣地的地质矿产事业而一同奋斗吧！

最后我预祝大会胜利成功，祝各位代表工作顺利，身体健康，再见！

（江西省地质学会编：《江西省地质学会会刊》第一期，《第一届会员代表大会暨首届学术年会专号》，第 14—15 页，北京大学档案馆，档号 1RW0172002－1018）

七月十四日　应邀在江西省地质学会第 1 届会员代表大会上做题为"现代成矿理论的各种学说"的学术报告。该报告曾于本年春天在北京大学地质地理系的"矿床学讲座"上讲过。它是谱主在其《成矿理论与找矿》及《现代成矿理论方面的几个基本问题》两篇文章的基础上增加若干新资料后而成的，论及 14 个重要问题：岩浆说与非岩浆说之争，金属硫化物沉积说，喷气沉积说，矿源层的概念，侧分泌说，变质成矿说，花岗岩化与成矿，热液问题，岩浆后期蚀变成矿说，再生矿床，深层盐卤成矿说，同生、后生、叠生与岩生，矿床的带状分布，关键在地壳分层。

出席会议期间，听取了赣东北地质大队技术负责人关于赣东北地区地质矿产情况的汇报，当即指派其助手随矿床学家涂光炽考察东乡、永平铜矿区。

八月四日　福建省地质学会筹备委员会致函谱主，请他出席福建省地质学会成立大会，并做学术报告。

地质部地质研究所
谢家荣教授：

本会拟于今年十一月份（具体时间另行通知），在福建省厦门市召开第一届会员代表大会，正式成立福建省地质学会，并举行学术会议。

您对于我省地质构造、矿产、岩浆岩、地层等方面素有研究，为了更好地向您学习和促进我省地质事业的迅速发展，学术活动热烈的展开，请您届时到会亲临指导并作学术专题报告，希将论文题目及早通知我会，以便安排。

（北京大学档案馆，档号 1RW0172002－0008）

八月十八日　致函福建省地质学会筹备委员会，回复其 4 日的来函，同意出席福建省地质学会第 1 届学术年会，并作学术报告，报告题目待定。

是日　致函江西省地质局，告知 10 月初前往江西，安排两名研究生在枫林和永平工作，同时考察赣南钨矿，请予协助。

九月八日　地质部中南地质科学研究所致函谢家荣，请求在《中南地质科技简报》发表他在江西省地质学会上宣读的论文《现代成矿理论的各种学说》。

九月十二日　函复中南地质科学研究所，同意《中南地质科技简报》发表《现代成矿理论的各种学说》。

九月　著文《对赣闽几个矿区地质问题的初步认识》①。

是月　著文《有关研究中国钨锡矿床的几个问题》，全文约 15 000 字。本文讨

---

①　此文手稿一直到 1988 年仍保存在廊坊，后被人以"纪念谢家荣诞生 90 周年"为名借阅，丢失。

论了中国钨锡矿床的地理分布；论述了世界钨锡矿床的成因类型，指出最主要的类型是接触交代矿床和高温热液矿床；裂隙系统及矿脉的形成；钨矿床的垂直分带，指出，矿脉的逆向分带在钨矿脉中十分普遍，黑钨矿中 Fe、Mn、Nb、Ta、Sc 等元素的变化规律对矿脉的垂直分布研究有重要意义；钨锡矿质的来源问题，指出钨锡矿都与花岗岩有关，因而其来源都与花岗岩浆有关，但花岗岩化学说的出现、花岗岩本身的来源已经成为问题，必须用花岗岩化的观点研究各种花岗岩体的成因，因而钨锡矿可能很多都来自围岩；提出了我国寻找钨锡矿床的 3 个方向和找矿方法的八个方面。

是月 致函福建省地质学会，一行 3 人将由江西转道赴厦门出席福建省地质学会第 1 届学术年会，并将做学术报告《有关研究中国钨锡矿床的几个问题》，随函寄去五份报告文本。

是月 新招研究生周剑雄入学。

图 120　1964 年夫妻留影

十月初　由构造地质会议筹委会主任黄汲清主持,尹赞勋、张文佑、孙云铸、谢家荣、李春昱等参加,对"中国地壳运动名词汇编"进行审查,浦庆余汇报了地壳运动名词收集整理的情况、原有的地壳运动名词存在的一些问题和处理原则。大家认为,应该对原有的地壳运动名词进行清理,提出取舍意见,对今后命名的地壳运动名词要有一个原则规定。

十月五日　乘火车赴江西和福建,领研究生张立生、陈廷愚赴毕业实习地,出席福建省地质学会会议,考察闽、赣地质。同行的有陶惠亮、赴九江实习的孟宪民的研究生宋学信。

十月六日　晚抵长沙,一行人到中南地质研究所拜访莫柱荪。

十月七日　自长沙赴南昌。

十月八日　参观八一南昌起义纪念馆,晤江西省地质局郝局长、苗树屏总工程师。

十月九日　自南昌到东乡枫林铜矿区,陶惠亮、张立生、陈廷愚同行。在谢钦尧工程师的陪同下自106分队队部向西观察矿区地层及矿体露头。

十月十一—十三日　在谢钦尧工程师的陪同下观察东乡枫林铜矿区地层、花岗斑岩、铁帽、火山岩、铜矿的露天采场和采矿坑道。

十月十四日　在江西东乡枫林铜矿区赣东北地质队106分队做题为"江西东乡枫林铜矿的地质问题"的报告,指出矿区中石炭统中的"花岗斑岩"是火山喷出的,而元古界和下石炭统中的"花岗斑岩"可能是火山颈产物,石炭系中有无火山岩存在是进一步工作中必须解决的中心问题;明确指出,矿区的所谓铁矿是铁帽,而且是古风化壳中的古铁帽,古风化壳的时代为第三纪和侏罗纪以前,很可能经过了两三个风化壳阶段;矿体的垂直分布带为(自上而下):铁帽、赤铁矿、辉铜矿、黄铁矿、黄铜矿—黄铁矿;辉铜矿是次生富集带,而黄铜矿—黄铁矿是原生带;明确指出,枫林铜矿的成因不可能是一般同生沉积,而是喷气—沉积。

十月十五日　留下张立生在东乡枫林铜矿进行毕业实习,与陶惠亮、陈廷愚搭东乡枫林铜矿的车至东乡火车站,乘火车赴弋阳,在弋阳稍事休息后,赴铅山永平矿区。

十月十六—十八日　听地质队介绍情况,观察岩心,用显微镜观察岩石薄片。考察地表和坑道地质。

十月二十日　在永平队做"永平矿区的几个地质矿床问题"的报告。留下陈廷愚在永平铜矿进行毕业实习,与陶惠亮赴上饶,沿路参观鹅湖书院及上饶附近茅家坪的烈士纪念碑。

通过此次东乡、永平考察,明确指出这里的铜矿是喷气沉积形成的,很有远景,建议地质部组织东乡、永平铜矿会战,对地质部1964年在东乡、永平组织会战起了推动作用。

十月二十一日　乘火车返南昌。

十月二十二日　全天在江西省地质局礼堂作报告,听众 400 余人[①]。

十月二十三—二十四日　自南昌经停鹰潭抵达厦门。

十月二十六日　出席福建省地质学会大会开幕式,并讲话。

十月二十七日　赴人民剧院听福建省科委主任做国内外形势报告。出席福建省地质学会论文宣读会。

十月二十八—二十九日　出席福建省地质学会矿床组论文宣读会,分别以矽卡岩矿床和钨矿床为主。

十月三十日　赴集美,参观鳌园的陈嘉庚墓、化学纤维厂及玻璃纤维厂,观察变质岩露头,参观亚热带植物研究所。

十月三十一日　出席福建省地质学会的论文宣读会,在地球化学岩石矿物组听变质岩相关论文的宣读。

十月　由中国科协推选为第 4 届全国政协委员。

十一月一日　福建省地质学会举行大会,谱主做“有关研究中国钨锡矿床的几个问题”的报告、高振西做“福建地质几个特点和问题”的报告、孙鼐做“从华南地区不同时代花岗岩侵入体的研究来谈谈对于福建省花岗岩体的一些看法”的报告。

十一月二—四日　出席福建省地质学会会议,先后听取苏良赫《造岩矿物晶体发育过程》及司幼东《对我国东南沿海一带铌、钽矿化花岗岩地球化学特征的初步探讨》、芜州地质学校周庭梅之《大地构造的地质力学分析》及陈国达之《地洼学说及福建大地构造问题》等学术报告及闭幕总结。

十一月六—八日　自厦门经漳州、云霄抵东山,赴苏峰山冬固考察,在漳州与水文队座谈。赴三明。

十一月九日　全天在三明听取福建省地质局区测队关于永安幅二十万分之一比例的区测工作情况及大吴地、温坑钨矿地质情况的介绍。在会上发言,之后司幼东、苏良赫发言。

十一月十一—十六日　从三明到行洛坑,驻区测队队部。考察行洛坑地面地质、坑道地质,观察岩心。先后听何瑞琬报告稀散元素,蒋正报告钻孔,戴永安报告外围国母洋矿区,司幼东报告,306 队王祥珍关于五万分之一比例尺的区测工作情况介绍。做题为“关于花岗岩、矿床和找矿问题”的报告。

十一月十八—十九日　自三明经长汀抵江西瑞金。参观叶坪中华苏维埃共和国旧址、检阅台、红军阵亡烈士纪念塔、黄公略纪念碑,沙洲坝中央大礼堂、毛泽东

---

① 据《谢家荣日记》,报告内容不详。

主席故居等。

十一月二十一—二十四日　自瑞金经于都抵赣州。赴 908 队听取赣南地质与钨矿情况和盘古山钨矿地质的介绍。先后做"有关研究中国钨锡矿床的几个问题"的报告和关于花岗岩化的报告,听众 500 多人。游览通天岩张学良的囚禁地。

十一月二十六—三十日　自赣州经南康抵大余西华山。听取矿上介绍西华山钨矿地质情况及区测队汇报。考察西华山钨矿地质。

十二月一日　在西华山招待所做关于赣南钨矿考察认识的报告。参观大余选矿厂。自大余抵漂塘。

十二月二—七日　听取江西 908 队关于漂塘钨矿地质情况的介绍。听取 908 队关于钨矿矿化富集规律专题研究成果的介绍,并就钨矿脉的矿物组合与原生分带即席发言。考察漂塘钨矿的地面及坑道地质,观察岩心,参观 908 队的标本陈列室。最后在 908 队的礼堂做报告,讲江西钨矿的找矿与科学研究问题。

十二月八—九日　自漂塘经停韶关抵南昌。

十二月十日　在南昌江西宾馆听取张立生、陈廷愚的野外工作汇报,并对下一步的野外工作提出具体意见。

十二月中旬　自南昌取道上海回北京。此次闽、赣之行中考察了闽西钨矿床及有关的花岗岩体后,根据花岗岩与围岩的产状关系及钾长石变斑晶等特征,认为产于罗峰溪群中的花岗岩体,可能属与加里东晚期花岗岩化作用有关的准原地交代花岗岩体;考察了赣南钨矿与花岗岩后,认为赣南地区普遍存在花岗岩化。

十二月二十日　今起出席全国政协第四届第一次会议。此次会议于 1965 年 1 月 5 日闭幕。

十二月下旬　矿床地质研究所致函地质部综合地质大队,拟将原定 1965 年 1 月 10 日到该队作"外生矿床主要成矿理论及今后发展方向"的讲演推迟至 1965 年下半年:

地质部综合地质大队:

我所谢家荣先生原允您队邀约,计划于明年元月十日赴您队作"外生矿床主要成矿理论及今后发展方向"一题之演讲,现谢家荣先生正出席全国政协四届一次会议,且谢家荣先生最近身体欠佳,考虑此情况,特与您队恳商,拟将谢先生之演讲推迟至 65 年下半年再进行,请予函复。

（北京大学档案馆,档号 1RW0172002－0008）

是年　著《湖北省找矿指南》①。

————————————
① 此手稿一直到 1988 年仍保存在廊坊,后被人以"纪念谢家荣诞生 90 周年"为名借阅,丢失。

一九六五年 乙巳 六十九岁

提要 出席黄山花岗岩会议和安徽地质局铜官山地质学会现场会议,做题为 "花岗岩化与成矿"的报告。在湖北省地质学会做题为"同生成矿理论在我国的运用"的报告。

一月十一十四日 赴河北宣化地质部地质矿产司综合地质大队,听取关于思茅盆地普洱钾盐、四川盆地钾盐、西准噶尔铬铁矿、云南铜厂街与四川轿顶山钴矿、阿拉善阿尔腾脑包砂铂矿、山东金刚石砂矿等地质勘查情况的介绍。

图 121 1965 年在百万庄卯区 24 号楼前留影(左四戴眼镜者为谢家荣,第二排左为谢学锦、李美生夫妇,右为谢恒、胡定一夫妇)

二月　在《中国地壳运动命名的几点规定(草案)》和《对于已有地壳运动名称取舍的意见》上批语。①

三月十日　分别致函浙江省地质局和贵州省地质局,索取50万分之一浙江省地质图及说明书和相同比例尺的浙江省矿点分布图及说明书,50万分之一贵州省地质图及说明书和相同比例尺的贵州省矿点分布图及说明书。

四月三十日　致函河北省地质局总工程师申庆荣,商量安排研究生周剑雄实习。

河北省地质局申总工程师:

您省在金、铜矿方面又取得了什么新情况吗?

我的研究生周剑雄同志拟先搞华北地台金铀砾岩的探索性研究,前次也与您面谈过,现计划五月中旬先去内丘杏树台、桃园做一个踏勘实习,望您先给提提意见,怎么做法好,并请您转告一下队上。此致

敬礼!

谢家荣

(北京大学档案馆,档号1RW0172002-0008)

七月四日　致信在四川的长子谢学锦,谈及所患脉管炎治疗情况等。

锦儿:

我于六月廿三日自唐山返京,接读6.21自江沪轮上来信,欣悉一切。你们这次开会,收获很大,你的报告大家也很满意,闻之深为高兴。据美生云你现在已在成都,可能不久就要到川西山中去了。

我在唐山吃了十五瓶药(每瓶约500 c.c.),到北京时又带了四瓶,于上星期四吃完,因为我的病轻,既不痛,又不烂,所以效果不大明显,但似乎觉得好些。在唐山时走快走多了还觉得酸胀麻,今天上午同游北海,走了较多路,毫无不舒服的感觉,因之,可以说病情已大有好转。我从唐山又带来了一剂草药,明天即煎服,癞蛤蟆则在新街口的生物标本门市部可以随时供应,因此,此后继续在北京吃这个偏方的药应无问题。我想至多再吃十瓶,病可能完全好了。同时还想到北京中医研究院附属医院请教,那里有一个专治脉管炎的方大夫,赵文津送的(药)可能就是这个

---

①　对此"草案"和"意见"的批语一直到1988年仍保存在廊坊,后被人以"纪念谢家荣诞生90周年"为名借阅,丢失。

地方(的药)。唐山药方与北京医院所开者大同小异,都是大热大补血的药,所不同者,唐山方上有金钱蛇与癞蛤蟆。

你在四川大概要走多少地方,何时回来,望随时来信告知。祝你

旅途快乐。

荣

七月四日(星期日)

(谢家荣学术成长资料,存于采集工程数据库,档号 XJ - 004 - 187)

七月三十一日 在百万庄办公室听取贵州省地质局廖士范关于贵州汞矿地质的介绍,指出汞的来源与沉积作用有关,成矿是次生的,建议开展早、中寒武世的岩相古地理研究。

七月 应地质部地质科学技术情报研究所之邀,为国家找金矿之需,著文《世界金矿概述》(署名:谢家荣、牟江海),刊于地质部地质科技情报所编印的《国外金矿资料专辑》。文章概述了金的用途、金的地球化学性质及矿床类型、世界各国的黄金生产及矿床概况,重点介绍了南非的兰德式金铀砾岩、加拿大的主要金矿、苏联和美国的重要金矿以及澳大利亚的金矿。文章将我国划分为 11 个金矿省,讨论了中国金矿的找矿方向、找矿方法和科学研究。

十月三日 离京赴安徽黄山,出席黄山花岗岩会议,经合肥、芜湖,于次日抵黄山。

十月五一六日 出席在黄山宾馆举行的黄山花岗岩会议开幕式。1960 年代,孟宪民提出花岗岩是火山喷发沉积的,是层状的,因而是同生的。为此专门在黄山举行了一次花岗岩问题的学术讨论会,国内许多著名地质学家如孙云铸、孟宪民、黄汲清、李春昱、蒋溶、田奇瑪、严坤元、夏湘蓉、冯景兰、徐克勤等都参加了。听取关于周家潭、大龙山、月山、黑石山、洪镇、花园巩、九华山、黄山等花岗岩体地质的报告。

十月七日 听取孟宪民关于花岗岩地质的报告。

十月八日 考察黄山花岗岩体地质。

十月九日 听取徐克勤"关于华南不同时代花岗岩类及其与成矿关系的研究"的报告。

十月十日 听取冯景兰、严坤元、李春昱、蒋溶、沈其韩、胡受奚等人关于花岗岩问题的发言。做题为"花岗岩化与成矿"的报告。"花岗岩化与成矿"前面一段序文体现了作者在此问题上的基本观点。

谢家荣《花岗岩化与成矿》:

图 122　1965 年 10 月黄山花岗岩会议期间合影（自左至右：田奇瑃、孙云铸、谢家荣、黄汲清）

图 123　1965 年 10 月黄山花岗岩会议期间和孟宪民（右）留影

花岗岩确是一个复杂问题，直到现在还未完全解决。孟老胆敢打破旧框框，提出新看法，这种革命精神，值得钦佩。但是除了孟老解说之外，是否还有别的解说呢？我说是有的。目前为多数人所接受的解说就是花岗岩化的学说，这是真正的沉积观点的学说，也是同生观点的学说。孟老的学说是岩浆的，把火山喷发代替了侵入，但结果还是岩浆观点。其次，我想要解决像花岗岩这样如此复杂的问题，只摸一摸花岗岩的边，并研究花岗岩与围岩的产状是万万不够的。我们除研究侵位关系，接触变质等等之外，还必须研究花岗岩内部的结构，特别是要详细研究其中的包裹体；此外，花岗岩体所在的大地构造位置及特征，也是必须考虑的基本问题。总之，我们必须运用毛主席所指示的全面看问题的方法，以免陷于片面和孤立。

我的发言题目是"花岗岩化与成矿"，想分为下列三部分来讲：Ⅰ. 花岗岩化的一般概念；Ⅱ. 花岗岩化与成矿的关系；Ⅲ. 用花岗岩化观点看皖南花岗岩体及成矿远景。

（谢家荣学术成长资料，存于采集工程数据库，档号 SG－006－056）

十月十一日　听取田奇瑰、黄汲清、夏湘蓉、徐克勤等人的讨论发言，吴俊如做黄山花岗岩会议的总结讲话。

十月十二日　游览黄山。

十月十三日　自黄山赴铜陵，田奇瑰、冯景兰、严坤元等同行。

十月十四—二十一日　出席安徽省地质局铜官山现场会议，并在会议上做"花岗岩化与成矿"的报告。

十月二十二—二十三日　自铜陵乘船抵武汉，田奇瑰、冯景兰等同行。

十月二十四—二十六日　在湖北省地质局听取 401 队关于黄陵背斜超基性岩地质矿产情况的介绍，与田奇瑰等人作即席发言。听取关于黄陵背斜金矿、幕府山伟晶岩与金矿、江汉平原石油与膏盐地质情况的介绍，建议在秭归盆地、利川盆地中注意寻找钾盐与油气。听取鄂东、鄂西南、鄂西北地质矿产情况的介绍。

十月二十七日　在湖北省地质学会做题为"同生成矿理论在我国的运用"的报告。听报告者有来自汉口及其他地质单位的科研、教学及生产人员、管理干部近百人。他在报告的开头就说："介绍这一理论的原因：第一，由于同生成矿理论在我国尚未被普遍接受，而我国某些地区的金属硫化物及氧化物矿床，确有同生成矿的可能；第二，由于同生成矿理论的内容，相当复杂，并不如一般人所想象的那么简单。"报告阐述了"同生矿床"与"后生矿床"的定义，同生矿床的类型，同生矿床与矿源层的关系，同生矿床的运移、富集、改造与再生，列举了我国同生矿床的若干实例，以及找寻和研究同生矿床的方法。该文后被作者收入其《中国矿床学》，列为第11章。

图 124　1965 年 10 月安徽省地质学会铜官山地质现场会代表合影（坐者前排左十三为田奇璓，左十四为谢家荣，左十五为冯景兰，左十六为郭文魁）

图 125   1965 年 10 月铜官山地质现场会留影（自左至右谢家荣、
冯景兰、田奇瑪）

十月二十九日   出席冯景兰的金矿普查勘探与评价报告会。

十月三十日   从武汉乘火车回北京。

图 126   摄于 1965 年

十一月二十二日　经地质部党委批准,地质部政治部发出关于王冀民等 14 位同志任职的通知【(65)地政干字第 543 号】,正式任命谢家荣为矿床地质研究所矿床综合研究室主任①。

十一月二十五日　为编著《中国矿床学》第 3 篇《各省找矿指南》,分别致函贵州省地质局、四川省地质局和云南省地质局,请其提供各该省 50 万分之一或 20 万分之一地质图及说明书,50 万分之一或 20 万分之一矿产分布图及说明书,区域地层表,50 万分之一或 20 万分之一大地构造图及说明书;致函地质部西南地质科学研究所,索取:1. 云南、贵州、四川三省地质图(50 万分之一或 20 万分之一)及说明书,2. 云南、贵州、四川三省矿产图(50 万分之一或 20 万分之一)及说明书,3. 云南、贵州、四川三省大地构造图(50 万分之一或 20 万分之一)及说明书,4. 云南、贵州、四川三省区域地层表,5.西藏地质及矿产图。

十二月二十二日　湖北省地质局的郝用威来函请教。

谢老:

　　您好。

　　10 月间有幸向您汇报鄂西北及神龙架地区的地质矿产情况,并听了您的学术报告,使我增长不少知识,至今内心颇为激动。

　　我省产蓝石棉,系产于震旦系下统跃岭河组(Z_{ay})的火山岩系中,其矿物为蓝闪石与钠闪石之混晶,但因具某种特殊性能,故名为蓝石棉。那天晚间在汉口饭店曾说送您一些蓝石棉,后来就去江西开会,没有及时送上,请谅。今特寄上一束。您若需要更进一步了解其地质情况,请来信通知一声,自当奉告。

　　近来我省局对鄂东、大别山、武当山地区的普查找矿工作,进行新的部署,我亦参加此项编制规划的工作,限于水平,颇感难于插手,幸好 10 月间听到您的学术报告,启发很大,广开思路。为了进一步学习您的学术观点,恳请惠寄有关文献,自当感谢不尽。

　　专致

冬安

郝用威　敬上

1965. 12. 22

　　地址:汉口　解放大道 172 号　湖北省地质局

　　　　(谢家荣学术成长资料,存于采集工程数据库,档号 XJ-001-039)

---

①　中国地质科学院档案,档号 1-66-29,序号 28;但在中国地质科学院的人事档案中有两份档案显示地质部党委正式批准谢家荣任第二研究室主任的时间是 1965 年 11 月 30 日(中国地质科学院组织人事处:谢家荣人事档案,档号 1-1,9-2)。

十二月二十五日　在百万庄办公室听取关于江西木梓园钨矿地质情况的介绍,建议重视隐伏花岗岩体预测的研究。

是年　在中国地质科学院人事处的《科学技术干部简历表》"在技术业务上的主要成就"栏如是填写:

从事地质工作 40 余年,对地质矿床的成矿规律,煤及金属矿方面研究有专长,在他的指导下,曾发现淮南八公山煤田、安徽凤台磷矿、南京栖霞山铅锌矿、福建广东铝土矿,并在甘肃白银厂首先发现含铜矿物,在他的指示的方向下,找到了江西城门山铜矿。其中有的是我国较重要的矿产地。著有《扬子江峡谷的中生代地层》《中国的黄铁矿矿床和制硫工业》《中国煤的显微镜的研究》《中国石油资源》《从中国矿床的若干规律提供今后找矿方面的意见》《地质学(上编)》《普查须知》等有关地质、煤、石油等地质论文和报告共 200 余种(其中有的是与别人合著的),有的文章对指示找矿和指导地质工作有较大作用,水平较高。

"党组(党委)对该同志的评价"栏如是写:

解放前是忠于官僚资产阶级的,在地质界是有地位而独掌一面的人。解放后曾反对地质工作的集中统一,想在地质界自搞一个系统,对党的领导有严重的抵触情绪,1957 年整风时,对党的领导和"三反""肃反"等运动进行攻击,被划为右派,由技术一级降为技术二级。1959 年因对其错误的认识和改正较好,摘掉右派帽子,情绪较高,对组织交给的任务能完成,工作比较积极。在主观上有多写和发表些东西的要求,对别人向他提出的有关业务技术问题也能尽力帮助解决。多年来在任教工作中,培养了大批地质干部。如他在解放初期,在南京曾举办过地质探矿训练班,现在该班学员大部分是技术骨干。主要缺点是有意见不公开表示,和组织上有一定距离,认为组织上不相信他。谢从事地质工作的时间很长,著作很多,积累了丰富的地质知识和工作经验,工作中有综合能力,是我国有名的地质专家,在国际地质界中也知名。现在为全国政协委员。1955 年国务院授予中国科学院地学部学部委员,1958 年因划为右派,被撤消学部委员职务。

(中国地质科学院组织人事处:谢家荣人事档案,档号 1-1)

一九六六年　丙午　七十岁

提要　北京。著《四川省找矿指南》《大地构造与找矿》。湖北—贵州—四川行。辞世。

一月七日　致函地质部西南地质科学研究所,索取四川省地质局编制的四川省区域地层表。

年初　科学出版社决定出版谢家荣的《矿床学论文集·现代成矿理论及其在中国的运用》。全书含下列 8 篇文章①:

一、《现代成矿理论的各种学说》

二、《中国沉积矿床的综合研究》

三、《中国似层状铁锰矿及有色金属硫化物矿床的成因问题》

四、《中国大地构造轮廓及矿床分布规律的初步研究》

五、《山西某铜矿区的地质矿床问题》

六、《广东某地黄铁矿矿床的成因问题》

七、《有关研究中国钨锡矿床的几个问题》

八、《中国的优地槽带及其中发育的标型矿床》

一月三十日　科学出版社编辑部第三编辑室假北京科学会堂 104 号会议室,邀请地质部地质科学研究院孟宪民、谢家荣、陈正、陶绍勤、黄旭芳和北京钢铁学院采矿系谢树英等六位专家集会研究兰姆多尔《金属矿物及其共生》(德文原著)译稿的审校定稿问题。科学出版社编辑部第三编辑室吴凤鸣、苏宗伟、周文辅出席。孟宪民主持会议,概述了书稿翻译经过及转给科学出版社的过程和当前急需审校的情况。会议最后决定全稿由谢家荣、谢树英、陈正、陶绍勤、黄旭芳等 5 人负责审校定稿,公推谢家荣为最后审校人,由陈正协助,孟宪民执笔写序言。审校计划为期 4 个月(2—5 月),前一个星期(或稍迟至十天、半月)五位审校者将自己翻译的部分自校一遍后交给指定的审校者复校,第二阶段(两个月左右)由 5 位审校者负责校订全部 13 位译者承译的部分,于 4 月交给谢家荣进行审定,最后一个多月定稿,于

---

① 本书全部文稿直到 1988 年仍保存在廊坊,后被人以"纪念谢家荣诞生 90 周年"为名借阅,丢失。

5 月底将全稿交付出版社。①

春　著文《四川省找矿指南》,附《对四川成矿问题的某些初步看法》②。

春　中华人民共和国地质部(66)地办第 36 号文件《关于落实图书"三五"选题规划》发出。按照该文件,所编著的《中国矿床学》应在 1967—1970 年分册出齐。《中国矿床学》总论完成,约 20 万字。

三月十五日　为编写《中国矿床学》,离开北京,赴鄂西北、贵州和四川收集资料,牟江海同行,张立生、陈廷愚、谢恒到北京站送行。

三月十七—十八日　在湖北省地质局听取周圣生汇报鄂西北的地质情况。谈对鄂西北的看法,题目是"对鄂西北矿产的评价问题",分 3 个部分:评价的依据、今后如何工作、什么时候打钻。

三月十九日　自汉口抵襄樊,湖北省地质局的夏湘蓉、周圣生等同行。

三月二十一—二十三日　自襄樊经老河口、石花街至红马庙第十三地质大队。观察产于武当群中硬砂岩所夹灰黑色炭质页岩中的含铜石英脉。至贾家湾分队部考察铁矿。为第十三地质队做报告,讲两个问题:对银洞山矿区的若干看法及优地槽带找矿论。夏湘蓉、周圣生等相继发言。赴郧县。

三月二十四—二十六日　自郧县(今十堰市郧阳区)赴郧西。继赴黄云铺地质分队,副分队长陪同至大石河考察铜矿点。听取地质队员汇报后发言,讲 3 个问题:① 出发前的准备,包括资料、图件及装备如试剂等,② 评价矿床的准则,有规模大小、品位、产状及地质背景,③ 如何布置工作,要做五万分之一全区地质图及五千到万分之一的矿点评价图等。

三月二十八日　经六堰庙,转向西行至黄龙滩、鲍家庄西 9 公里,折向北,行至云盖寺,考察绿松石矿。晚宿矿上。

三月二十九日　在绿松石矿举行的座谈会上发言,讲 3 个问题:① 绿松石矿在政治和经济上的重要性,② 绿松石矿床的成因,③ 今后工作的若干建议。会后早餐,行 30 余公里至陕西白河县,翻越界岭,经得胜铺至擂鼓台,宿队上。

三月三十日—四月三日　听取地质队的汇报。考察陈家山老洞、娘娘洞沟铜矿、大树垭铜矿。出席地质队的座谈会,做主要发言。

四月四日　自擂鼓台抵竹溪县城,听取湖北省地质局郝用威的汇报。

四月五—六日　考察沙坝铜矿、龙王垭口—锅厂—竹园—太平关—七里扁的地质。出席在竹溪举行的座谈会。在座谈会上讲两个问题:一、怎样找矿,二、竹

---

① 《〈金属矿物及其共生〉审校会议简况》,北京大学档案馆,档号 1RW0172002 - 0635。
② 此手稿一直到 1988 年仍保存在廊坊,后被人以"纪念谢家荣诞生 90 周年"为名借阅,丢失。

溪矿床的远景。

四月七—十一日　自竹溪抵达竹山县城。在竹山县先后考察杨氏庙矿化点、董家湾矿化点、叫化岩矿化点。听取有关情况的介绍。最后一天全天座谈,在座谈会发言两小时。

四月十二—十六日　自竹山经得胜铺,越界岭,抵陕西白河,再由陕西进入湖北,经红马庙、老河口、丹江抵达襄樊鄂西北地质队,沿途考察地质,参观丹江口水坝。

四月十七—十八日　赴洞山寺、河水田等处考察铜矿、金红石砂矿。在鄂西北地质队座谈会发言,讲两个问题:① 学习的几点体会,② 大地构造与找矿。尔后自襄樊经隋县抵达应城盐矿。

四月十九日　听应城盐矿方面介绍情况,继下井观察盐层,后经孝感抵武汉。

四月二十二日　在湖北省地质局做"大地构造与找矿"的报告。

四月二十三日　与夏湘蓉游览东湖,赴湖北省地质局用显微镜研究岩石薄片。

四月二十四—二十八日　搭江津轮自汉抵渝,参观红岩、解放碑。

四月二十九—三十日　参观中美合作所展览馆、渣滓洞、白公馆、烈士纪念碑、重庆大会堂及文化宫,游枇杷山公园。离重庆赴贵阳。

五月二日　全天在贵阳撰写并完成一生中的最后一篇论文《大地构造与找矿》。该文结构如下:

Ⅰ. 大地构造与找矿的关系

Ⅱ. 大地构造分区与矿床类型

　　1. 湖北省的大地构造分区

　　2. 矿床类型的划分

　　3. 湖北省大地构造分区与矿床类型

Ⅲ. 大地构造观点的各种找矿论

　　1. 地盾区找矿论

　　2. 地槽区找矿论

　　3. 地台区找矿论

关于大地构造与找矿的关系,论述简明扼要:

大地构造是一门理论性和综合性都较高的地质分科。近年来中国研究的人很多,水平高,贡献大。

大地构造是否与找矿有密切的关系呢? 答案是肯定的,并且这种关系可主要分为三方面:研究大地构造的成矿理论,阐明矿床类型的大地构造分布,在大地构造基础上划分成矿区与成矿带,从而指出大的找矿方向,布置工作,指导找矿。

但是具体的找矿还须依靠地质与构造的详细研究,特别是依靠各种不同缩尺的区测与普查;还有物探与化探对寻找矿化异常与了解深部情况具有决定的意义,最后则还须依靠钻探才能把矿真正找出来。大地构造只能指出大的方向,大的面与线,不能指出点,更不能找到矿。

（谢家荣学术成长资料采集,存于采集工程数据库,档号 SG - 006 - 057）

五月三—六日　在贵州省地质局听燕树檀介绍贵州省地质情况,阅读资料。

五月七日　赴贵州工学院晤高平、周德忠及罗绳武,同赴花溪游览,继赴太慈桥考察去年发现的溶洞。

五月八—十日　阅读资料,到贵州省地质局陈列馆观察标本,与编图人员座谈并做中心发言。游黔灵公园、宏福寺。

五月十一日　阅读资料。离开贵阳赴成都,燕树檀送行。

五月十二日　抵达成都,四川省地质局沈志高接站。

五月十六日　中共中央发布"五一六"通知。"文化大革命"开始。直至当年国庆节前,地质部地质科学研究院的运动始终在院党委和地质部党组所派以地质部常务副部长、党组副书记旷伏兆为首的工作组及各级领导小组的领导下进行,其间还出现了以地质部地质科学研究院政治部保卫处干部于其礼为首的地质部地质科学研究院机关"红卫兵"组织。地质部机关运动的中心是斗争地质部副部长宋应、李轩、刘汉生等所谓"黑帮",地质科学院的运动则是批判"懂了一点地质就与反动学术权威同流合污"的"走资派"朱效成(从西安揪回北京)和大小"反动学术权威"。

八月八日　上午,地质科学院发生"八八暴动",谱主等人被揪斗、下跪。

八月十三日　星期六。是夜,谱主在客厅服下过量安眠药离世。

附 录

一 谱 后

一九七一年一月二十七日 翁文灏病逝于北京菊儿胡同家中,终年 82 岁。

一九七一年四月二十九日 李四光因病逝世,终年 82 岁。

一九七七年十月二十四日 在李四光逝世近 6 年半后,《人民日报》发表新华社记者的文章《毛泽东思想指引我们向地球开战》,称"我国第二个五年计划期间建设起来的大庆油田,就是根据李四光同志独创的地质力学理论,进行普查勘探而发现的""运用李四光同志创造的地质力学理论和方法,相继在松辽和华北找到了油田"。

一九七七年十月 《人民文学》发表徐迟的长篇报告文学《地质之光》,它使"运用地质力学理论发现大庆油田"的说法家喻户晓。

一九七八年一月十一日 黄汲清上书邓小平,指出"我国大庆等东部油田的普查和发展与地质力学的理论无关",称大庆等油田的发现是根据其"陆相生油理论"进行石油普查而发现的。相关内容如下:

我国东部几大油田普查工作是 1955 年初在当时地质部矿产普查委员会(简称"普委会")的直接主持下开始进行的,当时我作为"普委会"的主要负责人之一,提出了把华北平原、松辽平原、鄂尔多斯盆地(即陕甘宁盆地)、四川盆地作为"普委会"找油的四大重点地区。"普委会"采纳了我的建议,并很快做了部署,开展了工作。我的建议是根据"陆相生油"理论(这一理论是我国地质学家潘钟祥教授和我在四十年代初期分别提出和发展起来的)和我的大地构造观点并结合我国多年来的地质工作实践而提出的……在此之后,我又编制了《我国含油气远景分区图》,把上述四大地区用橙红色明确圈出,并于 1957 年 3 月 8 日在全国石油普查会议上,配合这张大型挂图,作了题为《对我国含油气远景分区的初步意见》的学术报告……

"文化大革命"以来,就有讹传,说什么我国东部油田是根据李四光同志的地质力学理论而发现的。1974 年 10 月 17 日《人民日报》等报刊刊登了新华社记者的《独立自主、高歌猛进》一文,首次错误地报道了这一讹传(以后几年这种错误报道就多次出现)……

这里,不能不提到的是最近在《人民日报》(1977 年 10 月 24 日)和《红旗》杂志(1977 年第 11 期)上分别刊登的以国家地质总局理论组名义发表的两篇文章《毛泽东思想指引我们向地球开战》和《一面又红又专的旗帜》,在这两篇文章中除了继续坚持所谓用李四光的地质力学理论找到大庆等油田的不符事实的说法之外,又进一步制造了"李四光同志亲自指导这项工作"的谎言。我不知道他们这样说,这样做,到底拿得出什么样的证据……

我国大庆等东部油田的普查和发展与地质力学的理论无关,这是事实。

(中国地质学会编:《黄汲清年谱》,第 129—132 页)

一九七八年五月二十七日　国家地质总局依照有关方面的指示,对黄汲清同年 1 月 11 日给邓小平的信中提出的问题,得出调查结论,写出《国家地质总局对黄汲清同志反映的问题的调查报告》上报中央。这份调查报告驳斥了黄汲清先生信中的论点,肯定"李四光同志对我国东部油田的发现确有很大贡献,并非如黄汲清同志所称'讹传'和'谎言'",并且再次肯定地指出"建国初期,李四光同志根据他独创的地质力学理论,分析了石油形成的基本地质条件,深信我国具有丰富的天然油气资源""亲自指导了石油普查的战略选区和部署"。[1]

上述黄汲清给邓小平的信和国家地质总局的"调查报告",都回避了谱主在大庆等中国东部油田发现中所起的作用。

一九七八年十月九日　"谢家荣先生追悼会"在八宝山革命公墓礼堂举行。《光明日报》、地质部机关刊物《地质战线》等均有报道。

《地质战线》报道《谢家荣先生追悼会在京举行》:

本刊讯　第四届全国政协委员、中国科学院地学部委员、中国地质学会理事、中国地质科学院原矿床所第二研究室主任谢家荣先生,因心脏病突发,于一九六六年八月十四日不幸逝世,终年六十八岁。

谢家荣先生追悼会于一九七八年十月九日在北京八宝山革命公墓礼堂举行。

---

[1] 国家地质总局对黄汲清同志反映的问题的调查报告。中央档案馆(自然资源部档案室),全宗号 196,目录号 27,案卷号 14,序号 2。

康世恩、许德珩、胡子昂、万里、武衡、袁宝华、齐燕铭、何长工、刘景范、胥光义、卓雄、李人俊、严济慈、茅以升、周培源、杨钟健、钱昌照、黄汲清、孙冶方、闵予以及谢家荣先生生前友好，送了花圈。中国人民政治协商会议全国委员会、九三学社中央委员会、国家地质总局、中国地质科学院等，也送了花圈。

参加追悼会的有：胡子昂、袁宝华、武衡、李霄路、胥光义、刘景范、卓雄、孙大光、钱昌照、黄汲清、孙冶方等同志和谢家荣先生生前友好，以及中国地质科学院科研人员、职工，共四百人。

追悼会由国家地质总局副局长张同钰主持，中国地质科学院院长邹家尤致悼词。

悼词说：谢家荣先生早年留学美国，解放前曾任北京、清华等大学教授、系主任等职；解放后历任中国地质工作计划指导委员会副主任委员、地质部地矿司总工程师等职，全国政协一、二、三届委员。

谢家荣先生从事地质工作五十多年，为发展我国地质事业贡献了毕生精力，在国内、外地质界享有声望。在他的指导下曾发现淮南八公山煤田、甘肃白银厂铜矿、长江中下游城门山铜矿等。

悼词说：谢家荣先生拥护共产党的领导，拥护社会主义，热爱我们伟大的社会主义祖国，热爱毛主席，为社会主义建设作出了贡献。他对工作认真负责，治学态度严谨，从事教育多年，为国家培养了许多地质人材。

会后进行了骨灰安放仪式。

（《地质战线》1978 年 10 月 22 日第 2 版）

此外还有朱夏的挽诗《追悼季骅先生》：[①]

新天日月放幽光，遗稿重添百丈芒。
带水潜丘劳记述，礁滩蚀壳费思量。
驱车远塞沙风劲，问字新篇墨渖香。
指点煤山与油海，更谁椽笔著文章。

谢树英的挽词《追悼谢季骅兄》：

————————————

[①]　这是出现在追悼会现场的挽诗全文。1989 年为纪念谢家荣诞生 90 周年，学术书刊出版社出版了中国地质科学院矿床地质研究所编的《中国矿床学——纪念谢家荣诞辰 90 周年》，书中收入朱夏先生文章《追悼季骅先生》，将这首挽诗改为："新天日月放幽光，遗帙重腾百丈芒。带水潜丘知启迪，礁滩蚀壳耐平章。驱车远塞沙风劲，问字新篇墨渖香。指点煤山与油海，欲回椽笔拓疆场。"并以大约 2 000 字注释了这首诗。见该书第 11—12 页。

图 127　谢家荣先生追悼会在八宝山革命公墓礼堂举行

精研地矿一生专，当代学人难比肩。
探赜寻幽发奇绩，旁搜远绍越尖端。
是非颠倒遭横议，抑郁萦怀不永年。
明镜高悬清若水，回思往事泪潸然。

卢良兆、陈琪、李学森的挽词是"地质界先驱为祖国矿业奋斗终生、功勋卓著，办矿专育人才辛勤教诲桃李遍神州"。

（郭文魁等主编：《谢家荣与矿产测勘处——纪念谢家荣教授诞辰 100 周年》）

一九七九年十月十八日　地质科学研究院为改正谱主的右派问题，通知陕西蓝田物探所。

陕西蓝田物探所:

　　你处谢学锦同志的父亲谢家荣同志右派问题,根据中共中央一九七八年五十五号文件精神,国家地质总局党组决定,予以改正,恢复政治名誉,恢复原工资待遇。你处如有其右派问题的证明材料请自行销毁。

　　此致
敬礼

　　　　　　　　　　　　　　　　地质科学研究院革命委员会 政工组
　　　　　　　　　　　　　　　　一九七九年十月十八日(盖章)
　　(中国地质科学院地球物理地球化学勘查研究所人事处:谢学锦人事档案)

　　一九八二年七月　国家科学技术委员会授予"大庆油田发现过程中的地球科学工作"以国家自然科学一等奖,李四光排名第一,黄汲清排名第二,谱主排名第三。

图 128　"大庆油田发现过程中的地球科学工作"
　　　　获奖证书

　　一九八四年七—八月　张立生自成都出差到北京送样,与谢学锦商定,经成都地质矿产研究所领导批准,将放在中国地质科学院地下室过道上谱主的全部资料

（两大木箱）运到河北廊坊地球物理地球化学勘查研究所整理。所有资料保存还算完整,整理结果有一份总目录。此外,还对谱主的遗著《中国矿床学 总论》的手稿进行了整理。

一九八八年春夏 中国地质科学院矿床地质研究所为纪念谱主 90 周年诞辰,从河北廊坊将 1984 年整理归档的谱主的大部分手稿借出,包括《中国矿床学 总论》在内的许多重要手稿因此遗失。

一九八八年十二月一日 中国地质学会和中国地质科学院在北京西山饭店联合举行纪念谢家荣 90 周年诞辰纪念会,《中国地质报》和《地质论评》均有报道。

图 129 纪念会会场

《地质论评》报道《纪念谢家荣诞辰九十周年纪念会》:

1988 年 9 月 6 日,是我国著名的地质大师、矿床学巨匠谢家荣先生诞辰九十周年,为此,中国地质科学院和中国地质学会在 1988 年 12 月 1 日于北京西山饭店隆重举行谢家荣先生诞辰九十周年纪念会,缅怀谢先生为中国地质事业所做出的杰出贡献。出席会议的有来自全国各地从事于地质科研、教学和野外实际工作的地质专家、谢家荣先生的生前友好及地质矿产部的领导。会议由中国地质科学院院长陈毓川主持。

　　纪念会首先由郭文魁先生发言,他介绍了随谢先生一起学习和工作,指出谢先生为中国地质事业所作出的卓越贡献。谢先生不仅是一位矿床学家,也是杰出的地质大师,还是我国矿产测勘的先驱者,为中国地质事业奋斗了一生,作出了巨大的贡献。谢家荣先生是一个发展全面、知识渊博的地质学家,他出色的地质成就,涉及到地质学的广泛领域,从地层、构造、区域地质、岩石学、地文、地貌和古地理等。在矿床学方面,谢先生对中国的能源矿产、金属和非金属矿产,做出了不可磨灭的贡献。他理论联系实际,为国民经济建设服务的观点是值得我们学习的。他锲而不舍,勤学不倦的精神,为后人树立了榜样,他渊博的地质知识和取得的巨大成就,表明是当之无愧的地质大师和矿床学巨匠。

　　黄汲清先生在发言稿中,对谢家荣先生的贡献作了高度评价,特别指出在建国初期及第一个五年计划时期,谢先生为新中国的地质事业所作的组织工作,功绩卓著,在石油地质方面,谢先生也作出了巨大的贡献,在松辽油田和华北油田及全国石油工作部署方面,有他的巨大功绩。在大地构造方面提出了新的见解。

　　地质矿产部夏国治副部长在发言中,追述了谢家荣先生一生的经历,他从事地质工作五十年,为我国地质事业贡献了毕生精力,在理论上或实践上都获得巨大的成就。在中国找矿史上有显著功绩,在他领导下发现了安徽淮南八公山煤田,他所推断的淮北煤田分布规律和指出的找矿远景已被以后的工作证实。他发现南京栖霞山铅锌矿及福建漳浦三水型铝土矿及指出甘肃白银厂铜矿、江西城门山铜矿等经勘探得到了证实。在石油地质方面的贡献有许多理论预测,有不少已得到证实,他是大庆油田发现者之一。谢先生是我国一代地质学大师、矿床学巨匠,纪念他对中国地质事业的业绩,学习他勤奋好学为地质事业高度负责的精神。

　　程裕淇先生深有感情地谈到他和谢先生一起学习和工作的情景,在学生时代谢先生亲自上山,指导填地质图,对谢先生的勤奋好学精神值得后人学习的。

　　韩德馨先生着重谈了在煤田地质和煤岩学方面,谢家荣先生所作的巨大贡献,他不仅找到了八公山煤田,并且是中国煤岩学的奠基人。于志鸿同志代表中国地质科学院矿床地质研究所在发言中,缅怀了谢先生的高尚品质及对地质事业的贡献,指出先生一生好学不倦,学以致用,注重经济效益,这些在今天具重大的现实意义。

　　　　　　　　　　　　　　　　(《地质论评》第 35 卷第 2 期,第 177—178 页)

　　一九八九年八月　为纪念谢家荣 90 周年诞辰,学术书刊出版社出版了由中国地质科学院矿床地质研究所编辑的《中国矿床学——纪念谢家荣诞辰 90 周年文集》。黄汲清为文集作序《谢家荣先生在地质工作组织领导、石油地质和大地构造方面的重大贡献》。文集由 3 部分组成。第 1 部分为谢家荣生前好友和学生撰写的纪念文章,有张祖还的《谢家荣先生对我国早期地质教育的贡献》、翁文波的《怀念谢家荣同志》、殷维翰的《远见卓识的谢家荣先生》、张兆瑾的《缅怀谢家荣教授及其在应用地质学上的贡献和成就》、朱夏的《追悼季骅先生》、严济南和马祖望的《从南京栖霞山铅锌矿的发现缅怀谢家荣教授》、董南庭的《跟随谢家荣先生从事地质工作的五年》、王文广的《谢家荣是一位有远见卓识的地质事业家》、戴天富的《忆谢家荣先生》、周国荣的《纪念近代岩心钻探先驱和倡导者、著名地质学家谢家荣》、潘江的《谢家荣教授对新中国地质教育事业的贡献》、谢树英的《追悼季骅兄(诗一首)》和谢学锦的《回忆我的父亲谢家荣教授——他的为人,治学与创业》。第 2 部分为谢家荣遗著《中国矿床学 总论》。第 3 部分为若干学者的矿床学论文。书后附《谢家荣生平简介》和《谢家荣教授主要著作目录》。

一九九五年一月十二日 黄汲清获得何梁何利基金首届优秀奖。基金委员会肯定地指出:"根据他的陆相生油和多期多层生储油理论,中国实现了找油的重大突破,相继发现了大庆等油田。"

一九九五年一月十六日 在中国地质科学院地质研究所为黄汲清获得何梁何利基金优秀奖举行的庆祝会上,黄汲清说:"今后我说话的机会不多了,今天有领导在场,我讲一下谢家荣同志的问题,他的平反不彻底,对他的评价不够,希望领导研究解决。"[①]两个月十天后,黄汲清逝世。

一九九五年三月 《新生界》杂志刊出何建明的长篇报告文学《科学大师的名利场》,宣称"黄汲清的陆相生油理论是实现大庆油田发现的重大突破的最基本和唯一可信的理论依据"等。由此引发何建明与李四光女儿的官司,以何建明败诉告终。之后,何建明将该文微加修改,主题依旧,以《大庆油田发现真相》为题收入其文集《国事系列 秘密档案》,2002 年 1 月由四川人民出版社出版。

一九九八年十一月 第 6 届全国矿床会议于 1998 年 11 月 25—28 日在南京召开,来自国土资源部、教育部、中国科学院、有色、冶金、建材、化工、武警黄金部队、机械和海洋 10 个系统的 235 位代表参会。会议在 25 日晚举行了纪念谢家荣先生 100 周年诞辰的座谈会。

---

① 王乃文:《私人通讯》,2004 年 3 月 24 日。

一九九九年七月二十日　中山大学地球科学系(地质系)简报报道,该系"拟以两广地质调查所创始人之一、我国已故著名地质学家、中国科学院院士谢家荣先生之名设立的谢家荣奖学金,已取得实质性进展"。

二〇〇四年九月　由郭文魁等主编的《谢家荣与矿产测勘处——纪念谢家荣诞辰100周年》由石油工业出版社出版。地质矿产部党组于1998年拨专款出版此书,但出版经费大部分被主编之一的张以诚挪用,出版他自己的《矿业城市与可持续发展》,致使该书没有了出版经费,张以诚长期拒交文稿,后谢学锦向北京市海淀区人民法院起诉,令他交出文稿,该书的出版被拖延了长达六年之久,原定的谢家荣教授100周年诞辰纪念大会也因此未能召开。

全书由5个部分组成。回忆与论述:由谢家荣的学生、同事、助手和亲属撰写的53篇文章组成。红花偕绿叶:由吴凤鸣撰写的《谢家荣》和由不同仁撰写的曾经在矿产测勘处工作过的专家简历。曲折人生路:由王仰之和张以诚撰写的《谢家荣年谱》及文乐然的报告文学片段《谢家荣最后的日子》。尘封的珍珠:精选谢家荣发表在《矿测近讯》上的数十篇短文和1965年撰写的论文《同生成矿理论在我国的运用》(张立生学习本文打印稿时的摘录)。最后是谢家荣主要著作目录。

二〇〇五年四月三十日　谢学锦院士致函中国地质调查局局长孟宪来并请转呈国土资源部部长孙文盛,建议举行谢家荣110周年诞辰纪念活动并出版《谢家荣文集》:

关于举行著名地质学家谢家荣教授诞辰110周年纪念活动和出版《谢家荣文集》的建议

孟宪来(院)局长,并呈孙文盛部长:

已故中国科学院院士谢家荣先生生前曾任中国地质工作计划指导委员会副主任委员兼计划处处长、地质部总工程师、地质部普查委员会常务委员兼总工程师、原地质矿产研究所副所长等职,公认是一位全方位的地质学家,他一生的研究和工作涉及普通地质学、区域地质学、地层古生物学、大地构造学、陨石学、矿物学、岩石学、水文地质学和工程地质学、岩心钻探和地球物理勘探、地震地质学、地文学和地貌学、岩相古地理、土壤学、矿相学、矿床学、煤岩学、煤田地质学、石油地质学、经济地质学等,其涉猎面之宽,在我国地质界独一无二,并且在许多方面都居于第一和开创者的地位。他是国内外著名的地质学家和矿床学家,在上述基础地质科学和应用地质科学领域都有重要建树,尤以金属和非金属矿床地质学、煤岩学、煤田地质学、石油地质学、经济地质学方面的贡献最大,是我国矿床学的主要奠基人。他自始至终领导矿产测勘处,是我国经济地质学的开山鼻祖,亲自发现和指导发现了淮南煤田、福建漳浦铝土矿、安徽凤台磷矿、南京栖霞山铅锌银矿、甘肃白银厂铜矿等一批重要的矿床和煤田,是我国迄今为止发现矿床最多的矿床地质学家,对铜官山铜矿、江华锡矿等的研究与开发做出了重要贡献。他是最早提出中国的石油不限于西北、要在全国范围内普遍找油、注意到在东北平原下找油的第一位地质学家,对20世纪50年代中国石油勘探战略重点东移和大庆油田、华北油田和渤海湾油田的发现做出了重大贡献。谢家荣还是一位杰出的地质教育家,对我国的地质教育事业倾注了许多心血,曾先后任教和任职于东南大学、北京大学、清华大学、北京师范大学,对这些大学地质学系的建设和发展和我国地质人才的培养做出了重要贡献。南京刚刚解放他就积极倡议并亲自筹划创办了新中国第一所高等地质学校南京地质探矿专修学校,为国家培养了一批急需的地质人才,60年代又为国家培养了一批研究生。他特别注重在实践中培养和造就人才,中华人民共和国成立后相当一段时间内全国各省区有将近半数的地质局和冶金及核工业部门地质系统的总工程师都是由他亲自培养出来的专家担任的。谢家荣一生辛勤劳作,写下了大量学术著作,包括许多至今尚未发表的著作,它们是我国地质学界的宝贵财富,其中许多对于我们今天的工作仍然具有重要的理论与现实意义。

在谢家荣100周年诞辰(1998年9月7日)前夕,曾经原地质矿产部批准准备组织纪念活动和出版纪念文集,但却因为纪念文集的出版被人无端地拖延了长达6年之久,拟议中的纪念活动也就因之最终没有能够举行。鉴于谢家荣先生对我国地质事业所做出的巨大贡献,为缅怀他的丰功伟绩,继承和发扬他立志报效祖国、艰苦奋斗、勇于和善于实践、求实创新、不断进取的优良传统,学习他的学术思想,把我国的地质事业不断向前推进,我们建议:

一、在谢家荣先生110周年诞辰(2008年9月7日)之际,由中国地质学会和中国地质科学院出面组织举行纪念会和学术讨论会,请全国政协、九三学社、地质界和科技界及有关工业部门(煤炭、石油、化工、有色、冶金、核工业等)的负责同志及科技工作者出席,国土资源部领导出席并作报告。

成立一个有专人负责的纪念活动筹备组,其成立的时间不应晚于2007年底。

二、编辑出版《谢家荣文集》。鉴于谢家荣先生是一位全方位的地质学家,著述十分丰富,建议出版5卷集的文集,力争在谢家荣先生诞辰110周年时出齐。各卷名称和待选的文章附后。

成立《谢家荣文集》编辑委员会。具体的编辑工作由成都地质矿产研究所的张立生和中国地质图书馆的张尔平、张中伟等执行。

三、组织纪念活动所需要的经费由纪念活动筹备组依据活动安排编制预算报国土资源部,并由国土资源部划拨。建议由国土资源部为 5 卷集《谢家荣文集》编辑、出版拨款 50 万元,专款专用。所拨款项由编辑委员会支配,任何个人不得以任何理由挪作他用。

以上建议当否,请予批示。

中国科学院院士　　谢学锦

2004 年 4 月 30 日

二○○五年五月　《谢家荣文集》编辑委员会正式成立。顾问(以汉语拼音为序):常印佛、陈梦熊、陈庆宣、陈述彭、陈毓川、戴金星、董申保、傅家谟、韩德馨、李德生、李廷栋、刘东生、刘广志、欧阳自远、裴荣富、任纪舜、沈其韩、施雅风、孙枢、田在艺、涂光炽、王鸿祯、肖序常、杨遵仪、叶笃正、叶连俊、袁道先、翟裕生、张宗祜、郑绵平。主编:谢学锦、张立生。编委(以汉语拼音为序):陈廷愚、潘云唐、陶惠亮、谢学锦、张尔平、张立生、张中伟。常务编辑:张立生、潘云唐、陈廷愚。《谢家荣文集》拟出版八卷,第一、二卷为《地质学》,第三卷为《煤地质学》,第四卷为《石油地质学》,第五、六卷为《矿床学》,第七、八卷为《经济地质学及其他》。

二○○六年四月十九日　中国地质科学院科技处李贵书电话通知张立生到院科技处,口头传达中国地质调查局 2006 年第 6 次局长办公会议的决定。

中国地质调查局 4 月 12 日第六次局长办公会议关于谢家荣诞辰 110 周年纪念活动的决定

2006 年 4 月 19 日上午 9 点 54 分中国地质科学院科技处电话通知张立生到处办公室,由处长李桂书口头传达中国地质调查局 4 月 12 日第六次局长办公会议关于谢家荣诞辰 110 周年纪念活动的决定。传达内容如下:

今天上午局科技外事部专门派叶建良、肖桂义处长来院传达中国地质调查局 4 月 12 日第六次局长办公会议关于谢家荣诞辰 110 周年纪念活动的决定。在 4 月 12 日的局长办公会议上,各位局长都就地质科学院关于谢家荣诞辰 110 周年纪念活动的请示报告发表了意见,孟宪来局长最后总结了各位局长的意见,也包括他自己的意见,作了决定,决定共三条:

1. 纪念活动由中国地质学会和中国地质科学院组织;

2. 所需经费原则上自筹,如有困难可申请单项事业费;

3.纪念活动包括举行学术报告会和出版论文集。

以上由张立生根据李桂书处长传达的记录整理

2006年4月19日上午11点

二〇〇七年一月 八卷集《谢家荣文集》第一、二卷(地质学)由地质出版社出版,收入论文96篇(本),130万字。文集编辑委员会在代序中说:"本文集的出版经费筹措颇费周折,感谢北京建龙国基投资有限公司的资助,使之得以陆续出版。"

《杰出的全方位地质学家》(代序):

谢家荣,字季华、季骅,1897年8月19日生于上海市的一个职员家庭。1913年考入工商部地质研究所。它实际上是一所地质专科学校,其领导者和主要教师都是我国地质事业的奠基人——章鸿钊、丁文江和翁文灏。由于学校的良好教育、严格要求以及自身的勤奋与刻苦,谢家荣终以优异的成绩与其他17位同学一起于1916年毕业,并进入农商部地质调查所任调查员。这是中国自己培养出的第一批地质学家,中国地质学史上俗称的"十八罗汉"。他们中的绝大多数人都是中国地质界的骨干和栋梁。博学多才的谢家荣是他们中的佼佼者,在他一生的地质事业中,几乎涉及地质科学中的各个领域,是一位杰出的全方的位地质学家,特别在矿床地质学和煤田地质学、石油地质学方面的重大成就,具有极高的开创性、权威性,对中国的地质事业做出了杰出的贡献。

谢家荣在地质调查所工作一年多后,由于工作成绩突出,于1917年第一个被选派留学美国斯坦福大学地质系,1919年转入威斯康星大学地质系,读研究生。1920年,谢家荣在威斯康星大学毕业,获理学硕士学位,并于1921年2月回国,仍在地质调查所任职。1920年12月16日,甘肃海原县(现属宁夏回族自治区)发生8.6级大地震,导致约23.4万人死亡。1921年4月,谢家荣参加北洋政府派出的甘肃地震灾区调查团,随翁文灏、王烈等赴甘肃考察。考察完甘肃地震后,谢家荣又奉派去玉门调查石油地质。

1921年冬,谢家荣与袁复礼一起倡议并积极参与了中国地质学会的创建,是26位创始会员之一。他还与袁复礼一起起草了《中国地质学会章程》,并在学会成立大会上当选为书记(相当于秘书长)。20世纪20年代中期,谢家荣主要从事湖北省的地质矿产研究,并发表了许多研究成果。1925~1927年,谢家荣先后为北京大学地质系经济地质学门(专业)二、三、四年级学生讲授《经济地质学(金属)》《经济地质学(非金属)》和《中国矿产专论》。1927年夏,应两广地质调查所之聘,

南下任职,兼任中山大学地质系教授。1928 年 3 月任教中央大学地质系。1928 年
8 月至 1930 年 5 月作为访问学者前往德国和法国,主要在柏林地质调查所及弗莱
堡大学从事煤岩学及金属矿床的研究。1930 年 7 月参与筹建并负责管理地质调
查所土壤研究室,1930 年 9 月任教清华大学地理系,同年 10 月地质调查所成立兼
沁园燃料研究室,任该室主任,从事煤炭、石油、油页岩等方面的研究。1931 年任
清华大学地理学系教授兼代主任、1931—1932 年间兼任北平师范大学地理学系教
授兼主任。1932—1937 年任北京大学地质系教授,并任北京大学 1932—1933 年
度和 1933—1934 年度研究教授。1935 年,实业部地质调查所迁往南京,留在北平
的部分成立北平分所,谢家荣任北平分所所长。1936—1937 年兼任北京大学地质
系主任。

　　1937 年,"七七事变"爆发,北平沦陷。他拒绝了日伪当局要他到伪北京大学
任职的要求,根据翁文灏的安排,于 1937 年 10 月下旬化装潜行,离开北平,奉调离
开北京大学,被派往广西八步调查富贺钟(富川—贺县—钟山)锡矿,后到湖南就任
江华矿务局经理、经济部资源委员会专门委员。江华矿务局是资源委员会下辖的
一个重要厂矿,谢家荣出任总经理之职,改变了他过去一直从事教育和科学研究的
人生轨迹,转而进行应用地质即矿产勘查与开发的工作。

　　任江华矿务局经理期间,谢家荣在湖南、广西进行了大量的砂锡矿地质勘查和
研究工作。1940 年 5 月,奉命到云南昆明,任叙昆铁路沿线探矿工程处总工程师。
同年 10 月,叙昆铁路探矿工程处迁往滇东北的昭通,并易名经济部资源委员会西
南矿产测勘处,谢家荣任处长。1942 年 10 月,西南矿产测勘处更名为经济部资源
委员会矿产测勘处,谢家荣仍担任处长。在抗日战争胜利之前的 5 年中,在从昆明
迁昭通,由昭通搬贵阳,又由贵阳到重庆的动荡环境中,在生活和工作条件十分艰
苦的情况下,他领导矿产测勘处做了大量的地质调查和矿产勘查工作,发现了贵州
云雾山的高级一水硬铝矿和云南中部的白色高级铝土矿。

　　1945 年抗日战争胜利后,谢家荣将矿产测勘处从重庆迁到南京。是年 12 月,
谢家荣去台湾调查了石油地质。在从 1946 年到 1949 年 4 月南京解放的 3 年多
中,谢家荣先后发现了安徽淮南八公山煤田、安徽凤台磷矿、福建漳浦铝土矿和南
京栖霞山多金属矿等矿床。1948 年,谢家荣当选为中央研究院首届院士。南京解
放前夕,胡适召集中央研究院院士开会,动员他们到台湾去,并提供机票。但谢家
荣毫不动摇,坚持留在南京迎接解放。他组织处内职工坚守岗位,保护设备和资
料,储存粮菜,打井储水,并亲自参加巡夜,保证了矿产测勘处安全、完好地回到人
民手中。

　　南京解放后,为保证工业建设原料的供给,谢家荣即向当时的军政负责同志建

议并得到领导的大力支持,积极筹备和创办了南京地质探矿专科学校,为新中国培养和输送了一批地质探矿、石油地质和地球物理探矿的专门人才。人民共和国建立后,谢家荣以满腔的热情,积极投身到国民经济恢复与社会主义建设事业中,先后担任了南京军管会原资源委员会保管委员会副主任委员、原资源委员会矿产测勘处保管处处长、华东军政委员会工业部矿产测勘处处长、政务院财经委员会矿产测勘处处长。1950年9月中国地质工作计划指导委员会成立,谢家荣任副主任委员兼计划处处长。1951年3月起任燃料工业部石油地质总局地质顾问。1952年地质部成立,任地质部总工程师。1954年任地质部普查委员会常务委员及总工程师。1955年,被选聘为中国科学院首批学部委员。在国民经济恢复时期和第一个五年计划期间,谢家荣首次对除台湾省以外的全国的地质,金属、非金属矿产和煤、石油的普查勘探工作进行了全面、系统的部署,对第一个五年计划的胜利完成起了重要作用。他与黄汲清一起主持编写的《普查须知》是野外地质人员必读的工具书。他同黄汲清等一起详细指导和部署了包括大庆、华北油田在内的全国石油普查勘探工作,为20世纪50年代中国石油勘探战略重点东移和大庆、华北、胜利、渤海湾等油田的发现做出了重大的贡献。1956年,他参加了全国12年科技发展远景规划的制订,同年,地质部成立地质矿产研究所,次年易名地质部地质研究所,谢家荣任副所长,与孙云铸、黄汲清等一起拟定了研究中国地质矿产的总体规划,并取得了若干成果。

在1957年的反右派运动中,谢家荣被错划为右派。在受到不公正对待的岁月里,他仍然努力工作,写成了长达10万字的《中国矿产分布规律的初步研究及今后找矿方向的若干意见》。在他生命的最后几年中,写出了《中国大地构造问题》《论矿床的分类》《花岗岩化与成矿》《大地构造与找矿》等重要论文和《中国矿床学(总论)》,还为国家培养了一批研究生。1966年在"文化大革命"最初的几十天中,他受到本不应该有的冲击和迫害而于8月14日逝世于北京。

谢家荣非常热心各种学术活动,倡议并积极参加创建了中国地质学会,先后担任过第一届至第三届(1922～1924年)、第十三届(1936年)、第十四届(1937)、第十八届(1941年)、第十九届(1942年)、第二十一届(1944)年、第二十二届(1945年)、第二十四届至第三十一届(1947～1966年)编辑,第四届、第五届、第六届(1925～1928年)及第八届(1930年)评议员,第九届至第三十一届(1931～1966年)理事,第十一届(1934年)和第二十三届(1946～1947年)理事长。1936年经他建议创办了《地质论评》,并兼编辑部主任(1936～1940年,1946～1948年),同年还兼任《中国地质学会志》编辑,对学会这两种刊物(中文和英文)的出版做出了重大贡献。谢家荣还与葛利普、章鸿钊、杨钟健一起设计了中国地质学会的会徽。他在1935年和 1936 年两度主持了中国地质学会的"中国地质学会葛氏奖章"的授奖仪式,作为"丁文江先生纪念奖金"委员会主席主持了 1944 年的奖金授奖仪式。1934 年,他还与翁文灏、丁文江、李四光、竺可桢、叶良辅、张其昀、胡焕庸、曾世英等人共同发起,在南京成立了中国地理学会,并当选为首届理事。谢家荣对祖国地质事业的杰出贡献,受到了党和人民的尊重,先后当选为中国人民政治协商会议全国委员会第一届至第四届委员。

谢家荣一生以其旺盛的精力、浓厚的兴趣、报效祖国的志向,触及了地质科学的广泛领域,其涉猎面之广,在我国地质界是独一无二的,并且在许多方面都居于第一和开创者的地位,取得了令人瞩目的成就。

——在普通地质学方面,他 1924 年由上海商务印书馆出版的《地质学》(上编),是中国人自己编撰出版的第一部普通地质学教科书。

——在区域地质学方面,除在北京大学和清华大学任教期间带领学生填制北京西郊兰靛厂、房山、河北涞源的地质图外,在云南的五年期间,在他亲自指导下周德忠曾编制了滇东、滇西、川西的 1∶100 000 路线地质图数十幅,为黄汲清编制 1∶3 000 000 地质图的出版提供了必不可少的资料;此外他还主持测制了许多矿区地质图。

——在地层学方面,除他早期野外工作所建立的地层组、段,如大冶灰岩与长辛店砾岩等外,他还对云南特别是滇东、川西的地层层序与构造运动进行了系统总结,提交了叙昆铁路沿线地质矿产报告与滇西铁路初勘地质报告,奠定了该区地质构造的初步基础。

——在构造地质学方面,他 1937 年就曾写出《北京西山地质构造概说》,开始论证西山的构造问题。晚年,对全国大地构造进行总结,写出了《论中国大地构造的格局》《华南主要大地构造特征》等重要论文,其中提出的很多新认识和新观点,即便在今天,也仍然值得我们认真加以考虑和研讨。

——在矿物学方面,他早年对东川铜矿石的工作,就曾确定其中有电气石的存在。1944 年,在简陋的条件下,他仔细进行镜下鉴定,确定昆明与贵州息烽石炭系铝土矿的矿石为硬水铝石(Diaspore),而福建漳浦的铝土矿为三水铝石(Gibbsite),从而给予了正确的评价。他还对昆阳磷块岩的胶磷矿与宿松磷矿的磷灰石做过对比研究。

——在岩石学方面,他 1937 年首先指出北京西山的辉绿岩不是侵入岩层而是喷出的玄武岩流,后为郭文魁先生作毕业论文时进行的详细野外观察与室内鉴定所证实。1936 年他在翁文灏 1920 年工作的基础上,首先将华南花岗岩分别命名为"扬子式"与"香港式"。其与现代所称的"I 型"与"S 型",或"同熔型"与"重熔型"

以及"磁铁矿型"与"钛铁矿型"等的含意与区域分布大体上是一致的。晚年,他更推崇花岗岩化的学说,用它解释我国东南地区的花岗岩的分布和时代,并写出了"让花岗岩及花岗岩化的研究为区测与找矿工作服务"的论文。

——在古生物学方面,谢家荣也较一般地质人员有更丰富的知识。他将在昭通褐炭层之上的泥沙层中找到的象牙鉴定为东方剑齿象(*Stegodon orientalis*),属于上新统;他与燕树檀一起研究昭通龙洞泥盆系剖面,根据化石群详细划分了中泥盆统的层位;他与边兆祥研究贵州水城大、小河边的宣威煤系,根据钻孔深部煤系中出现的蛤类化石属二叠—三叠纪,认定该煤系是陆缘潮汐带沉积;他在淮南八公山盆地边缘丘陵的石灰岩中首先发现蜓科化石,并鉴定为中石炭世的纺锤蜓(*Fusulina*),为船山组层位,从而下决心在盆地内下钻,发现了著名的淮南大煤田。

——在陨石学方面,早在 1923 年他就在《科学》和《中国地质学会志》上发表了《中国陨石之研究》和《有关中国地质调查所收到的第一块陨石的成分和构造的初步研究》的文章,堪称我国现代陨石学研究的先驱。

——在水文地质学方面,在 20 世纪 20 年代末、30 年代初他就撰写了一系列南京供水的文章,开创了中国地质学家解决城市供水水文地质的先河。

——在工程地质学方面,谢家荣也是最早的创导人之一。他 20 世纪 40 年代初就曾指导过有关人员进行叙昆、滇缅两条铁路路线工程地质的勘查。1948 年他派郭文魁、刘汉进行过农田地质检查和台湾甘蔗田地下水调查,同年他还派郭文魁专门勘查了湖南资兴东江水坝的坝址地质。早在 1953 年,他就曾指导陈梦熊对抚顺煤矿露天采场滑坡的研究与治理。

——在地震地质学方面,他 1921 年前往甘肃地震灾区考察后所撰写的《民国九年十二月甘肃地震报告》和《民国 9 年 12 月甘肃及其他各省地震情形》,成为我国近代开展地震地质研究最早的经典文献之一。

——在岩相古地理研究方面,谢家荣有卓越的成就。他 1947 年 11 月 18 日在台北举行的中国地质学会第 23 届年会上发表的理事长演说《古地理为探矿之指南(Palaeogeography as a guide to mineral exploration)》是古地理研究的经典论文,对我国沉积矿产普查找矿工作起了重要的指导作用,被"地质部地质矿产司非金属矿产处部署磷矿普查时引作箴规依据和导引","影响及于大片国土和若干地质队众多同志的野外生涯与实践,并终有所获"[段承敬:薪传火种话磷矿——缅怀谢家荣(季骅)老师],至今仍然具有重要的理论和现实意义。他还研究过中国煤矿、滇、黔铝土矿以及沉积铁矿和铜矿与古地理之关系,并编制了小比例尺古地理图,圈出了新的成矿远景区。这种通过古地理和沉积条件的分析,预测某些矿产分布规律的方法,在当今普查勘探工作中仍是一种有效的方法。

　　——在土壤学方面，他1931年就发表的我国最早的土壤学论文《土壤分类及土壤调查》及中国人自己写的第一份土壤调查报告《河北省三河平谷蓟县土壤约测报告》(与常隆庆合著)奠定了他现代中国土壤学开创者和奠基人的地位。

　　——在地文学与地貌学研究方面，他1925年与叶良辅合著的《扬子江流域巫山以下之地质构造与地文史》，以及他1933～1934年间写的《陕北盆地地文》、《陕北的地文》、《中国地文期概说》和《陕北盆地和四川盆地》等论文是中国地文学和地貌学研究的重要著作，至今仍具有重要意义。

　　——在煤田地质学方面，谢家荣功勋卓著。在煤岩学研究方面，他运用光学显微镜进行煤质鉴定，不仅在中国，也为世界煤岩学界所称道。他1929年的《四川石炭之显微镜研究》，1930年的《煤岩学研究之新方法》及《北票煤之煤岩学初步研究》，1931年的《国产煤之显微镜研究》、《华煤中之植物组织及其在地质上之意义》，1933年的《煤的抛光薄片——煤岩学之一新法》《中国无烟煤之显微镜研究》《辽宁西安煤矿附产菱铁矿结核之研究》《江西乐平煤——中国煤之一新种》和《中国乐平煤之研究》等论文奠定了他作为我国煤岩学先驱、开拓者和奠基人以及世界煤岩学先驱之一的地位。8年抗战期间，谢家荣对祖国西南地区的煤田地质倾注了大量心血，他1944年的《Coal field & coal mining industry in China, a general survey》和1945年的《贵州煤田研究并特论其与古地理及地质构造之关系》及《中国几种挥发份烟煤及其在三角分类图中之位置》在中国煤田地质学和煤炭工业史上都具有极为重要的奠基性的地位。淮南煤田的发现被地质界传为佳话，是谢家荣运用地质理论找矿的光辉范例，被誉为"丰功伟识，永垂千秋"，是中国地质学史上的辉煌成就之一。解放后，谢家荣以其对煤田地质的长期研究和对中国煤田地质勘探的丰富经验连续发表了多篇有关煤田地质的文章：《煤地质的研究》(1952)、《关于煤地质方面的一些重要知识》(1953)、《勘探中国煤田的若干地质问题》(1953)、《中国的煤田》(1954)、《煤的成因类型及其意义》(1955)、《关于煤田类型》(1955)、《中国煤田类型及煤质变化问题》(1956)等，这些文章对20世纪50年代中国的煤田地质勘探起了非常重要的作用，都是中国煤田地质的宝贵文献。

　　——在石油地质学方面，他是现代中国最早的石油调查者，他的《甘肃玉门石油报告》(1922)是我国最早的石油地质调查报告，他1929年的《石油》，是中国学者自己撰写的最早的石油地质专著。他是中国石油储量的最早计算者，陕北、四川和台湾油田的积极开拓者。他是"中国贫油论"的坚决反对者，认为它"在地质上没有依据"，"可以断定中国有油，并且可以推测它的分布是很广泛的"，"中国有广大的沉积盆地和沉积平原，油气苗又遍及全国，石油远景一定很大"，"只要钻探能赶得上地质工作，我想许多巨大新油田的跟踵发现，是在意料之中的。"。他是注意到在东北(热河及黑龙江)找油的第一位地质学家。他最早提出中国的石油不限于西北,指出"中国石油的分布,决不只限于西北一隅,而在生油层没有确定之前,凡有古生代及中生代海生地层分布并略有油苗显示的地方,都值得仔细探勘","依据地质理论,并为解决中国石油问题计,我们应该扩大范围,在中国各地普遍探油",为中国石油普查制订了正确的战略。他还是陆相生油论的倡导者,最早从理论上阐述陆相生油理论,并指出"三角洲半属海相,半属陆相。其海相之部,即为浅海或濒海沉积,最适合于石油之产生。而近陆之部,则植物繁茂,在适当环境之下,亦能造成石油。且地盘稍有升降,海岸线即随之而伸缩,故在此区域之内,海陆二相之地层,往往相间而生,于石油之聚集,最为适宜。""产油地层,当以浅海或三角洲沉积最为适宜"。他对我国油气资源的勘查与发现,始终充满信心,并进行了不懈的探索。他的《江南探油论》(1948)、《扩大探油的范围》(1949)、《中国的产油区和可能产油区》(1954)、《石油地质的现状、趋势及今后在中国勘探石油的方向》(1956)、《石油普查工作中的若干重要问题》(1956)、《中国油气区和可能油气区的划分与评价》(1957)等一系列论文奠定了 20 世纪 50 年代石油普查和石油勘探战略重点东移的地质科学理论基础;他对我国石油普查的具体指导和实践则为石油勘探战略重点东移的实现准备了坚实的物质基础,从而对大庆油田的发现和以大庆油田的发现为开端的,包括华北油田和渤海湾油田等的发现在内的中国石油大发现做出了重大贡献。

——在矿相学方面,谢家荣是中国矿相学的创始人。他在反光显微镜下所拍东川铜矿的矿石结构构造与矿物相互关系的图片,为国际矿相学大师兰姆多尔(Ramdohr)和著名矿床学家施奈德红(Schneiderhöhn)所称道,被反复选用在他们的名著中。

——在矿床学方面,他 20 世纪 20 年代初所写《矿床学大意》的系列论文,系统地阐述矿床学的理论与实践,开了我国矿床学研究的先河。他 1923 年写的《中国铁矿之分类与其分布》,是中国铁矿床研究的首次理论总结,1935 年发表的《扬子江下游铁矿志(附中国铁矿床的分类)》,提出了 10 多个铁矿床类型,多年来一直是长江中下游找矿工作的重要指南,1936 年发表的《中国的成矿时代与成矿区域》,明确指出扬子区与南岭区的矿产组合存在着明显的差异,将中国成矿学的研究向前推进了一大步,同年发表的《中国中生代末第三纪初之造山运动火成岩活跃及与矿产造成之关系》,是他在矿床研究方面极有影响的论文。抗日战争时期,谢家荣任职江华矿务局和矿产测勘处,对湘桂地区的锡矿和西南地区的矿床地质问题做了深入的研究,发表了《云南矿产概论》《相桂交界富贺钟江砂锡矿纪要并泛论中国锡带之分布》《滇黔康三省金属矿产述要并特论其分布与地质时代》《中国铝土矿之成因》等重要论文,这些文章至今仍具有重要意义。抗日战争结束后,谢家荣还对铀矿给予了特别的重视,他 1948 年发表的《铀矿浅说》一文是我国详细介绍铀矿知识最早的文献,是中国铀矿地质学研究的起点。解放后,先后于 1957 年和 1958 年发表的《火山及火山沉积作用在中国几种矿床中的意义》《中国矿产分布规律的初步研究及今后找矿方向的若干意见》将中国的矿床学研究推到了一个新的高度,至今仍有重要的现实意义。他晚年的《近代成矿理论方面的几个基本问题》(1962)、《论矿床的分类》(1963)、《地质历史中成矿作用的新生性、再生性和承继性》(1963)、《同生成矿理论在我国的运用》(1965)、《花岗岩化与成矿》(1965)和《中国矿床学》(总论)(1966)等更是中国矿床学中的名著。他不仅是我国矿床学的主要奠基人,更是名副其实的矿床学巨匠和大师。

——在经济地质学方面,是我国地质学家中最早提出运用地质理论找矿、强调开展应用研究、成矿预测、倡导使用综合勘探方法的地质学家,是最早自己进行研究、运用勘探网勘探矿床并取得重大成就的勘查地质学家。他是理论联系实际的典范,早在 20 世纪 40 年代,他就将地质理论、地质知识、地质技术、找矿经验和科学方法运用于实践,为社会服务,为找矿服务,是我国矿产测勘事业的开拓者与奠基人,是我国经济地质学的先驱。谢家荣一生亲自研究与指导研究的矿产涉及燃料、黑色、有色、贵重与稀土金属以及主要非金属和地下水等。他对所有这些矿产都有渊博的知识和现场工作的经验与体会,这使他成为迄今为止中国发现矿床最多的矿床学家和经济地质学家。

——在地质钻探工程方面,谢家荣又是最早运用钻探工程直接探明矿产储量并验证地质调查成果的颇有远见的中国地质学家,他是中国地质钻探事业的先驱和倡导者。

——在地球物理勘查方面,早在抗日战争的艰苦时期,谢家荣就与顾功叙合作,于 1941 年对昭通褐炭田进行了地球物理勘查并取得了良好的效果,是中国最早的地球物理探矿记录;他还于 1945 年在矿产测勘处建立了由张宗潢(张放)领导的我国第一个地球物理探矿科。

谢家荣一生徜徉在地质科学的海洋里,涉及如此多的领域,取得了如此重要的成就,做出了如此重要的贡献,是名副其实的全方位地质学家,是当之无愧的地质学大师。

谢家荣从事地质工作整整 50 年,一生辛勤劳作,有著述 400 余篇(其中许多尚未发表)。它们是我国地质学界的宝贵财富,其中许多对于我们今天的工作仍然具有重要的理论与现实意义。

2008 年 9 月 7 日是谢家荣先生诞辰 110 周年的纪念日。为缅怀谢家荣先生对我国地质事业所做出的巨大贡献,继承和发扬他立志报效祖国、艰苦奋斗、勇于和善于实践、求实创新、不断进取的优良传统,学习他的学术思想,把我国的地质事业不断向前推进,我们决定编辑出版八卷集的《谢家荣文集》,以此献给谢家荣先生及他终身为之奋斗的中国地质事业,纪念谢家荣先生的 110 周年诞辰。

最后,应当要说一句,本文集出版经费的筹措颇费周折,感谢北京建龙国基投资有限公司的资助,使之得以陆续出版。

《谢家荣文集》编辑委员会

2006 年 7 月 1 日

2018 年 10 月 1 日修订

二〇〇七年十二月 《谢家荣文集第三卷 煤地质学》由地质出版社出版,收入论文 60 篇(本),92 万字。

《杰出的煤地质学家》(第三卷代序):

谢家荣研究过数十种矿产资源,煤是他长期特别关注的矿种之一,并取得了重大成就,是一位杰出的煤地质学家。

谢家荣的煤田地质研究始于学生时代,《农商部地质研究所师弟修业记》中有多处记述。1915—1916 年的寒假期间,谢家荣就在翁文灏先生的率领下,与叶良辅一道,赴江西调查德化、丰城、进贤和鄱阳等地的煤田地质,并著有《江西德化县西境地质矿产报告书》《江西丰城县煤矿报告书》和《江西进贤县东北煤矿报告书》等,同年还发表了河北滦县赵各庄煤田调查报告。在 1920 年从威斯康星大学回国以后的几年中先后发表了《煤(百科小丛书第十种)》(1923)、《华宝煤矿公司地质报告》(1927)和《山东省泰安华宝煤矿调查记》(1928)等著作,其中 1923 年由商务印书馆出版的专著《煤(百科小丛书第十种)》是我国现代有关煤的最早的专著,后于 1934 年 3 月至 1947 年 2 月的 10 多年间以"工学小丛书"的形式先后 4 次再版。

1928 年 8 月至 1930 年 5 月,他作为访问学者到德国和法国,开始进行煤岩学研究。在此期间,他研究了国内寄去的煤岩标本,写成了《A Preliminary Report on the Microstructures of Chinese Coal》和《Microstructure of Coal as Revealed by Etching》,发表了《四川石炭之显微镜研究》和《Ätzstrukturen in der Kohle》。回国后,在中国倡导煤岩学工作,并于 1930 年发表了《煤岩学研究之新方法》及《北票煤之煤岩学初步研究》等论文。同年,地质调查所建立沁园燃料研究室,谢家荣兼任名誉主任。他的上述论文连同他 1931 年的《国产煤之显微镜研究》《华煤中之植物组织及其地质上之意义》,1933 年的《煤的抛光薄片——煤岩学之一新法》、《中国无烟煤之显微镜研究》《辽宁西安煤矿附产菱铁矿结核之研究》《江西乐平煤——中国煤之一新种》和《中国乐平煤之研究》等一系列论文,奠定了他作为我国煤岩学先驱、开拓者和奠基人的地位。这些研究成果,经受住了 70 多年的实践检验,其真知灼见至今仍具有重要意义。他不仅在中国倡导煤岩学工作,更于 1930年在国际煤岩学界首创偏光反光显微镜研究方法,并取得卓著成效。他借助其首创的偏光反光显微镜研究方法研究的煤岩显微组分的光学各向异性现象,已成为当代煤岩学研究的重要方面,并在高煤级煤显微组分识别、煤结构反演、煤田构造应力场研究等方面得到广泛的应用,具有非常重要的意义;他当年研究煤岩显微组分及结构的各向异性所使用的交叉偏光和薄光片技术,仍是当今我国煤岩学界公认的先进研究方法;他当年研究四川、江西、辽宁等地煤的成因时所使用的角质层分离与鉴定技术,在当今的煤岩学、古植物学研究中仍受到重视和应用。他在其煤岩学研究论文中所选用的大量煤岩显微照片,无论是从煤岩学特征的典型性,还是取材的精当和印制的技巧,至今都是我国煤岩学研究中值得借鉴和学习的。

　　谢家荣还致力于中国各地区煤岩和煤质的研究,为中国区域煤岩学及煤成因研究奠定了基础。他在国内首次采用角质层分离技术对煤中角质层、真菌、木质部等解剖结构进行分析来研究四川的区域煤岩学,通过煤岩成分和角质层的特征差别,区分和对比煤层,无论是区域上的广泛性,方法上的先进性,以及对角质层研究的深度,都在我国区域煤岩和煤质研究中占有十分重要的地位。

　　《勘查平西王平村同丰公司煤田报告》(1931)、《江苏铜山县贾汪煤田地质》(1932)、《长兴煤田地质报告》(1934)、《煤之成因的分类》(1934)、《湖南湘潭谭家山煤田地质报告》(1937)等记录了他抗日战争前 5 年的煤田地质研究成果。

　　八年抗战期间,谢家荣对祖国西南地区的煤田地质倾注了大量心血。从云南禄劝志留系的烛煤、云南宜良狗街石炭系的无烟煤,到贵州赫威水(赫章—威宁—水城)上二叠统的烟煤和云南祥云三叠系的烟煤、云南昭通、开远的褐煤等的普查勘探,他都付出了辛勤的劳动和汗水,取得了非常重要的成果。而今赫威水已经成了贵州省的煤炭钢铁基地,昭通也已经发展成了一个拥有数十亿吨褐煤的工业基地。他 1944 年的《Coal field & coal mining industry in China, a general survey》(中国之煤田及煤矿业概况)和 1945 年的《贵州煤田研究并特论其与古地理及地质构造之关系》及《中国几种挥发份烟煤及其在三角分类图中之位置》是他这一时期有关煤田地质的重要著作。其中《Coal field & coal mining industry in China, a general survey》一文第一次从全国的角度,以理论的概况论述了中国的煤田,将中国煤田的地理分布划分为七个煤区,详细论述了每区煤田分布范围、煤田类型质量、地质时代,储量产量、交通情况,并用一张简表概括了中国煤区、主要煤田的地质、地理分布,在详细划分中国煤田的地质时代的同时,特别注意了古地理和沉积环境,进而将中国的煤划分为在煤质、产状及远景上都很不相同的近海相(paralic phase)和淡水相(Limnetic phase);在论煤的一般分类的同时,用三角图的分类法将煤分为两大系统:正常系统和油煤系统。此外还对当时中国煤炭工业的情况进行详细讨论,包括中国各省的煤储量、产量,分析了川、滇、黔、康、桂煤的生产成本、效率以及中国煤的进出口、消费量。所有这些论述在中国煤田地质学和煤炭工业史上都具有极为重要的地位。

淮南煤田的发现被地质界传为佳话,是谢家荣运用地质理论找矿的光辉范例。抗战胜利后,百废待兴,华东地区对煤炭的需求十分迫切。1946 年 4 月,谢家荣出差上海,应淮南矿路公司之邀,讨论寻找新煤田问题。公司方面十分注意上窑和舜耕山间平原下的深埋煤层,拟委托矿产测勘处从详测地形入手。谢家荣则以为此项煤层,即使存在,其深度至少当在 500 米以下,在当时条件下,仍难开采,故主张详测附近地质,有可能发现较浅易采的煤田。公司方面深然其说,遂委托矿产测勘处全权办理。回到南京之后,谢家荣查阅百万分一中国地质图南京开封幅,见舜耕山之西为八公山,其脉向与舜耕山成弧形构造,而山前又有奥陶纪石灰岩向东北的平原倾斜。他推想,倘煤系随弧形分布,而其位置又在奥陶纪灰岩之上不远,则自山王集以迄蔡家岗一带之平原下,当有赋生煤层的希望。乃于 6 月,偕同燕树檀、颜轸前往淮南实地勘测,仅一日功夫即已明了大致构造,乃知百万分一图上所绘地质,不但错误,且多遗漏;发现在山前平原地带除奥陶纪灰岩外,还有前人所未分之石炭二叠纪纺锤虫石灰岩,断续出露,长达三公里,且分布整齐,毫无断裂痕迹。谢家荣依据"在舜耕山井下所见,此纺锤虫石灰岩距底部煤层仅数十公尺"判断:"在此石灰岩的东北平原之下,除非有断层或褶皱等等之意外构造,煤层之存在,极有可能",遂建议公司与矿产测勘处合作钻探。为决定钻孔位置,谢家荣于 9 月 12 日再赴淮南,与燕树檀等详勘钻位。钻探八公山煤田所用 RL150 型钻机于 9 月 27 日运抵新庄孜,30 日下午开钻,至 10 月 6 日在距地面 19 米处,冲积层之下,即遇到厚 3.6 米之煤一层。至此淮南八公山新煤田遂宣告发现。此后依据谢家荣的思路持续进行了数年的钻探证实,八公山煤田为储量十分丰富的大煤田,不仅解救了淮南煤矿的燃眉之急,而且满足了抗日战争刚刚取得胜利时的时宁沪工业区对煤炭的需求,受到了当时资源委员会的嘉奖;解放后,党和人民政府对此也非常重视,第一届全国政协会议代表的简历介绍中对谢家荣的介绍是"著名地质学家,北京大学教授,淮南八公山煤田的发现者"。新中国成立后,按照谢家荣的思路继续勘探,使淮南煤田的范围不断向北扩大,储量不断增加,成为宁沪杭工业区的主要能源基地之一和中国八大煤炭基地之一。

解放后,谢家荣以其对煤田地质的长期研究和对中国煤田地质勘探的丰富经验连续发表了多篇有关煤田地质的文章:《煤地质的研究》(1952)、《关于煤地质方面的一些重要知识》(1953)、《勘探中国煤田的若干地质问题》(1953)、《中国的煤田》(1954)、《煤的成因类型及其意义》(1955)、《关于煤田类型》(1955)、《中国煤田类型及煤质变化问题》(1956)等,这些文章对 20 世纪 50 年代中国的煤田地质勘探起了非常重要的作用,尤其是《勘探中国煤田的若干地质问题》一文的影响极为深远,即便是在半个多世纪后的今天也仍然对勘探和研究中国煤田有着非常重要的意义。

谨以本卷献给谢家荣先生和他为之倾注了无数心血的中国煤地质学和煤地质事业。

《谢家荣文集》编辑委员会

二○○八年八月　《谢家荣文集第四卷　石油地质学》由地质出版社出版,收入论文 47 篇(本),63 万字。

《杰出的石油地质学家》(第四卷代序):

在谢家荣所研究过的矿产资源中,石油是他最为关注、倾注心血最多的矿种之一,并取得了重大成就,是一位非常杰出的石油地质学家。谢家荣一生都在关注石油:他最早公开发表的地质专业文章是 1916 年 10 月刚走出校门后发表在《农商公报》上的译作《论美国之石油》,而他一生中所写的最后一篇论文《大地构造与找矿》中也则对地台找油予以特别的关注。勤于笔耕的谢家荣先生一生中所写有关石油的论文有约 70 篇之多,绝大部分(凡是我们能够收集到的)都收入在了本卷之中。可以说,在与他同时代的地质学家中,谁都没有像他这样终身关注中国的石油问题,谁都没有像他这样写下 60 万字以上的石油论著。谢家荣把他的一生贡献给了中国的地质找矿事业,其中就包括了为祖国寻找石油的事业;他不仅在金属、非金属的地质找矿中有公认的巨大贡献,而且在石油的普查勘探中也建立了不朽的功绩。他是明确指出中国的石油不限于西北、要在全国范围内普遍找油、明确指出"东北还没有发现的矿产,最重要的是石油"的第一位地质学家,也是中国最早提出陆相生油问题的地质学家。他对三年全国范围的大规模石油普查和 20 世纪 50 年代中国石油勘探战略重点东移以及大庆油田、华北油田和渤海湾油田等的发现都做出了重大的贡献。

一、中国最早的石油调查者

早在 1921 年,他就受翁文灏派遣调查了玉门石油地质,这是中国地质学家独立进行的第一次石油地质调查。他在这次调查后所写的《甘肃玉门石油报告》是中国人所写的第一篇石油地质报告。他在报告中描述了玉门油田的地质特征,指出了它的开采价值:"(一)石油泉附近地质构造,确为一背斜层。(二)地质系统中富于松质砂岩,厚者达数米突,足能蕴蓄油量。(三)松质砂岩之上下,时有致密质红色页岩,亦颇足以阻止油液之渗透"。

他在报告中还指出了石油地质调查与石油勘探的关系:"研究其地质岩层变质之浅深,地形之经过,皆与勘探石油有莫大关系,故自石油地质原理发明后,石油工业不啻一新纪元。盖从前探油,盲人瞎马,无标识之可寻,往往虚费金钱,毫无所得,今则凡辟一新油田,须经无数地质家之考察,然后从事施工。"

二、中国最早的石油专著作者

1930年由商务印书馆出版的谢家荣的《石油》是中国第一部系统的石油地质学专著,是他对中国石油地质和石油工业的重要贡献。全书分十一章,系统、全面地论述了石油矿业发展史、石油的应用、性质、成因、聚集、油田构造、油田之测验与时空分布、石油的开采、运输、炼制和贮藏、世界石油工业概况和中国石油之地理分布、各主要油田的地质及开采情况、各主要油田所产石油的成分以及中国石油的进出口及市场情况等。书中主张石油的有机成因,讨论和总结了石油地质研究的许多方面,包括生油层、运移(移栖)、储集层(蓄油层)、盖层及底层等。

三、陕北、四川和台湾油田的积极开拓者

早在1924年,谢家荣就在《西北矿产概说》中指出"陕西矿产以石油为最重要"。1931年,他与王竹泉、潘钟祥等人调查陕北油田。他在1934年著文《陕北盆地和四川盆地》指出:"两大盆地俱以产石油石盐及油页岩著称,产油层恐怕都是属于三叠纪"。1951年曾写有《关于陕北油田地质的几点意见》抗日战争时期,谢家荣关注大后方的石油问题,调查了四川的石油地质,发表了《四川赤盆地及其中所含之油气盐卤矿床》(1945),首次将四川盆地纵向划分为三叠纪盆地、侏罗纪盆地和白垩纪盆地,提出了著名的"高背斜与低背斜及行列背斜说",指出在两个高背斜所夹持的低背斜中,常为白垩系和侏罗系岩层发育之地区,是含油最有希望的地区。继之又发表了《再论四川赤盆地中之油气矿床》(1946),全面总结了四川51个背斜(其中18个低背斜)构造的位置、地质时代及型式,指出应在侏罗—白垩系所形成的低背斜构造上找油,在三叠系中找气,至今仍然具有指导意义。

1947年12月,中国石油公司为决定1948年度的四川石油勘探计划而咨询矿产测勘处,谢家荣乃于12月27日召开了中国地质历史上的第一次石油地质座谈会,听取各家意见。谢家荣主持了此次座谈会,并在会上就四川石油勘探问题发表了自己的意见。他总结这次讨论会说"综合上论各节,可纳入数条,用为此次座谈会之结论,并借作钻探四川石油之建议。(1)四川原油层似有多层,诸凡奥陶纪、泥盆纪、二叠纪、三叠纪之海相沉积,甚至白垩纪之谈水灰岩均可能出产石油。(2)三叠纪为储气层已确切证明,可能亦为储油层。(3)侏罗纪与白垩纪之页岩,应可构成良好之盖油层,如二叠纪为原油层,飞仙关页岩,亦应为良好盖油层。(4)完成石油沟地质构造之测量,以确定该背斜层南去是否合口。(5)龙泉驿构造良好,且交通方便,应尽先详细测量,并定出钻井位置,以便开始钻探。(6)遂宁蓬莱镇之调查,应扩大面积,以明该所谓穹隆层是否合口,必要时亦须以地球物理法测探其地下构造。(7)深钻以达二叠纪为原则,但仍须注意三叠纪、侏罗纪以及白垩纪之含油层。(8)普遍调查三叠纪未曾出露之背斜层,即所谓低背斜。"

1945 年底,谢家荣奉派去台湾进行了 3 个星期的石油天然气地质考察,后著文《台湾之石油及天然气》(1946)指出,台湾虽有储油构造 35 个之多,但油气产量却历来不多,其原因在于第三纪时台湾的造山运动过于剧烈,褶皱断裂都十分发育,因此台湾油气的远景区应当是距山地较远、构造作用较弱的平原地区。台湾省近几十年的油气勘探实践已经证明他的这一论断是正确的。

四、中国石油储量的最早计算者

1936 年,他将苏联地质学家毕利宾发表的石油储量计算方法翻译成中文,解决了当时我国尚未解决的石油储量计算问题。1937 年,他根据当时的资料计算了中国的石油储量,这是中国人第一次计算自己的石油储量。同年,他提交给在莫斯科举行的第 17 届国际地质大会的论文《中国石油之富源》是中国学者在国际会议上发表的第一篇石油地质论文。

五、坚决反对"中国贫油论",认为这在地质上没有依据,对中国石油的前景充满信心

当美孚石油公司 1913～1915 年在中国西北地区勘探石油失败后,许多人(包括外国人和一些中国人)便断定中国无油,中国贫油。对于这种违背学理的武断结论,包括翁文灏、李四光、谢家荣等中国地质学家中的有识之士皆不认同。在《石油》第十章第二节"陕西产油区"中,谢家荣就指出"延长官井产油已十余年,而未曾钻探之处尚多,倘能依据地质学原理,更作精密之探查,未必无获得佳油之希望,故隅之失败,殊不能定全局之命运尔。"

1948 年 10 月 10 日谢家荣在中国地理学会年会上宣读了他的著名论文《江南探油论》,其中说:"中国这片广大繁复的土地,大量石油的蕴藏,自是意中之事,不过探勘未周,所以至今还只开发了西北玉门的一个角落","现在地质家所能确定的无油区域,仅仅是变质岩或火成岩,其它广大的水成岩地带,在理论上讲,都有产油的可能。至于储油构造如背斜层穹隆层的有无,也渐成问题,因为地层上的圈闭

(stratigraphic trap)，断层、珊瑚礁以及向斜层的翼部等地，也能成为良好的构造。"因此，他满怀信心地说："我的比较乐观的看法是中国必有油"。

1954 年，谢家荣在《石油地质》第 12 期发表的《中国的产油区和可能产油区》中指出，中国的四周，都有石油，"中国肯定是有油的，并且其储量一定是相当丰富的"，"我们可以断定中国有油，并且可以推测它的分布是很广泛的。"因此，在地质部 1955 年地质会议上发表的题为《一九五四年普查检查工作中的几个问题》的报告中，他说："为了配合国家经济建设的需要，我们必须找出更多的矿产资源……而需要尤为迫切者则为石油，我们必须全力以赴，要有只许成功，不许失败的精神，在祖国广大地区内找出石油资源的基地，以保证社会主义工业化的圆满建成。"

1956 年，谢家荣在《中国矿产的分布规律及其预测》一文中进一步明确指出："中国有广大的沉积盆地和沉积平原，油气苗又遍及全国，石油远景一定很大。从前找到的石油很少，主要原因是（1）地质了解不够，特别对于储油层及圈闭类型未加研究；（2）没有经过广泛钻探。美国每年钻探二千万公尺，钻井一万二三千口。苏联钻探五百万公尺。中国从解放后至今共钻不过五十万公尺，这样小的钻探量如何能钻到大量石油呢？"

同年 5 月，谢家荣在《科学通报》上发表的《石油地质的现状、趋势及今后在中国勘探石油的方向》一文中论述了研究中国油气矿床应当研究的 10 个基本地质问题后指出："以上所述为与石油的普查与勘探有直接关系的基本问题，其中如储油层的确定和圈闭类型的研究，在目前石油勘探工作方在开始的中国尤其具有关键性的意义，为了迅速发现足够的新油田以满足国家的要求，必须对此问题尽先研究，迅速予以解决。如果这两个重要问题，在各重要含油盆地中都已研究清楚，则我们的勘探对象即已确定，只要钻探能赶得上地质工作，我想许多巨大新油田的跟踵发现，是在意料之中的。"

历史前进的脚步已经充分证明，谢家荣是正确的。

六、对在中国东部找油充满了信心

1952 年，地质部成立，谢家荣担任总工程师的职务。这一年他在《从中国矿床的若干规律提供今后探矿方向的意见》中指出："（1）以往中国探油只注意中生代和第三纪的地层，其实古生代的各纪地层几乎都能产油……就此方向，我们定出了一个古生代的可能产油区。（2）其次要特别注意海相的第三纪或中生代地层。在华北、华东、甚至东北的广大平原下，已有种种迹象指出有广大海水侵入的可能。如果不谬，那么，含油的希望就很大了。所以这些地区应作为可能油区而予以密切注意。"

这里，谢家荣指出"在华北、华东、甚至东北的广大平原下，已有种种迹象指出有广大海水侵入的可能。如果不谬，那么，含油的希望就很大了"，但他在该文中同时也指出"大陆沉积的本身也能生油，如陕北盆地、四川盆地中都可能有这种情况"。

1953年，谢家荣在《探矿的基本知识与我国地下资源的发现》中指出："无论在地槽区或在地台区中都可能产生石油，它大致位于地槽的边缘，或地台的凹地之中……广西西部、云南东部、贵州南部的地台区都可能有尚未证实的重要油田，华北大平原、松辽大平原下面也都可能有石油蕴藏。"

1954年地质部设立了矿产普查委员会，谢家荣任总工程师，并且从1955年起，普委的任务改为全国性的石油、天然气普查勘探，不再承担其他各种矿产的普查工作。普委的主任委员由李四光部长兼任，刘毅、谢家荣、黄汲清任常务委员。"在中国进行大规模、有计划的石油天然气普查勘探的初期阶段，地质部普查委员会起着非常重大的作用。"谢家荣和黄汲清"都是常委，实际上肩负相当于总工程师的任务……刘（毅）、谢（家荣）、黄（汲清）、李（奔）、吕（华）等人天天办公，天天见面……"这一年，谢家荣在《中国的产油区和可能产油区》这篇著名论文中指出："从大地构造推断，希望很大，但油气苗分布不广或尚未证实的可能含油区，包括桂滇黔地台区，华北平原，松辽平原，华东平原，茂名沿海区，海南岛，海拉尔盆地，热河盆地等八个区域。"

在地质部1955年地质会议上发表的题为《一九五四年普查检查工作中的几个问题》的报告中，他说："以后数年的普查工作应集中力量在准噶尔、柴达木、塔里木及河西走廊的四大盆地之中。华北、松辽及华东平原中亦有产油希望，应予注意。"

在1957年发表于《科学》上的《中国油气区和可能油气区的划分与评价》中，谢家荣指出："在大盆地中，沉积岩层发育较厚，保藏也较佳，对油气最为有望。这些盆地也包括为冲积层所覆盖的大平原在内，如华北平原、松辽平原等等，在地腹构造未经研究清楚之前，我们是不能够武断地肯定它们为不含油的……

"从大地构造推断有相当希望，但油气苗分布不广，地质情况不够明了的尚未证实的可能油气区，包括西藏含油区、华东山地区、华东平原、华北平原、松辽平原及热东盆地等六个区域。"

虽然，由于在大庆油田发现之前，世界上所有重要的大油田都是海相生油的，而所有已经发现的陆相油田都规模不大，因而包括谢家荣在内的所有中国地质学家都十分注意在中国寻找海相油田，认为"海相优于陆相，在其他条件相同时，沉积盆地有海相沉积比无海相沉积好。"并且在东北和华北平原的第三纪地层中又都有海相化石发现，因而很注意在东北和华北寻找海相油田，但谢家荣也同时多次指出了陆相生油的可能性,并且指出了"大陆沉积生油的理论在我国是应该予以很大的考虑的。"

历史清楚地表明,在1957年冬之前,没有任何一位地质学家,像谢家荣这样首先指出,然后又反复强调要纠正"油在西北"之说的偏向,要同样注意西北以外的许多油区。也没有任何一位地质学家对在中国东部找油有如此多的重要论述,对在中国东部找油如此充满了信心。

大庆油田发现之后不久,谢家荣又写了一份《若干研究项目的建议》,其中第8个建议为"华北平原及松辽平原中油气矿床古地理及圈闭类型的研究",其中说:"1)初步推测从华北平原北段的无隶中经渤海湾到松辽平原的安达为一个大油气区,可能是海相第三纪或白垩纪地层中的产物并与新民北前寒武纪老地层隆起的潜山有密切的关系。2)因之,不但渤海湾含油,而更为现实的是辽河流域更有极大含油的可能性。"如今,"从华北平原北段的无隶中经渤海湾到松辽平原的安达为一个大油气区"的推断早已经成为现实。

七、最早注意到在东北平原下找油的地质学家之一

在《江南探油论》中,谢家荣指出:"四川陕西的希望固然很大,就是贵州,广东,广西,东北(热河及黑龙江)甚至江南的江浙皖赣湘鄂等省,也未必全无产油的希望。"这是紧接着阮维周、翁文波指出东北可能有油之后,明确指出黑龙江有产油的希望。

1949年,谢家荣参加自然科学工作者代表团到东北参观后发表了《东北地质矿产概况和若干意见》,文中写道:"到现在为止,东北还没有发现的矿产,最重要的是石油……日本人在锦州和扎赉诺尔二区对于石油的钻探,虽然没有成功,却是很有理由的,我们将来还应该继续做,并且要扩大范围,彻底钻探。""从区域方面讲,我们将来的测勘工作,要特别注意北满,因为北满到现在为止,还是一个处女地……中生代煤田炭分的特低;和沥青的产生(如扎赉诺尔),可能有发现油田的希望。"这是中国地质学家第一次明确指出"东北还没有发现的矿产,最重要的是石油"。著名的"松辽盆地"就是谢家荣命名的。

八、陆相生油论的倡导者

早在1930年的《石油》一书中,谢家荣已经从石油的成因机理(物质来源和沉积环境两个方面)的论述,明确地指出,石油可由陆生植物在适当环境之下生成:"煤矿之成,系由沼泽或沿海大陆上之植物,逐渐腐变而成。石油成分,虽与煤异,然谓其自植物变化而来,亦无不可。于是学者遂倡异物同源之论,而英国之克累格氏主之尤力。至其结果所以相异之故,则因经过之地质历史,既极不一律,温度压力诸环境,亦随而悬殊,故在甲地造成煤层,而在乙地则易为石油。二者递变之迹,

野地考察,尚得而见之。又据化学家之实验,倘将褐煤或烟煤置器中蒸馏之,则能得与石油相似之碳氢化合物。故又有人主张已成之煤层,在适当温度压力之下,亦能再度变化,而成石油。据实地观察,产油之层,有时兼含煤质,中国陕西油田,即为一例,而重要煤田之附近,亦常有微量之石油流出。二者关系既密,则异物同源之论,不能谓为绝无根据也。""三角洲半属海相,半属陆相。其海相之部,即为浅海或濒海沉积,最适合于石油之产生。而近陆之部,则植物繁茂,在适当环境之下,亦能造成石油。且地盘稍有升降,海岸线即随之而伸缩,故在此区域之内,海陆二相之地层,往往相间而生,于石油之积聚,最为适宜。"

这是中国地质学家关于陆相生油的最早期的论述之一。

1934 年,他还在《陕北盆地和四川盆地》一文中说"但当三叠纪的时候,四川盆地还与海洋相通,因以有飞仙关系及嘉定系石灰岩的沉积;但此时陕北盆地早已完全成为陆相或海峡沉积了",在《中国之石油》(1935)中他又说"中国含油之地质时代,若川若陕,俱属三叠纪,在川者属海相,在陕者属陆相,衡以前述理论,则得油之望,当川胜于陕;若以油泉之多观之,则陕又远过于川。"这是继翁文灏之后,明确指出陕北的石油产在陆相地层中。

在 1948 年的《江南探油论》中,谢家荣说"广大的水成岩地带,在理论上讲,都有产油的可能",这里没有讲海相、陆相的问题,只要是沉积岩,包括陆相沉积岩,从理论上说,就有可能产油。

1952 年谢家荣在《地质学报》上发表的题为《从中国矿床的若干规律提供今后探矿方向的意见》的文章中明确指出:"倘使承认大陆相或海陆混合相的湖、沼、港、湾等沉积也能生油,则在地盘不断下降的条件下所造成的这种巨厚沉积,只要气候不太干燥、氧化不过剧烈,都可能使有机质保存而变为石油。这就是说,大陆沉积的本身也能生油,如陕北盆地、四川盆地中都可能有这种情况。"

1954 年,谢家荣在《中国的产油区和可能产油区》这篇著名论文中指出:"内陆相沉积本身也能生油"。

1955 年,在地质部第一次石油普查工作会议上的报告《石油及天然气矿床的普查》中,谢家荣说:"大多数油田的可能生油层都属浅海相沉积,但陆相生油也大有可能,特别在我国,这种看法有重视的必要。"1956 年在《石油地质的现状、趋势及今后在中国勘探石油的方向》一文中,谢家荣又指出"石油主要产在海相地层中,但陆相生油也有可能"。

1957 年 3 月 13 日在第三次石油普查工作会议(石油地质专业会议)上和 5 月26 日在中国科学院学部大会地学组会议上,谢家荣先后两次作了题为《关于中国若干油气区普查和勘探方向的初步意见》的报告(后发表于《石油工业通讯》第 9、

10期）。他在报告的"结论"中,谢家荣说:"中国关于生油层的问题,尚待进一步研究解决。目前可以肯定的是在许多油气区中陆相地层生油的可能性非常大,如独山子、克拉玛依、柴达木及陕北等等。美国洛基山油区科罗拉多州西北部油田及加利福尼亚州的若干油田,其生油层都可能是属陆相的。加拿大地盾边世界上最大的沥青沉积,一向以为是从其西边泥盆纪珊瑚礁油储中上升而来的,最近研究其植物遗迹,也有属陆相生成的可能。如果从沉积分异或含油层的再沉积的观点来解说生油层的成因,则陆相生油的学说在理论上是没有什么困难的。"同年7月,谢家荣在发表在《科学》上的《中国油气区和可能油气区的划分与评价》的第1节"石油生成的理论"中说:"绝大部分的油气都产在富有生物的浅海相地层中;大陆的沼泽相或湖泊相沉积有时也能生油,如克拉玛依、独山子、柴达木及陕北油田就可能有这种情况。"

1957年10月地质出版社出版了谢家荣的《石油地质论文集》。在论文集的第一篇文章《石油是怎样生成的》中,谢家荣说:"陆生植物的分异产物足以造成石油的理论是值得我们注意的,尤其当许多大陆沉积中的石油矿床陆续被开发并确定了它的大陆成因后,这个理论更有重视的价值,因为大陆沉积中的有机物可能主要是由陆生植物分异而来,而三角洲,泻湖和大的内陆湖俱为沉积大规模生油层的处所。我国西北的许多第三纪和中生代油田,其储油层俱属大陆沉积,而在许多地方,如新疆乌苏的独山子及准噶尔的克拉玛依,其下伏地层俱是变质的下古生代地层,因此只有其上覆的陆相地层才是最可能的生油层,而为了解说陆相沉积中的生油质料,陆生植物分异的理论,是最能符合于实际情况的。如果认为在地质历史中的不整合面对石油的沉积和富集有特别重要的意义,那么,这个不整合面时期也可被认为是风化剥蚀较为强烈,陆生植物的腐解分异也是最为完全,它有利于石油沉积的形成也是不言而喻的了。"

对于石油的沉积环境中的海相生油和陆相生油问题,谢家荣指出:"因为以往在世界各国所发现的油田大多数都产在海相地层中,所以地质学家就得出一个结论,认为石油几乎都是在海水特别是浅海相的环境下沉积的。由于近年来在许多地方的陆相地层中也发现了重要油田,特别是在我国西北的新疆、甘肃、青海等处,这种油田更为普遍,因此以往所谓世界上95%左右的油气田都是在海相环境下生成的结论已有所动摇了。目前大多数地质学家都相信陆相沉积也能生油,三角洲、泻湖和大的内陆盆湖地俱可为沉积石油的有利环境……因为在陆相沉积特别是大的湖相沉积中,动植物有机体的含量还是很丰富的,而如果承认如上面所论大陆上高等植物的分异产物也能成油,则陆相沉积中即不患无生成油气的原始质料了。""尽管海相沉积的油田比较常见,但我们目前已有足够多的事实,证明陆相地层也能生油,因此只从相的研究绝不能决定生油层。"

在《石油地质论文集》中的《中国的产油区和可能含油区及对今后勘探工作的意见》中,谢家荣又指出:"目前已开采的油气田,多产在第三纪及中生代地层中,在若干地方似可证明这些油可能来自第三纪或中生代的湖相或湖沼相沉积,因此大陆沉积生油的理论在我国是应该予以很大的考虑的。"

应该说,在大庆油田发现以前,像谢家荣教授这样从理论(生油的机理)和实践(实际的油田)两个方面全面地阐述陆相生油问题的,在中国地质学家中实属凤毛麟角。

九、新中国第一个石油勘探计划的制定者

新中国第一个石油勘探计划是 1950 年在谢家荣主持下由郭文魁进行的。早在 1936 年,谢家荣就编制了《中国各种储油区域油苗、油页岩及地沥青分布图》,这是中国第一张此类图件(此图刊在谢家荣 1937 年发表在《Bulletin of Geological Survey of China》上的《Petroleum Resources of China》一文中)。1952 年,在《从中国矿床的若干规律提供今后探矿方向的意见》中,谢家荣说"我们编制了一张中国油区和可能油区的分布图"。1954 年,他又与黄汲清、翁文波编制了一幅《中国含油远景图》。现在这两张图都因为没有出版而看不见了。1956 年谢家荣"又作了新的四百万分之一中国含油和可能含油区分布图"。这张图 1957 年缩绘发表在《中国油气区和可能油气区的划分与评价》(《科学》第 33 卷第 1 期)和《中国的产油区和可能含油区及对今后勘探工作的意见》中。此图在中国划分出了 22 个产油区和可能含油区。这是 20 世纪 50 年代对中国含油和可能含油区所作的最为全面的预测之一。几十年来的石油勘探实践已经证明并将继续证明谢家荣这张预测图的强大生命力。

十、纠正"油在西北"之说的偏向,在全国含油区和可能含油区进行大规模的全面石油地质普查

在 1948 年到 1957 年的 10 年间,谢家荣一而再再而三地作了"中国以往有'油在西北'之说","以后要纠正这种偏向,要注意西北以外的许多油区","在全国含油区和可能含油区内进行大规模的全面的地质普查是十分必要的"的论述:

他在《江南探油论》说"现在问题又来了,另一部分的敏感之士,又提出'油在西北之说',好像除了西北,中国的其它地域都是没有油的。这种议论的地质根据,非常薄弱,自不容说,何况川、陕、浙、黔等地的若干油苗气苗自有其不可抹杀的证据呢。我的比较乐观的看法是中国必有油,而且不一定限于西北"。这是中国地质学家第一次明确指出中国的石油不一定限于西北。

在 3 个月后的《三十七年度本处工作概述》中(1949),他进一步阐述了这一思

想:"我近来研究中国石油地质问题,觉得中国石油的分布,决不只限于西北一隅","依据地质理论,并为解决中国石油问题计,我们应该扩大范围,在中国各地普遍探油"。这里,谢家荣在中国地质界第一次明确提出了这样一个论点:中国石油的分布决不只限于西北一隅;为解决中国石油问题计,我们应该扩大范围,在中国各地普遍探油。从这时起,这个论点就一直是他日后思考、部署和指挥中国石油普查勘探的主导思想。

1956 年,在《科学通报》上发表的《石油地质的现状、趋势及今后在中国勘探石油的方向》中,谢家荣指出:"中国以往有'油在西北'之说,并且一向只注意中生代和新生代的陆相砂岩储油层及背斜构造。我们以后要纠正这种偏向,要同样注意西北以外的许多可能油区"。

还是在 1956 年,在地质部第二次石油普查工作会议上所作题为《石油普查工作中的若干重要问题》(后于 1957 年收入地质出版社出版的《石油地质论文集》中,并更名为《论储油层、圈闭类型及油气田与大地构造的关系》)的报告中,谢家荣指出:"以往工作,大都布置在西北区的陆相中新生代地层中,以后要更多地注意西北区以外的海相地层,特别是古生代地层。以往只注意砂岩油储,以后要同样注意碳酸岩的储油层。"

1957 年 3 月和 5 月,在前述两次所作的题为《关于中国若干油气区普查和勘探方向的初步意见》的报告中,谢家荣再一次指出:"中国以往有'油在西北'之说,并一向只注意砂岩储油及构造圈闭,以后要纠正这种偏向,要注意西北以外的许多油区,并要同样注意碳酸岩储油层及各种各样的地层圈闭及断层圈闭。"

在 1957 年发表的《中国的产油区和可能含油区及对今后勘探工作的意见》中,他又指出"中国以往有'油在西北'之说,并且一向只注意中生代和新生代的储油层及背斜构造。我们以后要纠正这种偏向,要同样注意西北以外的许多可能油区,要研究从古生代直至新生代的各可能储油层,并要同样注意寻找除背斜构造以外的各种圈闭,特别是珊瑚礁,潜山、断层封闭及其他地层圈闭的油田。"

没有任何一位地质学家像谢家荣这样论述过中国的找油战略。

十一、制定中国石油勘探的正确战略,组织实施和指导全国石油普查工作

1954 年 12 月 7 日,国务院第三办公室会议确定地质部从 1955 年起承担全国的石油天然气普查任务,将以普查固体矿查为主的普查委员会改为专门领导石油普查的机构。李四光兼任普查委员会主任,刘毅、谢家荣、黄汲清任常委,谢家荣兼任总工程师。在 1955 年初举行的地质部第一次石油普查工作会议上,谢家荣作了题为《石油及天然气矿床的普查》的报告。他在报告中发展了他 1949 年在《三十七年度本处工作概述》中"依据地质理论,并为解决中国石油问题计,我们应该扩大范围,在中国各地普遍探油"的主张,提出"在全国含油区和可能含油区内进行大规模的全面的地质普查是十分必要的",为中国三年全国范围内的石油普查制定了正确的方针。

为"在全国含油区和可能含油区内进行大规模的全面的地质普查",第一次石油普查工作会议在谢家荣、黄汲清主持下,对石油普查的战略选区进行了讨论,基于讨论结果所得出的认识,按照当时可能组织起来的力量,1955 年普委组织了 24 个地质队、18 个物探队、20 个地形测量队,职工总数达 1 200 多人的石油勘探队伍,在全国各地开展工作。谢家荣与黄汲清等人从布置项目、编审计划,到调查内容与工作方法都具体指导。

第一次石油普查工作会议结束后,谢家荣与黄汲清等人一起先是在北京商谈和制定具体的工作计划,研究各工作地区的资料,制定和讨论各工作地区的设计,与苏联专家讨论石油地质,与有关各工作区的同志谈工作方法,而后在从 5 月到 11 月的半年多的时间里,更是不辞辛劳,奔赴西北、华北和华东等各个工作地区,在野外亲自指导,亲自示范,言传身教,教给各个工作区的技术人员工作方法;亲自实地考察,发表对各个工作地区的具体意见,具体指导各个工作地区的找油工作。

第一次石油普查工作会议后,谢家荣还与黄汲清一起专门提出、组织和部署了松辽盆地的普查项目,并坚持当年布置普查勘探工作。黄汲清先生让苏云山收集资料并起草了踏勘任务书,谢家荣亲自起草了"关于松辽平原石油地质踏勘的工作方法",于 1955 年 8 月 29 日发给东北地质局。东北地质局迅速组成了石油地质踏勘组,并按照"松辽平原石油地质踏勘设计任务书"和"松辽平原石油地质踏勘工作方法"制定踏勘计划,布置了沿第二松花江顺流而下、哈沈铁路两侧以及沈阳阜新三条踏勘路线,开展东北平原的石油地质踏勘工作,并"在踏勘报告中明确提出:松辽平原系一沉降带,有很厚的白垩系与第三系沉积,估计总厚度在 4 000 米左右,其中可能有生油层、储油层和储油构造的存在,并对其含油远景作出了肯定的评价,认为松辽盆地可以找到油气,建议进一步开展油气普查和物探工作",为大庆油田的发现拉开了序幕。

1956 年 2 月,谢家荣在第二次石油普查工作会议上所作《石油普查工作中的若干重要问题》的报告中,详细介绍了在欧美各国非常熟识并且已经生产了大量油气的各种圈闭:珊瑚礁、盐丘、各种地层圈闭、裂缝圈闭、断层圈闭、潜山、隆起、不整合,并且阐述了中国各油气区和可能油气区所可能存在的各种圈闭,指出:"中国找油一向只注意背斜层和穹隆层,就是构造圈闭,至于与不整合、超覆、岩性变化、岩层尖灭、潜山、古风化面等等有关的地层圈闭油田似乎都不够注意,甚至还不大明了它们的性质","以往我们工作只注意找背斜构造,因而无理由地否定了许多有价值的矿区,以后要同样注意非构造的地层圈闭"。

1956 年 5 月,谢家荣在《石油地质的现状、趋势及今后在中国勘探石油的方向》一文中以经济地理学家的眼光提出:"我们不但要在西北广大地区以往曾做过相当工作的如柴达木、准噶尔等地区内进行勘探,还要在尽管了解还不很够但交通较便、开发较易的地区内进行工作,俾可收事半功倍之效。"

1957 年 3 月和 5 月,在前述两次所作的题为《关于中国若干油气区普查和勘探方向的初步意见》的报告中,谢家荣对除当时地质资料还很不够的东北平原以外的中国所有各主要油气区(河西走廊及阿拉善三角地、准噶尔盆地、柴达木盆地、四川盆地、华北平原、黔桂滇地台区、陕北及鄂尔多斯盆地和华东地区)的石油地质基本特征,含油气远景和今后的普查和勘探方向作了全面、详细的论述,对各普查区的工作作了全面的指导。

谢家荣在 1957 年初写成、秋天发表的《中国的产油区和可能含油区及对今后勘探工作的意见》中,更加明确地提出"为达到第二个五年计划所要求的储量,则必须发现几个大的新油区,而为了要使一部分的新油区,能在此期限内投入生产,获得产量,我们不但要在西北广大地区已证实的油田内进行工作,还要在交通较便、开发较易的地区内,加速勘探,俾可收事半功倍之效。"为石油勘探战略的重点东移作了思想和理论上的准备。

毛泽东主席《论十大关系》的发表,谢家荣的上述主张,何长工关于注意解决东北和近海地区的需要,加速石油勘探的讲话,三年石油普查的巨大成果,直接促成了 1957 年冬地质部党组关于石油勘查战略重点东移的决定。决定指出:"第二个五年期间,除在西北、西南地区继续工作外,还将大力加强苏北、华北与东北三大平原的工作。对于这些平原地区的石油普查和勘探,将以顽强的干劲,投入充分的钻探工作量,运用地球物理探测等新技术方法,将原计划三年完成的工作,于一年内完成,务期迅速查明这些地区的含油远景,以改变石油资源不足的现状。"接着,地质部就将原在新疆、青海等地进行油气勘查的一些地质技术骨干以及一些物探队伍,陆续调到华北、松辽、华东等地区,充实和加强这些地区的油气普查工作。

1955～1957 年三年间的大规模石油普查取得了非常重要的成果,对华北平原和松辽平原的地下地质情况有了深入的了解,进一步肯定了华北平原确实具有含油气远景,认定松辽盆地具有良好的含油气远景。正因为有了这些重要成果,才使石油勘探战略的重点东移有了现实的可能。没有这三年中广大石油地质工作者和包括普委常委们在内的地质学家们的努力工作,没有这些重要成果的取得,石油勘探战略的重点东移是不可想象的,要在 1959 年发现大庆油田也就是根本不可能的。谢家荣为三年石油普查付出了他艰辛的劳动,贡献了他渊博的石油地质知识,以他战略家的眼光,指引中国的石油普查和勘探,为石油勘探战略重点的东移和大庆油田的发现以及由此开始的中国石油大发现立下了不朽的功勋。

十二、关注中国的"第二巴库",注意碳酸岩储油层及各种各样的地层圈闭及断层圈闭

谢家荣对我国石油地质的另外一个重大贡献是,关注中国的"第二巴库",注意碳酸岩储油层及各种各样的地层圈闭及断层圈闭。他在 50 年代的多篇文章中反复指出,以往中国探油只注意中生代和第三纪的地层,以后要同样注意寻找海相地层,其实古生代的各纪地层几乎都能产油,要同样注意寻找碳酸盐油储;要注意寻找除背斜以外的各种圈闭。

例如,谢家荣第二次石油普查工作会议上所作的报告,依据石油地质学的原理,结合中国的实际情况,论述了油气苗、储油层、大地构造与油气田、包括珊瑚礁油田、盐丘油田、晶片状油田、裂缝储油、断层储油、潜山、隆起、不整合、构造圈闭与地层圈闭等问题。他在报告中指出:"以往工作,大都布置在西北区的陆相中生代地层中,以后要更多地注意西北区以外的海相地层,特别是古生代地层。以往只注意砂岩油储,以后要同样注意碳酸岩的储油层。""沿着许多隆起的周围,特别在地台上的隆起带,是找地层圈闭及其他地台型圈闭油田最有利的地方,而在古海岸线附近则有希望发现晶片状油田。在钻到结晶基底后,适当地考虑下钻若干公尺,以追索基底裂缝储油,有时会获得出乎意料的结果的。"

"以往我们工作只注意找背斜构造,因而无理由地否定了许多有价值的矿区,以后要同样注意非构造的地层圈闭。以往工作,大都布置在西北区的陆相中新生代地层中,以后要更多地注意西北区以外的海相地层,特别是古生代地层。以往只注意砂岩油储,以后要同样注意碳酸岩的储油层。""在发展历史较长的先进国家中,如苏联及美国,未发现的新油田可能大多数都是地层圈闭油田。其理由很简单,在初期勘探中,唯一重要的指示是油气苗,后来发现了背斜储油的理论,就用地面地质的方法集中力量寻找最容易认识的构造油田。等到构造差不多找完了,就不能不去注意地层圈闭。目前阶段就是利用浅钻,配合物探,用地下地质的方法,广泛搜觅地层圈闭。这种发展过程非常自然,值得我们深切注意。"

在注意寻找中新生代盆地陆相地层中的油田的同时,谢家荣非常注意寻找古生代碳酸盐地层中的油田,努力开辟中国找油的新路。1957 年,谢家荣在《珊瑚礁油田》中指出:"中国一定有珊瑚礁油田。在贵州、广西及其他地区,特别是围绕着江南古陆及若干隆起地带的四周,珊瑚礁油田的发育非常适合,实际上我们已获得了若干线索可以指出某些油苗可能是珊瑚礁油储,我们必须进一步地去研究证实。"他说:"苏联有了'第一巴库',古勃金还冒着重重责难和阻力努力开辟'第二巴

库'。我国的中新生代盆地很可能成为'第一巴库',但为什么不同时考虑'第二巴库'的问题而先走一步呢?""中国碳酸盐地区的地质情况是复杂的,尤其是南方。外国有俄罗斯地台,北美地台的找油经验,为什么我们不能结合中国地质的特色,开创一条'准地台'找油的独特道路呢?"他深知"这条道路是艰难的、漫长的",但他决心去开辟这样一条道路,他说"我们这一代人有责任去披荆斩棘,不能让后代人责怪我们没有远见。"他这种勇于探索、勇于实践的精神是我们这一代人应该学习的榜样;他的这些论述,对于 21 世纪的中国油气勘探有着重要的现实意义。

谢家荣的一生是将他博学的地质知识结合中国地质的实际,灵活地加以运用,在运用中发展,创新,为中国的地质找矿服务的一生。在石油地质方面也不例外。他为中国的石油地质事业,广泛阅读了大量欧美和苏联的地质文献并将之用于中国地质的实际。他为之撰写的许多论文是他留给我们的宝贵财富。他在石油地质上所建立的业绩是中国石油地质史上的一座光芒四射的丰碑。今年正当谢家荣先生诞辰 110 周年,谨以本卷献给他,献给他为之倾注了无数心血的中国石油地质事业。

《谢家荣文集》编辑委员会

二○○八年十月二十二日　孙枢等 9 位两院院士致信国土资源部部长徐绍史和中国科学院院长路甬祥,建议举行谢家荣院士 110 周年诞辰纪念会。

国土资源部徐绍史部长并部党组,
中国科学院路甬祥院长并院党组:

今年是我国著名地质学家、原中国地质工作计划指导委员会副主任委员、地质部总工程师、著名地质教育家和中国地质学会的创始人之一的谢家荣院士 110 周年诞辰。

谢家荣先生是我国矿床学的主要奠基人和经济地质学的创始人,是我国煤地质学的先驱和煤岩学的创始人,也是世界煤岩学的先驱之一。他在我国最早提出运用地质理论找矿,是淮南新煤田、南京栖霞山铅锌锰矿、福建漳浦铝土矿、安徽凤台磷矿、甘肃白银厂铜矿等许多著名矿床的发现者或发现指导者。他是 20 世纪 50 年代中国石油普查的指导者之一和中国石油大发现(华北、松辽、渤海湾等油田)的主要贡献者之一。他是我国著名的地质教育家,曾经担任北京大学地质系主任、北京师范大学地理系教授和系主任,是清华大学地质系的创建者,并担任教授和代理系主任,解放初期又创办了南京地质探矿专科学校。建国初期我国各省区地质局的总工程师几近半数是他亲自培养出来的。

目前虽然有第九届全国矿床会议做了举行纪念活动的安排,但我们认为,以谢家荣在地质界所处的地位、以他所取得的成就、以他对中国地质事业所作的巨大贡献,光有这样一次纪念活动是远远不够的。

本来,在谢家荣 100 周年诞辰时,曾经原地矿部党组和宋瑞祥部长批准,拨专款出版纪念文集,并计划在北京举行有整个地质界参加的大型纪念会,后因纪念文集费用被人挪用,文集的出版被拖了长达 6 年之久,那次纪念会最终竟未能举行。

鉴于谢家荣先生对我国地质事业的所作的巨大贡献,远不止是他作为矿床学家的贡献,也鉴于 100 周年诞辰纪念会的未能举行,建议院、部党组商请中国地质学会具体组织实施,年内在北京举行一次有整个地质界参加的纪念谢家荣院士诞辰 110 周年的纪念会,以缅怀先生的业绩,继承和发扬老一辈地质学家热爱祖国、艰苦奋斗、求实创新、毕生奉献祖国地质事业的优良传统,将我国的地质事业不断向前推进。

以上建议当否,请批示。

此致
敬礼!

中国科学院院士	孙　枢
中国科学院院士	陈梦熊
中国工程院院士	韩德馨
中国科学院院士	李德生
中国工程院院士	裴荣富
中国科学院院士	翟裕生
中国科学院院士	李廷栋
中国科学院院士	肖序常
中国科学院院士	欧阳自远

2008 年 10 月 22 日

二〇〇八年十月二十八日　《中国矿业报》第 C2、C3 版发表张立生署名文章《杰出的石油地质学家——谢家荣》,从 12 个方面论述了谱主对中国石油地质和大庆油田的发现及以大庆油田的发现为开端的中国石油大发现的杰出贡献。

二〇〇八年十一月八日　第九届全国矿床会议在中国地质大学(北京)举行。第9届全国矿床会议"纪念谢家荣先生诞辰(生)110周年"专题,被安排在当日下午一个最小的会场举行。除主持人侯增谦外,会议组委会主要负责人没有一位到场,唯一的内容是安排张立生在会上做了30分钟的报告,报告题目是经过组委会主要负责人特别审查过(回避论石油问题)的"他为祖国的富强而献身地质科学——纪念谢家荣教授110周年诞辰"。

二〇〇八年十二月三十一日　谢家荣110周年诞辰座谈会在北京召开。《中国国土资源报》2009年1月1日头版对这次座谈会做了如下报道:

纪念谢家荣诞辰110周年座谈会在京召开

本报讯(记者　刘振国　周飞飞)12月31日上午,中国地质学会在京召开纪念谢家荣诞辰110周年座谈会,深切缅怀谢家荣先生对中国地质事业的卓越贡献。国土资源部部长、党组书记、国家土地总督察、中国地质学会理事长徐绍史在讲话中强调,要继承和发扬谢家荣先生等老一辈地质学家的优良传统和作风,以全面振兴地质事业为己任,深入贯彻落实科学发展观,求真务实,开拓创新,为推动地质科技进步和地质事业繁荣发展作出新的更大贡献。

国土资源部副部长、党组成员、中国地质调查局局长汪民,原地质矿产部副部长张宏仁,国土资源部原副部长寿嘉华出席。中国地质调查局原局长、中国地质学会常务副理事长孟宪来主持。

中国科学院院士孙枢、陈梦熊、沈其韩、李德生、肖序常、袁道先、欧阳自远、陈运泰、李廷栋、赵鹏大、汪集暘、翟裕生、杨文采,中国工程院院士翟光明、汤中立、郑绵平、陈毓川、裴荣富、邱中建、赵文津出席座谈会。

中国科学院院士孙枢、李廷栋、李德生、翟裕生,谢家荣先生的长子、中国科学院院士谢学锦在座谈会上发言,从不同角度回顾了谢家荣先生丰硕的地质业绩及对我国地质事业发展作出的贡献,讲述了谢家荣先生求真务实、开拓创新的科学精神及对今后地质科技工作的启示。

徐绍史说,今天怀着崇敬的心情参加纪念谢家荣先生诞辰110周年座谈会,深切缅怀谢家荣先生等老一辈地质学家对中国地质事业的卓越贡献和高尚品格,继承发扬我国地质工作者的优良传统,感到非常高兴。

徐绍史指出,谢家荣先生开创了中国矿床学研究的先河,长期从事地质矿产普查勘探实际工作和组织领导,是中国最早提出陆相生油的学者之一,为我国地质科学诸多学科的建立和发展作出了重要贡献。他是我国杰出的地质教育家,为新中国地质事业大发展培养了大批高级地质人才。他积极倡导推进学术活动,倡议并积极参与筹创中国地质学会。谢家荣先生还是一位坚定的爱国主义者。谢家荣先生 50 年的地质生涯,是对中国地质事业执着追求的历程,是对地球科学理论努力探索的历程。

徐绍史强调,纪念和学习谢家荣先生,就是要学习他科学创新的精神、理论联系实际的学风、地质学与经济学紧密结合的理念;就是要弘扬勇攀科学高峰的精神,积极探索,不断创新;就是要弘扬尊重科学,尊重人才的精神,为科技进步和人才成长创造良好的环境;就是要弘扬爱国主义精神,树立崇高的人生理想目标,献身社会主义现代化建设事业,为祖国的繁荣昌盛作出贡献。

谢家荣先生出生于上海市一个贫困家庭,青年时期以优异的成绩从我国地质事业的奠基人——章鸿钊、丁文江和翁文灏主办的工商部地质研究所毕业,成为我国自己培养的第一批地质学家。谢家荣先生在国外留学多年后回到祖国,一生致力于地质学研究和实践,在发现和指导发现华北、松辽、渤海湾等油田,淮南新煤田、南京栖霞山铅锌锰矿、福建漳浦铝土矿、安徽凤台磷矿、甘肃白银厂铜矿等一批重要矿床和煤田方面作出卓越贡献。谢家荣先生长期从事教育工作,先后在东南大学、北京大学、中山大学、北京师范大学、清华大学任教或创建地质系,并撰写了一批地质学重要理论文章。

谢家荣先生的家属,国土资源部有关司局及直属单位、中国地质调查局、中国地质学会、中国科学院及来自石油系统、教育系统、九三学社的负责人参加了座谈会。

（《中国国土资源报》2009 年 1 月 1 日第 1 版）

二〇〇九年三月　由张立生主编的《丰功伟识 永垂千秋——纪念谢家荣诞辰 110 周年》由地质出版社出版。该书全面记录和反映了谢家荣 110 周年诞辰的纪念活动,由 4 组文章组成。徐绍史部长在座谈会上的讲话、中国科学院地学部主任秦大河致座谈会召开的贺信、孙枢等 5 位院士在座谈会上的发言,都收录在第 1 组中。第 2 组文章是从 2004 年出版的《谢家荣诞辰 100 周年纪念文集》中遴选的黄汲清、程裕淇、王鸿祯、朱夏和毕庆昌的纪念文章。第 3 组文章包括曾经与谢家荣共事的陈梦熊院士和吴凤鸣对与谱主一起工作的回忆、以袁道先院士为首的原南京地质探矿专科学校学生对在矿专时所受谱主教育的回忆、陈廷愚所写的谱主关于成矿作用新生性、再生性和承继性的论述及其实践意义以及浦庆余所写的关于谱主在业务上选择矿产勘查和 1949 年选择留下来的难能可贵。第 4 组文章是张立生的 7 篇文章,包括在第 9 届全国矿床会议纪念谢家荣 110 周年诞辰专题会上所作报告以及以谱主对中国石油地质的贡献为主的几篇文章。其中的《大庆油田发现前的陆相生油理论与谢家荣的贡献——兼论大庆油田不是在陆相生油理论指导下发现的》认为最早论及陆相生油的是谱主,1950年代谱主有对陆相生油理论最多、最深刻的论述,不仅从具体的油田实例上,还从理论上、从成油机制上探索了陆相生油理论,指出"大陆沉积生油的理论在我国是应该予以很大的考虑的"。

图130　2008年12月31日"纪念谢家荣诞辰(生)110周年座谈会"在北京新大都饭店举行

二○一○年四月六日　拟建谱主塑像的座谈会在淮南市委会议室举行。时任淮南市委常委、市委秘书长李忠主持会议。安徽省地质学会、淮南市委办公室、淮南市文广新局、淮南市地方志办公室、淮南矿业集团党委办公室、淮南市环境艺术研究所等单位的领导和专家参加会议。与会人员认为,谱主是国内外著名的地质学家、矿床学家和中国现代矿产勘探事业的先驱,也是大淮南煤田的发现者,为淮南煤田的开发做出卓越贡献。应中国科学院谢学锦院士所请,根据有关领导同志的指示精神,决定在淮南建立谱主纪念铜像,既是淮南的光荣,也是安徽地矿界的盛举。会议决定,为谱主塑像的具体事宜,由淮南市委、市政府和淮南矿业集团会同省地质学会具体承办。[①]

二○一○年十月　《科学文化评论》第 5 卷第 10 期发表张立生文章《论大庆等油田的发现与李四光的地质力学理论无关》。它用公开发表的文字和档案资料提供了大庆油田的发现与地质力学理论无关的基本证据。

二○一○年十一月十五日　张立生在中国地质学会地质学史专业委员会第 20 次年会发表《大庆油田发现前的陆相生油理论与谢家荣的贡献——兼论大庆油田不是在陆相生油理论指导下发现的》,指出:"说陆相生油理论是潘钟祥在国外、黄汲清在国内率先提出来的""不是真实的历史""在中国,最早指出陆相生油地层生油的是翁文灏""在中国率先从理论上探讨陆相地层能够生油的是谢家荣""大庆油田的发现,不是以陆相生油的理论为指导的"。此文于 2009 年收入由地质出版社出版的《地质学史论丛 5》(中国地质学会地质学史专业委员会、中国地质大学地质学史研究所合编),其修订版收入作者在中山大学出版社出版的《论大庆油田发现真相》。

二○一一年五月　中山大学出版社出版了张立生编著的《中国石油的丰碑——纪念谢家荣教授诞辰 110 周年》。作者在自序中指出:"所谓依据李四光的地质力学理论到新华夏沉降带找油、发现大庆油田,所谓用陆相生油的理论找到大庆油田,闹得沸沸扬扬,却原来都是根本没有的事,而当年对中国石油地质贡献最大的谢家荣先生却基本上被人忘却了。这,真算得是中国科学技术史上的奇观了。"全书包括四篇论文:《杰出的石油地质学家——谢家荣》《大庆油田发现前的陆相生油理论与谢家荣的贡献——兼论大庆油田不是在陆相生油理论指导下发现的》《谢家荣与中国石油大发现》《20 世纪 50 年代石油普查、勘探战略重点东移与

---

① 《关于拟建谢家荣先生纪念塑像座谈会会议纪要》,载《中共淮南市委办公室:会议纪要第 1 号》,2010 年 5 月 8 日。由于种种原因,这座塑像最终未能建成。

大庆油田发现中的地质科学工作》，书末有 9 个附录：《谢家荣论中国找油战略的经典语句》以及谢家荣 1948—1957 年的 8 篇石油论文，包括 1954 年的《中国的产油区和可能含油区》和在地质部三次石油普查工作会议上的报告。

二〇一一年七月 《谢家荣文集》第五、六卷《矿床学》由地质出版社出版，收入论文 76 篇(本)，218 万字。

《矿床学大师》(矿床学卷代序)：

在中国地质界，只要提到谢家荣的名字，人们立刻就会想到他是一位杰出的矿床学家。的确，谢家荣一生中的大部分时间都在和各种矿床打交道。早在学生时代，谢家荣就结合教学实习，调查了河北龙烟铁矿，于 1915 年写出了《直隶龙门县附近地质报告》。在赴美留学期间，就于 1918 年在《科学》上发表了《自然硫矿之成因》。1920 年留学归国后，即在《科学》上发表《黏土》，接着发表系列论文《矿床学大意》，系统地阐述矿床学的理论与实践，开了中国矿床学研究的先河。1923 年，他首次对中国铁矿床进行理论总结，写出了《中国铁矿之分类与其分布》。20 世纪 20 和 30 年代，谢家荣在北京大学、清华大学、中山大学等校任教，主讲矿床学，同时从事研究工作。这一时期"他在中国地质矿产基础理论方面的研究工作已跻身于先进行列，蜚声中外。日本留学生特别申请听他的矿床学课程"。他 1935 年发表的《扬子江下游铁矿志(附中国铁矿床的分类)》，提出了 10 多个铁矿床类型，"多年来一直是长江中下游找矿工作的重要指南"。1936 年，他发表《中国的矿产时代与矿产区域》，明确指出扬子区与南岭区的矿产组合存在着明显的差异，将中国成矿学的研究向前推进了一大步。同年发表的《中国中生代末第三纪初之造山运动火成岩活跃及与矿产造成之关系》，是他在矿床研究方面极有影响的论文。这一年他还在《地质论评》上著文论述了"鞍山式铁矿"这一独特的新类型，指出它有别于北美的地台型铁矿和绿岩带型铁矿。

抗日战争时期，谢家荣先后任职江华矿务局和矿产测勘处，对湘桂地区的锡矿和西南地区的众多矿床地质问题做了深入的研究，先后发表了《贵州西部水城威宁赫章之铁矿》《湘桂交界富贺钟江砂锡矿纪要并泛论中国锡带之分布》《滇黔康三省金属矿产述要并特论其分布与地质时代》《中国之煤田及煤矿业概况》《中国铝土矿之成因》等重要论文，这些文章至今仍具有重要意义。例如，《滇黔康三省金属矿产述要并特论其分布与地质时代》将滇黔康地区按地质情况划分为三个带：前寒武纪变质带、古生代-中生代的褶皱断裂带和晚古生代-中生代的平缓褶皱带，并指出每个带都有一套特殊的矿床，加上南岭带西延的钨锡矿带，将整个地区分为四个矿带。并根据各方面的资料，得出结论说，"晚中生代和早第三纪是中国大多数金属矿床的形成时期""贵州高原和滇西的汞、锑、砷矿床,个旧-文山的高温锡钨矿床以及南岭地区的矿床都是如此"。在经过了半个世纪多之后的今天,大量资料尤其现代的同位素定年资料证明这个结论是正确的。

抗日战争胜利后,除去台湾调查石油和金瓜石的金铜矿,发现淮南八公山煤田外,还发现了安徽凤台磷矿和福建漳浦的三水型铝土矿。此外,鉴于原子能的利用,谢家荣还对铀矿给予了特别的重视,曾于1948年2月赴广西研究铀钍矿产。他1948年7月发表在《矿测近讯》第89期上的《铀矿浅说》一文是我国详细介绍铀矿知识最早的文献。文章介绍了铀的矿物、铀矿物的检测识别以及铀矿的勘探方法、世界铀矿概况、铀的应用和铀矿矿业,被认为"是中国铀矿地质学研究的起点"。同年6月,在由他主办的《矿测近讯》上先后在第88期刊出了《美国原子能委员会奖励国产铀矿办法》、在第91期上刊发了余伯良8月26日寄自加拿大满地可的《加拿大探测铀矿近况》、1949年在第97期上刊出了赵宗溥的《苏联原子能矿产资源》等文章,1950年他又在第114期上发表了《超低级铀矿的探勘》。

理论联系实际,是谢家荣从事矿床研究最突出的特点。1948年他到南京栖霞山进行矿点检查时发现了铁帽中的次生铅矿,由此揭开了栖霞山大型多金属硫化物矿床的发现,他据此写成的《大家注意铁帽》一文,即便在半个多世纪后的今天也仍然具有十分重要的意义。

1948年,他在向第18届国际地质大会提交的报告中,论述了中国的铅锌银矿床。他还"专门提到了我国与花岗岩侵入体有关的不同类型矿床。首先为磁铁矿—黄铜矿型矿床,其次是产于寒武奥陶系灰岩与花岗岩接触带变质成因的辉钼矿—磁黄铁矿—黄铜矿矿脉。"

1957年,谢家荣发表了《火山及火山沉积作用在中国几种矿床中的意义》,这是我国最早注意到火山及火山作用的重要成矿意义的论文。

晚年,谢家荣写出了多篇重要的矿床学论文。他和著名的地质学家孟宪民教授一样,破除传统观念,在我国最早提出矿床的非岩浆成因,倡导同生成矿说,与此同时,谢先生又力主矿床的多成因论。《近代成矿理论方面的几个基本问题》(1962)和《同生成矿理论在我国的运用》(1965)这两篇论文充分体现了他的这一思想。他还率先引入了花岗岩化理论,指出与造山运动及地槽褶皱带有密切关系的花岗岩主要是由交代作用所造成,也可经过深熔作用造成再融化岩浆;花岗岩既然不是岩浆岩,则与之有关的许多矿床就不应该称为岩浆矿床,只有那些与基性超基性岩有关的铬、镍、钴、铂、钒、铁、金、铜矿床才是真正的岩浆矿床,而那些与海底喷发有关的铜、铁、硫矿床则是岩浆与沉积混合的矿床。

在矿床成因分类研究中,我国地质界长期沿用欧美和苏联学者的做法,用温度、压力、深度等控矿参数、成矿作用方式以及矿石建造等作为分类标志。在《论矿床的分类》(1963)中,谢家荣独树一帜,率先将矿质来源、成矿作用和成矿场所作为矿床分类的最基本因素,特别是把矿质来源作为首要因素,按矿质来源不同将矿床分为:A—地面来源的,B—地壳表层来源的,C—硅铝层再熔化岩浆来源的,D—硅镁层岩浆来源的四大类。这个将地壳层圈界面与成矿体系相联系的矿床分类观点具有重要的科学意义,为矿床成因分类研究指出了一个新方向。几近半个世纪后的今天已经获得的大量实际资料证明了他的这一科学观点的正确性,因而至今仍然是矿床成因及分类研究的一个重要方面,具有非常重要的现实意义。在《地质历史中成矿作用的新生性、再生性和承继性》(1963)中,谢家荣从地球时空演化的全局来研究矿质来源和成矿演化趋势,运用唯物史观对成矿演化的一些基本问题提出了精辟的见解,指出:"成矿理论最基本的问题,归根结底是研究地壳及地球内部的问题","必须对地壳以下的地球内部结构进行深入的研究","对我国来说,现在已经是为使地质工作迈进一大步而必须注意这种研究的时候了"。历史的发展已经完全证实了这位地质大师的科学洞察力和预见性。

谢家荣晚年着手总结中国的矿产地质,撰写《中国矿床学》。按照规划,这本巨著包括3篇即总论、矿种各论和各省找矿指南。可惜,只完成了总论,各省找矿指南只写出了四川、江苏、湖北、云南4个省,而这4个省找矿指南的文稿竟又在20世纪90年代被人给丢失了。

谢家荣精通多国文字,博览各国书刊,获得了渊博的知识,他又勇于实践,善于实践,获得了丰富经验,造就了他独具的慧眼,使他一看见韩金桂、申庆荣从淮南带回的一种像玄武岩的黑石头,就认出它是一块磷矿石,从而发现了凤台磷矿;使他一听到福建漳浦发现的铝土矿结核其烧失量高达29%以上,就断定其属三水型铝土矿无疑,从而发现了福建漳浦的三水型铝土矿;使他一看见南京栖霞山铁帽中的黄色晶体,就"从矿体的地质地貌和矿石的形态,早已知道是铅矿了",从而最终发现了栖霞山大型原生多金属硫化物矿床;使他一看见贵州水城观音山、甘肃白银厂与江西东乡枫林和铅山永平的"铁矿"就断定它们是铁帽,其下有大的原生矿床存在,并都最终得到证实……

朱夏先生曾经这样评价谢家荣:"他从不轻视直观的实证,但更注重思辨的理性;他精于微观的审视,但从不忽略宏观的整体;他不断地从分立的静态分析追索着系统的动态研究;他善于见微知著,不放过任何新的思想萌芽,而又坚定执着地凝视着未来,思考着久远;他一生致力于中国矿产资源的开发,而又一直战斗在地质科学思潮的最前沿。"的确,无论是就矿床学的理论建树而言,还是就理论结合实际开发中国矿产资源所取得的成就而论,谢家荣都是一位矿床学巨匠,都是当之无愧的矿床学大师,都无愧于东方林格伦的称号。

在整整 50 年的地质生涯中,谢家荣走遍了除西藏以外的几乎整个中国大地,以他渊博的学识和丰富的经验,理论联系实际地研究了中国各类数十种的矿产,不仅为国家、为民族创造了大量的物质财富,还用他大师的手笔写下了数以百万字计的矿床学论文(不含煤和石油地质的论文),给我们留下了宝贵的精神财富。这两卷所包含的文章同样是中国地质学中的宝贵文献。他的理论密切联系实际的学风,他的见微知著的敏锐嗅觉,他的绝不迷失于细节中的整体研究观,他的着眼于中国地质实际的在地质科学前缘的弄潮儿,运用最新成矿理论解决中国矿床地质的实际,并在运用中加以创新,贯穿着他一生的学术活动,也充分地体现在他的文章中。所有这些可贵的品格都是我们学习的榜样。读谢家荣的文章,除了了解文章所提供的资料,学习文章本身所提供的结论外,还应当从中领会和学习他的这些品格,将中国矿床的研究不断向前推进。

《谢家荣文集》编辑委员会

二○一三年七月　谢家荣学术成长资料采集工程项目正式启动。项目承担单位为成都地质矿产研究所。

二○一五年十一月　张立生编著的《论大庆油田发现真相》由中山大学出版社出版,中山大学地球科学系系主任、广东省政协常委周永章教授作序,指出:“过去 50 年,最为盛行的主流观点认为李四光地质力学理论发现大庆油田。后来黄汲清老前辈提出不同意见,认为那‘不符事实’,是陆相生油理论发现了大庆油田。”张立生教授“积十多年的研究和档案资料分析,认为上述两种说法都不符合真实的历史,独树一帜地认为,大庆油田发现历程中,谢家荣有决定性的贡献,谢家荣是石油普查主要指导者,发现大庆油田的大功臣。”

二○一六年八月　《科学文化评论》第 13 卷第 4 期发表张立生的《谢家荣与现代中国土壤科学的奠基》,文章指出:谢家荣参与了地质调查所土壤研究室的筹建,出面邀请潘德顿教授来华工作。至少在 1931 年时,翁文灏没有兼土壤研究室主任一职,而是谢家荣在管理土壤研究室。谢家荣撰写了中国第一篇系统的土壤学论文,与其时刚从北京大学毕业的常隆庆一起进行了中国第一次独立的土壤调查并撰写了报告,他们还最早在地质调查所的讲学会上讲土壤问题。对中国土壤研究事业的启动,谢家荣有不应被忽略的重要贡献,无疑应该被视为现代中国土壤科学的开拓者和奠基人之一。

二〇一七年七月二十八日　《中国矿业报》第 3 版整版发表张立生署名文章《中国铀（钍）矿地质与勘查的先驱和开拓者——纪念谢家荣教授诞辰 120 周年》，文章概述了谱主在 20 世纪 40 年代后半期开创中国铀钍矿地质研究与勘查的业绩，包括对国外铀钍矿产科技情报的关注与传播、检测铀钍矿物仪器的研制与应用、铀钍矿产的实地测勘、铀矿地质与勘查的研究、指出中国铀钍矿找矿远景区和制定国家铀钍矿探矿计划以及 1954 年编写铀钍矿找矿须知，指出：我们没有任何理由忘记谢家荣对于中国铀矿地质与勘查所做出的重要贡献。怎样鉴定和识别铀矿物，关于铀矿床的基本地质知识，怎样在中国找铀矿，中国哪些地方可以找到铀矿，这些问题是谢家荣用他的辛勤劳动最先做出回答的，并且最先组织和进行了中国铀矿的初步勘查，拟定了中国铀钍矿床的勘查计划。这些有关中国铀矿的基本知识和基础工作都是谢家荣早在中华人民共和国成立之前就做了的。谢家荣是中国铀矿地质研究与勘查的先驱、开拓者和奠基人。中国的原子弹、中国的核工业，有谢家荣不可磨灭的重要贡献。历史应该、也一定会记住谢家荣的贡献。

二〇一七年八月十四日　《中国科学报》第 8 版"老科学家学术成长资料采集工程"系列报道第 166 期，刊出张立生署名文章《谢家荣　华夏地学拓荒人——纪念谢家荣诞辰 120 周年》，叙述了谱主一生的主要学术活动与贡献，与以往所有的谱主传记性文字不同的是，文章融入前述谱主对现代中国土壤科学和中国铀钍矿地质与勘查的开拓性贡献，并在"延伸阅读"中提供了丁文江、胡适、程裕淇、朱夏和毕庆昌对谢家荣的评价：

学者心目中的谢家荣

倘咏霓万一有生命危险……不可随便派人来做地质调查所长。在君之意以为谢家荣君（现为北大地质研究教授）资格最适宜，如有必要时，可以代理地质调查所所长。

——丁文江（1934）

这个地质研究所是民国三年开办的，民国五年毕业。毕业的学生就在地质调查所担任各地的调查工作。其中成绩最好的人，逐渐被挑选送到国外去留学。中国地质学界的许多领袖人才，如谢家荣、王竹泉、叶良辅、李捷、谭锡畴、朱庭祜、李学清诸先生，都是地质研究所出来的。

——胡适（1956）

谢老师是一位地质大师，是我的良师、恩师，更是我 60 多年地质生涯的启蒙导师！他的学术成就、科技业绩，对祖国乃至整个地质科学技术的贡献，他所参与建立我国地质事业的丰功伟绩，将永留青史！他为科技事业的艰苦奋斗精神，永远是后人学习的榜样！

——中国科学院院士　程裕淇（1998）

　　谢先生是这样的一位地质学家：他从不轻视直观的实证，但更注重思辨的理性，他精于微观的审视，但从不忽略宏观的整体；他不断地从分立的静态分析追索着系统的动态研究；他善于见微知著，不放过任何新的思想萌芽，而又坚定执着地凝视着未来，思考着久远；他一生致力于中国矿产资源的开发，而又一直战斗在地质科学思潮的最前沿。

——中国科学院院士　朱夏（1989）

　　中国有地质学迄今大约九十年，在前半期的四五十年间，对中国地质学术有直接、具体、多方面的贡献的真学者应以谢先生为第一人。

——台湾省地质调查所所长　毕庆昌（1997）

　　二〇一七年十二月　张立生所著《中国铀（钍）矿地质与勘查的先驱和开拓者——纪念谢家荣教授诞辰120周年》经修改和补充后，以《中国铀矿地质与勘查的开拓者和奠基人——纪念谢家荣教授诞辰120周年》为题，在《科学文化评论》第14卷第6期刊出。

　　二〇一八年十月下旬　张立生向在北京举行的中国科学技术史学会2018年度学术年会和中国地质学会地质学史专业委员会第28届学术年会提交的论文《回归历史　是谓不朽——大庆油田发现真相争论的总结与述评》，以大量当年的文字记录和档案资料，证明了谱主在大庆油田发现进程和中国石油大发现中在地质科学领域内的决定性贡献，揭露了黄汲清先生制造的种种谎言，尤其是他于1978年上书信中制造的三大谎言：所谓1955年提出"找油的四大重点地区"的"建议"，所谓找油"四大重点地区"的"建议"是根据"陆相生油理论"提出的，以及所谓《对我国含油气远景分区的初步意见》是松辽平原石油普查的"依据"。

　　张立生《回归历史　是谓不朽——大庆油田发现真相争论的总结与述评》：

　　黄汲清先生的这段话制造了3个谎言。

　　（1）第一个谎言：提出"找油的四大重点地区""建议"

　　黄汲清先生说，"当时我作为'普委会'的主要负责人之一，提出了把华北平原、松辽平原、鄂尔多斯盆地(即陕甘宁盆地)、四川盆地作为'普委会'找油的四大重点地区"的"建议"。证据在哪里? 黄汲清先生没有拿出、也拿不出任何证据来证明他提出了"找油的四大重点地区"的"建议"。

让我们来看真实的历史是如何记载的:

国家地质总局1978年5月的"调查报告"正确地指出:第一次石油普查工作会议"在普查委员会技术负责人黄汲清、谢家荣主持下,对在哪些地区开展石油普查工作,进行了讨论",讨论的结果认为:"'新疆的准噶尔盆地、吐鲁番盆地和塔里木盆地都是很有希望的含油地区';'柴达木盆地的石油远景是有希望的';'鄂尔多斯地台西部和西北部的石油资源是有远景的';'四川盆地的石油和天然气是有远景的';'华北平原是可能产生石油的'。"[国家地质总局对黄汲清同志反映的问题的调查报告。中央档案馆(自然资源部档案室),全宗号196,目录号27,案卷号14,序号2]

依据上述讨论所得出的结论,根据当时所能组织起来的力量,1955年"地质部决定组织地质队24个……分赴新疆的准噶尔盆地、吐鲁番盆地、鄂尔多斯、四川盆地、华北平原等五个地区进行工作。"[中央档案馆档案(自然资源部档案室),全宗号196,目录号4,案卷号0260,序号2.]

历史就是这样明明白白地记载着,1955年的石油普查项目是在第一次石油普查工作会议期间经过专家们集体讨论决定的,所确定的工作地区也是5个而不是4个,根本就没有什么黄汲清先生提出了所谓"四大重点地区"。

并且,黄汲清先生自己也说,"根据我的回忆和档卷记录,会议闭幕以前是由我代表普委向部务会议汇报最后讨论结果的。令人遗憾的是,我的汇报内容没有记录下来。我自己也没有留下笔记。"(黄汲清:《黄汲清石油地质著作选集·我与石油、天然气的普查勘探》,科学出版社,1993年,第173页)

这就是说,连黄汲清先生自己也承认,1955年的石油普查项目是集体讨论决定的。黄汲清先生仅仅因为是他代表普委会向部务会议汇报的,就把集体讨论的意见说成是自己的意见,是没有一点点道理的。

难道黄汲清先生在讨论会上提出了4大"重点地区"? 非也!

黄汲清先生在写这封上书信17年之后的1994年承认,他自己在1956年之前根本就没有关于中国找油方向的有据可查的意见:

全国石油天然气普查的方向问题怎么提出来,这是个重要问题……我自己在这期间发表过什么意见? 没有。我记得在1956年阳历过年的时候,清华大学地质系的负责人孟宪民教授,请我到清华大学地质系去作一个学术报告,我记得当时我主要谈的是中国石油远景的问题,其中也谈到在华北平原、松辽平原找油的可能性,可惜我没有把这个学术报告写成文章发表。最近我又查了一下清华大学的清华日报,看有没有记载黄汲清谈过什么问题,结果1956年清华日报还没有恢复印刷,到1957、58年才恢复了印刷,所以我对这个问题谈的话在现有的文献资料里查不出来,我自己也没有保存这个记录,所以这个东西不能算,没有可考的证据。所以上面谈的关于在中国找石油的地区,特别华北平原、松辽平原是不是也可以找油,名见经传的,就只有谢家荣、李四光的文章,谢家荣谈得比较明确,时间在李四光之前。[黄汲清口述,亢宽盈,杨小林整理:《黄汲清与石油、天然气的普查、勘探》,载中国科学院院史文物资料征集委员会办公室《院史资料与研究》2008年第6期(总第108期),第29—31页]

　　必须指出,松辽平原是在第一次石油普查工作会议之后才提出并进行踏勘的,而松辽平原石油普查项目则是在1955年秋踏勘所获资料的基础之上才讨论确定的。任何懂得地质勘探程序的人都明白,对一个地质情况知之甚少的地区的矿产勘查,首先是踏勘,然后根据踏勘所获资料判断,是否值得普查,如果不值得普查,就连普查也不会进行,如果值得普查,则先是初查,后是详查,最后才是勘探。黄汲清先生把连踏勘都还没有进行的松辽平原列为"重点地区",这根本就是天方夜谭。

　　黄汲清先生说,普委会"采纳"了他"四大重点地区"的"建议"。但是,在第一次石油普查工作会议闭幕之后20天,也就是黄汲清先生所谓普委会"采纳"了他的"建议"之后将近20天,即1955年3月1日,普查委员会总工程师谢家荣在地质部1955年全国地质会议(2月22日至3月17日在北京举行)上所作的题为《1954年普查检查工作中的几个问题》的报告中却是这样说的:"以后数年的石油普查工作应集中力量在准噶尔,柴达木,塔里木及河西走廊的四大盆地之中。华北、松辽及华东平原中亦有产油希望,应予注意。在四川应注意川西川中各区,并应着重天然气的开发及利用,在华北寻找炼油煤,而在华东、中南则注意油页岩。"(《地质部1955年地质会议文件汇编》,第520页,存中国地质图书馆,书号208/208/55)作为普查委员会总工程师的谢家荣说的是"以后数年的石油普查工作应集中力量在准噶尔,柴达木,塔里木及河西走廊的四大盆地之中",与黄汲清先生的所谓"四大重点地区"毫不相干。读完谢家荣1955年3月1日的这个报告与1955年2月第一次石油普查工作会议的决议,读者可以清楚地看见,黄汲清先生的所谓"普委会采纳了"他的"四大重点地区"的"建议",但却连普委的总工程师谢家荣都不知道,遑论"这一历史事实是'普委会'广大干部、技术人员都知道的"!可见这根本就是子虚乌有的事。

（2）第二个谎言：所谓"四大重点地区"的"建议"是根据"陆相生油"理论提出来的

黄汲清先生声称，他的所谓"四大重点地区"的"建议"是根据"陆相生油"理论提出来的。让我们来看看所谓他提出的"四大重点地区"的有关历史事实。

1）华北平原　地质部第一次石油普查工作会议决议关于华北平原是这样说的（黑体是本文作者标的）：

华北平原是中生代以来的下沉地带，新生代的泥沙堆积甚厚，**其中可能有海相沉积和产生石油的有机质**，又由于喜马拉雅运动的发生，较老的平原沉积可能曾遭受到轻微褶皱，华北平原是中生代以来的下沉地带，新生代的泥沙堆积甚厚，其中可能有海相沉积和产生石油的有机质，又由于喜马拉雅运动的发生，较老的平原沉积可能曾遭受到轻微褶皱，因此，华北平原是可能产生石油的。

［中央档案馆（自然资源部档案室），全宗号196，目录号4，案卷号0260，序号2］

地质部普查委员会"关于第一次石油普查工作会议的报告"更是这样写道：

华北平原冲积层的底部**可能有海相沉积**和轻微的褶皱以及产生石油的有机物质，近年地质工作及群众报矿都不断发现有油气苗。故华北平原底部很可能储有有工业价值的油气藏，**如确属实，则其意义将异常巨大。**

［中央档案馆（自然资源部档案室），全宗号196，目录号4，案卷号0260，序号3］

即使是两年后的1957年，黄汲清先生在被他自己广为宣传的《对我国含油气远景分区的初步意见》中关于华北平原和江苏平原的真实的版本也还是这样说的（黑体是本文作者标的）：

（二）正在形成的沉积地区（包括大型山前凹地和山间盆地）

甲、华北平原：

含油远景首先在"新沉积"，老地层——白垩纪以前——如有构造是很难追索的。隆起地带如沧县隆起、无隶隆起，价值不大。首先注意凹陷地带：

西部凹陷　规模较大，可能有中生代和第三纪含油岩系，如陀里或新庄岩系，或与汤阴第三纪含油层相当的地层。

东部第一凹陷　**可能有第三纪海相沉积**，玄武岩夹层无大影响。

东部第二凹陷　规模较小。

南部凹陷　注意第三纪含油岩系。

开封大凹陷　规模很大,情况尚不明。

关键问题是:(1)用基准钻了解凹陷地带中沉积情况,特别注意上中生代和第三纪的可能含油岩系;首先了解西部凹陷、南部凹陷和开封大凹陷。西部凹陷靠山近,沉积应较粗,故应尽先在南部及开封凹陷中进行工作。(2)从汤阴向北和向南用浅深钻追踪第三纪含油岩系。(3)从北京向南用浅深钻追踪陀里中生代杂岩系。(4)**研究有无海相第三纪沉积**:首先在德州一带和汤阴、浚县以东用浅深钻追踪。

乙、江苏平原:

与华北平原关系。**海滨沉积。**深度问题。

[中央档案馆(自然资源部档案室),全宗号196,目录号6,案卷号050,序号1]

历史如此清楚地记载着,无论是1955年第一次石油普查工作会议决议还是普查委员会"关于第一次石油普查工作会议的报告",甚至黄汲清先生自己乃至到了1957年的论述,**都是将华北平原的含油远景与海相第三系联系在一起的,**哪里来的什么以陆相生油理论为指导?

2)四川盆地和鄂尔多斯盆地　地质部第一次石油普查工作会议决议关于这两个地区的石油普查工作,只说了要进行工作的地区的范围和采用的工作方法以及工作量,根本就没有提到生油层,也没有提到海相陆相的问题

[中央档案馆档案(自然资源部档案室),全宗号196,目录号4,案卷号0260,序号2]

而一年以后的1956年1月,黄汲清先生在地质部第二次石油普查会议上所作题为"一年来石油地质普查工作中的经验教训及对今后工作的一些建议"的报告中,专门论述了包括四川盆地在内的几个工作地区的生油层,其中所说四川盆地的生油层"主要是三叠纪和二叠纪,在川西北有泥盆纪和石炭纪,可能尚有奥陶志留纪"[中央档案馆(自然资源部档案),全宗号:196,目录号:5,案卷号:290,序号:5],基本上都是海相的,哪里来的以陆相生油理论为根据?

因此,说四川盆地和鄂尔多斯盆地的石油普查是以陆相生油理论为指导的也完全违背历史事实。

3)松辽平原　黄汲清先生强调他代表普查委员会向部务会议汇报时提出了松辽平原项目,但终归是查无实据。松辽平原的项目是在第一次石油普查工作会议之后由谢家荣和黄汲清共同提出的(关于此一问题的详尽情况请见作者的《论大庆油田发现真相》之《是雪泥鸿爪,还是舞文弄墨》的第一节"关于松辽平原石油普查",中山大学出版社,2015:129—133)。松辽平原石油普查项目是在地质部第二

次石油普查工作会议上确定的,而第二次石油普查工作会议关于松辽平原是这样论述的:

七、松辽平原石油普查大队

广阔的松辽平原的大地构造轮廓与华北平原相似,是一个晚近的下沉地带,其中堆积着很厚的新沉积。包括白垩纪地层以及第三纪和第四纪的疏松沉积,其中可能有含油岩系。普查的主要目的是使用大面积的重磁力普查,配合若干电测深剖面和地震剖面,初步探测平原基底起伏情况,沉积岩深度和新沉积厚度,结合地面地质观察和地层剖面的研究,以及油苗检查,推断平原的大地构造轮廓和新沉积分布的规律性。选择适当地点准备打基准井,并提出初步钻探设计。

具体任务和要求如下:……

[中央档案馆(自然资源部档案室),全宗号196,目录号5,案卷号290,序号1]

读者可以看出,这个决议关于松辽平原的论述,根本就没有提到陆相生油的问题,而是说"广阔的松辽平原的大地构造轮廓与华北平原相似",而按照第一次石油普查工作会议的决议,华北平原的含油远景则是与海相第三系相联系的。

前述黄汲清1956年的报告论及几个地区的生油层时并未提及松辽平原,但他在1957年的《对我国含油气远景分区的初步意见》报告中关于松辽平原的真实版本是这样说的(黑体是本文作者标的):

丙、松辽平原

南部平原法库以南,范围很小。有三个超过3 000公尺的凹陷及其间的隆起。**海相第三纪很可能存在,值得进一步普查。**

北部平原又可分为三部:

北部:哈尔滨以北,中新生代有时出露,有轻微断折,可能含油;火成岩可能是白垩纪以前或下白垩纪的,不致影响较新沉积。中部是一大凹陷,沉积很厚。南部被双辽隆起分为东西二部,**东部已发现海相第三纪(松花江统)。**

关键性问题是:(1)加紧进行物探,划分平原的构造单元,(2)配合浅钻研究中新生代地层,**特别注意松花江统的海相第三纪,(3)海侵似不可能从苏联方面进侵,而是从渤海北来,因此应该在彰武一带用深浅钻证实海相第三纪的存在。**

[中央档案馆(自然资源部档案室),全宗号196,目录号6,案卷号050,序号1]

看看黄汲清先生1957年报告的真实版本对于松辽平原的海相第三系是何等

的关切：**海相第三纪很可能存在,值得进一步普查!** 那里来的什么以陆相生油理论为根据?

然而,到 1994 年,黄汲清先生在临终前的口述访谈中,坚持要把陆相生油理论指导石油普查的谎言进行到底,在谈及松辽盆地时,把他 1957 年的论述"忘"了个干干净净,而把所谓陆相生油理论指导松辽平原石油普查及其"根据"搬进 1955 年的黄汲清思想,信口开河(黑体是本文作者标的):

松辽盆地方面,当时我们知道东西很少,第一,松辽盆地是在大兴安岭隆起带的东面形成的一个凹陷带,布利斯道本一八六几年就提出大兴安岭隆起、松辽盆地中间是个大断层,兴安构造线,松辽盆地是大兴安岭前面一个凹陷带。大兴安岭隆起是侏罗、白垩、第三纪隆。第二,在松辽盆地的东南边,过去日本人有少数报道说那个地方出现松花江群勘探凹陷,以砂页岩为主,分布很广,它们可能是白垩纪的,但是陆相地层,没有看到海相。过去谭锡畴、王鸿桢他们调查嫩江地带的地质,发现在大兴安岭前面,嫩江上游,嫩江西的地层是陆相的砂岩地层,可能白垩纪第三纪的沉积,也是相当普遍,相当厚。**这两个地层当时说的都是陆相的,不是海相的。不过不要紧,我们有陆相生油论嘛,**陆相也可以有生油层,也可以形成油田。当然有海相就更好了。我当时的这个意见,是从葛利普和我们自己结合中国人、日本人的零星观察得出的一个不同的意见,所以决定要在这一地区进行石油普查,特别是松辽盆地、华北盆地。

[黄汲清与石油、天然气的普查、勘探(黄汲清口述).中国科学院院史文物资料征集委员会办公室:《院史资料与研究》.2008 年第 6 期(总第 108 期).第 36—37 页]

上述的历史事实充分证明,不仅黄汲清先生所谓提出"四大重点地区"是谎言,所谓"根据陆相生油理论"提出"四大重点地区"的说法也完全是在说谎,与真实的历史毫不相干。

(3) 第三个谎言:《对我国含油气远景分区的初步意见》是松辽平原石油普查的依据。

黄汲清先生的上书信在述说了他所谓的他以陆相生油理论为根据提出了"四大重点地区"后,紧接着就说"在此之后,我又编制了《我国含油气远景分区图》,把上述四大地区用橙红色明确圈出,并于 1957 年 3 月 8 日在全国石油普查会议上,配合这张大型挂图,作了题为《对我国含油气远景分区的初步意见》的学术报告。'普委会'及下属松辽普查大队,经过 1955、1956、1957 三年的工作,初步证实松辽平原存在有利于含油的地质构造。"言外之意是,《对我国含油气远景分区的初步意见》的报告是部署松辽平原石油普查的依据。必须指出,《对我国含油气远景分区的初步意见》的报告是在地质部 1955 年和 1956 年石油普查工作所获成果基础之上作的,其中关于松辽平原的意见是以地质部松辽平原石油地质踏勘队 1955 年和地质部松辽平原石油普查大队 1956 年工作所获成果为依据的,说它是去松辽平原进行石油普查的依据,无疑也是一个大谎言。

对此,两位曾经做过李四光先生秘书的同志于 1979 年 5 月 4 日致信中国科协代主席周培源等进行了驳斥。此信的相关内容如下:

全国科协代主席周培源同志并其他领导同志:

......

在写上封信之后,我们又见到黄汲清先生一九七八年一月写的一封信。他说松辽平原的找油工作,是根据他的建议开展的。我们查阅了地质部档案,未见片纸只字有关黄先生建议去松辽平原找油的记录;查阅了黄先生解放前后,公开发表有关石油方面的文章,没有一篇提到松辽平原;二十多年来除黄先生本人之外,我们也没有听到第二个人这样说过。我们见到唯一的一篇文字材料,是黄先生自己提供的,据说那是他一九五七年三月八日做的学术报告的记录,题目是"对我国含油气远景分区的初步意见"。在这个记录中,确实把松辽平原列为我国"含油及可能含油区域"之一。但这是在李四光同志提出到松辽平原找油三年之后;人民日报在社论中把松辽平原列为我国可能含油远景区一年之后;当黄先生做这个报告时,地质队在松辽平原进行找油工作已进行两年了。尽管如此,但较他从前鼓吹"中国贫油论"总算是个进步,也是值得欢迎的。但要把它作为地质部去松辽平原找油的证据,那就未免把马车栓在马的前头了。

黄先生在信中还说,一九五五年,他是根据"陆相生油理论",建议去松辽平原找油的,可是黄先生自己提供的一九五七年三月八日的报告记录稿,却做了一个相反的回答。在这个报告里,黄先生的观点恰好相反,他认为松辽平原可能存在海相第三纪,所以才值得进行普查的……

郑明焕　周国钧

一九七九年五月四日

[中央档案馆(自然资源部档案室),全宗号:196,目录号:27,案卷号:14,序号:9]

还必须指出,黄汲清先生的上书信在指出"我国大庆等东部油田的普查和发展与地质力学的理论无关"，制造以陆相生油理论为根据提出所谓"四大重点地区"的谎言的同时，与国家地质总局的"调查报告"如出一辙，回避谢家荣先生对松辽平原的大量论述，甚至连谢家荣的名字都不提及，把一切功劳都归在他的名下，还美其名曰"我谈这些并不是宣扬我个人，而是因为这一科学历史事实被篡改了。"(《黄汲清年谱》，第 130 页)

二○一九年七月五日　《中国科学报》第 8 版"老科学家学术成长资料采集工程"系列报道第 231 期，刊出张立生的署名文章《在采集中还原历史——探寻谢家荣在威斯康星大学的求学历程》。作者依据采集工程所得，首次披露了谢家荣进入威斯康星大学的准确时间，在威斯康星大学学习期间的导师是 A.N.文切尔教授，他的硕士论文题目《某些叶状变质岩的成因》等。

二○一九年九月二十日　《中国科学报》第 8 版"老科学家学术成长资料采集工程"系列报道第 241 期刊出张立生署名文章《谢家荣：成就辉煌的访学之旅》，以一个整版详细记述了谢家荣 1928—1930 年访学德、法期间潜心研究，奠基中国煤岩学和开创中国矿相学的历程。

二○一九年九月三十日　自然资源部中国地质调查局主管主办的《中国矿业报》为纪念中华人民共和国成立 70 周年，用头版和第 2 版几近两个整版的篇幅发表了"本报编辑部"的文章《中国矿业与新中国一起成长——写在中华人民共和国成立七十周年之际》。文章虽然提到了"1950 年成立了以李四光为主任委员、谢家荣和尹赞勋为副主任委员的地质工作计划指导委员会(1952 年改建为地质部)，负责全国地质工作的规划、组织、指导与管理""在南京成立了重工业部地质探矿专科学校，谢家荣任校务委员会主任委员"，但论及在国家地质工作和中国社会主义建设事业中有着重大意义的石油普查和大庆等油田的发现时，却这样叙述："石油和煤炭等一样成为国家建设急需的能源矿产。当时主管石油和煤炭的燃料工业部作出部署：一方面抓紧老油田的生产恢复，力求提高产量；另一方面在广泛征求李四光、黄汲清、潘钟祥、翁文波等地质专家意见的基础上，组织地质队伍在一批有一些工作基础的沉积盆地，开展地质调查工作，并发现几十个可能的储油构造。"对谢家荣对大庆油田发现和以大庆油田发现为开端的中国石油大发现的重大贡献一字未提。

二○一九年十一月　为纪念 2018 年 2 月 24 日逝世的孙枢院士，科学出版社出版《孙枢追思文集》。书中收入张立生的文章《我与孙枢先生交往二三事》，文章透露：

从大庆油田说起，谈到谢家荣先生对中国地质事业的贡献，孙先生感慨良多。我清楚地记得，孙先生不止一次地对我说过，中国地学界欠谢（家荣）先生一个公道，对谢先生没有给予充分的肯定。

（《孙枢追思文集》，科学出版社，2019 年，第 422 页）

二○二○年八月二十日 自 2011 年 7 月《谢家荣文集》第五、六卷出版后，由于出版经费短缺，第七、八两卷之出版陷于停顿，再三努力无果，由谱主的长孙谢渊泓博士和孙女谢渊如、谢渊泉和谢渊洁集资 20 万元汇入地质出版社，《谢家荣文集》第七、八卷的出版工作得以正式提上日程。第七、八卷共收入 177 篇(本)文章，总字数逾 200 万字。

《杰出的经济地质学家》(经济地质学卷代序)：

谢家荣是中国最有成就、影响最为广泛和深远的矿床学家。但是，他不仅是一位矿床学家，更是一位杰出的经济地质学家。

通常认为，矿床学是狭义的经济地质学，因此矿床学也可以称之为经济地质学。按照美国地质研究所编辑出版的《地质辞典》(Glossary of Geology)给的定义，所谓"经济地质学"乃是"研究和分析能够被人类有利可图地加以利用的地质体和材料，包括燃料、金属、非金属和水，应用地质知识和理论来寻找和认识矿床"的科学。按照这个定义，经济地质学应该包括了矿床学，即"研究和分析能够被人类有利可图地加以利用的地质体和材料，包括燃料、金属、非金属和水"，和找矿勘探地质学，即"应用地质知识和理论来寻找和认识矿床"。从这个意义上说，谢家荣既是一位杰出的矿床学家，更是一位杰出的经济地质学家，因为他不仅仅是一位杰出的研究矿床的地质学家，更是一位应用他广泛的地质知识和理论进行找矿或矿产勘查并获得了重大成就的地质学家。所以谢家荣说他首先是一位经济地质学家。

如果说抗日战争以前谢家荣主要是一位矿床学家，那么抗日战争以后，谢家荣就主要是一位经济地质学家。

1931 年"9·18"事变以后，作为我国重要矿产资源基地的东三省落入敌手。1937 年抗日战争全面爆发之后，华北、中原和华东地区的资源基地又相继为日寇所占。国家对大后方矿产资源的开发因此变得紧急起来。谢家荣的地质生涯由此发生了转折：调查富贺钟江砂锡矿，筹备江华矿务局并任经理，亲自负责办矿；此后他就一直服务于中国的地质矿产勘查事业。

谢家荣认定，当时的中国在地质工作与矿产开采之间缺少一个关键环节，就是矿产勘查。为了改变当时地质界不重视矿产勘查工作的习惯，他曾根据我国的实际情况,将矿产品试行分为基础矿产,如煤、石油、铁、铜等,和"外汇矿产",如钨、锑、锡、汞等。谢家荣批评轻视地质人员的偏见说,"还有一小部分人,甚至以为只有工程出身的工程师才能有实际生产和效用人群的本领,至于地质学者,不过是一群书呆子,写写文章而已,这种偏见,不但存在于工程界,就是地质出身的达官显要,也何尝不作如是想","本处一向认为地质是探矿的先驱,经济地质学者,尤其为实际生产的一员,他们的贡献和技能,与工程师并无二致"。他一生"始终抱着一个目标,一个决心,那就是学理与应用并重,干着沟通地质界与矿冶界的工作"。运用地质理论服务于找矿事业,反对为理论而理论,反对脱离实际的纯理论研究,是谢家荣一贯的思想。正如他在《中国矿床学》总论中所说的,研究中国矿床的目的必须是"为找矿服务,为获得更多的勘探基地服务,为在普查找矿中更好更有效地进行矿点评价服务,为一切与找矿勘探有关的生产实践工作服务。我们的目的是鲜明的。我们决不能从个人的兴趣出发来研究中国矿床,更不能从纯理论的钻牛角尖的观点来研究中国矿床……用一个最概括的语言来表达,就是要'找字当头'"。

在抗日战争的艰苦岁月里,他领导下的矿产测勘处,在从昆明到昭通,又从昭通到贵阳,再从贵阳到遵义、重庆和重庆到南京的频繁迁徙的不安定状态中,克服种种困难,始终坚持工作,先后完成了昆明威宁间十万分之一的地质矿产图,云贵各县区域地质矿产图 8 幅,滇西、滇中、滇东、黔西、湘南若干区域地质矿产图,西康西南部十万分之一区域地质矿产图,调查和勘探了威宁铜、煤、铁矿、水城观音山铁矿、昭通褐煤、云南乐马厂铅银矿、攀枝花铁矿、东川铜矿、会理力马河铜镍矿、天宝山铅锌矿、云南文山钨矿、贵州都匀独山间的煤田,考察了四川中部的油田地质和贵阳附近的煤田;发现了贵州云雾山的高级一氧化铝矿和云南中部的白色高级铝土矿,原西康、滇东、滇西的地质概测以及其他许多金属非金属矿产的测勘。所有这些工作,他都"或者是亲自参加、指导,或者是由他计划,派同仁担任工作,但是重要的结论和实用的意义,大多数是由他指出或提供许多意见的"。对于贵州水城观音山铁矿的成因、四川油田构造的分类、云南贵州铝土矿的垂直分带,他都曾提出过独到的见解。而云南、贵州铝土矿的属于一水硬铝石型,不适于拜尔法炼铝,也是他首先注意到并请国内外专家协助厂家加以证实的。他依据野外观测资料,提出贵州中部的铝土矿是海退时形成、沉积在不整合面上的风化残余产物。据此,他从古地理的角度预测了含矿地层和铝土矿的分布。经过解放后详细的普查勘探,证明预测是基本正确的。这是我国地质学界依据丰富的野外资料,通过地质学原理,预测矿产最早的一篇文章。

抗日战争胜利后,在国民党发动全面内战期间,日子虽然同抗战时期一样艰难,但谢家荣的事业却取得了辉煌的成就。淮南八公山煤田的发现是谢家荣谱写的中国矿产勘查史上最精彩的篇章之一。他在《大公报》上发表《淮南新煤田的发现》说"这个计划是依据古地理学、地层学、构造地质学上的许多理论演绎推测而来的;换句话说,是纯粹凭着地质学理再加实施钻探所得到的结果"。

紧接着八公山煤田发现之后,矿产测勘处又在谢家荣的指导下在安徽凤台发现磷矿:韩金桂、申庆荣在淮南详测时,找到一种疑是玄武岩的黑石头;谢家荣整理他们寄来的标本,认出是磷矿,从而证实、发现了凤台磷矿。之后谢家荣著文《安徽凤台磷矿的发现》指出,凤台磷矿的发现具有非常重要的意义:"凤台磷矿的层位产状,和云南昆阳磷矿甚为相似,不过成分不同,形态各异罢了(昆阳磷矿是白色或灰白色的矿石)。凤台磷矿的发现,证明昆阳式磷矿可东延达数千公里,并且就古地理研究,凡是下寒武纪的濒海区域,尤其是两边为古陆夹峙的港湾区域,昆阳式磷矿的发现,最为有望。我现在已可大胆地指出贵州的遵义(金鼎山)金沙,湖北的宜昌和江西的九江附近,俱有发现同样磷矿的希望。王钰先生记述石牌页岩底部的棕黑色砂岩,谓层面上有多数铁质小圆球(地质论评第3卷第2期136页)可能就是磷矿。刘之远先生在金鼎山所见的牛蹄塘黑页岩,和杨怀仁、施雅风二先生在金沙(本处简报第36号24页)以北在相似层位内所见到的黑页岩及俗呼为嫩瓜石的黑白相间的岩石,都可能是磷矿,我们倘能仔细搜寻,我相信中国的磷矿可能成为堪与钨锑媲美的特殊丰富的矿产资源了。"为中国磷矿资源的勘查与开发指明了方向和远景。

迄至1946年,在中国境内所发现的铝土矿皆为石炭二叠纪的铝土矿,谢家荣称之为老化的、重新沉积的红土式铝矿,是低硅高铝的富矿,但是属于一水型铝土矿,尚不能用来炼铝,而只能用作耐火材料、研磨剂或炼油的清滤剂。他依据地质理论认为,应该到新地层中,并且应该到现代或近代属于热带性气候的低纬度地区去寻找三水型铝土矿。所以当他听到福建省地质土壤调查所宋达泉、俞震豫等在漳浦发现铝土矿结核的时候,虽然他们自己并不十分重视,但他却寄予莫大的希望。他根据报道其烧失量高达29%以上,断定其属三水型铝土矿无疑,乃派殷维翰、沙光文赴闽南漳浦一带进行初步测勘,证实了他的推断。一年后他又亲率沙光文、王承祺和龚铮去漳浦现场勘查。漳浦三水型铝土矿发现后,谢家荣推断凡闽粤沿海玄武岩发育的地区,都有找到三水型铝土矿的可能,乃于完成漳浦铝土矿测勘后,派赵家骧、沙光文到海南岛和雷州半岛考察,只是因为当时的野外条件所限而未能有所发现。解放后,按照他的这一思路,终在海南岛海口市附近发现了三水型铝土矿矿,虽然由于自然条件的不成熟,规模不大。

1947年11月,中国地质学会第23届年会在台北召开,谢家荣在开幕会上发表理事长演说 Palaeogeography as a guide to mineral exploration(古地理为探矿工作的指南）。报告依据其对中国煤、铝土矿、磷块岩及沉积铁、铜等矿产的研究所得，论述了这些沉积矿产与古地理的关系，指出煤田类型与古地理有密切关系，古地理条件控制着煤层的物理化学性质和煤田的经济价值，磷块岩与红土型铝土矿的分布明显受古地理条件的控制，宣龙式铁矿赋存于震旦纪海盆的海岸线之上，宁乡式铁矿主要分布于晚泥盆世海侵的古滨岸或近滨带，会理鹿厂铜矿的形成与会理盆地的古地形有密切关系。因此，他提出，正确认识一个地区某个时代的古地理对于找矿勘探具有重要的意义。古地理为探矿工作的指南。20世纪50年代地质部矿产司非金属矿产处对中国磷矿的普查将此引作箴规依据和导引，取得了巨大的成功。

栖霞山是南京郊外的名胜，沦陷期间日本人曾在这里探采锰矿。抗战胜利后谢家荣应邀往栖霞山勘查锰矿，他在日本人留下的废石堆附近，无意中发现了一块含有黄色六角柱状结晶的标本，又采集了许多黄色并含有铜绿的矿石。这种黄色结晶经定性试验，最后知道是磷酸铅矿。同时他又磨制薄片，在显微镜下研究，见到许多屈折率特高而重屈折率特低的黄色矿物，证实了这些黄色石头是含有甚多磷酸铅的铅矿石。这些黄色矿石中的许多白色细脉，原以为是重晶石，后来确定为白铅矿。谢家荣又与南延宗、王植同往复勘，在矿堆附近，至少找到两处铅矿床的露头；他又在为许多白铅矿散浸的含铁矽石中找到了一些风化残留下来的原生方铅矿结晶。谢家荣由此断定这矿堆是代表铅矿风化部分的松石，乃是铁帽的特征。在谢家荣的亲自部署下，最终在1950年8月一钻成功，发现了栖霞山铅锌银锰多金属矿。这一发现令他异常兴奋，喜悦之情溢于言表。他在其长子谢学锦与李美生的婚礼上对众人宣布说：今天，我们是双喜临门，一喜是栖霞山钻到铅矿，二喜是学锦与李小姐成婚。他把理论指导找矿的突破，看得比儿子结婚还更加高兴。同时还著文《栖霞山一钻成功》说："栖霞山从此将不再仅仅以深秋的红叶为诗人所欣赏，或丰富的纺锤虫化石为地质学家们所注意了。在不久的将来，可能就有一个现代化的矿厂出现，而在未来经济建设的高潮中占着重要的地位，正像淮南八公山一样，从一个寂寞的农村，突然的变为繁盛的矿都。地质学家为人民服务的目的，到这个时候，才算完全地达到了。"接着又在《矿测近讯》上发表《大家注意铁帽》说："最近本处在该山所作的详测和钻探工作，发现了深达120公尺的氧化带，认识了铁帽和锰帽的意义，这对于将来在华东区进而在全国的探矿工作上，将有重大的指助。我所以要特别提出华东，就因为在扬子江下游的许多所谓铁矿露头，很可能大多数是铁帽，如能在有望地点测勘钻探，或可在其下部发现许多有价值的金属硫化矿。希望同业们在今后的工作中，多多注意铁帽，必将有意外的收获。"

1958年，谢家荣在《中国矿产分布规律初步研究及今后找矿方向的若干意见》

中又运用铁帽的理论指出:"应对浙江武康(铜官)长兴及江西九江(城门山)瑞昌(铜岭)的几个所谓铁矿点进行研究,他们可能是铜矿,黄铁矿或其他硫化物的铁帽。"

10多年后,谢家荣又在江西东乡枫林、铅山永平,经过短暂的野外考察,识别出了枫林铜矿床的古铁帽和永平的铁帽,为枫林和永平铜矿床的成因和会战指明了方向。

解放后,谢家荣先后服务于矿产测勘处、中国地质工作计划指导委员会、地质部、地质部普委、矿物原料研究所、矿床地质研究所等单位。1951年前后,中国的地质人员不足300人,能被委以重任的技术骨干屈指可数。谢家荣凭着他对祖国地质矿产情况和这批技术骨干的工作能力和专业特长的了解,毅然提出了一批重点勘探矿区基地和技术负责人:湖北大冶铁矿(程裕淇)、内蒙古白云鄂博铁矿(严坤元)、河北庞家堡铁矿(王曰伦)、贵州水城观音山铁矿(路兆洽)、安徽铜官山铜矿(郭文魁)、甘肃白银厂铜矿(宋叔和)、山西中条山铜矿(王植)和陕西渭北煤田(李春昱)。"这些对中国地质学界来说,是从来没有过的,'开天辟地'的重点工程,对国家第一、第二个五年计划的完成是起了决定性作用的"。

"1951年他在南京看到甘肃白银厂的标本时,立即指出这里的"铁矿"是铁帽,其下有原生的硫化矿,可能属于西班牙的里奥廷托(Rio Tinto)型矿床,结果证明它就是里奥廷托型的黄铁矿型铜矿"。"他在白银厂勘探区踏遍所有矿化带与布钻点,并详细调查老窿及勘探坑道","在宋叔和普查资料的基础上,指出白银厂是有价值的铜矿基地,他起草了意见书,初估了储量,报国家计委,列入第一个五年计划之重点项目,勘探结果,与他初估的储量大体吻合,充分说明了他的胆识。"

安徽铜陵铜官山铜矿地表为一层厚约二三十米的铁帽所覆盖,1944年日本人在此应用物探测得深处尚有矿体,施钻结果,竟于铁矿下发现铜矿,但以后未加详探。"抗战胜利后谢家荣对此非常重视,1950年6月起陆续派人前往该区调查钻探",扩大了铜矿矿区范围。1952年正式成立了321地质队,40年来的勘探证明,铜陵是我国重要的铜矿和重要冶炼基地之一。

谢家荣认为一个矿床学家应不仅探讨矿产地质,还要掌握有效的勘探方法,熟悉采矿、选矿和冶金工艺过程,并了解矿产品的国内外市场价格变化。

谢家荣不仅向来主张地质研究为找矿服务,而且还在这种服务中融入经济学,进行成本核算,按照经济规律办理,融经济学于矿床学和找矿勘探工作之中。谢家荣是中国最早将地质学与经济学结合起来,并且是一贯按此思想办事的地质学家。在《矿产测勘处工作方针及预算原则》一文(《矿测近讯》第70期)中,他写道:"我们将毫不客气地说,以后的每一年,都将有在经济上或理论上重要的发现。我们从今年起的年报上可以明白地用数字来表示出这一年中所发现的矿产品的价值,这个价值的数字,比之我们这一年中的支出,要大过数十百倍,甚至千万倍。换句话说,我们这机关不是纯粹研究学理的机关,我们也是一个生产机关,我们可用成本来计算盈余,而且这盈余,要比任何的生产机关来得多"。以 1947 年为例,在这一年《矿产测勘处年报》的"前言"中他是这样写的:"本处在这一年中,成绩最为辉煌,一共打了 4 159 米的钻眼,发现了 4 万万吨的上好烟煤,260 万吨的磷矿,50 万吨的铝土矿,其最低总价值当在 40 万亿元以上(1947 年 2 月时值),较之本处全年支出(27 亿元——作者注)高出 1 万余倍,其贡献于国家社会者,良匪浅鲜"。

谢家荣一生中亲自勘查研究与指导勘查研究的矿产资源包括燃料、钢铁、有色金属、稀有金属、贵金属,主要的非金属资源和水资源,涉及石油天然气、煤、铁、锰、铝、铜、铅、锌、锡、钨、金、银、稀土金属、水泥原料、耐火黏土、陶土、石墨、膨润土、蛭石、地下水等矿种和沉积、接触变质、区域变质、岩浆分异、岩浆热液、热水、风化淋滤、残坡积与冲积成因等类型。

在 20 世纪 50—60 年代的大部分时间里,谢家荣的足迹遍及祖国的大江南北,长城内外,西北的大漠戈壁和西南的崇山峻岭,用他渊博的学识,丰富的经验,指导着全国包括煤和石油在内的各种金属、非金属矿产的找矿勘探工作,为祖国的繁荣与富强贡献了他的才智与汗水,祖国和人民将会永远记住他的名字。他在经济地质学方面的建树,奠定了他在我国经济地质学界无可争辩的地位。他是中国经济地质学当之无愧的鼻祖和泰斗,他所创造的业绩将在中国地质学史上永放光辉。

《谢家荣文集》编辑委员会

二○二○年十月二十九日　《中国科学报》第 8 版"老科学家学术成长资料采集工程"系列报道第 273 期刊出张立生署名文章《划过中国地质学史的绚烂火焰——谢家荣与沁园燃料研究室纪事》,详细记述了谱主在沁园燃料研究室主任和名誉主任的任上所取得的学术成就。

二○二○年十二月　张立生在《城市与减灾》杂志 2020 年第 6 期(总第 135 期)发表《谢家荣与海原大地震科学考察》,指出:谱主 1921 年初留美归来即奉农商部派遣,全程参加了以翁文灏为团长的地震考察团,赴甘肃考察海原大地震。他与翁文灏一起深入地震灾区进行了约 4 个月的考察,取得了大量第一手资料,并向各地区发放调查表格,了解灾情。这是中国历史上第一次用现代科学方法进行的地震现场考察。谱主之《民国九年十二月甘肃地震报告》和发表在《地学杂志》上的该报告节要《民国九年十二月十六日甘肃及其他各省之地震情形》是该考察团此次地震科学考察的主要成果。这些资料直到今天仍然具有很高的科学价值。

二〇二一年二月二十五日　《中国科学报》第 8 版"老科学家学术成长资料采集工程"系列报道第 279 期,刊出张立生的署名文章《谢家荣留美归来第一年》指出:"这一年,24 岁的谢家荣做了在中国地质界影响深远的三件事:随翁文灏等人赴甘肃进行中国第一次地震考察,其后撰写了中国第一份地震考察报告;进行中国第一次石油地质调查,之后著文中国第一篇石油地质考察报告《甘肃玉门石油报告》;和袁复礼先生一道发起成立中国地质学会并起草了中国地质学会章程。"

二〇二二年二月二十五日　《地质学报》第 96 卷第 1 期刊出张立生文章《谢家荣:现代中国地质科学的拓荒人——纪念中国地质学会成立 100 周年》(《地质学报》创刊 100 周年特邀论文)。文章略述了谱主的简历和他对现代中国地质科学众多领域的贡献与成就,含下列各节:曲折人生路,中国地质学界最肯努力的青年,中国煤地质学的先驱,现代中国土壤科学的开拓者和奠基人,中国石油地质学的先驱与功臣,中国铀钍矿地质与勘查的开拓者和奠基人,北京西山地质研究,谢家荣与中国大地构造学,矿床学大师,中国经济地质学的先驱与泰斗,杰出的地质教育家。结语指出,谱主为着国家的富强,选择地质科学作为终生的事业,从事地质工作 50 年,足迹几乎遍及全中国,著作等身,为中国的地质事业做出了巨大的贡献,为中国的社会主义建设贡献了他的一切。谢家荣不但是一位杰出的全方位地质学家,为开拓与发展中国的地质科学与地质事业做出了巨大贡献,还非常热心于中国地质学会的工作与活动。一百年前,正是谢家荣联络袁复礼共同向翁文灏提出了成立中国地质学会的动议(杨光荣等,1993,页 288),并起草了《中国地质学会章程》;学会成立后,谢家荣担任了中国地质学会的首任秘书长,两任理事长,并在大部分时间里担任理事,还与葛利普等人设计了中国地质学会的会徽,倡议创办了《地质论评》,为中国地质的学术交流与发展做出了莫大的贡献。祖国和人民将会永远记住他的名字,他所创造的业绩将在中国地质学史上永放光辉。

二〇二二年七月二十二日　《中国科学报》第 8 版"老科学家学术成长资料采集工程"系列报道第 314 期,刊出张立生的署名文章《90 年前那次影响深远的考察之旅——谢家荣与陕西地质》。文章认为那次考察发生在 1932 年而不是 1931 年,着重论述谱主 1932 年对华山和陕北地文的考察以及对陕北盆地石油的关注。1932 年的考察指出了华山地貌可能是冰川地貌,明确指出陕北是一个盆地,其南界不是秦岭-大华山而是铜川宜君之间的高山,提出了河套的河流袭夺成因新解,并认为陕北有发现大油田的可能。文章指出谱主 1957 年在第 3 次石油普查会议上报告中指出,陕北盆地找油的主要方向应该是到古生代地层中去找,即奥陶系顶部的古风化面以及石炭二叠纪地层是可能的油气储层。几十年来陕北油气的勘探实践证明了谱主当年论断的不误。

二 谢母孙太夫人赴告

讣

鼎惠恳辞

> 幕设　上海老西门内大全福
> 丧居　上海俞家弄一百三十八号

不孝承重孙学锦等侍奉无状,祸延显祖妣孙太夫人痛于今中华民国二十六年一月十三日,即夏历丙子十二月初一日戌时寿终内寝。距生于清同治二年癸亥五月初十日申时,享寿七十有四岁。不孝学锦就学北平,不孝家宾随侍在侧,不孝家荣任职国立北京大学,得电星夜奔丧,亲视含殓,即日成服随扶灵软权厝于萃仁堂殡舍,筮吉安葬叒在。

姻世学寅族
谊哀此讣

闻
谨择　国历二月二十一日
　　　夏历正月　十一　日　领帖

不孝承重孙　谢缌学锦	泣血稽颡
孤哀子 功 家荣季骅	泣血稽颡
孤哀女 缌 本韫适黄	泣血稽颡
齐期孙　　缌学铨	
缌学钫	
缌学铮	泣稽首
齐期孙女　缌学蕙	
缌学媖	泣稽首

降服子　　　　　功家宾兰荪　　　　泣稽颡

　降服孙　　　　　缌学钤　　　　　　泣稽首

　　降服孙女　　　缌学庄

　　降服孙女　　　缌学莘

　　降服孙女　　　缌学芳

　　降服孙女　　　缌学芸

　　降服孙女　　　缌学芷

　　降服孙女　　　缌学茉　　　　　　泣稽首

功服　夫侄　　　　期家宝玉如　　　　拭泪稽首

　缌服　夫侄孙　　制学铱　　　　　　拭泪稽首

　缌服　夫侄孙女　制学全　　　　　　拭泪稽首

　　祖免　夫侄曾孙女　期慕韫　　　　稽首

护丧祖免夫叔　期燮　　　　　　　　　稽首

哀启

哀启者：先姒孙太夫人，外王父梅溪公之三女也，气体素强，习劳耐苦，夙娴闺训，能明大义。

年二十一，来归先考简庭府君，仰事翁姑，备尽妇道，与诸姑妯娌尤极融洽，戚辈咸称道之。

越二年，生大姊杏姑。其后，次第生大兄家实，不孝家宾。时先考服务上海文报局，与先伯父母等合居一宅，同侍先王父母膝下。此时家庭之乐，固怡怡如也。

数年后，先王母弃养。越年，先考辞文报局职务。家非素封，衣食奔走历二十余年，辄少成就，于是备尝艰苦矣。讵在此艰难困苦之时期，先王父又去世。摒挡丧葬，家计益窘。

先姒继又生女本韫、男家贲、家贵、家赏及不孝家荣。贵、赏俱早殇。当此时也，先考虽多方筹划，而时艰运拙，所谋辄左。赖先姒十指勤劳之所入，艰苦撑持。尤为不幸者，为大姊杏姑之夭亡。由是，家事之操劳，悉由先姒一人任之。迨本韫长成，始略分其劳焉。

顾先姒虽处此万分艰困之时代，但对于儿辈之教育，仍不稍懈怠，并能量其才智，分筹出路，除五弟家贲早嗣先外舅少卿公外，乃先使大兄家实入江南制造局工艺学堂，习机器绘图之学。继又送不孝家宾入布业，学习贸迁。

至光绪季年，大兄家实毕业于工艺学堂，被派在制造局任事，月得微薪，以济家用,垂危之局,始得更生。然转危为安,虽赖大兄,要非先妣之教勉有方,预为擘画,亦曷克臻此哉。

后,大兄家实历任兵工学校及沪上各学校教职。不孝家宾亦在商界略能自立。于是家计渐宽。不孝家荣始得专力学业,于民国二年考入北京农商部地质研究所,毕业后于民国六年被派赴美留学,民九返国后,历任地质调查所技师、清华大学、北京大学等校教授之职。

先妣至是,始愁怀稍解,有蔗境渐甘之乐。唯勤劳如昔,未尝稍息。

民国六年,先考又弃养。先妣哀毁逾恒,衷心至痛。故年事未高,而慈颜已垂垂老矣。

民国十一年,不孝家荣在北京完婚,婚后与大兄等相偕返沪,为先妣庆祝六十寿诞。事后乃与大兄等共奉先妣赴京侍养。时大兄供职清华学校,不孝家荣供职农商部地质调查所。京寓分居城郊二处。先妣往来其间,颇引为乐。居三年,复南返。时不孝家荣改就两广地质调查所技正,继又转任中央大学教职。携媳居沪,因得不时省视。

民国十七年,不孝家荣奉派赴欧洲考察地质,定省又稀。十九年返国,仍任职北平地质调查所,本拟再迎先妣赴平,以鉴于时局不靖,因循未果。

民国二十三年夏,先妣在沪膺病甚重,不孝家荣奉电急归。幸调护得力,得占勿药。时不孝家荣深以远离膝下为虑,乃于民国二十四年春乘赴闽调查矿产之便,又携媳来沪,拟再奉先妣北上。车票、行装皆已备齐,终以先妣此时年事已高,体力日衰,不耐行旅,遂不得不临时中止。嗣后,不孝家荣每逢因公南下时,辄返沪省视,以略解老人倚闾之怀。

民国二十一年五月,为先妣七十寿辰,不孝等共议称觞庆祝。先妣以时局多艰,谕勿铺张。仅由不孝家宾随侍在佛寺,诵经七日,以结佛缘。

同年秋,大兄家实因患神经衰弱症南归休养。先妣谆嘱就医,爱护备至。讵未数月,所病转剧,终以不治。先妣晚年丧子,老泪频弹。由是,气血日益衰,精力遂愈见颓唐矣。

本年一月十一日,不孝家荣接家报,谓先妣又膺气喘痰涌之症。翌日又接电,谓:"病急! 速归"。遂忽遽南下。及十五晨抵家,则先妣已于十三日下午八时弃不孝等而长逝矣! 呜呼,痛哉!

先妣为人,性情温厚,尤具热肠,能急人之急,遇人之困乏者,解囊相助,不稍吝。盖己亦从艰难中来也! 生平精习女红,遇人问学者,莫不悉心指授,因之,邻里戚友咸趋之。

幼年未尝读书,及来归后,见诸姑妯娌皆知书识字,遂深以没字碑为可耻,乃发奋自习,先从浅近之歌谣、唱词入手,乞先考诸姑随时指导,不逾年即能诵读,唯不能书写,尚引为恨事。

同居有庄氏母者,不孝家荣之寄母也。先妣见其子才气敏达,竭力劝其入学。不数年,竟大有成就,即今之名建筑师庄达卿先生也。民国五年庄君自美返,与不孝家荣相遇于北京,尤念及当年,深感先妣之恩焉。

邻居黄君将投考兵工学堂,投考之前一日,深以不获中为虑,乃向先妣求教。先妣即以兵工二字之意义及设校之目的详为说明。翌日,试题适为本校命名"兵工说",黄君成竹在胸,遂获中选。其诱掖青年之处类多如是。

每日阅报,至老勿辍,故常识丰富,于国事亦颇关怀,每常谕不孝等曰:我谢氏世代书香尔,先王父之文章、学业,尤为一时所重,深望继起有人,勿使中断。晚年常念佛自娱,兼以养性,唯不茹素,性嗜酒,醉后辄与儿孙辈谈往事,历历如绘,兼及稗官野史之忠孝节义故事,以为笑乐,而寓激劝。今者不孝等已为无母之人矣。

回忆先妣寓平三年,家庭团聚之乐,不可复得。生不能尽其养,病不及尽其医。茹苦一生,归真片刻,宁不痛哉!用特述其崖略,

伏求立言君子,

宠锡(赐)宏文,籍(借)光泉壤,则不孝等感且不朽,泣血奉陈。伏维

矜鉴

棘人谢家
荣　　　　宾
泣述

(下附影印件)

謝母孫太夫人赴告

張海若題

十指一針，全家衣食，

二十餘年，有如一日。

以藝教人，以慈教子，

譽滿一鄉，澤流後嗣。

謝老伯母孫太夫人不朽

胡適敬題

讣

鼎惠懇辭

幕設　上海老西門內大全福

喪居　上海俞家弄一百三十八號

不孝承重孫 學錦 等侍奉無狀禍延

顯祖妣孫太夫人痛於今中華民國二十六年一月十三日

卽夏曆丙子十二月初一日戌時壽終內寢距生於清同

治二年癸亥五月初十日申時享壽七十有四歲 不孝學錦

就學北平 不孝家寳 隨侍在側 不孝家榮 任職國立北京

大學得電星夜奔喪親視含殮卽日成服隨扶

靈輀權厝於萃仁堂殯舍筮吉安葬忝在

誼哀此訃

姻世學寅族

聞

謹擇國曆二月十一日領帖
　　夏曆正月二十

不孝承重孫　謝學錦 繼　泣血稽顙

齊期孫　本韞 繼適黃　　泣血稽顙

孤哀子　榮驊 繼季　家 功　泣血稽顙

孤哀女　泣血稽顙

齊期孫　學銓 繼　　泣稽首

　　　　學鈁 繼　　泣稽首

齊期孫女　學錚 繼　　泣稽首

　　　　　學蕙 繼　　泣稽首

　　　　　學鏌 繼　　泣稽首

降服子　家賓 蕃蘭 功　泣稽顙

降服孫　學鈐 繼　　泣稽首

降服孫女

緦　學莊

緦　學莘

緦　學芳

緦　學芸

緦　學芷

緦　學茉　　泣稽首

功服夫姪　　家寶 玉如　拭淚稽首

緦服夫姪孫　　期 學鋐 制　拭淚稽首

緦服夫姪孫女　　學全 制　拭淚稽首

祖免夫姪曾孫女　　期 慕韞　稽首

護喪祖免夫叔　　期 燮　稽首

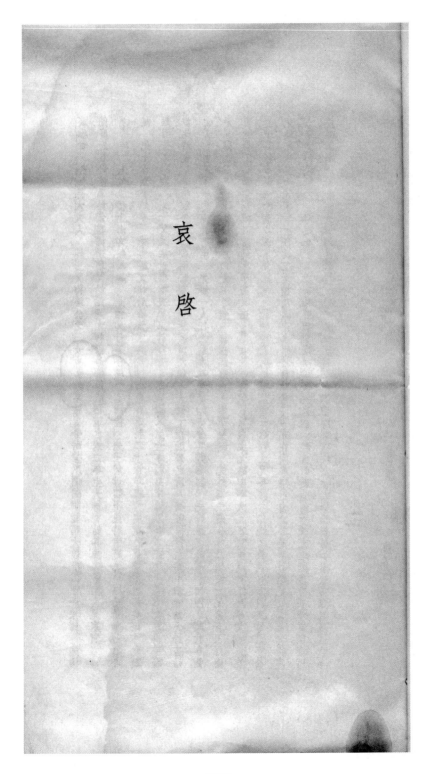

哀

啓

哀啟者　先姚孫太夫人　外王父梅溪公之三女也氣體素強習勞耐苦鳳嫻閨訓能明大義年二十一來歸　先考

簡庭府君仰事翁姑備盡婦道與諸姑妯娌尤極融洽咸稱道之越二年生大姊杏姑其後次第生大兄家實　不孝

家榮　時　先考服務上海文報局與　先伯父母等合居一宅同侍　先王父母膝下此時家庭之樂固怡怡如也數年

後　先王母棄養越年　先考辭文報局職務家非素封衣食奔走歷二十餘年輒少成就於是備嘗艱苦矣詎在此觀

難困苦之時期　先王父又去世拼擋喪葬家計益窘　先姚繼又生女本輒男家賁家貴賞及 不孝家榮貴賞俱早殤

當此時也　先考雖多方籌畫而時艱運拙所謀輒左賴　先姚一人任之迨本輯長成始略分其勞焉顧

之天亡由是家事之操勞悉由　先姚十指勤勞之所入艱苦撐持尤為不幸者為大姊杏姑

於兒輩之教育仍不稍懈息並能量其才智分籌出路除五弟家實早嗣　先外舅少卿公外乃先使大兄家實入江南

製造局工藝學堂習機器繪圖之學繼又送 不孝家實 入布業學習貿遷至光緒季年大兄家實畢業於工藝學堂被派在

製造局任事月得微薪以濟家用垂危之局始得更生 然 轉危為安雖賴大兄要非　先姚之教勉有方預為擘畫亦曷

克臻此哉後大兄家實歷任兵工學校及滬上各學校教職 不孝家榮亦在兩界略能自立於是家計漸寬不孝家榮始得專

力學業於民國二年考入北京農商部地質研究所畢業後於民國六年被派赴美留學民九返國後歷任地質調查所

技師清華大學北京大學等校教授之職　先姚至是始愁懷稍解有蔗境漸甘之樂惟勤勞如昔未嘗稍息民國六年

先考又棄養　先姚哀毀逾恆衷心至痛故年未高而慈顏已垂垂老矣民國十一年不孝家榮在北京完婚婚後與

大兄等相偕返滬為　先姚慶祝六十壽誕事後乃與大兄等共奉　先姚赴京侍養時大兄供職清華學校不孝家榮

供職農商部地質調查所京寓分居城郊二處　先姚往來其間頗引為樂居三年復南返時不孝家榮改就兩廣地質調

查所技正繼又轉任中央大學教職攜媳居滬因得不時省視民國十七年不孝家榮奉派赴歐洲考察地質定省又稀十

九年返國仍任職北平地質調查所本擬再迎　先姚赴平以鑒於時局不靖因循未果民國二十三年夏　先姚在滬

膚病甚重不孝家榮奉電急歸幸調護得力得占勿藥時不孝家榮深以遠離膝下為慮乃於民國二十四年春乘赴閩調查

礦產之便又偕媳來滬擬再奉　先姚北上車票行裝皆已備齊終以　先姚此時年事已高體力日衰不耐行旅遂不

得不臨時中止嗣後　先姚每逢因公南下時輒返滬省視以略解老人倚閭之懷民國二十一年五月為　先姚七十

壽辰不孝等共議稱觴慶祝　先姚以時局多艱諭勿鋪張僅由不孝家實隨侍在佛寺誦經七日以結佛緣全年秋大兄

家實因患神經衰弱症南歸休養　先姚諄諄囑就醫愛護備至詎未數月所病轉劇終以不治　先姚又膚氣喘痰湧之症翌日又接

彈由是氣血日益衰精力遂愈見頹唐矣本年一月十一日不孝家榮接家報謂　先姚已於十三日下午八時棄不孝等而長逝矣嗚呼痛哉　先姚為人

性情溫厚尤具熱腸能急人之急遇人之困乏者解囊相助不稍吝蓋已亦從艱難中來也生平精習女紅遇人問學者

莫不悉心指授因之鄰里戚友咸趨之幼年未嘗讀書及來歸後見諸姑妯娌皆知書識字遂深以沒字碑爲可耻乃發

奮自習先從淺近之歌謠唱詞入手乞　先考諸姑隨時指導不逾年卽能誦讀惟不能書寫尚引爲恨事同居有莊氏

母者 不孝家榮 之寄母也　先姚見其子才器敏達竭力勸其入學不數年竟大有成就卽今之名建築師莊達卿先生

也民國五年莊君自美返與 不孝家榮 相遇於北京猶念及當年深感　先姚之恩爲鄰居黃君將投考兵工學堂投考之

前一日深以不獲中爲慮乃向　先姚求教　先姚卽以兵工二字之意義及設校之目的詳爲說明翌日試題適爲本

校命名兵工說黃君成竹在胸遂獲中選其披青年之處類多如是每日閱報至老勿輟故常識豐富於國事亦頗關

懷每常論 不孝 等曰我謝氏世代書香爾　先王父之文章學業尤爲一時所重深望繼起有人勿使中斷晚年常念佛

自娛兼以養性惟不茹素性嗜酒醉後輒與兒孫輩談往事歷歷如繪兼及神官野史之忠孝節義故事以爲笑樂而寓

激勸今者 不孝 等已爲無母之人矣回憶　先姚寓平二年家庭團聚之樂不可復得生不能盡其養病不及盡其醫茹

苦一生歸眞片刻不痛哉用特述其崖略伏求

立言君子

寵錫宏文藉光泉壤則 不孝等 感且不朽泣血奉陳伏維

矜鑒

棘人謝家寶 榮 泣述

三 大事年表

一八九七年 丁酉(清光绪二十三年) 一岁

八月十九日(农历七月二十二日),出生于上海南市区(今已撤并)。

一九〇四年 甲辰(清光绪三十年) 八岁

入上海西城小学读书。

一九一〇年 庚戌(清宣统二年) 十四岁

小学毕业,考入设于上海高昌庙的江南机器制造总局兵工学堂附属中学读初中。

一九一三年 癸丑(民国二年) 十七岁

初中毕业。考入北京工商部地质研究所。

一九一四年 甲寅(民国三年) 十八岁

农林部与工商部合并为农商部。在农商部地质研究所学习。

七月二一六日 与全体同学一起赴北京西山参加第一学年末的实习。

九月 地质研究所第二学年第一学期开学。

十月三日 与全体同学一同赴河北宛平玉泉山实习。

一九一五年 乙卯(民国四年) 十九岁

四月三一十二日 与6名同学一起由章鸿钊率领前往房山实习。

六月 完成实习报告《河北房山一带地质调查报告书》。

七月 地质研究所第二学年年终考试结束,共有六位学生平均分数80分以上(谢家荣名列其中),被授以仪器一副,派赴河北野外实习。

在《科学》发表《质射性元质概论》。

八月二十五日—九月十一日 赴直隶龙门县实习,归作卒业报告:《直隶龙门县附近地质报告》和《龙关西南之岩石》(*The Petrology of Southwestern Lung-Men Hsien*)。章鸿钊、丁文江、翁文灏都对这篇卒业报告给予较高的评价。

九月二十三一二十六日 与赵志新、王竹泉、徐韦曼、刘季辰、赵汝钧一起,由安特生率领,赴西山(宛平卧佛寺)地质实习。

十月 丁文江、翁文灏率领大家赴宛平杨家屯、香山碧云寺、南口及山东泰安地质实习。

十二月二十四日 本日开始放冬假,即由翁文灏率领,与叶良辅一起离京赴江西,调查余干、乐平、鄱阳等地的煤田及地质。

一九一六年　丙辰(民国五年)　二十岁

二月十日　北京政府农商部将原矿政司地质调查所改为部直辖的地质调查局,并任命各职员,与叶良辅、赵志新、王竹泉、刘季辰等被任命为地质调查局学习员。

四月一—十日　在翁文灏率领下,与地质研究所全体学生赴直隶滦县、唐山一带实习。

四月　在安特生率领下,赴赵各庄煤矿实习。归作《赵各庄煤矿报告》(*Report on Chao-Ko-Chwang Coal Mine*)。

七月十四日　从地质研究所毕业,出席地质研究所毕业典礼,获毕业证书。

八月　谢家荣等地质研究所师生历年所作地质调查报告等成果由章鸿钊、翁文灏编纂成《农商部地质研究所师弟修业记》一册。

是月　与卢祖荫、马秉铎赴房山千军台、金鸡台、百花山一带调查地质,历时整一个月。归作《京西千军台煤窝百花山等处地质报告书》。

十月十五日　在《农商公报》第 27 期(第 3 卷第 3 册《著译门》,1916 年 10 月 15 日,第 1—6 页)发表(编)译作《论美国之石油》。

十一月一日　被农商部任命为地质调查所调查员。本年 10 月地质调查局裁撤,恢复矿政司地质调查所之名,并对人员重新任命,其中,原地质研究所学生中同时被任命为调查员的还有叶良辅、赵志新、王竹泉、刘季辰。此外,周赞衡、徐渊摩、徐韦曼、谭锡畴、朱庭祜、李学清、卢祖荫任学习调查员;马秉铎、李捷、仝步瀛、刘世才、陈树屏、赵汝钧仍留所学习。

是年　和朱庭祜一道调查湘东、湘中的一些矿场。

一九一七年　丁巳(民国六年)　二十一岁

一月　著《湖南省资兴县瑶冈仙钨矿报告》。

三月　与朱庭祜赴湖南调查耒阳东乡煤田地质。

是年　奉派赴美国深造,入斯坦福大学地质系。

父亲谢简庭去世。

一九一八年　戊午(民国七年)　二十二岁

九月　所著《自然硫矿之成因》一文,刊于《科学》第 3 卷第 9 期。

是年　在斯坦福大学地质系学习。

一九一九年　己未(民国八年)　二十三岁

春　在美国亚利桑那州考察铜矿,历时两个半月。

九一十月　在《农商公报》第 6 卷第 2 册第 62 期和第 6 卷第 3 册第 63 期发表《考察美国阿里梭那省铜矿记》(连载)。署名:地质调查所调查员谢家荣。

十月　从斯坦福大学转入威斯康星大学学习。

一九二〇年　庚申(民国九年)　二十四岁

五月二十一—三十日　在 C. K. Leith 教授的带领下赴苏必尔湖地区实习。

六月十六日　毕业论文通过。论文题目《某些叶状变质岩石的成因》(Origin of Some Metamorphic Foliated Rocks). 导师 A. N. 文切尔 (A. N. Winchell)。获理学硕士学位。

六月　在《科学》第 5 卷第 6 期,发表《黏土》一文。

九一十二月　所著《矿床学大意》在《科学》第 5 卷第 9—12 期连载。

十二月十六日　甘肃海原(今属宁夏)发生 8.5 级强烈地震,23.4 万人遇难。

一九二一年　辛酉(民国十年)　二十五岁

一月　到华盛顿参观美国地质调查局,了解该局的机构设置及各部门的工作内容。

二月十六日　《申报》报道:农商部派翁文灏、谢家荣赴甘肃考察地震。

四月十五日—八月十五日　由内务、教育、农商三部组成的甘肃地震灾区调查团,团长翁文灏,谢家荣、王烈等团员赴灾区调查。考察归来作《民国九年十二月甘肃地震报告》和《民国九年十二月十六日甘肃及其他各省之地震情形》。

八月十六日—十一月二十一日　地震考察结束后,奉农商部命,留甘肃继续考察地质和玉门石油。这次石油考察,是中国地质学家第一次进行的石油地质考察。

九月　在《科学》发表《记美国之国立地质调查局》,介绍美国地质调查局的机构设置及各个机构的工作内容。

十月　编译 F. R. 丁格兰(F. R. Tegengren)所著《中国铁矿志》(上册)列入《地质专报》甲种第 2 号,由地质调查所印行。

冬　与袁复礼一起向翁文灏建议,为了加强国内地质工作者间的联系,便于同外国地质学会进行学术交流和交换刊物,成立中国地质学会。此建议得到翁文灏、丁文江的支持,并委托他们二人担任筹备工作,负责草拟《中国地质学会章程》。

一九二二年　壬戌(民国十一年)　二十六岁

一月二十七日　参加中国地质学会筹备会议。与会者共 26 人,均为中国地质学会创立会员。

二月三日　中国地质学会在北京地质调查所举行成立大会,通过用英文写成的《中国地质学会章程》,选举章鸿钊为会长,翁文灏、李四光为副会长,谢家荣为书记,李学清为会计。

五月　考察玉门油矿后所著《甘肃玉门石油报告》在湖南《实业杂志》第 54 号发表。

六月　与吴镜侬结为伉俪。

七月十七日　出席在北京丰盛胡同 3 号举行的农商部地质调查所图书馆陈列馆开幕典礼。同时出席此开幕典礼并合影的还有黎元洪及章鸿钊、丁文江、葛利普、袁复礼、谭锡畴、王竹泉、周赞衡、邢端等。

十一月　在《科学》发表《地质学教学法》。

一九二三年　癸亥(民国十二年)　二十七岁

一月六—八日　中国地质学会第一届年会在北京地质调查所举行。做年会记录(发表在《中国地质学会志》第 2 卷第 1—2 期),并在 6 日上午的开幕式(章鸿钊主持会议)上报告会务,在下午的会上宣读论文《甘肃的红层》(Notes on the Red Beds in Gansu)。

一月　所著《煤》由上海商务印书馆出版,为"百科小丛书"第十种,此书为我中国第一部煤地质学专著。

四月　经农商部所与湖北实业厅商洽,湖北省实业厅邀请刘季辰、谢家荣前往湖北调查全省地质。接到邀请后,即与刘季辰开始准备调查事宜并拟订调查计划。

五月二十一日　长子谢学锦在北京出生。

五月　在《科学》第 8 卷第 5 期发表《中国铁矿床之分类与其分布》。

六月十五日　中国地质学会举行第 6 次全体会议,翁文灏主持会议。会上宣读论文《关于中国地质调查所收到的第一块陨石的成分和结构》(On the Composition and Structure of the First Specimen of Meteoric Stone Received by the Geological Survey of China),后刊于《中国地质学会志》第 2 卷第 3—4 期。开中国现代陨石学研究的先河。

六月　在《农商公报》发表《说地质图》(署名翁文灏、谢家荣)和《美国之研究地质事业》。

八月二十六日　晚与李捷夫妇同车离开北京,于 28 日抵达汉口。依照调查湖北全省地质计划,与刘季辰一起进行第一区的地质调查。此次调查范围为武昌、鄂城、大冶、阳新、通山、咸宁、薄圻、崇阳、通城一带。于 11 月 28 日结束此次调查,完成 10 万分之一大新铜矿地质图一幅和调查区 50 万分之一地质全图一幅。

八月　在《科学》发表《中国陨石之研究》。

十月　在《科学》发表《甘肃北部地形地质简说》。

十二月二十八日　加入中国科学社。

十二月　与刘季辰在《农商公报》发表《调查湖北全省地质简报》第一区第一号、第二号。

编译的《中国铁矿志》下册(F. R. 丁格兰著)出版。

一九二四年　甲子(民国十三年)　二十八岁

一月五—八日　中国地质学会第 2 届年会在北京地质调查所举行。在第 1 天报告会务,并代表因故缺席的章鸿钊宣读论文《杭州西湖成因一解》(The Origin of His Ho or the Western Lake of Hangchow)。会议闭幕前选举翁文灏为会长,李四光、王宠佑为副会长,丁文江、谢家荣、王烈、章鸿钊、叶良辅、安特生、何杰为评议员。

一月　在《科学》发表《陨石浅说》。

二月　在《中国地质学会志》发表《湖北东南部地层系统》(Stratigraphy of Southeastern Hubei),湖北实业厅将其列为《湖北地质矿产专刊》第 2 号于同年 2 月印行。它是湖北第一区地质调查的成果之一。

《湖北地质矿产概说》(与刘季辰合著)刊于《湖北地质矿产专刊》第 1 号,是 1923 年秋考察湖北第一区地质的成果之一。

依据 1915 年地质调查所调查的绥远地质矿产、作者 1921 年考察海源大地震后对甘肃、宁夏的地质矿产调查和早年有关人员对陕西石油的地质调查,著文《西北矿产概说》。

三月二十二日　农商部布告第 2 号,给予包括谱主在内的 14 人以矿业技师合格证书。

四—五月　和刘季辰赴湖北执行调查湖北全省地质计划的第 2 区调查,调查地区为鄂东襄阳以东、长江以北,自枣阳至应山、麻城、罗田一带。

七月　在《农商公报》发表《调查湖北全省地质第二区简报》第 1 号、第 2 号和第 3 号,署名谢家荣、刘季辰。

八月　与刘季辰合著的《振兴湖北矿业意见书》在《农商公报》(第 11 卷第 1 册第 121 期)发表。

十月　《地质学(上编)》(中国科学社丛书之一)由商务印书馆出版发行。丁文江作序。

十一—十一月　与赵亚曾赴湖北,进行计划书中第 3、第 4 区的地质调查,范围为鄂西宜昌、兴山、秭归、巴东、恩施等 12 县。

一九二五年　乙丑(民国十四年)　二十九岁

一月三—五日　出席中国地质学会第 3 届年会。3 日下午在会上宣读了与赵亚曾合著的论文《湖北宜昌罗惹坪志留纪地层之研究》,5 日下午宣读了和赵亚曾合著的论文《扬子江峡谷的中生代地层》。两篇文章均全文刊《中国地质学会志》第 4 卷第 1 期。

二月　自本月起在北京大学地质系代课,为该系二年级学生讲授《经济地质学

《金属》，为三年级学生讲授《经济地质学(非金属)》，每周 3 小时。

发表《调查湖北全省地质第三区第一号简报》《调查湖北全省地质第三区第二号简报》，署名：地质调查所技师谢家荣、地质调查所调查员赵亚曾(载《农商公报》第 11 卷第 127 期)。

《湖北应城膏盐矿报告(附石膏说略)》(与刘季辰合著)刊于《湖北地质矿产专刊》第 3 号。

四一五月　依据原定的调查计划，提前开展湖北省第六区的工作，与刘季辰赴西南各县开展地质调查。

八月二十四一二十八日　中国科学社第 10 届年会在北京欧美同学会召开。在 28 日于兵马司胡同地质调查所举行的论文宣读会上，与叶良辅一起宣读论文《近年来扬子江流域地质之调查》。

十月　除教授北京大学地质系的经济地质学课程外，为翁文灏代授北京大学地质系四年级的中国矿产专论课。

十二月　在《农商公报》发表《调查湖北全省地质第四届第一号简报》和《调查湖北全省地质第四届第二号简报》，署名：地质调查所技师谢家荣、刘季辰。

是月　《湖北宜昌兴山秭归巴东等县地质矿产》(署名：谢家荣、赵亚曾)和《扬子江流域巫山以下之地质构造及地文史》(署名：叶良辅、谢家荣)刊于《地质汇报》第七号。

一九二六年　丙寅(民国十五年)　三十岁

四月三日　今起代李四光讲授北京大学地质系二年级的构造地质学课程。

五月三一五日　出席在北京举行的中国地质学会第 5 届年会。4 日上午宣读题为《湖北西南部的铁矿床》(Iron Deposits of SW Hubei)的论文。

五月　第 14 届国际地质学大会 5 月 24—31 日在西班牙首都马德里举行，谱主奉翁文灏之命，向大会提交了论文《中国之黄铁矿及炼硫事业》。

六月　《湖北西南部的铁矿床》(Iron Deposits of SW Hubei)刊于《中国地质学会志》第 5 卷第 2 期，署名：谢家荣、刘季辰。

九月九日　女儿谢学镁(谢恒)出生。

十月十日　出席中国矿冶工程学会借北京欧美同学会召集第一次筹备会议。

十一月二十二日　今起代王烈为北京大学地质系三年级学生讲授高等岩石学及实验课。

十二月　编著的《第二次(民国七年至十四年)中国矿业纪要》由农商部地质调查所列为《地质专报》丙种第 2 号出版。

是年　任北京大学地质系兼职教授，为三年级学生讲授《经济地质学(金属)》，为经济地质学四年级学生讲授《中国矿产专论》。

一九二七年　丁卯(民国十六年)　三十一岁

　　二月九—十一日　出席中国矿冶工程学会在地质调查所图书馆举行的成立大会,陪同与会者参观地质调查所图书馆与矿产陈列馆,随同全体会员参观北平香山慈幼院和门头沟煤矿,当选为编纂委员会委员和矿冶名词审定委员会委员。

　　五月二十三日—六月四日　承山东泰安华宝煤矿公司总经理刘嘏臣之邀,前往山东泰安考察华宝煤田地质,考察结束后,著《华宝煤矿公司地质报告》。

　　七月　奉派与李捷等前往广州,协助广东大学地质系主任朱家骅筹备两广地质调查所。

　　八月　《矿冶》杂志在南京创刊。在该刊第 1 卷第 1 期发表《中国之黄铁矿及炼硫事业》和《民国十五年出版有关中国矿冶文字目录》。

　　十月下旬—十一月中旬　与冯景兰、张会若、李殿臣一道奉命出发调查广九铁路沿线地质,至 11 月中旬调查结束,测制沿线地质图 5 000 余平方公里,采集岩石标本 200 余种。

　　十月　《湖北西南部地质矿产》(与刘季辰合著),刊《地质汇报》第 9 号。

　　十一月　《两广矿业一斑》刊于《矿冶》第 1 卷第 2 期。

　　十月二十七日　次子谢学铨出生。

一九二八年　戊辰(民国十七年)　三十二岁

　　一月十三—十九日　与张会若、斯行健、朱庭祜、朱翔声、李殿臣等奉令调查粤汉路南段及赤泥河附近地质。

　　二月二日　乘四川号轮船离开广州,经香港、上海,于月底抵达南京。

　　二月　与陆沅和严增才合著的《山东泰安华宝煤矿调查记》在《矿冶》杂志第 1 卷第 3 期发表。

　　三月一日—六月十六日　任教中央大学地学系。

　　三月　带领学生赴钟山、幕府山实习;至中山陵、灵谷寺、紫霞洞、明陵、鸡鸣寺、覆舟山、富贵山等处调查地质。

　　四月十三日　参加中国科学社南京社友会,在会上发表题为"钟山地质及其与南京市井水供给之关系"的演讲。演讲稿经修改后发表在《科学》第 13 卷第 4 期。

　　四月十五—十七日　率领中央大学地学系学生张更等前往南京东郊的汤山调查地质,详细填图并寻找化石。

　　四月　与张会若、斯行健、朱庭祜、朱翔声、李殿臣等合著之《广东花县赤泥河附近地质》(《两广地质报告》第 1 号)出版。

　　六月十七日　为赴德国作访问学者,离开南京往北京办理相关手续,于晨 7 时抵达上海,后经青岛、天津,于 7 月 7 日回到北京。

六月 与冯景兰、张会若、李殿臣合著之《两广地质临时报告》第七号《广东广九铁路沿线地质矿产》印行。

七月八日—八月三日 拜会章鸿钊、翁文灏,办理经苏联赴德国的签证。

八月五日 中午,章鸿钊在大陆春饭店为谱主饯行。

八月十九日 经过一周的旅行抵达莫斯科。游览莫斯科,参观教堂、博物馆,拜谒列宁墓,5 时登车西去。

八月二十一日 上午 10 时抵达柏林。

八月二十三日 前往柏林地质调查所谒见所长,参观学校。

八月三十一日 至德文学校考试,被列入中等班学习德文。

九月一日 本日起,或在斯特雷韦(Strewe)家读德文,或到德文学校上德文课,或去柏林地质调查所工作,或到柏林技术高校上课、磨片,或到大学上课,正式开始在德国柏林地质调查所工作。经哥登(Gothan)教授同意并在其帮助下,动用普鲁士地调所所存中国四川煤样品 30 件[由克莱默氏(Cremer)1905—1906 年从中国带回德国的],磨制煤的薄光片,研究煤的侵蚀结构。

一九二九年 己巳(民国十八年) 三十三岁

二月 开始在德国柏林地质调查所研究中国地质调查所寄去的中国各地区不同时代的煤矿标本。

三月十九日 开始研究铜矿。标本是由地质调查所寄到德国的丁文江 1914 年采自四川和云南以及谢家荣和刘季辰 1923 年采自鄂东南的铜矿石。

三月二十四—三十一日 与 H. 博德(H. Bode)夫妇一起赴野外考察地质。先后到芬肯黑德、戈斯拉尔、施泰因贝格等地,参观、考察了 Brown 煤矿、拉默尔斯贝格铅铜矿等。

三月 《石油》由上海商务印书馆出版,列为王云五主编的百科小丛书第 14 辑第 161 种,这是现代中国最早的石油地质专著。

四月十四日 到施莱斯舍火车站迎接从国内来到柏林的夫人吴镜侬。

四月 在《中国地质学会志》第 8 卷第 1 期发表《四川石炭显微镜研究》(A Microscopical Study of Some Coals from Szechuan, S. W. China),此文被英国《燃料》杂志转载。

七月十八—二十日 调查平原地质。

九月二十三—三十日 赴波茨坦,经慕尼黑,抵达弗赖堡。

十月一日 在弗赖堡大学矿物系进行研究工作。在柏林和弗赖堡大学结识了著名矿床学家 H. 史奈德洪(H. Schneiderhöhn)及金属矿物显微镜研究的著名学者兰姆多尔(P. Ramdohr)。

十二月　著文《中国几种铜矿之地质及显微镜的研究》(Geological and Microscopical Study of Some Copper Deposits of China)，刊于《中国地质学会志》第 8 卷第 4 期。

一九三〇年　庚午(民国十九年)　三十四岁

二月四日　与夫人自德国弗赖堡(Freiberg)动身前往法国学习，经巴塞尔(Basel)候车 2 小时，于晚上 10 时抵达巴黎。

三月十日　由美国加利福尼亚大学肖(Shaw)教授推荐，致信在菲律宾大学洛斯巴诺斯农学院任教的 R. L. 潘德顿(Robet L. Pendleton)教授，建议他到中国来进行中国的土壤调查(主要土壤区的普查和某些特殊地区土壤的详细研究与填图)，并随信寄去一份为期两年半的合同，供他考虑。

四月　在德国《古植物和煤岩学研究所学报》(*Arbeiten aus dem Institut fur Palaeobotanik und Petrographie der Brennstein*) 发表论文《煤的侵蚀结构》(Ätzstrukturen in der Kohle)。

五月十七日　晚 9 时离开巴黎，于次日抵柏林，20 日 9 时抵莫斯科。

五月二十七日　回到国内。

七月　地质调查所受中基会委托，成立土壤研究室，开展中国土壤调查与研究。土壤研究室暂由谱主管理。主任技师：R. L. 潘德顿(1930—1933)、J. 梭颇(J. Thorp)(1933—1936)；土壤研究室刚一成立，谱主就与常隆庆一起先后赴陕南、冀北进行土壤调查。

八月十二—十五日　出席在青岛举行的中国科学社第 15 届年会，在青岛大学图书馆 3 楼举行的论文宣读会上宣读论文《中国煤炭的显微镜下研究》。

八月二十五—三十一日　与胡博渊、梁津等前往南京钟山、清凉山、北极阁、幕府山、汤山考察地质。考察毕，于 10 月著文《首都之井水供给》，刊于《地质汇报》第 16 号，对 1928 年报告中的地质构造内容做了补充，提出了南京蓄水层分布及将来凿井的意见。

九月三—十日　应华东煤矿公司之邀前往江苏，调查铜山贾汪煤矿地质。在贾汪矿区工作 8 天，绘制成煤田地质全图及剖面图，并勘定钻孔孔位。

九月六日　经清华大学第 32 次校务会议决议，被聘为地理系讲师，每周上课 6 小时，月薪 180 元。

九月十一—十五日　赴淮南考察煤田地质，先后考察舜耕山、上窑、大通等矿区。

十月十一日　地质调查所下属机构沁园燃料研究室成立，任室主任。

十月十八日　在兵马司胡同 9 号会议室举行的地质调查所第 13 次讲学会上主讲"煤之显微镜研究"。

十月　《北票煤之煤岩学初步研究》(A Preliminary Petrographical Study of the Peipiao Coals) 和《煤岩学研究之新方法》(Some New Methods in Coal Petrography)发表在《中国地质学会志》第 9 卷第 3 期,同时列为《燃料研究专报》第 1、2 号发行。

一九三一年　辛未(民国二十年)　三十五岁

一月十日　出席地质调查所讲学会第 25 次讲学会,主席丁文江,讲题"三河平谷蓟县土壤调查"。报告会上先由谱主讲土壤之研究、分类及调查,之后由常隆庆讲"三河平谷蓟县土壤调查报告"。

一月十七日　在地质调查所第 26 次讲学会上,做题为"近年来显微镜研究不透明矿物之进步"的学术报告,同名论文刊于北京大学《自然科学季刊》第 3 卷。

二月九日　出席由翁文灏主持、孙健初主讲"辽宁省东南部地质"的地质调查所第 29 次讲学会,并在讨论会上发言。

二月十六日　主持地质调查所第 30 次讲学会。在会上先作沁园燃料研究室工作计划的报告,后由李捷讲皖北之地质构造。

二月　《国产煤之显微镜研究》刊于《矿冶》第 4 卷第 15 期。

三月十日　实业部所属钢铁事业委员会拟在浦口建设钢铁厂,地质调查所翁文灏、谢家荣、刘季辰等分赴津浦铁路沿线调查铁矿。谱主偕夫人离开北平,于 12 日抵达南京,开始皖南和江苏铁矿考察之行。

三月十六日—四月四日　先后考察大凹山、萝卜山、梅子山、龙家山、圆屏山、栲栳山、孤山、钓鱼山、钟山、和睦山、裕繁、宝华公司所属长龙山、寨山、大磲山、孤山、莫稽山、铜山等处铁矿及煤矿地质。

三月十八日　在德国学习土壤的周昌芸来函讲述他的学习情况,并因经费问题,希望申请中基会科学奖励金,请求扶持。

三月　梁津、胡博渊、谢家荣合著的《首都之井水供给》刊于《地质汇报》第 16 号。

《土壤分类及土壤调查》、《河北省三河平谷蓟县土壤约测报告》(与常隆庆合著)在实业部地质调查所和北平研究院地质学研究所之《土壤专报》第 2 号发表。

四月六—八日　偕同胡博渊、赵国宾勘查南京附近的凤凰山、牛首山诸铁矿。

四月十一—十二日　自南京赴上海,赴乡安葬父亲。

四月十五—十九日　再应华东煤矿公司之邀,勘查贾汪煤矿,布置钻孔 3 个。

五月二—四日　出席在南京举行的中国地质学会第 8 届年会,并在 4 日上午

的会上宣读论文《安徽南部铁矿之研究》(The Iron Deposits of Southern Anhui)

六月　在《国立北京大学地质学会会刊》发表《欧美日本诸国地质调查所事业现况》,概述英、法、德、俄、波兰、奥、匈、意、西班牙、丹麦、瑞典、挪威、芬兰、捷克、荷兰、比利时、瑞士、美国及日本各国地质调查所的经费、组织机构、地质图幅的比例尺等。

七月七—八日　赴平店盘山进行野外考察,考察了六间房、罗家峪、双峰寺、天成寺、大佛寺等地地质。

八月二十五日　应通成公司之邀与张兰阁同赴河北宛平王平村勘查同丰公司煤矿区。

九月　与地质调查所美籍顾问潘德顿在吉林、黑龙江调查土壤,并前往吉林铁宝山地区调查因水质问题引起的地方病。

十月二十三日　回复史奈德洪10月2日的来信。感谢史奈德洪寄来的图书,称很高兴看到中国铜矿的显微照片被印在了史奈德洪有划时代意义的书中。

十一月三日　中国地质学会在北平举行临时会议,会议选举出1931—1932年的理事会理事:翁文灏、孙云铸、谢家荣、李四光、丁文江、朱家骅、葛利普、章鸿钊、叶良辅。

十一月十七日　致函清华大学秘书处,提请校务会议尽早讨论地理学馆的建设问题。

十二月二十八日　致信威斯康星大学的文切尔教授,告知目前负责沁园燃料研究室,同时在清华大学教授地质学,奉派到安徽研究铁矿,采集了很多矿物,包括磷灰石、冰长石、石榴石等,其中两种特别有意义,暂时将它们分别鉴定为铁叶蛇纹石和硅铁灰石。

是年　《安徽南部铁矿之研究》(The Iron Deposits of Southern Anhui)(与孙健初合著),刊于《中国地质学会志》第10卷。

是年　任清华大学地理学系教授兼代主任、北平师范大学地理学系教授兼主任。

一九三二年　壬申(民国二十一年)　三十六岁

一月八日　芝加哥大学地质系教授J.费希尔(Jerome Fisher)来信告知,去年冬天在柏林得到谱主的煤侵蚀结构的文章——非常精彩,最近又在图书馆见到了《煤研究的煤岩学方法》和《乐平煤的煤岩学研究》,希望能够得到这两篇文章的单行本。

一月二十七日　致信威斯康星大学的文切尔教授,寄去前述两块矿物标本的化学分析结果及分子式,根据其物理性质与化学成分,与A. N.文切尔矿物学教科书的描述不一致,寄去大一点的标本,希望知道 A. N. 文切尔的意见。

二月一日 威斯康星大学的文切尔教授回复 1931 年 12 月 28 日的信说,花了一些时间仔细研究寄去的这两块标本,哈佛大学的帕拉奇(Palache)教授给了有关硅铁灰石的新信息,寄去的矿物很可能就是铁硅灰石。

二月二十五日 美国宾夕法尼亚州立大学无烟煤研究所的 H. G. 特纳(H. G. Turner)来函称,感谢寄去的煤岩学文章,特别对使用油浸和偏光研究煤的方法感兴趣,说他几年前就想使用偏光研究无烟煤,但那时候的冶金显微镜没有装备偏光镜。如果偏光能够区分丝炭和镜质组,那一定会对煤组分的解释有莫大的帮助。

二月二十七日 致信普鲁士地质调查所 R. 波托涅(R.Potonie)教授,感谢对其两篇煤岩学文章的好评。对他最近关于褐煤中花粉颗粒的文章感兴趣,希望得到其最近关于花粉颗粒的文章和其他文章,并问候哥登教授、博德博士和所有在实验室工作的熟人。

二月 《江苏铜山县贾汪煤田地质》,刊于《地质汇报》第 18 号。此为谱主于 1930 年 9 月和 1931 年 4 月两次考察贾汪煤田的报告。

《南京雨花台砂砾层及其地文之意义》刊于《中国地质学会志》第 11 卷第 1 期。

五月七日 致信 E. 施塔赫,寄给他一些中国无烟煤在正交偏光下的图片,在常光下,大多数无烟煤磨光面显示不出任何结构。

六月一日 致信 A. 杜帕克博士说,怀着极大的兴趣读了他最近发表的有关无烟煤显微结构的文章,指出:运用偏光研究无烟煤特别有用。告诉他最近几个月用这种方法从事中国无烟煤的研究获得了非常有价值的成果,将很快在《中国地质学会志》发表,并称就现在的研究而论,不同意他最新一篇文章中的结论。

六月二十八日—七月十九日 与王竹泉一起率领清华大学地学系、北京大学地质系和燕京大学地质系的助教以及学生程裕淇、张兆瑾等 20 多人,再加上地质调查所的计荣森,组成 9 队前往北平西山,实测地质。

八月一日—九月十四日 地质调查所派谱主与王竹泉、杨公兆、胡伯素、潘钟祥等参加陇海铁路与陕西省政府合组之陕西实业考察团,目的在考察陕北地质,以便为将来的开发提供依据。1 日与杨公兆、胡伯素由北平出发,经郑州,再出潼关到西安,走南路,约定在延长会合。出潼关后,路经华阴县,顺道游览华山。后由西安北行,经三原、耀县(今铜川市耀州区)、同官(今铜川市)、宜君、洛川、甘泉等县而达肤施,再由此东行抵延长,折向东南,经云岩镇抵黄河边壶口瀑布,后由矴针滩过黄河抵山西,经吉县、乡宁至临汾,再转至榆次,经正太路到石家庄而返北平。

八月 与朱敏章合著之"中国太平洋国际学会丛书"之一的《外人在华矿业之投资》由中国太平洋国际学会出版和发行。本书 5 万余字。

十月五—九日　中国地质学会第 9 届年会在北平地质调查所举行。在 5 日上午的会议上当选新一届理事,下午的会议上宣读论文《陕北盆地的地文》。7 日下午的会议上宣读了论文《中国无烟煤的显微镜研究》,会议对他应用偏光显微镜研究无烟煤所取得的成功表示祝贺。8 日,与尹赞勋、李春昱、王曰伦等 23 名会员和 6 名北京大学学生及 11 名北平师范大学学生一起赴西山考察地质。

十月二十八日　三子谢学钫出世。

十二月　所著《华煤中之植物组织及其在地质上之意义》(On the Vegetable Tissues and Flora in the Chinese Coal and Their Geological Significance),刊于《中国地质学会志》第 11 卷第 3 期。

所著《赣东石陨石简记》(Note on a Stone Meteorite from Eastern Kiangsi),刊于《中国地质学会志》第 11 卷第 4 期。

是年　任北平师范大学地理学系主任。任北京大学地质系教授,讲授构造地质学和矿床学,并被聘为 1932—1933 年度的研究教授。任清华大学教授。

一九三三年　癸酉(民国二十二年)　三十七岁

三月一日　《陕北的地文》刊于《国立北平师范大学月刊》第 3 期。

三月五日　《北平周围的自然奇迹》在《自然》发表。文章分平西、平东、平南 3 条线路叙述北平周围的自然奇迹,重点在平西。

三月　《陕北盆地的地文》又刊于《方志月刊》第 6 卷第 3 期,并用英文发表于《中国地质学会志》第 12 卷。

春　与陈恺、李连捷赴西山调查,在髫髻山系中找到早白垩世的标准化石。

五月十五日　芝加哥大学 A. C. 诺埃(A. C. Noé)致信谢家荣,非常感谢寄去的中国煤的煤岩学和显微镜研究文章,认为文章非常有意义。

五月十六日　在《大公报》发表《燃料研究与中国的燃料问题》(与金开英合著)(此文后又载于《科学》第 17 卷第 10 期),论及沁园燃料研究室创设以来的研究工作及成绩,并在文末列出已经发表的《燃料专报》的目录。

六月十九日　致信大英博物馆 L. J. 斯潘塞,寄去两年前在安徽铁矿区收集的两小块矿物(铁叶蛇纹石和硅铁灰石)和相关论文,请他研究,看鉴定是否正确。

六月　《国立北京大学研究教授工作报告 第一次(续)》发表谱主本年度的工作内容。

七月　奉地质调查所之命,偕同陈恺、程裕淇赴安徽当涂、繁昌、铜陵和江西九江各铁矿调查;同时又委派陈恺、程裕淇赴安徽之庐江调查矾矿。野外工作 40 多天,采得甚多矿石和化石标本,获得更可靠的长江下游铁矿之地质及成因资料,为编写《长江下游铁矿志》做准备。

是月 与丁文江、李四光和葛利普一起继 1932—1933 年度之后,再被聘为 1933—1934 年度北京大学地质系研究教授。

八月十三日、二十日、二十七日 在《自然》第 37—39 期连载《西山地质的新研究》,总结了 1932 年夏和王竹泉带领北大、清华、燕大地质系学生赴西山实习所获得的新资料。

八月十七日 致信史奈德洪教授,推荐王恒升,告知王将去欧洲作岩石矿物研究,首先在巴塞尔和莱因哈德(Rheinhard)教授一起工作,然后到史那里,希望允许王在其实验室自由工作;王做了大量中国岩石矿物研究,发表了几篇论文,他对华南的许多金属矿床特别熟悉,或许能够为史研究世界矿产资源提供帮助。

十月 《中国地质学会志》第 12 卷出版。本卷刊出谱主所著《辽宁西安煤矿附产菱铁矿结核之研究》(On the Occurrence of Sphaerosiderit in a Subbituminous Coal from Hsian Coal Mine, Liaoning Province),与张更合著之《浙江龙泉县产"丝炭"之研究》(A Remarkable Occurrence of Fusain at Lungchuan Hsien, Chekiang Province),《薄的煤光片研究——煤岩学之一新法》(Thinned Polished Section of Coal, a New Technique in Coal Petrology),并分别列为《燃料研究专报》第 7a、7b 和 7c 号。所著《中国无烟煤之显微镜研究》(Microstructure of Some Chinese Anthracite)也刊于《中国地质学会志》第 12 卷,并列为《燃料专报》第 6 号。

同时刊于《中国地质学会志》第 12 卷的还有谱主所著《江西乐平煤——中国煤之一新种》(On Lopinite, a New Type of Coal in China)、《北平西南长辛店坨里一带地质》(Note on the Geology of Changsintien and Tuoli Area, S.W. of Peiping)。

十一月十一—十三日 中国地质学会第 10 届年会在清华大学生物馆开幕。在会上宣读论文《江西乐平煤——中国煤之一新种》。13 日的会议在北京大学礼堂举行,当选为新一届理事和理事长,任期 2 年。

十二月三日 在《自然》发表《太华探胜记》,记述 1932 年 8 月的华山之旅,认为华山之地貌可能是由冰川造成的。

十二月十一日 《中国地文期概说》刊《清华周刊》第 40 卷第 7—8 期《地学专号》。此文次年 3 月又刊于《方志月刊》第 7 卷第 3 期。

是年(1933—1934 学年) 任教于北京大学地质系,讲授构造地质学和矿床学。兼任北平师范大学地理系讲师。著文《山西含藻类油页岩之研究》。

一九三四年　甲戌(民国二十三年)　三十八岁

一月十二日 全国矿冶地质联合展览会筹备委员会预备会议在南京的教育部会议厅举行,在会上被聘为筹备委员和筹备委员会常务委员兼驻平办事。

一月二十二日 哥登教授致中国地质学会理事长(本年谱主任学会理事长)

说:"就您受聘于中国地质学会之通讯院士一职,在表示感谢并接受之。"

一月二十三日—二月五日　应长兴煤矿总工程师周仲礼之邀,离开北平赴南京,与计荣森一道前往长兴煤田考察煤田地质。先后赴老鼠山、四亩墩、大煤山一带做大略调查,详测了老鼠山、四亩墩、大煤山、赴宝村、槐花塘地质,继而补测四亩墩地质,下四亩墩矿井,后赴广兴掘头山,采花石山及槐花坳等处考察,最后一天考察土王洞铁矿。考察结束后,与计荣森合著《长兴煤田地质报告》,并与王竹泉合著《长兴油苗》,刊于《中国矿冶》第 3 期。

二月八日　参加全国矿冶地质联合展览会筹备委员会第 1 次全体会议。

二月九—十日　赴马鞍山,先后考察南山铁矿及大凹山铁矿及地质。

二月十六日　翁文灏偕王竹泉由南京经长兴赴杭州,下午 3 时,车行至浙江武康县境内遭遇车祸,翁文灏头部重伤,当场昏迷,送往武康县医院抢救,次日转往杭州。

二月十七日　胡适致函行政院长汪精卫,对翁文灏受伤事表示焦虑,并转告丁文江意见:万一翁文灏的工作须人接替,地质调查所所长最好请谱主代理。

二月二十五—二十八日　偕冀北金矿公司总经理王子文赴遵化县考察侯家沟、桃园、刘家峪、塔峪、魏近河、马蹄峪、老虎山等金矿。

三月十八日　与王竹泉合著之《致赵祖康先生论长兴油苗书》刊于《自然》第 2 卷上册,第 68 期。

三月中旬　翁文灏致函实业部部长请假 3 月养伤,建议由谱主代理地质调查所所长。实业部发出第 9569 号指令,准予翁文灏请假 3 月调摄,并派技师谱主代理所务。

三月　与翁文灏、丁文江、李四光、竺可桢、王庸、向达、张其昀、胡焕庸、叶良辅等发起,在南京成立中国地理学会,被选为出版委员会委员。

四月三—十二日　北京大学放春假,率地质系学生赴山东野外实习。

四月三十日　8 时赴车站接从杭州回到北平继续治疗的翁文灏先生,见翁文灏后,偕同王绍文等赴天津,往天津国立北洋工学院,代表翁文灏出席全国矿冶地质联合展览会筹备委员会第 2 次全体会议。

五月十一日　中国地质学会、北平博物学会在北平地质调查所图书馆联合举行特别会,悼念步达生。以理事长身份主持会议并宣读翁文灏的来函。

五月十九日　教育部发 6754 号聘书,聘请谱主为编译馆编译之地质学名词审查委员会委员。

五月二十日　带领北京大学 2 年级学生赴长辛店实习。

六月四日　田奇瑰来信称,在湘颇陷孤陋寡闻之境,常思赴欧求学,以增研究能力,欲申请中华文化基金委员会的资助,请将此意转陈翁文灏。

六月十七日 张更来信告知文化基金会准予补助 800 元出国求学,但旅费尚无着落,请求援助。

六月二十日 翁文灏再呈实业部部长和次长,请给续假一个月,并仍由谱主代理地质调查所所长职务。

六月三十日 致信瑞典乌普萨拉 T. C. 哈利教授,确信他已经知道翁文灏在杭州附近不幸受伤的消息了。告诉他翁文灏已经迅速地恢复了,目前在家中休息。在翁文灏不在期间,被委托代行翁在调查所的职务。寄了一份潘钟祥先生关于"北平西山双泉统植物群"的文稿,希望他提出意见和建议。

七月六日 偕张国淦同车赴天津,出席全国矿冶地质联合展览会开幕式。

七月七日 撰写《中国地质事业之回顾》,赴北洋大学帮同料理并出席全国矿冶地质联合展览会筹备委员会第三次全体会议。

七月八日 上午招待来宾。10 时全国矿冶地质联合展览会行开幕礼。偕朱仲祥、李宇洁等用午餐,晚赴河北省政府主席于学忠之筵。

七月十五日 《中国地质事业之回顾》刊于天津《大公报》第 13—14 版矿展会特刊。

七月二十一日 北京大学理学院发布 1934 年度新聘续聘教授名单,与李四光、王烈、葛利普、孙云铸、斯行健等名列其中。

七月二十五日 代表中国地质学会致函中央研究院,请将其所有之北极阁西北隅的空地三亩四分拨归中国地质学会。

八月十四日 四子谢学铮出生。

九月二日 在《自然》第 2 卷下册第 92 期发表《煤之成因的分类》,将煤按照成因分为 4 类:无烟煤类、木质煤类、沼泽中沉积之煤类和松脂煤类。

九月三—十一日 偕程裕淇调查湖南中部铅锌矿地质。经武汉、长沙、湘潭、衡山、衡阳、郴县,参观了武汉大学,先后至惟一公司和谦颐公司考察,考察了包括水口山、铁屎垄铅锌矿在内的湖南中部各铅锌矿。

十月二十日 《北京大学周刊》刊出北京大学理学院教授课外指导时间表,谢家荣的课外指导时间为星期一、三、五上午 9—10 时。

十月二十九日 回复洛克菲勒基金会秘书玛丽 • 卡拉韦(Mary Callaway)女士 10 月 24 日之来信,告知翁文灏两个月之前就已经复职,因此有关詹先生和翁先生工作的任何信息请直接寄给他。詹先生和翁先生正在山东进行地质填图。

十月 地质调查所准备迁往南京,北平决定成立分所,被任命为北平分所所长。

十二月　在《地理学报》发表《陕北盆地和四川盆地》。文章详细论述了两个盆地的地形地质特征,同时比较了两个盆地的异同。

是年　任北京大学地质系教授(1934—1935年度),教授普通地质学和矿床学;被推选为北京大学校务会议候补委员,图书馆委员会委员(1934—1935年)。

一九三五年　乙亥(民国二十四年)　三十九岁

一月　《地球的内部是什么?》刊于《东方杂志》第32卷第1号。

二月十四—十八日　中国地质学会第11届年会在北平地质调查所图书馆举行。主持2月14日上午的开幕会议,并在下午的会议上发表题为"中国铁矿床的分类"的理事长演说。

三月　《中国之石油》刊于《地理学报》第2卷第1期。文章再次指出浅海相或海陆混合之海湾或三角洲地层最适合石油之产生,同时明确指出陕北石油产在陆相地层中而四川石油产在海相地层中。

所著《山东铝土矿之显微镜研究》(A Microscopical Study of the Bauxite Deposit in the Tzechuan-Poshan District, Central Shantung)刊于《地质汇报》第25号。

四月　偕同程裕淇去福建调查安溪铁矿。在福建的调查从福州到厦门,再经安溪到矿区。调查完毕,经永春、蒲田而至福州。调查工作从4月13日持续到5月29日。

与程裕淇、孙健初、陈恺合著的专著《扬子江下游铁矿志》(Geology of the Iron Deposits in the Lower Yangtze Region)刊于《地质专报》甲种第十三号。

六月十九—二十日　中央研究院首届评议员选举预备会和选举会在南京举行。当选第1届评议会评议员。

七月　所著《河流之袭夺及其实例》刊于《地理学报》第2卷第3期。

八月十二—十五日　中国科学社第20次年会在广西南宁市广西省政府内举行。向年会提交论文《河流之袭夺及其实例》。

十月四日　北京大学1935年度校务会议教授代表选举于上午11时在第二院会议室开票,计收选举票45张,理学院教授代表5人当选:谢家荣(28票)、冯祖荀(27票)、朱物华(20票)、王烈(17票)、雍克昌(15票)。

十月十三日　在《自然》杂志第150期发表《北大地质系在中国地质研究上之贡献》。

十二月十五日　在《自然》第159期发表《以假乱真的地质现象》。

十二月　与程裕淇合著之《福建安溪永春永泰等县矿产报告》在《矿冶》第8卷第27—28期刊出。它是本年4—5月赴福建考察后撰写的《地质汇报》第27号《福建安溪永春永泰地质矿产》(Geology and Mineral Deposits of Anchi, Yungchun and Yungtai Districts, Fukien Province)中的中文部分。

是年　任北京大学地质系教授(1935—1936学年),讲授普通地质学、构造地质学、矿床学,并被推选为北京大学校务会议委员和图书馆、仪器、学生生活辅导委员会委员(1935—1937学年)。

一九三六年　丙子(民国二十五年)　四十岁

一月五日　地质学家、中国地质事业的开创者和奠基人之一丁文江在湖南衡阳考察谭家山煤矿时煤气中毒,医治无效,在长沙湘雅医院逝世,终年50岁。

一月七日　与周赞衡、黄汲清、杨钟健、尹赞勋、金开英被聘为地质调查所技术职员因公死伤特种恤助审查委员会委员。

一月二十六日　中国地质学会第12次年会在实业部地质调查所新厦(南京珠江路942号)举行。主持上午的会议,在致辞中指出:丁文江的逝世"不仅为地质界之大损失,亦为全国之大损失,噩耗传来,全国悲痛",乃请全体起立,默哀三分钟,以志哀悼。之后,翁文灏报告丁文江的生平和对中国地质学会的贡献,黄汲清报告丁文江对于中国地质的贡献。主持下午的论文报告会,并宣读论文《湖南中部之铅锌矿》,指出水口山方铅矿内含砷黝铜矿,故含银。

一月二十七日　上午出席中国地质学会第12届年会的全体会员参观峨眉路21号的学会新址和在北极阁的中央研究院地质研究所和中央大学地质系的实验室、图书馆等。在下午的论文会上讨论葛利普的《依据脉动学说来划分古生代系统并各系统名称之订定》时代表葛利普做说明。在晚8时的理事会上当选为丁文江基金保管委员会委员、学会会志编辑,其创办学会中文刊物《地质论评》的提议获得通过,并被推举为编辑部主任。

一月二十九日　上午参观地质调查所之陈列室、图书馆及实验室等。中午应竺可桢之约往皇后饭店中膳,到者还有杭立武、张其昀、胡肖堂、沈鲁珍、朱庭祜等。在下午的论文会上宣读论文《中国中生代末第三纪初之造山运动与火成岩活跃及与矿产造成之关系》。

一月三十日　第12届年会举行会后地质旅行。分为两组,谢家荣、袁见齐率领其中一组(19人)考察凤凰山、牛首山、青龙山铁矿。

二月十日　撰写许那德勋氏著"矿床学"[载德国自然科学大辞典(再版)第三卷第844—882页]述评,后刊于《地质论评》第1卷第1期,署名"庸"。

二月二十日　撰写林文英著《甘新公路地质调查报告》述评,后刊于《地质论评》第1卷第1期,署名"庸"。

鉴于到本年10月有7位理事任满,中国科学社第21届司选委员会依据社章

第 48 条提出下届候选理事 32 人名单,谱主名列第 29 位。

二月二十四日　为德日进著《山坡砾石层在地质研究上之意义》撰写述评,后刊于《地质论评》第 1 卷第 1 期,署名"庸"。

二月二十五日　为德日进著《新疆吐鲁番一带地质》撰写述评,后刊于《地质论评》第 1 卷第 1 期,署名"庸"。

三月四日　译葛利普著《现代地层学者应有的勇气》,译文发表于《地质论评》第 1 卷第 2 期。

三月十八日　撰写巴尔博著《华北黄土层之最近观察》述评,后刊于《地质论评》第 1 卷第 2 期,署名"庸"。

三月二十七日　出席在北京大学地质馆举行的中国地质学会理事会。会议决定成立中国地质学会北平分会,通过中国地质学会北平分会简章,与金耀华一同被选为北平分会干事。主持北平分会成立会及演讲会,请地质调查所名誉顾问德日进讲印度北部地质。

三月三十一日　为张更、孟宪民合著之《湖南临武香花岭锡矿地质》撰写述评,后刊于《地质论评》第 1 卷第 2 期,署名"庸"。

三月　《地质论评》创刊,撰写《发刊辞》。

《近年来中国经济地质学之进步》刊于《地质论评》第 1 卷第 1 期。

撰写之《河南矿产志》(河南地质调查所印行)述评,刊于《地质论评》第 1 卷第 1 期。

与程裕淇合著之《福建安溪永春永泰地质矿产》(Geology and Mineral Deposits of Anchi, Yungchun and Yungtai Districts, Fukien Province)刊于《地质汇报》第 27 号。

在《中国地质学会志》发表《中国中生代末第三纪初之造山运动火成岩活跃及与矿产造成之关系》(On the Late Mesozoic-Early Tertiary Orogenesis and Vulcanism, and Their Relation to the Formation of Metallic Deposits in China)。此文同时被列为《北京大学地质系研究录》第十号。

地质调查所为纪念成立 20 周年,决定发行纪念刊 1 册,分 8 组编制报告及说明书,每组推定负责人。地质矿产研究室由谱主负责,王竹泉参加工作,预计 3 月底完稿,4 月中发行。

四月五日　北京大学一、二、三年级学生分三组奔赴各地进行春假实习,与斯行健、何作霖教授及王嘉荫助教率领三年级学生 17 人赴山东博山金岭镇、临朐坊子等地,考察煤、铁矿产及在临朐发现含丰富化石并有硅藻土之第三纪地层等,时间约两星期。

四月十七日 资源委员会副主任委员钱昌照来函,商请借调陈恺赴云南探勘锡矿。

四月 代表翁文灏出席北平研究院地质矿产研究奖金审查委员会第 11 次会议。会议决定本年度该奖金授予清华大学李洪谟,北京大学崔克信,中央大学毕庆昌、王超翔。

是月 所编《中国矿冶地质参考书目录》载由实业部、教育部和全国矿冶地质联合展览会所编的《全国矿业要览》第 7 篇。

五月六日 钱昌照来函请往湖北大冶牛头山会商牛头山探矿工程前途。

六月 在《中国地质学会志》第 15 卷第 2 期上著文《王显谟先生行述》(Obituary Note on Mr. S. W. Wang),纪念 1936 年 2 月 10 日逝世的矿物学家王绍文。

主编的《地质论评》第 1 卷第 3 期出专辑《丁文江先生纪念号》,刊出翁文灏《追念丁在君先生》、卢祖荫《哭丁师》、章鸿钊《我对于丁在君先生的回忆》、李学清《追念丁师在君先生》、黄汲清《丁在君先生在地质学上的工作》等纪念文章及 11 篇丁文江生前兴趣所在或研究未竟的地质问题的论文,并为之撰写《编后》。

在《地质论评》第 1 卷第 3 期发表《中国之矿产时代及矿产区域》,论述中国各期地壳运动发育的范围和强度、各期岩浆活动的发育与分布、中国水成矿床和火成矿床的时空分布,阐述了中国 16 个矿产区域的成矿作用特征。

七月初 为编印西山地质新志,赴西山考察地质。

八月十七—二十一日 中国科学社第 21 届年会在北京举行,出席会议,并担任由 27 人组成的年会总委员会的委员。

九月二十一日 为田奇㻪著《湖南铁矿志(第一册)》撰写述评,后刊于《地质论评》第 1 卷第 5 期。为许杰著《安徽南部之特马豆齐安层》和李毓尧著《扬子江下游震旦纪冰川层》撰写述评,并发表于《地质论评》第 1 卷第 5 期,署名"庸"。

编译苏联毕里宾著《石油储量计算法》,第一次将石油储量的计算方法介绍到国内。后刊于《地质论评》第 1 卷第 5 期。

九月二十八日 为杨钟健、卞美年著《北平附近新生代地质之新观察》撰写述评,后刊于《地质论评》第 1 卷第 6 期。

九月 为孙健初著《南山及黄河上游地质》撰写述评,后刊于《地质论评》第 1 卷第 5 期,署名"庸"。

十月二日 北京大学校务会议以校长、秘书长、课业长、图书馆长、各院院长、各学系主任及全体教授副教授所选出之代表若干人组织之,校长为主席。北京大学布告称：1936 年度校务会议当然会员名单为：饶毓泰、胡适、周炳琳、樊际昌、冯祖荀(代)、曾昭抡、谢家荣、张景钺、汤用彤(代)、吴俊升、梁实秋、姚从吾(代)、戴修瓒、陶希圣(代)、赵迺抟。

十月九日　北京大学发布布告,公布本日第一次校务会议通过的 6 个重要决议,其第 3 个决议为本年度图书馆委员会、仪器委员会、出版委员会、学生生活辅导委员会、财委委员会委员名单,谱主列图书馆委员会、仪器委员会、学生生活辅导委员会委员。

十月　所著《地质调查的合作办法》发表在《地质论评》第 1 卷第 5 期。

秋　实业部地质调查所组织成立中国地质图编纂委员会,主任翁文灏、副主任黄汲清,委员：李四光、谢家荣、尹赞勋、田奇瓗、孙健初、王曰伦、潘钟祥。根据《中国地质图编纂委员会工作方案》,"中国地质总图编制计划"中材料之搜集,东南沿海部分由谢家荣、计荣森、高平负责;在"从速编制的几个重要区域一百万分之一地质图"中：长沙万县幅,由田奇瓗、谢家荣(加入西部科学院一人)负责;西宁酒泉幅,由孙健初、谢家荣负责。

十一月二十六日　为南延宗著《湖南郴县金船塘金属矿床》撰写评述,后刊于《地质论评》第 1 卷第 6 期。

十一月二十八日　出席中国地质学会理事会在地质调查所北平分所举行的会议,在会上当选为丁文江纪念基金委员会委员,并被推举为第 13 届年会论文委员会委员、设计中国地质学会会徽及通讯会员证书之式样的委员。

十二月　所撰郑厚怀、袁见齐著《江苏江宁县獾子洞成矿作用》述评刊于《地质论评》第 1 卷第 6 期。

是年　任北京大学地质系主任兼教授(1936—1937 年度),讲授地文学、矿床学。

一九三七年　丁丑(民国二十六年)　四十一岁

一月五日　参加由中国地质学会北平分会、北京大学地质系、地质调查所北平分所在兵马司胡同地质调查所图书馆阅览室联合举行的"丁文江先生逝世一周年纪念大会"。

一月十三日　晚 8 时,母亲孙太夫人在上海辞世,享年 74 岁。

一月十五日　早晨抵上海北站,回到俞家弄,方知母亲已经故去。张海若为《谢母孙太夫人赴告》题词,翁文灏为谢母孙太夫人遗像题字,胡适为讣告题词："十指一针,全家衣食。二十余年,有如一日。以艺教人,以慈教子,誉满一乡,泽流后世。谢老伯母孙太夫人不朽。"

一月二十日　在上海治丧期间为郑厚怀、汤克诚著《湖北鄂城西雷二山铁矿之成因》撰写述评,后发表于《地质论评》第 2 卷 1 期。

一月二十八日 自上海赴南京,与所长翁文灏商谈组织成立地质调查所矿产测勘室事宜,并由翁文灏起草组织大纲。

一月三十日 与翁文灏、黄汲清、钱昌照共同商定:地质调查所与资源委员会合作成立矿产测勘室,任该室主任,资源委员会负责每年提供 10 万元经费,专用于开展中国地质矿产调查。

二月十九日 中国地质学会理事会在地质调查所北平分所举行。理事长杨钟健主持会议。当选新一届理事、学会会志编辑、《地质论评》编辑部主任、学会北平分会干事,继任丁文江的葛氏纪念奖章委员会委员。理事会追认:由谱主与葛利普、章鸿钊和杨钟健共同设计的中国地质学会会徽自 1937 年 1 月起作为永久会徽正式使用。

二月二十一一二十四日 中国地质学会第 13 次年会在北平举行,因在上海为母亲治丧,所提交的论文《北平西山地质构造》由杨钟健在 20 日下午的论文会上宣布题目。

三月二十日 在杭州西湖饭店举行的中国科学社第 134 次理事会上被推定为本年会 9 人论文委员会委员。

三月 与程裕淇合著的《湖南中部铅锌矿地质》(The Lead-Zinc Deposits of Central Hunan)刊于《地质汇报》第 29 号。

四月十四一三十日 再次考察水口山铅锌矿,考察最后一周,李善邦、杜锡垣的物理探矿队来到矿山。考察结束后,著文《湖南常宁水口山铅锌矿》。

四月 在南京召开的中国地理学会第 4 届年会上被选为理事。

五月二一四日 考察谭家山煤矿。后著《湖南湘潭谭家山煤田地质报告》。

五月十一日 在上海举行的中国科学社第 135 次理事会会议上被公推为本年高君韦女士奖金审查委员。

五月十四一十九日 离北平赴河北邯郸磁县怡立煤矿公司测勘矿区地质。

五月二十三日 出席欢送北京大学地质系 1937 届毕业同学会。

七月七日 卢沟桥事变发生。抗日战争全面爆发。根据翁文灏指示暂不去昆明,留在北平处理北京大学地质系撤离后遗留的财产保护等有关问题。在这段时间里,他拒绝了日伪政权教育局局长黎子鹤等人要他到伪北大任职的要求,购买许多英文小说及报刊,待在家里潜心教长子谢学锦学英语。为使北大地质系实验室的铂金坩埚等免遭损失,不顾危险把铂金坩埚拿回自己家里交夫人吴镜侬保管。

七月十八日 赴西什库看房,即付房钱。

七月十九日 上午搬箱子等至西什库,晚吴镜侬偕四个孩子入住。

　　七月　向 7 月 21—29 日在莫斯科召开的第 17 届国际地质大会提交了题为《中国之石油富源》(The Petroleum Resources of China)的论文,这是我国学者在国际会议上发表的第一篇石油论文。该文收入《地质汇报》第 30 号。

　　八月三日　为葛利普著《中国黄河大平原》撰写述评,后刊于《地质论评》第 2 卷第 4 期。

　　八月四日　为梭颇原著,李庆逵、李连捷合译之《中国之土壤》(实业部地质调查所《土壤特刊》乙种第一号)撰写述评,后刊于《地质论评》第 2 卷第 4 期。

　　八月五日　节译所著 An Outline of the Geological Structure of Western Hills of Peiping, 题名《北平西山地质构造概说》,刊于《地质论评》第 2 卷第 4 期。

　　十月十日　为葛利普著《地质学之基本观念及其与中国地层学之关系》和黄汲清、徐克勤著《江西萍乡煤田之中生代造山运动》撰写述评,后刊于《地质论评》第 2 卷第 5 期。

　　十月十四日　为计荣森、许德佑、盛莘夫合著《长江下游青龙石灰岩之研究》撰写述评,后刊于《地质论评》第 2 卷第 5 期。

　　十月中下旬　致信翁文灏说,打从卢沟桥事变起,就一直在做去南方的准备,但信未能写完和发出。

　　十月下旬　奉地质调查所所长翁文灏之命,化装潜行,离开北平,经天津南下,取道香港,飞长沙,面见翁文灏,即接获调离北京大学,派往广西八步调查富贺钟(富川—贺县—钟山)锡矿的命令。乃同王植匆匆就道,在八步及湖南江华一带整整工作了两个多月。

　　十月　在《地质论评》发表《遵化金矿简报》和《湘潭谭家山煤系层序》。

　　十二月二日　与王植、周德忠等抵广西八步,次日抵西湾,驻平桂区矿务处,调查西湾煤田地质,历时 10 天。

　　十二月十六日　赴水岩坝调查砂锡矿。

　　十二月十九日　中国地质学会理事会在长沙留芳里 4 号开会,鉴于张席褆、冯景兰、谢家荣理事满届,理事会提出谢家荣、田奇瑌、朱森、孙云铸等 15 人理事会为候选人。

　　十二月二十一日　翁文灏致函黄汲清,指派谱主为地质调查所矿物岩石研究室主任,兼矿产测勘室主任。

　　十二月三十日　与王植、周德忠等赴望高,调查砂锡矿。

　　十二月　在《中美工程师协会会刊》(*Juor. Assoc. Chinese and Amweican Eng.*)发表《华南湘中的水口山铅锌矿》(The Shuikoushan Lead-Zinc Mine, Central Hunan, South China)。

是年　所著《北平西山地质构造概况》(An Outline of the Geological Structure of Western Hills of Peiping)发表于《中国地质学会志》第 16 卷。

一九三八年　戊寅(民国二十七年)　四十二岁

一月　与王植、周德忠等在桂北红花、白沙调查砂锡矿床和矿业后,进入湖南江华河路口,调查附近地质约一星期,然后与王植等起程赴江华县城调查锡矿,沿途调查了涛圩、白马营等地之地质。

是月　与王植合著《经济部地质调查所简报》第 15 号:《广西贺县钟山间西湾煤田地质》。

是月　《湘中水口山铅锌矿》(The Shuikoushan lead-zinc mine, central Hunan, South China)继在《中美工程师协会会刊》(*Jour. Assoc. Chinese and American Eng*)第 18 卷第 6 期发表后,又载于《远东评论》(*The Far Eastern Review*)第 36 卷第 1 期。

二月二日—中旬　抵达江华县城,与地方当局接洽并在其后的几天在产锡区域做初步调查,然后与王植等测制由县城附近筛子塘到小水洞一带的两万分之一地形地质图。

二月二十一日　广西特设田南矿冶工业试验场,采炼田阳县那满圩所产油砂,经营数月后即因油量少而停止,场长徐继勉乃到汉口见翁文灏,请地质调查所派人勘查。翁文灏电告谱主就近往查,本日即赴汉口面见翁文灏,商谈调查广西田阳油砂岩事宜,并与翁文灏、陈公甫、徐宽甫谈湘桂锡矿。次日再赴翁文灏寓所晚餐,并商谈广西锡矿开发办法。

二月二十五日　中国地质学会理事会在湖南省地质调查所举行。出席理事杨钟健、黄汲清、尹赞勋、谢家荣、田奇瑰 5 人。理事长杨钟健主持会议,谱主连任1938 年度理事会理事、《中国地质学会志》及《地质论评》编辑部成员,三任《地质论评》编辑部主任。

二月二十六—二十八日　中国地质学会第 14 届年会在长沙湖南省地质调查所举行。在会上报告《地质论评》编辑部工作,并宣读论文《广西富贺钟砂锡矿之产状及其时代》(与王植连署)。

二月　与王植合著《广西富贺钟锡矿简报》第 1 号(《经济部地质调查所简报》第 11 号)。

三月六日　赴桂林接洽前往田阳调查那满圩油砂事,并与翁文灏商谈组织"资源委员会叙(府)昆(明)铁路沿线探矿工程处"事宜。

三月二十日—四月四日　偕同广西建设厅钟明义技士及地质调查所王植、张文汉同车前往,经柳州、南宁而抵那满,先考察油砂及其附近之褐炭、锑砂,后又独赴那坡调查褐炭,3月26日赴奉议县考察地质,27日赴那军考察煤层,28日赴龙光考察金矿,于4月4日返回南宁。此次调查结论认为,含油层邕宁系全属淡水沉积,油砂分布不广,故无重视价值。

三月　与王植合著《广西富贺钟江锡矿简报》第2号(《经济部地质调查所简报》第13号),与王植、周德忠合著《广西富贺钟江锡矿简报》第3号(《经济部地质调查所简报》第14号)。

四月八—十四日　与王植、张文汉调查田阳县甫墟乡憧慢村褐炭煤田,测制一万分之一地形地质图,并择地钻探。此次田阳考察中发现了田阳、田东等县盛产红锑,具有经济价值。

五月二—十七日　考察东川铜矿。考察结束后著有《云南东川铜矿简报》。

六月七日　与翁文灏商谈江华锡矿事务。

六月二十六日　湖南省建设厅发出训令,令江华县政府与谱主合作筹备江华矿务局。

六月二十七日　日军逼近武汉。奉资源委员会令,率员工经由桂林办事处抵达广西八步,筹备资源委员会与湖南省政府合办之江华矿务局,任筹备委员,会同省派筹委赴江华河路口及广西八步分设筹备委员会办事处,河路口为总办事处。

六月　与王植合著《广西富贺钟江锡矿简报》第4号(《经济部地质调查所简报》第24号)《湖南江华县城附近锡矿报告》,与王植、张文汉合著《田阳县甫墟乡憧慢村褐炭煤田报告》。

七月十四日　资源委员会电令(自矿字第2487号)在桂林的经济部办事处转告谱主,关于江华锡矿与湖南省政府合作办法事。

七月十五日　致电翁文灏、钱昌照,呈报在湖南洽商筹备江华矿务局之情形。

七月十七日　江华县政府发布布告,为江华矿务局的筹办提供一切便利。

八月十二日　经济部资源委员会发出资渝矿字第0228号训令,要求谱主从速缜密拟定具报收买锡砂办法及计算砂价方式以及总资本摊用等问题。

九月　与王植、张文汉合著《经济部地质调查所简报》第32号《广西田阳县地质矿产简报》。

十月　湖南省政府派江华矿务局副经理刘基磐到任。

十一月二十一日　由于湘桂战局日益严重,托杨姓处长带信给翁文灏,请示翁文灏江华矿务局的工作是否应继续进行。

十一月二十二日　翁文灏、钱昌照致电谱主、刘基磐,告江华矿务局应仍照原定计划进行。

十二月二十八日 因矿区储量不多,致函翁文灏、钱昌照,拟减员降薪,节省开支。

是年 将《广西富贺钟江锡矿简报》第一、第三号简报的内容加上继续调查所获得的新资料,著文《广西富贺钟砂锡矿》。

一九三九年 己卯(民国二十八年) 四十三岁

一月八日 江华矿务局筹备工作告一段落,致电资源委员会,恳请给假两个月以上,回籍修养。

一月十一日 翁文灏、钱昌照复谱主1月3日之信函,鼓励继续努力。

三月一——四日 出席在重庆举行的中国地质学会第15届年会。在3日下午的论文宣读会上宣读《富贺钟江锡矿区域之钻探标准》。

三月八日 出席中国地质学会第16届理事会在四川省地质调查所举行的会议,在会上又当选《地质论评》编辑部主任。

三月二十三日 翁文灏宴请谱主、李鸣龢、黄汲清、杨公兆,要求各相关机构应保持独立,但增进合作。

三月 资源委员会会同湖南省政府筹设会委任谱主为江华矿务局经理、刘基磐为副经理。

四月 调查广西全县龙水砂锡矿,李树勋、彭琪瑞偕行,调查后著《广西全县龙水附近砂锡矿简报》。

五月十一日 资源委员会与湖南省政府筹设会的委任令到,谱主、刘基磐函告湖南省政府和经济部资源委员会,正式就职江华矿务局经理、副经理。

六月二十四日 资源委员会发布训令,正式确认资源委员会与湖南省政府经营江华矿务局之合作办法及该局组织章程。

一九四〇年 庚辰(民国二十九年) 四十四岁

二月六日 致电翁文灏,拟赴渝报告江华矿务局近况及禀商其他事务,请由刘基磐代理经理职务。

二月七日 在湖南江华河路口江华矿务局为"高平编《江西省地质矿产图表》"撰写述评。

三月四日 在经济部地质调查所举行的第13次讲学会上,主讲"江华矿务局筹备经过"。后撰文《江华矿务局筹备经过及现在状况》,刊于《资源委员会月刊》第2卷。

三月六日 与翁文灏商谈叙昆铁路沿线探矿工程处组织事宜。

三月十三日 中国地质学会理事会在重庆牛角沱26号资源委员会举行会议,出席会议的理事有李四光、谢家荣、李春昱、翁文灏、黄汲清、杨钟健、尹赞勋等共7

人,会议选举尹赞勋为理事长,黄汲清为书记。谱主又当选为《地质论评》编辑部主任。

三月十四日　出席中央研究院第 1 届评议会第 5 次评议会筹备会。

三月二十二—二十三日　出席在重庆嘉陵宾馆举行的中央研究院第 1 届评议会第 5 次年会。在 23 日下午举行的第 2 届评议员选举会上,地质科翁文灏(25 票)、朱家骅(21 票)、谢家荣(13 票)当选为第 2 届评议会评议员。

春　所著《西湾煤系之时代》(On the Age of the Hsiwan Coal Series)刊于《中国地质学会志》第 20 卷第 1 期。

四月十一日　国民政府经济部资源委员会发出一〇五三号任状,任命谱主为叙昆铁路沿线探矿工程处总工程师。

五月初　离江华赴昆明,筹备叙昆铁路沿线探矿工程处,在昆明西门外购得一处住所。

五月十五日　叙昆铁路沿线探矿工程处正式成立,就任叙昆铁路沿线探矿工程处总工程师。于 5 月 24 日以探矿工程处公函昆总字第 3 号函告云南省政府、云南省建设厅、云南省民政厅等单位。

五月十八日　出席在西南联合大学地质系教室举行的中国地质学会昆明分会第 8 次论文会,在会上报告"湖南广西砂锡矿地质及开采法"。

六月十一日　刘基磐函告八步富贺钟矿业公会,于 6 月 11 日正式就职江华矿务局经理。

六月二十五日　经济部资源委员会指令准予备案刘基磐继任江华矿务局经理。

七月十八日　云南省建设厅呈复云南省政府 1940 年 5 月 14 日"秘建字第 1236 号"训令,汇报训令执行情况,并保荐建设厅第四科科长吴漱泉充任叙昆铁路沿线探矿工程处副总工程师。

七月　赴越南海防接由上海来此会合的夫人吴镜侬及子女。将吴镜侬保管的原北大地质系财产铂金坩埚完好地交到中国驻海防领事馆领事手中。

八月底　资源委员会"已奉部令转到交通部咨文,由于国际形势变化,叙昆铁路沿线矿业合作合同暂时无法进行,根据该项合同成立之探矿工程处,应随之暂时结束,令仰于八月底结束具报"。

秋　将长子谢学锦送入西南联大附属中学——天南中学。

九月十七日　在中国科学社第 22 届年会下午的会议上讲云南的矿产。

九月底　叙昆铁路沿线探矿工程处正式宣告结束,改组为西南矿产测勘处,谢家荣任处长。

十月十一日　西南矿产测勘处正式成立。

十月十三日　昆明遭敌机大轰炸,弹落西南矿产测勘处所在的地藏寺巷,处址房屋受震甚巨,不堪再用,当即迁至住宅区职员宿舍内继续办公,并即赶速准备迁址。

十一月一日　随西南矿产测勘处人员从昆明起程前往昭通。

十一月五日　到达昭通。随即将长子谢学锦送入云南省立昭通中学学习。

十一月十一日　入昭通北门外忠烈祠办公。

一九四一年　辛巳(民国三十年)　四十五岁

三月七日　中国地质学会理事会在重庆打铜街 11 号举行会议。理事任期届满,改选结果当选连任,并当选学会会志和地质论评编辑。会议议决筹备中国地质学会 20 周年纪念会,选出筹备委员 18 人:李四光(主席)、章鸿钊、翁文灏、王宠佑、葛利普、王烈、朱家骅、谢家荣、叶良辅、孙云铸、杨钟健、黄汲清、尹赞勋、李春昱、朱森、王恒升、计荣森、张鸣韶。

三月八日　出席在重庆大学礼堂开幕的中国地质学会第 17 届年会。

三月十三—十五日　出席在重庆中央图书馆召开的中央研究院第 2 届评议会第 1 次年会。

三月　亲手创办的《矿测近讯》在云南昭通创刊。

五月　派颜轸、马祖望调查昭通褐炭,同时又请地球物理探矿队以电阻系数法进行探测。

六月　编印矿产测勘处临时报告第 1 号《叙昆铁路沿线昆明威宁间地质矿产》。

夏　长子谢学锦从昭通中学毕业,遵照父亲的建议,谢学锦考入浙江大学物理系。

七月初　接资源委员会电,略谓"滇缅铁路赶工修筑,沿线燃料急需寻采",令矿产测勘处派员详测祥云、宾川一带煤田,以供开发。

七月十七日　率王植、颜轸、马祖望、陈庆宣、宫景光等乘处内卡车离开昭通前往祥云、宾川等地测查。

七月　编辑的《地质论评》之《云南矿产专号》(《地质论评》第 6 卷第 1—2 期合期)出版,所著《云南矿产概论》和《云南三大铁路沿线矿产图表》(与王曰伦合著)收入其中,并写《编辑后记》。

八月十一—十三日　初步测勘东山煤田。

八月二十四—二十八日　整理图件,编著周报。

八月二十九日　率全体人员赴弥渡,考查弥渡附近地质情况。

九月三十日　分两队调查:与颜轸、陈庆宣测量干甸营煤田,并赴鸡脚山考察地质;派马祖望、宫景光测量东庄箐、老赵村等处煤田。

是日　奉经济部令,任地质调查所代理简任技正。

十月十二日　两队在完成工作后,分别取道禾甸街、下庄街、云南驿和梁王山返回祥云,结束野外工作。

十一月五日　回到昭通。

一九四二年　壬午(民国三十一年)　四十六岁

三月十六一十八日　为纪念中国地质学会成立20周年,在重庆中央图书馆举办地质展览会。展览分标本展览部和图件展览部,资源委员会西南矿产测勘处所作之云南东部地质图参展。

三月十九日　中国地质学会理事会会议在重庆沙坪坝举行,出席理事谢家荣、李春昱、黄汲清、翁文灏、杨钟健、尹赞勋等6人。在会上被推选为《地质论评》和《中国地质学会志》编辑。

三月二十日　出席在重庆举行的中国地质学会第18届年会及20周年纪念会。会议于20日上午9时在四川省立重庆大学大礼堂开幕。向此次年会提交论文《云南祥宾弥蒙煤田地质》。

三月二十一日　主持中国地质学会第18届年会在四川省地质调查所举行的第1次论文会的上午会议。

三月二十三一二十四日　参加学会年会组织的会后地质旅行。

三月二十五一二十六日　资源委员会在重庆的资源委员会礼堂举行地质矿产会议。会议主席翁文灏。会议讨论了9个提案并分别作出了决议。其中第1个提案是拟编纂全国重要矿产志案,决议采分编合辑志,自1942年4月起,以6个月的时间收集资料,再用6个月汇编,由翁文灏主编,谢家荣、李庆远协助,分矿种分区,由分编机关或个人负责收集资料,其中云南的煤铁矿产由西南矿产测勘处负责编送,铜、铅、锌、银、铝、明矾由谢家荣负责编送。

三月　矿产测勘处临时报告第19号《云南祥云宾川弥渡蒙化间地质矿产》编印完成。

四月二十三日　与金耀华、郭文魁、王植、周德忠、王超翔等根据《地质学会简章》第十二条发起组织的中国地质学会昭通分会在云南昭通成立,同时发布了《中国地质学会昭通分会简章》共9条。

五月二十二日　奉资源委员会令,与黔西南铁矿筹备处合作探勘威宁、水城和赫章一带的煤铁矿产,与边兆祥、颜轸和柴登榜一道乘矿产测勘处的旅行车赴威宁,与黔西南铁矿筹备处的程主任商定探勘办法。

六月一一五日 考察盐井坝、法起等地地质。

六月六一二十四日 测量观音山地质,期间测制1∶2 500地质图一幅,剖面图6幅,矿区附近1∶50 000地质路线图1幅。

七月十五一二十四日 赴妈姑铁矿山,会同燕树檀、陈庆宣考察该处煤铁矿产。

八月十五日 西南矿产测勘处成立的地质矿产座谈会举行第1次座谈会。作为召集人,主讲铁矿。

八月二十二日 地质矿产座谈会举行第3次座谈会。作为召集人,主讲煤。

八月 矿产测勘处临时报告第25号《贵州水城观音山赫章铁矿山铁矿简报》编印完成。

十月一日 西南矿产测勘处奉令改组为全国性机构,去掉"西南"两字。仍担任处长。

十一月十日 率领矿产测勘处人员参观云南钢铁厂,晚8时应邀在该厂职员休息室做临时演讲,讲题"中国金属矿资源之一般及主要铁矿区"。

十一月十二一十四日 考察马家坡、谢家箐、王家滩地质。

十一月十五日 分两组工作:郭宗山、杨开庆赴三家村、易门考察,谱主与郭文魁、业治铮至草铺、邵官屯考察,后与易门矿局董局长会谈。

十一月十六一二十九日 在滇中地区考察地质及煤、铁、铜矿产。

十一月 派王子昌与北平研究院物理研究所所派顾功叙合作,测探云南会泽铜铅锌矿区,先后以自然电流法探测会泽矿山厂铅锌矿、迤碌黄铁矿、东川落雪铜矿、稀矿山磁铁矿、汤丹铜矿,工作至次年4月下旬。

十二月 著文《贵州西部水城威宁赫章之铁矿》(On the Iron Deposits in Shuicheng, Weining and Heichang, Western Kueichow),刊于《中国地质学会志》第22卷第3—4期。

一九四三年 癸未(民国三十二年) 四十七岁

三月三日 派总务课长王植前往贵阳寻觅矿产测勘处新的办公地址。

三月四日 翁文灏就石油地质问题致函谱主,主要论及中国石油之地质时代,以为西北的第三纪油田最为重要,次为四川的中生代油田,再次为贵州古生代油田,其次也说到西南矿产。

三月六日 在重庆牛角沱25号举行的中国地质学会理事会上被推选为《地质论评》编辑。

三月七一九日 出席在重庆举行的中国地质学会第19次年会。向会议提交了两篇论文:《黔西威宁水城赫章之铁矿》和《滇东黔西之成矿时代》。

三月二十一一二十七日 率陈庆宣、杨庆如前往鲁甸视察乐马厂铅银矿。

四月十五—十九日　前往彝良,复勘长发洞锌铅矿。

六月二十七日　率部分人员从云南昭通抵达矿产测勘处新办公处贵阳醒狮路7号。

六月　所著《湘桂交界富贺钟江砂锡矿纪要并泛论中国锡带之分布》(Tin Placer Deposits in Fuhochungkiang Area, Northeastern Kuangsi and Southern Hunan, and with a Note on the Distribution of Tin Belts in China)刊于《中国地质学会志》第23卷第1—2期。

八月十三—二十五日　偕同颜轸、杨开庆及贵州矿产探测团所派蒋溶前往云雾山复勘铝土矿,发现贵州云雾山高质量一氧化铝矿。

九月　所著矿产测勘处临时报告第40号《贵州中部铝土矿采样报告》编印完成;撰文《测勘全国汞矿计划及经费概算》。

十月十二日　中国地质学会理事会由书记就第20届年会地点问题用通讯方法征求各理事意见,推举谱主为年会筹备主任,乐森珣为副主任。经丁文江先生纪念奖金委员会互举,当选为该委员会主席。

十月十七日—十一月底　奉资源委员会令,率杨庆如、王承祺前往晃县测勘湘黔边区汞矿。

是年　著《贵州矿产的新认识》,根据一年来测勘贵州矿产的经验,提出了对贵州几种矿产的新认识,特别是煤、铝、铁。

是年　自创办法,用漆皮、松香等代替加拿大树胶磨制薄片。进行煤岩学研究,发现多种特种烟煤。

一九四四年　甲申(民国三十三年)　四十八岁

二月二日　所著《中国高级铝土矿的发现》(The Discovery of High Aluminous Deposits in China)在《重庆先驱报》(Chungking Herald)发表。

二月十五日　出席在重庆牛角沱资源委员会举行的中国地质学会第21届理事会会议。会议决定第20届年会在贵阳举行;议决各案20项,第3项议决第20届年会除举行论文会外,另举行经济地质讨论会,由谢家荣主持;第8项议决谢家荣当选丁文江先生纪念奖金委员会主席,尹赞勋为书记,第10项议决为公推谢家荣和王恒升继任纪念赵亚曾先生研究补助金委员会委员。

二月二十七日　在重庆《大公报》发表《泛论中国铝土矿》。

三月一日　中国地质学会理监事会在汞业管理处贵阳办事处举行,会议议决14项议案。第1项议案为书记报告选举理监事结果:理事尹赞勋、谢家荣、王恒升、杨钟健共4人连任。

三月六日　出席在重庆市中英文化协会举行的中央研究院评议会2届2次到

渝评议员座谈会。

三月八一十日 出席在重庆两浮支路中央图书馆(开幕式)及中印学会(大会)举行的中央研究院评议会第2届第2次年会。

三月十六日 出席在重庆市两孚支路中印学会举行的"国立中央研究院评议会第2届第2次年会闭幕后举行之在渝评议员谈话会"。

四月一日 中国地质学会第20届年会在贵阳科学馆举行开幕式及事务会。作为年会筹备主任报告筹备经过。事务报告完毕后,举行第3届丁文江先生纪念奖金授予式,以主席身份致辞并授奖。

四月二日 上午在于贵阳科学馆举行的学会年会第3次论文会(矿物、岩石及矿床)上宣读论文《研究中国铝土矿的几个问题》。

四月八日 出席中国地质学会理事会在汞业管理处贵阳办事处举行的会议。会议议决事项8项,其中第1项为赠送黔省各机关首长《地质论评》,交由谢家荣、乐森璕两筹备主任斟酌办理。

中央地质调查所技正兼古生物研究室无脊椎古生物研究组主任许德佑、技佐陈康和练习员马以思在贵州西部调查地质,行至普安和晴隆之间的黄厂地段,被土匪劫杀。

五月八日 翁文灏致电谢家荣,谓李春昱所长已函告许德佑等确已为公牺牲,"丧我要员,悲愤之至",已致电贵州省主席吴鼎昌,对晴隆普安有关人员认真惩处,为周要起见,已电令贵阳资委会,在10万元以内,凭谢家荣或熊毅借垫支用。

五月十三日 接翁文灏来电,请其(或偕侯学煜)面陈贵州省政府主席吴鼎昌,迅即拘捕惩办劫杀许德佑等3人的罪犯。同日翁文灏并偕李春昱再电谱主,请他与侯学煜面陈贵州省主席吴鼎昌,请将罪犯迅速拘办。

五月十八日 翁文灏再就许德佑等被害案,电告谢家荣,可勒令其叔负责指引,并面见代理主席周寄梅先生。

五月二十日 与熊毅联署致电翁文灏和李春昱,"三电奉悉,侯学煜十七日晴隆电话谓易仲三已缉获"。

五月十五—二十日 偕同燕树檀、杨博泉赴贵阳西部,测勘距贵阳仅10余公里的林东煤田。

五月二十三日 与熊毅联署致电翁文灏和李春昱,告知已缉获劫杀许德佑等的匪犯20人,尚有9人在逃,主犯易仲三拒捕已当场击毙。

六月 在贵阳《中央日报》经建月刊6月号发表《贵州矿产之展望》。

七月 主编的《经济地质丛刊》(*Contribution to Economic Geology*)创刊第1期刊载了矿产测勘处成立后5年中的主要研究成果,共10篇论文,所著《滇黔康三省金属矿产述要并特论其分布与地质时代》(Note on the Ore Deposits in the Yunnan-Kueichou-Sikang Area with Special Reference to Their Distribution and Geological Age)和《云南鲁甸乐马厂铅银矿之研究》(A Study of the Lomachang Lead-Silver Deposit, Lutien, N. Yunnan)收入其中。

是月　与马祖望合著《地质矿产陈列室矿产部分说明》,由矿产测勘处印行。内容偏重贵州矿产介绍。

八月二十八日—十月五日　应黔南公司张总经理之邀,与燕树檀、杨博泉离贵阳赴都匀,详测都匀、独山煤田。

八月　与燕树檀、杨博泉合著《矿产测勘处临时报告》第 43 号《贵阳西部煤田简报》。

十月　与燕树檀、杨博泉合著《矿产测勘处临时报告》第 47 号《贵州都匀独山煤田说略》。

十月二十九日—十一月初　应盐务局技术处处长朱庭祜之邀,与其一同前往开阳洗泥坝,盐务局技术员袁见齐同行,视察洗泥坝盐井工程及附近地质。

十月　根据对中国铝土矿的研究结果,撰中文论文《中国铝土矿之成因》(载《矿冶研究所炼铝专刊》,英文版 Origin of Chinese Bauxite Deposits)。根据对中国煤田的研究,撰文《中国煤田地质及煤矿业概述》(Coal Fields and Coal Mining Industry in China, A General Survey)。

十二月六—十二日　日军侵扰湖南、广西,继及黔南,贵阳形势紧张,贵州省政府公告疏散。乘第 2 批人员疏散卡车从贵阳抵达重庆。

十二月二十八日　矿产测勘处迁至重庆小龙坎,开始办公。

十二月三十日　出席中国地质学会理事会在重庆小龙坎举行的会议。会议议决下届年会定于明年 3 月 11 日起分别在重庆、昆明等地举行。会后不作地质旅行。

一九四五年　乙酉(民国三十四年)　四十九岁

三月十日　出席在四川省地质调查所举行的中国地质学会理事会会议,在会上当选为中国地质学会奖金委员会委员和《中国地质学会志》编辑。

三月十一日　出席在重庆大学开幕的中国地质学会第 21 届年会。

三月十二日　在中国地质学会第 21 届年会第 2 次论文会(矿产、矿物、岩石、土壤)上宣读论文:与沙光文合著之《滇黔铝土矿之显微镜研究》,另有 3 篇论文在会上宣布题目:贵州煤田研究并特论其与古地理及地质构造之关系(与张兆瑾、王承琪合著)、槽探贵州云雾山铝土矿(与杨开庆、沙光文合著)、中国几种高挥发分烟煤及其在三角图中之位置。

三月十四日　中国地质学会理事会下午在沙坪坝重庆大学地质系举行会议。

三月十五日　矿产测勘处迁入重庆大学校内新建办公楼内办公。

三月十五—十九日　奉资源委员会令,偕马祖望自重庆前往长寿剪岗坝调查油苗。后赴黄角崖、大堰沟、永丰场、升平场之南楠木院等处调查煤矿。

三月　著《矿产测勘处临时报告》第 44 号《四川长寿剪岗坝油苗简报》,指出剪岗坝油苗值得施钻。

四月二十三日—五月五日　赴四川巴县(今重庆市巴南区)、隆昌考察石油地质。

五月二十一日—八月十三日　赴云南与昆明电冶厂签订合作勘探云南铝土矿的简约,并与矿产测勘处派遣人员叶大年、杨开庆、沙光文等及昆明电冶厂所派之殷维翰或王述之赴马街子后山、大板桥、黄土坡、水塘、一朵云、落水洞、可保村、小石坝等地考察铝土矿,并在大板桥、黄土坡、一朵云、落水洞、小石坝等地发现富矿。

九月一日　在《资源委员会季刊》发表《地质与开矿的关系》。

十月三十日　召开矿产测勘处座谈会。在座谈会上除报告本处大事外,并检讨本年度工作,称"测勘工作本年度完全注重于川、滇、黔三省铝、煤及石油的精密测勘及实施探矿,成就相当圆满",更在座谈会上宣布明年度工作计划。

十一月九日　出席矿产测勘处学术研究组的第 1 次例会,并在会上就石油问题发表意见,指出储油构造不限于背斜。

十一月二十八日　出席下午召开的矿产测勘处第 2 次月会,听取了总务、会计和地质等部门的工作报告,决定成立出版组负责编印各种出版品,并在会上报告矿产测勘处迁回南京的计划。

十一月　《矿测近讯》从本月(第 57 期)起改为铅印,月刊。并在本期的《新知介绍》栏目里发表《介绍亨佛来氏螺旋选矿机》。

是月　所著《四川赤盆地及其所含油气卤盐矿床》在《地质论评》第 10 卷第 5—6 合期发表。文章别创"行列背斜"之说,"以二个相距较远之高背斜为一行列,其两翼出露之透水层俱有水渗流,挟油下降,至适当地位,可资积聚;若于中心复有一低背斜层之隆起,则积聚更易,希望更大"。

十二月三日　在重庆大学纪念周发表题为"四川矿业的展望"的演讲,论及四川的煤、铁、盐、天然气、石油及铜、金等矿产。其演讲稿后于 1946 年 1 月刊于《矿测近讯》第 59 期。

十二月十五日　自重庆飞上海,布置矿产测勘处迁返南京事宜。

十二月二十五日　自上海赴台湾考察石油天然气。此次考察历时 3 周,遍查竹东、锦水、出磺坑各产区,又赴新竹、台中及基隆等地,考察工厂及矿场。

十二月　在《矿测近讯》58 期"专论"栏目发表《中国探矿计划之我见》,提出

"中国探矿,必须国人自办,并须由专任机关办理"。

与叶大年、张兆瑾、殷维翰等合著《矿产测勘处临时报告》第 49 号《云南省铝土矿调查报告汇编》。

《矿测近讯》第 58 期刊发《本处研究黔滇铝土矿之成果》,报道了矿产测勘处测勘云南、贵州铝土矿两年来所取得的重要成果。

《矿测近讯》第 58 期报道《中国煤田地质及煤矿业概述》(Coal Field & Coal Mining Industry in China, a General Survey)和《中国铝土矿的成因》(Origin of Chinese Bauxite Deposits)印就发行。

一九四六年　丙戌(民国三十五年)　五十岁

一月十五日　返回上海。

一月十八日　自上海赴南京,主持矿产测勘处自重庆迁回南京的各项事宜。处址迁入南京高楼门峨眉路 21 号中国地质学会会所。

一月二十七日　向矿产测勘处员工报告自重庆迁返南京的情况和将来的工作部署。年内组织了 15 个小队,在北达辽、冀,南抵桂、粤广大范围内,进行地质测量和矿产调查工作。

一月二十八—二十九日　偕美国采矿专家拉夫罗夫(Lavrov)沿京汤公路至青龙山北段五贵山考察煤矿,再至龙潭考察煤田。

二月　所著《安南敦化砂铬矿报告节要》载《矿测近讯》第 60 期。

三月六—八日　偕美国专家斯莫尔及四川油矿探勘处长王调甫赴巴县石油沟及隆昌圣灯山考察石油地质。

三月十五—十六日　所著《台湾金瓜石矿山纪要》发表于《矿测近讯》第 61 期。

三月二十日　葛利普教授在北平去世。

三月　编著临时报告第 49 号《台湾之石油及天然气》,并在《矿测近讯》发表摘要,论及台湾石油开采成绩欠佳的原因及未来勘探台湾石油应以平原带为中心。

四月二十二—二十五日　偕美国专家皮尔斯(Pierce)、伊顿(Eaton)二先生赴当涂马鞍山、向山、南山、大凹山一带视察黄铁矿及铁矿,赴栖霞山视察锰矿及二叠纪煤系,并考察凤凰山铁矿。

四月二十七日　中国地质学会、中央研究院地质研究所及中央地质调查所在重庆北碚中央地质调查所礼堂联合举行葛利普追悼大会。率矿产测勘处同仁拜送挽联:皓首穷经,教后辈吐艳扬葩,青史居功堪慰老;白头改籍,过数月归真返璞,北庭想象倍怆神。

四月　在《矿测近讯》发表《再论四川赤盆地中之油气矿床》《伊朗及中东油田》《视察苏皖矿产记》及《地质珍闻》。《再论四川赤盆地中之油气矿床》提出"行列式低背斜层构造"理论,将盆地划分为4个部分,51个背斜,其中低背斜18个;凡两大背斜所夹大向斜中又有低小背斜层隆起,此低背斜轴部所在,常为白垩纪侏罗纪岩层发育最盛之区,是找油气最有希望的地区。

是月 长子谢学锦在重庆将妹妹谢恒送到红岩村的八路军办事处。谢恒从这里进入解放区。谱主对此表示支持。

五月 在《矿测近讯》发表《水氧化铝系平衡状态之热液的研究》(节译)和《研究与建设》。

在《矿测近讯》第63期张祖还《江苏东海磷矿述略》一文之后面加"编者按",对于东海磷矿的成因提出了3种假说,并论及探矿计划和其中的放射性矿质。

六月十八—二十二日 应淮南矿路公司之约,偕同燕树檀、颜轸前往淮南实地勘测。此行于22日在八公山详细考察了一天,了解了大致构造,发现百万分一地质图上所绘地质,不但错误,且多遗漏;并且在山前平原地带发现了前人所未分之石炭二叠纪纺锤虫石灰岩,断续出露,分布整齐,长达三公里,毫无断裂痕迹。依据在舜耕山井下所见,此纺锤虫石灰岩距底部煤层仅数十米判断,在此石灰岩的东北平原之下,除非有断层或褶皱等等的意外构造,极有可能存在煤层,于是建议公司与矿产测勘处合作钻探,全部工作委托矿产测勘处全权办理。

六月 在《矿测近讯》发表《新式岩心钻钻头》。

八月三日 淮南八公山煤田测勘队于月初正式成立,任燕树檀为地质队队长,颜轸为地形队队长,队员有叶大年、韩金桂、申庆荣、谢学铨,今日全队离开南京并于当晚抵达蚌埠九龙岗淮南煤矿局。

八月 在《矿测近讯》第66期发表《我对于砂锡矿的经验》,详细论述了砂锡矿的锡源、沉积、丕变和袭夺。

九月九日 在上海《大公报》发表《日人在中国侵占区内之探矿工作》。

九月十二—二十三日 为勘定钻孔位置,再赴淮南,与燕树檀等详勘钻位,并到寿县、凤台等地考察。

九月十七日 鉴于福建省土壤地质调查所宋达泉、俞震豫1942年调查闽南土壤时发现的福建漳浦土壤中铝土矿结核的灼失量达27%,谱主疑其为三水型铝土矿,派出殷维翰、沙光文前往福建漳浦考察,于是日赴沪,候机前往。

九月三十日 钻探八公山煤田的钻机开钻。

九月 在《矿测近讯》第67期发表《震撼铝业界之克鲁氏炼铝新法》和《矿测随笔(一)》。

十月六日 八公山钻探传来捷报,在距地面19米处的冲积层之下,即遇到厚3.6米之煤一层,可采煤至少有9层,总厚达25米。淮南八公山新煤田宣告发现。

十月七日　淮南矿路公司总经理程韦度、协理徐宽甫特发来贺电,祝贺淮南八公山新煤田发现。

十月十五日　出席在中央研究院会议室举行的中央研究院评议会第 2 届第 3 次年会到京评议员谈话会。

十月二十一—二十四日　出席在南京鸡鸣寺路 1 号中央研究院礼堂举行的中央研究院评议会第 2 届第 3 次年会。在 23 日下午的全体大会上,讨论并修正通过了中央研究院评议会组织法,即在原组织法第 4 条后共加入 6 条,其大意为:中央研究院设置院士,院士分为数理组、生物科学组和人文社会科学组,评议员须由院士选举,再经政府聘任。在讨论评议会与教部学术审议齐事权之划分及其他关系奖金等四案时,推定周仁、凌鸿勋、林可胜、张云、唐钺、谢家荣、吕炯、吴定良等 8 人组成小组审查委员会。

十月二十五日　出席在南京珠江路地质调查所举行的中国地质学会理事会会议。会议共决议 16 条事项,其中包括:理事会改选结果;改选奖金委员会 3 人;谢家荣被出席会议的理事互选为下届理事长,并被推选为《地质论评》编辑主任、被推举主持本届奖章、奖金之授予仪式;改选财务委员会委员等。由于理事长李四光因病不能出席年会,推举尹赞勋、黄汲清、谢家荣、杨钟健、赵金科为主席团,轮流担任年会主席。

十月二十七—二十九日　中国地质学会第 22 届年会在南京珠江路地质调查所礼堂举行,书记尹赞勋代因病的李四光主持。谱主向会议提交《地质论评》编辑主任报告,并作为下届理事长主持奖章奖金授予仪式。

十月二十八日　主持在南京峨眉路 21 号学会会址礼堂举行的中国地质学会第 22 届年会第 2 次论文会。在会上宣布矿产测勘处张宗潢自制的盖革-弥勒计数器(Geiger Müller Counter)已初步成功,用广西采来的铀矿作试验,声响甚大,可略测其中铀含量,并当众宣示测定结果。

十月　在《矿测近讯》第 68 期发表《矿测随笔(二)》、与杨开庆合著《中国陶瓷原料说略及测勘计划》、矿产测勘处 1947 年度的工作计划、《资源委员会矿产测勘处业务一览》和《中国地质学会第 22 届年会献词》。

十一月一日　应中央团部邀请,在广播电台发表题为《地质学的应用》的讲演,讲解了什么是地质学、为什么要研究地质学和地质学在矿业、农业、土木工程、军事、政治经济 5 个方面的应用。

十一月二日　作为新当选的理事长主持在珠江路地质调查所举行的中国地质学会理事会会议。会议决议《会志》发刊葛利普纪念专号,葛利普遗赠本会的图书,函请中央地质调查所北平分所代为接收保管,并指定专人编目等 9 项。

十一月三十日　出席在南京举行的中央研究院评议会第2届第3次年会。

十一月　在《矿测近讯》第69期发表《矿测随笔(三)》。

十二月一日　上午9时,主持矿产测勘处在中央大学科学馆礼堂举行的首次通俗科学演讲会,讲题为"用盖末二氏计数仪鉴定放射性矿物之方法",首先介绍张宗潢自制的盖革-弥勒计数器仪,并对我国及世界放射性矿物的产状作了概略说明,后由张宗潢演讲、表演。

十二月五日　矿产测勘处与中湘煤矿公司合作钻探湘中煤田,所需钻机已于上月由贵州运抵矿区,钻探即将开始,为往矿区视察,于今日飞抵武汉。

十二月十三日　与陈华启及于3日先期到达长沙的曹国权一起前往湖南湘潭。

十二月二十五日　在杨家桥湘江煤矿公司发表题为"如何发现新煤田"的讲演,以刘季辰1923年发现安徽宿县雷家沟煤田、谭锡畴和李春昱1931年9月发现重庆歌乐山的山洞煤田和1946年9月淮南新煤田的发现为例,指出:"只要我们能根据地质学理,作有计划的钻探,这天然宝库的密钥,终必为我人所获得,追踪老窑的时代,现在已经是过去了。"讲演词全文刊于《矿测近讯》1947年1月号总第71期。

十二月　在《矿测近讯》发表《利用α放射线在磨光面上研究铀钍矿物法》(节译)和《矿产测勘处工作方针及预算原则》。

一九四七年　丁亥(民国三十六年)　五十一岁

一月十四日　在天津《大公报》(及1月20日上海《大公报》)发表《评述战时中国沦陷区内的矿业经营》,就参考所及,摘要叙述了日本人对中国煤、钢铁用金属、非铁金属及非金属矿产资源的矿业经营。

一月十九日　结束中湘、湘江煤矿及宁乡各煤田的考察后,搭轮返回南京。

一月二十八日—二月四日　与王植、颜轸赴淮南煤田视察钻探工作,并赴蚌埠、怀远、凤阳、武店考察。

一月　《矿测近讯》第71期刊出《沦陷时期东北各省矿产矿业调查表》,年内分7次连载(5月号和8—11月号各期未载),于次年5月号(第87期)刊完。

二月二十日　主持在南京中央地质调查所举行的中国地质学会理事会会议。会议决议本年年会于11月初在台湾举行,并修改通过《中国地质学会北平分会章程》等7项。

二月　在《地质论评》发表《中国经济地质界的新动向》,祝贺章鸿钊先生七十正寿。

是月　在《矿测近讯》发表《结晶片岩系中含磷层的发现》,论述了此一发现的重大意义。

三月十五日　中央研究院评议会召开京沪评议员谈话会,商讨是否举行院士会议。出席会议的有:朱家骅、翁文灏、萨本栋、吴有训、凌鸿勋、谢家荣、罗宗洛、李济、王家楫、赵九章、吴学周、吕炯、胡适、傅斯年、茅以升等 15 人。经过认真讨论,决议举行会议,并成立了由胡适、翁文灏、萨本栋、傅斯年、茅以升、吴有训、李济等 7 位评议员组成的小组,草拟《院士选举规程》和《院士会议规程》。

三月下旬　发现安徽凤台磷矿。

三月　在《矿测近讯》发表《矿测随笔(五)》。

四月　在《矿测近讯》发表《本处继续发现含磷层》和《安南老街磷矿》(节译自 Jacques Fromaget 1934 年及 Robert Gavard 1932 年的法文报告)。

五月二日　中央研究院评议会发出给全体评议员的"36 秘字第 738 号"函,称"为推选本院第一次院士选举筹备委员会委员,经于四月五日以(36)评字第十六号函分别请全体评议员通信投票在卷。截至四月三十日止,计收到函票共二十六件,得票最少者亦有二十三票,已超过全体评议员四十一人之过半数;每组五人之当选者,已可决定"。数理组当选筹备委员会委员的五人为:吴有训(25 票)、茅以升(25 票)、吴学周(23 票)、谢家荣(23 票)、凌鸿勋(23 票)。

五月九日　中央研究院第 1 次院士选举筹备委员会举行第 1 次会议,但因出差上海,未能出席。此次会议上推举决定了负责拟提各科目院士候选人名单的评议员。负责推举地质和自然地理科目院士候选人的评议员为翁文灏、谢家荣。

五月十三—二十三日　偕同燕树檀、颜轸前往徐州贾汪一带测勘地质。

五月二十六日　在上海《大公报》发表《淮南新煤田的发现》,文章在谈发现淮南新煤田的计划时说"这个计划是依据古地理学、地层学、构造地质学上的许多理论演绎推测而来的;换句话说,是纯粹凭着地质学理再加实施钻探所得到的结果"。

五月三十一日　出席在南京珠江路中央地质调查所举行的中国地质学会特别会,在会上做题为"大淮南盆地之矿产资源"的报告,论及八公山新煤田的发现经过、大淮南盆地的矿产(煤、磷、菱铁矿、一水硬铝石及其他非金属矿产)及地质勘查与钻探计划(报告后来作为矿产测勘处临时报告第 54 号在《地质论评》发表时,题目改为《淮南新煤田及大淮南盆地地质矿产》)。

五月　在《矿测近讯》第 75 期发表《本处发现三水型铝土矿》。

六月六日　主持中国地质学会理事会在南京珠江路地质调查所图书馆举行的会议。会议议决用通信方法由全体理事票选两人,参加明年的第 18 届国际地质大会、推选章鸿钊等为中央研究院第 1 届院士候选人等 9 项。

六月十日　中央研究院评议会第 1 次院士选举筹备委员会第 2 次会议在南京

鸡鸣寺路 1 号中央研究院总办事处举行。会议拟定了合于院士资格的候选人名单,其中地质组的 14 人名单为:翁文灏、朱家骅、章鸿钊、李四光、杨钟健、斯行健、谢家荣、黄汲清、孙云铸、尹赞勋、孟宪民、王竹泉、孙健初、南延宗。

六月 在《矿测近讯》第 76 期发表《江苏贾汪煤田及华东煤矿公司近况》和《矿测随笔(六)》。

七月七—十三日 偕同美国顾问楚昂夫妇赴淮南视察。此次考察解决了新矿之 A 组与南八槽的对比问题。结合与邻区煤层对比,断定淮南南八槽煤能够炼焦,经试验结果证实。期间曾于 7 月 11 日晚应淮矿工程座谈会之约,到会做学术报告。此次考察还发现,蚌埠、凤阳一带火成岩极为发育,有详细研究的必要,决定增派赵宗溥于 7 月 18 日前往工作。

七月十九日 出席矿产测勘处迁回南京后举行的第 2 次学术研讨会,由曹国权讲湖南湘中之史家坳、杨家桥煤田。听完曹国权的报告后发表评论,根据其在两矿的观察,详细阐述了基底砾岩的厚度、与其他砾岩的关系、地层划分、储量估计等问题。

七月二十四日 主持中国地质学会理事会在南京鸡鸣寺中央研究院地质研究所图书馆举行的会议。会议议决李四光、尹赞勋参加第 18 届国际地质大会代表等 7 项。

七月二十六日 出席并主持在中央研究院总办事处礼堂举行的中国地质学会南京总会七月演讲会,由程裕淇讲"江宁县方山地质"。

七月 在《矿测近讯》第 77 期发表《安徽凤台磷矿的发现》,特别指出凤台磷矿的发现具有非常重要的意义,据此预测昆阳式磷矿可东延达数千公里:凡是下寒武纪的濒海区域,尤其是两边为古陆夹峙的港湾区域,都有可能发现昆阳式磷矿。

是月 在《矿测近讯》第 77 期发表《淮南煤之炼焦性》,通过与贾汪之小湖及中兴之大槽对比,论述了淮南煤田南八槽的炼焦性。

八月二十七日 出席在南京中央研究院总办事处举行的中央研究院第 1 次院士选举筹备委员会第 3 次会议全体会议。会议听取了萨本栋和翁文灏有关筹备工作的报告,讨论了学科分类等问题。

八月二十八日 出席中央研究院第 1 次院士选举筹备委员会第 4 次会议全体会议。会议讨论:交换各组分科人数意见及如何决定初步名单等。

当选为联合国教科文组织中国委员会委员。

八月三十日 出席在上海的中央研究院大礼堂举行的中国科学社、自然科学社、中国天文学会、中国地理学会、中国动物学会、中国气象学会、中国解剖学会等 7 个学术团体的年会。

　　秋　长子谢学锦从重庆大学毕业。谢学锦毕业后并没有立即参加工作,而是在重庆游玩了几个月,直到 1948 年才回到谱主身边。

　　九月一日　出席 7 学术团体年会地理组在上海医学院 2 楼举行论文宣读会,宣读论文《大淮南盆地的矿产资源》。

　　九月六日　是日为农历 7 月 22 日,50 周岁生日。矿产测勘处同仁及南京地质界为其举办了祝寿活动。

　　九月十一日　中国地质学会理事会在南京中央地质调查所图书馆举行会议。谱主作为理事长主持会议。会议议决 7 项,决定第 23 届年会于 11 月 16 日在台北市举行,会期 3 日,会后分 3 组地质旅行。

　　九月二十二日—十月九日　赴福建考察漳浦县东吴山三水型铝土矿。此行结果甚为圆满,证实了谢家荣此前依据宋达泉等人的报道断定这里的铝土矿是三水型铝土矿。计勘定东吴山三水型铝土矿二三十万吨,成分甚佳,平均含二氧化硅不超过 6%。

　　十月十五—十七日　出席在南京中央研究院礼堂举行的中央研究院评议会第 2 届第 4 次年会。会议分组讨论通过了各组的院士候选人名单。

　　十月　编著《矿产测勘处临时报告》第 68 号《福建章浦县铝土矿复勘报告及探采计划》。

　　十一月十五日　中央研究院发布公告,宣布经第 2 届评议会第 4 次大会依法选定第 1 次院士候选人。数理组中的地学部门候选人为:尹赞勋、王竹泉、朱家骅、李四光、李善邦、孟宪民、俞建章、孙云铸、翁文灏、黄汲清、杨钟健、谢家荣。

　　十一月十八日　中国地质学会第 23 届年会在台湾大学法学院礼堂举行开幕式。以理事长身份主持开幕式并发表祝词。向会议提交了地质论评编辑主任报告,主持了各项奖金授予式。下午,在由尹赞勋主持的第一次论文会上,发表题为《古地理为探矿工作之指南》(Palaeogeography as A Guide to Mineral Exploration)的理事长演说,用英文演讲,历时 40 分钟。并宣读了与赵家骧合著的"中国之磷矿"。晚上出席台北市市长游弥坚在中山堂举行的晚宴,在游弥坚市长致欢迎词后,代表会员致谢。

　　十一月十九日　全天主持在台湾大学图书馆 2 楼举行第 2 次论文会(上午)和第三次论文会(下午)。

　　十一月二十日　全天主持年会在台湾大学图书馆举行的第 4 次和第 5 次论文会,并在第 4 次论文会上宣读与殷维翰合著之《福建漳浦三水型铝土矿之发现》。论文会后致闭幕词。

　　十一月二十二日　由台湾大学陆志鸿校长及张定钊教授陪同,偕同赵宗溥前往调查桃园以北竹围一带的独居石矿,并采矿样 10 多公斤。

十一月二十三—二十六日 年会举行会后的分组参观旅行。与殷维翰、赵家骧等先往日月潭游览,继赴高雄参观炼铝厂、磷肥厂及炼油厂。

十一月二十七日 自高雄乘火车返台北,晚间在台北市中山堂举行年会聚餐,并答谢台湾各界及新闻记者;席间以理事长身份致辞,深致感谢之意。餐后,魏道明在中山堂招待全体会员听台湾交响乐团的交响音乐会。

十一月二十八日 全体代表自台北到基隆,赴台湾煤矿公司基隆煤矿在基隆凌峰阁举行的公宴。席间,在林斯澄矿长致辞后,以理事长身份作答。餐毕即登中兴轮离开台湾。

十一月 著文《中国铀钍矿的找矿远景区》(Some Promising Regions for Searching Uranium and Thorium Deposits in China),指出了在中国寻找铀钍矿产的 7 个远景区。它们是:Ⅰ. 前寒武纪地块中的伟晶岩脉,Ⅱ. 成矿作用复杂的南岭地区,Ⅲ. 湘西黔东地区,Ⅳ. 滇中康南地区,Ⅴ. 玄武岩铜矿区,Ⅵ. 沉积建造中的产地,特别是四川、西康、云南和新疆中生代盆地沉积中的铀矿产地,Ⅶ. 海滩砂和海岸沉积。

十二月六日 出席在南京珠江路经济部中央地质调查所召开的中国古生物学会理监事联席会议,被推选为常务监事。

十二月二十五日 出席在南京中央研究院地质研究所召开的中国古生物学会复活大会并代表中国地质学会致贺。

十二月二十七日 在矿产测勘处召开四川石油地质座谈会——中国历史上第 1 次石油地质座谈会,并在座谈会上就四川石油地质发表了 7 点意见。

十二月 著文《中国之独居石矿》。1945 年 11 月所著之《四川赤盆地及其所含油气卤盐矿床》的英文版 "A Review of the Stratigraphy, Structure and Geological History of the Szechuan Red Basin and the Occurrence of Natural Gas, Oil, Brines and Rock Salt Contained Theirin with Special Discussins of Their Origin and Future Prospects"在《中国地质学会志》发表。

一九四八年 戊子(民国三十七年) 五十二岁

一月二日 回复翁文灏 1947 年 12 月 25 日来信,认为广西田阳的油气尚有继续研究并加以钻探之价值。

一月三十一日 淮南矿路公司发来谢函,感谢矿产测勘处发现淮南煤田。

一月 在《矿测近讯》发表《本处三十六年度工作检讨》。

是月 在《矿测近讯》发表《矿产及经济地质发现年谱(民国三十六年度)》

二月上旬 春节后,决定组织四个队进行本年春季调查工作,即广西右江流域队,调查含油气远景;广西八步队,研究铀钍矿产;四川队,调查石油;浙赣铁路沿线队,测勘浙赣铁路沿线的煤田。

二月十九日　出席在中央研究院会议室举行的"在京评议员拟定院士会议规程草案谈话会"。翁文灏和萨本栋对院士会议规程草案做了说明。修正通过了院士会议规程草案。

二月二十六日　随广西八步队一行 6 人,自南京飞抵汉口,后因飞机故障及桂林天气原因,改乘火车赴桂林。

三月二日　赴广西大学作题为"中国可能油田的分布及其特征"的学术报告,历时 40 分钟。

三月五—三十日　考察尖峰岭地质,至水岩坝考察独居石,再赴烂头岭考察白钨矿,在平头山矿区及西至白沙,东达半路圩,包括花山在内的各处砂锡矿和脉矿及黄羌坪的铀矿、贺县(今贺州市)半路圩的铁矿、桂平和武宣的锰矿等.考察黄羌坪铀矿时,认为露头颇佳,还有钻探的价值。

四月一日　在中央研究院第 2 届评议会第 5 次大会上,当选为该院院士。

四月五日　抵田东,与在那里的郭文魁汇合,进行田东地区的石油地质调查。

四月二十八日　偕由南京飞汉口的美国钻探顾问 F. F. 戴维斯抵锡矿山,商谈和解决锡矿山的钻探问题。

五月十日　偕同 F. F. 戴维斯由锡矿山赴湘中煤矿视察两天。

五月十九日　应武汉大学工学院曹诚克院长之邀,前往土地堂煤田调查煤田,并应矿冶系周则岳主任之邀在工学院做学术报告"如何探寻钍铀等放射性矿产"。

五月　完成《矿产测勘处临时报告》第 73 号《广西钟山县黄羌坪铀矿苗简报》、第 74 号《广西富贺钟区独居石矿简报》。大约与此同时,写成了《关于开发广西独居石意见》。

六月　所著《矿产测勘处临时报告》第 84 号《福建章浦铝土矿》出版,载《资源委员会季刊》第 8 卷第 2 期《矿产测勘专号》(与沙光文、王承琪合著)。

在《矿测近讯》发表《转变中的八步锡矿业》,记述 3 月考察八步锡矿之行,略述了八步锡矿的类型和八步锡矿抗战前后的变化。

在《矿测近讯》发表《资源委员会矿产测勘处处理新发现矿区办法》《资源委员会矿产测勘处业务一览》及《美国原子能委员会奖励国产铀矿办法》和《美国需锑孔亟》两则短讯。

是月　所著《中国磷矿略记》(Note on the Phosphate Deposits in China,与赵家骧合著)发表于《中国地质学会志》第 28 卷第 1—2 期。

七月　在《矿测近讯》发表《铀矿浅说》。

八月二十二—二十九日　偕王植与中国石油公司的汤任先赴无锡、江阴实地考察油气苗。

八月　在《矿测近讯》发表《闽南的一角》和《喷火钻(Jet Pier cing)在美国试验成功》。在《地质论评》发表对章鸿钊《中国分省历代矿产图录》之述评。

九月二十二日　出席在中央研究院大礼堂举行的"中央研究院第二届评议会临时会议"。会议研讨《评议会选举规程》第4—6条关于聘任评议员选举程序及具体要求的条例,商定院士会议和中央研究院成立20周年纪念仪式的程序,通过傅斯年的临时提议"本届评议员均应为下届评议员之候选人案"等。

九月二十三日　出席上午在南京鸡鸣寺中央研究院礼堂开幕的中央研究院20周年纪念会和第1届院士会议开幕典礼,并在开幕式后合影。下午出席预备会。

九月二十五日　院士会议授权朱家骅、翁文灏、萨本栋等中央研究院一级领导会同胡先骕、竺可桢、杨钟健等负责推定出席第7届太平洋科学会议的代表。当晚萨本栋召集会议,推定伍献文、谢家荣、郑万钧及沈宗瀚等人作为代表前往出席将于1949年2月2日在新西兰举行的太平洋科学会议。

九月　发现栖霞山铅矿。

《矿测近讯》第91期刊发了余伯良8月26日寄自加拿大的《加拿大探测铀矿近况》。

十月九日　出席中国科学社、中华自然科学社、中国天文学会、数学会、物理学会、地理学会、地球物理学会等10个科学团体在南京中央大学礼堂召开的联合年会。

十月十日　在中国地理学会举行的学术年会上,宣读题为《江南探油论》的论文。文章批判了中国无油的观点,是中国地质学家第一次明确批判"油在西北之说"的观点,认为中国必有油,而且不一定限于西北,并且首次明确指出黑龙江有油。

十月十五日　应中国10个科学团体联合会的邀请,作为中国科学社第26次年会的安排之一,当晚在电台做了题为"矿产与建设"的演讲。

十一月七日　在王植、赵宗溥陪同下,偕郭文魁、刘国昌一起,前往下蜀考察,并亲自采得辉钼矿样一包(分析结果含3.939% MoS_2),认为下蜀钼矿与杨家杖子同属一式,极有进一步勘探的价值。

十一月　在《矿测近讯》第93期发表《南京附近的矿产》和《矿测随笔(七)》。

十二月　在《矿测近讯》发表编译文章《与美国经济合作诸国的矿业情况》。

年底　拒绝胡适动员去台湾并提供机票的计划。

一九四九年　己丑　五十三岁

　　一月二十二日　在矿产测勘处的第3次讲学会上讲"三十七年度本处工作概述"(载《矿测近讯》第95期)。

　　一月　在长子谢学锦的帮助下,毅然放弃了去新西兰参加太平洋国际学术会议的机会,留在南京保护矿产测勘处,迎接解放。

　　二月二日　《矿测近讯》第96期报道,自即日起,矿产测勘处员工轮流警卫。

　　二月五日　在本月矿产测勘处第1次讲学会上讲:中国矿产分布概况及编制矿产分布图。

　　二月二十三日　在中国地质学会于南京中央地质调查所召开的本年度第1次学术讨论会上报告"南京附近之地质矿产"。

　　二月　组织矿产测勘处人员编制全国矿产分布图表。

　　三月十九日　在本月第2次讲学会上报告"中国锡矿、锑矿探勘计划"。

　　三月　矿产测勘处的中国矿产图表编制工作积极进行。编制的锡、锑、铅、锌、银等矿的分布图表业经完成,略加增改,即可付梓。

　　《矿测近讯》自本月(第97期)起,增加了《编者的话》一栏,基本上每期都有。这个栏目基本上是谱主发表意见的专栏,主要论述地质工作,有时也论及其他。本期《编者的话》含3个短篇,第3个短篇《我们照常工作》说:"时代的巨轮,毫不犹豫地向前飞驰,我们不能等待,只能依着既定方针,照常工作,追随前进!"

　　第97期《矿测近讯》继续刊出谱主的编译文章《与美国经济合作诸国的矿业情况(续)》,以及赵宗溥的《苏联原子能矿产资源》,并在《世界矿业译丛》栏目刊出谱主用"白丁"的笔名发表的《地球化学探矿》。

　　在《经济地质》(*Economic Geology*)发表 Paikungshan Coal Field—A New Discovery in the Huainan Basin, Northern Anhui, Central China,讲述淮南八公山新煤田的发现。

　　四月二十三日　中夜,南京解放。

　　四月　中国矿产分布图表大部编制竣事,1950年度各矿探勘计划亦已分别拟就。

　　五月十三日　军管会驻资源委员会代表宋望平率接收组到矿产测勘处清点接收。

　　五月十七日　为协助上海市军管会接收资源委员会在上海的各单位,随军离开南京,经镇江抵达丹阳。晚上与饶漱石政委、曾山部长共进晚餐。

　　五月十八—二十四日　在丹阳等待上海解放期间,参观了丹阳纱厂、练湖农场,与万里等人商谈了南京电厂问题,应陈毅司令员邀请前往中国饭店参加民主人士座谈会,与有关领导商讨了全国矿产的测探计划和南京附近的探矿工作。其间还曾向曾山主任、孙冶方部长提出开办地质训练班以解决此后地质人才不足的建议,得到了领导的支持,孙冶方极力鼓励,迅速开办。

五月二十七日 上海解放。随军抵达上海,先至戈登路(今江宁路),继至资源大楼晤资源委员会的吴兆洪,介绍孙冶方等见面,下午开会,报告一路情形。

五月二十九日 赴上海资源委员会大楼,听取陈毅、曾山、孙冶方训话,陈毅演讲2小时。陈毅在看望资源委员会留沪人员时表示:"翁文灏是书生,不懂政治,即使他在国内,我们也不会为难他。"并让资委会人员即嘱翁心源速请翁文灏回国。

五月三十日 下午偕钱昌照往中央研究院访竺可桢,向竺可桢表示,对国民党人员将尽力宽大,胡适、翁文灏等人均无需逃避,并向竺可桢谈及长子谢学锦本在永利铵厂就职事,称因战事离职,现在想回去工作却不能,希望竺可桢从中帮忙让谢学锦回到永利。

五月三十一日 出席在资源委员会大楼举行的座谈会,讨论江淮海区经济建设计划。

五月 任原资源委员会保管委员会副主任委员、矿产测勘保管处处长。被推选为由中国科学工作者协会、中华自然科学社、中国科学社及东北自然科学研究会4团体发起的第1次全国科学会议的南京区筹备委员。

在《矿测近讯》第99期的《编者的话》中发表了3篇短文,在第3篇《中国几种重要矿产的研究》中主张对中国的几种重要矿产应设立像沁园燃料研究室那样的专门研究所。

六月二一四日 与李文采、孙冶方等商谈全国矿产测勘计划和矿业法。

六月十四一十九日 随宁镇山脉矿产调查队(郭文魁、花友仁)赴栖霞山等地考察地质。

六月二十四日 在中央研究院举行华东经济建设讨论会,出席会议的有:谢家荣、李庆逵、马溶之、宋达泉、巫宝三、朱莲青、金宝善、吴赓荣、陈中熙、孙玉声、黄育贤、张光斗、蔡钟瑞、黄秉维、万典武、郑丕留、杨鸣春、王栋、汪馥荪、佟哲晖、陶孟和。会议主席谢家荣首先报告华东经济建设计划概要,然后黄秉维报告苏北盐垦调查计划编制经过。会议讨论事项二:一是苏北盐垦调查计划修正案,决议由张光斗、黄秉维负责修正,二是如何集中南京市各有关机关及人才从事华东经济建设的研究与规划,决议由已参加苏北盐垦及南京生产建设的各机关共13个单位发起组织联合机构,并推棉产改进处等5个机关负责起草,并指定矿产测勘处为召集人。

六月 依据在上海期间和华东区有关领导的讨论,编制完成《中国探矿计划》。

《矿测近讯》第 100 期《编者的话》中发表的《我们提出的一个探矿计划》简介了这个计划。

《矿测近讯》第 100 期刊登关于山东的探矿计划。

《矿测近讯》第 100 期还发表了《今后中国地质工作的动向》，盛赞 30 多年来中国地质研究所取得的成绩，其中说："今后的地质工作，应当在配合人民的要求和政府的国策下，集中力量，实事求是地，朝着生产建设的大路迈进。"

七月七一十一日　自南京赴北平参加全国自然科学工作者代表大会筹备委员会会议。

七月十三日　出席上午 9 时开幕的全国自然科学工作者代表大会筹备委员会会议，吴玉章、徐特立、叶剑英等讲话，下午周恩来到会讲话，约三四个小时。

七月十八日　出席预备去东北参观人员会议，被推选为参观团副团长。晚至东厂胡同 1 号历史研究所北平档案整理处出席院士会，到会者有竺可桢、陶孟和、梁思成、叶企孙、杨钟健、冯友兰、曾昭抡等。在会上发言。

七月十九日　中午赴叶剑英德国饭店之宴。下午赴欧美同学会出席第 1 次科学工作者联合会筹委会常务委员会会议。晚赴中南海周恩来、吴玉章、李维汉之约。

七月二十一日　赴欧美同学会，出席全国自然科学工作者代表大会筹备委员会所组织的东北参观团会议。

七月二十二日　作为全国自然科学工作者代表大会筹备委员会所组织的东北参观团的副团长，率参观团自北平动身。同行者 49 人，参加参观者 46 人。

七月二十三日　抵沈阳南站，东北人民政府主要领导及时任沈阳市市长朱其文、副市长焦若愚等亲到车站迎接，并同赴文化宾馆（大和宾馆）。下午由机车厂厂长陪同参观机车厂。

七月二十四一三十一日　先后游览北陵和沈阳故宫，参观沈阳、鞍山、本溪、抚顺等地工厂、矿山。

八月一日　整理笔记，在参观团全团会议上做观感报告，内容为地质。

八月二一五日　参观大学，继赴哈尔滨和长春。先后参观哈尔滨，游览松花江，到访烈士纪念馆、哈尔滨工业大学、哈尔滨博物馆、长春医大建筑、东北影片公司、工业研究所、地质调查所。

八月七日　出席中共中央东北局、东北人民政府、市政领导欢迎宴会及座谈会。

八月十三一十七日　游览大连市区，参观大连大学科学研究所及卫生研究所、大连工展、资源馆、玻璃厂、金属机械厂，在旅顺参观历史博物馆，眺望旅顺军港。

八月十八日　赴工人之家出席讲座,在竺可桢讲完"飓风"之后,讲"矿产是新中国建设之基础"。

八月二十一—二十七日　自大连返回沈阳。先后参观农具厂、沈阳市监狱、沈阳化工厂的硬化油厂和鲁迅艺术学院。22 日晚上出席参观团与香港民主人士的联欢会,香港方面陈汝棠、李任仁、章行覆讲话,参观团方面施素禎、俞大绂、吴襄及竺可桢讲话。

八月二十九日　结束东北的参观考察返回北平。

八月三十日　赴中山公园看苏联画片展,晤李文澜。严华光电告,统战部嘱暂留北平,将被派为政协代表出席第一届政协会议。

八月三十一日　出席自然科学工作者代表筹备会常务委员会约东北参观团团员在中国工程师学会举行的座谈会。在座谈会上报告地质、采矿,讲述煤、铁、耐火材料、油页岩、金与钢为东北 6 种特富之矿。

八月　在《矿测近讯》发表《参观东北的观感》,盛赞东北在各方面取得的成就。

九月三日　赴欧美同学会,出席自然科学工作者代表大会筹备委员会常委会会议。

九月七日　作为政协特邀代表赴北京饭店开会,周恩来到会讲话,报告政协代表 587 人,特别邀请已定 68 人,目前共计 655 人,已到 440 余人。

九月九日　赴交道口圆恩寺,出席讨论共同纲领的会议。

九月十一日　赴南河沿欧美同学会,出席自然科学工作者筹备会常务委员中出席新政协会者之会议,讨论计划委员会所提之 3 个提案,并提出第 2 条调查资源放在《共同纲领》第 32 条。

九月十三日　赴欧美同学会出席自然科学理工组讨论会,讨论计划经济。

九月二十一日　作为"特邀人士"出席于晚上 7 时开幕的中国人民政治协商会议第一届全体会议开幕式。毛泽东致开幕词,刘少奇等 12 位代表讲话。

九月二十二日　出席政协会议,周恩来代表主席团做关于主席团常务委员会名单和设立 6 个分组委员会的报告,并代表第 3 小组做了《关于中国人民政治协商会议共同纲领草案的起草经过和特点》的报告。

九月二十三日　上午赴六国饭店出席政协会议的小组讨论会,下午出席政协会议全体大会。

九月二十四日　出席政协第三次全体会议。

九月二十五日　出席政协第五次全体会议。

九月二十七日　接受《进步日报》记者萧离采访。出席政协第六次全体会议。

九月二十九日　出席政协第七次全体会议。

九月三十日　出席政协第八次全体会议。

《进步日报》第 4 版在《人民政协代表访问记》专栏中刊出记者萧离的文章《新中国是地大物博的——访问淮南煤矿发现人谢家荣代表》。

九月　在《矿测近讯》第 103 期"编者的话"栏中发表《关于资源调查的意见》。

十月一日　中华人民共和国成立。出席开国大典,观看阅兵式。

十月二一三日　分别赴怀仁堂和清华大学出席保卫世界和平大会。

十月五日　赴怀仁堂出席中苏友好协会成立大会。

十月十一日　赴欧美同学会,出席自然科学工作者筹委会常务委员会会议。

十月十八日　赴华东区财政经济委员会工业部,出席工业部成立大会。任华东工业部矿产测勘处处长。

十月二十三日　华东区财政经济委员会工业部孙冶方副部长来函告知:杨树诚愿意交出所存钻机并参加工作,并询问矿产测勘处人员何时赴山东工作。

十月二十四日　关于筹备地质探矿专修学校的讨论会在南京的中研院总办事处召开,有俞建章等 15 人出席,将预拟的一份章程草案交会议讨论。与李春昱、俞建章、徐克勤、李善邦被推为筹备委员。

十月三十日　主持召开地质探矿专修学校筹备委员会第 1 次筹备会议,商定校务委员会名额增为 7 人,先设预算、招生和课程 3 组。

十一月四一七日　从济南抵博山。与孙冶方副部长谈胶东情形。晤山东工矿部长李人俊。参观山东窑业厂,晤博山窑业学校校长卢开津。

十一月八日—十二月四日　自博山经临朐、潍坊、昌邑、掖县、招远、掖县、南墅,自南墅经招远、玲珑、朱桥抵西繇,继往三山岛,再往掖县,经潍坊赴金岭镇,先后考察山东境内丁家沟自然铜、白石岭铅锌矿、玲珑金矿、南墅石墨矿、葛家石棉矿、郝家沟方铅矿、泉水眼云母矿、蛭石矿、粉子山菱镁矿、金岭镇磁铁矿等,于 12 月 9 日回到南京,历时月余。

十二月十一一二十六日　出席华东区工业部在上海召开的华东工业会议。

十二月二十日　在南京中央地质调查所举行的中国地质学会新理事会议上被推举为《中国地质学会志》的编辑。

十二月二十八日　主持召开地质探矿专修学校第 1 次校务会议,规定学生和教师的待遇,分配课程,讨论分科问题,并被授权办理招生事宜,遂即成立招生委员会。

十二月　在《矿测近讯》发表《山东矿产前途无量》,总结山东工作。

一九五〇年　庚寅　五十四岁

一月二一十一日　与赵家骧、程定棠等赴淮南煤田考察。

一月二十日　参加中央财政经济委员会召开的座谈会。在会上得知:东北要18个地质队;关于地质机构的设想,政务院通过取二元化的方针:政务院开会议论地质时,知苏联有地质部和研究机构,周总理作结论,取二元化的方针,至于如何合并,如何划分,等李四光来再定,暂不变更组织机构。

一月二十一—三十一日　出席分配地质工作会议的各种会议、座谈会。

二月三日　出席地质工作会议总结会。

二月二十一—二十三日　领导和组织矿产测勘处有关人员约20人评阅地质探矿专修学校入学考试试卷。

二月二十六日　偕赵家骧、曹国权、汤克成、殷维翰、张绛言等赴南京近郊青龙山、黄龙山一带调查磷矿层,以露头多被掩盖,仅采得若干磷矿结核的转石。

二月　在《矿测近讯》第107—108期发表《一切都变了》(署名"庸")和《为什么我们要办地质探矿专修学校》(署名"丁"),并发表署名文章《解放后的矿产测勘处》。

三月十七日　地质探矿专修学校举行开学典礼,主持典礼并致开学典礼报告词。

四月二十日　地质调查所、矿产测勘处、南京大学地质系、中国科学院地质研究所等单位于下午3时30分假中国科学院礼堂举行茶会,欢迎李四光回国,被南京地质界公推在会上致欢迎词。章鸿钊等百余人到会。

四月三十日　与殷维翰、张传淦等率领地质探矿专修学校学生赴南京北面煤炭山、燕子矶一带进行首次地质实习。在金陵煤矿公司矿区内新开土窰废石堆中发现沥青细脉及石油痕迹。

五月六日　与高平同赴当晚郭沫若为李四光举行的招待宴会,与李济深、陆定一、胡乔木、马叙伦、华罗庚等出席作陪。

五月十三日　出席欢迎李四光的会议。政务院财政经济委员会发出财经总字第412号文通知,矿产测勘处改由政务院财政经济委员会领导,易名"政务院财政经济委员会矿产测勘处",处长、副处长职仍由谢家荣、王植分别担任,经费自本月起由中央拨发。

五月十六日　李四光发函征询地质工作意见。

五月二十五日　为彻底勘定山东金岭镇铁矿的经济价值和寻找其中的铜矿体,派出杨庆如、韩金桂、王达顺等组成的山东金岭镇铜铁矿钻探队离开南京奔赴矿区。

五月　在《矿测近讯》第111期发表《中国地质界大团结》,对国家的地质工作充满了希望。

六月　在《矿测近讯》第 112 期发表《本处在南京附近发现磷矿的意义》。

七月二十三日　地质探矿专修学校第 1 学期于 7 月 20 日结束,休假 10 日。乘此之便,偕同曹国权及地质探矿专修学校学生朱国华前往杭州,调查志留纪及孤峰层的含磷层。

七月　在《矿测近讯》第 113 期发表《地球化学探矿的新发展》和《金岭镇探矿已有重大收获》以及署名文章《栖霞山铅矿的展望》。

八月十七日　上午出席全国自然科学代表大会常委会,下午出席全国自然科学代表大会预备会。

八月十八日　出席全国自然科学代表大会开幕式。

八月十九—二十日　听取中国科学院、农业部、卫生部及重工业部门的报告。20 日下午,随出席科代会的全体代表到中南海怀仁堂谒见毛泽东主席。

八月二十三日　《文汇报》之《全国自然科代大会代表志》介绍谢家荣。

八月二十四日　出席全国自然科学代表大会闭幕式,周恩来在闭幕式发表《团结与建设》演说。

八月二十五日　赴北京大学地质系开会,晚出席中央人民政府政务院在北京饭店举行的招待出席全国自然科学代表大会代表的盛大宴会。

八月底　在地质探矿专修学校第 2 届学生会执委就职典礼上做题为《关于出席科代会、矿产测勘处最近工作和今后地质工作重点问题的报告》的报告。

八月　《矿测近讯》第 114 期刊出《1940—1950 年本处工作成果表》,按年份列出了矿产测勘处派出队数及地点,主要工作和重要发现。

九月六日　向中央及华东各有关部门发出勘发(50)第 962 号代电,通报栖霞山打出原生硫化矿。各有关部门纷纷来电祝贺。

九月十三日　中央人民政府政务院第 47 次政务会议通过任命的中国地质工作计划指导委员会主任委员、副主任委员、委员名单公布。李四光、尹赞勋、谢家荣分任正副主任委员。

九月　《矿测近讯》第 115 期发表《大家注意铁帽》(署名"荣");在同期还发表短文《研究工程地质和地球化学的重要》(署名"荣")。

十月十八日　出席中共南京市委宣传部及市府文教局为欢迎参加东北地质矿产调查的同志胜利归来而联合举行的欢迎会。

十月三十一日　出席地质工作计划指导委员会扩大会议预备会,李四光做报告。

十月　在《矿测近讯》第 116 期发表《欢迎野外工作同志胜利归来》(署名"荣")和《克夫丹诺夫先生的话》(署名"鸣")。

十一月一日 出席地质工作计划指导委员会和全国各地质机构与大学地质系的特约代表和民选代表扩大会议的开幕式,59 人出席。经主席李四光介绍后,章鸿钊致开幕词。

十一月二一六日 出席地质工作计划指导委员会扩大会议:各地质机关、各大学地质系统作报告。

十一月七日 出席地质工作计划指导委员会扩大会议大会,各小组作总结报告。李四光致闭幕词。

出席在北京地质调查所举行的中国地质学会理事会会议,决议修正并通过常务理事会所提学会会章修正草案、新会员四人等 7 项。

十一月八一十日 出席地质工作计划指导委员会会议,讨论并通过组织机构问题。

十一月十八日 赴天津北洋工学院,晚上在北洋工学院发表演讲。

十一月二十一二十三日 参加南京市二届一次人民代表会议并在 23 日的大会上发言,指出南京附近的矿产资源非常丰富,变南京为生产城市和工业城市不成问题。

十一月三十日 在地质探矿专修学校发表题为"十月革命后苏联地质家在探矿方面的成就"的演讲。

十二月一日 中国地质工作计划指导委员会通知矿产测勘处,转发政务院财经委员会和政务院文化教育委员会 11 月 27 日"关于地质工作及其领导关系的决定"的财经总字第 1059 号文件,决定:现由中央财经计划局领导之北京地质调查所、南京矿产测勘处,华东教育部领导之南京地质调查所及中国科学院领导之南京地质研究所,在本年 11 月内,一律移交地质工作计划指导委员会接收领导。

中国地质工作计划指导委员会发出关于接管矿产测勘处的地 50 字第 60 号文件。

十二月二日 请西南地质调查所所长黄汲清在地质探矿专修学校作题为"中国南部金属矿床分布与地质构造的关系"的学术报告。

与王植联名发出呈华东工业部及中央财经会报告 1950 年度工作总结的代电。

十二月初 在《矿测近讯》第 117 期发表《学习苏联地质家的探矿精神》和《扬子江中下游的金属矿带》。

十二月二十三日 留在南京的中国地质学会理事在南京地质调查所所长室举行理事会会议,助理书记陈梦熊报告接北京来电本届理事改选结果,孙云铸、程裕淇、尹赞勋、谢家荣、杨钟健 5 位理事连选连任。

十二月二十四一二十六日 出席在南京举行的中国地质学会第 26 届年会南

京区年会及中国古生物学会第 3 届年会举行的联合年会。

十二月二十五日　主持在南京大学科学馆致知堂举行的联合年会第 4 次论文会。在宣读论文前,根据北京来函,报告北京方面年会情形及理事改选结果。

十二月　从 1951 年 1 月起,矿产测勘处并入新成立的中国地质工作计划指导委员会,《矿测近讯》的任务已经完成。至 1950 年底,《矿测近讯》在 10 年中总共发行了 118 期。在最后一期《矿测近讯》发表两篇短文:《勘测西北矿产私议》和《本刊宣告结束》。

中国科学社编,竺可桢、谢家荣、陈康白等著《我们的东北》出版。

一九五一年　辛卯　五十五岁

一月四日　出席并主持在地质探矿专修学校举行的中国地质工作计划指导委员会接管矿产测勘处的接管会议,并在会上做报告。

一月十七日　出席在南京珠江路地质调查所图书馆举行的中国地质学会 1951 年度第 1 次理事会,议决总会会址设在北京等 21 事项。会议决议非会员不得担任编辑,地质论评与会志的编辑不重复,照顾各地区各部门,与程裕淇等 14 人被选为会志编辑。被推举为奖金委员会干事。

一月　支持三子谢学铙响应国家抗美援朝保家卫国的号召,参军入伍。

二月中旬—三月中旬　在北京编制地质工作计划。

三月一日　翁文灏抵达广州,3 月 7 日抵达北京

三月十四日　受聘担任燃料工业部石油管理总局地质顾问,正式填写燃料工业部石油管理总局人事处的《干部履历表》。

三月十五日　在《科学通报》发表《十月革命后苏联地质家在探矿方面的成就》。

三月十七—二十九日　在西安出席在西北财经委员会物资供应局开幕的西北区 1951 年计划会议,并被选入 7 人主席团。其间先后听取了景泰、白水、韩城、宜君煤田、宁夏铁矿调查报告,高家湾石灰岩及天成线的工程地质报告,天兰、兰肃两段铁路线的工程地质报告,并在 22 日下午的会议上作有关计划的报告,28 日出席在西北大学地质系举行的中国地质学会西安分会首届季会,与李春昱分别做学术讲演。

四月二日　参加南京地质探矿专修学校校务座谈会,赴中央地质调查所参加西北工作座谈会。

四月三日　上午赴南京地质探矿专修学校作关于出席地质会议的报告,并号召同学们赴西北区工作。下午赴中央地质调查所召集赴西北工作的人员商谈具体工作计划并确定出发日期。

四月五日　偕刘汉、马祖望赴栖霞山考察,徐克勤同往。

四月八—九日　参加南京市人民代表会议。在讨论会上发言。

四月十日　上午赴地质探矿专修学校,讨论学生分配名额,下午赴南京人民大会堂参加南京市各界人民拥护中央惩治反革命运动大会。

四月十一日　出席南京大学地质系的欢送会。

四月十二日　由于对被任命为中国地质工作计划指导委员会第二副主任委员的任命不满,不到北京上班,将"中国地质工作计划指导委员会副主任委员"的牌子挂在南京的办公室,直到时任南京市市长的柯庆施找他谈话,称他再不赴京就任会犯错误后,谱主才于本日离开到北京就任。此时离开被任命的时间已经有近8个月了。

四月十七—二十日　著文《关于陕北油田地质的几点意见》。

四月二十三—二十八日　出席在钢铁工业局举行的大冶钢铁厂资源勘探会议并在23日下午的会议上做关于淮南煤田的报告,在27日下午做关于探矿计划的报告,在28日下午的会议上继续做探矿计划的说明。28日下午大冶钢铁厂资源勘探会议在决定成立一个"大冶钢铁厂资源勘探指导委员会"后闭幕。会后讨论了大冶钢铁厂资源勘探指导委员会的组织及委员人选问题。

五月初　调黄懿、边劭增、辛德奎参加大冶铁矿工作队,由黄懿任大冶地质大队(第三)大队长。

五月一日　上天安门观礼台,参加庆祝五一大会。

五月五日　与孙越崎、李四光商谈专题研究。赴中央财政经济委员会计划局与苏联专家商谈石油问题。为考察秦岭地质及赴西北大学地质系讲课,离开北京赴西安。

五月十二—十九日　考察黄牛铺—清风阁—北星街一线地质和黄牛铺—后岭沟—银洞滩—黑山沟—老厂一线以及碾子坝、堆子上等地地质。

五月二十三日—六月一日　到西北大学讲课,讲授石油地质,石油工业,探矿事业的进步,煤,铁,铜铅锌矿和非金属矿产。

夏　派儿子谢学锦与张佩华赴安徽安庆月山踏勘,为开展我国首次地球化学探矿做准备;9—11月,与徐邦梁一起赴安徽安庆月山进行我国勘查地球化学的首次试验,根据土壤、岩石分析成果,发现铜矿的指示植物铜草(学名海洲香薷)。

八月中旬　与陶孟和、吴兆洪、杨钟健等相继到访翁文灏。

九月六日　中国地质事业的创始人之一章鸿钊在南京去世。

十月十二日　出席在粉子胡同19号召开的第1届全国地质会议,全部22名委员中16名出席。

十月十三日　出席下午4时在北京大学地质馆系主任办公室举行的中国地质

学会理事会。会议议决第 27 届年会分区举行及关于章鸿钊先生追悼及纪念问题等共 7 项。

十月中旬　出席中国地质工作计划指导委员会为及时厘定 1952 年资源勘探计划草案和 1953—1957 年资源勘探计划轮廓而在北京召开的"资源勘探专题研究会"。

十月二十一日　出席在地质工作计划指导委员会召开的西北、华东区地质工作座谈会。

十月二十五日　出席西南矿产会议,讨论云南东川铜矿 1951 年和 1952 年的工作计划。

十一月七日　武汉。在中南所做报告。报告分为 5 个部分:① 地质工作计划指导委员会的方针和任务。② 地质工作是集体性的工作。③ 钻探工作今后应该努力的方向:避免事故,提高钻速,降低成本,实行经济核算,准确记录,合理推断,与地质密切联系。④ 从国防、交通和资源的观点看中南区在国家建设中的重要性。⑤ 矿床的共生关系是从事探矿工作的一个重要观念。

十一月八日—十二月二十三日　考察大冶各个铁矿山及白沙铺铜矿、赤马山铜矿、欧阳山铜矿、白云山、银山铅锌矿等,主持大冶钢铁厂资源勘探指导委员会 3 组联席会议,讨论 1952 年计划。

十二月六日　在大冶铁山会议室发表题为"大冶鄂城阳新一带铁矿勘探方法的讨论"的演讲。

十二月二十六—二十八日　乘江泰轮离开汉口,经石灰窑、武穴、九江、安庆,抵铜官山。

十二月二十九日　上午下矿坑考察,下午了解钻探情况,晚上在铜官山队全队会议上作报告,讲 4 个问题:① 引用李富春副主任的报告,论述中央人民政府对探矿工作的重视;② 探矿必须从地质着手,要地面地质与地下地质相结合,对于矿床要有集体性的观念,不能把一个个的矿体孤立起来;③ 钻探工作须有地质观点和经济观点;④ 探矿工作是集体的工作,要联合事务、钻探、地质各式各样的人,通力合作,加强联系与合作才能搞好工作。

一九五二年　壬辰　五十六岁

一月一—七日　出席铜官山铜矿矿厂庆祝元旦大会,考察铜官山铜矿,先后考察了笔山、老山、宝山、白家山、东西狮子山、砂子堡、鸡冠山、白芒山、老爷岭,至铜官山考察铁帽,次生富集带,矽卡岩,含铜闪长岩与石灰岩的接触带。

一月十—十一日　在南京会晤宋叔和、李春昱、程裕淇、刘汉、马祖望、周赞衡等,并向宋叔和了解白银厂情况,于 13 日回到北京。

一月十九日 出席地质工作计划指导委员会的"三反"运动动员大会,李四光主任委员做报告,讨论动员报告。

一月二十二日 与尹赞勋、谭锡畴、地质工作计划指导委员会秘书长习东光各自在大会上检讨。检讨后听众提出各种各样的意见多达61条。

二月一日 春节刚过,各小组汇报"三反"运动情况,已经决定将马祖望从栖霞山停职调北京,习东光在会上讲,湖北大冶、南京栖霞山都应查,五台队也严重。后参加上午11时在中山公园音乐堂召开的中央机关汇审大会。

二月十三日 出席在兵马司胡同南院北楼进行的"三反"运动会议,由高平交代问题。在高平之后做检讨。检讨被认为"不深刻"。

三月二十六日 听地质工作计划指导委员会副主任委员宋应作关于"三反"运动的报告。在"三反"运动中,南京的地质单位以矿产测勘处为运动重点,认为谱主有严重问题,要求将其调回南京原单位参加运动,宋应决定派人前往了解情况,没有同意南京方面的要求。

春 提出下列重点矿区勘探基地及其技术负责人的人选

湖北大冶铁矿　　　　　　程裕淇(第一队长)

内蒙古白云鄂博铁矿　　　严坤元

河北庞家堡铁矿　　　　　王曰伦

贵州水城观音山铁矿　　　路兆洽

安徽铜官山铜矿　　　　　郭文魁

甘肃白银厂铜矿　　　　　宋叔和

山西中条山铜矿　　　　　王　植

陕西渭北煤田　　　　　　李春昱

四月七日 著文《对贵州平越和贵阳市油页岩的意见》。

五月三十一日 中央财委会党委办公室《"三反"坦白资料汇集(五)》整理了五个人的资料。谱主为第一人。材料称谱主具有严重的资产阶级思想及错误行为,至今仍无接受群众帮助,检查自己之意,建议由上级对他进行教育;并认为谢不适于担任原有之领导工作。

五月 著文《中国石油地质概况和今后勘探工作方针》。

六月中旬 填写《三反运动鉴定表》。

六月二十四日 出席燃料工业部石油管理总局会议,讨论钻探计划。

六月二十五日 "三反"运动结束,对于谢家荣的处理意见,中央人民政府财经委员会直属机关党委"同意支部鉴定意见,工作问题可等该会编制正式确定后,再作研究"。支部鉴定意见认为他不适于做原有的领导工作,可调作技术上的领导工作。

六月　在《地质学报》第 32 卷第 1—2 期发表《煤地质的研究》。

八月七日　中央人民政府委员会第 17 次会议通过成立"中央人民政府地质部"的决议,任命李四光为部长,何长工、刘杰、宋应为副部长。谱主任总工程师。

九月三日　中央人民政府地质部成立大会在北京举行。

十一月十六日　出席安徽广德大小牛头山煤田和铜官山铜矿、江西、湖南、河南普查勘探计划讨论会。

十一月十七日—十二月八日　全国地质工作计划会议在北京召开。讨论西北、中南、东北、西南地区煤田的地质勘探计划。

十二月九日　出席中国科学院编译委员会预备会议,讨论和确定编译的重点。

是年　所著《从中国矿床的若干规律提供今后探矿方面的意见》一文刊于《地质学报》第 32 卷第 3 期。

将《全苏矿物协会会报》1952 年第 81 卷第 3 期(*Записки Всесоюзного Минералогического Общества*, Том. 81, Вып. 3, с. 169—174)所载马加克扬(Магакьян, И. Г.)的重要论文"若干构造-岩浆杂岩体类型中的矿床专属性"(О металлогенической специолизации в некоторых типах тектоно-магматичских комплексов)翻译成中文,发表在《地质学报》第 32 卷第 3 期上。

一九五三年　癸巳　五十七岁

一月二十二日　上午在全国地质工作人员会议上作题为《中国煤田探矿的若干地质问题》的报告,下午会议分组讨论该报告,对于讨论中提出的各种问题,谢家荣给出了解答。

二月八日　中国地质学会第 28 届年会、中国古生物学会在北京举行联合年会。当日下午年会分 4 组讨论,主持第三组"石油地质问题"组的讨论,就找油方向发言,提出应以中国的大地构造、古地理、地层和一般构造为主要根据,提出塔里木、准噶尔、内外蒙交界及滇、桂等地区都是勘探寻找石油的理想地区。

三月十五日　《中国煤田探矿的若干地质问题》的报告经会议各小组讨论,作了若干修正和补充后,题目易为《勘探中国煤田的若干地质问题》刊于《科学通报》3 月号,并于 5 月由《地质学报》第 33 卷第 1 期转载。

三月二十八日　中央地质部保卫处提交《对过去地质界宗派斗争材料的初步整理》,认为地质界有李四光派和翁文灏派,翁文灏派中又分为李春昱派和谢家荣派;在学校的有北大派、清华派、中大派。

三月　编译《苏联铜矿概况》,刊于《地质学报》第 32 卷第 4 期。

四月三—十二日　应燃料工业部煤炭管理总局之邀,与陈梦熊等一道前往抚顺煤田,调查抚顺煤矿西露天采场南帮的滑坡现象。考察后著文《抚顺矿务局西露天南帮滑坡现象的初步观察》。

五月十一日　一行 6 人离开北京前往西北,于 13 日抵西安。此行为考察渭北煤田、白银厂铜矿和青海化隆、青海湖、倒淌河、贵德等地地质,于 9 月结束。

五月十四—十八日　考察渭北煤田,检查 462 队工作。

五月二十日　自西安飞兰州,李贲、张俊及一位苏联专家同行。撰写检查 462 队工作报告,晚作报告。

五月二十一日　上午为地质部工作同志做关于白银厂地质的报告,历时 3 小时。

五月二十二日　赴机场接刘杰副部长一行,参观轻工业部工业试验所(该所应允分析白银厂矿石)。

五月二十三—三十日　考察折腰山、家鸽山、火焰山、白银厂后山等处地质。其间 26 日在白银厂勘探队(641 队)做报告,讲解黄铁矿型铜矿床的特征。

五月　将《全苏矿物协会会报》第 80 卷第 2 期(1952 年)发表的 Билибин, Ю. А. 论金属矿床垂直分带问题的文章（К вопросу о вертикальной зональности рудных месторождений）译成中文,发表在《地质学报》第 33 卷第 1 期上,并在译文之后加了"译者按"。

六月一—十二日　再赴折腰山、火焰山、鸽家山一带考察地质,并先后赴凤凰山、桌子山、炼铜巷、天池岘等地考察。

六月十五日　所著《学习苏联先进地质科学的一些体会》刊于《科学通报》6 月号。

六月十七日　整天讨论白银厂的地质工作计划,晚上讨论赴青海计划。

六月十九—二十一日　自银川赴小松山,考察小松山铬铁矿。

六月二十六日　自兰州赴西宁。

六月　所著《探矿的基本知识与我国地下资源的发现》由中华全国科学技术普及协会出版。

六月二十八日—七月四日　考察湟水南岸公路沿线和茶铺-柴毛吉寺和茶铺—苏拉附近地质。

七月五日—二十五日　驻化隆,自化隆赴辣水峡、安都、德加及药水泉沟、马堂、宽沿沟、东沟、西沟、循哇堡、塔家、边家滩、银洞、梧释沟等地考察地质和铜、煤、多金属和白金等矿产。

七月二十六—二十九日　自梧释沟寺经官亭、古鄯邑、巴州、红山寺、民和等地,返抵西宁。

七月三十日—八月二日　向青海省政府汇报考察情况,整理资料,撰写周报。

八月三日—三十一日　自西宁越日月山赴倒淌河,沿途考察地质。赴倒淌河西北及青海湖边,倒淌河以南的八面山,倒淌河以东的把卡台、野牛山、浪蕲沟,至曲乃海考察地质,自曲乃海经都龙沟,考察铅矿;考察寨门卡牙铜矿带、罗汉堂矿点、德河楞附近地质及含铜石英脉;考察甘家沟的煤矿及铜矿,考察贵德县境内地质;自贵德越拉基山,返回西宁,再赴化隆,考察沿途地质及辣水峡铜矿。

十月　所著《关于煤地质方面的一些重要知识》刊于《煤》第 29—30 期,署名:中央地质部总工程师、本刊特约写稿人谢家荣。

十一月十六日　地质部党组对其作出鉴定,称其"在地质工作上是有一定名望的,并在解放后对国家经济建设有贡献,也是国家经济建设迫切需要的人才,为此可以作全国代表""现在他任地质部地质矿产司总工程师是适当的"。

年底　撰写并上交《一九五三年自我检查》。

一九五四年　甲午　五十八岁

一月　出席 1 月 12—27 日举行的煤地质专业会议。

在学习苏联先进经验的热潮中,积极支持中国科学院编译局决定出版的一套《科学译丛》,先后担任了 4 本《科学译丛》的主编。

二月十一一十四日　出席在北京举行的中国地质学会第一次全国会员代表大会(中国地质学会会讯 1954 年 5 月代表大会专刊第 3 页"中国地质学会第一次全国会员代表大会代表名单"中的特邀代表,地质部总工程师)。

二月十二日　上午讨论最近几年的工作任务和计划,在下午的专题讨论会上做"中国煤田类型"的报告。

二月十三日　上午分组讨论中国地质学会的工作方式及 1954 年的工作计划。在下午的"铜与铬的成矿规律及探矿问题"专题讨论会上做"中国铜矿类型"的中心发言,参考苏联的铜矿分类方法,将中国铜矿分为正岩浆矿床、岩浆后期矿床、表层矿床与变质岩中的矿床 4 大类。

二月十四日　当选中国地质学会新一届(第 29 届)理事会理事。

二月十五一二十七日　出席地质部在北京召开的有色金属专业会议。

三月　在《科学大众》发表《中国的煤田》。

四月九日　赴国家计委做关于中国煤田的报告。

四月二十二一二十八日　出席在北京召开的地质部普查工作会议。

四月　编写本年普查任务说明书。在《地质知识》发表《找矿标志》。

五月六日　担任中央人民政府地质部普查委员会常务委员、总工程师。

五月二十日—六月四日　到湖南检查中南地区的普查工作,先后到长沙、娄底同中南地质局有关同志讨论普查工作,并赴野外队考察。

五月 所主编的《科学译丛》地质学:第一种《古勃金院士与石油地质学》由中国科学院出版。为《古勃金院士与石油地质学》作序。全书共有 6 篇译文,翻译了其中 4 篇:《在古勃金院士石油理论启发下的油气矿床成因的分类》《古勃金学说和"第二巴库"油气矿床》《从沉积分异论生油层的可能成因》和《石油的成因问题和它的解决途径》。

六月五一六日 从株洲乘火车抵武昌北站,赴中南局参加普查会,在中南地质局做题为"今年普查找矿的基本方针和找矿标志"的报告,历时三个半小时。

六月七一十三日 从武汉乘火车到许昌,赴平顶山队,考察地面地质和观察岩心,最后在平顶山队做"煤田地质问题"报告,并与平顶山队地质人员谈平顶山勘探设计问题。

六月十四一十六日 赴三峰山、新峰煤矿考察。在三峰山煤矿做"煤田地质问题"的报告。

四一六月 为适应即将开展的全国大规模矿产普查工作,为野外工作人员提供一本尽可能详尽的工作手册,遵照普查委员会的意见,与黄汲清一起编著《普查须知》,由地质出版社出版。

七月十日一月底 赴北戴河疗养。在北戴河疗养期间翻译《蚀变围岩及其找矿意义》一书中部分章节。

七月 在《石油地质》发表《中国的产油区和可能含油区》。在《地质知识》发表《找矿标志》。

八月 所主编的《科学译丛》之一《金属矿床与矿床分类法》由科学出版社出版,审校了其中的《矿床分类法问题》。

十一月三一八日 作为普查委员会总工程师与张瑞祥、谢怀德组成的地质部普查委员会中南检查组离开北京赴 453 队、451 队及 409 队检查工作,先后赴徐家寨、青山凹、小山、天门洞、仙人洞、公母山、绿帘洞、青山顶、仙人岭、万家寨、尖山庙、松林坡等地考察后,于 8 日下午在 453 队做报告。

十一月九一二十六日 自青山口经武汉、株洲、上饶,抵达永平,在永平各处考察,15 日晚和 17 日晚在队上做报告,讲永平矿区的地质情况和对永平矿床的看法。后自永平经上饶、弋阳,抵达铁沙街,考察锈水坞、大石坞、张家坞、倪村、熊坊、马鞍山等地地质。

十一月二十五日 所著《在普查及勘探设计中值得注意的几个问题》刊于《地质通讯》第 18 期。

十一月二十七日一十二月三日 自弋阳经乐平抵德兴做历时一星期的考察

后,于 12 月 3 日晚向地质人员做题为"德兴矿的地质矿床问题"的报告。

十二月三日　当选第二届全国政协委员(归属自然科学团体)。

十二月十六一二十六日　出席全国政协二届一次会议。

十二月　主编的《科学译丛》地质学第 2 种《煤地质学的理论问题》(朱夏等译)由中国科学院出版,翻译了其中的"含煤建造的大地构造类型",并审校了"含煤系中沉积旋回的划分与定型原则"。

是年　到唐山地区实地调查了奥陶系灰岩及油苗特征,第 1 次提出在华北古生界寻找油气藏的见解,并建议在唐山、巨野等处先进行钻探。翁文波、邱振馨合编的《全国含油气远景分区图(1∶800 万)》及其说明书《我国含油气藏区的初步分析》和《中国大陆按油气藏的分区划分》完成。谱主与黄汲清参与了意见。

一九五五年　乙未　五十九岁

一月十三一二十三日　燃料工业部石油管理总局在北京召开第 6 次全国石油勘探会议。在会上展示了翁文波等人编制的《中国大陆含油气远景分区图(1∶300 万)》。与黄汲清参与了该图的编制。

一月二十日　地质部第 1 次石油普查工作会议在北京开幕。出席开幕式。

一月二十七日　出席地质部第 1 次石油普查工作会议大会,做题为"石油及天然气矿床的普查"的报告。

一月二十八一二十九日　赴中国科学院参加有关石油问题的讨论会和座谈会。

一月　所著《煤的成因类型及其意义》一文,刊于《地质知识》第 1 期(新年号)。

二月一日　上午出席地质部第 1 次石油普查会议大会,听取苏联专家扎帕林斯基(Запаринский)做关于"含油岩相的大地构造条件及大地构造分析"的报告。

二月三日　赴中南海怀仁堂听周恩来总理做"改善和节约生活"的报告。

二月五日　出席在北京举行的中国地质学会第 29 届年会。开幕式后是翁文波的学术报告：我国含油区域的初步估计。在当天下午的会议上主持了对翁文波论文的讨论,并在讨论会上指出,讨论油气远景要以大地构造为主要依据,主张用分区而不用分级。1955 年的《中国地质学会会讯》第 9 期报道了谱主在这次讨论会上的发言。

二月九一十一日　与朱夏赴天津,在煤田总训练班上做题为"煤质变化及煤质变化图测制问题"的报告,并在煤田训练班上解答问题。历时 20 天(除春节休息 3 天)的地质部第 1 次石油普查工作会议于 11 日闭幕。

第 1 次石油普查会议期间,和黄汲清一道组织地质人员对到哪些地方进行石油普查进行了讨论。在会议闭幕时通过了第 1 次石油普查会议决议,决定当年组织 5 个石油普大队,进行 5 个地区的石油普查。

二月十四日　与刘毅、黄汲清、李奔等商谈上半年的工作计划。

二月二十二日　出席在北京开幕的地质部 1955 年全国地质会议。

二月二十八日　在全国地质会议上做"关于'煤田类型'""中国的油页岩和炼油煤"的报告。

三月一日　在全国地质会议上做题为"1954 年普查检查工作中的几个问题"的报告。

三月十三日　赴北京地质学院做题为"中国煤田的分布、特征及大地构造类型"的报告。

三月十五日　会晤《中国建设》(*Chian Reconstruction*)杂志社西门女士。

三月十七日　出席全国地质会议闭幕式。

三月十九—二十一日　撰写勘探青草湾油田的意见。

三月　所著《次生石英岩》刊《地质知识》第 3 期。

四月一日　全天在地质部里讨论华北平原的物探设计工作。

四月八—十一日　在普查委员会审查石油分布图,编制大地构造轮廓图,与许杰副部长等讨论机构及科研工作。

四月十四日　在石油管理总局苏联专家办公室讨论地质部 1955 年石油普查计划,主持会议。

四月十六日　到地质部新址在地矿司做题为"中国的产油区及可能含油区及在勘探油田中的若干具体问题"的报告,历时 3 小时。

四月二十四日　赴中国科学院编译局出席大地构造名词讨论会。

五月一日　赴天安门观礼台观礼。审查马家沟报告。

五月八日　与孟宪民一道赴中国科学院听日本著名地质古生物学家早坂一郎(Ichiro Hayasaka)的演讲。演讲会由中国古生物学会和中国地质学会联合举办。

五月九日　与鄂尔多斯石油普查队人员谈工作方法。与加工室林思君谈选煤工作。

是日　中科院党组致函宣传部,汇报对学部委员名单进行修改的情况,指谱主与黄汲清、程裕淇、王力、汤飞凡、周仁、胡先骕、汤佩松等 8 人属于"学术水平较高,政治上虽有某些可疑情节,但无适当理由向科学界进行公开解释或因国家建设之需要,目前担任国家机关或企业厂矿重要职务又不能不用者"。

五月十二日　上午偕刘毅赴燃料工业部石油管理总局与(苏联)专家谈东胜及四川探油事。

五月十九日　赴燃料工业部石油管理总局商谈赴酒泉考察事,并与苏联专家商谈基准井问题。出席储委审查并通过马家沟报告。

五月二十二日　作为地质部普查委员会石油地质工作检查组成员乘火车由北京出发赴西安。

五月二十四日　在西安与西北地质局有关人员谈河西走廊踏勘事。晚8时听取西北地质局汇报。

五月二十五日　出席7时起举行的座谈会，与黄汲清等发表对西北地区将来勘探石油的方向和方法。座谈会后赴机场，飞赴兰州转飞酒泉，赶赴老君庙。

五月二十六日—六月二日　在玉门地区听取情况介绍，考察红柳峡侏罗白垩纪地层剖面，考察青草湾以南地质，石油沟火石山石炭二叠三叠纪地层，白杨河地质，火烧沟 NK_p 与 NK_h 的接触关系，惠回堡侏罗白垩纪地层剖面，于6月2日在玉门矿务局召集的座谈会上做报告，报告考察情况及找油方向，指出酒泉盆地是祁连山前的从晚古生代到新生代的山前凹地和山间盆地，广义的酒泉盆地远景还很大，必须进一步普查勘探。

五月三十一日　当选为中科院生物学地学部委员。

六月一日　中科院举行学部成立大会，正式被聘为生物学地学部委员，颁发聘书。

六月三—九日　检查组一行自玉门出发，经安西、星星峡、哈密、三堡、三道岭、七角井，抵达吐鲁番盆地东部的七克台南湖工地。先后考察鹰嘴岩第一剖面线，红胡子坎第二剖面线，台子村油苗及土法采油。听取了新疆石油普查大队靳毓贵队长在6日所作的地质报告，并与靳毓贵队长谈工作方法。

六月十—十二日　经鄯善抵吐鲁番境内的胜金口。考察胜金口剖面，继赴吐鲁番，考察煤窑沟地质，抵达乌鲁木齐。

六月十三—二十四日　在乌鲁木齐，听取苏联专家涅夫斯基（Невский）、尼基金（Никитин）、西力克等关于准噶尔盆地的地层、构造和含油远景的报告及石油大队戴天富等人汇报情况。

六月二十五—二十八日　自乌鲁木齐经玛纳斯、三道河抵乌苏独山子，听取闵玉的汇报，观察岩心，考察泥火山、中沟、奎屯河地质及土斯台构造。

六月二十九日—七月八日　经乌苏、头台、车牌子，抵张恺营。在克拉玛依地区考察白垩纪及侏罗纪剖面、研究不整合面、沥青沉积，张恺区剖面、沥青及构造。考察赴乌尔禾东边风成山沥青脉及沥青砂岩。赴和什托洛盖周围，穿了几条路线，进行地质考察。

七月九日　出席石油地质普查大队会议，与黄汲清各做2小时报告。

七月十一—十四日　自和什托洛盖经库仑塔别克抵达至德伦山第二沟（冯福阖

队),先后考察德伦山第二沟的侏罗系和白垩系剖面、德伦山第一沟东面及南面的第三系剖面和德龙山东北的构造。

七月十五—十八日 15 日自德伦山第二沟抵达乌伦托小海(唐克义队)。次日开座谈会,在座谈会上发言,讲了 3 个问题:① 关于单面山,② 研究地文地貌的重要,③ 准噶尔盆地含油远景问题。后赴乌伦托小海东南考察第三系剖面及构造,宿营红石山北,继赴距营地 33 公里的陡岩考察,后赴王文彬队,在其附近山上扎营。

七月十九—二十七日 从王文彬队往南考察构造后,开座谈会。然后顺乌伦古河谷东南行至二台。再从二台南行经哈萨坟、六棵树、将军戈壁,赴黄草湖。从黄草湖西行,考察侏罗纪地层中的巨型硅化木,和石树沟的构造后返回黄草湖。自黄草湖南行经奇台抵达乌鲁木齐。抵达乌鲁木齐后身体不适,疟疾复发,卧床休息。

八月四—五日 出席在新疆石油公司地质处召开的中苏地质专家座谈会,出席座谈会的苏联专家有斯莱达(Срейда)、尼基金、涅夫斯基、乌萨诺夫(Усанов)、马克西莫夫(Максимов)、施耐德(Schneide)、库辛(Кусин)等。代表检查小组在座谈会上作中心发言"准噶尔盆地地质及其石油远景之初步意见"。

八月八日 随检查组一行自乌鲁木齐(经哈密)飞抵酒泉。

八月十日 检查组其他人离开酒泉前往敦煌,开始下一阶段的检查工作。在酒泉出席大会,向大会做题为"酒泉盆地含油远景的初步意见"的报告。

八月十三—十六日 自酒泉(经停兰州)飞抵西安,换乘火车返抵北京。

八月二十日 修订普查委员会草拟的"中华人民共和国地质部何长工副部长对全国石油普查工作全体同志的广播词",并在稿上签字。

八月二十三日 上午赴地质部向卓雄、许杰副部长汇报赴西北检查情况,下午赴中国科学院编译局审查俄中矿物名词。

八月二十七日 出席石油工业部座谈会:柴达木盆地、四川盆地、陕北和酒泉盆地石油地质讨论会。

八月二十九日 所撰写的《关于松辽平原石油地质踏勘工作方法》由普查委员会发给东北地质局。

九月十三日 在普查委员会向宋应和许杰副部长汇报石油问题和地质测量。

九月二十日 写河西走廊说明。与地质部物探局周克商谈 1956 年的计划。

九月二十六日 听取各工程师汇报各盆地研究结果。

九月 普查委员会 5 人小组提交"关于谢家荣的材料",指其"现为本部普委会常委、总工程师"。材料涉及谢家荣的经历、任职、工作表现,家庭和政治问题,

十月一日　参加天安门国庆观礼,晚 6 时与夫人吴镜侬及长子谢学锦等赴天安门观看烟火。

十月十七一十八日　出席普查委员会会议,讨论 1956 年度石油普查工作计划。

十月二十六日　出席中国科学院生物学地学部第五次常委扩大会议。

十月　主编《科学译丛》之《煤的成因类型与煤岩学研究》由科学出版社出版。本译丛选译了有关煤岩学分析的论文 7 篇,翻译了 4 篇。

与黄汲清、王曰伦等人合著的《普查须知》第 2 版由地质出版社出版。

十一月一一十一日　赴华北石油普查大队工作地区检查工作。先后听取物探汇报,讨论基准钻问题,讨论华北石油普查大队 1956 年度工作计划,听取地震队、化探队汇报。视察化探、钻探及地震勘探。自邢台到临清,赴嘉祥,考察嘉祥山、尖山、凤凰山地质和虎山马家沟灰岩中的油气显示,自嘉祥,经兖州、曲阜,抵达南京。沿途考察并写下了对临清、嘉祥工作的意见。

十一月十二一十五日　与韩金桂、潘江等赴幕府山、嘉山寺采石场、燕子矶和江边及汤山东端考察地质及磷矿,往华东地质局收集烈山、宣泾及淮南的资料。结束在南京的工作后,留下了"对南京附近工作的意见"。结束检查工作回京后提交了《检查华北石油普查大队工作及南京附近油苗报告书》。

十一月二十二日　出席普委会例会,重点讨论了 1956 年第 2 次石油普查工作会议的准备问题。

十一月二十四日　赴普委会听取松辽平原队汇报。

十二月十七日　出席在百万庄举行的放射性元素地质矿产及地球化学座谈会,由苏联专家 B.B.谢尔比纳(В.В.Щербина)讲世界各国铀矿地质及分布,后与苏联专家西尼村讨论中国大地构造问题。

十二月二十一日　上午赴三里河地质部向李四光汇报。

一九五六年　丙申　六十岁

一月八日　地质部党组提议由谱主担任即将建立的地质部地质矿产研究所副所长。

一月二十日　地质部第 2 次石油普查工作会议在北京召开。在会议上做题为《石油普查工作中的若干重要问题》的报告。

一月三十一日　出席国务院在中南海怀仁堂召开的有中国科学院、国务院各有关部门、高等学校的领导人和科技人员参加的制订科学发展远景规划的动员大会。

一月　撰写的 Progress in Prospecting 在《中国建设》(*China Reconstructs*)第

5 卷第 1 期刊出。

二月十八日 第 2 次石油普查会议闭幕。会议通过的《中华人民共和国地质部第二次石油普查工作会议决议》总结了 1955 年石油普查工作所取得的成果,确定了 1955 年的石油普查任务,决定正式开展松辽平原的石油普查工作和开辟若干新区的石油普查。

二月 制订作为地质部科学研究 12 年远景规划组成部分的地质部地质矿产研究所科学研究远景规划。撰写远景规划纲要说明、远景规划纲要及第 1、2、6、7 中心问题说明书。

三月十四日 国务院成立科学规划委员会,开始制定 1956—1967 年全国自然科学和社会科学 12 年长期规划。

三月二十二日 加入九三学社。

三月二十六日 中央成立了由地质部、石油部、中国科学院联合组成的全国石油地质委员会,作为全国石油地质工作的咨询机构。李四光任主任委员,许杰、武衡、康世恩任副主任委员,刘毅、谢家荣、黄汲清、顾功叙、侯德封、张文佑等为委员。

三一四月 3 月以范长江为组长的 10 人科学规划小组以科学院物理学数学化学部、生物学地学部和技术科学部为基础,集中全国 600 多位科学家,按照“重点发展,迎头赶上”的方针,采取“以任务为经,以学科为纬,以任务带学科”的原则,对各部门的规划进行综合。与黄汲清、程裕淇、郭文魁等在全国科学发展远景规划中的第 9 项(我国矿产分布规律和矿产的预测)和第 10 项(地球物理、地球化学和其他地质勘探方法的掌握及新方法的研究)两项规划中发挥了重要作用,还对程裕淇负责的子课题提供许多有益的建议。

四月十二日 任地质部新组建的地质矿产研究所副所长。

五月十五日 在《科学通报》发表《石油地质的现状、趋势及今后在中国勘探石油的方向》。

六月七日 地质部(56)地干字第 192 号文件正式任命谢家荣为地质部地质矿产研究所副所长。

六月十六日 中国地质学会第 30 届学年会在北京东单三条中华医学会举行。向大会宣读论文《火山及火山沉积作用在中国几种矿床中的意义》(后刊于《地质学报》第 36 卷第 4 期)。

七月上旬 率地质部石油地质局工作小组赴华东地区检查石油地质普查工作。

七月二十九日 在贵州炉山石油普查大队做题为“贵州石油远景的初步推断”的报告。

八月八日　在《对华东石油普查大队地质工作的检查报告》中提出了 3 个希望地质部予以解决的问题。

八月　在《地质知识》第 8 期发表《中国矿产的分布规律及其预测》,明确指出中国的石油远景一定很大,之所以找到得少,是因为工作量太小。

九月　地质部机构大调整。撤销各大区地质局,成立北方地质总局和南方地质总局。地质矿产研究所正式成立,宋应任地质矿产研究所所长,朱效成、谢家荣、孙云铸、黄汲清任副所长。

十二月三日　地质部党组决定,在部内先建立科学研究工作委员会,委员会成员有:宋应副部长(兼主任委员)、许杰副部长(兼副主任委员)、谢家荣、黄汲清、孙云铸、任子翔、冯善俗、李杰、夏湘蓉等。

十二月十五日　出席在中国科学院地球物理楼 4 楼举行的中国科学院生物学地学部第 14 次常委(扩大)会议,讨论增补学部委员之问题。

是年　编制了新的四百万分之一中国含油和可能含油区分布图,将中国划分为 3 个油气省,22 个远景区。

指导郭邑海、高振藩、梁玉左编制全国铜、铅锌矿产分布图及预测图,指导孙忠和编制全国非金属矿产分布图及预测图,指导王绍伟、吴厚本、周季安、杨伯贤、陈红略编制全国煤炭分布图及预测图,指导王杰、陈颐亨、王崇友编制全国石油分布图及预测图。执行项目"中国铝土矿的研究"。

制定地质部地质矿产研究所 1956—1957 年研究工作计划,安排研究项目 21 个。

地质部普查委员会整理普委工程师的问题,将谱主的问题整理为 6(7)个主要问题,提出"由保卫部门做专门案件处理,不在普委进行斗争"的意见。

一九五七年　丁酉　六十一岁

一月二日　上午 9 时到地质部参加地质部局长会议,听取刘杰副部长的总结报告,下午 3 时出席科学研究座谈会,听取各工程师的意见。

一月三日　全天出席在地质部继续进行的科学研究座谈会。晚上出席在办公室召开的开九三学社小组会。

一月五—六日　撰文《第二老君庙在哪里?》。

一月十五日　出席煤储量联合委员会,宣告委员会成立,通过规范及议定分工办法。

一月十九—二十六日　出席地质部的科学规划会议,并任会议第 1 小组组长。

一月　著文《中国铜矿的分类、分布及今后普查勘探的方向》,刊于《地质论评》第 17 卷第 1 期。

二月五日 中国地质学会第 2 届会员代表大会开幕,以地质部地质矿产研究所副所长的身份作为特邀代表参会。

二月六日 出席中国地质学会第 2 届会员代表大会论文讨论会,主持上午的石油问题讨论会,出席由徐克勤主持的煤矿、铁矿讨论会,在各个讨论会上均有发言。

二月七日 出席地质学会的伟晶岩论文讨论会。在讨论司幼东《关于最高型式花岗伟晶岩类的地球化学变异问题》及郭承基等《内蒙古南部地区花岗伟晶岩》时指出:"司先生和郭先生的研究是很好的,但地质材料不足,应当从它们的产状和侵入在什么岩石里来加以考虑。"赴报子街出席地质学会大会,讨论大地构造和赣南钨矿等,并发言。

二月九日 出席中国地质学会理事会理事选举会议,当选新一届理事。赴南苑机场迎接苏联地质部长安特罗波夫及其他专家 6 人,其中有著名苏联地质学家金兹堡(И.И.Кинзбург)。

二月十日 陪同苏联地质部代表团游览颐和园。

二月十一日 出席地质部欢迎苏联地质部长的会议。

二月十二日 上午赴北京饭店接 И.И.金兹堡等苏联专家到百万庄,9 时开座谈会,在座谈会上首先向苏联专家介绍地质矿产研究所 9 个研究室的情况,提出 3 个问题及 3 个学术问题,后参观各研究室。下午 3 时,苏联专家解答上午提出的问题,主张地质矿产研究所与矿物原料研究所合并为一,并谈及伟晶岩、找铍及铜矿问题。

二月十三日 上午赴公安局礼堂出席苏联地质部部长的报告会,下午出席 Кинзбург 的报告会:稀有元素矿床的成因类型。

二月二十七日 上午出席地质矿产研究所所务会,下午 3 时出席在怀仁堂召开的最高国务会议,听毛泽东做《关于正确处理人民内部矛盾问题》的报告。

三月一日 地质部第 3 次石油普查会议在北京开幕。

所著《河西走廊及阿拉善三角地前盆地含油远景的初步评价》在《石油工业通讯》第 5 期发表。

三月五日 全国政协第二届第三次会议在北京政协礼堂开幕。

三月十一日 上午赴中国科学院出席生物学地学部会议。下午出席全国政协第二届第三次全体会议并做题为"地质工作要跟国家要求密切结合"的发言。

三月十三日 上午 9 时赴地质部第 3 次石油普查会议,做题为《对于中国若干油气区的看法》的报告。报告详细论述了河西走廊及阿拉善三角地、准噶尔盆地、柴达木盆地、四川盆地、华北平原、黔桂滇地台区、陕北及鄂尔多斯盆地、华东地区的石油地质和含油气远景以及下一步工作意见。

三月十五日　出席九三学社在前门饭店 455 室举行的茶会。

三月二十日　出席全国政协第二届第三次会议闭幕式。

三月二十一日　出席"中国矿床会议"筹备会。

四月一—八日　出席全国第 1 届区域地质测量会议。

四月九日　赴北京饭店做中国油田的报告。

四月十八日—五月十九日　与孟宪民、孙忠和等一行 6 人赴山西 214 队考察地质。先后考察胡家峪、小南沟、老宝滩地质,自皋落赴毛家湾,沿河上行至庞家庄,观察片麻岩与下石英岩的接触关系,赴篦子沟,进 61 号平硐考察,观察岩心,从铜矿峪赴大西沟和 2 号平洞考察地质,考察 W_7 石英岩与绿泥石片岩的接触关系及赤铁矿脉、大庙西山地质剖面、大挡仙沟地质,考察铜矿峪绿色片岩、石梯子沟 4 号硐矿层,考察铜矿峪火山岩及与上下大理岩系等的接触关系和铜屹塔一带地质及李坝沟地质剖面、Ⅰ 矿带至 Ⅱ 矿带的平硐。赴庙屹塔,考察花岗岩和石英岩,观察岩心。期间曾于 5 月 13 日在 214 队做报告,历时 3 小时。

五月二日　所著《关于中国若干油气区普查和勘探方向的初步意见》刊于《石油工业通讯》第 9 期(第 10 期续刊)。

五月二十一—二十二日　出席在北京饭店举行的中国科学院学部委员会第 2 次全体会议的预备会。

五月二十三日　出席中国科学院学部委员会第 2 次全体会议开幕式。

五月二十四—二十五日　出席中国科学院学部委员会第 2 次会议地学组会议。

五月二十六日　出席中国科学院学部大会的地学组论文报告会并做题为"我国若干油气区勘探方向"的报告,内容与 5 月 13 日在地质部第 3 次石油普查工作会议的报告《对于中国若干油气区的看法》的报告相同。

五月二十七日　出席中国科学院学部委员会第 2 次全体会议大会,上午听取中国科学院赴苏技术科学考察团团长严济慈所作考察团的工作报告、钱学森所作《论技术科学》的报告及钱三强所作关于参加联合原子核研究所的报告。下午大会发言,并在大会上发言。

五月三十日　出席中国科学院学部委员会第 2 次全体会议闭幕式。

六月六日　出席在百万庄举行的地质部九三学社小组座谈会,在会上发言时说"地质部的公式就是老干部＋苏联专家包办一切,要取消这个公式才能发挥中国专家的积极性"。

六月十八日　离京赴西北,考察甘肃白银厂和青海柴达木盆地等地,孙忠和、安江海及中科院的尹赞勋、李璞、施雅风等同行。

六月二十三一三十日　赴白银厂考察。先后考察了小铁山,折腰山,火焰山,家鸽山—西岔—孙家梁村等地地质,并在火焰山发现镜铁山式的铁矿。

六月　所著《中国铜矿的分类、分布及今后普查勘探的方向》刊于《地质论评》第17卷第1期。

七月一一二日　考察拦门石的锰矿,雷庙山的镜铁矿及二道湾附近的浅井。

七月三日　在郝家川队部作报告,讲白银厂矿区的地层、构造、矿床问题及今后勘探的方向与方法,历时2小时。

七月四一十二日　考察梯子岩、铜硐堑岘、陈家沟、杏树沟地质。自兰州经酒泉到老君庙,考察鸭儿峡、马莲泉82号采油井。12日在局作题为"中国含油盆地的勘探问题"的报告。

七月十三一十八日　到镜铁山考察桦树沟、夹皮沟、古浪峡等地的铁矿及地层。

七月十九一二十四日　自桦树沟返老君庙,经青草湾、红柳峡,赴照壁山,沿路观察地质,考察照壁山东矿区矿化带和中部矿区和地层。24日晚在队上做报告,表示对照壁山的前景不乐观。

七月二十五日一八月二日　自照壁山经红柳峡、玉门、安西、红柳园,抵达华牛山。先后考察第一矿区第一、二、三、四矿带和第三、四矿区地质及华牛山附近地质,庙儿井、八一山等处大理岩与花岗岩的接触带及矽卡岩型铜矿及白钨矿。在队上做题为《华牛山的找矿方向》的报告。

七月　所著《中国油气区和可能油气区的划分与评价》在《科学》第33卷第1期发表。文章简述了石油地质的理论,然后依据石油生成的地质理论,列出了划分油气区和可能油气区应当遵照的6个原则及评价含油区远景的四条准则,划分了3个油气省和22个油气区。

八月三一十四日　自华牛山赴敦煌,经当金山口至冷湖,考察冷湖油苗及各个钻孔,了解构造。自冷湖赴大柴旦632队,先后考察大头羊沟地质,石灰沟奥陶纪灰岩、页岩及其上的老君山砾石层的不整合,全吉河地质,鱼卡煤矿地质及绿岩系老地层,大柴旦湖及硼砂矿。14日在632队做题为《从地质观点论柴达木盆地的开发问题》的报告。

八月十五一二十一日　先后考察胜利口铁山关的下石炭统地层及其下的红砂岩,锡铁山的地层及矿床和锰铁帽,茶尔汗盐池地质。在锡铁山做题为《锡铁山地质矿床及柴达木盆地远景开发问题》的报告,历时3小时。

八月二十二一三十一日　自锡铁山经柴达木盆地东边的希里沟、茶卡盐池、大喇嘛寺、倒淌河、日月山、湟源抵达西宁,游览塔尔寺,考察泉湾龙骨化石,与青海办事处地质学家座谈青海地质问题。自西宁经老鸦峡抵兰州,结束西北考察,返回北京。

九月四日　地质部机关六级以上工程师等 70 余人举行会议(地质部高级工程师座谈会),批判地质部北方总局总工程师李春昱在整风期间发表的一系列言论。

九月五—二十六日　参加地质部六级以上工程师座谈会。此会的前期揭发批判李春昱,后期转而揭发批判谢家荣等。

九月七日　在九三学社小组会上做检查。

十月七日　交出第一次书面检讨。

十月十五日　中共地质部党组、机关党委作出"关于谢家荣的鉴定",称其"对我党的政策方针和'三反''肃反'人事制度以及学习苏联的先进经验都表示不满和反对,因此属于右派""有无政治问题,需长期审查""对其现任副所长职务,待部统一考虑安排,并撤消全国政协委员"。

十月十六日　交出第 2 次书面检讨。

十月二十三日　交出第 3 次书面检讨。

十月　所著《石油地质论文集》由地质出版社出版。书中收《石油是怎样生成的》《珊瑚礁油田》《关于盐丘》《石油及天然气矿床的普查》(在地质部第一次石油普查工作会议上的报告)、《论储油层圈闭类型及油气田与大地构造的关系》(在地质部第二次石油普查工作会议上的报告)、《中国的产油区和可能含油区及对今后勘探工作的意见》和《贵州石油远景的初步推断》共 7 篇文章。

十二月　地质矿产研究所整风领导小组做出"对右派分子谢家荣的结论意见",谢家荣被划为右派,降职、降级、降薪,但继续做研究工作,保留全国政协委员和学部委员之职。

一九五八年　戊戌　六十二岁

一月一日　由《地质知识》和《地质通讯》合并后的地质部机关刊物《地质月刊》创刊号发表地质部部长助理张同钰的署名文章《地质界两条道路的斗争》,点名批判了李春昱、谢家荣。

三月　向在北京举行的中国地质学会第 31 届学术年会北京分会提交论文《祁连山及其邻近地区构造成矿带的初步研究》(与孙忠和合著,未宣读,载《中国地质学会会讯》第 12 期)。

四月二十一日　国务院批复地质部的报告,被给予降职、降级处分。

初夏　订出"红专规划"。

夏　写出并上交《思想总结》。

春夏 著《中国矿产分布规律的初步研究及今后找矿方向的若干意见》,全文近 10 万字,共 8 章:Ⅰ.引言,Ⅱ.大地构造轮廓,Ⅲ.岩浆活动,Ⅳ.成矿时代,Ⅴ.矿产省的划分,Ⅵ.矿产区和构造成矿带,Ⅶ.几种重要矿种(铁、锰、铬、镍-钴、钒-钛、钨、钼、铜、铅锌银、锡、铝、镁、汞、锑、稀有分散元素及非金属磷、钾盐、硼、金刚石)的找矿方向,Ⅷ.若干建议。

九月十一—二十一日 中国地质学会与地质部、冶金部、中国科学院地学部联合召开第 1 届全国矿床会议,向会议提交论文《中国矿床分布规律的初步研究及有关今后找矿方向的若干意见》。

十月十六—三十日 随地质部工作组赴江苏考查,吴俊如、孙忠和、陈砚云等 7 人同行。21 日在江苏省地质局会议上作报告,报告分 3 部分:江苏省主要矿产类型和分布、江苏省大地构造单元及构造成矿带、找矿方向及方法。自 23 日起,赴宝华山考察铁矿,赴汤山及石骨山考察,到徐州考察徐塘庄铁矿、孟庄铁矿和古寨山铜矿,回南京考察南京附近的红色山、狮子山、乌龟山和朱门铜矿。后乘船赴九江,转赴南昌。

十一月一—三十日 随地质部工作组经南昌赴福建考察。于 4 日抵达福州,先听取福建省地质局的汇报,然后赴福建省地质局第一地质大队(邵武),考察伟晶岩,符竹坑铁矿和铜矿,考察铜坑、冷水坑地质。之后赴龙岩,考察翠屏山煤田、赤坑雁石的铁矿、津头的煤系地层、东宝山钨矿及铅锌矿和马坑铁矿。自龙岩赴上杭,考察黄竹岭铜矿,石圳潭铜水坑,后上紫金山半坡考察。再自上杭抵达漳州,考察铝土矿。

十二月七日 在福建省地质局 1959 年地质计划会议大会上做报告,题为《对福建矿产的若干看法和意见》,历时 4 小时。

十二月十二—三十一日 自福州到南昌再转赴赣东北地区考察,先后考察了锈水坞、张家坞及火麻圩地质、余干县境内的姚家坂铜矿、造子坑铜镍矿及采矿点及禾昌湾的钨矿脉、乐平众埠街大小铁山的锰矿、德兴春米堆地质和银山南山圩与方家圩地质。

是年 撰文《成矿规律》和《长江流域地质总论矿产篇》。

一九五九年　己亥　六十三岁

一月一—十三日 考察德兴朱砂红地区的古火山岩,经景德镇赴东乡考察邓家铁矿和地质、何方村老地层及稽坊村锰矿。

一月十九—二十日 赴上海广东路 17 号石油普查大队听取汇报,赴上海陆家楼人民公社考察民用天然气,继赴唐家宅看钻机及岩心。

一月三十一日 撰文《对江西省上饶专区若干矿区的看法和意见》(署名谢家

荣、孙忠和、陈砚云）。

三月二十日—四月二十四日　受地质部矿物原料研究所派遣,赴广东配合广东省地质局进行广泛、深入地寻找三水型铝土矿的工作。

三月二十三—二十五日　听取广东省地质局张有正总工程师介绍区域地质测量情况,广东省地质局地矿处周仁沾工程师介绍广东全省地质情况。

三月二十八日—四月四日　赴雷州半岛考察龙朝、西营及湖光岩考察火山喷口湖及附近地质,以及徐闻附近、大水桥水库附近,下桥、调风一带,徐闻西南的迈陈,徐闻南部的海安等地考察铝土矿。

四月七—二十一日　考察石碌铜矿和铁矿后,由海南岛地质局张霖书记等陪同,自石碌经都工、大溪桥、那大、和舍、加来、临高、博厚(那白)抵达海口,沿途考察地质,考察博厚(那白)红土剖面时,在其东发现较好的铝土矿。自海口经潭口、文岭,赴长昌,考察长昌煤矿。自长昌赴甲子考察风化玄武岩、铝土矿,至烟塘考察铜矿、石墨矿。由定安返海口途中在旧州附近发现矿核层,采集铝土矿样品。在海口赴雷虎岭考察火山喷口并赴秀英坡观察红土剖面和铝土矿。

四月二十二日　向广东省地质局报告考察情况。完成考察报告《考察雷州半岛及海南岛三水型铝土矿报告附〈关于在雷琼地区找煤的若干意见〉》(署名谢家荣、傅同泰)。

四月二十五日　出席第三届全国政协小组会和大会。

五月一日　赴天安门出席五一游行观礼。

五月二日　撰写《江苏省找矿指南》。

五月　著文《江西省上饶专区找矿指南》(署名:谢家荣、孙忠和、陈砚云)。

六月十八日　写《检查红专规划》。

八月十四日　在许杰副部长办公室研究滇、黔、川三省地质矿产科学研究计划问题。就云南哀牢山超基性岩、滇东南锡矿、滇西红色盆地找油、贵州沉积矿产、水城和淞桃的铅锌矿以及四川盆地的石油等问题发表意见。

九月六—二十七日　随许杰副部长、地质部地质科学研究院吴俊如副院长赴云南和四川考察。

九月七—二十日　在昆明先后赴云南省地质局、云南省地质研究所、昆明地质学校、中国科学院昆明分院地质研究所听取汇报和情况介绍后,经安宁、祥云,抵达马厂箐铜矿,赴嵩子坝考察。继经楚雄赴武定,听取武定地质队勘查工作情况汇报,赴唐李树矿区考察。

九月二十一日　全天在云南省地质厅做题为《对云南矿床的若干看法》的报告,就云南省矿产区与构造成矿带的划分提出具体意见。

九月二十二日　自昆明飞抵成都。

是日　地质部机关党委做出"可以摘掉右派帽子"鉴定意见。

九月二十三—二十六日　听取四川省地质局王朝钧总工程师关于四川省地质局1959年地质勘查工作情况之介绍。听取有关南充—安县一带铝土矿、蒲家坝铀钒矿、万源菱铁矿情况之介绍。听取刘增乾介绍四川地质科研工作情况。听取乐山—泸州含铜砂岩、拉拉厂铜矿、米易镍矿等矿区勘查情况的介绍。参观成都地质学院。

九月二十六日　在四川省地质局研讨四川地质矿产工作,对四川含铜砂岩、铝土矿、拉拉厂铜矿及石油勘查工作发表意见。

是日　松辽盆地松基3井在钻至1 300余米深处时,经试油于青山口组、姚家组层位,首次喷出了工业油流。

九月二十九日　松辽石油普查大队二区队在松花江南扶余雅达红构造扶27井上也试获白垩系泉头组第4段工业油流。大庆油田宣告发现。

十一月二十三日—十二月十一日　赴贵阳参加全国铅锌矿专业会议。

十二月一日　出席在贵阳召开的全国铅锌矿专业会议开幕式。

十二月二一八日　出席铅锌矿会议,听取重点矿区报告或参加小组讨论。

十二月五日　列入《人民日报》头版头条《中央国家机关和各民主党派中央机关摘掉一批确已改好了的右派分子的帽子》的名单。

十二月十日　出席全国铅锌矿会议大会并在大会上做报告。

十二月十二—十七日　赴广西南丹,考察长坡脉状矿,巴黎山、龙头山错断带锡矿,灰罗大福楼锡矿脉,拉幺锌锡矿。15日在大厂锡矿区地质人员会议上讲《对丹池矿区的几点体会和认识》。

一九六〇年　庚子　六十四岁

二月二十七日—三月十五日　作为全国政协委员赴河南洛阳、三门峡、郑州等地参观视察工厂、人民公社、三门峡、花园口水利枢纽工程等。

四月二十三日　出席地质矿产研究所讨论会,讨论广东大宝山研究队的目的和任务。

四月二十三日—六月三日　赴广东大宝山、凡口、湖南郴州、水口山等矿区考察。4月26日—5月9日,与广东省地质局总工程师张有正研究设计问题。先后听取大宝山多金属矿普查勘探方法研究队铁帽组、围岩蚀变组、成矿规律组、矿体形状组、物探、化探、水文地质和稀有分散元素组的汇报,考察铁帽、矾洞地质,观察岩心,研究纵剖面图,显微镜观察岩石薄片、矿石光片。

五月十一日　全天在大宝山多金属矿普查勘探方法研究队做报告,报告内容包括 3 部分：对各组汇报所提的意见、对大宝山矿区的看法及找矿方向、关于普查找矿及编制成矿预测图的一些意见。

五月十四一十五日　自韶关赴凡口勘探队，听取勘探队的情况介绍，考察凡口矿区地质，观察岩心。

五月十六一二十四日　自凡口经韶关赴湖南郴县，赴新田岭 408 地质队了解情况，赴黄沙坪考察地质。自郴州赴金船塘，观察标本及岩心，赴铜坑湖考察地质。

五月二十六一二十七日　赴水口山矿区，到鸭公塘考察，在 217 队座谈会上谈水口山找矿方向。

六月二日　在湖南省地质局做报告。

六月　著文《中国锡（包括钨）矿带的初步研究》。

七月十一一三十日　与夫人吴镜侬同赴北戴河疗养。

八月二十一日　其《人员情况调查表》，在"屡次政治运动和现实的具体表现"栏中填"右派分子，表现较好，已摘掉帽子"，在"工作机密程度和具体担负项目"栏中填"矿床室有色组工程师，工作属机密要害部门"，在"本单位处理意见"栏中填"调离要害部门，院内调整"。

十月四一十二日　在济南听取山东省地质局综合普查勘探情况报告、朱崖铁矿情况汇报、沂蒙山队、809 队（金刚石队）汇报、压电石英汇报。赴商河看石油坎，到沙河街构造了解地质情况并观察岩心。最后出席在山东省地质局招待所开的座谈会，讲山东的大地构造、找矿方向及地质与矿床发展史。

十月十三一十八日　赴安徽宿县宿东煤矿芦岭、孔庄、朱仙村考察。出席座谈会并发言。

十月十九日一十一月六日　以地质科学院大宝山工作组成员的身份赴广东大宝山考察。并做题为《大宝山及其外围地区含矿远景的初步意见》的报告，此报告在删去了谢家荣的署名后，作为 1960 年 11 月 18 日《地质科学院大宝山工作组汇报》的附件二报送地质部党组和地质科学院党委。

一九六一年　辛丑　六十五岁

七月二日一八月五日　与夫人吴镜侬参加全国政协组织的内蒙古海拉尔暑期休养。其间曾接《辞海》书稿审查，听取呼伦贝尔盟（今呼伦贝尔市）地质局的汇报，做题为《呼伦贝尔盟及其邻区的大地构造及成矿区分区》的报告。

九月　所著《中国大地构造问题》一文刊于《地质学报》第 41 卷第 2 期。文章提出了"中国地台"的概念。

十月　在中国地质学会的一次学术讨论会上做题为"中国大地构造轮廓与成矿问题"的报告。

十一月 所著《概论铌钽》刊于地质部地质科学研究院主编的《铌钽矿床资料专辑》(《中华人民共和国地质部科技情报》系列)。

十二月五日 10月在中国地质学会学术讨论会上的报告《中国大地构造轮廓与成矿问题》经修改后,以《成矿理论与找矿》为题,刊于《中国地质》第12期。

一九六二年 壬寅 六十六岁

一月六—三十一日 赴浙江、上海和江苏参观和视察。到浙江地质局听取介绍情况,访章太炎夫人。晤翁文灏、徐宽甫。

二月二十一日 地质科学院拟安排谢家荣为学术委员会委员和地质图书馆馆长。

六月十三—二十六日 出席地质科学院研究室主任及六级工程师以上干部会议。会议讨论的中心问题是地质科学院的机构设置问题。

六月 提出《关于若干研究项目的建议》,共提了8个项目,并表示希望从事其中第2、3、6、7项目的研究。

七月九日 出席地质科学院院务会议,被调整到第五室(矿床室)任副主任。

八月三—二十一日 与夫人赴北戴河疗养,到北戴河时取行李不慎摔伤腰。

八月 在《中国科学》(*Scientia Sinica*)发表《论中国大地构造的格局》(On the Geotectonic Framework of China)一文,专门阐述我国境内从前寒武纪以来大地构造的发展特点。

十一月 撰文《近代成矿理论方面的几个基本问题》。

被《地质科学研究院临时分党委对统战工作的几点体会》点名批评。

十二月十八—二十五日 以"地质科学院主任工程师"身份出席在北京举行的中国地质学会第3次会员代表大会暨第32届学术年会并在本次会议上继续当选理事会理事和编辑委员会委员。在会上宣读两篇重要论文:在构造、石油组宣读《中国东南地区大地构造主要特征》,在矿床组宣读《论矿床的分类》。

十二月二十三日 所著《近代成矿理论方面的几个基本问题》刊于地质部地质科技情报所编印的《地质快报》第24期。

是年 考察寿王坟铜矿、内蒙古索伦山铬铁矿和白云鄂博铁矿,分别作《燕山地区的成矿问题》《索伦山铬铁矿区的几个问题》和《白云鄂博地区的地质矿床问题》的报告。

一九六三年 癸卯 六十七岁

一月十九日 地质部任命谢家荣为地质科学院第五研究室副主任。

年初 邀请莫柱荪同赴广东考察,经过对广东沿海区测图及实际资料分析,提出云开大山变质岩是加里东褶皱带的新认识。

三月　所著英文论文《中国锡矿研究》(A Study of the Tin Deposits in China)刊于《中国科学》(*Scientia Sinica*)第 12 卷第 3 期。

四月十九日　在华东地质研究所石油组座谈会上发言。

六月二十三日　所著《让花岗岩与花岗岩化的研究为区测找矿工作服务》刊于地质部地质科技情报所编印的《地质快报》1963 年第 12 期。

九月十八日　出席地质部地质科学研究院首届研究生开学典礼,招收的两名研究生张立生、陈廷愚入学。

九月　所著《山西某铜矿的地质矿床问题》(Problems Pertaining to Geology and Ore Deposits of a Copper in Shansi Province)刊于《中国科学》(*Scientia Sinica*)第 12 卷第 9 期。

是月　科学出版社出版袁见齐、谢家荣、叶连俊合编之《钾磷矿床研究》,为《矿床学论文集》之一种,载文五篇,其中有谢家荣《中国找盐问题》和《盐矿地质》两文。

十月十八日—十一月三十日　参加全国政协视察团赴江苏、上海视察。

十月　科学出版社出版孟宪民等编《矿床分类和成矿作用》,为丛书《矿床学论文集》之一种,共收录 5 篇论文,其中两篇为谢家荣所著:一为《论矿床的分类》,一为《地质历史中成矿作用的新生性、再生性和承继性》。

十二月四日　地质科学研究院分党委关于统战工作的总结(草稿)认为:"谢家荣在划为右派后,尚能接受改造,但在摘掉右派帽子后,不服从党的领导的情绪又有所(抬)头。"

十二月　在《中国科学》(*Scientia Sinica*)发表《华南主要大地构造特征》(Major Geotectonic Features of S. E. China)一文,阐述华南的变质杂岩和花岗岩问题。

是年　代表作《中国矿床学》开始写作。这部书原计划写三篇:第一篇总论;第二篇各论;第三篇各省找矿指南。

一九六四年　甲辰　六十八岁

三—四月　应北京大学地质地理系之请,为该系开设"矿床学专题"讲座。讲座分为 4 个专题:现代成矿理论的各种学说、中国沉积矿床的综合研究、中国层状铁锰矿及有色金属硫化物矿床的成因问题、中国大地构造轮廓及矿床分布规律。

四月四日　地质部地质科学研究院提请地质部免去谢家荣地质科学研究院第五研究室副主任,改任地质科学院矿床地质研究所综合研究室主任。呈报表称谢家荣"地质知识较广,业务水平较高,自摘右派帽子后,表现尚好,尚能认真从事研究和著作"。

七月十一—十八日　应邀出席在江西庐山举行的江西省地质学会成立大会、江西省地质学会第1届会员代表大会暨首届学术年会,并在会议开幕式上致辞。

七月十四日 应邀在江西省地质学会第1届会员代表大会上做题为《现代成矿理论的各种学说》的学术报告。

九月 著文《对赣闽几个矿区地质问题的初步认识》和《有关研究中国钨锡矿床的几个问题》。

新招研究生周剑雄入学。

十月初 由构造地质会议筹委会主任黄汲清主持,尹赞勋、张文佑、孙云铸、谢家荣、李春昱等参加,对"中国地壳运动名词汇编"进行审查。

十月五一二十日 自北京经长沙到南昌,转赴东乡、铅山永平。对东乡枫林铜矿区做了四天半的全面考察后于14日在106分队做题为"江西东乡枫林铜矿的地质问题"的报告,留下张立生在矿区毕业实习后,转赴铅山永平,在永平矿区考察3天后,于10月20日在永平队上做题为"永平矿区的几个地质矿床问题"的报告,留下陈廷愚在永平铜矿毕业实习后,返回南昌。

十月二十二日 全天在江西省地质局礼堂做学术报告。

十月二十四日一十一月十八日 出席福建省地质学会大会,考察福建地质。

十月 由中国科协推选为第四届全国政协委员。

十一月一日 在福建省地质学会大会大会上做"有关研究中国钨锡矿床的几个问题"的报告。

十一月六一十六日 自厦门经漳州、三明到福建省地质局区测队所在地行洛坑,一路考察地质,16日在行洛坑做题为"关于花岗岩、矿床和找矿问题"的报告。

十一月十八一二十四日 自三明经长汀抵江西瑞金,在瑞金参观叶平中华苏维埃共和国旧址等处后,经于都抵赣州。赴908队听取关于赣南地质与钨矿情况的介绍和关于盘古山钨矿地质的介绍,先后做"有关研究中国钨锡矿床的几个问题"的报告和关于花岗岩化的报告。

十一月二十六日一十二月一日 自赣州经南康抵大余西华山。考察西华山钨矿地质。在西华山招待所做关于赣南钨矿考察认识的报告。

十二月二一七日 听取江西908队关于漂塘钨矿地质情况的介绍、关于钨矿矿化富集规律专题研究成果的介绍,并就钨矿脉的矿物组合与原生分带作即席发言。在队上做关于江西钨矿的找矿与科学研究问题的报告。

十二月十日 在南昌江西宾馆听取张立生、陈廷愚的野外工作汇报,并对下一步的野外工作提出具体意见。

十二月二十日 今起出席全国政协四届一次会议。此次会议于1965年1月5日闭幕。

是年　著《湖北省找矿指南》。

一九六五年　乙巳　六十九岁

二月　在《中国地壳运动命名的几点规定(草案)》和《对于已有地壳运动名称取舍的意见》上批语。

三月十日　分别致函浙江省地质局和贵州省地质局,索取 50 万分之一浙江省地质图及说明书和相同比例尺的浙江省矿点分布图及说明书,50 万分之一贵州省地质图及说明书和相同比例尺的贵州省矿点分布图及说明书。

七月三十一日　在百万庄办公室听取贵州省地质局廖士范关于贵州汞矿地质的介绍,指出汞的来源与沉积作用有关,成矿是次生的,建议开展早、中寒武世的岩相古地理研究。

七月　应地质部地质科学技术情报研究所之邀,为国家找金矿之需,著文《世界金矿概述》(署名:谢家荣、牟江海),刊地质部地质科技情报所编印的《国外金矿资料专辑》。

十月三—十二日　出席黄山花岗岩会议。于 10 月 10 日在会上做题为"花岗岩化与成矿"的报告。

十月二十四—二十六日　在湖北省地质局听取 401 队关于黄陵背斜超基性岩地质矿产情况的介绍,与田奇瑪等人作即席发言。听取关于黄陵背斜金矿、幕府山伟晶岩与金矿、江汉平原石油与膏盐地质情况的介绍,建议在秭归盆地、利川盆地中注意寻找钾盐与油气。听取鄂东、鄂西南、鄂西北地质矿产情况的介绍。

十月二十七日　在湖北省地质学会会议上做题为"同生成矿理论在我国的运用"的报告。

十一月二十五日　为编著《中国矿床学》第三篇各省找矿指南,分别致函贵州省地质局、四川省地质局、云南省地质局和地质部西南地质科学研究所,请他们提供三省 50 万分之一或 20 万分之一地质图及说明书、50 万分之一或 20 万分之一矿产分布图及说明书、区域地层表、50 万分之一或 20 万分之一大地构造图及说明书。

是年　中国地质科学院人事处所填《科学技术干部简历表》"在技术业务上的主要成就"栏如是填写:"从事地质工作 40 余年,对地质矿床的成矿规律,煤及金属矿方面研究有专长,在他的领导下,曾发现淮南八公山煤田、安徽凤台磷矿、南京栖霞山铅锌矿、福建广东铝土矿,并在甘肃白银厂首先发现含铜矿物,在他的指示的方向下,找到了江西城门山铜矿。其中有的是我国较重要的矿产地。著有《扬子江峡谷的中生代地层》《中国的黄铁矿矿床和制硫工业》《中国煤的显微镜的研究》《中国石油资源》《从中国矿床的若干规律提供今后找矿方面的意见》《地质学(上编)》

《普查须知》等有关地质、煤、石油等地质论文和报告共 200 余种(其中有的是与别人合著的),有的文章对指示找矿和指导地质工作有较大作用,水平较高。"

一九六六年 丙午 七十岁

年初 科学出版社决定出版谢家荣的《矿床学论文集·现代成矿理论及其在中国的运用》。

一月三十日 科学出版社编辑部第三编辑室假北京科学会堂 104 号会议室,邀请地质部地质科学研究院孟宪民、谢家荣、陈正、陶绍勤、黄旭芳和北京钢铁学院采矿系谢树英等 6 位专家集会研究兰姆多《金属矿物及其共生》(德文原著)译稿的审校定稿问题。

春 著文《四川省找矿指南》,附《对四川成矿问题的某些初步看法》。

春 中华人民共和国地质部(66)地办第 36 号文件《关于落实图书"三五"选题规划》发出。按照该文件,所编著的《中国矿床学》应在 1967—1970 年间分册出齐。《中国矿床学》总论完成,约 20 万字。

三月十五日 为编写《中国矿床学》,离开北京赴鄂西北、贵州和四川收集资料。

三月十七—十八日 在湖北省地质局听取周圣生汇报鄂西北地质情况。谈对鄂西北的看法,题目是《对鄂西北矿产的评价问题》,分 3 个部分:评价的依据、今后如何工作、什么时候打钻。

三月十九日—四月十九日 赴鄂西北考察地质。先后抵达地处襄樊红马庙的第 13 地质大队考察并作报告,讲对银洞山矿区的若干看法及优地槽带找矿论,到郧西黄云铺的地质分队,考察大石河铜矿点,赴云盖寺考察绿松石矿,在座谈会上发言,讲绿松石矿政治经济意义、绿松石矿床的成因、今后工作的若干建议,到竹溪考察陈家山老洞、娘娘洞沟铜矿、大树垭铜矿、沙坝铜矿、龙王垭口—锅厂—竹园—太平关—七里扁地质,在座谈会上讲怎样找矿和竹溪矿床的远景,在竹山县境内先后考察杨氏庙矿化点、董家湾矿化点,叫化岩矿化点,自竹山经得胜铺,陕西白河,再入湖北,经红马庙、老河口、丹江抵达襄樊鄂西北地质队,沿途作地质考察,参观丹江口水坝,考察洞山寺、河水田等处铜矿,金红石砂矿,在鄂西北地质队座谈会上讲学习的几点体会和大地构造与找矿,最后自襄樊经隋县抵达应城盐矿考察。

四月二十二日 赴湖北省地质局做题为"大地构造与找矿"的报告。

五月二日 在贵阳撰写并完成一生中的最后一篇论文《大地构造与找矿》。

五月三—十一日 在贵州省地质局听燕树檀介绍贵州省地质情况和阅读资料。

五月十二日 抵达成都,收集资料。

八月八日　地质科学院发生"八八暴动",谢家荣等被揪斗。

八月十三日　星期六。是夜,服下过量安眠药离世。

一九七八年

十月九日　"谢家荣先生追悼会"在八宝山革命公墓礼堂举行。《光明日报》、地质部机关刊物《地质战线》等均有报道。

四　谢家荣著译目录

1915 年

河北房山一带地质报告书. 全国地质资料馆. 档号 9289.

直隶龙门县附近地质实习报告(地质研究所卒业报告). 全国地质资料馆. 档号 240

质射性元质概论. 科学. 1(7).

1916 年

地质研究所英文实习报告(The Petrology of South Western Lung-Men-Hsien). 全
　　国地质资料馆. 档号 9344.

京西千军台煤窝百花山等处地质报告书(谢家荣, 卢祖荫, 马秉铎). 全国地质资料
　　馆. 档号 9437.

地质研究所英文实习报告(Report on Chao-Ko-Chwang Coal Mine). 全国地质资
　　料馆. 档号 307.

江西德化县西境地质矿产报告书(叶良辅, 翁文灏, 谢家荣). 全国地质资料馆. 档
　　号 382.

江西德化县城门山铁矿报告(翁文灏, 叶良辅, 谢家荣). 全国地质资料馆. 档
　　号 385.

江西进贤县东北煤矿报告书(谢家荣, 叶良辅). 全国地质资料馆. 档号 404.

江西丰城县煤矿报告书(叶良辅, 谢家荣). 全国地质资料馆. 档号 405.

江西鄱阳湖附近地质概论(叶良辅, 翁文灏, 谢家荣). 全国地质资料馆. 档号 9298.

中国东南部地质总论(译). (李希霍芬原著). 全国地质资料馆. 档号 1149.

论美国之石油(译). 1916 - 10 - 15. 农商公报. 27(3).

1917 年

郴县安源锡矿报告. 全国地质资料馆. 档号 198.

湖南资兴县瑶岗仙钨矿报告. 全国地质资料馆. 档号 206.

湖南耒阳县马水乡石墨报告. 全国地质资料馆. 档号 232.

1918 年

自然硫矿之成因. 科学. 3(9).

1919 年

考察美国阿里梭纳省铜矿记. 农商公报. 6(62，63).

1920 年

黏土. 科学. 5(6).

矿床学大意. 科学. 5(9，10，11，12).

某些叶状变质岩的成因［Origin of Certain Metamorphic Foliated Rock（Thesis
　　Submitted for the Degree of MASTER OF SCIENCE）］威斯康星大学硕士论
　　文. 威斯康星大学图书馆.

1921 年

记美国之国立地质调查局. 科学. 6(9).

1922 年

地质学教学法. 科学. 7(11)

民国九年十二月甘肃地震报告. 全国地质资料馆. 档号 7754.

民国九年十二月甘肃及其他各省地震情形. 地学杂志. 13(8—9).

调查甘肃地质矿产记略. 农商公报. 8(10).

甘肃玉门石油报告.（湖南）实业杂志. 第 54 号.

北京西山煤田. 北京大学档案馆. 档号 W0172002 - 0384.

1923 年

Proceedings of the First Annual Meeting Held at Peking, Jan. 6, 7 and 8, 1923.
　　Bull. Geol. Soc. China. Vol. 2, No. 1~2.

Note on the Red Beds in Kansu (Abstract). *Bull. Geol. Soc. China.* 2(1—2)

Preliminary Notes on the Composition and Structure of the First Specimen of
　　Meteoric Stone Received by the Geological Survey of China. *Bull. Geol. Soc.*
　　China. 2(3—4).

中国铁矿床之分类与其分布. 科学. 8(5).

中国陨石之研究. 科学. 8(8).

中国陨石之研究附表. 科学. 8(9).

说地质图(翁文灏、谢家荣). 农商公报. 9(11).

美国之研究地质事业. 农商公报. 9(11).

调查湖北全省地质计划书(刘季辰,谢家荣). 科学. 8(10).

调查湖北全省地质简报 第一区第一号、第一区第二号,(刘季辰、谢家荣). 农商公报. 10(113).

煤(百科小丛书第十种). 商务印书馆.

中国铁矿志(编译,丁格兰原著). 地质专报. 甲种第 2 号.

1924 年

陨石浅说. 科学. 9(1).

Stratigraphy of Southeastern Hupei. *Bull. Geol. Soc. China*. 3(2).

调查湖北全省地质第二区简报 第一号,第二号,第三号(谢家荣,刘季辰).《农商公报》. 10(120).

甘肃北部地形地质简说. 科学. 9(10).

地质学(上编). 商务印书馆.

西北矿产概说. 全国地质资料馆. 档号 990.

湖北地质矿产概说. 湖北地质矿产专刊. 第 1 号.

振兴湖北矿业意见书(谢家荣,刘季辰). 农商公报. 11(121);湖南实业杂志. 第 81 号.

1925 年

湖北应城膏盐矿报告附石膏说略(谢家荣,刘季辰). 湖北地质矿产专刊. 第 3 号.

A Study of the Silurian Section at Lo Jo Ping, I Chang District , W. Hupei [C. Y. Hsieh and Y. T. Chao. *Bull. Geol. Soc. China*. 4(1)].

The Mesozoic Stratigraphy of the Yangtze Gorges (C. Y. Hsieh and Y. T. Chao). *Bull.Geol. Soc. China*. 4(1).

兴山巴东间中生界地层考. 湖北地质矿产专刊. 第 5 号.

Geology of I Chang, Hsing Shan, Tze Kuei and Pa Tung Districts, W. Hupeh (with Y. T. Chao). *Bull. Geol. Surv. China*, No. 7.

Geologic structure and physiographic history of the Yangtze Valley below Wu Shan (L. F. Yih and C. Y. Hsieh). *Bull. Geol. Surv. China*. No. 7.

调查湖北全省地质第三区第一号简报(谢家荣,赵亚曾). 农商公报. 11(127).

调查湖北全省地质第三区第二号简报(谢家荣,赵亚曾). 农商公报. 11(127).

调查湖北全省地质第四届第一号简报(谢家荣,刘季辰). 农商公报. 12(137).

调查湖北全省地质第四届第二号简报(谢家荣,刘季辰). 农商公报. 12(137).

1926 年

第二次(民国七年至十四年)中国矿业纪要. 地质调查所专报. 丙种. 第 2 号.

Iron Deposits of W. S. Hupeh(C. Y. Hsieh and C. C. Liu). *Bull. Geol. Soc. China*. 5(2).

1927 年

中国之黄铁矿及炼硫事业. 矿冶. 1(1).

民国十五年出版有关中国矿冶文字目录. 矿冶. 1(1).

The Pyrite Deposits and Sulphur Industry of China. *14th Intern. Geol. Congr.*

两广矿业一斑. 矿冶. 1(2).

Geology and Mineral Resources of Southwestern Hupeh(C. Y. Hsieh and C. C. Liu). *Bull. Geol. Surv. China*. No. 9.

山东泰安华宝煤矿公司地质报告. 全国地质资料馆. 档号 3131.

两广地质调查所工作及分年进行计划书. 北京大学档案馆. 档号 1RW0172002 - 0477.

1928 年

钟山地质及其与南京市井水供给之关系. 科学. 13(4).

Geology of Chung Shan and Its Bearing on the Supply of Artesien Water in Nanking. *Bull. Geol. Soc. China*. 7,(2).

Geology of Tang Shan and Its Vicinity, Nanking (C. Y. Hsieh and K. Chang). *Bull. Geol. Soc. China*. 7(2).

广东花县赤泥河附近地质(两广地质报告第一号)(谢家荣,张会若,斯行健,朱庭祜,朱翔生,李殿臣). 全国地质资料馆. 档号 2870.

广东广九铁路沿线地质矿产(两广地质临时报告第七号)(谢家荣,冯景兰,张会若,李殿臣). 全国地质资料馆. 档号 2728.

1929 年

A Microscopic Study of Some Coal from Szechuan, S. W, China. *Bull. Geol. Soc. China*. 8(1).

Geological and Microscopical Study of Some Copper Deposits of China. *Bull. Geol. Soc. China*. 8(4).

石油(王云五主编百科小丛书第一百六十一种). 商务印书馆.

1930 年

调查首都潜水地质简略报告. 中国第二历史档案馆.

首都之井水供给(梁津,胡博渊,谢家荣). 地质汇报. 第 16 号.

地质学与现代文化. 中国地质图书馆. 单行本.

A Preliminary Petrographical Study of the Peipiao Coals. *Bull. Geol. Soc. China.* 9(3).

Some New Methods in Coal Petrology. *Bull. Geol. Soc. China.* 9(3). 3.

Ätzstrukturen in der Kohle. Berlin. Arbeiten aus dem Institut fur Palaeobotanik und Petrographie der Brennstein. Bd. 2, Heft 1.

煤的侵蚀结构. (Microstructure of Coal as Revealed by Etching). 北京大学档案馆. 档号 1RW0172002 - 0110.

华煤显微结构的初步报告. (A Preliminary Report on the Microstructures of Chinese Coal). 北京大学档案馆. 档号 1RW0172002 - 0099.

浙江省武康县铜官山铜矿. 北京大学档案馆. 档号 1RW0172002 - 0310.

南京金陵女子大学内自流井开凿纪要. 北京大学档案馆. 档号 1RW0172002 - 0248.

南京市特别政府及中正街自流井地质情形. 北京大学档案馆. 档号 1RW0172002 - 0249.

开凿中正街自流井之经过. 北京大学档案馆. 档号 1RW0172002 - 0250.

1931 年

国产煤之显微镜研究. 矿冶. 4(15).

土壤分类及土壤调查. 实业部地质调查所:土壤专报. 第 2 号.

河北省三河平谷蓟县土壤约测报告(谢家荣,常隆庆). 实业部地质调查所:土壤专报. 第 2 号.

欧美日本诸国地质调查所事业现状. 国立北京大学地质学会会刊. (5).

勘查平西王平村同丰公司煤矿报告. 全国地质资料馆. 档号 318.

The Iron Deposits of Southern Anhui. *Bull. Geol. Soc. China.* 10(1—4).

近年来显微镜研究不透明矿物之进步. 北京大学自然科学季刊. 3(7).

皖南铁矿地质. 北京大学档案馆. 档号 1RW0172002 - 0195.

Report on the Wangpingtsun Coal Field, West Peiping.

1932 年

The Yuhuatai Gravel and Its Physiographic Significance. *Bull. Geol. Soc. China.*

11(1).

On the Vegetable Tissues and Flora in the Chinese Coal and Their Geological Significance. *Bull. Geol. Soc. China.* 11(3).

Note on a Stone Meteorite from Eastern Kiangsi. *Bull. Geol. Soc. China.* 11(4).

The Chiawang Coal Field of Tungshan District, Kiangsu Province. *Bull. Geol. Surv. China.* No. 18.

外人在华矿业之投资(谢家荣,朱敏章). 中国太平洋国际学会. 中国太平洋国际学会丛书.

太桦探胜记. 自然. 2(上).

Note on the Occurrence of a Peculiar Chlorite, Probably Jenkinsite(?)in the Tang Tu Iron Deposit, S. Anhui.

1933 年

陕北的地文. 师大月刊(国立北平师范大学月刊). 3(理学院专号).

北平周围的自然奇迹. 自然. 14(上).

西山地质的新研究. 自然. 37,38,39.

Note on the Geomorphology of the North Shensi Basin. *Bull. Geol. Soc. China.* 12(1—4).

陕北盆地的地文. 方志月刊. 6(3).

中国地文期概说. 清华周报. 40(7—8)(地学专号).

南京雨花台砂砾岩及其地文意义. 方志月刊. 6(12).

燃料研究与中国的燃料问题(谢家荣,金开英). 大公报. 1933 - 05 - 16:13—14;科学. 17(10).

Microstructure of Some Chinese Anthracite. *Bull. Geol. Soc. China.* 12(1—4).

On the Occurrence of Sphaerosiderit in a Subbituminous Coal from Hsian Coal Mine, Liaoning Province. *Bull. Geol. Soc. China.* 12(1—4).

A Remarkable Occurrence of Fusain at Lungchuan Hsien, Chekiang Province (C. Y. Hsieh and K. Chang). *Bull. Geol. Soc. China.* 12(1—4).

Thinned polished section of coal, a new technique in coal petrology. *Bull. Geol. Soc. China.* 12(1—4).

On Lopinite, a New Type of Coal in China. *Bull. Geol. Soc. China.* 12(1—4).

Note on the Geology of Changsintien and Tuoli Area, S. W. of Peiping. *Bull. Geol. Soc. China.* 12(1—4).

1934 年

陕北盆地和四川盆地. 地理学报. 1(2).

长兴煤田地质报告(谢家荣, 计荣森). 全国地质资料馆. 档号 545.

煤之成因的分类. 自然. 2(下, 92).

致赵祖康先生论长兴油苗书(谢家荣, 王竹泉). 自然. 2(上, 68).

中国地质事业之回顾. 大公报(天津). 1934 - 07 - 15: 13—14.

China's Future-Producing Possibilities More Promising than Developments Indicate. (*Oil Weekly*. 1934 - 12 - 30).

Tabular History of North Shensi Oil Fields (W. H. Wong, C. Y. Hsieh, C. Y. Lee).

1935 年

扬子江下游铁矿志(谢家荣, 程裕淇, 孙健初, 陈恺). 地质专报甲种. 第十三号.

地球的内部是什么? 东方杂志. 32(1).

河流之袭夺及其实例. 地理学报. 2(3).

北大地质系在中国地质研究上之贡献. 自然. 3 (下. 150).

以假乱真的地质现象. 自然. 3 (下. 159).

中国之石油. 地理学报. 2(1).

China's Future as an Oil Producing Nation. 北京大学档案馆. 档号 1RW0172002 - 0108. 谢家荣文集. 4.

福建安溪永春永泰等县矿产报告(谢家荣, 程裕淇). 矿冶. 8(27—28).

A Microscopical Study of the Bauxite Deposit in the Tzechuan-Poshan District, Central Shantung. *Bull. Geol. Surv. China*, No. 25.

Les types de gisements de fer chinois. *congr. intern. mines metallurgie et geol. appliquée*. sect. de géologie appliquée. tom 1.

1936 年

On the Late Mesozoic-Early Tertiary Orogenesis and Vulcanism and Their Relation to the Formation of Metallic Deposits in China. *Bull. Geol. Soc. China*. 15(1).

Obituary note on Mr. S. M. Wang. *Bull. Geol. Soc. China*. 15(2).

发刊词. 地质论评. 1(1).

近年来中国经济地质学之进步. 地质论评. 1(1).

现代地层学者应具的勇气(译). 葛利普原著. 地质论评. 1(2).

中国矿冶地质参考书目录. 实业部、教育部和全国矿冶地质联合展览会编. 全国矿业要览之第七篇.

Geology and Mineral Deposits of Anchi, Yungchun and Yungtai Districts, Fukien Province(C. Y. Hsieh and Y. C. Cheng)*Bull. Geol. Surv. China.* No. 27.

中国之矿产时代及矿产区域. 地质论评. 1(3).

编后. 地质论评. 1(3).

地质调查之合作办法. 地质论评. 1(5).

书报述评

德日进著：新疆吐鲁番一带地质. 地质论评. 1(1).

德日进著：山坡砾石层在地质研究上之意义. 地质论评. 1(1).

河南地质调查所印行：河南矿产志. 地质论评. 1(1).

林文英著：甘新公路地质调查报告. 地质论评. 1(1).

许那德勋氏著：矿床学. 地质论评. 1(1).

巴尔博著：华北黄土层之最近观察. 地质论评. 1(2).

张更、孟宪民著：湖南临武香花岭锡矿地质. 地质论评. 1(2).

孙健初著：南山及黄河上游之地质. 地质论评. 1(5).

田奇㻌主编：湖南铁矿志(第一册). 地质论评. 1(5).

毕里屏著：石油储量计算法. 地质论评. 1(5).

许杰著：安徽南部之特马豆齐安层. 地质论评. 1(5).

李毓尧著：扬子江下游震旦纪冰川层. 地质论评. 1(5).

杨钟健、卞美年著：北平附近新生代地质之新观察. 地质论评. 1(6).

郑厚怀、袁见齐著：江苏江宁县獾子洞成矿作用. 地质论评. 1(6).

南延宗著：湖南郴县金船塘金属矿床. 地质论评. 1(6).

普通地质 谢家荣. 老科学家学术成长资料采集工程数据库. 谢家荣. 档号 SG‐007‐066.

构造地质 谢家荣. 老科学家学术成长资料采集工程数据库. 谢家荣. 档号 SG‐007‐068.

1937 年

北平西山地质志第一篇第一章. 全国地质资料馆. 档号 9418.

An Outline of the Geological Structure of Western Hills of Peiping. *Bull. Geol.*

Soc. China. 16.

遵化金矿简报. 地质论评. 2(5).

湘潭谭家山煤系层序. 地质论评. 2(5).

The Lead-Zinc Deposits of Central Hunan(C. Y. Hsieh and Y. C. Cheng). *Bull. Geol. Surv. China*. No. 29.

The Petroleum Resources of China. *Bull. Geol. Surv. China*. No. 30.

湖南常宁县水口山铅锌矿. 全国地质资料馆. 档号 180.

The Shuikoushan Lead-Zinc Mine, Central Hunan, South China. *Jour. Assoc. Chinese and American Eng. 1937*, *XVlll*, No. 6, pp. 353～370. also *The Far Eastern Review* XXXVI, No. 1, pp. 12～18.

湖南湘潭谭家山煤田地质报告. 北京大学档案馆. 档号 1RW0172002 - 0439.

书报述评

郑厚怀、汤克成著：湖北鄂城西雷二山铁矿之成因. 地质论评. 2(1).

葛利普著：中国黄河大平原著. 地质论评. 2(4).

谢家荣著：北平西山地质构造概说. 地质论评. 2(4).

梭颇著：中国之土壤. 地质论评. 2(4).

葛利普著：地质学之基本观念及其与中国地层学之关系. 地质论评. 2(5).

黄汲清、徐克勤著：江西萍乡煤田之中生代造山运动. 地质论评. 2(5).

计荣森、许德佑、盛莘夫著：长江下游青龙石灰岩之研究. 地质论评. 2(5).

1938 年

广西贺县钟山间西湾煤田地质(简报第十五号)(谢家荣,王植). 全国地质资料馆. 档号 702.

广西西湾煤田地质(谢家荣,王植). 地质论评. 3(1).

田阳县甫墟乡憧慢村褐炭煤田地质报告(谢家荣,王植,张文汉). 全国地质资料馆. 档号 1974.

广西田阳县地质矿产简报(谢家荣,王植,张文汉)(经济部地质调查所简报,第 32 号). 全国地质资料馆. 档号 180.

广西富贺钟锡矿简报第 1 号(谢家荣,王植). 全国地质资料馆. 档号 2826.

富贺钟江锡矿简报第 2 号(谢家荣,王植). 全国地质资料馆. 档号 2718.

富贺钟江锡矿简报第 3 号(谢家荣,王植,周德忠). 全国地质资料馆. 档号 2719.

富贺钟江锡矿简报第 4 号(湖南江华县城附近锡矿报告)(谢家荣,王植). 全国地质资料馆. 档号 1956.

云南东川铜矿简报. 全国地质资料馆. 档号 652.

广西富贺钟砂锡矿. 北京大学档案馆. 档号 1RW0172002－0132.

1939 年

广西全县龙水附近砂锡矿简报(中南地质局 1954 年翻印). 全国地质资料馆. 档号 7073.

1940 年

On the Age of the Hsiwan Coal Series. *Bull*. *Geol*. *Soc*. *China*. 20(1).

高平著: 江西省地质矿产图表. 地质论评. 5(1—2).

江华矿务局筹备经过及现在状况. 资源委员会季刊. 2(1).

1941 年

云南矿产概论. 地质论评. 6(1—2).

云南三大铁路沿线矿产图表(谢家荣,王曰伦). 地质论评. 6(1—2).

编辑后记. 地质论评. 6(1—2).

叙昆铁路沿线昆明威宁间地质矿产(谢家荣,郭文魁,王超翔等). 资源委员会西南矿产测勘处临时报告. 第 1 号. 全国地质资料馆. 档号 1160.

1942 年

On the Iron Deposits in Shuicheng, Weining and Heichang Districts, Western Kueichou. *Bull*. *Geol*. *Soc*. *China*. 22(3—4).

云南祥云宾川弥渡蒙化间地质矿产. 资源委员会西南矿产测勘处临时报告. 第 19 号. 全国地质资料馆. 档号 1888.

贵州水城观音山赫章铁矿山铁矿报告. 资源委员会西南矿产测勘处临时报告. 第 25 号. 全国地质资料馆. 档号 576.

1943 年

Tin Placer Deposits in Fuhochungkiang Area, Northeastern Kuangsi and Southern Hunan, and with a Note on the Distribution of Tin Belts in China. *Bull*. *Geol*. *Soc*. *China*. 23(1—2).

滇东黔西之成矿时代(节要). 地质论评. 8(1—6).

测勘全国汞矿计划及经费概算. 全国地质资料馆. 档号 1907.

贵州矿产的新认识. 全国地质资料馆. 档号 2837.

贵州中部铝土矿采样报告. 资源委员会矿产测勘处临时报告. 第 40 号. 存中国地质图书馆.

1944 年

研究中国铝土矿的几个问题(中国地质学会第 26 次年会论文节要). 地质论评. 9(5—6).

Note on the Ore Deposits in the Yunnan-Kueichou-Sikang Area with Special Reference to Their Distribution & Geological Age. *Contr. Econ. Geol.* Miner. Explor. Bur. No. 1.

A Study of the Lomachang Lead-Silver Deposit, Lutien, N. Yunnan. *Contr. Econ. Geol.* Miner. Explor. Bur. No. 1.

Coal Field & Coal Mining Industry in China, a General Survey. *Contr. Econ. Geol.* Miner. Explor. Bur. No. 2.

地质矿产陈列室矿产部分说明(谢家荣,马祖望). 资源委员会矿产测勘处.

Origin of Chinese Bauxite Deposits. *Contri. Econ. Geol.* Miner. Explor. Bur. , No. 2.

中国铝土矿之成因. 矿冶研究所炼铝专刊. 第 1 号.

贵州矿产之展望. 贵阳中央日报经建月刊. 6 月号.

The Discovery of High Alluminus Deposits in China. Feb. 2nd, *Chungking Herald*.

泛论中国铝土矿. 大公报(重庆). 1945 - 02 - 27:3.

贵阳西部煤田简报. 资源委员会矿产测勘处临时报告. 第 43 号. 全国地质资料馆. 档号 1942.

贵州都匀独山煤田说略. 资源委员会矿产测勘处临时报告. 第 47 号. 全国地质资料馆. 档号 1940.

1945 年

滇黔铝土矿之显微镜研究(谢家荣,沙光文). 地质论评. 10(3—4).

贵州煤田研究并特论其与古地理及地质构造之关系(中国地质学会第 21 次年会论文节要)(谢家荣,张兆瑾,王承祺). 地质论评. 10(3—4).

中国几种挥发分烟煤及其在三角分类图中之位置(中国地质学会第 21 次年会论文

节要). 地质论评. 10(3—4).

四川赤盆地及其中所含之油气盐卤矿床. 地质论评. 10(5—6).

地质与开矿的关系. 资源委员会季刊. 5(3)(矿冶专号).

介绍亨佛来氏螺旋选矿机. 矿测近讯. 57.

本处研究黔滇铝土矿之成果. 矿测近讯. 58.

中国探矿计划之我见. 矿测近讯. 58.

四川长寿县剪岗坝油苗简报. 资源委员会矿产测勘处临时报告. 第 44 号. 全国地
　　质资料馆. 档号 1937.

云南铝土矿调查报告汇编(谢家荣,叶大年,张兆瑾等). 矿产测勘处临时报告. 第
　　49 号. 全国地质资料馆. 档号 626.

1938—1944 世界各国煤产量表. 老科学家学术成长资料采集工程数据库. 谢家荣.
　　档号 SG - 007 - 073.

1946 年

四川矿业的展望. 矿测近讯. 59.

资源委员会矿产测勘处接受外界委托服务办法. 矿测近讯. 59.

敌伪时代华中矿产之若干发现. 矿测近讯. 60.

安南敦化砂铬矿报告节要. 矿测近讯. 60.

台湾之石油及天然气. 矿测近讯. 61.

台湾金瓜石矿山纪要. 矿测近讯. 61.

再论四川赤盆地中之油气矿床. 矿测近讯. 62.

伊朗及中东油田. 矿测近讯. 62.

视察苏皖矿产记. 矿测近讯. 62.

地质珍闻. 矿测近讯. 62.

水氧化铝系平衡状态之热液的研究(节译). 矿测近讯. 63.

研究与建设. 矿测近讯. 63.

《江苏东海磷矿述略》(张祖还著)编者按. 矿测近讯. 63.

新式岩心钻头. 矿测近讯. 64.

我对于砂锡矿的经验. 矿测近讯. 66.

震撼铝业界之克鲁氏炼铝新法. 矿测近讯. 67.

矿测随笔(一). 矿测近讯. 67.

中国地质学会第二十二届年会献词. 矿测近讯. 68.

中国陶瓷原料说略及测勘计划（与杨开庆合著）. 矿测近讯. 68.

本处三十六年度工作计划. 矿测近讯. 68.

矿测随笔(二). 矿测近讯. 68.

地质学的应用. 矿测近讯. 69.

矿测随笔(三). 矿测近讯. 69.

矿产测勘处工作方针及预算原则. 矿测近讯. 70.

利用α放射线在磨光面上研究铀钍矿物法(节译). 矿测近讯. 70.

抗战八年来之矿产测勘概况. 资源委员会季刊. 6(1—2).

日本人在中国侵占区内之探矿工作. 大公报(上海). 1946－09－09：6.

1947 年

评述战时中国沦陷区内的矿业经营. 大公报. 1947－01－06：6.

中国经济地质界的新动向. 地质论评. 12(1—2).

淮南新煤田及大淮南盆地地质矿产. 地质论评. 12(5);资源委员会矿产测勘处临
时报告. 第54号.

如何发现新煤田. 矿测近讯. 71.

沦陷时期东北各省矿产矿业调查表(1－7). 矿测近讯. 71—74,76—77,82.

结晶片岩系中含磷层的发现. 矿测近讯. 72.

矿测随笔(四). 矿测近讯. 72.

矿测随笔(五). 矿测近讯. 73.

本处继续发现含磷层. 矿测近讯. 74.

安南老街磷矿(节译). 矿测近讯. 74.

本处发现三水型铝土矿. 矿测近讯. 75.

江苏贾汪煤田及华东煤矿公司近况. 矿测近讯. 76.

矿测随笔(六). 矿测近讯. 76.

淮南新煤田的发现. 大公报(上海). 1947－05－26：6.

安徽凤台磷矿的发现. 矿测近讯. 77.

淮南煤之炼焦性. 矿测近讯. 77.

中国地质学会第二十三届年会祝词. 矿测近讯. 81.

本处发现漳浦东吴山铝土矿的价值和意义. 矿测近讯. 81.

淮南新煤田的发现. 大公报(上海). 1947－05－25：6

A Review of the Stratigraphy, Structure and Geological Histry of the Szechuan
Red Basin and the Occurrence of Natural Gas, Oil, Brines and Rock Salt
Contained Theirin with Special Discussions of Their Origin and Future

Prospects. *Bull. Geol. Soc. China*. 27(1—4).

Some Promising Regions for Searching Uranium and Thorium Deposits in China
(1947. 11).

中国之独居石矿(The Occurrence of Monazite Deposits in China). 全国地质资料
馆. 档号 4972.

福建漳浦县铝土矿复勘报告及探采计划. 资源委员会矿产测勘处临时报告. 第 68
号. 全国地质资料馆. 档号 1912.

1948 年

How the New Hwainan Coal Field was Discovered. *Science and Technology in
China*. pp. 49—54.

本处三十六年度工作检讨. 矿测近讯. 83.

矿产及经济地质发现年谱(民国三十六年度). 矿测近讯. 83.

论四川石油勘探问题(四川石油地质座谈会记录). 矿测近讯. 83.

转变中的八步锡矿业. 矿测近讯. 88.

资源委员会矿产测勘处处理新发现矿区办法. 矿测近讯. 88.

铀矿浅说. 矿测近讯. 89.

1947 年世界重要产油国家矿业统计表. 矿测近讯. 90.

闽南的一角. 矿测近讯. 90.

喷火钻(Jet piercing)在美国试验成功. 矿测近讯. 90.

章鸿钊：中国分省历代矿产图录. 地质论评. 13(3—4).

矿产与建设. 矿测近讯. 92.

江南探油论. 矿测近讯. 92.

南京附近的矿产. 矿测近讯. 93.

矿测随笔(七). 矿测近讯. 93.

与美国经济合作诸国的矿业近况(节译). 矿测近讯. 94, 97, 98.

福建漳浦铝土矿(谢家荣, 沙光文, 王承祺). 资源委员会季刊. 8(2)(矿产测勘专
号); 资源委员会矿产测勘处临时报告. 第 84 号. 全国地质资料馆. 档号 2625.

Paleogeography as a Guide to Mineral Exploration. *Bull. Geol. Soc. China*. 28
(1—2).

Note on the Phosphate Deposits in China (C. Y. Hsieh and C. H. Chao). *Bull.
Geol. Soc. China*. 28(1—2).

广西钟山县黄羌坪铀矿苗简报. 资源委员会矿产测勘处临时报告. 第 73 号. 全国

地质资料馆. 档号 2618.

广西富贺钟区独居石矿简报. 矿产测勘处临时报告. 第 74 号. 全国地质资料馆. 档号 2628.

台湾之锆英石及独居石. 全国地质资料馆. 档号 2989.

关于开发广西独居石意见. 全国地质资料馆. 档号 4710.

Note on the Bauxite & Alunite Deposits in China. 北京大学档案馆. 档号 1RW0172002 – 0097. 谢家荣文集. 6.

A List of Tungsten Deposits in China Showing Their Location, Type, Reserve and Occurrence.

A List of Molybdenum Deposits in China Showing Their Location, Occurrence and Reserve.

锑. 北京大学档案馆. 档号 1RW0172002 – 0168.

中国锑矿矿床型式及储产量表. 北京大学档案馆. 档号 1RW0172002 – 0171.

A List of Antimony Deposits in Hunan. 北京大学档案馆. 档号 1RW0172002 – 0172.

1949 年

三十七年度本处工作概述. 矿测近讯. 95.

东北地质矿产概况和若干意见. 科学. 31(11).

Paikungshan Coal Field — A New Discovery in the Huainan Basin, Northern Anhui, Central China. *Economic Geology*. 44(2).

世界矿业译丛:地球化学探矿;钻探沙丘;世界深矿井;开路机探矿. 矿测近讯. 97.

世界矿业译丛:钾在记数仪上的干扰. 矿测近讯. 98.

编者的话:

美国的堆储政策;西欧诸国的矿业;我们照常工作. 矿测近讯. 97.

中国的探矿政策;地质学者应有的风度;金属矿业的趋势. 矿测近讯. 98.

我们的探矿工作开始了;中国矿产品应该尽量出口;中国几种重要矿产的研究. 矿测近讯. 99.

我们提出一个探矿计划;今后中国地质工作的动向. 矿测近讯. 100.

关于资源调查的意见. 矿测近讯. 103.

中国探矿计划. 全国地质资料馆. 档号 1322.

参观东北的观感. 矿测近讯. 101—102.

山东矿产前途无量. 矿测近讯. 106.

地质学家团结起来,为新中国开发富源.光明日报.1949-09-27:2.

中国铝土矿明矾石及菱镁矿矿床表(1949年3月).老科学家学术成长资料采集工程数据库.谢家荣.档号SG-007-078.

截至1948年中国锑矿产地、位置、矿床类型、附产矿物、储量或生产能力表.老科学家学术成长资料采集工程数据库.谢家荣.档号SG-009-136.

截至1948年湖南锑矿产地、产地、产状、矿床类型、锑金属和产量表.老科学家学术成长资料采集工程数据库.谢家荣.档号SG-009-137.

中国钨矿的产地、矿石种类、储量和矿床类型表(谢家荣等).老科学家学术成长资料采集工程数据库.谢家荣.档号SG-009-139.

中国钨钼矿分布图示矿床型式及矿床区域.老科学家学术成长资料采集工程数据库.谢家荣.档号SG-009-140.

Distribution of Lead, Zinc & Silver Deposits in China, Showing Their Metallogenic Region & Deposit Type. 老科学家学术成长资料采集工程数据库.谢家荣.档号SG-009-141.

Lead, Zinc & Silver Deposits in China, Showing Their Occurrence, Types and Other Important Features. 北京大学档案馆.档号W0172002-0179.

中国铝土矿(一水型及三水型铝土矿)明矾石及菱镁矿矿床表.北京大学档案馆.档号1RW0172002-0092.

锡矿.北京大学档案馆.档号1RW0172002-0133.

钨.北京大学档案馆.档号1RW0172002-0137.

1950年
编者的话:

一切都变了;为什么我们要办地质探矿专修学校?.矿测近讯.107—108合期.

中国地质界大团结.矿测近讯.111.

本处在南京附近发现磷矿的意义.矿测近讯.112.

地球化学探矿的新发展;金岭镇探矿已有重大收获.矿测近讯.113.

栖霞山一钻成功;超低级铀矿的探勘;如何在野地测验氧化铅矿.矿测近讯.114.

大家注意铁帽;研究工程地质和地球化学的重要.矿测近讯.115.

欢迎野外工作同志胜利归来;克夫丹诺夫先生的话.矿测近讯.116.

学习苏联地质家的探矿精神;扬子江中下游的金属矿带.矿测近讯.117.

测勘西北铁矿私议《矿测近讯》;本刊宣告结束.矿测近讯.118.

地质学是什么? 为什么研究地质学? 怎样研究地质学?. 矿测近讯. 109.

南京附近发现沥青细脉及石油痕迹. 矿测近讯. 111.

Note on the Lead, Zinc and Silver Deposits in China. Intern. Geol. Congr. Report of the 18th session. (1948, London), Part. Ⅶ Symposium and proceeding of section F. The geology, paragenesis, and reserves of the ores of lead and zinc, pp. 380~399. 1950, London.

解放后的矿产测勘处. 矿测近讯. 107—108.

华东区工业部地质探矿专修学校开学典礼报告词. 矿测近讯. 109.

栖霞山铅矿的展望. 矿测近讯. 113.

栖霞山第二号钻眼岩心的初步研究. 矿测近讯. 114.

给八公山钻探队全体职工的复信(1950. 7. 2). 矿测近讯. 114.

关于出席科代大会、矿产测勘处最近工作和今后地质工作重点问题的报告(在地探专校第二届学生会执委就职典礼上的报告). 矿测近讯. 114.

在地质工作计划指导委员会接管矿产测勘处会上的报告词. 矿测近讯. 118.

A Description of the Cores from Bore-Hole No. 2 Chihsiashan Pyrite-Sphalerite-Galena. 北京大学档案馆. 档号 1RW0172002 - 0258.

金属矿产统计(山东). 北京大学档案馆. 档号 1RW0172002 - 0519.

非金属矿床统计(山东). 北京大学档案馆. 档号 1RW0172002 - 0520.

Exploration Project of Copper, Lead, Zinc & Silver, Nickel, Cobalt, Chromium and Vanadium Deposits in China. . 北京大学档案馆. 档号 1RW0172002 -0975.

1951 年

十月革命后苏联地质家在探矿方面的成就. 科学通报. 2(3).

大冶鄂城阳新一带铁矿勘探方法的讨论(1951 年 12 月 6 日). 全国地质资料馆. 档号 11215.

栖霞山黄铁锌铅矿从发现到证实的经过. 北京大学档案馆. 档号 1RW0172002 - 0253.

栖霞山钻探队 1950 年 6 月至 1951 年 8 月钻探成果简述. 北京大学档案馆. 档号 1RW0172002 - 0256.

栖霞山钻探队 1951 年 1 至 4 月份工作总结报告. 北京大学档案馆. 档号 1RW0172002 - 0257.

普通地质试题. 谢家荣文集. 2.

1952 年

煤地质的研究. 地质学报. 32(1—2).

若干构造-岩浆杂岩体类型中的矿床专属性(译. Магакьян, И. Г. 原著). 地质学
报. 32(3).

从中国矿床的若干规律提供今后探矿方面的意见. 地质学报. 32(3).

苏联铜矿概况(编译). 地质学报. 32(4).

东北人民政府工业部新区地质调查六年计划(1952—1957)草案. 北京大学档案馆.
档号 1RW0172002 - 0366.

1953 年

探矿的基本知识与我国地下资源的发现. 中华全国科学技术普及协会.

学习苏联先进地质科学的一些体会. 科学通报. 6 月号.

勘探中国煤田的若干地质问题. 地质学报. 33(1);科学通报. 3 月号.

金属矿床垂直分带问题(译. Билибин, Ю. А. 原著). 地质学报. 33(1).

关于煤地质方面的一些重要知识(上、下). 煤. 29, 30.

抚顺矿务局西露天南帮滑坡现象的初步观察(谢家荣,陈梦熊,石宝颐等). 全国地
质资料馆. 档号 4166.

青海省共和、贵德境内地质矿产简报. 全国地质资料馆. 档号 5080.

青海省民和村梧释沟铜矿简报. 北京大学档案馆. 档号 1RW0172002 - 0160.

青海省化隆县辣水峡铜矿简报. 北京大学档案馆. 档号 1RW0172002 - 0161.

青海东部南队化隆县城调查周报(第一至第四号). 北京大学档案馆. 档号
1RW0172002 - 0164.

1954 年

中国的煤田. 科学大众. 3 月号.

中国的产油区和可能含油区. 石油地质. 12.

找矿标志. 地质知识. 4.

厂基工程地质的勘探工作. 地质知识. 6.

石英(工业小丛书). 商务印书馆.

主编《科学译丛》—地质学:第一种 古勃金院士与石油地质学. 科学出版社.
序
在古勃金院士石油理论启发下的油气矿床成因的分类(译)
古勃金学说和"第二巴库"油气矿床(译)

从沉积分异论生油层的可能成因(译)

石油的成因问题和它的解决途径(译)

在普查及勘探设计中值得注意的几个问题. 地质通讯. 18.

普查须知(谢家荣,黄汲清主编):第一章:找矿须知(1955年版为第五章),第四章:追索露头,揭露矿体,系统采样(1955年版为第三章);第四章(1954年版无此章):围岩蚀变;第五章(1955年版为第六章):野外简易试验方法. 地质出版社. 1954年第一版. 1955年第二版修订.

主编《科学译丛》—地质学:第二种 煤地质学的理论问题. 科学出版社.

    序

    含煤建造的大地构造类型(译)

主编《科学译丛》—地质学:第三种 金属矿床与矿床分类法. 科学出版社.

矿床分类法问题(校译)

453队(孝感清山口队)检查报告. 全国地质资料馆. 档号3400.

石油普查勘探各阶段要求. 老科学家学术成长资料采集工程数据库. 谢家荣. 档号 SG-007-093.

1954年普查工作检查. 老科学家学术成长资料采集工程数据库. 谢家荣. 档号 SG-006-043.

1955 年

1954年普查检查工作中的几个问题. 地质部1955年地质会议文献汇编.

关于"煤田类型". 地质部1955年地质会议文献汇编.

中国的油页岩和炼油煤. 地质部1955年地质会议文献汇编.

煤的成因类型及其意义. 地质知识. 1.

次生石英岩. 地质知识. 3.

主编《科学译丛》—地质学:第四种 煤的成因类型与煤岩学研究. 科学出版社.

    陆植煤的煤岩亚种(译).

    顿巴斯西南部中石炭纪煤的成因类型(译).

    煤的成因类型与沉积环境的关系问题(译).

    陆植煤的光学性质及用折光率定煤化程度的方法(译).

次生石英岩(译)(《蚀变围岩及其找矿意义》之一章). 地质出版社.

石油及天然气矿床的普查(1955年1月27日在地质部第一次石油普查工作会议上的报告). 中央档案馆(自然资源部档案室). 档号196-4-260-7.

中国勘探油田中的若干具体问题. 石油工业通讯. 创刊号.

对临清工作的意见. 北京大学档案馆. 档号 1RW0172002 - 0045.

对嘉祥工作的意见. 北京大学档案馆. 档号 1RW0172002 - 0045.

对于南京附近工作的意见. 北京大学档案馆. 档号 1RW0172002 - 0045.

1956 年

石油普查工作中的若干重要问题(1956 年 1 月 20 日在地质部第二次石油普查工作
　　会议上的报告). 中央档案馆(自然资源部档案室). 档号 196 - 5 - 290 - 4.

Progress in Prospecting. *China Reconstruction*. 5(1).

石油地质的现状、趋势及今后在中国勘探石油的方向. 科学通报. 5 月号.

中国矿产的分布规律及其预测. 地质知识. 8.

喀斯特溶洞与溶洞裂隙带的勘测法. 地质知识. 8.

中国煤田类型及煤质变化问题(提纲). 1956 年煤田地质普查会议文件汇编. 煤炭
　　工业出版社.

火山及火山沉积作用在中国几种矿床中的意义. 地质学报. 36(4).

地质部地质矿产研究所 12 年科学发展远景规划纲要. 北京大学档案馆. 档号
　　1RW0172002 - 0658

　　远景规划纲要说明.

　　中心问题 1(石油及天然气地质学：中国各含油区及可能含油区油气矿床的研
　　究,特别注意储油层及圈闭类型的研究)说明书.

　　中心问题 2(煤田地质学：中国含煤系的沉积型相,沉积旋回,煤岩特征及成因
　　类型的研究)说明书.

　　中心问题 6(金属矿床地质学：中国放射性元素矿床及稀有元素矿床的寻找和
　　研究)说明书.

　　中心问题 7(非金属矿床地质学：中国肥料矿产的研究)说明书.

矿床研究室在三个五年计划中发展轮廓及方向. 老科学家学术成长资料采集工程
　　数据库. 谢家荣. 档号. SG - 007 - 095.

中国铝土矿. (Note on the Bauxite Deposits in China). 北京大学档案馆. 档号
　　1RW0172002 - 0071.

1957 年

中国铜矿的分类、分布及今后普查勘探的方向. 地质论评. 17(1).

火山及火山停积作用在中国几种矿床中的意义(中国准备参加第 20 届国际地质会
　　议论文题目及节要). 地质论评. 17(2).

地质工作要跟国家要求密切结合(在政协第二届全国委员会第三次全体会议上的发言). 人民日报. 1957 - 03 - 12：6

对于中国若干油气区的看法(1957年3月13日在地质部第三次石油普查工作会议即石油地质专业会议上的报告). 中央档案馆(自然资源部档案室). 档号196 - 6 - 0050 - 2.

河西走廊及阿拉善三角地前盆地含油远景的初步评价. 石油工业通讯. 5.

关于中国若干油气区普查和勘探方向的初步意见. 石油工业通讯. 9.

中国油气区和可能油气区的划分与评价. 科学. 33(1).

石油地质论文集. 地质出版社.

　　石油是怎样生成的.

　　珊瑚礁油田.

　　关于盐丘.

　　石油及天然气矿床的普查.

　　论储油层、圈闭类型及油气田与大地构造的关系.

　　中国的产油区和可能含油区及对今后勘探工作的意见.

　　贵州石油远景的初步推断.

祁连山及相邻地区构造成矿带的初步研究及若干建议(节要)(谢家荣,孙忠和). 全国地质资料馆. 档号29879.

1958 年

祁连山及其邻近地区构造成矿带的初步研究(1958年3月中国地质学会第31届学术年会北京分会论文). 中国地质学会会讯. 12.

中国矿产分布规律的初步研究及今后找矿方向的若干意见. 老科学家学术成长资料采集工程数据库. 谢家荣. 档号SG - 005 - 040.

长江流域地质总论矿产篇. 老科学家学术成长资料采集工程数据库. 谢家荣. 档号SG - 006 - 044.

成矿规律. 北京大学档案馆. 档号1RW0172002 - 0608.

1959 年

对于福建矿产的苦干看法和意见. 福建地质专辑. 2；全国地质资料馆. 档号29927.

考察雷州半岛及海南岛三水型铝土矿报告(附"关于在雷琼地区找煤的若干意见")(初稿)1959年1月. 全国地质资料馆. 档号18027.

江西省上饶专区找矿指南(1959年5月). 全国地质资料馆. 档号29934.

对江西省上饶专区若干矿区的看法和意见(谢家荣,孙忠和,陈砚云). 全国地质资
　　料馆. 档号 29935.

1960 年

大宝山及其外围地区含矿远景的初步意见. 中国地质科学院档案. 档号 1 - 60 -
　　14,序号 1.

1961 年

中国大地构造问题. 地质学报. 41(2).

概论铌钽.《中华人民共和国地质部科技情报》系列：地质部地质科学院铌钽矿床
　　资料专辑.

成矿理论与找矿. 中国地质. 12.

读书心得录. 老科学家学术成长资料采集工程数据库. 谢家荣. 档号 SG - 006 -
　　045；谢家荣文集. 6.

漫话地壳. 老科学家学术成长资料采集工程数据库. 谢家荣. 档号 SG - 006 - 046.
　　谢家荣文集. 2.

1962 年

On the Geotectonic Framework of China. *Scientia Sinica*. 11(8).

今后地质学研究可能发展的几个方向. 老科学家学术成长资料采集工程数据库.
　　档号 SG - 006 - 047. 谢家荣文集. 2.

若干研究项目的建议. 中国地质科学院档案：六级以上工程师所提研究题目. 档号
　　1 - 62 - 41

近代成矿理论方面的几个基本问题. 中国国外科技文献编译委员会,地质部地质
　　科学研究院：地质快报. 24.

成矿理论与找矿(在杨家杖子的报告). 老科学家学术成长资料采集工程数据库.
　　谢家荣. 档号 SG - 006 - 048.

燕山地区的成矿问题(在寿王坟铜矿的报告). 老科学家学术成长资料采集工程数
　　据库. 谢家荣. 档号 SG - 006 - 049.

成矿理论与找矿(在内蒙古的报告). 老科学家学术成长资料采集工程数据库. 谢
　　家荣. 档号 SG - 006 - 050.

索伦山铬铁矿区的几个问题. 老科学家学术成长资料采集工程数据库. 谢家荣. 档
　　号 SG - 006 - 051.

白云鄂博地区的地质矿床问题. 老科学家学术成长资料采集工程数据库. 谢家荣. 档号 SG－006－052.

1963 年

A Study of the Tin Deposits in China. *Scientia Sinica*. 12(3).

Problems Pertaining to Geology and Ore Deposits of a Copper in Shansi Province. *Scientia Sinica*. 12(9).

Major Geotectonic Features of S. E. China. *Scientia Sinica*. 12(12).

盐矿地质. 矿床学论文集(钾磷矿床研究). 科学出版社.

中国找盐问题. 矿床学论文集(钾磷矿床研究). 科学出版社.

论矿床的分类. 矿床学论文集(矿床分类和成矿作用). 科学出版社.

地质历史中成矿作用新生性、再生性和承继性. 矿床学论文集(矿床分类和成矿作用). 科学出版社.

让花岗岩及花岗岩化的研究为区测与找矿工作服务. 中国国外科技文献编译委员会,地质部地质科学研究院:地质快报. 12.

粤桂云开大山变质杂岩体及成矿作用的研究(研究设计书). 老科学家学术成长资料采集工程数据库. 谢家荣. 档号 SG－006－054. 谢家荣文集. 2.

1964 年

有关研究中国钨锡矿床的几个问题. 谢家荣文集. 6.

江西东乡枫林铜矿的地质矿床问题. 谢家荣文集. 6.

1965 年

世界金矿概述(谢家荣,牟江海). 地质部地质科学技术情报所:国外金矿资料专辑;谢家荣文集. 6.

花岗岩化与成矿(1965 年 10 月在黄山花岗岩会议上的报告). 老科学家学术成长资料采集工程数据库. 谢家荣. 档号 SG－006－056;谢家荣文集. 6.

1966 年

大地构造与找矿. 老科学家学术成长资料采集工程数据库. 谢家荣. 档号 SG－006－057.

矿床学论文集(现代成矿理论及其在中国的运用)(科学出版社拟出版)

　1. 现代成矿理论的各种学说

2. 中国沉积矿床的综合研究

3. 中国似层状铁锰矿及有色金属硫化物矿床的成因问题

4. 中国大地构造轮廓及矿床分布规律的初步研究

5. 山西某铜矿区的地质矿床问题

6. 广东某地黄铁矿矿床的成因问题

7. 有关研究中国钨锡矿床的几个问题

8. 中国优地槽带及其中发育的标型矿床

P. Ramdohr《金属矿物及其共生》地名译名表. 北京大学档案馆. 档号 1RW0172002 - 0636.

P. Ramdohr《金属矿物及其共生》人名译名表. 北京大学档案馆. 档号 1RW0172002 - 0637.

P. Ramdohr《金属矿物及其共生》德华矿物名词对照表. 北京大学档案馆. 档号 1RW0172002 - 38.

中国矿床学(总论). 谢家荣文集. 6.

谢家荣文集(地质出版社 2007 年起陆续出版)

无确切成文时间,有确切存放处的著述(按档案号顺序排列)

阳新铜矿. 全国地质资料馆. 档号 3531.

开发云南矿产初步计划. 年代不详(抗日战争期间). 全国地质资料馆. 档号 3810.

Manganese Reserve and Manganese Output in China.

Notes on the Petroleum Reseources and Industry in China, Japan and Formosa (Chinese Taiwan— Note of the Editors).

Geology Today and Tomorrow. 北京大学档案馆. 档号 1RW0172002 - 0106.

中国矿产调查表 东三省矿产总表. 北京大学档案馆. 档号 1RW0172002 - 0372.

大同煤之煤质及用途. 北京大学档案馆. 档号 1RW0172002 - 0379.

湘南煤矿局资兴矿区地形地质概要. 北京大学档案馆. 档号 1RW0172002 - 0452.

富贺钟砂锡矿产状表. 北京大学档案馆. 档号 1RW0172002 - 0490.

平桂区矿务处所属各机采之大小矿区一览. 北京大学档案馆. 档号 1RW0172002 - 0495.

金属矿产统计(山东). 北京大学档案馆. 档号 1RW0172002 - 0519.

非金属矿产统计(山东). 北京大学档案馆. 档号 1RW0172002 - 0520.

安丘县担山铅银矿. 北京大学档案馆. 档号 1RW0172002 – 0532.

福建资源初步开发要点. 北京大学档案馆. 档号 1RW0172002 – 0537.

Chemical Analysis of Petroleum in China.

List of the Locality and Occurrence of Oil, Gas, Asphalt and Oil Shale in China.

Reserve & Output of Some Non-metallic Deposits in China.

Coal Reserve and Coal Output in China.

Reserve and Output of Other Metallic Deposits.

Iron Ore Reserve and Iron Output in China.

Study of a Mica from South Africa.

矿床学习题(4) 石油. 老科学家学术成长资料采集工程数据库. 谢家荣. 档号 SG –
    007 – 072.

Some Problems of Coal Geology. 老科学家学术成长资料采集工程数据库. 谢家
    荣. 档号 SG – 008 – 111.

煤之挥发分及炭分随其地位之深浅而变更. 老科学家学术成长资料采集工程数据
    库. 谢家荣. 档号 SG – 008 – 124.

有确切成文时间,无确切存放处的著述(按时间顺序排列)

山西含藻类油页岩之研究(1933). 湖南实业杂志.

Note on the Uranium and Other Rare Metal Deposits in China(1947).

中国即可开发一部分并可出口之重要铁矿分布图(1949 – 02)

中国煤铁锰石油天然矿产勘测计划图(1949 – 04)

中国钨锑锡汞等矿产勘测计划图(1949 – 04)

中国铜铅锌银镍钴铬钒等矿产勘测计划图(1949 – 04)

中国铀钍矿民国三十九年度矿产勘测计划图(1949 – 04)

中国钨锑锡汞产区分布及每年可能出口量约计表(1949 – 05)

中国锰镁铝土萤石石膏明矾石产区分布及每年可能出口量约计表(1949 – 05)

中国非金属矿产勘测计划图(1949 – 05)

矿产——新中国建设的基础(提纲)(1949 – 08 – 18,大连).

关于陕北油田地质的几点意见(1951).

对贵州平越和贵阳市油页岩的意见(1952 – 04 – 07).

中国石油地质概况和今后勘探工作方针(1952 – 05).

看唐山油苗(1954).

1954 年世界重要国家石油生产及勘探情况表.

关于松辽平原石油地质踏勘的工作方法(1955).

检查华北石油普查大队工作及南京附近油苗报告(1955).

今后在青草湾一带及酒泉盆地其他地区勘探油田的初步意见(1955).

1956 年石油普查详测及钻探计划一览表.

第二老君庙在哪里？(1957).

地质学的当前任务及今后发展的可能性(第三稿,1959 - 06)

云南省成矿区及构造成矿带的研究(1959 - 11 月)。附：对云南矿床的若干看法.

江苏省找矿指南(1959).

中国锡(包括钨)矿带的初步研究(1960 - 06).

中国大地构造轮廓和成矿理论问题(提纲)(1961 - 10)

在华东地质研究所石油组座谈会上的发言(1963 - 04 - 19)

对赣闽几个矿区地质问题的初步认识(1964 - 09).

湖北省找矿指南(1964).

在《中国地壳运动命名的几点规定(草案)》和《对于已有地壳运动名称取舍的意见》
　　上的批语(1965 - 02)

同生成矿理论在我国的运用(1965).

湖北省找矿远景及找矿方向(《同生成矿理论在我国的运用》一文的补充)(1965)

四川省找矿指南. 附：对四川成矿问题的某些初步看法(提纲)(1966)

无确切成文时间,无确切存放处的著述(按可能的时间顺序排列)

农业地质学讲义

地质学讲演纲要

地质学讲义(油印本)

矿床学讲义(英文打印本)

历年各省钨砂产收数量表(截至 1946 年)

山东大寨山铅矿床(英文打印稿)

铬

锰

钒

镍和钴

钼

铜

铅、锌、银

铝

镁

汞

铂族金属

铀、钍、镭

磷

钾盐

铁矿

锰矿

铝土矿

磷矿

汞矿矿床

广东、广西的矿业和矿产

铜、铁、煤探矿技术操作方法述要草案

探矿方法

分光镜分析在矿物学上之运用

煤炭形成图解示各种基本作用的关系

区域成矿分析

东三省之煤矿

煤地质学上的几个重要问题

煤田之时代

河北省通志稿

河北省地质志

河北省矿产志

热河的地质矿产

中国煤田水文地质概况

煤之采料及分析

煤的鉴定和简单试验

煤之显微镜研究

地质调查所燃料陈列馆说明书：煤之地质时代；煤的成因分类；煤之显微镜研究及

其应用;无烟煤;高、中、低级烟煤;褐煤及泥炭;山西省煤田;四川省煤田;西北煤田;西南区域煤田;中国之油页岩;平汉路及陇海路西段沿线煤田;津浦路及胶济铁路沿线之煤田;长江下游之煤田;东南沿海之煤田;东三省之煤田;北宁路(干线及支线)沿线之煤田;平绥沿线之煤田;中国煤田内常见之几种植物化石.

发展中国出口矿产品计划.

中国出口矿产品吨数及价值约计表

关于中国出口矿产品的补充资料

A List of Coking Coal Fields in China Showing Reserve, Output & Possible Export

中国立可开发一部分并可出口之重要铁矿表

中国重要钨矿储量产量及出口约计表

中国重要锑矿及锑矿区示储量产量及可能出口约计表

中国重要钨、锑、锡、汞、铋、钼、砷矿产储量、产量及可能出口表

中国炼焦烟煤田分布图示储量产额及可供出口之焦炭约计数

中国铅锌矿床分类表

白银厂的地质构造及矿床成因问题

含铜黄铁矿、斑状铜矿、有色金属脉状矿、水成铁矿、接触变质铁矿

为开发或设计有色金属矿必需的地质资料

中国煤的类型及煤省

苏联(煤田)勘探类型

找矿的艺术(提纲)

科学研究与找矿勘探(提纲)

中国矿产(提纲)

中国矿产省、矿产区及构造成矿带表

今后普查找矿的几个可能方向

石油地质

中国可能的油田分布及其特征(提纲)

新疆吐鲁番石油地质概述

全国可能产油区域分布图编制计划要点草案

目前石油普查工作中的若干重要问题(附英文提纲和发言提纲)

中国油气矿床基本问题的研究(节要)

石油地质及中国的石油资源

近年来中国在石油地质方面的新成就

对于中国勘探油气田的几点意见

中国锡矿主要成因—工业类型的主要特征(表)

对已经出版的中国大地构造图的若干看法

Problems in the Study of Chinese Geotectonics

在孟宪民(On the Emplacement of Granite)一文上的评语

大地构造与成矿

参考文献

一、专著

谢家荣. 谢家荣文集(1—8卷). 北京：地质出版社. 2007—2023.

中国地质科学院矿床地质研究所. 中国矿床学——纪念谢家荣诞辰90周年文集. 北京：学术书刊出版社. 1989.

郭文魁等(主编).谢家荣与矿产测勘处——纪念谢家荣教授诞辰100周年. 北京：石油工业出版社. 2004

张立生(主编). 丰功伟识　永垂千秋——纪念谢家荣诞辰110周年. 北京：地质出版社. 2009

张立生. 中国石油的丰碑. 纪念谢家荣教授诞辰110周年. 广州：中山大学出版社. 2011.

张立生. 论大庆油田发现真相. 广州：中山大学出版社. 2015.

张立生. 谢学锦传. 北京：中国科学技术出版社；上海：上海交通大学出版社. 2016

地质研究所. 农商部地质研究所一览. 北京：京华书局. 1916.

地质研究所. 农商部地质研究所师弟修业记. 1916.

地质调查所. 中国地质调查所概况(本所成立十五周年纪念刊).1931.

地质调查所. 地质调查所沁园燃料研究室三周年纪念刊. 1933.

地质调查所. 中央地质调查所概况(二十五周年纪念).1941.

王仰之. 中国地质调查所史. 北京：石油工业出版社. 1996.

中国地质学会地质学史专业委员会、中国地质大学地质学史研究所、地质学史论丛. 1—8

中国科学技术协会. 中国科学技术专家传略. 理学编. 地学卷. 1, 2, 3. 北京：中国科学技术出版社

卢嘉锡主编.《科学家传记大辞典》编辑组编辑.中国现代科学家传记.北京：科学出版社

中国地质矿业家列传编辑委员会. 中国地质矿业家列传. 北京：石油工业出版社. 1999.

国土资源部《我为祖国献宝藏——国土资源系统院士画册》编委会.我为祖国献宝藏——国土资源系统院士画册.北京：地质出版社.2009.

竺可桢.竺可桢全集.第10卷,11卷,14卷.上海：上海科技教育出版社.2004,2008.

李学通.翁文灏年谱.济南：山东教育出版社.2005.

宋广波.丁文江年谱.哈尔滨：黑龙江教育出版社.2009.

马胜云等.李四光年谱.北京：地质出版社.1999.

中国地质学会.黄汲清年谱.北京：地质出版社.2004.

王弥力(主编).中国地质学会80周年记事.北京：地质出版社.2002.

程裕淇、陈梦熊(主编).前地质调查所的历史回顾.北京：地质出版社.1996.

夏湘蓉、王根元.中国地质学会史.北京：地质出版社.1982.

潘云唐.李春昱年谱.中国科学院院史文物资料征集委员会办公室.院史资料与研究.2004.5.(总83).

潘云唐.程裕淇年谱.中国科学院院史文物资料征集委员会办公室.院史资料与研究.2006.1.(总91).

徐红艳、潘云唐、张绍宗.尹赞勋年谱.中国科学院院史文物资料征集委员会办公室.院史资料与研究.2009.2.(总110).

二、期刊、杂志

农商公报

北京大学日刊

清华周刊

资源委员会季刊

资源委员会月刊

科学杂志

地学杂志

地质汇报

地质专报

地质学报

地质论评

地质月刊

矿冶杂志

矿测近讯.36—39,42,55—118.

方志月刊

科学杂志

科学通报

Scientia Sinica(中国科学)

三、报纸

人民日报

光明日报

进步日报

大公报(上海,天津,重庆)

申报

四、档案

中央档案馆(自然资源部档案室)藏地质部档案

中国第二历史档案馆藏中央研究院、资源委员会档案、南京大学档案

湖南省档案馆藏江华矿务局档案

云南省档案馆藏叙昆铁路沿线探矿工程处档案,西南矿产测勘处档案

上海市档案馆藏档案

北京大学档案馆藏档案

清华大学档案馆藏档案

北京师范大学档案馆藏档案

全国地质资料馆藏资料

中国地质科学院组织人事处档案

中国地质科学院办公室文书档案

五、口述

谢学锦口述 2013 - 08 - 26;2013 - 09 - 02

陶惠亮口述 2013 - 08 - 29

宋天锐口述 2013 - 10 - 29

六、其他

谢家宾、谢家荣. 谢母孙太夫人赴告. 未刊

谢家荣. 谢家荣日记[旅甘日记(1921),1922, 1923,1927—1931,1934,1937,1941,

1946,1948—1966]. 未刊.

资源委员会西南矿产测勘处年报. 1940, 1941.

资源委员会矿产测勘处年报. 1942—1947

张立生. 危亡之时显真情——记抗战期间的谢家荣教授,中国矿业报. 2008 - 10 - 28：C2.

张立生. 谢家荣、刘季辰和赵亚曾与 20 世纪 20 年代的湖北区域地质调查. 中国地质学会地质学史专业委员会中国地质大学地质学史研究所. 地质学史论丛. 5.

张立生. 谢家荣著《北平西山地质志》. 谢家荣、刘季辰和赵亚曾与 20 世纪 20 年代的湖北区域地质调查. 中国地质学会地质学史专业委员会中国地质大学地质学史研究所. 地质学史论丛. 5.

张立生. 谢家荣与现代中国土壤学的奠基. 科学文化评论. 16(4).

张立生. 谢家荣：华夏地学拓荒人. 中国科学报. 2017 - 08 - 14：8.

张立生. 关于谢家荣的诞辰日. 中国矿业报. 2017 - 10 - 13：3.

张立生. 中国铀矿地质与勘查的开拓者和奠基人——纪念谢家荣教授诞辰 120 周年. 科学文化评论. 17(6).

张立生. 在采集中还原历史——探寻谢家荣在威斯康星大学的求学历程. 中国科学报. 2019 - 07 - 05：8.

张立生. 划过中国地质学史的绚烂火焰——谢家荣与沁园燃料研究室纪事. 中国科学报. 2020 - 10 - 29：8.

张立生. 谢家荣与海原大地震科学考察. 城市与减灾. 2020.(6).

张立生. 谢家荣留美归来第一年. 中国科学报. 2021 - 02 - 25：8.

张立生. 谢家荣：现代中国地质科学的拓荒人——纪念中国地质学会成立 100 周年. 地质学报. 66(1).

张立生. 90 年前那次影响深远的考察之旅——谢家荣与陕西地质. 中国科学报. 2022 - 07 - 22：4.

张立生. 回归历史　是谓不朽——大庆油田发现真相争论的总结与述评. 中国科学技术史学会 2018 年度学术年会论文. 中国地质学会地质学史专业委员会第 28 届学术年会论文

人名索引

C

后　记

　　2000 年,人类进入新世纪,我则在迈入花甲之年时开启了一生的新纪元:辞去成都地质矿产研究所地质流体项目(国家攀登项目)的工作,飞到北京谢学锦院士身边。正是凭着在谢学锦身边 11 年多的工作经历,我才能在 2011 年进入中国科学技术协会旗下的老科学家学术成长资料采集工程,承担采集谢学锦学术成长资料的项目。我与谢学锦先生的两位女儿谢渊如、谢渊洁通力合作,并得到原国土资源部成都地质矿产研究所丁俊所长的大力支持,项目获得圆满成功,我们的工作得到了采集工程项目办公室和专家委员会的好评。

　　中国近现代科学史研究的主要开拓者和奠基人樊洪业先生指出,地质学是中国现代科学学科本土化、体制化的先锋,中国地质调查所是中国现代科学史的起点。谢家荣是中国地质调查所最早从事地质调查工作的人之一,他一生从事过地质调查,担任过中国几所名校地质系的教授和系主任,又长期从事矿产勘查和科学研究,其在地质科学领域涉猎面之广,在我国地质界独一无二,正如地质专家毕庆昌先生 1997 年所说“中国有地质学迄今大约九十年,在前半期的四五十年间,对中国地质学术有直接、具体、多方面的贡献的真学者应以谢先生为第一人”。可见谢家荣在中国地质学史上的地位是何等重要。但按照老科学家学术成长资料采集工程项目原来的计划(只采集在世科学家的资料),谢家荣的学术成长资料不在采集之列。因此,在 2012 年 10 月谢学锦学术成长资料采集项目结题的时候,我向采集工程项目首席科学家张藜教授提出,希望将谢家荣列入采集工程项目,她当即让我打一个立项申请报告。2013 年 3 月 4 日,《关于将谢家荣纳入“老科学家学术成长资料采集工程”的建议》正式提交。很快,谢家荣就被纳入当年 7 月启动的采集工程项目中。

　　《谢家荣年谱长编》是“谢家荣学术成长资料采集”项目的研究报告。自然,没有“谢家荣学术成长资料采集”项目,就没有本书的问世。当本书即将付梓的时候,作者谨向张藜教授和已故采集工程项目学术顾问樊洪业先生表示由衷的感谢,他们不仅使谢家荣学术成长资料纳入采集工程项目,而且在项目执行过程中自始至终给了项目极大的支持、帮助与鼓励,樊洪业先生还对《谢家荣年谱长编》初稿提出了具体的修改意见。

感谢中国科协的领导,感谢老科学家学术成长资料采集工程专家委员会和项目办公室、原国土资源部成都地质矿产研究所丁俊所长、组织人事处刘秋晓处长对项目工作自始至终的大力支持。

谢家荣学术成长资料采集项目仍然由我和谢渊如、谢渊洁合作完成。感谢她们两位的通力合作和忘我工作。

本项目进行过程中,得到了许多人的大力支持与帮助,作者谨向他们表示由衷的感谢和敬意。他们是:中国科学院庐山植物园的胡宗刚研究员,他审读了本书的第一稿,提出了许多宝贵意见和进一步采集资料的方向,提供了谢家荣1951年1月9日写给李四光的信;中国社会科学院近代史研究所的李学通编审,他为项目提供了不少藏于中国第二历史档案馆而现在不予开放的与谢家荣有关的地质调查所档案资料和藏于台北近代史研究所的谢家荣的档案资料,审阅了多篇谢家荣信函录入稿;上海社会科学院历史研究所张剑研究员,他为项目组采集了大量有关谢家荣与中国科学社的资料和其他一些资料;重庆自然博物馆所属中国西部科学院旧址陈列馆主任侯江研究馆员,她为项目采集了谢家荣1948年5月在武汉大学工学院做"如何探寻铀钍等放射性矿产"报告和其他一些我们难以采集的资料;江苏省地质学会詹庚申秘书长,他为项目组在南京的采集工作提供了极大的帮助;中国地质图书馆张尔平高级工程师,她为项目组提供了谢家荣在玉门油矿所作报告记录稿的线索及其他资料;中山大学地球科学系前主任、广东省政协常委周永章教授,他为项目组在中山大学的采集工作提供了宝贵的支持与帮助;云南省地质矿产勘查开发局资源管理部王宝禄教授级高级工程师、云南省昭通市教育局邓成勇同志、贵州省地质矿产勘查开发局冯继舟研究员、淮南煤田集团公司档案馆路永友同志,他们为采集小组在云南、贵州和淮南煤田的采集工作提供了宝贵的支持与帮助;湖南省江华瑶族自治县科协前主席王美华及任翠辉、陈敬财、王洪生、黄俊波等同志和南京栖霞山铅锌银矿项长兴高级工程师,他们分别参与了江华矿务局和南京栖霞山铅锌银矿资料的采集;谢家荣长孙谢渊泓博士和夫人姚建在德国为项目组采集了谢家荣访学德国期间的宝贵资料;谢家荣的孙子谢涛、谢强在美国为项目组采集了谢家荣求学于威斯康星大学和斯坦福大学的宝贵资料;中央档案馆利用部相关同志、湖南省档案馆相关同志、云南省档案馆相关同志、上海市档案馆相关同志、中国地质调查局办公室前主任施俊法同志、原国土资源部档案处陈秀杰同志、自然资源部档案处王秀莲同志、中国地质科学院办公室主任曹菲同志和夏天娇同志、中国地质科学院组织人事处处长陈俊山同志和副处长贾彩云同志、中国第二历史档案馆的刘鼎铭研究馆员和管辉研究馆员,全国地质资料馆丁克永研究馆员、于瑞洋研究员、李晨阳教授级高级工程师、商云涛高级工程师,成都地质矿产研究所李建忠研究员、刘葵同志,甘肃省自然资源信息中心高级工程师、资料馆馆长颉贵琴同志以及北京撰稿人何季民先生、《地质学报》编辑部的潘静同志、广东省地质矿产局的陈荣海同志和广东省地质科学研究所高级工程师崔炳祥同志也都为项目资料的采集提供了宝贵的支持。

　　2015 年 1 月 9 日,在谢家荣学术成长资料采集项目的结题验收会上,张蕗教授说:"我们要感谢两位谢科学家,谢家荣先生和谢学锦先生,是他们保存下来了这样一批完整的资料,并且又把他们全都交给未来的中国科学家博物馆;谢家荣先生保存下来的民国时期的资料,实际上是中国近现代一百年来的地质学史料。"这些珍贵的史料,连同我们采集的其他资料,当然都尽可能完整地反映在这本长编中。令人遗憾的是,谢家荣在民国时期服务的两个极其重要的单位——地质调查所和资源委员会矿产测勘处——的档案主要都在中国第二历史档案馆,虽然终于在本书出版前夕等到了资源委员会档案在 2020 年底开放,有关史料得以补充到长编中,但地质调查所档案的开放至今遥遥无期,使得与之有关的谢家荣史料没有办法得到,长编中自然也就会留下些许遗憾。此外,曾经在 1984 年整理的、保存还算完整的谢家荣资料,尤其是其中许多珍贵手稿在其后的十多年间被人借出遗失,以及原来保存在地质科学院资料室的两大木箱谢家荣资料被谢学锦先生拿出后不知去向,也是莫大的损失。真诚希望所有这些今天不知去向的资料能够有重见天日的一天,以补本书的缺陷。

　　由于众所周知的原因,在 1958 年之后,谢家荣对中国地质科学和中国地质事业的许多贡献,被人遗忘了,而这样的遗忘实际上是中国地质学史不可或缺的重要组成部分,真诚地希望拙编的问世,有助于人们恢复这些历史记忆,有助于人们更加准确地了解一部完整的中国地质学史。

　　再次感谢前述所有曾经为谢家荣学术成长资料采集项目提供支持的人们!

张立生 2022 年 11 月 21 日于成都高新西区